健康・体力のための運動生理学

石河 利寛 著

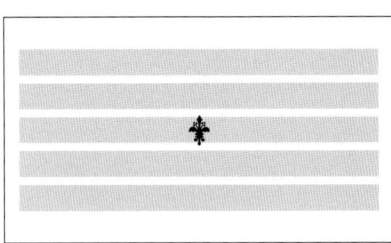

杏林書院

はじめに

　私は1944年に東京大学医学部を卒業し，第二次世界大戦終了後から医学部生理学教室に在籍して生理学の勉強を始めた．その際に，私は医学部の出身者として，ヒトの生理学の勉強をしたいと思った．その結果，私はヒトの運動時の生理学の研究をすることにした．その理由として，私が生れ付きスポーツが好きで，学生時代に大学ヨット部の選手をしていたことと，生理学教室の先輩に故猪飼道夫氏が在籍していたことが挙げられる．

　それ以来，私は東京大学，順天堂大学，中京大学において運動生理学の教育・研究に数十年にわたって従事してきたので，その知識をまとめたいと思っていたが，杏林書院のすすめもあって，この本を執筆した．

　運動生理学は20世紀の前半には身体活動，とくにスポーツ活動に科学的根拠を与えるものとして重要であったが，20世紀の後半には健康の維持と増進に科学的基盤を与えるものとして重要な役割を果してきたと私は考えている．

　私はこの考え方に基づいて，I部を「運動とからだの働き」と題して，運動時のからだの働きについて器官別に記述し，II部を「運動と健康・体力」と題して運動が健康・体力に与える効果について記述した．

　この著書が21世紀の読者の運動生理学に関する知識の獲得と研究に役立てば幸いである．

2000年2月

石河　利寛

目　　次

はじめに ……………………………………………………………………………………………… i

Ⅰ部　運動とからだの働き

1章　運動生理学とその発展 …………………………………………………………………… 3
- ① 運動生理学とは ………………………… 3
- ② 運動とスポーツ ………………………… 3
- ③ 運動生理学の発展 ……………………… 5
- ④ 運動生理学の課題 ……………………… 7

2章　筋肉と運動 ………………………………………………………………………………… 9
- ① 筋肉の分類と骨格筋の構造 …………… 9
- ② 筋収縮のメカニズム ………………… 11
- ③ 骨格筋線維のタイプ ………………… 12
- ④ 筋収縮のエネルギー ………………… 16
  - 1．ATP-CP系 ………………………… 16
  - 2．乳酸系 …………………………… 17
  - 3．酸素系 …………………………… 19
  - 4．スポーツ種目とそれに用いられる主たるエネルギー系 ………… 21
- ⑤ 筋収縮の4つの型 …………………… 22
  - 1．等張性収縮 ……………………… 22
  - 2．エクセントリック収縮（遠心性収縮） ………………………… 23
  - 3．等尺性収縮 ……………………… 23
  - 4．等速性収縮 ……………………… 23
- ⑥ 負荷の大きさと運動時間 …………… 24
- ⑦ 筋力とパワーの関係 ………………… 24
- ⑧ 筋力 …………………………………… 25
- ⑨ 筋持久力 ……………………………… 27
- ⑩ 筋運動の効率と経済速度 …………… 29
- ⑪ 筋電図 ………………………………… 31
- ⑫ 筋にある感覚受容器―筋紡錘とゴルジ腱器官 ……………………… 32
  - 1．筋紡錘 …………………………… 32
  - 2．ゴルジ腱器官 …………………… 33
  - 3．伸張反射と相反抑制 …………… 33
  - 4．腱器官からの反射 ……………… 34

3章　神経系と運動 …………………………………………………………………………… 36
- ① 神経系の概説 ………………………… 36
  - 1．神経系の分類 …………………… 36
  - 2．ニューロン ……………………… 37
  - 3．静止電位と活動電位 …………… 37
    - (1) 静止電位 ……………………… 38
    - (2) 活動電位 ……………………… 38
    - (3) 跳躍伝導 ……………………… 39
  - 4．活動電位の伝導の原則 ………… 40
  - 5．シナプス ………………………… 41
- ② 末梢神経系 …………………………… 42
  - 1．体性神経系 ……………………… 42
    - (1) 脳神経 ………………………… 42
    - (2) 脊髄神経 ……………………… 43
  - 2．自律神経系 ……………………… 44
    - (1) 交感神経系と副交感神経系 … 44
    - (2) 交感神経系の経路 …………… 44
    - (3) 副交感神経系の経路 ………… 45
    - (4) 自律神経求心系の経路 ……… 45
    - (5) 自律神経系の機能 …………… 45
    - (6) 随意運動時の筋交感神経の活動 ………………………… 46
- ③ 中枢神経系 …………………………… 48
  - 1．脊髄 ……………………………… 48
  - 2．脳幹 ……………………………… 48
    - (1) 延髄・橋 ……………………… 48
    - (2) 中脳 …………………………… 48
    - (3) 間脳 …………………………… 49
  - 3．小脳 ……………………………… 50
  - 4．大脳 ……………………………… 50
    - (1) 大脳基底核 …………………… 50
    - (2) 大脳皮質 ……………………… 51

4章　呼吸と運動 ……………………………………………………………………………… 53
- ① 呼吸器の構造と機能 ………………… 53
- ② 呼吸運動 ……………………………… 54
- ③ 肺の容量 ……………………………… 55
- ④ 呼吸運動の調節 ……………………… 56
  - 1．呼吸中枢 ………………………… 57
  - 2．神経的調節 ……………………… 57

3．化学的調節 ……………………58
　　5　酸素と二酸化炭素の移行 …………59
　　6　運動時の呼吸数および換気量 ………60
　　7　運動と酸素 ………………………62
　　8　最大酸素負債量 …………………65

5章　循環と運動 ……………………………………………………67

　1　循環器概論 …………………………67
　2　心拍出量 ……………………………68
　　1．心拍出量の測定法 ………………68
　　2．安静時の心拍出量と姿勢，環境 …70
　　3．最大心拍出量 ……………………73
　3　動静脈酸素差 ………………………75
　4　心拍数 ………………………………75
　　1．安静心拍数 ………………………75
　　2．最高心拍数 ………………………76
　　3．負荷の強さと心拍数 ……………77
　　4．作業の種類と心拍数 ……………78
　　5．精神的緊張と心拍数 ……………79
　　6．潜水中の徐脈 ……………………79
　　7．気温と心拍数 ……………………79
　　8．心拍数の立上りと年齢 …………81
　5　スポーツ心臓 ………………………81
　6　血圧 …………………………………84
　　1．Poiseuille の法則 …………………85
　　2．血圧の日内周期 …………………85
　　3．運動と血圧 ………………………85
　　　(1) 自転車エルゴメータ運動 ………86
　　　(2) トレッドミル運動 ………………87
　　　(3) 歩行とランニング ………………87
　　　(4) 等尺性運動 ………………………87
　　　(5) 最大運動時の最高血圧と年齢 …89
　　　(6) 筋線維組成と血圧 ………………90
　7　酸素輸送系としての循環 …………90
　　1．最大酸素摂取量 …………………90
　　　(1) 最大酸素摂取量の測定法
　　　　（直接法）とその規準 ………90
　　　(2) 最大酸素摂取量の測定法
　　　　（間接法）……………………91
　　　(3) 最大酸素摂取量の示し方 ………93
　　　(4) 測定法による最大酸素摂取量
　　　　の違い …………………………95
　　　(5) 競技者の最大酸素摂取量 ………96
　　　(6) 一般人の最大酸素摂取量 ………97
　　2．最大酸素摂取量の制限因子 ……98
　　　(1) 換気量 ……………………………98
　　　(2) 肺拡散とヘモグロビンの
　　　　酸素結合力 ……………………99
　　　(3) 最大心拍出量 …………………100
　　　(4) 筋毛細血管から筋ミトコンドリア
　　　　への酸素の移行 ………………100

6章　エネルギー代謝と運動 ………………………………………103

　1　エネルギー代謝の測定法 …………103
　　1．直接熱量測定法 …………………103
　　2．間接熱量測定法 …………………103
　2　呼吸商と呼吸交換比 ………………104
　3　運動のエネルギー代謝の示し方 …105
　　1．酸素摂取量（$\dot{V}O_2$）………………105
　　2．消費カロリー ……………………106
　　3．メッツ（Mets）…………………106
　　4．エネルギー代謝率（RMR）……106
　　5．心拍数 ……………………………107
　4　基礎代謝 ……………………………107
　　1．体表面積の推定式 ………………107
　　2．体表面積を用いた基礎代謝の
　　　推定式 ……………………………108
　　3．体重を用いた基礎代謝の推定式
　　　………………………………………108
　5　身体活動時のエネルギー代謝 ……108
　　1．日常活動と運動のエネルギー代謝
　　　………………………………………108
　　2．歩行のエネルギー代謝 …………113

7章　体温調節と運動 ………………………………………………118

　1　体温 …………………………………118
　　1．体温の恒常性 ……………………118
　　2．体温の測定 ………………………118
　　3．体温の生理的変動 ………………119
　2　熱産生 ………………………………119
　　1．基礎代謝 …………………………119
　　2．特異動的作用 ……………………119
　　3．ホルモンの作用 …………………119
　　4．運動 ………………………………120
　3　熱放散 ………………………………120
　　1．伝導および対流 …………………121
　　2．放射 ………………………………121
　　3．不感蒸散 …………………………121
　　4．発汗 ………………………………121

5．汗 ……………………………… 122
　4　体温調節中枢と体温調節の
　　　メカニズム ……………………… 122
　　　1．温度受容器 …………………… 122
　　　2．体温調節中枢 ………………… 123
　　　3．体温調節の実施 ……………… 123
　5　運動時の体温調節 ………………… 124
　　　1．運動時の直腸温と皮膚温の変動
　　　　 ……………………………………… 124
　　　2．環境温と運動中の熱代謝 …… 125
　　　3．運動時の発汗 ………………… 127

　　　4．高温下の運動 ………………… 128
　　　5．高温に対する順化 …………… 128
　　　6．低温下の運動と順化 ………… 129
　6　熱射病 ……………………………… 130
　　　1．熱射病（熱中症）の実態 …… 131
　　　2．熱射病患者の臨床症状 ……… 133
　　　3．水分の補給 …………………… 134
　　　4．熱射病対策 …………………… 136
　　　　（1）アメリカスポーツ医学会
　　　　　　の主張 ……………………… 136
　　　　（2）日本体育協会の対策 ……… 138

8章　ホルモンと運動 …………………………………………………………………… 141

　1　ホルモンの概説 …………………… 141
　　　1．ホルモンとその特徴 ………… 141
　　　2．視床下部と下垂体 …………… 141
　　　　（1）下垂体 …………………… 141
　　　　（2）視床下部と下垂体前葉から
　　　　　　分泌されるホルモン …… 142
　　　　（3）視床下部と下垂体後葉から
　　　　　　分泌されるホルモン …… 143
　　　3．甲状腺 ………………………… 143
　　　4．上皮小体 ……………………… 144
　　　5．膵臓 …………………………… 144
　　　　（1）インスリン（インシュリン）
　　　　　　 ……………………………… 144
　　　　（2）グルカゴン ……………… 145
　　　6．副腎 …………………………… 145
　　　　（1）副腎髄質 ………………… 145
　　　　（2）副腎皮質 ………………… 146
　　　7．性腺 …………………………… 148
　　　　（1）睾丸 ……………………… 148
　　　　（2）卵巣 ……………………… 148

　　　　（3）女子の性周期 …………… 148
　2　運動によるホルモンの変化 ……… 150
　　　1．エピネフリン（アドレナリン），
　　　　ノルエピネフリン（ノルアドレナ
　　　　リン）と運動 ………………… 150
　　　2．成長ホルモンと運動 ………… 155
　　　3．甲状腺ホルモンと運動 ……… 157
　　　4．糖質コルチコイド，副腎皮質刺激
　　　　ホルモン（ACTH）と運動 …… 158
　　　5．レニン，アンギオテンシン，
　　　　アルドステロンと運動 ……… 160
　　　6．インスリン，グルカゴンと運動
　　　　 ……………………………………… 161
　　　　（1）インスリン ……………… 161
　　　　（2）グルカゴン ……………… 162
　　　7．性ホルモンと運動 …………… 164
　　　　（1）テストステロン ………… 164
　　　　（2）エストラジオールと
　　　　　　プロゲステロン ………… 166
　　　　（3）女子の性周期と運動 …… 167

9章　消化吸収と運動 …………………………………………………………………… 173

　1　消化器の運動 ……………………… 173
　　　1．咀嚼と嚥下 …………………… 173
　　　2．胃の運動 ……………………… 173
　　　3．小腸の運動 …………………… 174
　　　4．大腸の運動 …………………… 175
　2　消化と吸収 ………………………… 176
　　　1．口腔内消化 …………………… 176
　　　2．胃における消化 ……………… 177
　　　3．膵液 …………………………… 177
　　　　（1）たんぱく質消化酵素 …… 178
　　　　（2）脂肪消化酵素 …………… 178
　　　　（3）炭水化物消化酵素 ……… 178
　　　　（4）膵液の分泌 ……………… 178
　　　4．胆汁 …………………………… 178

　　　5．小腸内での消化吸収 ………… 179
　　　　（1）糖質 ……………………… 179
　　　　（2）たんぱく質 ……………… 179
　　　　（3）脂質 ……………………… 179
　3　運動時の消化吸収 ………………… 180
　　　1．運動時に起こる消化器症状 … 180
　　　2．食道の蠕動に対する運動の影響
　　　　 ……………………………………… 181
　　　3．胃内容の排出に対する運動の影響
　　　　 ……………………………………… 182
　　　4．胃液の分泌に対する運動の影響
　　　　 ……………………………………… 184
　　　5．小腸通過時間と運動 ………… 186
　　　6．大腸通過時間，胃腸通過時間と

　　　　　　運動 ……………………187
　　7．腸管の血流と運動 ……………189
　　8．腸管からの吸収に対する運動の
　　　　影響 ……………………………191

　　　　　(1) 全身的な測定法 ……………192
　　　　　(2) 小腸の部分的灌流法
　　　　　　　（三重管腔灌流法）………193

10章　骨と運動 ……………………………………………………………………………199

　1　骨とその役割 ………………199
　2　ヒトの骨のミネラル量と運動 …200
　　1．骨のミネラル量の測定法 ……200
　　　(1) 単一光子吸収法（SPA）……200
　　　(2) 二重光子吸収法（DPA）……201
　　2．発育期の骨のミネラル量と運動
　　　……………………………………202
　　3．成人の骨のミネラル量と運動
　　　……………………………………205
　　4．骨のミネラル量に及ぼす女性ホルモン
　　　とカルシウム摂取量の影響 ………207

　　　(1) 骨のミネラルと女性ホルモン
　　　　………………………………207
　　　(2) 骨のミネラルとカルシウム
　　　　の摂取量 ……………………210
　3　動物を用いた研究 ……………210
　　1．発育期の実験動物を用いた研究
　　　………………………………212
　　2．成熟した実験動物を用いた研究
　　　………………………………213

II部　運動と健康・体力

11章　寿命と運動 ……………………………………………………………………………223

　1　大学生時代のスポーツ活動と寿命
　　…………………………………224
　2　プロスポーツ選手の寿命 ……225
　3　社会人として運動を実施して
　　いる者の寿命 …………………227

　4　退職した高齢者の歩行が寿命に
　　与える効果 ……………………232
　5　動物実験による寿命の研究 …232

12章　臥床・不使用の生理学 ………………………………………………………………237

　1　臥床（ベッドレスト）による尿成分
　　の変化 …………………………237
　2　臥床による体液量の変化 ……238
　3　不使用による動物の骨の変化 …239
　4　臥床，無重力によるヒトの骨の
　　変化 ……………………………241

　5　不使用による筋肉の変化 ……242
　6　臥床による呼吸循環機能の変化 …244
　7　臥床による姿勢保持能力の変化 …248
　8　寝たきり老人の身体的特徴 ……249

13章　体力と体力テスト ……………………………………………………………………253

　1　健康と体力の定義 ……………253
　　1．健康の定義 ………………253
　　2．体力の定義 ………………253
　2　体力の構成因子 ………………254
　3　文部省の旧体力テストと
　　新体力テスト …………………256
　　1．小学校低・中学年運動能力テスト
　　　………………………………256
　　2．小学校スポーツテスト ………256
　　3．スポーツテスト ……………259
　　4．壮年体力テスト ……………260

　　5．日本人の体力の推移 ………261
　　6．文部省の新体力テスト ……268
　4　アメリカのYouth Fitness Test
　　…………………………………271
　5　ヨーロッパの体力テスト（Eurofit）
　　…………………………………272
　　1．呼吸循環の持久力のテスト …272
　　2．運動能力テスト ……………272
　6　国際体力テスト標準化委員会の
　　体力テスト ……………………273

7 運動負荷テスト ……274
1．医学的検査としての運動負荷テスト ……274
2．運動負荷テストの禁忌 ……275
3．生理学的検査としての運動負荷テスト ……275
4．運動負荷テストで得られる主な生理学的指標 ……275
 (1) 最大酸素摂取量 ……275
 (2) Anaerobic Threshold（AT）……276
 (3) Borg の scale ……279

14章　からだのトレーニング ……282

1 トレーニング総論 ……282
1．トレーニングとコンディショニング ……282
2．スポーツ・トレーニングの原則 ……283

2 筋肉のトレーニング（レジスタンス・トレーニング）……284
1．等張性トレーニング ……284
2．等尺性トレーニング ……285
3．等速性トレーニング ……286
4．等張性，等尺性，等速性トレーニングの比較 ……288
5．筋持久力のトレーニング ……288
6．筋力，筋持久力のトレーニングと筋線維タイプ ……289
7．プライオメトリックス ……290

3 呼吸循環機能のトレーニング ……291
1．体育科学センター方式 ……293
2．Cooper の aerobics ……294

15章　老化と運動 ……297

1 運動と関係が深い器官の働きの加齢に伴う変化 ……297
1．加齢に伴う運動ニューロンの変化 ……297
2．加齢に伴う骨格筋の変化 ……298
3．加齢に伴う呼吸循環機能の変化 ……300

2 加齢に伴う体力テスト値および競技記録の変化 ……302
1．筋力 ……302
2．筋パワー ……303
3．心肺の持久力 ……303
4．一流競技選手の競技記録 ……303

3 高齢者の運動 ……304
1．高齢者の健康チェック ……304
2．高齢者の筋肉トレーニング ……305
3．高齢者の持久力トレーニング ……307
4．高齢者の歩行 ……309

16章　肥満と運動 ……311

1 肥満と健康 ……311
2 肥満の判定法 ……311
1．体格指数から求める方法 ……311
2．標準体重から求める方法 ……313
3．皮下脂肪厚から求める方法 ……314
4．体脂肪率から求める方法 ……314
 (1) 水中体重測定法 ……315
 (2) 生体通電法 ……316
 (3) DEXA 法 ……317

3 肥満の対策 ……318
1．食物摂取の制限 ……318
2．運動量の増加 ……319
3．アメリカ・スポーツ医学会の減量プログラム ……319

17章　高血圧と運動 ……321

1 血圧の測定法 ……321
2 高血圧の判定基準 ……322
3 高血圧の罹患状況 ……322
4 運動と血圧に関しての横断的研究 ……323
5 運動と血圧に関しての縦断的研究 ……325
6 高血圧の予防と治療のための運動処方 ……328

18章　冠動脈硬化性心疾患と運動 ……………330

- 1　冠動脈硬化性心疾患の罹患状態についての活動的な職業と非活動的な職業の従事者の比較 …………330
- 2　冠動脈硬化性心疾患防止に対する余暇活動の効果 ……………333
- 3　冠動脈硬化性心疾患の防止に関するその他の問題 ……………337

19章　糖尿病と運動 ……………340

- 1　血糖を正常なレベルに維持するメカニズム ……………340
- 2　糖負荷試験 ……………342
- 3　糖尿病の者が運動を実施するに当たって考慮すべきこと …………342
- 4　II型糖尿病の特徴 ……………343
- 5　運動がII型糖尿病者に与える急性の効果 ……………344
- 6　運動がII型糖尿病者に与える効果と臥床の影響 ……………345
- 7　II型糖尿病者に適した運動 …………350
- 8　I型糖尿病者に適した運動 …………351

20章　健康・体力を保持するための運動とエネルギー所要量 ……………354

- 1　サーキット・トレーニング …………354
- 2　アメリカ・スポーツ医学会の処方 ……………356
  - 1．呼吸循環機能と身体組成 …………356
  - 2．筋力，筋持久力，身体組成と柔軟性 ……………356
- 3　著者の体力づくり ……………357
- 4　性，年齢別エネルギー所要量 ………359

索引 ……………360

I部 運動とからだの働き

1章　運動生理学とその発展
2章　筋肉と運動
3章　神経系と運動
4章　呼吸と運動
5章　循環と運動
6章　エネルギー代謝と運動
7章　体温調節と運動
8章　ホルモンと運動
9章　消化吸収と運動
10章　骨と運動

Ⅰ部　運動とからだの働き

1章　運動生理学とその発展

1　運動生理学とは

　運動生理学は運動に関する生理学であるから，運動生理学を理解するためにはその基礎となる生理学の知識を得て置くことが必要である．

　生理学は生体の正常な働きを体系立てて記述した科学で生物科学の一分野である．生体に共通した生理学的事実を記述したものを一般生理学，とくに人体に焦点を当てて記述したものを人体生理学と呼ぶことがある．このような分類に従えば，運動生理学は人体生理学に属する．

　医学は基礎医学と臨床医学とに大別されるが（さらにこれに社会医学を加える人もある），生理学はふつう基礎医学に属する．ただし疾病時のヒトの異常な働きを取扱った生理学は臨床生理学と呼ばれていて，これは臨床医学に属する．

　生理学は生体の機能に関する科学であるから，生体の形態に関する科学である形態学（医学ではふつう解剖学と呼ばれる）と対比される．しかし形態と機能とは密接な関係があるので，生理学においても形態を十分に配慮することが大切である．

　人体が特定の条件下に置かれた場合の生理学は応用生理学と呼ばれる．運動生理学は環境生理学，宇宙生理学，臨床生理学とともに応用生理学に属する．

　現在，運動生理学（Exercise Physiology）のほかに，スポーツ生理学（Sports Physiology）という用語も使用されているが，後述のように現在では運動の内容が大部分スポーツによって占められているので，運動生理学とスポーツ生理学とは内容的にあまり変りがないと考えて差支えない．

2　運動とスポーツ

　運動（exercise）は身体活動の一種であるが，一般に歩く，泳ぐ，投げるなどのように大きな筋肉を使用した身体活動を指して用いられている．したがって，運動はその際に使用されるエネルギー量が大きく，全身のいろいろな器官が運動時に協調して働き，また運動によって期待される効果も大きい．絵を画く，ワープロを打つ，編物をするなどの手先だけを使った作業は身体活動ではあるが運動とは呼ばれない．

　スポーツ（sports）は余暇に自分の意志で行なう運動である．この言葉の語源は中世英語の"desport"あるいは"disport"にあって，その言葉の短縮によってスポーツに

なったとされている．この中世英語は古代フランス語の"desporter"にまでさかのぼるが，このフランス語の意味は「仕事から引き離す」である[4]．

したがって，勤労者の職業活動や職場への通勤，主婦の家事労働は余暇活動ではないので，ふつうこのような活動はスポーツとされていない．この点から見れば，プロ・スポーツ競技者のスポーツ活動は職業活動であるから厳密な意味ではスポーツ活動とはいえないが，アマチュアの実施するスポーツ活動と内容的に区別できないので，プロ・スポーツ競技者のスポーツ活動もスポーツに含められている．

スポーツの代表的なものは競技スポーツである．競技スポーツは一定の規則に基づいて相手と勝敗を争うスポーツである．特定の相手がない場合には個人スポーツ，相手が1人の場合には対人スポーツ，相手が多数の場合には集団スポーツと呼ばれている．競技スポーツでは相手に勝ったり，すぐれた記録をだすことに全力を尽くして競技を行なうためにスポーツに伴なう身体的，精神的負担度が大きく，このことから競技者の体力と精神力を向上させる効果が期待されるが，その反面，スポーツ活動時に外傷を受けたり，過使用によって身体の特定の部位に障害を起こしたり（過使用症候群）しやすい．

競技スポーツのみならず，非競技スポーツも性，年齢を問わず広く実施されている．散歩，ジョギング，海水浴，登山，ハイキング，魚釣りなどがその例である．スポーツ大辞典[7]によれば「スポーツということばは広義には楽しみや健康を求めて自発的に行なわれる運動をいい，狭義には競争として行われる運動を意味する」と述べられている．

総理府の調査（1992）[12]によれば，20歳以上の男女2,310人が「運動・スポーツを行なった理由」として答えた結果は表1-1に示す通りであった．表1-1から現代人が運動を行なった理由としてあげた項目は「楽しみ，気晴らしとして」59.9％，「健康・体力づくりのため」45.7％，「友人・仲間との交流として」44.1％，「運動不足を感じるから」35.7％であり，「精神の修養や訓練のため」と「記録や能力の向上のため」を挙げた者はそれぞれ5％にも達しなかった．このように現代人は運動・スポーツを楽しみ，健康・体力づくりの手段および友人との交流の手段として利用し，人間形成やス

表 1-1　運動・スポーツを行なった理由．

	楽しみ，気晴らしとして	健康・体力づくりのため	友人・仲間との交流として	運動不足を感じるから	家族の触れ合いとして	美容や肥満解消のため	精神の修養や訓練のため	記録や能力の向上のため
総　数〔年　齢〕	59.9	45.7	44.1	35.7	17.1	7.5	4.2	3.0
20〜29歳	70.4	35.6	56.3	29.1	11.3	7.3	5.3	5.7
30〜39歳	64.5	36.4	43.5	36.7	29.9	7.7	4.4	4.1
40〜49歳	61.0	42.1	47.2	35.3	24.3	6.3	3.0	2.3
50〜59歳	55.2	57.9	39.1	36.8	7.7	8.4	4.2	1.5
60〜69歳	43.3	63.5	31.5	46.1	3.4	10.7	3.4	1.7
70歳以上	52.3	60.0	35.4	24.6	1.5	3.1	7.7	1.5

注：運動・スポーツを行なったと答えたものに対する割合（％），複数回答
（総理府：体育・スポーツに関する世論調査．世論調査 24(5)：2-55，1992．）

ポーツの記録に挑戦する人はごくわずかである．

3 運動生理学の発展

　生理学は主として安静状態における生体の機能に関する科学であるが，ヒトは病気や睡眠時を除いてつねに活動しているので，各器官の働きは安静時とは同じでない．そこで20世紀になって生理学の基礎が確立されたのに伴って，運動が各器官に与える影響などが注目されるようになった．

　一方，臨床医学においても20世紀の初めまでは，臥床しているヒトの疾病の治療が主体であったが，第1次世界大戦を契機として傷病軍人の疾病を治療するばかりでなく，彼等を社会生活に復帰させることも重要だという認識が高まり臨床医の間にも患者を社会生活に復帰させることへの関心が高まった．とくに第2次世界大戦以後には，人口の高齢化と慢性疾患の増加に伴って，健康人と病人との境界が取払われて，すべての臨床医が病人のみならず健康人をも視野に入れるようになった．その結果，運動による疾病の予防と治療という点で臨床医の運動への関心が深まった．

　第2次世界大戦以前には，暑さ寒さの厳しい環境下での重労働が広く行なわれていたので，運動生理学は職業労働の生理学として関心が持たれていた．Atzler[2]は1938～1939年に「労働生理学」と題して総説を書いているが，労働生理学の課題として「職業労働が人体に与える反応を研究するのみならず，ヒトの労働力をできるだけ合理的に実生活に導入すること」と述べている．

　第2次世界大戦以後には作業の電化，機械化，オートメ化によって，職業としての長時間の激しい肉体労働はほとんど行なわれなくなった．これに伴って運動生理学は労働生理学からスポーツ生理学へと変化してきた．ÅstrandとRodahl（1970）[1]は「Textbook of Work Physiology」の序文で「この本が体育のみならず臨床生理学や応用生理学の教育にも役立ち，青年，老人，健康人，病人に対して体育の役割の重要さを認めさせるようになることが著者たちの願いである」と述べているが，Atzlerの著述とほぼ同じ題名でありながら，著者たちの意図がかなり変わってきたことが理解できよう．

　日本において最初に出版された運動生理学の専門的著書は小笠原道生[10]「体育生理学要綱」で，昭和3年に出版された．著者は当時，大正13年（1924年）に設立された国立体育研究所の技師を務めていた．このことが彼が体育生理学という用語を用いた1つの理由であると思われる．この本の目次を表1-2に示す．

　この本の緒論に「体育が国家並びに個人の生活において必要欠くべからざるものであることはいうまでもない」と記されていて，第2次世界大戦前の日本の教育は常に国家という目標があったことが示されている．

　この本は内容的には生理学の知識が大部分であるが，当時の生理学では神経生理学が中心であったのに対して，この本では筋肉，循環，呼吸に重点が置かれて，神経，感覚，ホル

表 1-2 「体育生理学要綱」の目次．

緒論
第1編　筋肉
第2編　循環系統
第3編　呼吸
第4編　姿勢・運動
第5編　身体諸器機能の調和・統制
第6編　物質代謝・勢力代謝
第7編　修練及び疲労

（小笠原道生：体育生理学要綱．目黒書店，1928．）

モンが第5篇にまとめて記されている．また重労働の生理学ではなく，スポーツ活動時のからだの変化がある程度述べられている．

第2次世界大戦直後は食糧不足に悩まされて，余暇活動は無駄にエネルギーを消費するものとして，まったく省みられなかった．しかし1950年頃から社会が落ち着きを取戻し，日本体力医学会（1949年）および日本体育学会（1950）が発足し，運動生理学の成果を発表し討論する場が造られた．図1-1[11)]は日本体力医学会大会，表1-3[4)]は日本体育学会大会における運動生理学領域の発表演題数の経過を示している．これらの図と表から1960—70年代が日本の運動生理学の発展期に当たったことが示されている．なお，日本体力医学会大会は国民体育大会の一環として国民体育大会の開催県で開催され，このことも運動生理学の発展と普及に役立ったと思われる[5)]．

1964年に東京オリンピック大会が開催されたが，それに備えて競技選手の強化が日本体育協会を中心に強く叫ばれて，これに学問的根拠を与えるものとして，運動生理学の認識が深まった．「東京オリンピックスポーツ科学研究報告」[9)]には競技種目別に選手強化の実態が述べられている．また東京オリンピック大会の行事の1つとして，スポーツ科学に関する国際会議を開催したことも，運動生理学を国際的視野に立って推進するのに役立った．この報告書は1966年に英文で出版された[6)]．

東京オリンピック大会以後は青年競技選手の競技力の強化よりも，一般人の健康体力づくりに関心が高まった．平均寿命の伸びと人口の高齢化もこの傾向の推進力となった．文部省が小学校スポーツテスト，スポーツテスト，壮年体力テストを作成して，小学生から60歳の高齢者までの体力の推移を明らかにしようと試みたことは，こ

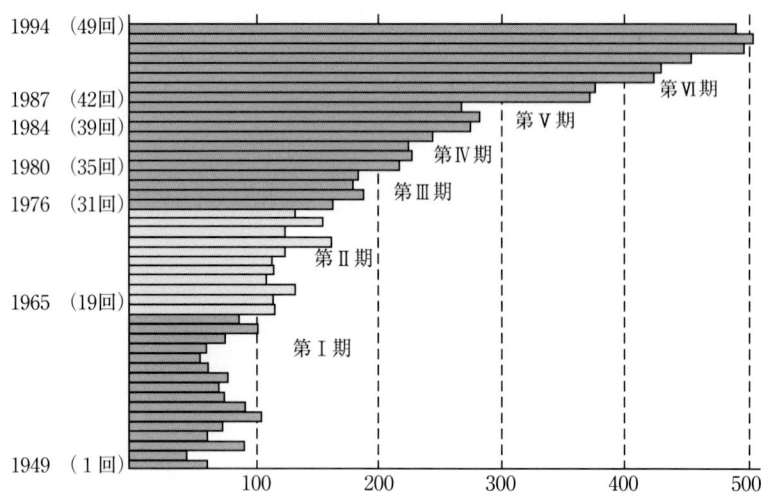

図1-1　日本体力医学会大会で発表された一般演題数の推移．
（小野三嗣：日本における体力医学研究の歴史と展望．大修館，1991に一部加筆）

表1-3　日本体育学会における生理学領域の発表演題数．

大会	1	5	10	15	20
年次	1950	1954	1959	1964	1969
演題数	12	42	84	43	81

（猪飼道夫ほか編：体育科学辞典．第一法規，1970．）

表 1-4 スポーツ医学の中心的課題 (Hollmann, W. : Zentrale Themen der Sportmedizin. Springer, 1977)

① 心臓学における予防医学の手段としてのスポーツと身体的トレーニング
② スポーツにおける心臓と循環
③ スポーツ心臓
④ スポーツにおける肺機能,呼吸およびガス代謝
⑤ 身体活動が血液に及ぼす影響
⑥ エネルギー代謝と身体的パフォーマンス
⑦ スポーツマンの栄養
⑧ 高地における体力
⑨ 高温下の身体作業
⑩ トレーニング
⑪ スポーツのバイオメカニクス
⑫ 青年とスポーツ
⑬ 高齢者とスポーツ
⑭ 女性とスポーツ
⑮ 心臓循環疾患のリハビリテーションにおける運動療法
⑯ ドーピングまたはスポーツにおける薬物
⑰ スポーツ外傷

の時代の要請に合致したものであった．このテストの結果は毎年文部省から発表されて現在にいたっている[8]．

　一般人の健康体力づくりへの関心が高まったことに呼応して，運動による疾病の予防が運動生理学の重要な課題となった．これに関する研究は現在なお盛んに行なわれているので，確立された重要な知見については本書の第2部で取り上げるようにした．

4 運動生理学の課題

　運動生理学の中心的課題として何を取り上げるかは研究者によって必ずしも意見が一致しないかも知れないので，ここではHollmannの著書[3]「スポーツ医学の中心的課題」の内容を表1-4に示す．運動生理学とスポーツ医学とは前者では治療を含まない点が異なるが，前者が後者の主体となっているので，表1-4の⑰を除きすべて運動生理学の課題として取り上げることができる．もし，著者がこれに加えるとすれば，「糖尿病の予防および治療としての運動」「骨粗鬆症の予防としての運動」をあげたい．これらについては本書で取り上げて記載してあり，本書の特徴の1つとなっている．また近い将来に「免疫と運動」が加えられるであろうが，まだ発達が不十分と考えて本書では割愛する．

[文　献]

1) Åstrand, P.-O. and Rodahl, K. : Textbook of work physiology. McGraw-Hill, 1970.
2) Atzler, E. : Arbeitsphysiologie. Erg. Physiol. **40** : 325-436, 1938 および **41** : 164-291, 1939.
3) Hollmann, W. : Zentrale Themen der Sportmedizin. Springer, 1977.
4) 猪飼道夫，江橋慎四郎，飯塚鉄雄，高石昌弘：体育科学辞典．第一法規，1970.
5) 石河利寛：体力医学50年の歩み．体力科学 **45** : 3-4, 1996.
6) Kato, K. ed. : Proceedings of International Congress of Sport Sciences, 1964. Japanese Union of Sport Sciences, Tokyo, 1966.
7) 岸野雄三，黒田善雄，鈴木祐一：スポーツ大事典．大

修館，1987．
8) 文部省体育局：体力・運動能力調査報告書，毎年発行．
9) 日本体育協会：東京オリンピックスポーツ科学研究報告，1965．
10) 小笠原道生：体育生理学要綱．目黒書店，1928．
11) 小野三嗣：日本における体力医学研究の歴史と展望．大修館，1991．
12) 総理府：体育・スポーツに関する世論調査．世論調査 24（5）：2-55，1992．

Ⅰ部　運動とからだの働き

2章　筋肉と運動

1 筋肉の分類と骨格筋の構造

　筋細胞は細長い形をしているので，ふつう筋線維と呼ばれている．筋線維の長さは1 mm〜30 cm，直径は10-100 μm である．筋肉はその働きの点から随意筋と不随意筋とに分けられる．前者は運動神経の支配を受けていて，意志の働きによって収縮させることができるが，後者は意志と関係なく自律神経の支配を受ける．随意筋はふつう両端が骨に付着しているので，骨格筋とも呼ばれている．不随意筋は心臓，消化管や全身の血管などの運動を行なう．筋線維を顕微鏡で観察すると横縞模様が見られるものを横紋筋，この模様が見られないものを平滑筋と呼ぶ．骨格筋と心筋は横紋筋であり，心臓以外の不随意筋は平滑筋である（表 2-1）．

　ヒトの随意運動ではいくつかの骨格筋が同時に働き，その働きの強さや働らく時間が複雑に組合せられている．ふつう同じような働きをする筋群を協同筋，反対の働きをする筋群を拮抗筋と呼ぶ．

　骨格筋は体重の約40%を占め，1つの骨格筋は数千個の筋線維から成立っている．これらの筋線維は10数個またはそれ以上が結合組織で束ねられ，この束が集ってさらに幾重にも結合組織で束ねられて，筋全体が筋膜に包まれている．

　筋線維の細胞膜は筋鞘，細胞質は筋形質と呼ばれる．骨格筋線維は細胞内に多数の核を持つが，これは発生段階で多数の細胞が融合して筋線維ができたからである．筋線維の特徴の1つとして，筋形質に直径1〜2 μm の多数の筋原線維が平行して走っていることで，筋線維の収縮は筋原線維の収縮によって起こる．

　骨格筋線維を顕微鏡下で観察すると，明暗の横縞が規則正しく並んでいることがわかる．明るい部分を明帯，暗い部分を暗帯と呼ぶ．この横縞は筋原線維に横縞があり，それが規則正しく配列されているからで，平滑筋線維にはこのような横縞が見られない．明帯の中央部に暗い部分があり，Z 膜と呼ばれ，筋原線維はこの部分で区切られている．また暗帯の中央部には明るい部分があり，H 帯と呼ばれている（図 2-1）．

　筋原線維はさらに細い筋フィラメントから構成されている．筋フィラメントには太いものと細いものとがあり，前者はミオシン・フィラメント，後者はアクチン・フィラメントと呼ばれている．太いミオシン・フィラメントの方が光学顕微鏡下で光線を通しにくい

表 2-1　筋肉の分類．

筋肉		
随意筋	骨格筋	横紋筋
不随意筋	心筋	
	消化管の筋	平滑筋
	血管の筋	
	など	

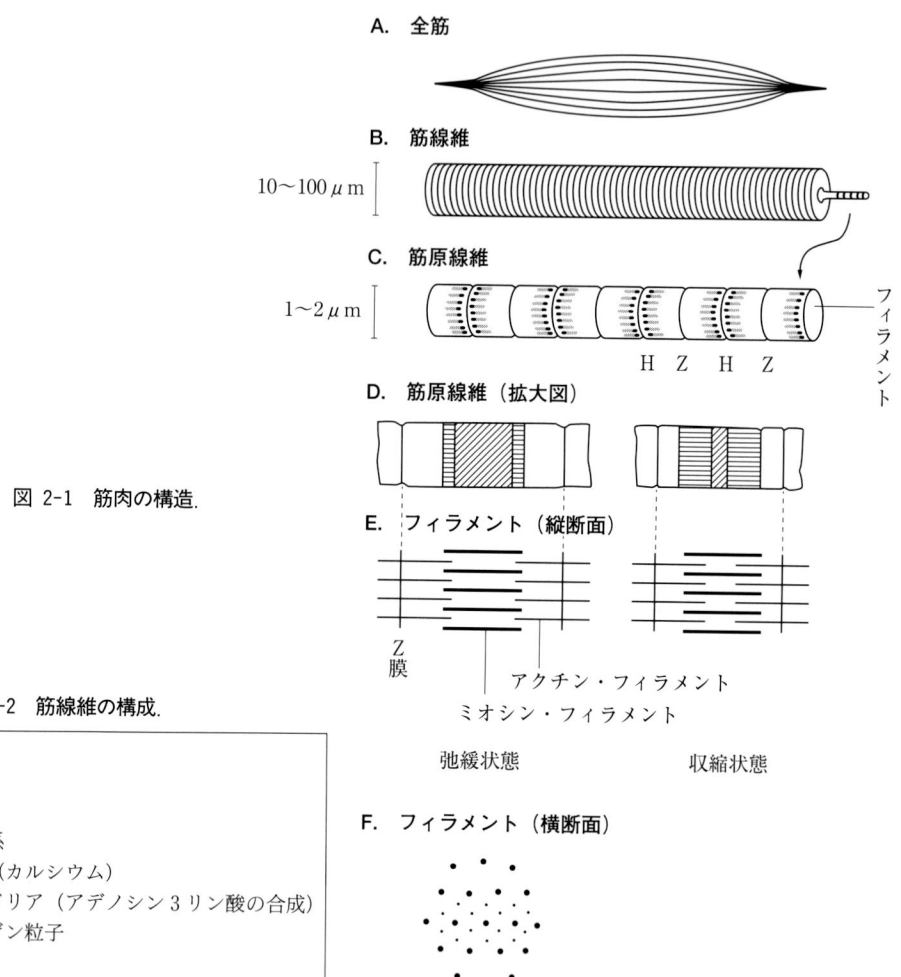

図 2-1 筋肉の構造.

表 2-2 筋線維の構成.

```
筋線維 ┌ 筋鞘
       └ 筋形質
         筋原線維
         横行小管系
         筋小胞体（カルシウム）
         ミトコンドリア（アデノシン3リン酸の合成）
         グリコーゲン粒子
         脂肪球
```

ので暗帯を構成している．また細いアクチン・フィラメントがミオシン・フィラメントと重なり合っていない部分が明帯を構成している．アクチン・フィラメントはZ膜に付着している．筋肉が収縮している時には2種類のフィラメントの重なり合いが大きくなり，弛緩している時には重なり合いが少なくなる．フィラメントを横断して見ると，太いフィラメントの周囲を細いフィラメントが6個取巻いている．

　筋鞘の一部に穴があいていて，ここから直角に管が筋線維内に入り筋原線維の間を走り，これに筋小胞体が接している．この管は横行小管系と呼ばれ，細胞外液を入れている．筋小胞体は筋原線維の間にあって筋原線維を取巻き，内部にカルシウムを貯えている（表2-2）．

　ミトコンドリアは筋原線維の間にあって，ここで炭水化物や脂肪が分解の最終段階で酸化されて，筋収縮の直接のエネルギー源となるアデノシン3リン酸が合成される．

　グリコーゲン粒子と脂肪球は筋形質にあってエネルギーの貯蔵物質である．

2 筋収縮のメカニズム

骨格筋を支配する運動神経が興奮してから，骨格筋が収縮するまでの過程を簡単にまとめればつぎのようになる（図2-2）．
(1) 運動神経に興奮が起こると，活動電位がこの細胞の軸索を伝わって下降して運動終板に到達する．(2) 終板において運動神経末端からアセチルコリンが分泌されて，これが筋線維を興奮させて筋線維に活動電位が発生する．(3) 筋の活動電位が筋線維上を伝わって横行小管系を経て筋線維の内部に伝わり，筋小胞体を興奮させる．(4) 筋小胞体がカルシウムイオンを放出する．(5) 放出されたカルシウムイオンがアクチン線維とミオシン線維を結合させて，両線維が互に平行移動して重なり合いの部分が増すことによって筋収縮が起こる．

つぎに，筋収縮が起こるまでに関与する個々の部位について詳しく説明を加えれば，つぎのようになる．

運動神経の細胞体は脊髄前角にあり，ここから軸索が伸びて前根を通って脊椎外にでて，筋線維に到達する前に多数に枝分かれして，それぞれの枝が別の筋線維に達する．1本の運動神経とその支配下にある多数の筋線維とを合せて運動単位と呼ぶ．後で述べるように筋線維は遅筋線維と速筋線維とに大別される．2種類の筋線維は入りまじって存在するが，それぞれの筋線維は別の運動神経の支配を受ける（図2-3）．同一の運動神経の支配を受ける筋線維群は運動神経の活動電位を同時に受取って同時に収縮する．したがって多数の筋線維が同一の運動神経から活動電位を受取る場合には細かい運動ができない，また同一運動単位に属する筋線維の筋電図波形を分離して記録することができない．

運動神経終板は運動神経と筋線維との接合部に当たる．軸索を下降した活動電位がこの部分に到着すると，運動神経の末端からアセチルコリンが分泌されて，これが筋線維を興奮させる．筋線維は静止状態では筋鞘の内面が外面に対しておよそ$-80\,\mathrm{mV}$に保たれている（静止電位）．筋線維に興奮が起こると，筋鞘におけるイオンの透過性

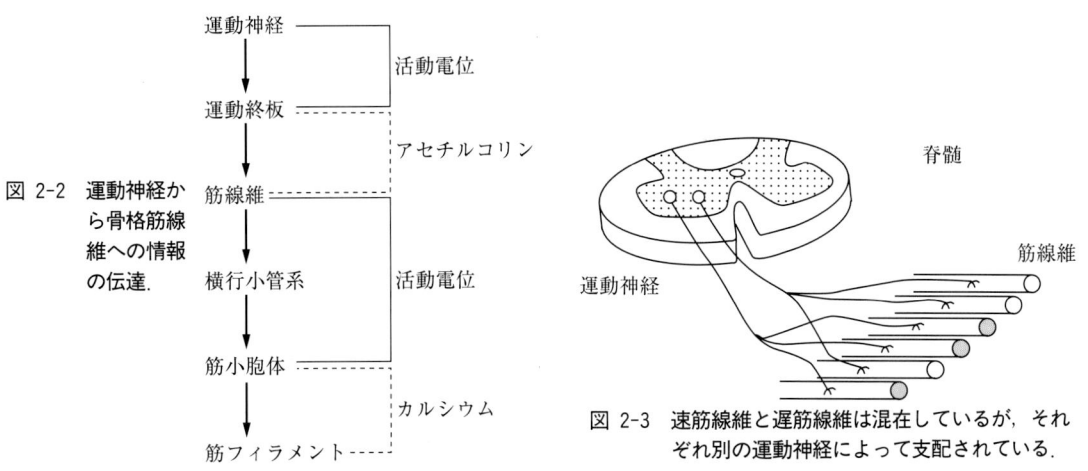

図2-2 運動神経から骨格筋線維への情報の伝達．

図2-3 速筋線維と遅筋線維は混在しているが，それぞれ別の運動神経によって支配されている．

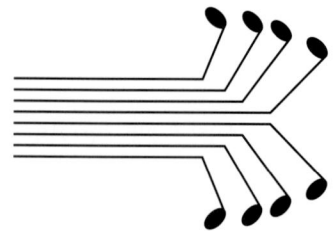

図 2-4 ミオシン・フィライメント．

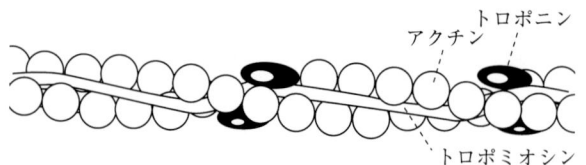

図 2-5 アクチン・フィライメント．
(江橋節郎：筋収縮制御の分子的機構．生体の科学 25(5)：397-407，1976)

が高まって静止電位が逆転して筋鞘の外面の電位が内面に対してマイナスとなる（活動電位）．このマイナスの電位が筋鞘の上を伝導して行く．筋に興奮を起こさせたアセチルコリンはアセチルコリン・エステラーゼの働らきによって，コリンと酢酸とに分解される．

　横行小管系は細胞膜の興奮を細胞内部に伝える役目をしていて，この興奮が筋小胞体に伝えられると，筋小胞体にたんぱく質と結合して貯えられていたカルシウムイオンが筋形質内に放出される．

　すでに述べたように筋原線維はミオシン・フィラメントとアクチン・フィラメントから構成されている．前者はミオシン分子からなり，これはアクチン・フィラメントと結合する頭部と細長い軸部から成立っている（図2-4）．後者はアクチン，トロポミオシン，トロポニンの3成分から成立っている（図2-5）．

　小胞体から放出されたカルシウムイオンはトロポニンと結合する．これによって，アクチンとミオシンの結合を抑制していたトロポミオシンの作用が抑えられて，アクチンとミオシンとが結合してアクトミオシンを生じ，ミオシンの頭部がアクチンをたぐり寄せて2つのフィラメントの重なりが増す[3]．

　現在ではトロポニンはさらに3つに細分されている．すなわち，カルシウムと結合するのはトロポニンCで，この結果トロポニンIの作用が押えられて，トロポニンTがトロポミオシンと結び付き，トロポミオシンの作用が押えられてアクトミオシンが生じるとされている．

3　骨格筋線維のタイプ

　ヒトの骨格筋をタイプによって区分するには筋バイオプシー（筋生検）によって新鮮な筋肉を採取しなければならない．すなわち，先端が鈍な中空の針（外筒）をあらかじめ切開した皮膚を通して筋肉内に挿入し，針の一部に開けられた穴から外筒の中空部に入った筋肉の一部を中空の針の内側に沿って挿入された鋭い針（内筒）でカットして採取する[2]（図2-6）．このことを行なうためには，比較的大きくて神経や血管を損傷するおそれのない筋肉が選ばれる．この点から脚では大腿四頭筋（とくに外側広筋）が，腕では三角筋がバイオプシーの対象としてよく用いられる．

　採取した筋サンプルは染色して基本的に2種類のタイプに区分される．すなわち，遅筋線維（ST線維）と速筋線維（FT線維），またはタイプⅠ線維とタイプⅡ線維に区分される．速筋線維をさらに酸化能力の高いもの（oxidative）とそうでないものに区

表 2-3 筋線維タイプとその特徴.

項目	線維タイプ	
	ST, I	FT, II
刺激閾値	低い	高い
収縮特性		
収縮速度	おそい	速い
疲労しやすさ	おそい	早い
組織学的所見		
ミトコンドリア	密度大	密度小
毛細血管	密度大	密度小
物質の量		
ミオグロビン	大	小
中性脂肪	大	小
グリコーゲン	大	大
クレアチンリン酸	小	大
酵素活性		
酸化酵素	高い	低い
解糖酵素	低い	高い

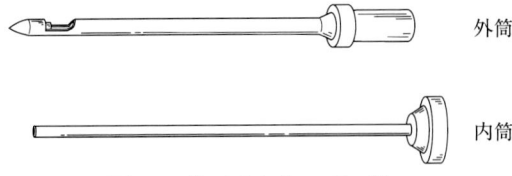

図 2-6 筋バイオプシー用の針.
(Bergström, J.：Percutaneous needle biopsy of skeletal muscle in physiologocal and clinical research. Scand. J. Cli. Lab. Invest. 35：609-619, 1975)

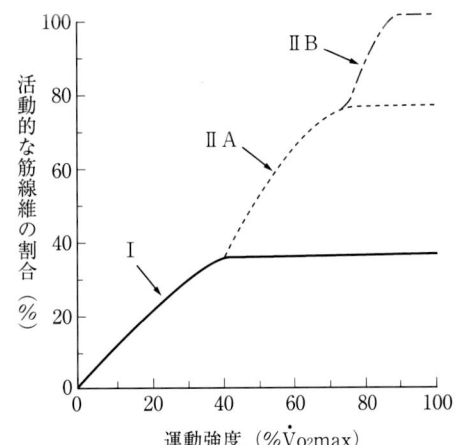

図 2-7 運動強度と動員される筋線維タイプの関係.
(Sale, D. G.：Influence and training on motor unit activation. Pandolf, K. B. ed.：Exercise and Sport Sciences Reviews 15：95-151, 1987)

分する場合があり，この場合，前者の区分ではSO，FOG，FG，後者の区分ではⅠ，ⅡA，ⅡBの3つに区分される．2種類の区分は染色法が多少異なっていてヒトの場合にはふつう後者の区分が用いられることが多い．

　2つに区分された筋線維タイプにはそれぞれ特徴があり，この特徴を表2-3に示す．
　刺激の閾値はⅠ型線維の方が低いので，運動強度を弱い方から次第に運動を強くして行くと，まずⅠ型線維が活動し，最大酸素摂取量の40%を越えると，Ⅱ型線維のうちⅡAが働らき，さらに75%以上となるとⅡBが収縮に参加するようになる（図2-7）[24]．したがって，弱い運動だけでは，Ⅰ型線維のみしかトレーニングされず，全力に近い運動をしないと，すべての筋線維を動員することができない．

　バイオプシーがよく行なわれる大腿四頭筋や三角筋では遅筋線維と速筋線維の割合は大部分の人ではほぼ等しい．また一般的に体表面に近いところにある筋肉は深層部にある筋肉よりも速筋線維の割合が多い．したがって下腿の表層部にある腓腹筋は深層部にあるヒラメ筋よりも速筋線維の割合が大きい．速筋線維と遅筋線維の割合には性差が認められていない．

　Ⅰ型線維は酸化的な代謝を行なうミトコンドリアの密度が大きく，筋肉での酸素の取込みに直接関与する毛細血管が発達している．また筋線維内で酸素を運搬するミオグロビン量が多く，酸化のエネルギー源となる中性脂肪とグリコーゲンを多く含み，

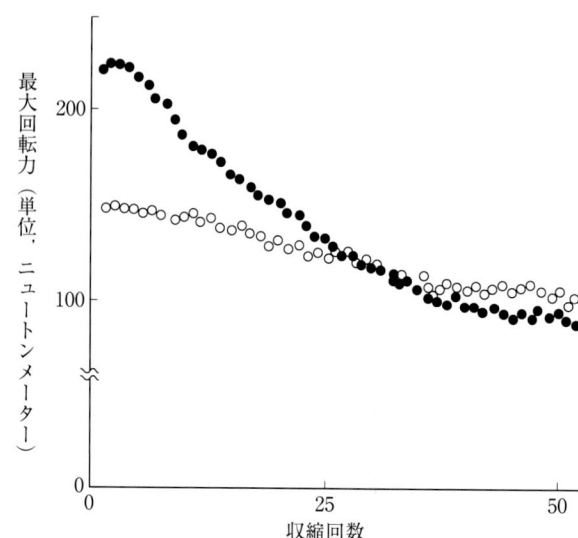

図 2-8　角速度180°/秒で膝を連続50回収縮させた時の最大回転力の変化．黒丸は速筋線維70%，白丸は遅筋線維70%の人．
(Tesch, P., Sjödin, B., Thorstenson, A. and Karlson, J.：Muscle fatigue and its relation to lactate accumulation and LDH activity in man. Act. Physiol. Scand. 103：413-420, 1978)

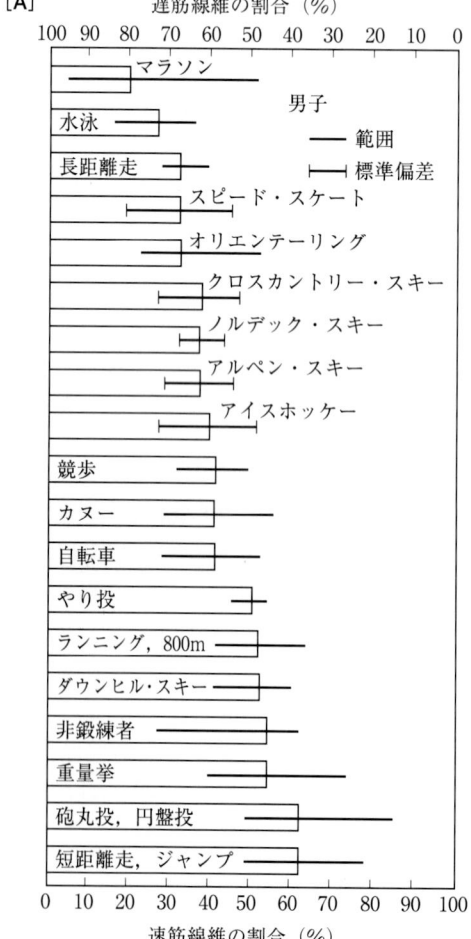

図 2-9　[A] いろいろな種目の男子競技者の速筋線維と遅筋線維の割合．
(Fox, E. L.：Sports Physiology, 1979)

酸化酵素の活性も高い．これらのことはすべて，Ⅰ型線維が疲労しにくいことと結び付いている．

一方，Ⅱ型線維は，酸素の供給が不十分となりやすい強い筋収縮の時にも働くので，このような状態でエネルギーを消費するのに好都合な解糖酵素の活性が高い．

膝を全力で屈曲する運動を50回繰返し，その際に発揮される力の変化を調べると[26]，速筋線維を沢山持っている人は，最初には強い力を発揮することができるが，反復すると力が急速に低下する．遅筋線維を沢山持っている人は，反復運動によって力の低下が少ないことが知られている（図2-8）．これは2つの線維タイプの違いが原因とされている．

このようにⅠ型線維とⅡ型線維とが種々の点で異なった性質を持っているので，どちらの線維を沢山持っているかは競技スポーツの適性に関係が深い．いろいろなスポーツ種目の選手についてこの点を調査した結果を図2-9［A］［B］に示す．図から男女ともに，長距離走，クロスカントリー・スキー，競歩，自転車競技，水泳などでは遅筋線維の割合が多く，短距離走，ジャンプ，投擲では速筋線維の割合が多い．すなわち筋線維の性質と競技種目の性質とが一致する．水泳は短距離種目でも水中の動作なので，筋の収縮速度が遅いので遅筋線維が多い．

上述のように，スポーツ種目によって筋線維の組成が異なっているのは，先天的（遺伝）か，後天的（スポーツ種目によって筋の使い方が異なる）かが問題となる．この点を明らかにするために，一卵性双生児と二卵性双生児について，一組の双生児間の筋線維の組成の一致度を調べた結果が図2-10に示されている．一卵性双生児では一組

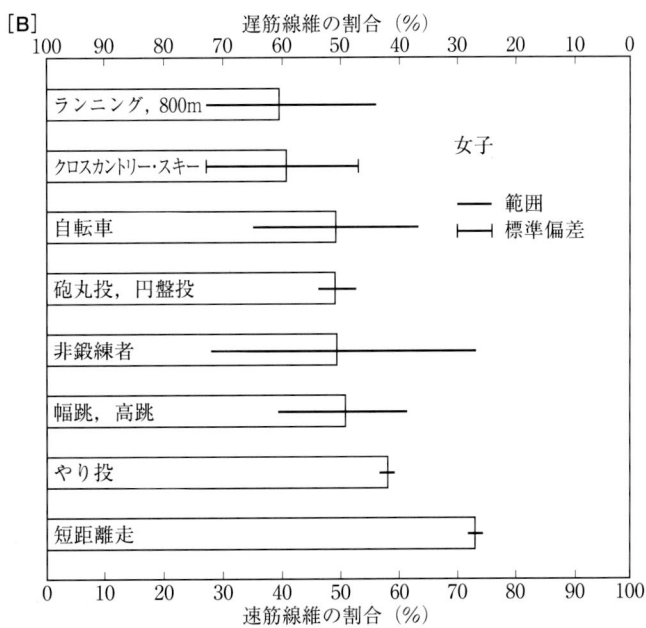

図2-9　［B］いろいろな種目の女子競技者の速筋線維と遅筋線維の割合．
(Fox, E. L.: Sports Physiology. Saunders, 1979)

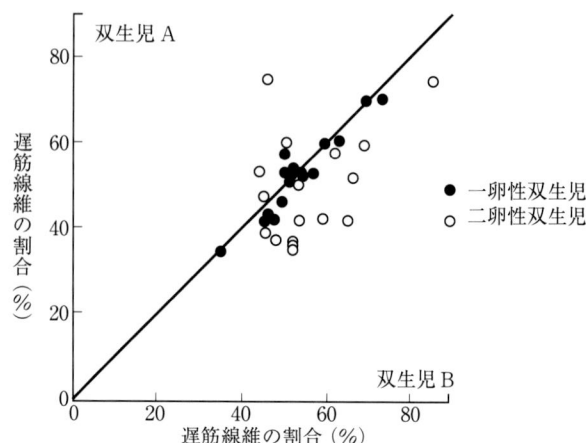

図 2-10 一組の双生児の外側広筋の筋線維組成（遅筋線維の割合を示す）．
(Komi, P. V., Vitasalo, J. H. T., Havu, M., Thorstensson, A., Sjödin, B. and Karlssos, K.：Skeletal muscle fibres and muscle enzyme activities in monozygous and dizygous twins of both sexes. Acta Physiol. Scand. 100：385-392, 1977)

の双生児（AとB）の筋線維の組成がほぼ一致しているので図の45°の角度で引かれた直線の付近にあり，二卵性双生児ではバラツキが大きい．この結果は筋線維の組成を決定するのに遺伝的要因が強いことを示している．

一方，ヒトのトレーニングによって，筋線維組成の変化を観察した研究は非常に少なく，Allemeier らの研究[1]によっても，自転車エルゴメータを用いてスプリント・トレーニングを行なったが筋線維組成は変化しなかったと報告されている．このことも筋線維の組成が遺伝によることを支持している．しかし，トレーニングによってⅡB→ⅡAという変化が起こって，タイプⅡ線維の中でも酸化能力の高い線維が増加し，トレーニングを中止するとⅡA→ⅡBの変化が起こることが知られており，上に引用した研究[1]でも，ⅡB→ⅡAの変化が観察された．

4　筋収縮のエネルギー

筋収縮に用いられる直接のエネルギー源はアデノシン3リン酸である．しかし，この物質が筋中に含まれる量は極めて少量であるから，いろいろな方法でアデノシン3リン酸を合成して筋肉に供給するようなメカニズムが働らき，この結果筋収縮を継続することができる．

1．ATP-CP 系

アデノシン3リン酸(ATP)はアデノシンに3個のリン酸が結合したものであるが，そのうち2個が高いエネルギーを持ち，高エネルギーリン酸と呼ばれている．この高エネルギーリン酸の持つエネルギーが直接筋収縮に用いられ，この結果，アデノシン2リン酸（ADP）と無機リン酸（Pi）を生じる．

$$\text{ATP} \xrightarrow{\text{ATPase}} \text{ADP} + \text{Pi} + \text{Energy}（筋収縮に用いられる）$$

ATP の分解はアデノシン3リン酸酵素（ATPase）の働きによって行なわれるが，ミオシン・フィラメント自体がATPaseとして作用する．すなわち，ミオシン・フィ

ラメントとアクチン・フィラメントが結合すると，ミオシン・フィラメントのATPase
としての働きが活性化されてATPの分解が起こる．

ATPが分解されると筋収縮を続けるためにつぎの2つの方法でATPが補充される．

① $2\,ADP \xrightarrow{\text{アデニル酸キナーゼ}} ATP + AMP$

② $CP + ADP \xrightarrow{\text{クレアチンキナーゼ}} ATP + C$

- ①では2分子のADPが分解してATPとアデノシン1リン酸（AMP）を生じる反応で，この作用を媒介する酵素はアデニル酸キナーゼまたはミオキナーゼと呼ばれる．1分子のATPは高エネルギーリン酸を2個しか持っていないので，AMPのりん酸は筋収縮のエネルギーとして使用できない．
- ②ではクレアチンリン酸（CP）の持つ高エネルギーリン酸をADPに与えて，ATPを再合成す方式を示したものである．CPは筋にATPの約3倍の濃度で存在し，この物質が存在する限り，ATPは再合成される．

ATP, CPは筋線維の中に存在するので，短時間にはげしい運動を行なう場合にはエネルギー源としてATP-CP系が用いられる．

KarlssonとSaltin[19]が2分，6分，16分で疲労困ぱいに達する自転車漕ぎ運動を行なった後のATP, CPの筋中の濃度を調べた結果によると，すでに運動2分後にCPは安静時の20％まで低下していた．これに対してATPは70％までの低下にとどまった．この変化は6分後，16分後でも変らなかった．したがって最初の2分間以内にATP-CP系が用いられることを示している（図2-11）．

2．乳酸系

筋のグリコーゲンまたは血液中のぶどう糖が酸素を用いない化学変化（アネロビック反応）によって乳酸になる際にATPが造られて，これが筋収縮のエネルギー源となる．発生した乳酸が筋肉から血液中に流出すると，血液が酸性となる．

図2-12にこの際起こる化学変化を示す．筋のグリコーゲン由来のブドウ糖はリン酸と結合し，果糖に転化して，果糖1, 6-2リン酸になる．この際，ATPから高エネル

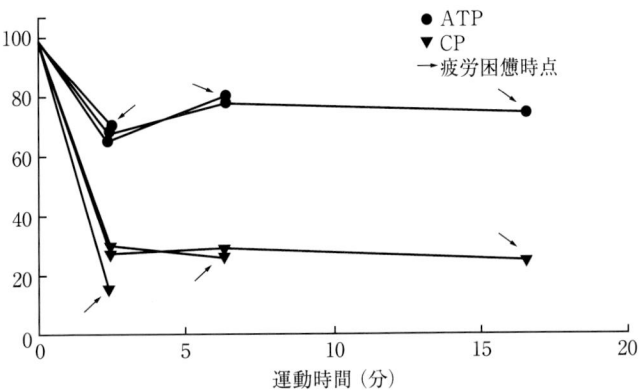

図2-11 2分，6分，16分で疲労困憊になるような自転車漕ぎ運動を行なった際の外側広筋のATP, CPの濃度の変化．初期値を100とする．
(Karlsson, J. and Saltin, B.: Lactate, ATP, CP in working muscles during exhaustive exercise in man. J. Appl. Physiol. **29**：598-602, 1970)

ギーリン酸を受取る．血液中のブドウ糖から果糖1，6-2リン酸を生じる場合にはATPを2分子消費する．

ブドウ糖，果糖は6炭糖であるが，果糖-1，6-2リン酸は果糖が2個の3炭糖に分解する（グリセルアルデヒド-3-リン酸とジヒドロキシアセトンリン酸）．この3炭糖は容易に互に変換することができる．グリセルアルデヒド-3-リン酸はつぎつぎに化学変化を起こし，ピルビン酸（$CH_3COCOOH$）を経て乳酸（$CH_3CH(OH)COOH$）となる．この間にADPからATPが2分子合成される．したがって，6炭糖である果糖-1，6-2リン酸1分子が分解する場合には乳酸2分子を生じ，ATP 4分子が合成される．

以上を要約すればグリコーゲン由来のブドウ糖1分子が分解して乳酸を生じる場合には3分子のATPを生じ，血液中のブドウ糖1分子が分解して乳酸を生じる場合には2分子のATPを生じ，このATPが筋収縮に用いられる．このような化学変化を行なう際に酸素は用いられない（アネロビックな化学変化）．

上述の化学変化は可逆的であって，血液中の乳酸が筋に取り込まれてグリコーゲンに再合成されることは可能で，とくにST線維ではこの働きが盛んである．しかし，筋肉ではぶどう糖-6-リン酸から血液中のブドウ糖が再合成されることはない．

図2-12に示した乳酸系はATP-CP系ほど速かに筋肉に収縮に必要なエネルギーを供給することはできないが，体外から取り入れた酸素を用いる必要がないので，比較的速かに筋肉に収縮に必要なエネルギーを供給することが可能である．しかし，この結果生じた乳酸が血液中に流出して血液が酸性になる．

なお，グリセルアルデヒド-3-リン酸から乳酸が生じる中途でニコチンアミド・アデ

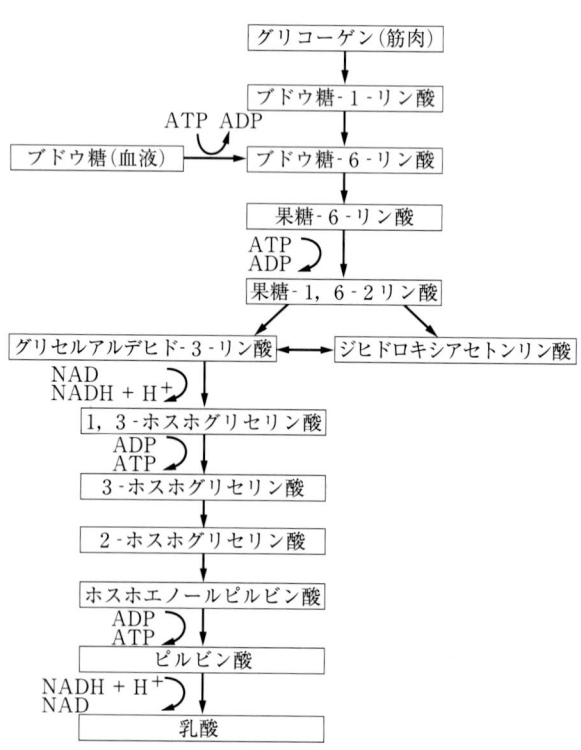

図2-12 解糖による乳酸の発生過程．

ニン・ジヌクレオチド（NAD）が還元型（NADH）になるが，ピルビン酸が乳酸になる時に再び NAD に戻る．

3．酸素系

　ヒトは摂取した食物のうち，主として炭水化物と脂肪とを酸素を用いて体内で燃焼し，この際に発生するエネルギーを利用して生きているので，酸素系がもっとも基本的なエネルギー発生の手段である．

　筋肉での炭水化物の利用はまず解糖によって筋肉のグリコーゲンまたは血液中のぶどう糖が用いられる（図 2-12）．この変化は乳酸の前段階であるピルビン酸までは乳酸系と共通であるが，酸素系ではピルビン酸が筋肉のミトコンドリア内に入って補酵素 A（CoA）と結び付いてアセチル CoA となって Krebs の TCA 回路に取込まれる（図 2-13）．すなわち，アセチル CoA がオキサロ酢酸と結びついて，クエン酸を生じ，さらに Cis-アコニット酸，イソクエン酸，オキサロコハク酸，α-ケトグルタール酸，コハク酸，フマール酸，リンゴ酸を経てオキサロ酢酸が生成され，再びアセチル CoA がオキサロ酢酸と結び付いて，代謝が回転する．この代謝の回転は Krebs の TCA 回路（tricarboxylic acid cycle）と呼ばれている．TCA 回路を 1 回転すると，ATP が 1 分子，水素が 4 分子造られて，後者が電子伝達系に送られる．

　電子伝達系では TCA 回路で造られた水素のうち 3 分子の水素が NAD と結び付いて $NADH_2$ となり，これが還元型フラビン・アデニン・ジヌクレオチド（$FADH_2$）に転換するときに ATP が得られる．残りの 1 分子の水素は直接 FAD と結び付いて

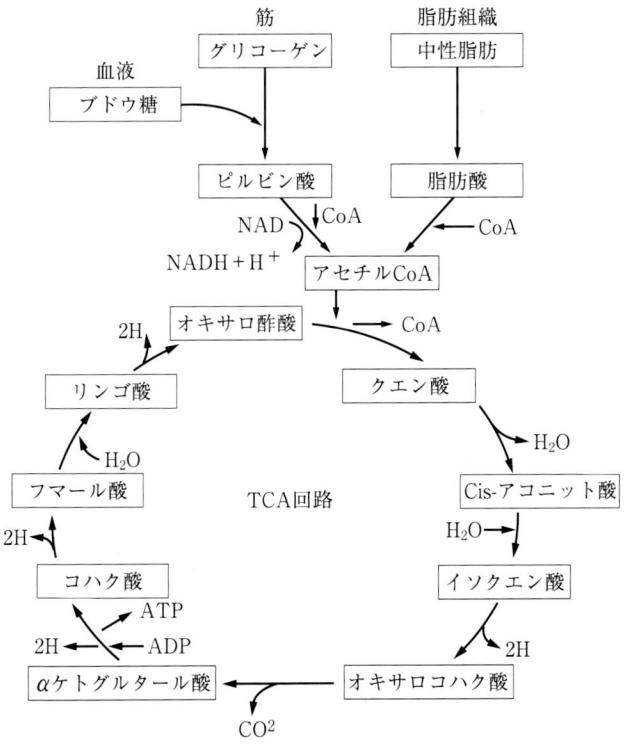

図 2-13　Krebs の TCA 回路．

FADH₂が得られる（図2-14 (a)）.

生成されたFADH₂がFADに戻る時に発生する水素は水素イオン（2H$^+$）とエレクトロン（2e）に分解し，このエレクトロンが3価の鉄を持つチトクロームbと結合すると2価の鉄を持つチトクロームCとなる．つぎにチトクロームCがエレクトロンを3価の鉄を持つチトクロームCオキシダーゼ（チトクロームa）に与えると2価の鉄を持つチトクロームCオキシダーゼ（チトクロームa_3）となる．この2回のエレクトロンの受渡しに際して，いずれの場合にもATPが得られる．最後にチトクロームa_3がエレクトロンを酸素に与えてチトクロームaに戻ることによって，イオン化された酸素（O^{--}）が発生し，先に発生した2H$^+$と結び付いて，水（H₂O）となる（図2-14(b)）．このように電子伝達系では，鉄に2価の鉄と3価の鉄があることを利用してエレクトロンを鉄を含むチトクロームを媒体として運び，その間にATPを発生させ，最後にイオン化された酸素を発生させ，これとさきにエレクトロンを放出してイオン化された水素とを結びつけるシステムである．このようにミトコンドリア内で起こる代謝は酸素を必要とし，最終的に水素と酸素が結合して水を生じる．この間に発生したATPは筋収縮に用いられる．

脂肪は主として脂肪組織に中性脂肪の形でエネルギー源として貯えられているが，リパーゼによって加水分解されて脂肪酸（FFA）として血流中に流出し，これが血液から筋肉に取り込まれる．

$$\text{中性脂肪} + 3\,H_2O \xrightarrow{\text{リパーゼ}} 3\,\text{脂肪酸} + 3\,\text{グリセロール}$$

FFAはさらにミトコンドリアの中に入り，CoAと結び付いてアセチルCoAとなり，これが炭水化物と同じようにKrebsのTCA回路に入る（図2-13）．FFAは炭素

(a) FADH₂の生成

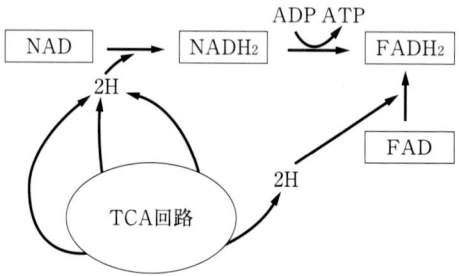

(b) 電子の伝達

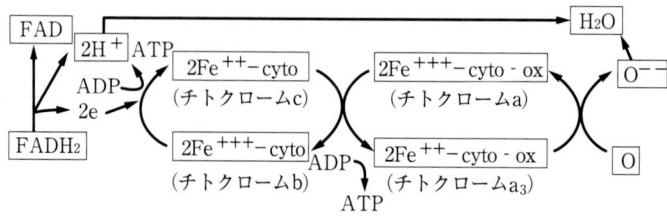

図2-14　電子伝達系．

を数多く持つ分子構造をしているのに対して，1分子のアセチル CoA は2個の炭素を持つに過ぎないので，1分子の脂肪酸の炭素はアセチル CoA として何回も利用することができる．

4．スポーツ種目とそれに用いられる主たるエネルギー系

　30秒以下のスポーツではATP-CP系が主として用いられ，30秒―1分30秒ではATP-CP系に乳酸系が加わる．さらに3分までの運動では乳酸系に酸素系が加わる．運動時間が3分を越えるとエネルギー系は主として酸素系となる．表2-4はこの点を具体的に示したものである．ATP-CP系は高エネルギーリン酸を持っているので，これをただちに筋収縮に用いることができる．乳酸系は酸素を用いないで糖が分解してATPを産生するシステムなので，ATPが筋収縮に用いられるのに多少時間がかかり，そのうえ乳酸という酸性の中間代謝産物が血液中に流出する．酸素系は糖質と脂肪の両方を酸素を用いて完全に分解するので，分解によってATPが得られるまでに時間がかかるが中間代謝産物を残さない．

　エネルギー・システムが単位時間当たりに発生するエネルギー量（パワー）とエネルギーを完全に消費するまでのエネルギー量（容量）は表2-5に示されている．この表からATP-CP系は筋収縮の時に最初に用いられるばかりでなく，容量が小さくてパワーが大きいために短時間にエネルギーを使い果たす．乳酸系はATP-CP系と比較すると容量が大きく，パワーが小さいためにはげしい運動を行なっても使い果たすのに数十秒を必要とする．さらに酸素系は外気から酸素を取込むために，パワーが小さいが，酸素を無限に利用することが可能であり，炭水化物と脂肪（とくに脂肪）も

表 2-4　運動時間とその際に用いられるエネルギー・システム．

区分	運動時間	主なエネルギー・システム	スポーツ活動
1	30秒未満	ATP-CP系	砲丸投, 100ヤード走, 盗塁, ゴルフ, テニスのスイング
2	30秒―1分30秒	ATP-CP系と乳酸系	220-440ヤード走, フットボールのハーフバックとフルバック, スピードスケート, 100ヤード水泳
3	1分30秒―3分	乳酸系と酸素系	880ヤード走, 体操競技, ボクシング（1ラウンド3分）, レスリング（1ピリオド2分）
4	3分以上	酸素系	サッカーとラクロス（ゴールキーパーを除く）, クロスカントリー・スキー, マラソン, ジョギング

(Fox, E. L. and Mathews, D. K.：Interval training. Saunders, 1974)

表 2-5　筋のエネルギー容量とパワー．
(Margaria, R.：Capacity and power of the energy processes in muscle activity：their practical relevance in athletics. Int. Z. angew. Physiol. 25：352-360, 1968)

エネルギーの発生過程	エネルギー容量 (cal/kg)	パワー (cal/kg/秒)
ATP-CP系	100	13
乳酸系	230	7
酸素系	∞	3.6

体内に十分に存在するので容量が非常に大きい．したがってこのエネルギー源を用いれば長時間にわたって運動を行なうことができる．

5 筋収縮の4つの型

ヒトの筋収縮は以下のような4つのタイプに区分される（図2-15）．

1．等張性収縮 (isotonic contraction)

一定の重量物を持上げる場合のように，筋肉が一定の張力を発揮しながら短縮するものを等張性収縮と呼ぶ．走，跳，投のように日常生活の中でよく行なわれる運動は等張性収縮に属する．しかし，これらの運動は厳密な意味では等張性とはいえない．たとえば重量物を両手に持ちながら肘を曲げる運動（アーム・カール）を繰返し行なう場合に，運動の初期には重量物が加速され，運動の終期には減速されるので，このような運動は等張性ではない．そのうえ，肘関節を曲げる運動は回転運動であるから実際に肘関節に与えられる負荷は重量よりも，トルク（torque）が問題となるが，トルクは関節の角度によって大きさが変わる．

そこで等張性運動の負荷の大きさを表現するのに，その運動を実施しうる最大の負荷すなわち，最大努力で1回だけ実施しうる負荷を1 RM (repetition maximum) と呼び，これを基準として負荷を表わす．たとえば「1 RMの80％の負荷を用いた」という表し方をする．一般に等張性収縮によって筋作業を行なわせる場合には，作業の種類，負荷の大きさ，反復速度，作業時間（反復回数）を規定する必要がある．

(a) 等張性収縮

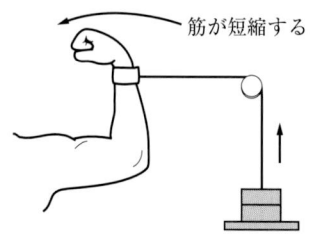

(b) エクセントリック収縮

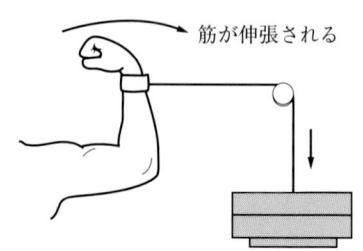

(c) 等尺性収縮

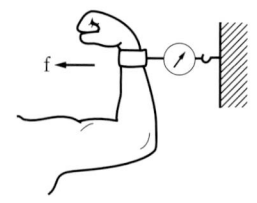

（等速性収縮は画かれていない）

図 2-15　筋収縮の型．
（金子公宥：スポーツ・バイオメカニクス入門．改訂版，杏林書院，1994）

2. エクセントリック収縮（遠心性収縮）（eccentric contraction）

持ち上げた重量物をゆっくりと下ろす場合には持上げる時に用いられた筋肉が張力を発揮したまま引伸ばされる．とくに負荷が1RMよりも大きい場合には筋肉の収縮力が負荷に負けて，筋肉が収縮したまま引伸ばされてしまう．このように筋肉が張力を発揮したまま引伸ばされる収縮をエクセントリック収縮と呼ぶ．エクセントリック収縮を行なうと，とくに高齢者では筋肉の障害を起こしやすい．エクセントリック収縮の負荷の大きさはふつうトルクまたは負荷する物体の重量で示される．

3. 等尺性収縮（isometric contraction）

等尺性収縮は静的収縮（static contraction）とも呼ばれ重量物を支持したり，固定された物体を押したりする時にこの収縮が行なわれる．負荷の大きさは等尺性に発揮しうる最大随意収縮力（maximal voluntary contraction, MVC）の何%に当たるか（% of MVC）で表される．

等張性筋作業は収縮弛緩が反復されるために，筋からの静脈還流を促進して体循環に貢献するのに対して，等尺性筋収縮では，持続的筋収縮が血管を圧迫して血流を阻害し，作業筋を虚血状態にする．この際の筋内圧は筋張力に比較して上昇する．

4. 等速性収縮（isokinetic contraction）

一定速度で回転するモーターに腕木をセットし，これに対して筋力を発揮すれば，腕木の回転速度は発揮された筋力によって変わらないために，筋肉は等速性収縮を行なうことができる．この際腕木に与えられた筋張力は歪計によって記録することできる．等速性運動の特徴は等張性運動のように発揮された力が加速度に変換されないので，関節の各角度において最大の力を発揮することができる点にある．回転力として1回の筋収縮中のピーク・トルク（最大回転力）を記録する場合が多い．

等速性運動は日常の生活ではあまり見られない（水泳のストロークは比較的等速運動に近い）．したがって，この運動を行なうには特定の装置を必要とする．等速性運動では回転速度を任意に変えることができる．等張性，等尺性，等速性運動の比較を表2-6に示す．

表 2-6 等張性，等尺性，等速性収縮の比較．

	等 張 性	等 尺 性	等 速 性
負荷の強さの表示	RM	最大筋力の%	ある速度でのトルク
筋収縮中の負荷の強さ	変 化	不 変	トルクは変化するが，常に最大筋力を発揮することができる
持 続 時 間	短	任意に選べる	ある範囲内で任意に選べる
末 梢 循 環	あまり阻止されない	阻 止	あまり阻止されない
スキル向上	あ り	少ない	あ り
所 要 時 間	大	小	小
外 傷	起こりうる	少	少
装 置	簡 単	簡 単	特殊装置

（石河利寛：運動生理学．中島寛之編著：スポーツ外傷と障害, 7-32, 文光堂, 1983）

6 負荷の大きさと運動時間

負荷が軽ければ，運動は長時間にわたって可能であり，負荷が最大筋力よりも大きければ，運動は1回もできないことはよく知られた事実である．この関係を詳しく調べた結果が図2-16に示されている．

図2-16は座位で腕を机上に前方に伸ばした位置から，肘関節が直角になる位置までおもりを引上げる等張性収縮を繰返した場合と，肘関節を直角に保っておもりを維持する等尺性収縮を行ない，おもりの重さ（負荷）とできなくなるまでの時間（持久時間）の関係を示したものである．

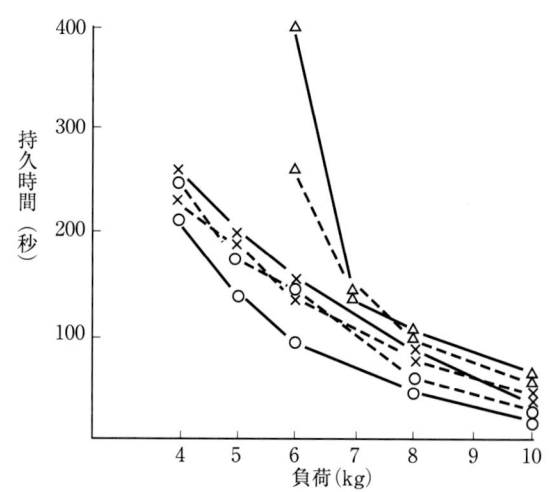

図 2-16 前腕屈曲運動の負荷の大きさと持久時間との関係．
3人の成人男子が疲労するまで等張性収縮（3秒に1回）を行なった場合（直線）と等尺性運動を行なった場合（破線）の負荷と時間の関係を示す．
(石河利寛：筋作業の研究Ⅱ．負荷と作業耐久時間との関係．日本生理誌 14：490-493, 1952)

図2-16から，このようにして得られた作業曲線はほぼ双曲線をなし，等張性収縮でも等尺性収縮でもほぼ同じ形がえられることがわかった．遅筋線維を多く持っているヒトでは，軽い負荷での持久時間が長くなるので，作業曲線は急な左上りを示し，反対に速筋線維を多く持っているヒトではゆるやかな左上りの曲線を示す．運動の内容にもよるが，最大筋力の15-20%以下の負荷では持久時間が無限大に近くなり，長時間にわたって運動を継続することが可能となる．

7 筋力とパワーの関係

ヒトの運動で筋力とパワーとの関係を調べるためには，たとえば前腕を屈曲してワイヤーでおもりを引上げる運動を，いろいろなおもりについて行ない，この際のワイヤーの張力とワイヤーの移動スピードを求める．この結果パワーは力×速度として求めることができる．

Kaneko[18]はこのような方法によって，発揮された筋力とスピードの関係からパ

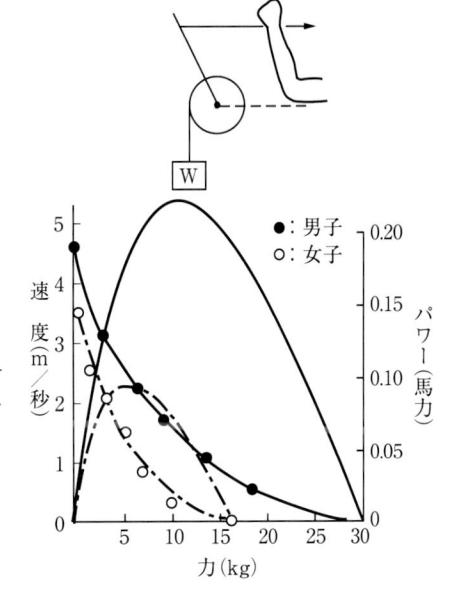

図 2-17 肘屈筋パワーと力-速度関係
1 馬力＝746 ワット．
(Kaneko, M.：The relation between force, velocity and mechanical power in human muscle. Res. J. Phys. Ed. **14**：143-147, 1970)

ワーを求めた(図2-17)．この結果，力-速度関係は双曲線をなすが，パワーは最大筋力の約1/3の時に最大値が得られることを明らかにした．また女子の最大筋力，最大速度，最大パワーは男子と比較してそれぞれ55.1%，74.5%，42.9%であった．したがって，女子は男子と比較して筋力の違いよりもパワーの違いの方が大きい．

8 筋 力

筋力は比較的簡単に測定ができるので，体力測定などの際にはしばしばその一項目として測定が行なわれている．ふつう等尺性収縮によって最大筋力が測定される．測定値は測定時の姿勢によって異なるので，決められた姿勢を正しく保持することが大切である．

もっともしばしば測定されているのは握力と背筋力である．図 2-18 は年齢に伴なう

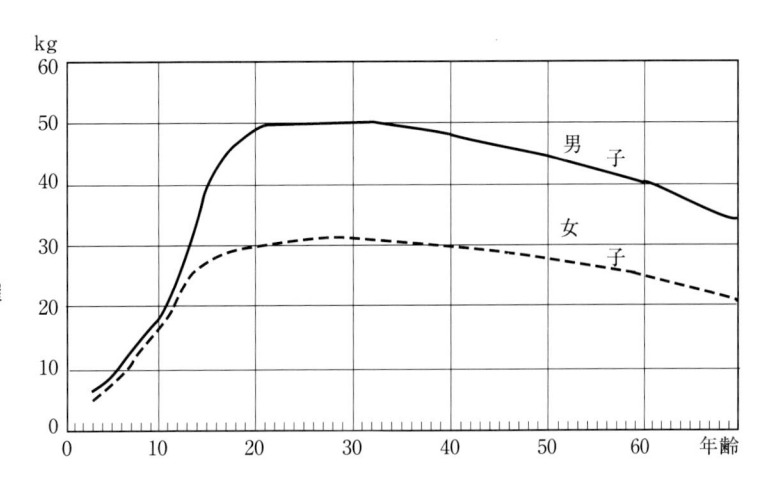

図 2-18 年齢に伴う握力の変化．握力値は左右の平均値を示す．
(東京都立大学身体適性学研究室編：日本人の体力標準値．第4版，不昧堂，1989)

握力の変化を示している[27]．10歳以前は性差がほとんど見られないが，13歳くらいから男子は急速に握力が発達するために男女差が拡大し，男女とも20歳代にピーク値を示す．その後男女とも加齢とともにゆるやかな低下を示す．ピーク値において，女子は男子の約62％の値を示す．図2-19は年齢に伴なう背筋力の変化を示している．13-20歳の間に男女差が大きくなる点では握力の場合とまったく同じであるが，男子は20歳代後半にピーク値を示すのに対して，女子は20歳前半にピーク値を示し，女子の方がピーク値に到達する年齢が多少早い．女子のピーク値は男子の約58％である．Hettinger[8]（1961）は筋力の男女比について，部位によって男女比は異なるが，一般的にいえば女子の筋力は男子の約2/3であると述べている．

　筋力は筋肉の断面積に比例するといわれている．Hettinger[8]（1961）は肘関節部を屈曲する筋力が男女の別なく，断面積当たり$4 kg/cm^2$と述べている．したがって，上述の男女による筋力の差は男子の筋の断面積が女子の約1.5倍であることを示している．福永[6]（1978）はX線で筋肉の骨への付着点を決定して，測定した筋力から筋肉が実際に発揮した力を算出し，一方，超音波を用いて筋肉の断面積を測定して筋肉の断面積当たりの筋力を算定した結果，肘関節屈曲位で測定した屈筋の断面積当たりの筋力は男子$5.0±0.8 kg/cm^2$，女子$4.7±0.7 kg/cm^2$で，男女で有意な差が見られなかった．また，大腿，下腿，上腕の断面積当たりの筋力の間にも男女で有意な差が見られなかったと述べている．このような結果は筋力の強さは，その力を発揮する筋肉の太さに依存し，また筋断面積当たりの筋力は男女差が認められないことを示している．

　スポーツ種目による選手の筋力の大きさについては1964年に東京で開催されたオリンピック大会出場選手の測定値が公表されているので，その中の主なスポーツ種目を記す（表2-7）．男子の測定値を大きい順に並べれば背筋力は陸上競技—投てき，ウェイト・リフティング—ミドル級，ボート—エイト，レスリング—ライトヘビー級，柔道—重量級と順であり，右手握力は陸上競技—投てき，ウェイト・リフティング—ミドル級，ボート—エイト，柔道—重量級，レスリング—ライトヘビー級の順であった．これらの種目はいずれも筋力の大きさが直接勝敗を測定するものである．

　身体各部の筋力測定値（男子）を表2-8に示す[8]．肘関節では立位で関節を直角に曲げた位置で測定して，屈曲力が伸展力よりも大きいが，膝関節では座位で測定して伸

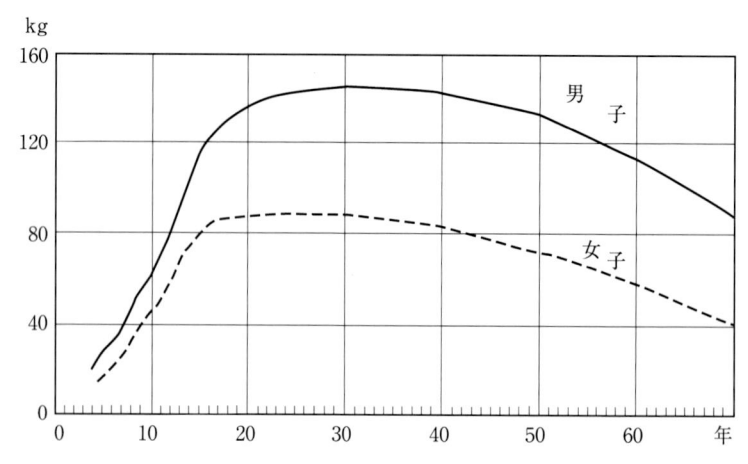

図 2-19　年齢に伴う背筋力の変化．
（出典図2-18と同じ）

表 2-7 東京オリンピック大会出場選手の筋力．
(日本体育協会：東京オリンピックスポーツ科学研究報告, 1965)

		スポーツ種目	人数	背筋力 (kg)	右手握力 (kg)
男子		陸上競技			
		長距離・マラソン	9	124.7	44.8
		投てき	6	229.6	73.4
		水泳　競泳	25	142.8	50.6
		体操	10	147.1	49.0
		レスリング			
		ライトヘビー級	4	207.5	65.5
		柔道　重量級	5	205.0	66.4
		ウェイト・リフティング			
		ミドル級	2	220.0	72.1
		サッカー	19	148.8	54.8
		ホッケー	18	135.9	52.9
		バスケットボール	12	174.5	57.5
		バレーボール	16	175.4	56.3
		射撃　ライフル	6	138.8	50.0
		ボート　エイト	8	215.6	68.4
		ヨット	12	143.0	52.9
女子		陸上　投てき	4	129.0	46.0
		水泳　競泳	14	101.6	37.3
		体操	10	101.0	35.5
		バレーボール	12	88.2	34.4

表 2-8 身体各部の筋力（成人男子）．
(Hettinger, Th.: Physiology of strength. Thomas, 1961)

姿勢	測定筋	筋力計の位置	平均値 (kg)
立位	肘関節屈曲筋	手首	30
〃	肘関節伸展筋	〃	20
坐位	体前屈筋	胸	50
〃	体後屈筋	〃	54
〃	膝関節屈曲筋	足首	15
〃	膝関節伸展筋	〃	60
立位	足関節の足底方向への伸展筋	手	80
〃	股関節内転筋	足首	50
〃	股関節外転筋	〃	50
〃	股関節屈曲筋	〃	56
〃	股関節伸展筋	〃	52

展力が屈曲力の4倍の値を示した．また股関節の筋力を立位で測定すると前（屈曲），後（伸展），内（内転），外（外転）の4方向への力がほぼ等しかった．最大の筋力を示したのは，両足で立ち，片方の手に筋力計，他方の手に床に固定された鎖を持ち，踵をあげて上方へ伸び上る際の筋力であった．

9 筋持久力

　筋持久力は一定の強さの負荷で運動を長時間継続しうる能力である．一定の負荷で運動を行なう場合には，一般に筋力の強い人の方が長時間にわたって運動を続けることができる．しかし，図2-8に示されているように，速筋線維を多く含んでいる人は

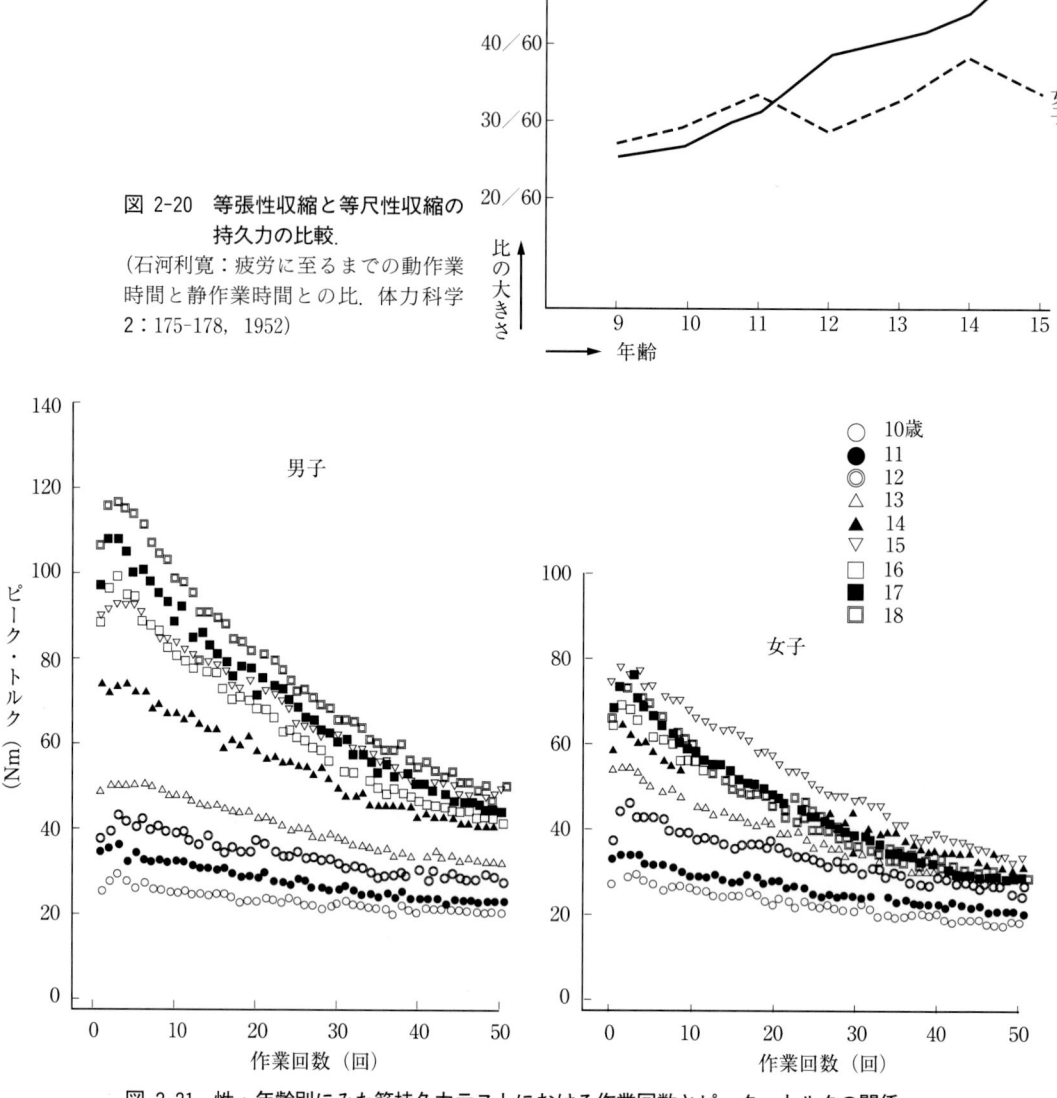

図 2-20 等張性収縮と等尺性収縮の持久力の比較.
(石河利寛:疲労に至るまでの動作業時間と静作業時間との比. 体力科学 2:175-178, 1952)

図 2-21 性・年齢別にみた筋持久力テストにおける作業回数とピーク・トルクの関係.
(金久博昭, 根本 勇, 宮下充正:年齢および性との関連でみたアイソキネティック・ピークトルクとその持久力. J. J. Sports Sci. 3:91-98, 1984)

疲労しやすく, 持久力が乏しいので, 筋力と筋持久力とは必ずしも比例しない
　筋持久力の測定方法は標準化されていないので, 筋力のように性, 年齢別の測定値が明らかにされていないが, 成人の女子は男子よりも等張性持久力に比して等尺性持久力にすぐれているという報告がある. 石河[9]は前腕屈曲作業において肘関節角度 90°位置で等尺性持久力が 1 分間継続する負荷を求めて, この負荷で 3 秒に 1 回のテンポで肘屈曲運動を疲労するまで繰返して, その時間から等張性持久力を測定して等張性持久力と等尺性持久力の比を求めると, この比が 15 歳以後男子で大きくなることを示した(図 2-20). 一方, 金久ら[16]はいろいろな負荷で等速性運動を最大努力で反復実施

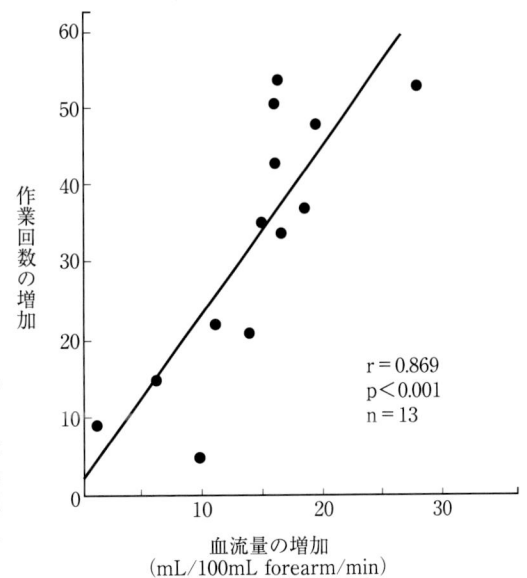

図 2-22 トレーニングによる血流量の増加と作業回数増加の関係.
(Kagaya, A. and Ikai, M.：Training effects on muscular endurance with respect to blood flow in males and females of different ages. Res. J. Phys. Ed. **14**：129-136, 1970)

して作業回数に伴なうピーク・トルクの変化を性・年齢別に求めた．この結果，最大筋力（ピーク・トルクの最高値）は男子では14歳以後に急速に発達するが，持久力（反復回数50回目のピークトルク）はあまり発達しないことを示した（図2-21）．

　思春期以後に男子では筋力が急速に発達し，筋力の性差が顕著になることはよく知られた事実であるが，思春期以後に男子では動的作業と比較して静的作業の持久力が低下すること（石河[9]）および等速性作業のピーク・トルクの持久力が筋力の発達に伴わないで低下すること（金久ら[16]）の理由は明らかでないが，これらの現象は，男子が思春期に筋力が急速に発達した結果，等尺性または等速性作業時に筋血管が圧迫されて起こる筋肉の虚血によるものと思われる．筋血流量と作業回数とが比例関係にあることはKagayaとIkai[15]（1970）によって報告されている（図2-22）．

10 筋運動の効率と経済速度

　筋運動に際してエネルギーを消費するが，消費されたエネルギーが100%仕事に変換されることはない．運動の効率は運動によって行なわれた仕事量に対する消費エネルギー量の比として示される．

$$効率（\%）=\frac{仕事量}{消費エネルギー量}\times 100$$

　仕事量は物体に一定の力を加えて力の方向に移動した時には力と移動距離の積として示される．一般の運動では仕事量を正確に測定できないので，この目的には自転車エルゴメータが用いられる．この装置では車輪にいろいろな強さの摩擦力を与えることができるように造られているので，ペダルを踏んで車輪を回転させれば仕事量はつぎの式から求めることができる．

　　　摩擦力×車輪の回転数×車輪の円周

表 2-9 600 kg・m/分の仕事率で自転車エルゴメータのペダルの回転速度をいろいろと変化させた時の作業効率.

ペダル回転速度 (回転/分)	作業効率 (%)
20	11.9
30	16.7
40	18.5
50	18.2
60	18.9
80	17.1
100	16.4

(Grosse-Lordemann, H. and Müller, E. A.：Der Einfluss der Leistung und der Arbeitsgeschwindigkeit anf das Arbeitsmaximum und den Wirkungsgrad beim Radfahren. Arbeitsphysiol. 9：454-475, 1936)

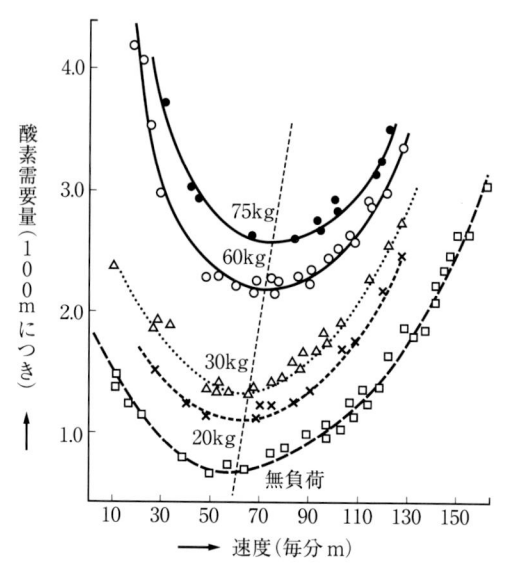

図 2-23 いろいろの重さの天秤棒をかついで歩行したときの歩行速度と酸素需要量との関係. 曲線の極小値に当る歩行速度が経済速度である.
(白井伊三郎, 古沢一夫：筋労作における Optimal speed について. 日本生理誌 2：80-81, 1937)

　一方, 消費エネルギーはエルゴメータ運動によって消費された酸素量から求めることができる.
　表 2-9 は仕事率を変えないで 600 kg・m/分に保ち, ペダルの回転速度を 20-100 回転/分の範囲で変えた場合の作業効率を示している[7]. この表から, ペダルの回転速度が速すぎても遅すぎても効率が低下し, 効率のもっともよい回転速度(40-60 回転/分)が存在することを示している. この速度を経済速度と呼ぶ.
　歩行運動の場合にも経済速度が観察されている. 図 2-23 は天秤棒にいろいろな重量物(0-75 kg)を乗せていろいろな速度で運搬した際の 100 m 当たりの酸素の必要量(酸素需要量)を示したものである. 毎分 50-70 m の歩行速度の場合に酸素需要量が極小値を示し, 歩行速度がそれ以下でもそれ以上でも酸素需要量が増す. この結果は荷物を持つ, 持たないに関係なく, 一般的に楽に歩行をしようとする場合には, この速度が選ばれるべきであることを物語っている.

表 2-10 平地のスキー歩行のエネルギー消費量 (kcal/100 m).

	シールをつけてスキー歩行	スキー歩行	スキーをかついで歩行
熟練者. M 体重+スキー重量：73 kg	7.6	7.3	11.1
初心者. I 体重+スキー重量：74 kg	13.1	13.4	13.2

(石河利寛ほか：スキーのエネルギー代謝に関する研究 (1). 体育学研究 2：130-137, 1956.)

歩行は誰でも平素から実施しているので，熟練度に大きな差がないが，熟練度に差があるスキーの場合には，熟練度によってエネルギー消費量に差が生じる．表2-10は体重がほぼ等しいスキーの熟練者と初心者が歩行した時の，100 m歩行に要したエネルギー量（キロカロリー）を示している[13]．熟練者はスキーを装着することによってスキーを担ぐよりも歩行のエネルギー消費量を節約できたが，初心者はスキーをそのまま装着しても，辷り止めのためにシールをスキーの裏面につけたスキーを装着しても，スキーを担いでも歩行に要するエネルギーはほとんど変らなかった．

11 筋電図

筋肉の運動単位の活動電位を記録したものを筋電図という．1つの運動単位に属する筋線維は同時に収縮するので，同一運動単位に属する筋線維の筋電図を分離して記録することはできない．

個々の運動単位の活動電位を分離して記録するには皮膚表面から細い針状の電極（針電極）を筋肉内に挿入して活動電位を導き，この電位を増幅して記録すればスパイク状の筋電図が得られる．

しかしスポーツ活動では，はげしい筋活動が行なわれるので，針電極を筋肉に挿入しながらスポーツ活動を行なうのは実際的でない．そこでふつう皮膚表面に円盤状の電極（表面電極）を貼付し，これを付けたままスポーツ活動を行なって筋電図を記録する．この場合にはいくつかの運動単位の筋電図が重なり合って記録される．

このようにしてスポーツ活動中の筋電図を記録すれば，記録された筋肉がどのようなスポーツ活動のいかなる時点で働くかを知ることができる．しかし，表面電極を用いて記録した筋電図から知りうる事実はつぎのように限定されている．

① 筋活動に参加する運動単位の数が増すか，1つの運動単位の放電の発射頻度が増すと，個々の活動電位の重なりが増して，振幅の大きな活動電位が得られる．このような場合は記録された筋肉が収縮力を増した場合に観察される．
② 表在性の筋肉の筋電図以外は記録することができない．
③ 電極から遠い位置にある筋肉の筋電図は近い位置にある筋肉の筋電図よりも振幅が小さく記録されるので，異なる2つの筋電図の振幅を比較して，その大小から2つの筋肉の活動レベルを比較することはできない．
④ 同じ筋肉について別の日に筋電図を記録しても，貼付された電極の位置が異なったり，皮膚の電気抵抗が異なったりするために，得られた筋電図の振幅から筋活動を比較することは困難である．
⑤ スポーツ活動を長時間継続して筋疲労を起こさせた場合に，筋力の低下を補うためにより多くの運動単位が筋収縮に参加して筋電図の振幅がかえって増大する場合があるので，筋電図の振幅の低下からただちに疲労を判定することはできない．

図2-24は水槽でオールを漕いだ時のオールのブレードに加えられた力（オールの歪として記録されている），オールの位置および腕と背部にある6つの筋肉の筋電図を同時に記録したものである．オールのブレードに力が加わった時に歪は下方に記録され

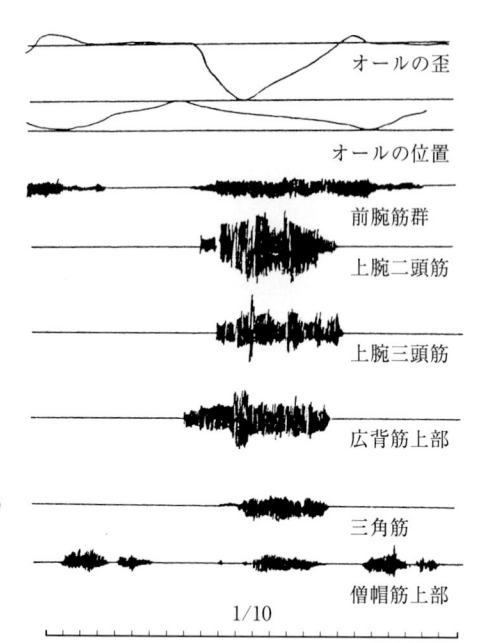

図 2-24 オールの歪みと角度，および腕・背部の筋電図．
（石河利寛：ボート競技．日本体育協会；東京オリンピック スポーツ科学研究報告 387-410, 1965）

るようになっている．図からオールに力が加えられるのに平行して筋電図の振幅が増すのは上腕二頭筋，上腕三頭筋，広背筋で，オールを握るのに働く前腕筋群や，腕を挙上する三角筋，肩を挙げる僧帽筋はオールを漕ぐのに主働筋として働いていないことがわかる．このようにスポーツ活動では筋電図とともに，動作を示す記録（オールの位置と歪）を同時に得て置くと解析に好都合である．

12 筋にある感覚受容器—筋紡錘とゴルジ腱器官

筋には筋紡錘とゴルジ腱器官と呼ばれる2種類の張力受容器があり，張力を感受してこれを脳の感覚中枢に送り，また反射的に筋の張力を調整する働きをする．

1．筋紡錘

筋紡錘は長さ 2-3 mm の紡錘形をして結合組織に包まれた受容器で錘内筋線維と呼ばれる筋線維が，ふつうの筋線維（錘外筋線維）と平行に走っている．錘内筋線維には核袋線維と核鎖線維の2種類があって，前者は中央部が脹らんでいてこの部分に核が集っている．後者は全体的に形が細長くて核が鎖状に並んでいる（図2-25）．

筋紡錘には1種類の遠心性神経（運動神経）と2種類の求心性神経（知覚神経）がきている．運動神経は錘内筋線維を支配し，ガンマ（γ）運動神経と呼ばれる．ガンマ運動神経は錘外筋線維を支配しているアルファ（α）運動神経よりも細く，錘内筋線維の端部で筋線維と接合する．γ 運動神経は錘内筋線維の緊張を高めるように働き，この結果，錘内筋線維の中央部にある知覚神経終末が引張られる．このようにして，γ 運動神経は知覚神経の感度を調節する働きをしている．

知覚神経は2種類あってIaとIIと呼ばれる．Ia知覚神経は主として核袋線維に

図 2-25 筋紡錘と神経支配.

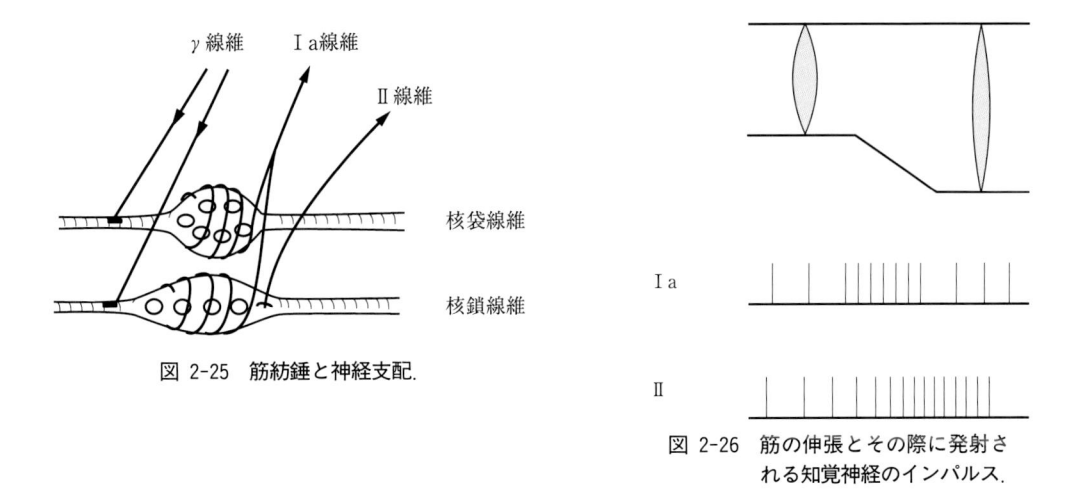

図 2-26 筋の伸張とその際に発射される知覚神経のインパルス.

あるが，一部は核鎖線維にもまたがっていて，錘内筋線維の中央部にある一次終末（らせん形終末）から発する．一方，II知覚神経はやや端部にある二次終末（散形終末）から発する．この二次終末はふつう核鎖線維にある（図 2-25）.

一次終末は二次終末と比較して，錘内筋線維の長さの時間的変化（速度）に敏感であり，一方，二次終末は錘内筋線維の長さに敏感であることが知覚神経のインパルスを記録することによってわかる（図 2-26）.

2．ゴルジ腱器官

ゴルジ腱器官は収縮性のない腱にあり，筋紡錘と異なってγ運動神経の支配を受けない．ゴルジ腱器官はIb知覚神経の支配を受け，この神経は腱が伸展されるとインパルスを発する．

筋紡錘は錘外筋線維（筋紡錘外にあるふつうの筋線維）に対して並列の位置にあり，ゴルジ腱器官は直列の位置にある．そのために筋肉を自発的に収縮させると錘内筋線維は弛緩して知覚神経からのインパルスの発射が押さえられるが，ゴルジ腱器官の知覚神経からのインパルスは発射が増加する．一方，筋が伸展される時には，筋紡錘からもゴルジ腱器官からも知覚神経のインパルスの発射が増加する．

3．伸張反射と相反抑制

筋肉が伸展されると，その筋肉が反射的に収縮して筋の長さを一定に保つように働らく．この反射は伸張反射と呼ばれる．この反射はとくに下肢でよく発達していて，膝蓋腱反射やアキレス腱反射はその例である．この反射の受容器は筋紡錘のIa知覚神経の受容器である．すなわち，筋肉が引伸ばされることによってこの受容器が興奮すると，Ia線維を介して求心性に興奮が伝わり，脊髄前角にあるアルファ運動神経にシナプスを介して興奮が伝達されて，引き伸された筋肉が収縮する．伸張反射は単シナプス反射である（図 2-27）.

このように伸張反射は主として伸長された筋肉に収縮を起こさせるが，この筋肉と同じように働く協力筋にも収縮を起こさせる．同時に拮抗筋の収縮を抑制するが（相

図 2-27　伸張反射と相反抑制.

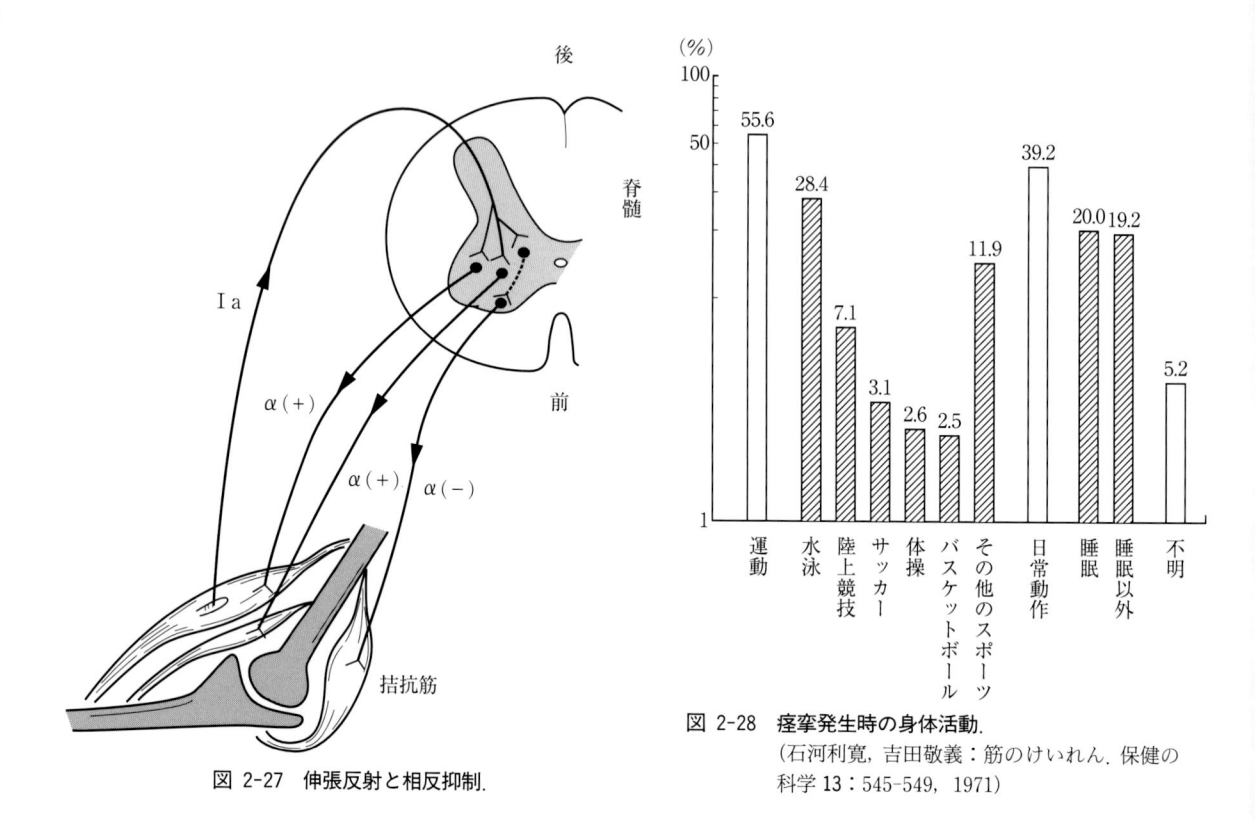

図 2-28　痙攣発生時の身体活動.
（石河利寛, 吉田敬義：筋のけいれん. 保健の科学 13：545-549, 1971）

反抑制），これは抑制性の介在ニューロン（点線で示されている）を介して行なわれる．このような結果は筋の収縮がなめらかに行なわれるのに役立つ．

4．腱器官からの反射

　骨格筋が骨に付着する部分は腱になっていてここにある腱器官は筋線維と直列の関係にあるので，筋肉が随意的に収縮を行なう場合でも，外力によって引伸ばされる場合でも腱器官は引伸ばされる．このことによって腱器官にあるⅠb線維に求心性のインパルスを発生させる．このインパルスは脊髄において抑制性の介在ニューロンに伝えられ，さらに骨格筋のα運動神経の働きを反射的に抑制する．このように筋の受容器から発して，同じ筋の作用を抑制する反射を自原性抑制と呼ぶ．

　自原性抑制は筋の随意的な強い収縮または外力による強制的伸張に対して筋線維の断裂（肉ばなれ）を保護するように働らく．

　スポーツ活動中や睡眠中に，ふくらはぎに筋の痙攣が起こることがある[14]（図2-28）．この対策として立位姿勢で痙攣を起こした方の足先に体重を掛けてアキレス腱を強く引伸ばすと痙攣が治まるが，これはアキレス腱からの自原性抑制によるものと思われる．

[文献]

1) Allemeier, C. A., Fry, A. C., Johnson, P., Hikida, R. S., Hagerman, F. C. and Staron, R. S.: Effects of sprint cycle training on human skeletal muscle. J. Appl. Physiol. 77: 2385-2390, 1994.
2) Bergström, J.: Percutaneous needle biopsy of skeletal muscle in physiologocal and clinical research. Scand. J. Cli. Lab. Invest. 35: 609-619, 1975.
3) 江橋節郎：筋収縮制御の分子的機構．生体の科学 25 (5)：397-407, 1976.
4) Fox, E. L.: Sports Physiology, Saunders, 1979. 日本語訳・渡部和彦：スポーツ生理学．大修館, 1982
5) Fox, E. L. and Mathews, D. K.: The physiological basis of physical education and athletics. Saunders, 1981.
6) 福永哲夫：ヒトの絶対筋力．杏林書院, 1978.
7) Grosse-Lordemann, H. and Müller, E. A.: Der Einfluss der Leistung und der Arbeitsgeschwindigkeit auf das Arbeitsmaximum und den Wirkungsgrad beim Radfahren. Arbeitsphysiol. 9: 454-475, 1936.
8) Hettinger, Th.: Physiology of strength. Thomas, 1961.
9) 石河利寛：疲労に至るまでの動作業時間と静作業時間との比．体力科学 2：175-178, 1952.
10) 石河利寛：筋作業の研究 II．負荷と作業耐久時間との関係．日本生理誌 14：490-493, 1952
11) 石河利寛：ボート競技．日本体育協会；東京オリンピック スポーツ科学研究報告 387-410, 1965.
12) 石河利寛：運動生理学．中島寛之編著：スポーツ外傷と障害, 7-32, 文光堂, 1983.
13) 石河利寛, 松井秀治, 広田公一, 正木健雄, 渡辺俊男, 只木英子, 渡辺政子, 小川新吉, 宮沢 健, 石母田稔：スキーのエネルギー代謝に関する研究 (1)．体育学研究 2：130-137, 1956.
14) 石河利寛, 吉田敬義：筋のけいれん．保健の科学 13：545-549, 1971.
15) Kagaya, A. and Ikai, M.: Training effects on muscular endurance with respect to blood flow in males and females of different ages. Res. J. Phys. Ed. 14: 129-136, 1970.
16) 金久博昭, 根本 勇, 宮下充正：年齢および性との関連でみたアイソキネティック・ピークトルクとその持久力．J. J. Sports Sci. 3：91-98, 1984.
17) 金子公宥：スポーツ・バイオメカニクス入門．改訂版, 杏林書院, 1994.
18) Kaneko, M.: The relation between force, velocity and mechanical power in human muscle. Res. J. Phys. Ed. 14: 143-147, 1970.
19) Karlsson, J. and Saltin, B.: Lactate, ATP, CP in working muscles during exhaustive exercise in man. J. Appl. Physiol. 29: 598-602, 1970.
20) Komi, P. V., Vitasalo, J. H. T., Havu, M., Thorstensson, A., Sjödin, B. and Karlsson, K.: Skeletal muscle fibres and muscle enzyme activities in monozygous and dizygous twins of both sexes. Acta Physiol. Scand. 100: 385-392, 1977.
21) Margaria, R.: Capacity and power of the energy processes in muscle activity: their practical relevance in athletics. Int. Z. angew. Physiol. 25: 352-360, 1968.
22) Moritani, T., Nagata, A., deVries, H. A. and Muro, M.: Critical power as a measure of physical working capacity and anaerobic threshold. Ergonomics 24: 339-350, 1981.
23) 日本体育協会：東京オリンピック スポーツ科学研究報告, 1965.
24) Sale, D. G.: Influence and training on motor unit activation. Pandolf, K. B. ed.: Exercise and Sport Sciences Reviews 15: 95-151, 1987.
25) 白井伊三郎, 古沢一夫：筋労作における Optimal speed について．日本生理誌 2：80-81, 1937
26) Tesch, P., Sjödin, B., Thorstenson, A. and Karlson, J.: Muscle fatigue and its relation to lactate accumulation and LDH activity in man. Act. physiol. Scand. 103: 413-420, 1978.
27) 東京都立大学身体適性学研究室編：日本人の体力標準値．第4版, 不昧堂, 1989.

I部 運動とからだの働き

3章 神経系と運動

　運動を行なうには，まず情報を取り込むことが必要である．情報は主として視覚や聴覚を通して外部の物体について得られるが，同時に自己の姿勢や動きについての内部の情報も必要である．これらの情報は感覚器において感受された後に求心性の神経によって中枢に送られる．中枢ではこれらの情報を処理した後に，遠心性神経を通して，必要とする骨格筋を適当と思われる時期に適当と思われる強さで収縮させる．下等動物では中枢における情報処理が反射的に行なわれるが(反射運動)，高等動物では情報を細かく分析し，慎重な判断を行なって，もっとも適当と思われる運動を行なうことを決め，それに随って骨格筋を収縮させる随意運動が主である．

1 神経系の概説

1．神経系の分類

　神経系は形態面から中枢神経系と末梢神経系とに大別される．中枢神経系は脳と脊髄からなり，前者は頭蓋骨，後者は脊椎骨によって保護されている．脳はさらに大脳半球（大脳皮質と大脳基底核），小脳，間脳（視床脳と視床下部），中脳，橋，延髄に区分される．これらの区分のうち，中脳，橋，延髄は幹状に配列されていて機能的には1つの連続体として取扱えるので，これらを合わせて脳幹と呼ぶ．
　末梢神経系は12対の脳神経と31対の脊髄神経からなり，後者はさらに頚神経8対，胸神経12対，腰神経5対，仙骨神経5対，尾骨神経1対に区分される（表3-1）．
　末梢神経系は機能面から体性神経系と自律神経系とに区分される．体性神経系は主として体外のシステムに対応するもので意志の関与が大きいので，運動ではこの系が重要である．自律神経系は体内のシステムに対応するもので循環，消化，排泄などの内臓の働きを自律的に調節している．どちらの系も末梢部では求心性の経路と遠心性の経路を持ち，これらの経路は体性神経系ではそれぞれ知覚神経，運動神経と呼ばれ，自律神経系では求心性の経路は内臓知覚神経，遠心性の経路は交感神経または副交感神経と呼ばれる．自律神経系の遠心性経路が2種類の神経系から成り立っているのは両者のバランスで内臓の働きが調節されているからである．体性神経系も自律神経系もその中枢は中枢神経系の特定の位置にある（表3-2）．

表 3-1 中枢神経系と末梢神経系の形態的分類.

```
神経系 ┬ 中枢神経系 ┬ 大脳半球（大脳皮質，大脳基底核）
       │            ├ 小脳
       │            ├ 間脳（視床脳，視床下部）
       │            ├ 中脳 ┐
       │            ├ 橋   ├ 脳幹
       │            ├ 延髄 ┘
       │            └ 脊髄
       └ 末梢神経系 ┬ 脳神経（12対）
                    └ 脊髄神経 ┬ 頸神経（8対）
                               ├ 胸神経（12対）
                               ├ 腰神経（5対）
                               ├ 仙骨神経（5対）
                               └ 尾骨神経（1対）
```

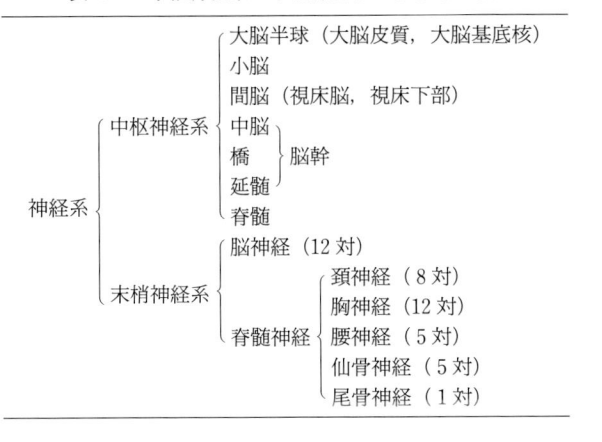

表 3-2 末梢神経系の機能的分類.

```
末梢神経系 ┬ 体性神経系 ┬ 求心性神経（知覚神経）
           │            └ 遠心性神経（運動神経）
           └ 自律神経系 ┬ 求心性神経（内臓知覚神経）
                        └ 遠心性神経 ┬ 交感神経
                                     └ 副交感神経
```

2．ニューロン

　生物を構成する最小の単位は細胞であるが，神経細胞は特殊な形をしていて，ニューロンと呼ばれる．すなわち，ニューロンは核を持つ細胞体から多数の突起を出し，その中の1つの突起が長く伸びてその先が多数の枝分れをしていて，軸索と呼ばれる．他の短かい多数の突起は樹状突起と呼ばれる．軸索は髄鞘に覆われているものといないものとがあり，前者を有髄線維，後者を無髄線維と呼ぶ．髄鞘はところどころで欠落していて，この部分はランビエの絞輪と呼ばれる．

　ニューロンは情報を伝える働きをするが，1つのニューロンからつぎのニューロンへ情報を伝達する部位，すなわち軸索の終末部と他のニューロンとの接合部をシナプスと呼ぶ．1つのニューロンは前のニューロンからシナプスを介して樹状突起または細胞体において情報を受取り，この情報を軸索を経て軸索の末端に伝え，さらにシナプスを介してつぎのニューロンに送る．このようにシナプスは情報を1つのニューロンから隣接するいくつかのニューロンに伝達するのが原則であるが，つぎのニューロンの活動を抑制する抑制性シナプスも存在する．ニューロンは多数のシナプスによって網目のように接続されており，またシナプスにも促進性のものと抑制性のものとが存在するので，これらの組合せで複雑な情報の伝達が行なわれる（図3-1）．

　大部分のニューロンは他のニューロンとシナプスで接しているが，ニューロンが筋細胞や腺細胞と直接に結び付いているものもあり，とくに横紋筋線維とシナプスを形成している部位は神経筋終板と呼ばれる．

　脳のようなニューロンの集合体でも，ニューロンはニューログリアと呼ばれる支持組織に囲まれ，また毛細血管が網目状に行きわたっている．ニューロン，ニューログリア，毛細血管の間には細胞外空間があり，細胞外液で満たされている．ニューロン，ニューログリアと血管との間の物質交換は細胞外空間を介して行なわれる．

3．静止電位と活動電位

　神経系の情報伝達は電気信号（電位の変化）で行なわれる．これは神経細胞内外の電解質の分布と細胞膜の電解質に対する透過性の変化によって説明されている．

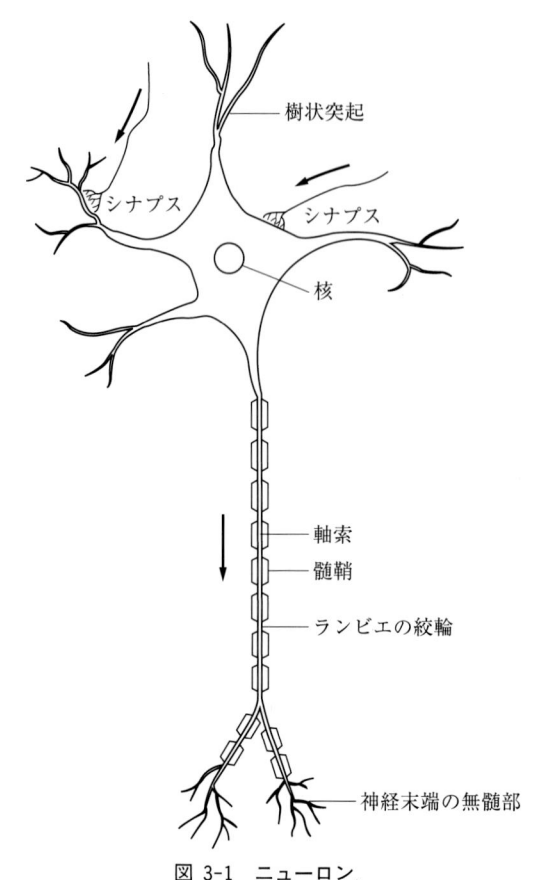

図 3-1 ニューロン.
(伊藤正男：ニューロンの生理学. 岩波書店, 1970.)

（1）静止電位

神経細胞の細胞膜の内外には電位差が存在する．この電位差は電解質溶液を満した細い管を細胞膜を通して細胞内に挿内して，細胞膜の内外の電位差を測定することによって知ることができる．これを膜電位と呼び，細胞膜外の電位（どこでも等電位である）を0とした時の細胞膜内の電位で示される．神経細胞の静止電位は約−70 mV である．静止電位は細胞の内部に過剰な陰イオンが，細胞の外部に過剰な陽イオンが存在するためであり，このようなイオンの不均衡は細胞膜によって起こる．細胞内に多い陽イオンは K^+ であり，陰イオンは大きな粒子であるたんぱく質の陰イオンである．一方，細胞外に多い陽イオンは Na^+ であり，陰イオンは Cl^- である．

細胞内に多い K^+ は粒子が小さく，細胞膜を比較的自由に通過できるが（透過性が高い），その通過を押えているのは細胞内が細胞外と比較してマイナスの数値を示す静止電位である．

（2）活動電位

神経線維に活動電位を起こさせることを神経刺激と呼び，刺激の結果活動電位が起こった場合に神経線維が興奮したという．

細胞膜を通して神経線維内に挿入した毛細管電極から電流を細胞膜の外側に向けて流すと，膜内の静止電位が上がり，そしてそれがあるレベル（閾値）に達すると急速に細胞膜の脱分極が進み，さらに膜の内外の電位差が逆転し（オーバーシュートと呼ぶ），ピーク値に達した後に再び分極を起こす．その後しばらく過分極になった後にゆるやかに静止時の値に戻る．このようにして起こった電位の変化を活動電位という（図 3-2）．活動電位は神経のみならず筋肉でも見られる．

このような活動電位が生じたということは刺激によって Na^+, K^+ などのイオンに対する細胞膜の透過性が高まったためで，オーバーシュートの頂点に達するまでの活動電位の上昇は細胞膜外に多い Na^+ が細胞膜を通って膜内に流入したために起こり，オーバーシュートの頂点以後の活動電位の低下は細胞膜内に多い K^+ が細胞膜外に流出するために起こる．

細胞が再び安静の状態に戻るためには，細胞内に流入した Na^+ と細胞内から流出した K^+ が元の状態にまで修復されなければならない．これを行なう過程は Na—K ポンプと呼ばれているつぎのような働きによる．

図 3-3 に示されているように，興奮によって細胞外から細胞内に入った Na^+ は細胞

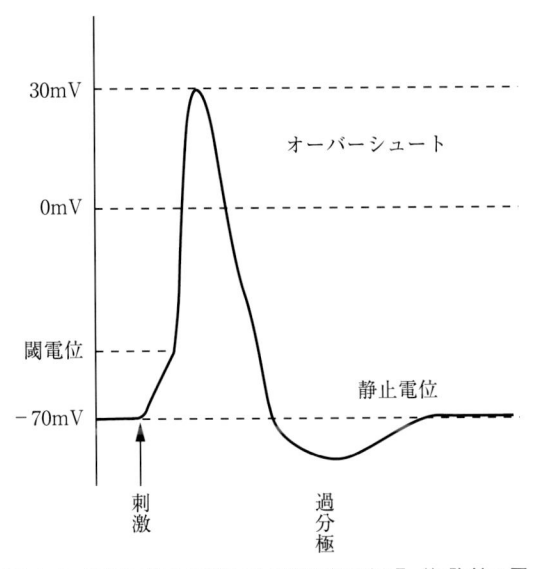

図 3-2 興奮に伴う細胞内の活動電位の経過（細胞外の電位を0とする）.

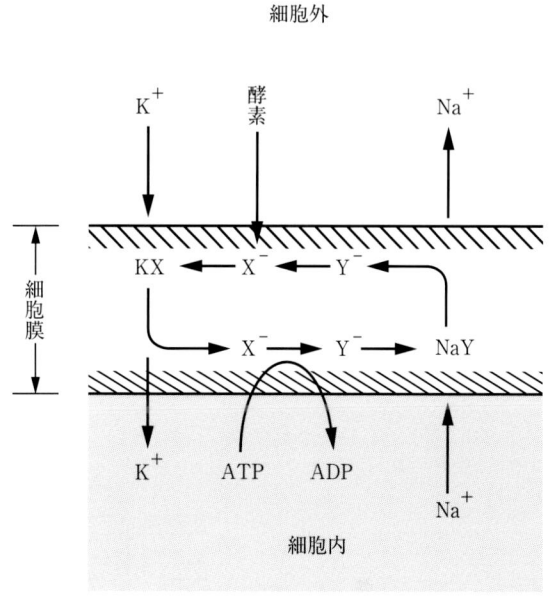

図 3-3 Na-K ポンプ.

膜の担体分子 Y^- と結合して電気的に中性となって細胞膜内を拡散した後，細胞外に放出される．遊離した Y^- は酵素の働きによって X^- に変換された後，細胞外にある K^+ と結び付いて細胞膜内を拡散した後に細胞外に K^+ を放出する．つぎに X^- はアデノシン3リン酸（ATP）の持つ高エネルギーを受取って Y^- となり，これが再び Na^+ と結合とした後 Na^+ を細胞外に運びだす働きをする（図3-3）．この働らきを Na—K ポンプと呼び，これを働かせるにはアデノシン3リン酸（ATP）の持つ高エネルギーを必要とし，能動輸送によるものである．

　図3-2 に示されている活動電位のオーバー・シュートの部分は細胞膜内外の電位差が逆転して細胞の外側が内側に対してマイナスになっていることを示している．このような変化を神経線維上を活動電位が伝達するという立場で眺めると図3-4 のようになる．

　神経細胞の一部に興奮が起こると細胞の内外の電位差が逆転して非興奮部との間に局所電流が流れる．すなわち，非興奮部では内から外へ，興奮部では外から内へ電流が流れる．その結果，非興奮部が興奮してマイナスの活動電位を発生させ，興奮部では興奮が抑えられる．このようにして活動電位がつぎつぎと隣接部に起こって興奮が伝達される．この興奮の伝達は左右両方向に起こる．しかし神経線維と神経線維の接合部のシナプスでは興奮の伝達の方向が決められているので，神経回路の興奮の伝達の方向を決定するのはニューロンではなくてシナプスである．

（3）跳躍伝導

　有髄神経線維の軸索は，電気抵抗の高い髄鞘に被われているので，髄鞘の切れ目に当たるランビエの絞輪部のみがつぎつぎと興奮して活動電位を発生する．このような興奮の伝導方式を跳躍伝導とよぶ（図3-5）．跳躍伝導は興奮の伝導速度を増すのに役

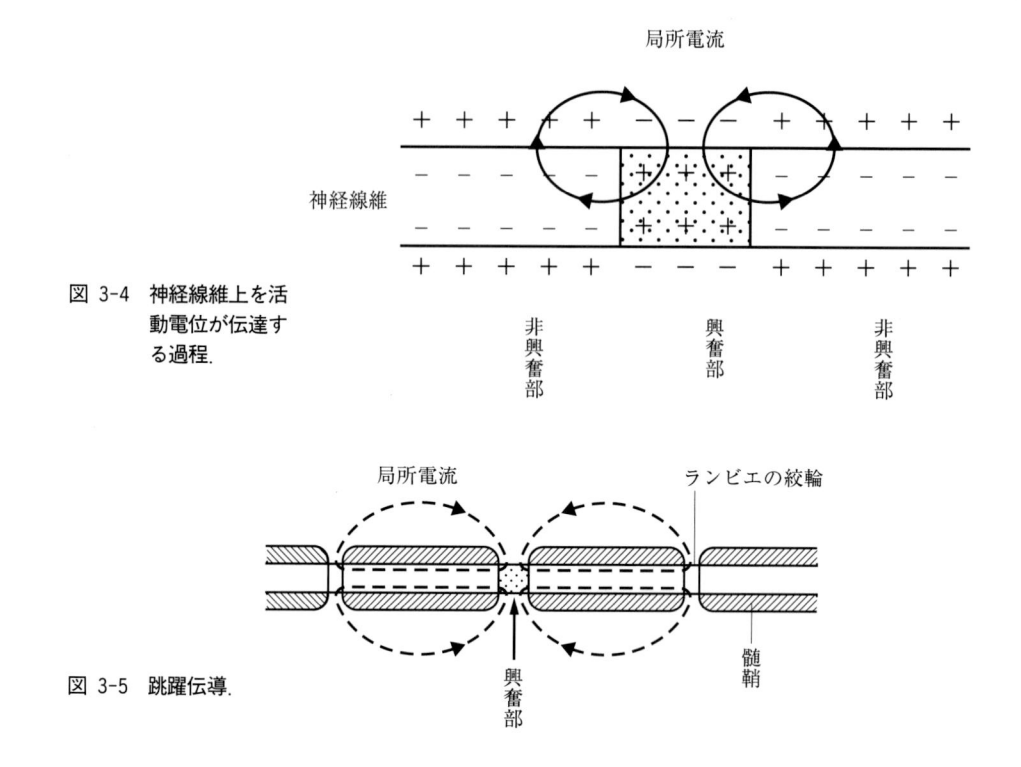

図 3-4 神経線維上を活動電位が伝達する過程.

図 3-5 跳躍伝導.

立つ.

4. 活動電位の伝導の原則
　神経線維を活動電位が伝導する場合にはつぎのような原則に従って行なわれる.
① **隔絶伝導**　　1つの神経線維を伝わる活動電位は隣接する神経線維にもある程度影響を与えるが，隣接する神経線維を興奮させるほどではない．したがって1つの神経線維の興奮が隣の神経線維に乗り移ることはない．
② **両方向伝導**　　神経線維の1点を刺激すると興奮は両方向に伝わる．これは求心性神経線維でも遠心性神経線維でも起こる．伝導の方向を決めるのはシナプスである．
③ **等速伝導**　　1つの神経線維の興奮の軸索上の伝導速度は一定で，神経線維の末端においても低下しない．したがって坐骨神経のように，いろいろな種類の神経線維を含んでいるものでは，刺激点から遠い位置で活動電位を記録すれば，それぞれの神経線維の伝導速度に応じて活動電位を分離して記録することができる．
④ **全か無かの法則に従う**　　神経線維上の興奮は全か無かの法則に従い閾値以下の刺激では興奮が起らず，興奮が起こる場合には刺激の大小にかかわらず一定で，したがって活動電位の大きさは一定である．
⑤ **疲労しにくい**　　繰返し刺激を与えても神経線維は疲労しにくく，したがって活動電位の大きさは変らない．

図 3-6 シナプスの構造.

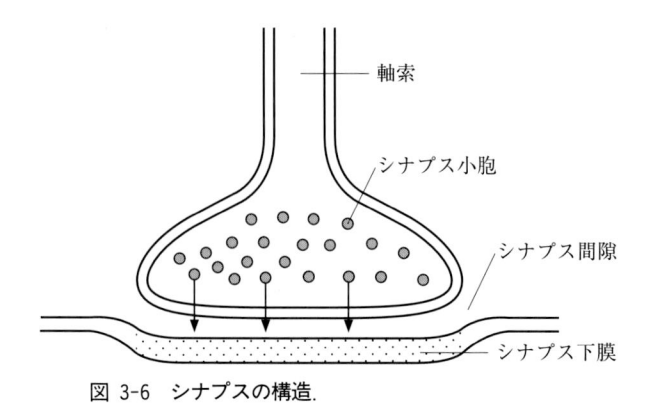

図 3-7 運動神経を電気刺激した場合の終板電位と活動電位の発生に対するクラーレの作用（A，B，C，Dの順序でクラーレを増すと終板電位が次第に低下し，ついにスパイク状の活動電位が起こらなくなる）.
(Kuffler, S. W.：Electric potential changes at an isolated nerve-muscle junction. J. Neurophysiol. 5：18-26, 1942.)

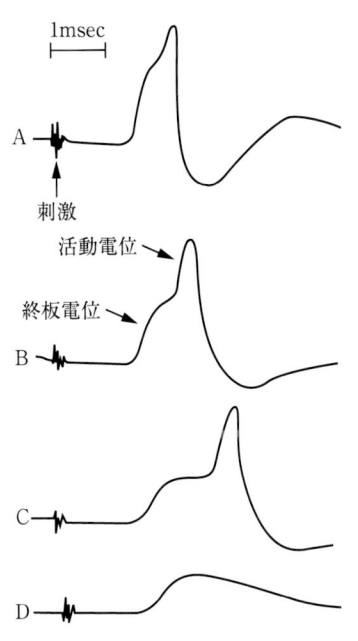

5．シナプス

軸索の末端が他の細胞と接合する部位をシナプスと呼ぶ．軸索の末端はふつう球状に広がっており，狭い間隙をへだてて，シナプス後部の細胞膜と接していて，この部分はシナプス下膜と呼ばれる（図3-6）．軸索の膨大部には小さな球状物質が多数あり，これはシナプス小胞と呼ばれ，興奮の伝達物質を含んでいる．この伝達物質であるシナプス小胞が神経の興奮を受けてシナプス下膜を興奮または抑制する．

運動神経と骨格筋との接合部は神経筋終板（神経筋接合部）と呼ばれる．この場合，シナプス後部の細胞はニューロンではなくて骨格筋線維である．

神経筋終板の場合にはシナプス小胞から伝達物質としてアセチルコリンが放出される．これが骨格筋線維のシナプス下膜にあるアセチルコリン受容体と結合すると，シナプス下膜のイオン透過性を高めて終板電位を発生させる．終板電位はシナプス下膜の静止電位（約$-70\,\text{mV}$）を高めるよう（プラスの方向）に働らくので，これが閾値を越えると活動電位が発生し，最終的に骨格筋の収縮を起こさせる．

シナプス間隙に放出されたアセチルコリンはただちにコリンエステラーゼによってコリンと酢酸とに分解される．コリンエステラーゼ阻害剤はアセチルコリンの作用を継続させて全身の筋痙攣や縮瞳，呼吸麻痺を起こさせる．

クラーレはシナプス下膜のアセチルコリン受容体と競合して終板電位の発生を押えるので，この結果活動電位が発生しなくなり，矢毒として動物を動けなくして捕獲するのに用いられた（図3-7）．

中枢神経系のニューロンの場合には樹状突起および細胞体に多数のシナプスを持ち，1つ1つの興奮性シナプス後電位は閾値以下であり，多数のシナプスが同時に働いて初めて閾値以上となって，シナプス後ニューロンに活動電位を発生させる．シナプスの中には抑制性のものがあるが，これは興奮性シナプス後電位を押える働きをする．

図 3-8 シナプス後抑制（A）と
シナプス前抑制（B）．
E：興奮ニューロン，
I：抑制ニューロン

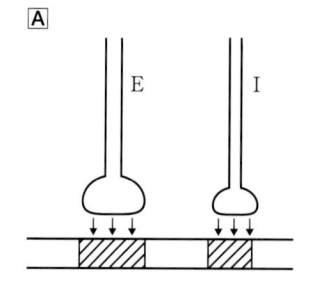

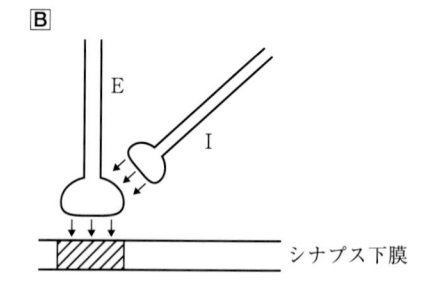

シナプスではふつうシナプス前ニューロンの軸索の末端がシナプス後ニューロンの細胞体または樹状突起とシナプスを造っているが，シナプス前ニューロンに直接シナプスを造り，この細胞の伝達物質の放出を抑制するニューロンが存在する．これをシナプス前抑制とよぶ（図3-8）．

シナプスにおける興奮の伝導にはつぎのようにいくつかの特徴が見られる．

① **一方向への伝導**　ニューロンでの興奮は起こった点から両方向に伝わるが，シナプスでは生理的に定められた方向にのみ興奮が伝わり，逆方向には伝わらない．これはシナプス前ニューロンの軸索のみから伝達物質が放出されるからである．

② **化学的伝導**　高等動物のシナプスでは化学物質による興奮の伝達が行なわれる．運動ニューロン，自律神経の節前ニューロン，副交感神経の節後ニューロンからはアセチルコリンが分泌され，交感神経の節後ニューロン（汗腺を除く）からはノルアドレナリンが分泌される．中枢神経系のシナプスにおける化学物質は現在多くの物質があげられている．

③ **シナプス遅延**　シナプスを興奮が通過する際に伝導時間の遅れが見られる．

④ **疲労しやすい**　シナプスはニューロンと比較して，反復して刺激された時に疲労が起こって，興奮の伝達が遮断されやすい．

⑤ **可塑性**　1つのニューロンにはシナプスが多数存在するので，ニューロンによる情報の伝達はいろいろな経路を取ることができるが，ある経路が頻繁に使われるとその経路が通りやすくなる．このような現象を可塑性（plasticity）と呼ぶ．

2 末梢神経系

1．体性神経系

中枢神経系から出発した体性神経系は脳神経および脊髄神経となって，全身の運動および知覚を支配している．

（1）脳神経

脳神経は脳底部から脳を出て末梢へ行く．脳神経はつぎの12対からなる．

① 嗅神経．知覚性．嗅覚を中枢に伝える．
② 視神経．知覚性．視覚を中枢に伝える．
③ 動眼神経．運動性，自律性．
　前者は眼筋の随意運動を，後者は眼の瞳孔括約筋と水晶体の調節を行なう毛様体筋を支配する．

④ 滑車神経．運動性．眼の上斜筋を支配する．
⑤ 三叉神経．知覚性と運動性．この神経は3枝に分かれ，第1枝は上眼瞼，前額，頭頂の知覚を，第2枝は下眼瞼と上唇の間の知覚を，第3枝は下唇，下顎，頬の下半分の知覚を司る．また第3枝には運動性の神経もあり咀嚼筋を支配する．
⑥ 外転神経．運動性．眼の外直筋を支配する．
⑦ 顔面神経．運動性．知覚性，自律性．運動神経は主として顔面の表情筋を支配し，この神経が障害を起こすと患側のまぶたが閉じず，頬の筋肉がゆるみ，顔が健側にゆがむ．知覚性神経は舌の前2/3の部分の味覚を伝える．自律神経は舌下腺，顎下腺および涙腺の分泌を司る．
⑧ 内耳神経．知覚性．この神経は蝸牛神経と前庭神経に分かれ，前者は聴覚を後者は平衡感覚を司る．
⑨ 舌咽神経．運動性，知覚性，自律性．運動神経は咽頭筋を支配し，知覚神経は舌の後1/3の知覚と咽頭の知覚を，自律神経は耳下腺の分泌を司る．
⑩ 迷走神経．運動性，知覚性，自律性．この神経は脳神経でありながら腹部まで延びている．運動神経は口蓋の筋，咽頭筋，喉頭筋を支配し，知覚神経はその付近の粘膜の知覚を司る．自律性の迷走神経は副交感神経系の主要な部分を占め，胸部と腹部の内臓の自律性運動と腺の分泌を司る．
⑪ 副神経．運動性．胸鎖乳突筋と僧帽筋の運動を支配し，一部は迷走神経とともに口腔，咽頭，喉頭の筋肉へ行く．
⑫ 舌下神経．運動性．舌筋に分布し，舌の運動を司る．

（2）脊髄神経

脊髄神経は脊髄からでる末梢神経で31対からなり，1対ずつ脊椎骨と脊椎骨の間にある穴（椎間孔）から椎骨外にでる．この神経はつぎの5つに区分される．

① 頚神経　　8対
② 胸神経　　12対
③ 腰神経　　5対
④ 仙骨神経　5対
⑤ 尾骨神経　1対

頚椎が7個からなるのに頚神経が8対であるのは第1頚神経が後頭骨と第1頚椎との間から，第8頚神経が第7頚椎と第1胸椎の間からでるからである．

運動神経は脊髄の灰白質部の前角に神経細胞があり，ここからでた軸索は前根を通った後，知覚神経と合して末梢部を走る．知覚神経細胞は椎間孔の内部にある脊髄神経節に神経細胞があり，軸索は後根を通って走っている（図3-9）．なお自律神経系は頚神経，尾骨神経を除く脊髄神経に含まれているが，自律性の遠心性ニューロンは前根を，求心性ニューロンは知覚神経の経路と同じように後根を通る．

脊髄神経の知覚線維と皮膚の支配領域との間には対応があり，皮膚の神経支配が分節状に並んでいる．これを皮膚分節という（図3-10）．皮膚分節は図3-10に示すように四つ足で歩くときの前後関係と一致する．

筋肉の神経支配にも皮膚分節と同様の傾向が見られ，これを筋分節という．分節は脊髄や脊髄神経に障害が起こったときに，皮膚の知覚異常や筋肉の運動異常から障害

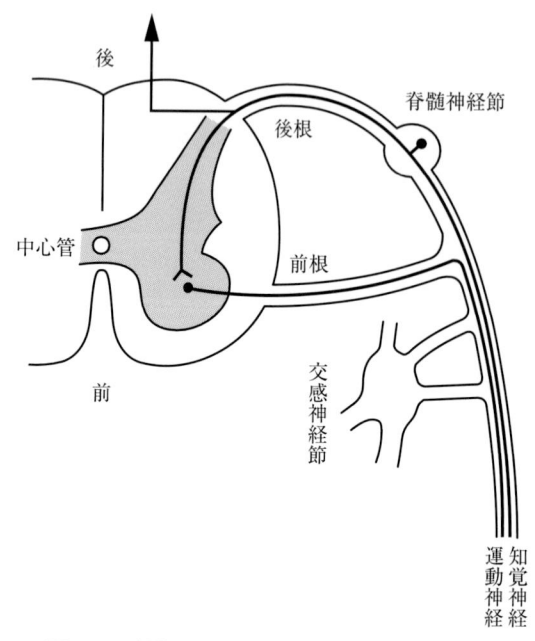

図 3-9 脊髄における運動神経と知覚神経の経路.

図 3-10 皮膚分節.
C：頚髄，T：胸髄，L：腰髄.
S：仙髄に属する皮膚分節

部位を推定するのに用いられる．

2．自律神経系

　自律神経系は内臓の平滑筋，心臓，腺などに分布し，生命維持に必要な呼吸，循環，消化，代謝，体温，分泌などの調節に関与している．自律神経系は自律神経遠心系と自律神経求心系とに区分され，前者はさらに交感神経系と副交感神経系とに分けられる．

(1) 交感神経系と副交感神経系

　交感神経系と副交感神経系の節前ニューロンの細胞体は中枢神経系にあり，その軸索が中枢神経系の外にでるが，支配する臓器に達する前にシナプスを造る．このシナプス部における節後ニューロンの細胞の集合体を自律神経節と呼ぶ．交感神経系は支配臓器より離れた交感神経節においてシナプスを造るのが一般的であるが，副交感神経系は支配臓器の付近でシナプスを造る．交感神経系の節前ニューロンの末端からはアセチルコリン，節後ニューロンの末端からは，ふつうノルアドレナリンが分泌されるのに対して，副交感神経系では節前ニューロンも節後ニューロンもその末端からアセチルコリンが分泌される（図3-11）．

(2) 交感神経系の経路

　交感神経系の節前ニューロンの細胞体は胸髄および腰髄の上部（L_1—L_3）にあり，その軸索は前根からでて，白交通枝を通り，交感神経節に入る．交感神経節は上下に連結されて交感神経幹を形成し，これは脊髄の左右に脊髄と平行して走る．交感神経の節前線維は頚髄から発しないが，交感神経節は頚髄の高さにふつう2個ある（頚部交感神経節）．大部分の交感神経の節前ニューロンは交感神経節でシナプスを造り，節

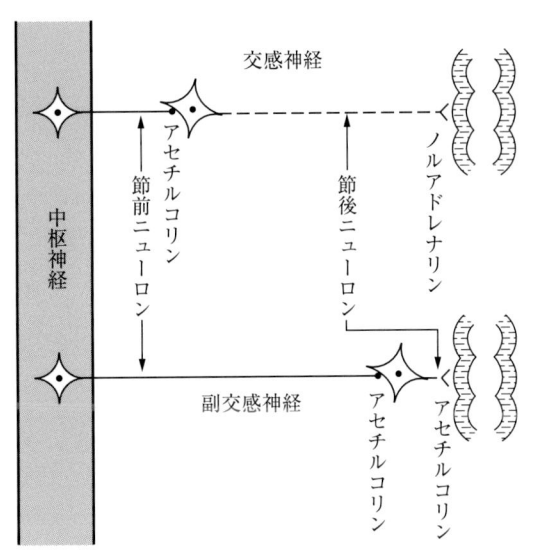

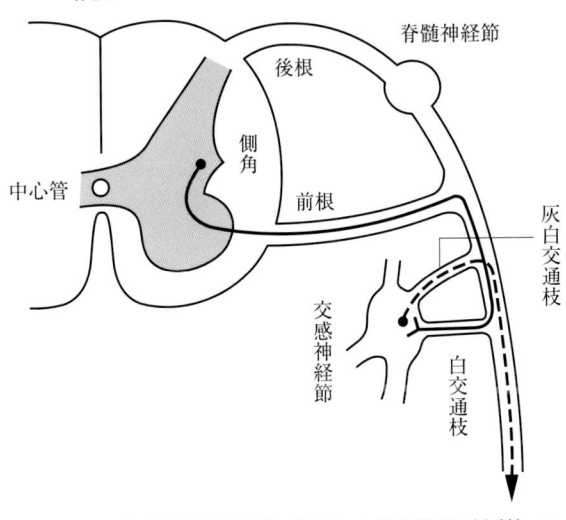

図 3-11 交感神経と副交感神経の比較.

図 3-12 交感神経節前線維（実線）と節後線維（点線）の経路.

後ニューロンが交感神経幹をでて灰白交通枝を経て脊髄神経に合する．しかし，交感神経節でシナプスを造らずに，素通りして臓器の付近にある腹部の交感神経節でシナプスを造る場合もある（図 3-12）．

（3）副交感神経系の経路

　　副交感神経系の節前ニューロンの細胞体は脳幹と仙髄にある．副交感神経節は臓器の近くにあるので節前線維は非常に長い．脳幹からでる副交感神経節前線維は動眼神経を通って瞳孔括約筋，毛様体筋に行き，顔面神経を通って舌下腺，顎下腺，涙腺に行き，舌咽神経を通って耳下腺に行き，さらに迷走神経を通って胸部および腹部の内臓に行く．仙髄からでる節前ニューロンは骨盤神経を通って骨盤内の諸器官（結腸，直腸，膀胱，外陰部など）にある神経節へ行く．

（4）自律神経求心系の経路

　　自律神経求心系の受容器は血管壁と胸腔，腹腔，骨盤腔の諸器官にある．動脈系では内圧(圧受容器)，膀胱，腸では充満度を壁の伸張状態から感受する．また内臓領域の痛みを中枢に伝える．これらの一部は迷走神経を通る．また咽頭部の知覚や鼓膜の痛みなども自律神経求心系を通る．自律神経系のすべての経路を図 3-13 に示す．

（5）自律神経系の機能

　　交感神経系と副交感神経系の機能を表 3-3 に示す．多くの器官では交感神経と副交感神経の二重支配を受け，両者の作用は相反するものが多いが，唾液腺のように協同的支配を示すものもある．自律神経系は，一般に持続的に一定の興奮状態を維持している場合が多い．

　　自律神経求心系は内臓の受容器からの情報による感覚（臓器感覚）を感受する作用を有し，これには飢餓感，渇感(のどのかわき)，吐き気，内臓痛，尿意，便意，性感

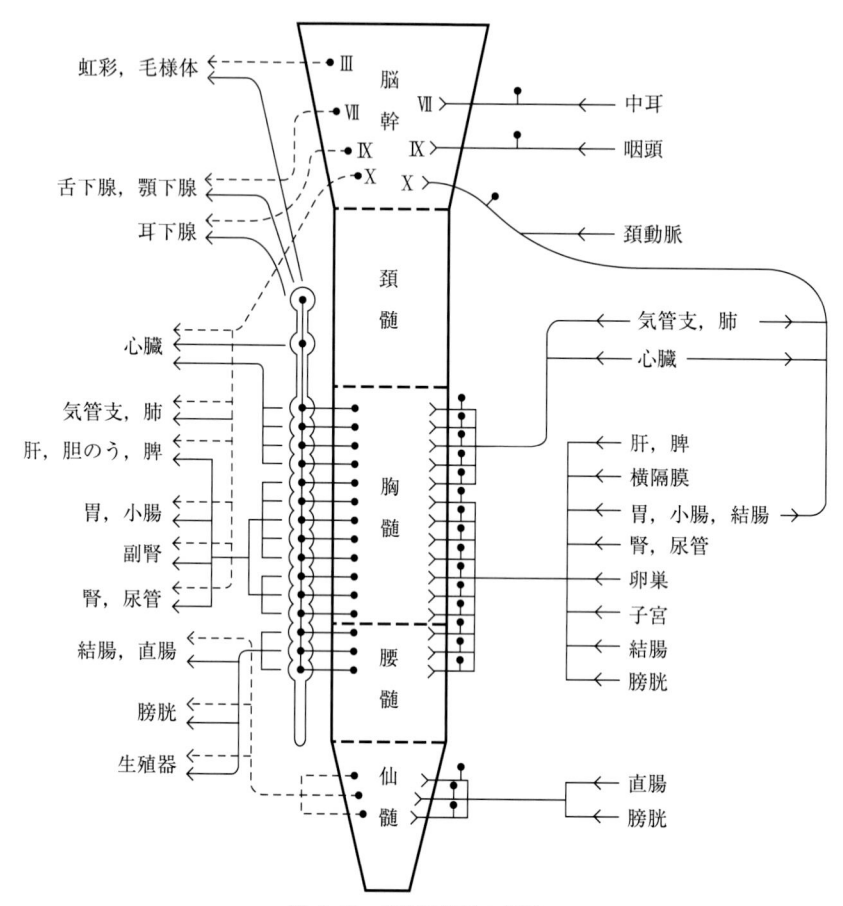

図 3-13 自律神経系の経路.
左側の矢印の実線は交感神経系. 左側の矢印の点線は副交感神経系. 右側の矢印は自律神経求心系. III：動眼神経, VII：顔面神経, IX：舌咽神経, X：迷走神経

覚などがあるが，血圧の調整のように意識されることなく，反射的に働くものもある．

(6) 随意運動時の筋交感神経の活動[4,6]

　筋交感神経終末は骨格筋の血管の外壁にあって中枢からのインパルスの指令によってノルエピネフリンを血液中に放出する．この結果，筋肉の血管が収縮する．したがって，筋肉の交感神経は血圧や筋血流の調節に重要な働きをしている．

　斉藤[5]およびSaitoら[8]は自転車漕ぎ運動中の筋交感神経活動電位を上肢の正中神経から記録して図3-14のように示した．すなわち，最大酸素摂取量の20％の運動では筋交感神経活動は安静値以下となるが，40％を越えると運動強度にほぼ比例して活動が増加することが示された．この研究では非運動筋が運動中に筋血管の抵抗を高めて血圧の上昇に寄与することを示したもので，運動筋では血液中の二酸化炭素の増加や乳酸の産生のために筋血管は拡張する．SaitoとMano[7]は静的な運動と動的な運動を比較した結果，静的な運動の方が筋交感神経の活動が著しいことを報告した．

表 3-3 交感神経系と副交感神経系の機能.

器官	交感神経系	副交感神経系
瞳孔	拡張	収縮
毛様体筋	——	収縮
唾液腺	血管収縮	血管拡張
	粘液性唾液分泌	漿液性唾液分泌
心臓	機能促進	機能抑制
冠状動脈	拡張	収縮
気管支	拡張（平滑筋弛緩）	収縮（平滑筋収縮）
胃腸	蠕動低下	蠕動亢進
	分泌抑制	分泌亢進
	血管収縮	——
肝臓	血管収縮	——
胆嚢	運動抑制	運動亢進
	血管収縮	——
脾臓	血管収縮	——
副腎	髄質分泌促進	——
腎臓	血管収縮	——
膀胱	壁弛緩	壁緊張
	括約筋収縮	括約筋弛緩
生殖器	子宮収縮	子宮弛緩
	血管収縮	血管拡張
立毛筋	収縮	——
汗腺	発汗（コリン作動性）	——
筋肉	血管収縮（アドレナリン作動性）	——
	血管拡張（コリン作動性）	——
	グリコーゲン分解	——

図 3-14 自転車運動時の運動強度と筋交感神経活動の関係. 運動強度を最大酸素摂取量（$\dot{V}O_2max$）の何％に相当するかによって示す. 値は平均値と標準誤差で示す. * は安静値との有意差（$p<0.05$）を示す.

(Saito, M., Tsukanaka, A,. Yanagihara, D. and Mano, T.：Muscle sympathetic nerve responses to graded leg cycling. J. Appl. Physiol. 75：663-667, 1993. より斉藤作図[5])

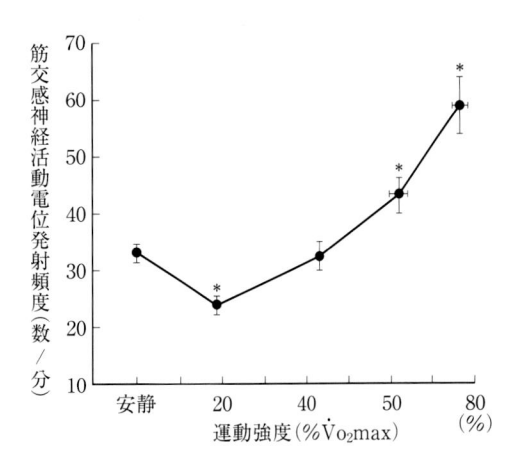

3 中枢神経系

表3-1に示されているように中枢神経系は大脳半球，小脳，間脳，中脳，橋，延髄，脊髄から成立っている．

1. 脊髄

脊髄は脊柱の中を上下に走る．脊髄の横断面を見ると（図3-9），中心管の周囲にH型をした灰白質があり，その外側を白質が取巻いている．灰白質には神経細胞が集っていて，白質は神経線維からなる．脊髄は脳と末梢神経を結び付ける働きをしているが，さらに灰白質には反射の中枢があって反射機能をつかさどっている．

反射には生れつき持っているものと，生後獲得したものとがあり，前者を無条件反射，後者を条件反射と呼ぶ．脊髄で行なわれる反射は無条件反射のうち比較的簡単なものである．

反射の経路は求心性経路，中枢神経，遠心性経路からなり，これを反射弓と呼ぶ．脊髄で行なわれる反射には筋紡錘と腱器官が重要な働きをしているが，これについては2章筋肉と運動において述べられている．

2. 脳幹

脳幹は脊髄の中枢端にあって，解剖学的に延髄，橋，中脳の3つに区分される（図3-15）．脊髄では知覚神経が後根を，運動神経と自律神経が前根を通って脊髄外に出るが，延髄より中枢部では脳神経として1つになって末梢神経がでて，その中に運動，知覚，自律作用を営む神経線維が含まれている．

(1) 延髄・橋

延髄・橋には生命の維持に必要な呼吸，循環の中枢がある．

(2) 中 脳

中脳は延髄，橋に続く部分で背面に四丘体がある．中脳には姿勢に関するつぎのよ

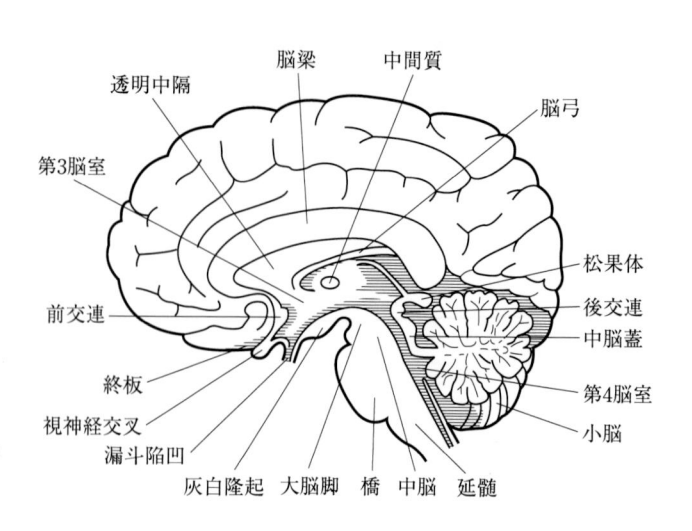

図 3-15 脳髄の正中断面．
(右半側の内側面)

図 3-16 頚反射.

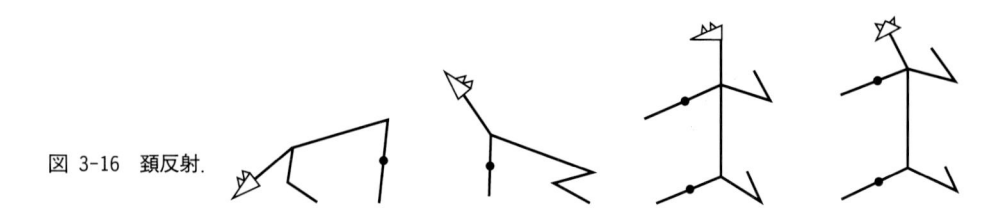

うな反射の中枢がある．

① **除脳固縮**　動物の中脳を上丘と下丘との間で切断すると，四肢の緊張が高まり，立っていることはできるが押すと倒れる．

② **頚反射**　頚を下に向ければ前肢が曲がり，後肢が伸びる．反対に頚を上に向ければ前肢が伸びて後肢が曲がる．また頚を右に向けるか，右に傾けると，右の上下肢が伸び左の上下肢が曲がる．これは頚筋の緊張状態が筋紡錘を刺激して，反射的に四肢筋の緊張状態を変える反射が起こるためである（図3-16）．

③ **迷路反射**　動物を背位にした時に，四肢の緊張が高まって四肢が伸びる．四肢の緊張は正常な頭の位置でもっとも小さく，それから180°回転した位置でもっとも大きい．これは内耳の迷路からの刺激が四肢の筋肉の緊張に影響を与えたためである．

④ **正向反射**　動物を空中で横にすると，まず頭を持ち上げて頭を正常な位置にしようとする．この結果，頚がねじれて頚反射を起こす．

②―④のような姿勢に関しての反射は四足動物で観察されるもので，ヒトに起こるわけではない．

中脳にはこの他に眼に関する反射があり，網膜に光を当てると瞳孔が収縮する光反射，頭を回しても眼球はいままで注視していた物体を見続ける代償性眼球運動が中脳を介して行なわれる．

（3）間　脳

間脳は中脳に続き，大脳半球の基底部にあり，視床脳と視床下部とからなり立っている．

① **視床脳**　視床脳は視床，内膝状体，外膝状体，松果体よりなり立つ．嗅覚を除く知覚はすべてここで中継される．内膝状体，外膝状体はそれぞれ蝸牛神経，視神経から線維を受取り，大脳皮質の聴覚中枢，視覚中枢と連絡する．視床は体知覚中枢，味覚中枢と連絡する．視床はこの他に大脳皮質に広く線維を送り，意識の保持に重要な働きをする．

松果体はメラトニンを内分泌する．松果体は光に反応し，光が網膜に当たるとメラトニンの分泌が抑制されて，その結果，下垂体の性腺刺激ホルモンが分泌される．

② **視床下部**　視床下部には自律神経系の中枢があり，つぎのような調節作用が行なわれる．

体温調節，血圧調節，胃の運動や胃液の分泌の調節，食物摂取の調節，水分摂取と利尿の調節，瞳孔の調節．

視床下部はまた下垂体と密接な関係を持っている（8章　ホルモンと運動参照）．

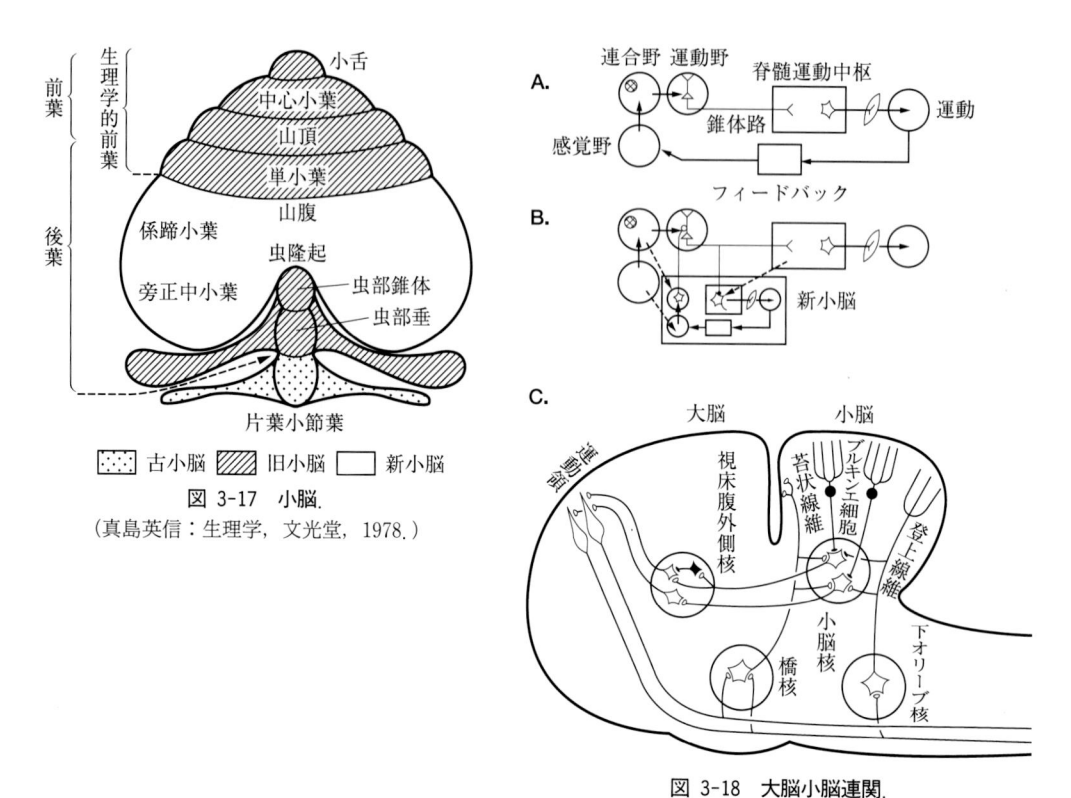

図 3-17 小脳.
(真島英信：生理学, 文光堂, 1978.)

図 3-18 大脳小脳連関.
(伊藤正男：ニューロンの生理学. 岩波書店, 1970.)

3. 小 脳

　小脳は発生学的に古小脳, 旧小脳, 新小脳に, また位置的に前葉と後葉に区分される（図3-17）. 古小脳は前庭神経と関係が深く, 旧小脳は, 脊髄と関係が深く, 新小脳は大脳と関係が深い.

　小脳皮質への入力は苔状線維と登上線維によって行なわれ, 小脳皮質からの出力はプルキンエ細胞によって行なわれる. 図3-18（C.）に示すように小脳のプルキンエ細胞は小脳の情報をシナプスを通して直接大脳の運動領に伝える.

　未経験の運動を繰返して, その運動が上達する過程（運動学習）では, 初期にはその運動のパフォーマンスの結果を見て, 上達を心掛けるが（図3-18（A）），熟練すると, 大脳皮質から発した運動の指令が途中で新小脳を通してフィードバックされて（図3-18（B））大脳の感覚野, 連合野を通じて運動野に戻り, 運動野からの出力を調整するようになる[1]．

4. 大 脳
（1）大脳基底核

　大脳皮質下の核を基底核という. 尾状核, 被殻, 淡蒼球などが含まれる. 尾状核と被殻を合せて線条体, 被殻と淡蒼球を合せてレンズ核という. 尾状核の支配を受ける黒質のニューロンが減少するとパーキンソン病になる. この病気は中年以後に起こり,

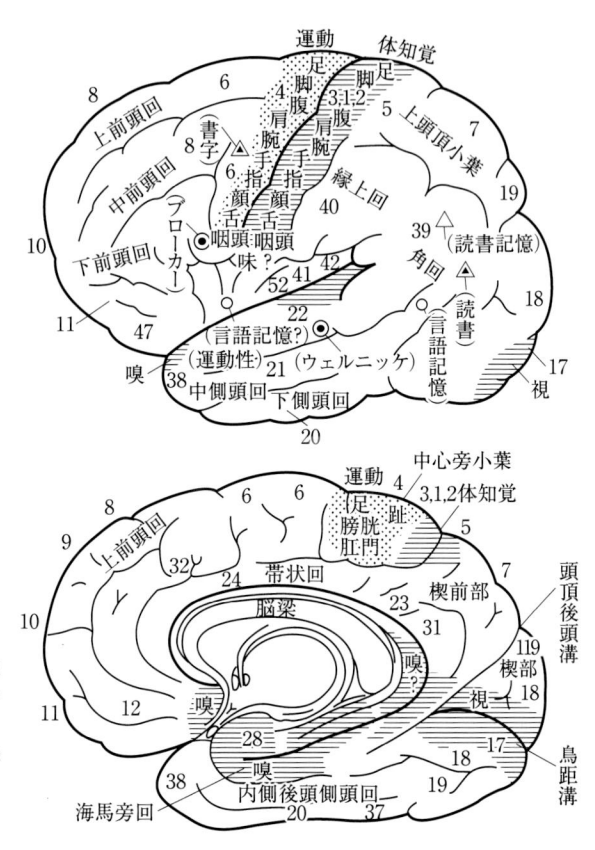

図 3-19 大脳皮質の機能の局在（左外側面と右縦断面を示す）．
数字はBroadmannの細胞構築学的分野名．

全身の筋肉がこわばって歩行時につまずきやすく，また手足がふるえる．

（2）大脳皮質

大脳皮質は部位によってそれぞれの中枢が分かれて存在する（図3-19）．

1）運動の中枢

随意運動の中枢は前頭葉の中心前回（第4野）にある．ここから錐体路がでる．

四肢は反対側の中枢が支配する．すなわち右半球の運動中枢が左側の四肢の運動を支配する．体幹部は両側の中枢から支配されている．

身体の上部を支配する中枢は中心前回の下部にあり，下部を支配する中枢は上部にある．指先，舌などの巧みな運動を支配する中枢は大脳皮質の広い面積を占め，反対に体幹部を支配する中枢は狭い面積を占める．

錐体外路の中枢は錐体路の中枢の前部にある第6野が中心で，前運動野と呼ばれる．錐体外路はここから発して皮質下にある基底核と連絡し，全身の筋肉の緊張や反射をつかさどる．

脳出血では錐体路とともに錐体外路が侵されるので，運動麻痺とともに筋の緊張や腱反射が亢進する．

2）体知覚の中枢

体知覚の中枢は運動中枢の後部に位置する頭頂葉の中心後回（第3，1，2野）にあり，運動中枢と支配する部位が並んでいて，下半身を支配するものほど中枢では上部

にある.

3) その他の感覚の中枢

視覚中枢は後頭葉の第17野にあり外膝状体から線維を受け,聴覚中枢は側頭葉の第41,42野にあり内膝状体から線維を受ける.

4) 連合中枢

感覚や運動などの中枢以外の部分は連合中枢と呼ばれいろいろな知覚を受けてこれらの情報を統合し,理解,判断,記憶,意志などの高等な精神作用を行なう.連合中枢の1つに言語中枢がある.これには運動性言語中枢と知覚性言語中枢とがあり,前者はブローカの中枢と呼ばれて第44野にあり,後者はウエルニッケの中枢と呼ばれて,第22野にある.

[文　献]

1) 伊藤正男：ニューロンの生理学.岩波書店,1970.
2) Kuffler, S. W.：Electric potential changes at an isolated nerve-muscle junction. J. Neurophysiol. 5：18-26, 1942.
3) 真島英信：生理学.文光堂,1978.
4) 間野忠明：運動と自律神経.体力科学 43：130-135, 1994.
5) 斎藤　満：運動時の筋交感神経活動.体育の科学 44：426-431, 1994.
6) 斎藤　満：運動時の筋交感神経反応.体育学研究 42：59-70, 1997.
7) Saito, M. and Mano, T.：Exercise mode affects muscle sympathetic nerve responsiveness. Jap. J. Physiol. 41：143-151, 1991.
8) Saito, M., Tsukanaka, A., Yanagihara, D. and Mano, T.：Muscle sympathetic nerve responses to graded leg cycling. J. Appl. Physiol. 75：663-667, 1993.

I部 運動とからだの働き

4章 呼吸と運動

1 呼吸器の構造と機能

　呼吸はからだの内と外との間でガス交換を行う働きをしていて，空気中から酸素を肺を通して体内に取込み，血液中から二酸化炭素と水蒸気を体外に排出する．なお，血液と組織との間で酸素と二酸化炭素とを交換する働きを内呼吸と呼ぶことがある．このような場合には前者の呼吸は外呼吸と呼ばれる．呼吸器は鼻腔，咽頭，喉頭，気管，気管支，肺からなり，咽頭は消化器と経路を共有している．気管支は肺に入って樹枝状に分枝を重ね，肺胞と呼ばれる袋状の部分に終る．ガス交換は肺胞で行なわれる．肺胞は肺動脈（静脈血が入っている）が分枝した毛細血管網に取り囲まれ，ガス交換を終えた毛細血管網は集合して肺静脈（動脈血が入っている）となる．肺は弾力線維に富んでいて，弾力性がある（図 4-1）．胸郭は細長い肋骨に囲まれていて，とく

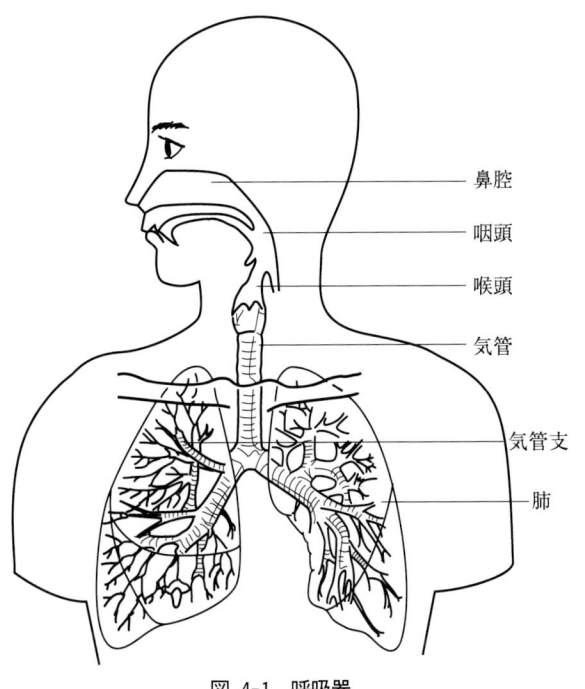

図 4-1　呼吸器．

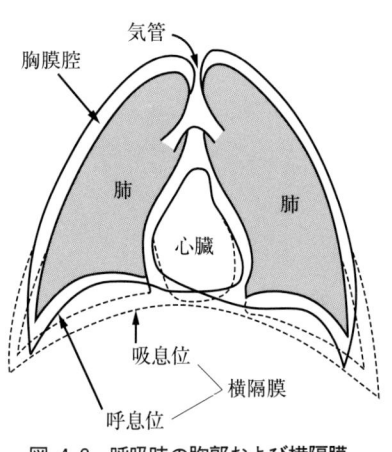

図 4-2　呼吸時の胸郭および横隔膜の移動．

に下部では弾力性がある．

2 呼吸運動

　外気を肺胞へ送り込む働きを吸息，肺胞から肺胞気を送りだす働きを呼息といい，吸入，呼出される空気をそれぞれ吸気，呼気と呼ぶ．
　吸息は横隔膜の低下と肋骨の挙上によって胸郭内の容積が増加し，胸郭に密着した肺が受動的に押し広げられることによって行なわれる．このために胸郭と肺との間の空間（胸膜腔）は外気に対して陰圧に保たれている．横隔膜は胸腔と腹腔とを分けるドーム状の筋肉で，後部が前部よりも低く，両側が中央よりも低い．この筋肉は周辺部から起こって盛り上がって集まり，中央部の腱膜に付着する．吸息時に横隔膜が収縮すれば，横隔膜が平らになって，胸部内臓が低下し，これに伴って腹部内臓を低下させるとともにやや前方に突出させる．横隔膜が緩むと，腹圧によって胸部内臓が再び押し上げられる（図 4-2）．
　肋骨は脊椎骨との間に脊椎体と横突起の 2 カ所で関節を造り，2 つの関節を結ぶ線を回転軸として上下に回転することができる（図 4-3）．吸息時には肋骨が挙上して脊柱に対して直角に近くなり，この結果，胸腔の容積が広がって肺が拡張する．肋骨の挙上に主として働くのは外肋間筋で，この筋肉は 2 つの肋骨の間にあって，上内側から下外側に走り，この筋肉が収縮すると肋骨が脊柱に対して直角に近くなる（図 4-4）．安静時の呼息は横隔膜と外肋間筋との弛緩および，肺の弾性と胸郭の重量によって起こる．しかし努力性呼吸の呼息時には外肋間筋の内側にあって上外側から下内側に走る内肋間筋が積極的に活動して，肋骨の前部を下降させて胸郭を縮小させる（図 4-4）．
　このように呼吸は肋間筋と横隔膜とが同時に働いて行なわれるが，前者が主として働く場合を胸式呼吸，後者が主として働く場合腹式呼吸と呼ぶ．立位で行なうスポーツでは胸式呼吸よりも腹式呼吸の方が低い部分が動くので姿勢を安定に保持するという点から優れている．
　老化などで肺が弾力性を失うと，肺の収縮力が弱まるので，呼息の後にも肺胞に空気が多量に残り，肺が広がった状態になる．このような状態を肺気腫とよぶ．

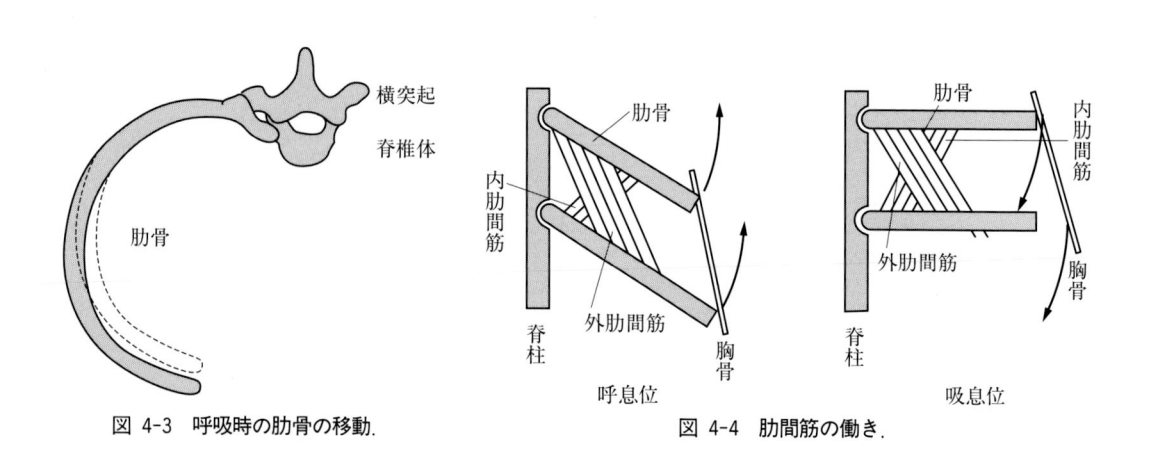

図 4-3　呼吸時の肋骨の移動．　　　　　　図 4-4　肋間筋の働き．

呼吸では空気が細い気管支を通って肺胞に出入りするので，この時に気管支壁から抵抗を受ける（気道抵抗）．気管支喘息では細い気管支壁にある平滑筋が痙攣してさらに気管支が細くなるので気道抵抗が増して呼吸が困難になる．

3 肺の容量

呼吸を1回行なった際に出入りする空気の量を1回呼吸量と呼ぶ．正常の吸気後にさらに努力して吸入することのできる空気の量を予備吸気量，正常の呼気後にさらに努力して呼出することのできる空気の量を予備呼気量という．最大努力による吸気後に最大努力によって呼気を行ない，その際に呼出した呼気の量を肺活量という．肺活量はつぎの式で示される．

肺活量＝予備吸気量＋1回呼吸量＋予備呼気量

最大限に呼気を行なっても肺胞や気管支，気管などになお空気が残る．これを残気量と呼ぶ．肺活量と残気量の和を全肺容量と呼び，呼気量と残気量の和を機能的残気量と呼ぶ．

以上の用語の説明と成人男子の標準的な数値が図4-5に示されている．

呼吸機能をかんたんに測定するには肺活量計（図4-6）によって肺活量を測定する．肺活量は37℃，大気圧，水蒸気で飽和されている状態（body temperature, ambient pressure saturated with vapor, BTPS）の量で示される．

東京オリンピック大会男子強化選手の肺活量を種目別に表4-1に示す．一般成人と比較して競技選手の肺活量は大きいが，平均値が5,000 mL以上の値を示したのは陸上競技の換擲，競泳，柔道の中量級および重量級，バスケットボール，バレーボール，水球，ボートエイトおよび小艇，近代5種で，このことは肺活量が体格の影響を受け

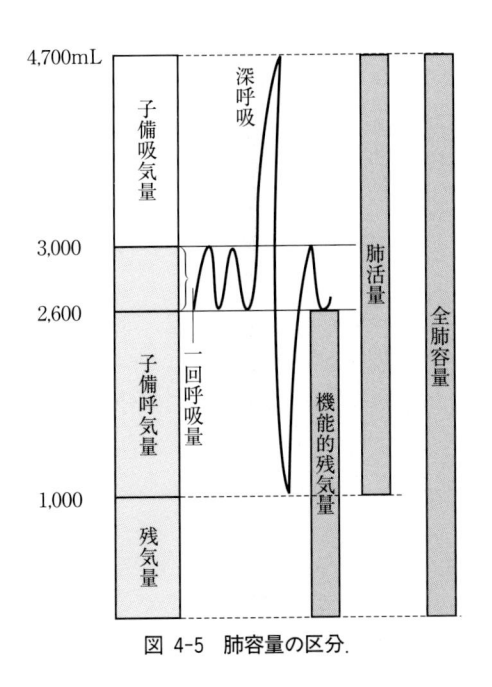

図 4-5 肺容量の区分．

図 4-6 肺活量の測定．

表 4-1 東京オリンピック男子強化選手の肺活量（mL）.

種　目	肺活量	種　目	肺活量
陸上競技		サッカー	4923
短, 中距離, ハードル	4772	ホッケー	4456
長距離, マラソン	4408	バスケットボール	5885
競　歩	4778	バレーボール	5424
投　擲	5186	水　球	5298
跳　躍	4870	自転車	4856
水　泳		射　撃	
競　泳	5377	ピストル	4291
飛込み	4256	ライフル	4294
体　操	4134	ボート	
柔　道		エイト	5500
軽量級	4424	小　艇	5449
中量級	5104	ヨット	4345
重量級	5356	近代5種	5161

（日本体育協会：東京オリンピックスポーツ科学研究報告，1965.）
参考：20歳男子の肺活量 4370 mL[18]

ることを物語っている．この点について Worringen[19] は同一身長の者を選んで競技種目別に肺活量を測定したが，やはり競技選手は一般人よりも大きな数値を示した（表4-2）．

佐藤ら[16]は大学のボート選手の体力を1年間にわたって追求し，1年間の増加率を経験年数別に示している（表4-3）．この表から，肺活量の増加は最初の1年でほぼ飽和し，この点で背筋力と経過が異なることが示されている．佐藤らはまた，2年半にわたって肺活量の経過を同一人（2名）について追求した結果を図示しているが，1人はあまり増加せず，他の1人は1年あまりでほぼ数値が飽和した（図4-7）．肺活量のトレーニング効果が筋力と比較して小さいのは胸部の大きさによって制限を受けるためであろう．

一定時間に呼出される最大呼気量を時間肺活量（timed vital capacity）と呼ぶが，ふつう1秒間に呼出される呼気量と肺活量との比が求められて，これを1秒率と呼ぶ．1秒率は呼吸筋の機能の低下，肺の弾性の低下，気道抵抗の増加などいろいろな原因によって低下するので，運動生理学という点よりも臨床医学の立場から測定されることが多い．

呼吸器内に取り込まれた空気は鼻腔，口腔，気管，気管支において加温，加湿されるが，この部分ではガス交換が行なわれないので，解剖学的死腔と呼ばれている．なお，細気管支の近くに位置する肺胞気の一部もガス交換に関与せず，この部分を加えた死腔を生理学的死腔と呼び，約 150 mL である．

4 呼吸運動の調節

呼吸運動は随意的に行なうことができるが，意識的に呼吸運動を行なわなくても反射的に調整されているので，たとえば睡眠中にも呼吸が正常に行なわれて体内の酸素

表 4-2 スポーツ種目別肺活量（mL）.
（被検者はボクシングのみ50人，他は100人）

ボ ー ト	5450	器 械 体 操	4300
水 泳	4900	サ ッ カ ー	4200
ボ ク シ ン グ	4800	レスリング（重技）	3950
陸 上 競 技	4750	一 般 男 子	3250

（Worringen：Sport und Lungenausbildung. Z. f. ges. physik. Therapie 31：132-144, 1924.）

表 4-3 大学ボート選手の体力（背筋力と肺活量）の1年間の増加率（％）.

	測定数	背筋力	肺活量
新人→経験1年	21	19	7
経験1年→経験2年	11	13	0
経験2年→経験3年	14	7	3

（佐藤良子，石河利寛，山川 純：ボート選手の体力の推移について．体力科学 13：1-18, 1964.）

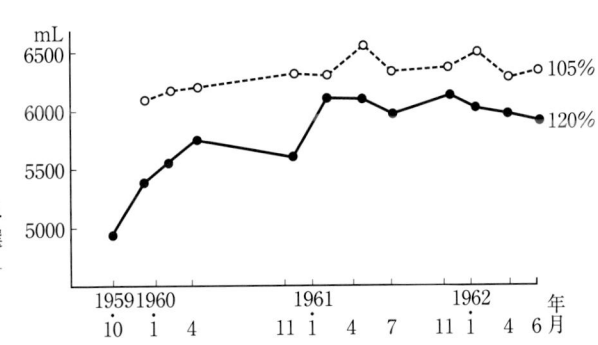

図 4-7 2名のボート選手の肺活量の推移.
（佐藤良子，石河利寛，山川 純：ボート選手の体力の推移について．体力科学 13：1-18, 1964.）

はほぼ一定に保持される．

1．呼吸中枢（図4-8）

　呼吸中枢は延髄の網様体にあり，吸息中枢と呼息中枢から成立っている．吸息中枢は腹部網様体に，呼息中枢は背外側網様体に左右一対ずつある．左右の中枢は互いに密接に連絡していて，左右の呼吸が同時に行なわれる．吸息は吸息中枢からインパルスを吸息筋に送ることによって行なわれる．安静時には呼息中枢は呼息筋に直接働かず，吸息中枢にインパルスを送って吸息を抑制する．この結果，吸息筋が弛緩し，吸息によって引き伸ばされた肺と胸郭の弾性によって呼息が受動的に行なわれる．呼息中枢は橋にある呼吸調節中枢によっても支配される．呼吸調節中枢は吸息中枢からインパルスを受けて呼息中枢へインパルスを送る．呼吸はまた大脳皮質からも影響を受け精神的に興奮すると呼吸が盛んになり，恐怖を感じると呼吸が抑制される．吸息中枢が興奮すると第2次の呼吸中枢である肋間神経の前角細胞（第1-12胸髄にある）および横隔膜神経の前角細胞（第3-4頸髄にある）にインパルスを送り，ここから肋間筋および横隔膜に運動神経がでる．

2．神経的調節

　呼吸運動は脳の高位の中枢から随意的に促進させたり，抑制させたりすることができる．また肺の伸展に伴って気道平滑筋にある伸張受容器から迷走神経を介して求心的なインパルスが吸息中枢を抑制して呼息へ移行させる．これを Hering-Breuer 反射と呼ぶ．さらにつぎのような反射がある．

　① 圧受容器からの反射　　頚動脈洞と大動脈弓にある圧受容器（頚動脈小体と大

図 4-8 呼吸の調節.

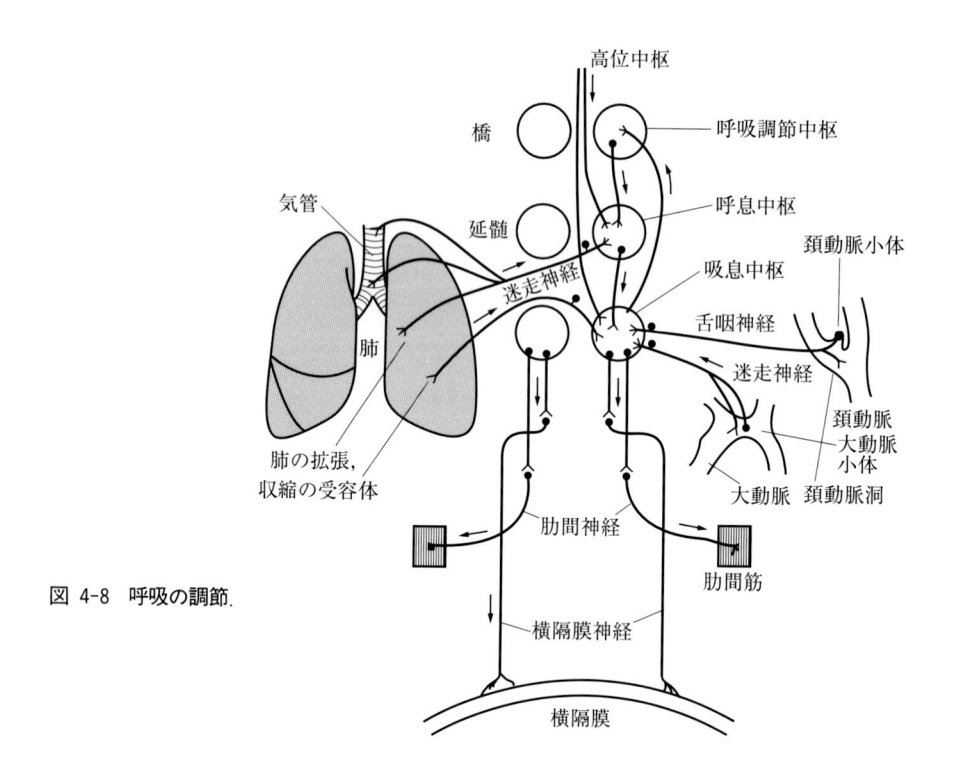

動脈小体)はそれぞれ舌咽神経と迷走神経を介して吸息中枢へインパルスを送り，血圧が上昇した際に呼吸を抑制する．

② **呼吸筋からの反射**　気道の抵抗が増加して（たとえば気管支喘息），肺の収縮拡張が妨げられると，呼吸筋が反射的に強く収縮する．

3．化学的調節

呼吸は血液の化学的変化に鋭敏に反応する．

① **二酸化炭素**　動脈血中の二酸化炭素が直接呼吸中枢に作用し，二酸化炭素が増加すると呼吸が盛んになり，減少すると呼吸が衰える．

② **酸素**　内外の頸動脈の分岐部にある頸動脈小体，大動脈弓部にある大動脈小体は化学的受容器の働きをしていて，動脈血中の酸素が減少するとこの部分からの求心性のインパルスが増して呼吸が盛んになり，酸素が増加するとインパルスが減少して呼吸が衰える．

③ **水素イオン濃度**　血液中の水素イオン濃度は直接呼吸中枢に働く．血液が酸性になると（アシドーシス）呼吸が盛んになり，血液がアルカリ性になると（アルカローシス）呼吸が衰える．

これらの働きは実際には同時に起こることが多い．血液中の酸素が減少すると二酸化炭素が増加し，二酸化炭素の増加は血液中の炭酸を増加させて血液が酸性に傾く．

5 酸素と二酸化炭素の移行

肺の中に取り込まれた酸素は肺胞から肺毛細血管に移行し,同時に二酸化炭素が肺毛細血管から肺胞に移行する.この過程は拡散と呼ばれる物理的な過程で,圧の高い方から低い方へ移行する.

表4-4と図4-9に呼吸に関与する各部の酸素,二酸化炭素,窒素,水(水蒸気)の分圧(mmHg)および含有率(%)を示す.

呼気は吸気と比較すると水蒸気で飽和され,酸素が減少し,二酸化炭素が増加している.しかし,酸素の減少よりも,二酸化炭素の増加が少ない.これは安静時の代謝では消費される酸素の量が発生する二酸化炭素の量よりも多いことを物語っている.呼吸によって発生する二酸化炭素量と消費される酸素量との比を呼吸交換比(respiratory exchange ratio)と呼ぶ.窒素は肺胞と血液との間の移行がないにもかかわらず,水,酸素,二酸化炭素の移行の影響を受けて吸気と呼気の含有率が異なってくる.

肺で血液中に取込まれた酸素は大部分が赤血球のヘモグロビンと結合し,一部(約5%)は血漿中に溶解して運ばれる.組織において代謝の結果発生した二酸化炭素は静脈血液中では水と結合して炭酸となって運ばれ,肺毛細血管において二酸化炭素とし

表 4-4 安静時の呼吸系各部のガス分圧と組成.

	O_2		CO_2		N_2 その他		H_2O		合　計	
	mmHg	%	mmHg	%	mmHg	%	mmHg	%	mmHg	%
吸　気	158	20.8	0.3	0.04	596	78.4	5.7	0.75	760	100
呼　気	116	15.3	32	4.2	565	74.3	47	6.2	760	100
肺胞気	100	13.2	40	5.2	573	75.4	47	6.2	760	100
動脈血	100	13.2	40	5.2	573	75.4	47	6.2	760	100
静脈血	40	5.7	46	6.5	573	81.2	47	6.6	706	100
組　織	30以下	4.3以下	50以上	7.1以上	573	81.9	47	6.7	700	100

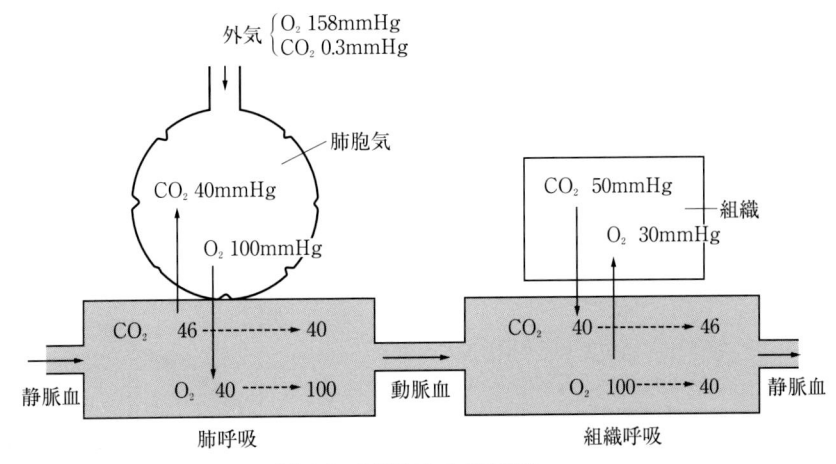

図 4-9 呼吸によるガス交換.

て肺胞内に放出される．このような反応は炭酸脱水酵素の働きによって速かに行なわれる．

$$CO_2 + H_2O \overset{炭酸脱水酵素}{\rightleftarrows} H_2CO_3$$

6 運動時の呼吸数および換気量

換気量は1回の換気量と呼吸数の積としてBTPSで示される．

換気量（L/分）＝1回換気量（L）×呼吸数（回/分）

呼吸数は安静時に15-20回/分であるが，運動によって増加する．運動時の呼吸数は運動のリズムの影響を受けやすい．たとえばジョギング中には4ステップ1呼吸（吸息2ステップ，呼息2ステップ）の場合が多い．自転車エルゴメータ運動でも呼吸数はペダルのステップ頻度の影響を受ける．ふつう，ペダルのステップ頻度が50ステップ/分または60ステップ/分で運動が行なわれるので，負荷が増して呼吸が速くなると呼吸数がステップ頻度に同期して50回/分または60回/分となる場合が多い．負荷がさらに強くなると，呼吸数とペダルのステップ頻度との同期が破れて，やがて疲労困憊に達して運動の継続が不可能になる．犬を用いた実験で下肢の筋紡錘および関節の機械刺激に対する受容器からの興奮が呼吸を促進することが明らかにされているので[3]，上述の動作と呼吸の同期現象はこのメカニズムによるものであろう．

安静状態から漸増負荷運動を行なうと換気量が酸素摂取量とほぼ比例して増加するが，この状態では運動に必要な酸素は換気によって十分に供給されている．運動をさらに強くして行くと，運動に関与している筋肉で酸素を用いないでアデノシン3リン酸を発生させる代謝過程が起こり，この時に発生した乳酸が血液中に入って血液を酸性化する．この結果，呼吸中枢が刺激されて換気量が酸素摂取量の増加を超えて増し，この増加は疲労困憊によって運動を中止するまで続く（図4-10）．

このように漸増負荷運動の後半に血中乳酸の急激な増加と換気量の急激な増加とがほぼ同時に起こるので前者が後者の原因と考えられていた．

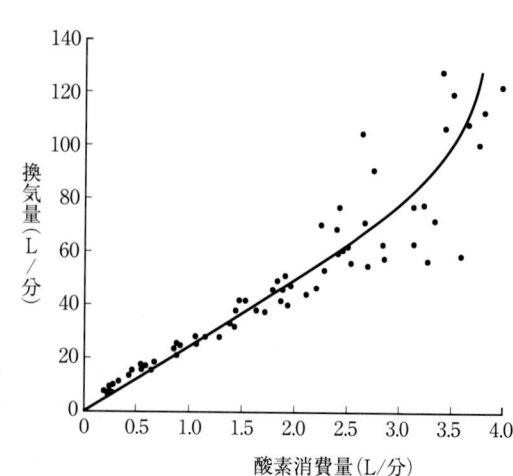

図4-10 換気量と酸素消費量との関係．
(Grodins, F. S.: Analysis of factors concerned in regulation of breathing in exercise. Physiol. Rev. 30: 220-239, 1950.)

表 4-5 いろいろな条件における換気量(L/min).

	平均値	範囲
安　静	7.2	5.8〜10.3
低酸素症（6〜7% O_2 吸入）	12	
代謝性アシドーシス（糖尿病）	35	
7.6% CO_2 吸入	48.9	26〜 86
10.4% CO_2 吸入	71.4	40〜114
激しい運動	110	80〜140
自発的最大換気量	166	132〜198

(Knowles, J. H.: Respiratory physiology and its clinical application. Harvard Univ. Press, 1956.)

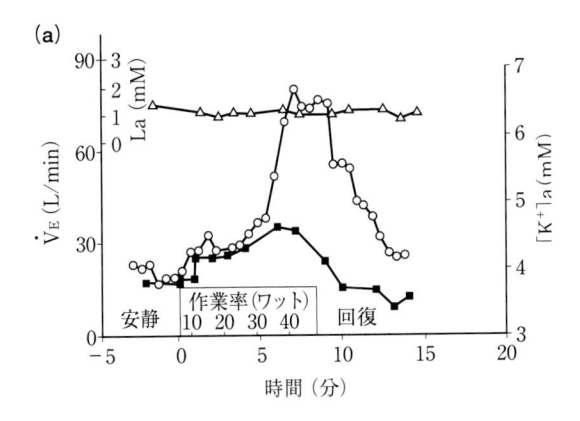

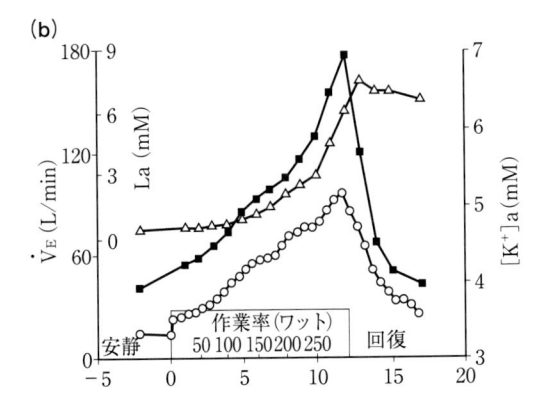

図 4-11 McArdle's syndrom を持った患者(a)と正常人(b)が漸増負荷運動を行なった際の動脈血中の乳酸の濃度（La，△），カリウムの濃度（$[K^+]$ a，■）および換気量（$\dot{V}_E$，○）の変化の例．
(Paterson, D. J., Friedland, J. S., Bascom, D. A., Clement, I. D., Cunningham, D. A., Painter, R. and Robins, P. A.: Changes in arterial K^+ and ventilation during exercise in normal subjects and subjects with McArdle's syndrome. J. Physiol. 429：339-348, 1990.)

表 4-6 運動選手の呼吸器系機能と形態，筋力との相関．

被検人員	体力要素	肺活量	最大換気量
27	最大酸素摂取量	0.48	0.22
	最大酸素摂取時の呼気量	0.28	−0.37
220	身　　長	0.53	0.32
	体　　重	0.65	0.29
	胸　　囲	0.58	0.26
	体 表 面 積	0.62	0.31
	握　　力	0.46	0.18
	背 筋 力	0.42	0.26
	肺 活 量	―	0.27

(浅川桂次：最大呼吸力と運動能力との関係について．体力科学 5：172-175, 1956.)

　　　この点に疑問を投げ掛けたのは Hagberg ら[5]で，彼らは筋のホスホリラーゼの欠損のために筋グリコーゲンからの糖代謝が行なわれないために，はげしい運動を行なっても筋肉に乳酸が生成されない患者（McArdle's syndrom）でも，運動強度を増して行くと正常人に見られるような急激な換気量の増加が見られることを報告した．
　　　その後 Paterson ら[15]は McArdle's syndrom の患者に漸増負荷運動を行なわせると，動脈血中の乳酸には変化がないが換気量の増大が動脈血中のカリウムの濃度の増加とともに起こることを観察した（図 4-11（a））．彼らはまた正常人についても同様な実験を行ない，負荷運動後半における換気量の急増が，乳酸，カリウムとほぼ平行して起こるが，運動を中止すると，乳酸はしばらくその濃度を維持しているが，カリウムと換気量はただちに減少することを観察した（図 4-11（b））．この点から彼等は

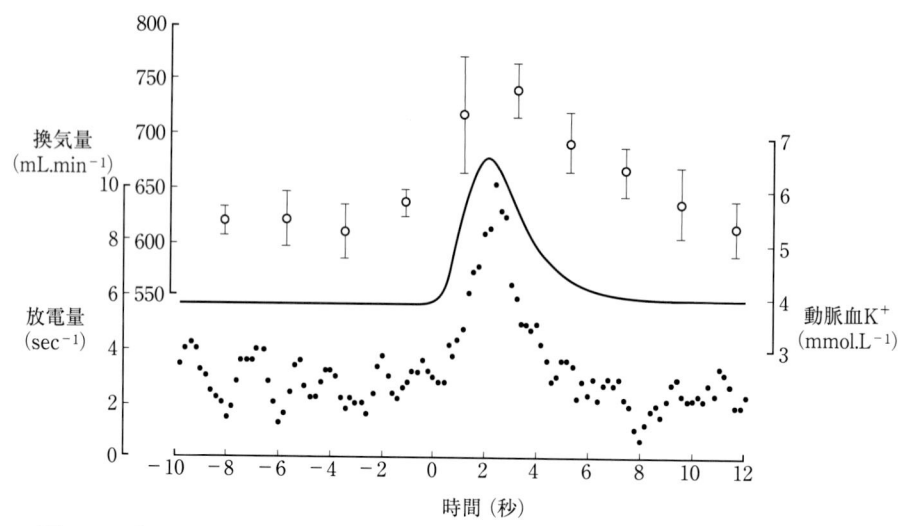

図 4-12 ネコを用いてカリウムを血液中に注入した際の換気量，動脈血カリウムイオンおよび頸動脈小体からの求心性放電量の変化．
(Linton, R. A. F. and Band, D. M.: The effect of potassium on carotid chemoreceptor activity and ventilation in the cat. Resp. Physiol. 59: 65-70, 1985.)

漸増負荷運動の後半に見られる換気量の急激な増大は動脈血中のカリウムイオンのためであろうと述べている．Busse ら[2]も血中カリウムと換気量との密接な関係を認めている．

運動中に血中に増加するカリウムは運動に関与する筋線維内から筋収縮に伴なって線維外にでたもので，この一部は Na-K ポンプ（p.39）によって筋線維内に回収されるが，残りは流血中にでる．このカリウムが頸動脈小体を刺激して換気量を増す[12]（図4-12）．頸動脈小体は交感神経によって支配されているので，激しい運動時にはこの経路によって頸動脈小体が刺激されて換気量が増すことも考慮しなければならない（Nye[14], 1994）．

表 4-5 は低酸素症，代謝性酸血症（アシドーシス），二酸化炭素の吸入，激しい運動の場合の換気量の変化を示しているが，運動時の換気量の増加は，これらの因子以外にも高カリウム血，交感神経刺激などが加わるので，単独の因子よりもはるかに大きな換気量が得られる．

安静時の自発的呼吸によって得られた最大換気量は激しい運動時よりもさらに大きな値が得られるので（表 4-5），これを体力の指標として用いられないかという考えがある．しかし，自発的最大換気量は最大酸素摂取量や形態，筋力など相関が低く（表4-6），3〜6 週間のランニング・トレーニングによっても有意な増加を示さなかった[17]ので，運動生理学の立場からは重要な指標とはいえない．

7 運動と酸素

安静時には成人で体重 1 kg 当たり約 3.5 mL/分の酸素を摂取している．これは体重 57 kg の人で約 0.2 L/分の酸素摂取量に相当する．

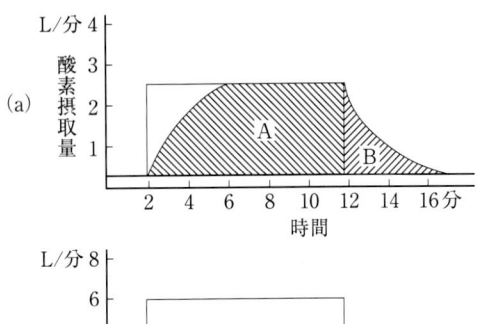

図 4-13. 酸素需要量（A＋B）と酸素摂取量 A および酸素負債量 B．(a) は定常状態が成立する場合，(b) は定常状態が成立しない場合．

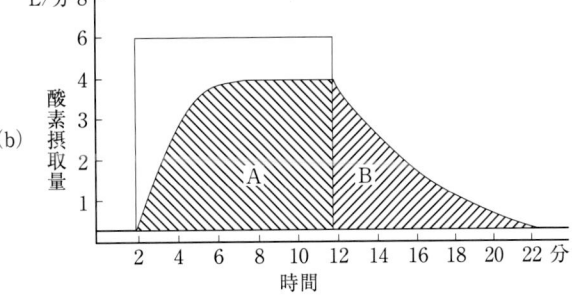

　運動をすれば運動の激しさに応じて摂取する酸素の量が増す．運動が比較的軽度であれば運動によって消費される酸素の量が少ないので，運動開始後数分経てば酸素の摂取量と消費量とのバランスが取れる．このような状態を定常状態（steady state）と呼び，このような状態では運動を長時間にわたって続けることができる（図 4-13（a））．

　はげしい運動では多量の酸素を体内で消費するが，酸素摂取量には限度があり（最大酸素摂取量），消費量を下回るので，定常状態が成立せず，運動を中止するか軽減しなければならなくなる（図 4-13（b））．

　運動の初期に見られる酸素不足量（oxygen deficit）（図 4-13 の白ヌキ部分）は軽い運動ではやがて解消されて定常状態に移行するが，はげしい運動では運動を継続する限り続き，ついに運動を中止するか，軽減するかしなければならなくなる．

　運動中に発生した酸素不足量は，運動中止後も酸素摂取量が高いレベルで継続することによって補われる．運動中止後から安静のレベルに戻るまでに余分に摂取した酸素の量を酸素負債量（oxygen debt）と呼ぶ．

　実際にこのような変化を測定する場合には運動前の安静状態，運動中，運動後に再び安静状態に戻るまでの酸素摂取量の経過を呼気の連続的分析によって求めることが必要であり，運動のために使われた酸素量（酸素需要量）は図 4-13 の A＋B として求める．定常状態が成立する場合には酸素不足量と酸素負債量とを等しいと考えて，酸素不足量が発生しなくなって定常状態が成立した時期の酸素摂取量に運動時間を掛けて酸素需要量を求める．したがってこの場合には酸素負債量を求める必要がない．職業労働の酸素需要量はふつうこのような方法によって求める．

　スポーツ活動の酸素需要量に占める酸素摂取量と酸素負債量の割合は短時間の競技では主として酸素負債量に依存し，長時間の競技になるほど酸素摂取量に依存する．ランニング競技における両者の割合は表 4-7 に示されている．400 m 走では大部分が酸素負債量に依存し，1,500 m 走では両者がほぼ半分ずつであり，それよりも距離が長

表 4-7 いろいろな距離におけるランニングの酸素需要量とその内訳.

距離 (m)	酸素需要量 (L)	酸素負債量 量 (L)	%	酸素摂取量 量 (L)	%
400	16	14	87.5	2	12.5
800	21	13	61.9	8	38.1
1500	27	13	48.1	14	51.9
5000	65	12	18.5	53	81.5
10000	125	12	9.6	113	90.4
マラソン	600	10	1.7	590	98.3

（石河利寛：スポーツと呼吸・エネルギー代謝. スポーツ医学入門, 南山堂, 1965.）

図 4-14 43人の被験者が 680 kgm/分で運動をした時の酸素摂取量と酸素負債量の経過.
(Henry, F. M. and DeMoor, J.：Lactic and alactic oxygen consumption in moderate exercise of graded intensity. J. Appl. Physiol. **8**：608-614, 1956.)

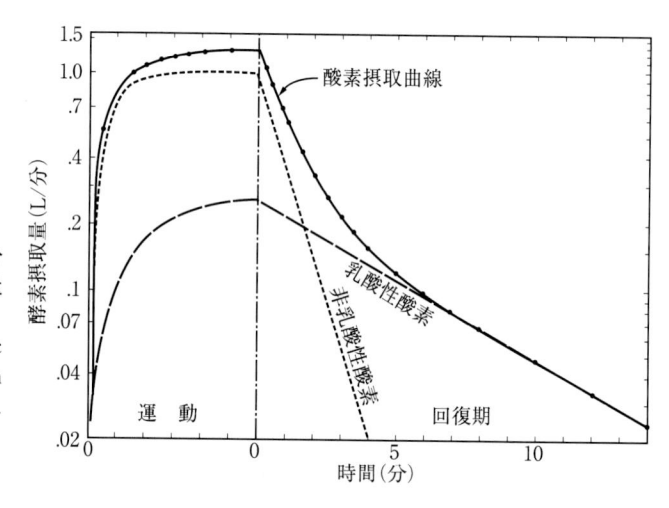

くなると，酸素摂取量への依存の割合が増す．したがって短距離ランナーと長距離ランナーでは適性が異なる．

　酸素負債量は外気から酸素を取入れないでエネルギーを発生することによって生じ，その分を運動中止後に外気から酸素を取入れて補っている．したがって酸素負債量は主として無酸素的に筋肉でエネルギーを発生する機構（筋肉における高エネルギーリン酸の利用と乳酸を発生させる解糖作用）に依存し，一部はヘモグロビンおよびミオグロビンと結合した酸素および血液や組織液に溶解した酸素が用いられる．

　運動中止後の酸素摂取量の減少の経過は2つの指数曲線から成立っているとしてHenry と DeMoor[6]はつぎのように記している．

$$y = a_1 e^{-k_1 t} + a_2 e^{-k_2 t}$$

　　　y は時間 t における酸素摂取量

上式の y を log で示すと（図4-14），回復期の y は2つの直線から成り立っている．すなわち非乳酸系の回復に要する酸素（主として高エネルギーリン酸の回復）と乳酸系の回復に要する酸素（血液中の乳酸の除去）によるとしている[7]．前者は数分間で回復し，その後は乳酸の処理に酸素が使われる．

　はげしい運動を行なった後に安静時の代謝が数時間にわたって高いことがある．これは運動のための回復現象とは思われない．運動によって全身の代謝が高まったためで

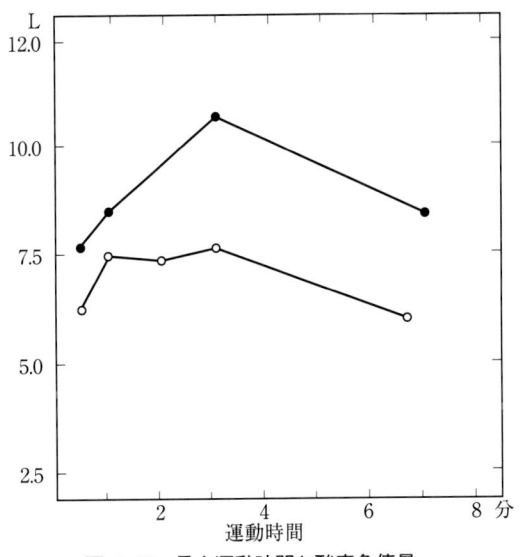

図 4-15 最大運動時間と酸素負債量.
(Hermansen, L.：Anaerobic energy release. Med. Sci. Sports 1：32-38, 1969.)

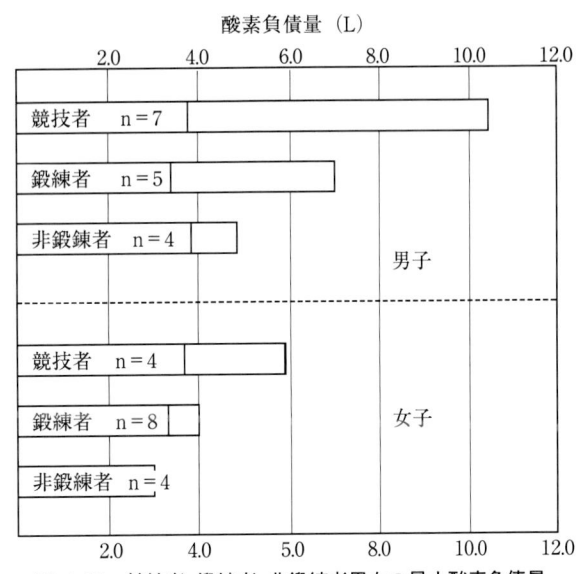

図 4-16 競技者, 鍛練者, 非鍛練者男女の最大酸素負債量.
(Hermansen, L.：Anaerobic energy release. Med. Sci. Sports 1：32-38, 1969.)

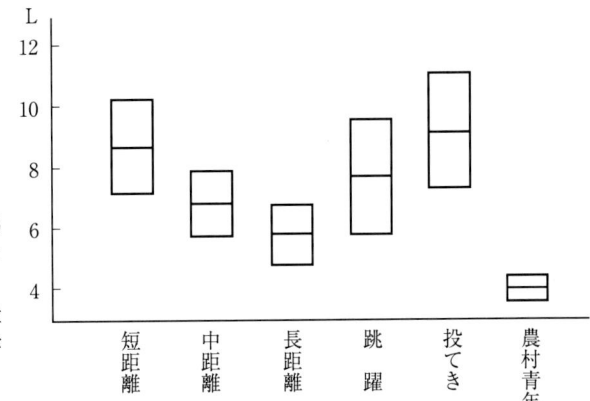

図 4-17 陸上競技選手ならびに一般男子の最大酸素負債量(平均値と95％信頼限界を示す).
(河合正光：運動選手の最大酸素摂取量並びに最大酸素負債について. 体力科学 5：67-72, 1995.)

あろう．このことは冬にジョギングをして汗をかくくらいまでからだを暖めると，その後数時間にわたって寒くないことからもわかる．したがって酸素負債量の測定は運動後一定の時間（15—30 分）でカットするのがふつうである．

8 最大酸素負債量

体力の指標として用いられる酸素量は最大酸素摂取量と最大酸素負債量である．前者は別に 5 章で記載するので，後者のみを記す．

全力で走っても 100〜400 m の距離では酸素負債量は最大値に達しない．運動を始めてから 3 分後に疲労困憊に達するような場合に最大値に達する（図 4-15）．

図4-16は競技者（400mおよび800mランナーと100mおよび200mスイマー），鍛練者（体育大学生）および非鍛練者の最大酸素負債量を示したものである．競技者の男女はそれぞれ約10Lおよび約5L，非鍛練者（一般人）の男女はそれぞれ約5Lおよび約3Lの数値を示した．

河合[9]は日本の男子陸上競技達手について最大酸素負債量を測定した結果，短距離および投てき選手の数値が大きくて9—10Lに達し，長距離選手は6Lであったことを示している（図4-17）．

[文　献]

1) 浅川桂次：最大呼吸力と運動能力との関係について．体力科学 **5**：172-175，1956．
2) Busse, M. W., Scholtz, J., Saxler, F., Massen, N. and Bönig, D.：Relationship between plasma potassium and ventilation during successive periods of exercise in men. Eur. J. Appl. Physiol. **64**：22-25, 1992.
3) Frandrois, R., Lacour, J. R., Islas-Maroquin, J. and Chartot, J.：Limbs mechanoreceptors inducing the reflex hyperpnea of exercise. Resp. Physiol. **2**：335-343, 1967.
4) Grodins, F. S.：Analysis of factors concerned in regulation of breathing in exercise. Physiol. Rev. **30**：220-239, 1950.
5) Hagberg, J. M., Coyle, E. F., Carroll, J. E., Miller, J. M., Matin, W. H. and Booke, M. H.：Exercise hyperventilation in patients with MacArdle's disease. J. Appl. Physiol.：Respirat. Environ. Exerc. Physiol. **52**：991-994, 1982.
6) Henry, F. M. and DeMoor, J.：Metabolic efficiency of exercise in relation to work load at constant speed. J. Appl. Physiol. **2**：481-487, 1950.
7) Henry, F. M. and DeMoor, J.：Lactic and alactic oxygen consumption in moderate exercise of graded intensity. J. Appl. Physiol. **8**：608-614, 1956.
8) Hermansen, L.：Anaerobic energy release. Med. Sci. Sports **1**：32-38, 1969.
9) 河合正光：運動選手の最大酸素摂取量並びに最大酸素負債について．体力科学 **5**：67-72，1955．
10) Knowles, J. H.：Respiratory physiology and its clinical application. Harvard Univ. Press, 1956.
11) 石河利寛：スポーツと呼吸・エネルギー代謝．スポーツ医学入門，南山堂，1965．
12) Linton, R. A. F. and Band, D. M.：The effect of potassium on carotid chemoreceptor activity and ventilation in the cat. Resp. Physiol. **59**：65-70, 1985.
13) 日本体育協会：東京オリンピックスポーツ科学研究報告，1965．
14) Nye, P. C. G.：Identification of peripheral chemoreceptor stimuli. Med. Sci. Sports Exerc. **26**：311-318, 1994.
15) Paterson, D. J., Friedland, J. S., Bascom, D. A., Clement, I. D., Cunnigham, D. A., Painter, R. and Robins, P. A.：Changes in arterial K^+ and ventilation during exercise in normal subjects and subjects with McArdle's syndrome. J. Physiol. **429**：339-348, 1990.
16) 佐藤良子，石河利寛，山川　純：ボート選手の体力の推移について．体力科学 **13**：1-18，1964．
17) Shephard, R. J.：The maximum sustained voluntary ventilation in exercise. Clin. Sci. **32**：167-176, 1967.
18) 東京都立大学身体適性研究室：日本人の体力標準値．第4版，不昧堂，1989．
19) Worringen.：Sport und Lungenausbildung. Z. f. ges. physik. Therapie **31**：132-144, 1926.

I部 運動とからだの働き

5章 循環と運動

1 循環器概論

　循環は心臓の拍動によって血液が血管内を巡る働きである．この作用によって生体は身体の各部に酸素や栄養物を供給し，また身体の各部から発生した代謝産物を除去することができる．

　運動はそれに必要なエネルギーを主として骨格筋で発生させるために，大量の酸素やエネルギー源を必要とし，また運動の結果発生した大量の代謝産物を除去する必要がある．このために身体活動の強さに応じて循環機能が動員される．とくに長時間にわたって身体を移動させるようなスポーツ活動では，循環機能の良否がスポーツのパフォーマンスを規定する．

　体内の酸素は肺と血液の酸素を合せても約2Lに過ぎず，実際にはその一部しか利用できないので，激しい身体活動時には大部分の酸素を体外から多量に取込み，これを活動筋に送り込まなければならない．したがって運動時には循環系が酸素輸送系(oxygen transporting system)として果たす役割が大きい．

　心臓は250〜300gの重量を持ち，横紋筋からなる心筋線維から構成されている．心筋はその収縮力によって血液を大静脈から受取って右心房，右心室，肺循環，左心房，左心室を経て体循環として送り出す．右心房と右心室，右心室と肺動脈，左心房と左心室，左心室と大動脈との間には，それぞれ三尖弁，肺動脈弁，僧帽弁，大動脈弁があって血液の逆流を防いでいる．

　心臓は2種類の自律神経，すなわち交感神経と副交感神経の支配を受け，前者は促進的に，後者は抑制的に働く．これらの自律神経の影響を受けながら，洞房結節で規則正しく発生した興奮は心房と心室の間にある房室結節に伝わり，ここから刺激伝導系であるヒス束が心室中隔を下降して左脚と右脚に分れた後，それぞれが左心室筋と右心室筋に興奮を伝える．

　心筋線維は横紋筋からできているが，筋線維が枝分かれして互いに連絡しているのでふつう心房または心室の一部だけが収縮しないで心房または心室が全体として収縮する．ただし心房と心室とが別々に収縮することはありうる(房室分離)．心室は心尖部が先に興奮を受取るので先に収縮する．

　心臓の左心室から体循環として送り出された血液は動脈，小動脈，毛細血管網，小静脈，静脈を経て右心房に戻り，右心室，肺動脈，肺胞毛細血管網，肺静脈を経て左

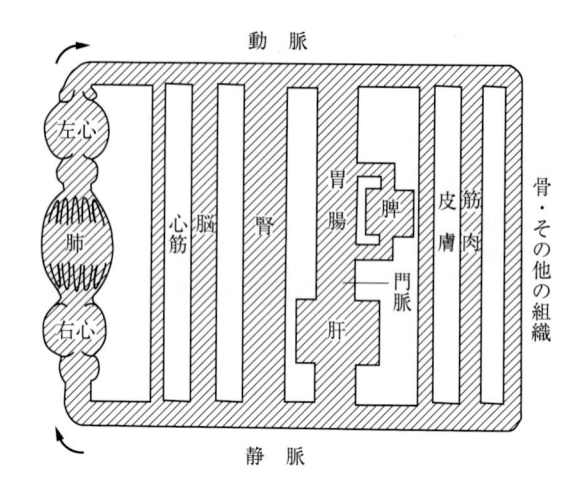

図 5-1 身体各部の血流を示す模式図.

心房に戻る．静脈は動脈と比較して壁が薄く，内腔が広く，血圧も低く，脈動をしない．身体各部を流れる血液を模式的に示したのが図5-1である．肝臓は主として門脈から血液を受取る．別に動脈からも血液を受取るが図5-1では省略してある．

2 心拍出量

心臓は血液を循環させるポンプの働きをしているから，その機能は心臓が大動脈へ拍出する血液量，すなわち心拍出量で示される．

1．心拍出量の測定法

心拍出量はFickの原理に基づいて下記の式によって求める．

$$心拍出量（L/分）＝\frac{酸素摂取量（L/分）}{動脈血 O_2 含有率－混合静脈血 O_2 含有率}$$

1）．直接法

上式のうち，酸素摂取量は呼気を分析することによって測定する．動脈血O_2含有率は動脈穿刺で得られた動脈血を分析することによって知ることができる．混合静脈血O_2含有率は心カテーテルを肘静脈から右心房内に挿入して混合静脈血を採取し，これを分析する．

この方法は正確であるがX線透視下で心カテーテルを右心房に挿入しなければならないので，はげしい運動中の心拍出量を測定するのには不適当である．この場合には以下の方法が用いられる．

2）．間接法

a）色素稀釈法：一定量Ｉの色素を心臓を通過する前の静脈血に注入し，心臓を通過後の動脈血で色素の濃度を連続的に検出する．すなわち，色素注入後一定の時間を経て動脈血に色素が出現し始め，次第にその濃度が増してピーク値に達し，その後濃度が減少して0となるまでの濃度の変化を記録する．この記録から，出現から消失までの色素の平均濃度（$\bar{c}$）を求める．心臓を通過した血液量（v）はつぎの式で表わされ

図 5-2 色素稀釈法によってえられた色素濃度曲線の記録図.
○—○：安静時，心拍出量 4.73 L/min.
●—●：1260 kgm/min の運動時，心拍出量 21.9 L/min.
(Asmussen, E. and Nielsen, M.: The cardiac output in rest and work determined simultaneously by the acetylene and the dyne injection methods. Acta Physiol. Scand. 27：217-230, 1953.)

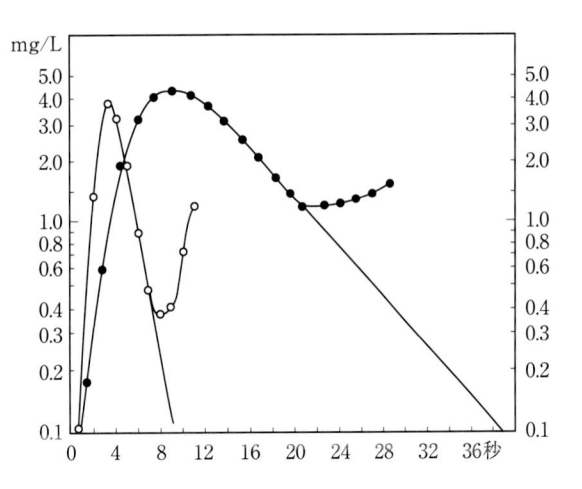

る．

$$V = \frac{I}{\bar{c}}$$

Vは心拍出量（Q，L/分）と色素の出現から消失までの時間（t）の積であるからQはつぎの式で表わされる．

$$Q = \frac{I}{\bar{c} \times t}$$

注入する色素は人体に無害で，血管外に脱出せず，検出が容易であるという点からふつう indocyanine-green が用いられる．

また一度ピークに達した色素の濃度が0にならないうちに，再循環の色素が現われるので，補外法で濃度0の時点を推定しなければならない（図5-2）．

b）CO_2再呼吸法：この方法は最大運動時にも測定ができて，非観血的であり，また完全に無害である．

前述の Fick の原理は酸素の代りにCO_2を用いても成立つ．ただし，酸素は体外から体内に摂取され，CO_2は体内から体外へ排出されるので，符号が一部反対になる．

$$\text{心拍出量（L/分）} = \frac{CO_2\text{排出量（L/分）}}{\text{混合静脈血}CO_2\text{含有率} - \text{動脈血}CO_2\text{含有率}}$$

CO_2排出量は呼気中の一定時間当たりのCO_2排出量から求める．動脈血のCO_2含有率は動脈血と肺胞気のCO_2の分圧が等しと考えられるので，肺胞気のCO_2分圧を求めて血液のCO_2溶解度曲線から動脈血CO_2含有率を求める．混合静脈血CO_2含有率は一定濃度のCO_2を混合した酸素の一定量を袋につめ込んで，これを数回再呼吸して呼気のCO_2濃度を毎呼吸ごとに測定する．その結果，再呼吸気のCO_2分圧は次第に混合静脈血のCO_2分圧に近づく．そこで1回目の呼気のCO_2分圧と2回目の分圧，2回目の分圧と3回目の分圧……をそれぞれ横軸と縦軸にプロットし，これらの点（1回目を除外）を結んで補外法によってn-1回目とn回目の点の数値が等しくなる点，すなわち45°に引いた直線との交点を求める（図5-3）．なおこの時の再呼吸は規則正しく行なうことが必要である．

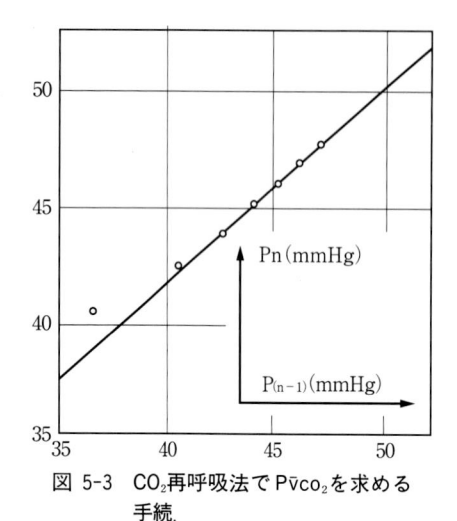

図 5-3 CO_2再呼吸法で$P\bar{v}co_2$を求める手続.
(Defares, J. G.: Determination of $Pvco_2$ from the exponential CO_2 rise during rebreathing. J. Appl. Physiol. 13 : 159-164, 1958.)

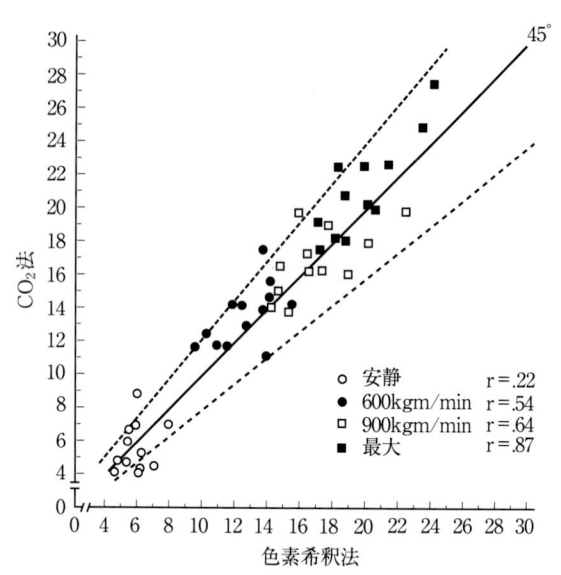

図 5-4 心拍出量の測定についての色素稀釈法とCO_2再呼吸法の比較. 破線は45°の線から20%隔った線.
(Ferguson, R. J., Faulkner, J. A., Julius, S. and Conway, J.: Comparison of cardiac output determined by CO_2 rebreathing and dye dilution methods. J. Appl. Physiol. 25 : 450-454, 1968.)

Fergusonら[22]は色素希釈法とCO_2再呼吸法とを比較した結果,両者の測定値が安静時のみならず運動時にもよく一致するという結果を得た(図5-4).

c)異性ガス再呼吸法:この方法は体内に存在していなくて,血液に瞬間的に溶解し,人体に害を与えることの少ないガスを再呼吸して体内への吸収量から心拍出量を求める方法でアセチレン(C_2H_2)および亜酸化窒素(N_2O)がよく用いられる.

アセチレンガスは1気圧で1Lの血液に700mL溶解するので,一定時間再呼吸後の呼気中のアセチレンの減少量(体内への吸収量)を求めればその時間における肺の血流量すなわち心拍出量を知ることができる.

2. 安静時の心拍出量と姿勢,環境

安静時の心拍出量は成人男子が臥位で測定した場合に5―7L/分である(表5-1).安静時の心拍数を70拍/分とすれば心拍出量を心拍数で割った1回拍出量は70―100mLとなる.鍛練者の安静時の心拍出量は一般人と変りがないが,1回拍出量は鍛練者の数値が大きく心拍数は一般人の方が多い.

Reevesら[45]は直接法を用いて正常人(男子5人,女子4人)について安静時の心拍出量を測定した.その結果,仰臥位の心拍出量(7.1L/分)と比較して立位では4.4L/分となり,立位をとることによって心拍出量が2.7L(38%)減少したと報告している(表5-2).このような傾向は安静時のみならず運動中にも観察され,同一酸素摂取量に対して,立位の心拍出量がつねに2.5―3.0L/分小さい値を示した(図5-5).

表 5-1 成人男子の安静臥位時の心拍出量 (L/分).

著者	測定法	測定数	年齢	測定値 (L/分)
Asmussen と Nielsen[6]	アセチレン法	23	19—26	6.39
	色素稀釈法	〃	〃	6.86
Defares[16]	CO_2再呼吸法	9	16—45	4.99
Saltin ら[48]	色素稀釈法	5	19—21	6.4
Stead ら[51]	心カテーテル法	17	16—35	6.0
Weisseler ら[54]	色素稀釈法	6	18—25	5.86

表 5-2 正常人の仰臥位と立位の心拍出量の比較.

	酸素摂取量 mL/分	肺動静脈酸素差 mL/L	心拍出量 L/分	股動静脈酸素差 mL/L
仰臥位	263	37	7.1	41
立 位	266	53	4.4	123

(Reeves, J. T., Grover, R. F., Blount, S. G. Jr. and Filley, G. F.: Cardiac output response to standing and treadmill walking. J. Appl. Physiol. 16:283-288, 1961.)

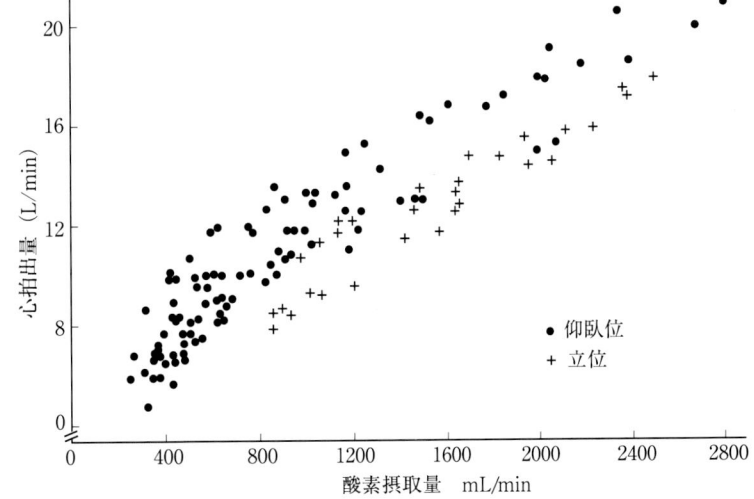

図 5-5 仰臥位での自転車漕ぎ運動と立位姿勢でのトレッドミル歩行運動をした時の酸素摂取量と心拍出量との関係.
(Reeves, J. T., Grover, R. F., Blount, S. G. Jr. and Filley, G. F.: Cardiac output response to standing and treadmill walking. J. Appl. Physiol. 16:283-288, 1961.)

　Bevegard[12]も心カテーテル法で座位よりも臥位の方が安静時も運動時も,競技者でも非競技者でも心拍出量が約2L/分大きいことを報告している.
　この理由として臥位から座位,立位をとることによって重力の作用を受けて下肢から心臓への静脈還流が減少するためとされている.その結果,股動脈血と股静脈血の間の酸素の含有率の差が拡大する(表5-2).
　高温環境下では皮膚血管が拡張して,大量の血液が皮膚に集まり,1回拍出量が低下して心拍数が増加する.
　低酸素下では動静脈酸素差が減少するので,心拍出量が増加する.この場合,低酸素血のために末梢血管が拡張して1回拍出量が減少し,心拍数(脈拍数)が増加する.

表 5-3 低 O_2 (N_2 中に約 12% O_2, HbO_2 飽和度 65—70%) 中における循環機能の変化.

作業強度 kgm/min	心拍出量 %	脈拍数 %	1回拍出量 %	動静脈酸素差 %
0	+16	+31	−11	−15
360	+13	+16	−2	−11
720	+21	+16	+4	−19
900	+12.5	+18	−5	−15
1080	+10	+22	−10	−14

(Asmussen, E. and Nielsen, M.: The cardiac output in rest and work at low and high oxygen pressures. Acta. Physiol. Scand. 35: 73-83, 1955.)

表 5-4 正常人について体格および最大心拍出量とその他の最大運動中の生理学的パラメータ.

著者	年齢	身長	体重	測定数と性	方法	負荷装置	$\dot{Q}max$	$\dot{Q}max/W$	HRmax	$\dot{V}O_2max$
Åstrand et al.(1964)	24 (21—30)	180±7 (169—191)	75±9 (56—88)	12 M	Dye	T	23.8±3.7 (16.3—29.9)	321±28 (276—360)	186±8 (174—204)	4.05±0.70 (2.66—5.39)
Pugh (1964)	30 (23—35)	179±3 (175—183)	72±2 (69—74)	4 M	C_2H_2	B	23.7±4.0 (19.1—30.0)	330±46 (275—405)	182±10 (172—198)	3.24±0.17 (3.05—3.50)
Hanson et al.(1968)	23±2 (20—29)	176±9 (145—188)	77±9 (58—94)	25 M	Dye	T	21.6		176	2.95
Stenberg et al.(1968)	24 (20—36)	180±3 (176—183)	65±3 (58—94)	6 M	Dye	B	23.7±2.0 (20.8—26.4)	365±34 (307—415)	185±5 (178—190)	3.46±0.39 (2.92—4.10)
Ekblom et al.(1968)	23 (19—27)	180±3 (176—183)	69±6 (60—78)	8 M	Dye	B	22.4±2.1 (18.9—25.5)	326±29 (257—356)	200±4 (194—205)	3.10±0.24 (2.81—3.58)
Magel et al. (1968)	17.6 (16—19)	176 (171—183)	69 (60—83)	6 M	CO_2	B	21.4 (18.6—24.0)		182 (170—188)	3.40 (2.94—3.82)
Douglas et al.(1968)	20±2 (17—21)	168±2 (167—170)	82±10 (70—92)	4 M	N_2O	B	19.9±1.5 (17.2—21.0)	247±44 (186—302)	184±5 (180—191)	3.85±0.57 (3.30—4.61)
Hermansen et al.(1970)	20±1 (19—21)	184±3 (180—188)	77±15 (62—102)	4 M	Dye	T	23.2±3.6 (19.3—27.3)	308±51 (259—390)	186±3 (180—190)	4.08±0.60 (3.48—4.91)
						B	22.0±2.1 (19.2—24.7)	292±32 (242—331)	191±3 (187—193)	3.83±0.52 (3.32—4.66)
Dixon et al. (1971)	26±4	178±9	73±1	6 M	CO_2	T	22.6±5.4			3.58±1.03
Faulkner et al.(1971)	30±7 (21—44)	181±2 (177—184)	78±4 (71—85)	8 M	CO_2	B	21.3±3.4		178±5	3.46±0.66
Åstrand et al.(1964)	21 (19—23)	169±4 (163—176)	63±3 (58—68)	11 F	Dye	T	18.4±1.5 (16.0—20.9)	294±29 (250—354)	194±4 (179—207)	2.60±0.20 (2.35—3.02)

$\dot{Q}max$:最大心拍出量 (L/分)
$\dot{Q}max/W$:体重当たり最大心拍出量 (mL/分/kg)
HRmax:最高心拍数 (拍/分)
$\dot{V}O_2max$:最大酸素摂取量 (L/分)
T:トレッドミル
B:自転車エルゴメーター

(Miyamura, M. and Honda, Y.: Maximum cardiac output related to sex and age. Jpn. J. Physiol. 23: 645-656, 1973.)

この傾向は運動時でも成立つ（表5-3）．

3．最大心拍出量

最大心拍出量は循環機能の極限を示すものとして重要である．MiyamuraとHonda[41]はいろいろな著者らが行なった測定値を一覧表として示している（表5-4）．

表5-4に示すように一般成人男子の最大心拍出量は20 L/分あまり，体重当たり約300 mL/kg/分となり，トレッドミル（立位）と自転車エルゴメータ（座位）との間にあまり差が見られなかった．この数値は安静臥位の測定値と比較して約3倍であった．

日本人について自転車エルゴメータを用いてCO_2再呼吸法によって測定した男子の最大心拍出量の年齢別の数値を図5-6に示す．最大心拍出量(L/min)は加齢とともに増加して，20歳代にピークに達し，その後次第に低下するが，体重当たり最大心拍出量（mL/min・kg）は10歳以後次第に低下して成人期にピーク値を示さなかった．女子の最大心拍出量(L/min)は男子の約70％で，体重当たり最大心拍出量(mL/min・kg) は約85％であった．

一流競技者の最大心拍出量についてはEklomとHermansen[20]の数値を表5-5に

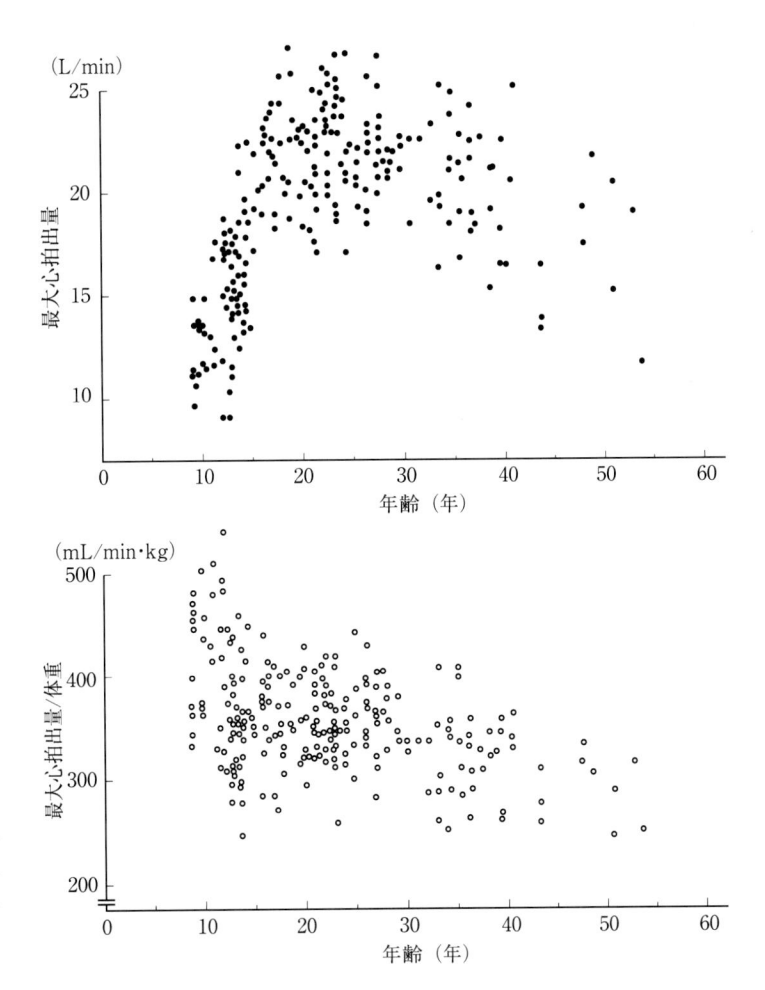

図5-6　男子についての年齢別最大心拍出量と体重当たり心拍出量．
(Miyamura, M. and Honda, Y.: Maximum cardiac output related to sex and age. Jpn. J. Physiol. 23：645-656, 1973.)

表 5-5 一流競技者の最大心拍出量.

被験者	酸素摂取量 L/min	心拍出量 L/min	心拍数 beats/min	1回拍出量 mL	動静脈酸素差 (mL/L)
PS	5.12	31.5	171	184	163
CR	5.77	37.8	188	201	153
PB	4.66	27.8	183	152	168
AH	5.60	34.4	189	182	163
CS	5.50	36.2	198	183	152
BT	5.64	38.1	193	197	148
GP	6.00	39.8	188	212	151
LR(第1回)	6.24	42.3	206	205	148
LR(第2回)	6.16	40.3	200	202	153
平均値	5.57	36.0	190	189	156

(Ekblom, B. and Hermansen, L.：Cardiac output in athletes. J. Appl. Physiol. 25：619—625, 1968.)

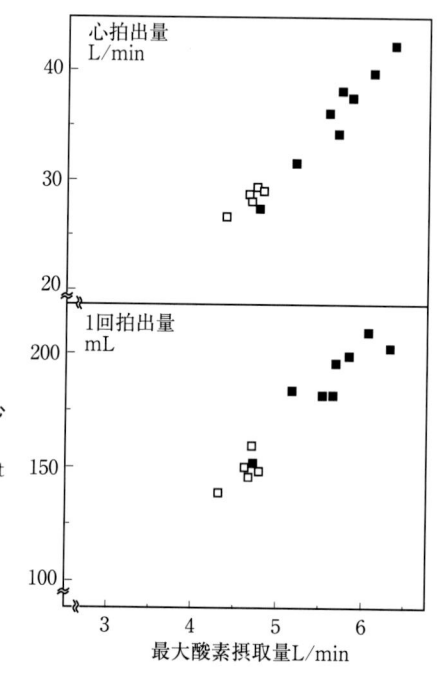

図 5-7 最大酸素摂取量（横軸）と最大運動中の心拍出量, 1回拍出量（縦軸）との関係.
(Ekblom, B. and Hermansen, L.：Cardiac output in athletes. J. Appl. Physiol. 25：619-625, 1968.)

示す．彼らは色素希釈法を用いて8人のスウェーデン・ナショナルチームに属する男子一流競技者の最大心拍出量をトレッドミル（GPのみは自転車エルゴメータ）を用いて測定した．その結果，最大心拍出量の平均値は36.0 L/分で，最高値は42.3 L/分であった．彼らはまた地域レベルの5名の競技者の平均値は28.4 L/分であったと述べている．彼らはさらに，最大酸素摂取量と最大心拍出量，最大1回拍出量とが比例関係にあることを示した（図5-7）．

3　動静脈酸素差

　安静時の酸素摂取量と心拍出量は鍛練者と一般人との間で変わらないので，Fick の原理から安静時の動静脈酸素差も差がない．運動によって作業筋の酸素利用量が高まるので，動静脈酸素差は高まる．少年は成人と比較して，女子は男子と比較して動静脈差が少ない．これは筋肉の発達が悪いために筋肉での酸素の利用量が少ないためである．

　表 5-2 に示されているように，臥位から立位に体位を変えると，心拍出量が減少し，動静脈酸素差が大きくなる．また低酸素状態では動脈血の酸素の量が低下するので，安静状態でも運動中でも動静脈酸素差が低下する（表 5-3）．

　トレーニングによって最大心拍出量の増加を観察した Ekblom ら[19]は同時に最大作業時の動静脈酸素差の増加を観察している．すなわち 16 週間のトレーニングによって最大動静脈酸素差が 13.8 mL/100 mL から 14.3 mL/100 mL へと増加した．また表 5-5 に示されているように，一流の競技者の最大動静脈酸素差の平均値は 156 mL/L であった．

4　心拍数

　心拍数は一定時間あたりの心臓の拍動数で示される．正確に測定する場合には心電図を記録して，心電図の R 波の時間間隔を測定する（図 5-8）．簡単に心拍数を知るには聴診器で心音を聴取する．動脈の拍動を触診することによっても知ることができるが，この場合には脈拍数という．

1．安静心拍数

　安静心拍数は測定時刻，測定前の食事，運動，精神的興奮によって影響を受ける．

　Graybiel ら[24]は，1,000 人の飛行士および飛行学生（20～30 歳，平均 23.7 歳）の安静心電図から安静心拍数を調査した．その結果，平均心拍数は 63.8 拍/分で，図 5-9 のような分布を示した．この結果，青年男子の基礎状態の仰臥位心拍数は大部分が 45—90 拍/分であった．

　一般に臥位から立位を取ることによって，1 回拍出量が減少して心拍数が増加する．また低酸素や高温の環境下では心拍数が増加する．

　安静心拍数は短距離ランナーよりも長距離ランナーの方が少ない．Bramwell と Ellis[13]がアムステルダムオリンピック（1928 年）参加選手 202 人について安静座位脈拍数を測定した結果表 5-6 のような結果を得た．

　安静心拍数は持久的なトレーニングによって減少する．Knehr ら[35]は 14 人の男子について 6 カ月の中距離走を課した結果，彼らの安静心拍数の平均値が 66.8 拍/分から 61.8 拍/分に減少した．

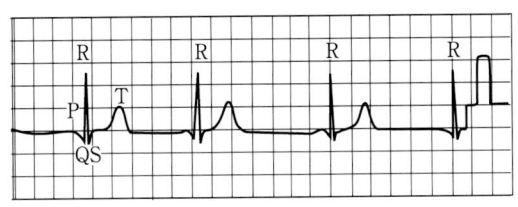

図 5-8　心電図．

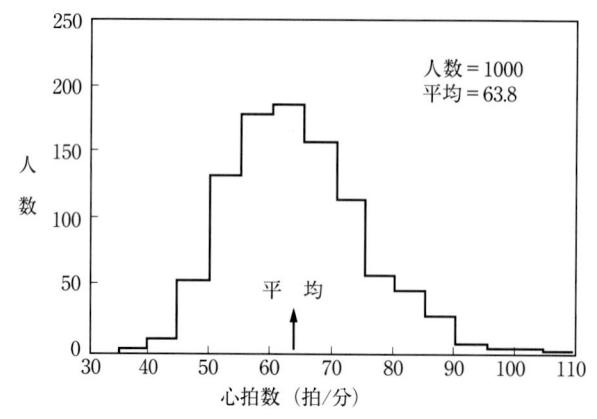

図 5-9 仰臥のときの基礎状態にある青年の平均心拍数.
(Graybiel, C. A., McFarland, R. A., Gates, D. C. and Webster, F. A.：Analysis of the electrocardiograms obtained from 1000 young healthy aviators. Am. Heart J. 27：524-549, 1944.)

表 5-6 オリンピック選手の安静座位の脈拍数.

	脈拍数（拍/分）	
	平均値	範囲
短距離走者（100—200 m）	65	58—76
中距離走者（400—800 m）	63	49—76
長距離走者（1500—10000 m）	61	46—64
マラソン走者	58	50—67

ただし極端な例を除いてある.
(Bramwell, C. and Ellis, R.：Clinical observations on Olympic athletes. Arbeitsphysiol. 2：51-60, 1929.)

表 5-7 幼児の最高心拍数.

著者	年齢	人数		心拍数（拍/分）	負荷方法
Åstrand[11]	4—6	男子	10	203	トレッドミル走
		女子	7	204	
吉沢ら[59]	5—6	男子	46	205	グランド走
		女子	39	206	
吉田と石河[58]	6	男子	9	198	グランド走
		女子	9	193	

　鍛練者の徐脈として，Hoogerwelf[28]は1928年のアムステルダムのオリンピック大会の折に260人の心電図を撮影したが，心拍数の最低値は30拍/分であったことを報告している．またÅstrandとRodahl[11]は安静心拍数が28拍/分のスキー選手がいたことを述べている．

2．最高心拍数

　最高心拍数は年齢によって影響を受ける．成人では青年期の最高心拍数がもっとも高く，中高年になるにしたがって，加齢とともにほぼ直線的に低下する．
　最高心拍数を推定する場合にはつぎの式が用いられることが多い．アメリカスポーツ医学会もこの式を採用している[2]．

　　　　予測最高心拍数＝220－年齢

　上記の式は成人に適用すべきで，幼児の最高心拍数は青年期とほとんど変らないか，

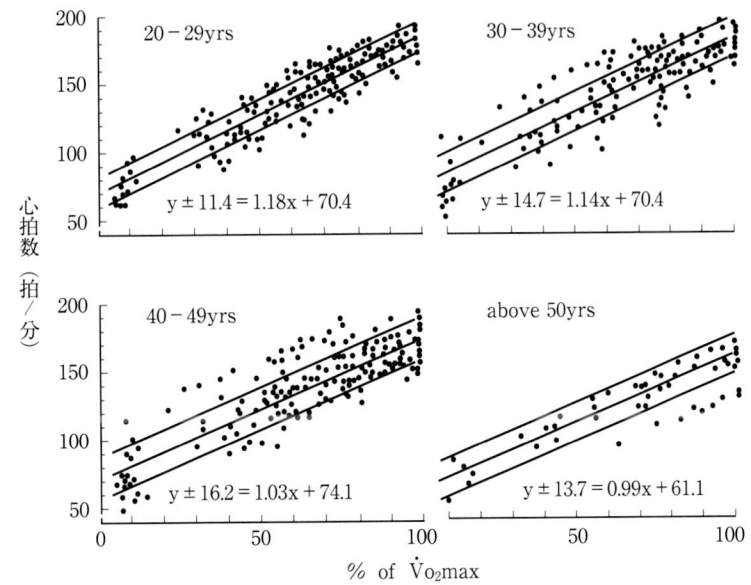

図 5-10 年代別に見た心拍数と最大酸素摂取量の% (% of $\dot{V}O_2$ max) で示した負荷強度との関係.
(石河利寛：スポーツと循環. 石河利寛, 松井秀治編：スポーツ医学. 杏林書院, 48-81, 1978.)

20－29yrs: $y \pm 11.4 = 1.18x + 70.4$
30－39yrs: $y \pm 14.7 = 1.14x + 70.4$
40－49yrs: $y \pm 16.2 = 1.03x + 74.1$
above 50yrs: $y \pm 13.7 = 0.99x + 61.1$

表 5-8 運動強度に対する年齢別心拍数.

強度＼年齢	20〜29歳	30〜39歳	40〜49歳	50〜59歳	60歳以上
100%	190	185	175	165	155
90	175	170	165	155	145
80	165	160	150	145	135
70	150	145	140	135	125
60	135	135	130	125	120
50	125	120	115	110	110
40	110	110	105	100	100

(体育科学センター：健康づくり運動カルテ. 講談社, 1976.)

多少高い程度である（表5-7）.
　また各年齢を通じて最高心拍数に性差は認められない.

3．負荷の強さと心拍数

　負荷の強さと心拍数とはほぼ比例する．この点から，心拍数は酸素摂取量ともほぼ比例関係にある．したがって心拍数は運動強度の指標として用いることができる．
　負荷強度を最大酸素摂取量の%で示し，これと心拍数との関係を求めると，最高心拍数が加齢とともに低下するので，両者の関係を示す回帰直線は加齢とともに傾斜がゆるやかになる（図5-10）．
　負荷強度と心拍数の関係を体育科学センター[52]では表5-8のように示している．
　同一の強さの運動に対する心拍数はトレーニングによって減少する（図5-11）．したがって，同一心拍数を起こさせるのに必要な負荷の強さはトレーニングによって増加する．すなわち，トレーニングされた人は比較的強い負荷の下で低い心拍数で運動を

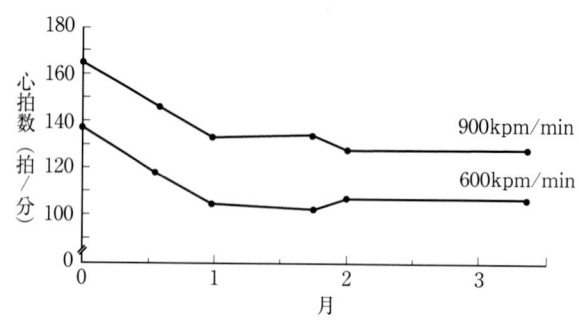

図 5-11 一定負荷に対する心拍数がトレーニングに伴って減少する経過.
注：Kpは重量を示すKg（Kg重）という意味で使用されている.
(Åstrand, P.-O. and Rodahl, K.: Textbook of work physiology. McGrow-Hill, 1970.)

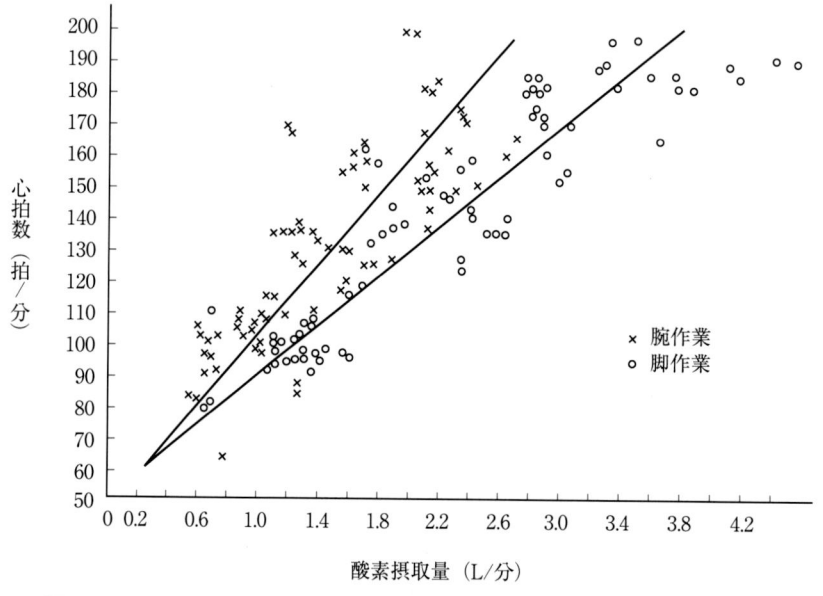

図 5-12 11人の被験者についての腕作業時と脚作業時の酸素摂取量と心拍数との関係.
(Asmussen, E. and Hemmingsen, I.: Determination of maximum working capacity at different ages in work with the legs or with the arms. Scand. J. Clin. Lab. Invest. **10**: 67—71, 1958.)

実施することができる.

4. 作業の種類と心拍数

AsmussenとHemmingsen[4]は腕作業と脚作業を行なった時の心拍数を同一酸素摂取量について比較した（図5-12）. この結果, 腕作業の方が脚作業よりも心拍数が高い

表 5-9 大学トラック競技選手の安静時，競技直前，および競技中の最高心拍数（拍/分）の平均値．
(McArdle, W. D., Foglia, G. F. and Patti, A. V.：Telemetered cardiac response to selected runnig events. J. Appl. Physiol. **23**：566-570, 1967.)

競技	人数	安静	競技直前	競技中
60ヤード	5	67	148	177
220ヤード	5	67	130	191
440ヤード	4	63	129	187
880ヤード	4	62	122	186
1マイル	4	58	118	195
2マイル	4	59	108	206

という結果を得た．これは腕作業の方が筋量が少ないために作業に伴なう静脈還流量が小さく，この点を心拍数で補なっているためと著者らは推察している．

5．精神的緊張と心拍数

競技前の精神的緊張が交感神経を介して心拍数を増加させる．McArdleら[38]がテレメータを用いて安静時，トラック競技直前および競技中の最高心拍数を測定した結果を表5-9に示す．この表からランニングのレースにおいては短距離種目ほどスタート前の精神的緊張が高いことが示されている．

図 5-13 真珠取り潜水業者の潜水による心拍数の変化．
(Scholander, P. F., Hammel, H. T., LeMessurier, H., Hemingsen, E. and Garey, W.：Circulatory adjustment in pearl divers. J. Appl. Physiol. **17**：184-190, 1962.)

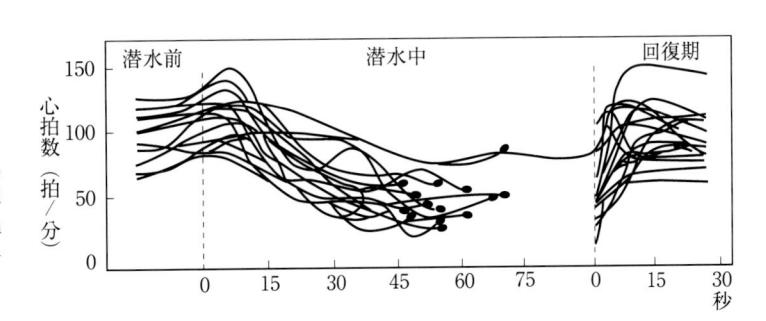

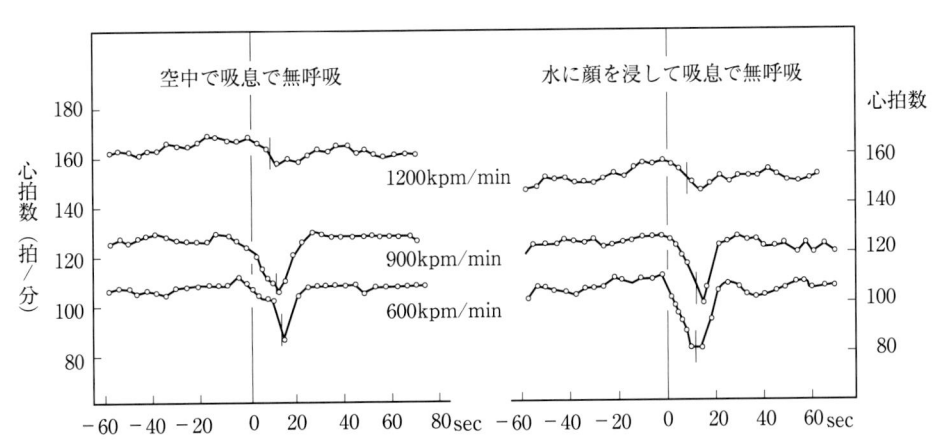

図 5-14 自転車エルゴメータ作業を3種類の強さで行なって空中での無呼吸と顔を水に浸しての無呼吸を行なった場合の心拍数の変化．
(Asmussen, E. and Kristiansson, N.-G.：The "diving bradicardia" in exercising man. Acta. Physiol. Scand. **73**：527-535, 1968.)

6. 潜水中の徐脈

あざらし，がちょうのような潜水する脊椎動物では潜水中に徐脈が起こるが，この現象は潜水しない動物やヒトでも起こる[3]．Scholanderら[50]は19人のオーストラリア真珠取り潜水業者の潜水中の心拍数が潜水前の約1/2に低下し，浮上するとただちに回復することを報告している（図5-13）．Olsenら[43]，Irving[29]，Craig[15]も同様な所見を述べていて，この現象は水泳でも起こった．この原因として無呼吸，血液配分の変化，寒冷刺激，水圧による皮膚圧迫などが考えられるが，AsmussenとKristiansson[5]は無呼吸と顔面を水に浸すことが主な原因だと推察している（図5-14）．

7. 気温と心拍数

外気温が高い時には運動中に皮膚の血管が拡張して血流が増加するために静脈から

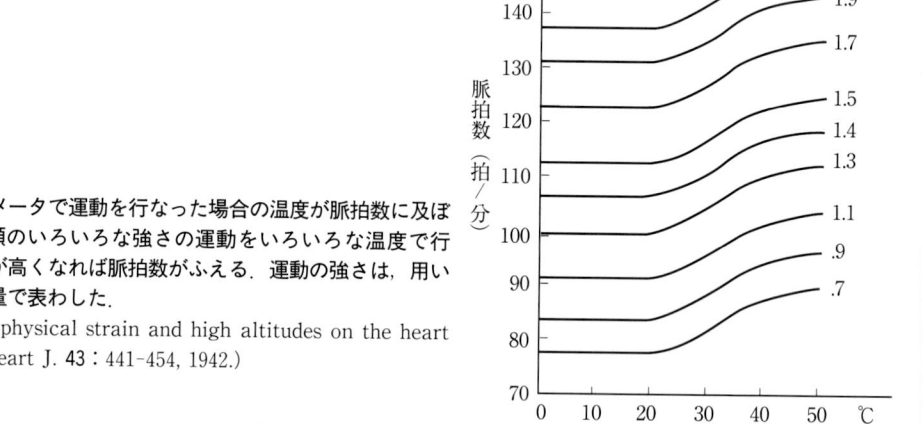

図 5-15 自転車エルゴメータで運動を行なった場合の温度が脈拍数に及ぼす影響．9種類のいろいろな強さの運動をいろいろな温度で行なった．温度が高くなれば脈拍数がふえる．運動の強さは，用いられた酸素の量で表わした．
(Dill, D. B.: Effects of physical strain and high altitudes on the heart and circulation. Am. Heart J. 43: 441-454, 1942.)

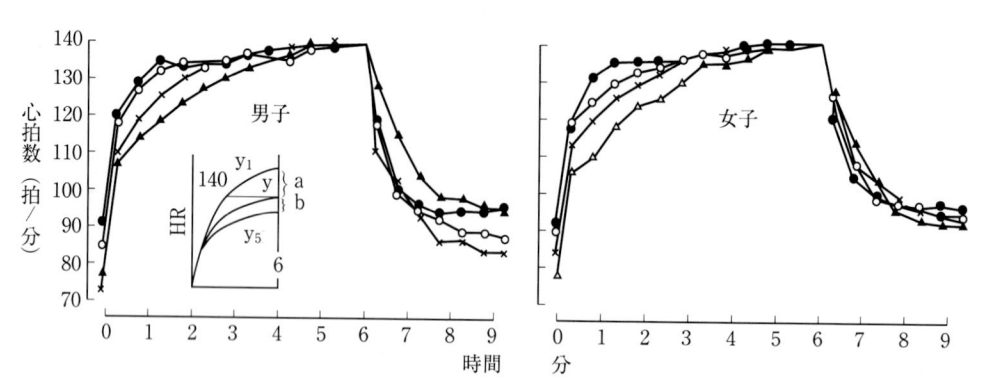

図 5-16 2種類の負荷による6分間自転車作業の際の心拍数の経過から，最終心拍数が140/分になるように内挿法で推定した心拍数の経過．
●—● 10歳，○—○ 15歳，×—× 20歳，▲—▲ 44歳
(佐藤 佑，石河利寛，青木純一郎，清水達雄，前嶋 孝：運動に対する心拍数，血圧，呼吸数の反応の年齢別，性別特性に関する研究．体力科学 26：165-176, 1977.)

心臓に戻る血流量が減少して1回拍出量が低下する．これに伴なって心拍数が増加する．また脳を流れる動脈血の温度の上昇も交感神経を介して心拍数を増加させる．図5-15は外気温と脈拍数の関係をいろいろな強さで運動した場合について示してある．脈拍数は運動の強度にほぼ比例して増加するが，同じ運動強度でも環境温度が20°Cを越えると脈拍数が増加する．

8．心拍数の立上りと年齢

一定の強さの運動を行なうと，心拍数は上昇するが，心拍数の立上りは最初は急速で次第にゆるやかになり，数分間で一定のレベルに達する．佐藤ら[49]は10歳，15歳，20歳，44歳の男女計126名に2種類の負荷を与えて自転車漕ぎ運動を行なわせて，6分後に心拍数が140拍/分以上と以下になるようにし，内挿法によって，心拍数が140拍/分になる場合の心拍数の立上りの曲線を性別および4つの年齢群別に求めた（図5-16）．この結果，男女とも年齢が若いグループほど心拍数の立上りが早いことが明らかにされた．この点から，中高年者が全力疾走や競泳のようなはげしい運動を行なう場合にはあらかじめウォーミング・アップを行なって心拍数をある程度高めて置くことが必要である．

5　スポーツ心臓

Henschen[26]はクロスカントリースキー選手の心臓が大きいことを打診によって見出し，これが平素のスポーツ活動によって起こされたと考えて「スポーツ心臓(Sportherz)」と名付けた（英語では"Athlete's Heart"と呼ばれている）．その後，DietlenとMoritz[17]は558 kmにわたる自転車競技に参加する前に参加選手の臥位X線撮影を行なってHenschenの所見を確かめ，さらに競技直後に同じようにX線撮影を行なって心臓の大きさが縮小していることを見出した．ReindellとDelius[46]はこのように大きさを変えるスポーツ選手の心臓の拡張を調節的拡張と呼んでいる．

心臓容積はX線撮影を前後方向と左右方向から行なって，長径，幅径，前後径を算定し，これから求めることができる（図5-17）．このようにして求めた各種のスポーツマンの心臓容積は絶対値と体重当たりで図5-18に示されている．一般に持久的なスポーツ（中長距離走，ロード・サイクリング，スケート，クロスカントリー・スキーなど）の選手は体重の割合に大きな心臓を持っているが，ウェイト・リフティング，

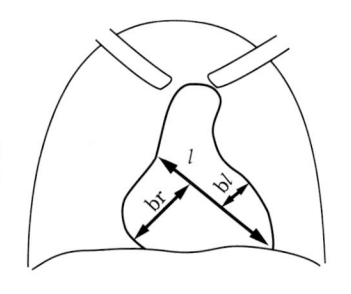

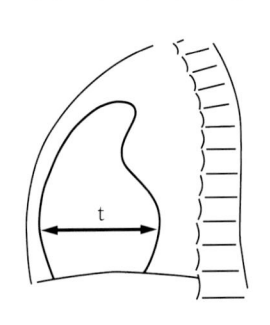

図5-17　X線写真による心臓の長径(l)，幅径($br+bl$)，前後径(t)の測定．
心臓X線は仰臥位で浅い呼吸をした状態で心臓の最大拡張時に撮影する．心臓容積は心臓を楕円体と考えて$\frac{1}{6}\pi L \times (br+bL) \times t$として算出する．
(Nöcker, J.: Physiologie der Leibesübungen. Ferdinand Enke, Stuttgart, 1971.)

(a) 正面写真　　(b) 側面写真

表 5-10 拡張期終末における心筋の厚さと心臓の厚さとの比.

	未鍛練者	ランナー	サイクリスト	ボート選手	ウェイト・リフター	砲丸投選手
心筋の厚さ (mm)	17.9	19.4	19.8	19.7	20.3	22.0
心筋厚/心臓厚（%）（拡張終末）	35.4	35.0	35.1	35.2	39.5	41.3

(Keul, J., Dickhuth, H.-H., Lehmann, M. and Staiger, J.: The athlete's heart-hemodynamics and structure. Int. J. Sports Med. 3：3-43, 1982.)

体重当たりの心臓容積 (mL/kg)

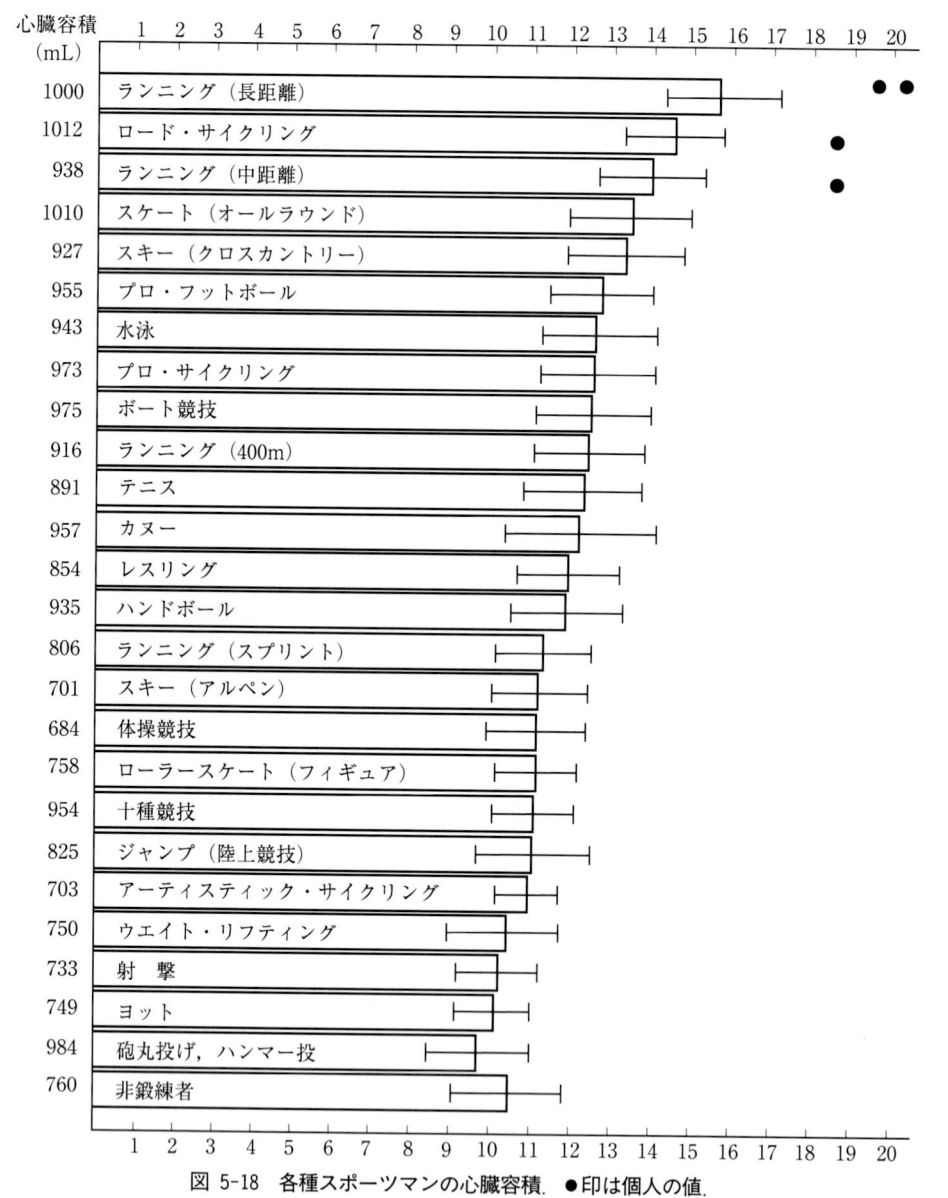

心臓容積 (mL)	種目
1000	ランニング（長距離）
1012	ロード・サイクリング
938	ランニング（中距離）
1010	スケート（オールラウンド）
927	スキー（クロスカントリー）
955	プロ・フットボール
943	水泳
973	プロ・サイクリング
975	ボート競技
916	ランニング（400m）
891	テニス
957	カヌー
854	レスリング
935	ハンドボール
806	ランニング（スプリント）
701	スキー（アルペン）
684	体操競技
758	ローラースケート（フィギュア）
954	十種競技
825	ジャンプ（陸上競技）
703	アーティスティック・サイクリング
750	ウエイト・リフティング
733	射撃
749	ヨット
984	砲丸投げ，ハンマー投
760	非鍛練者

図 5-18 各種スポーツマンの心臓容積. ●印は個人の値.

(Keul, J., Dickhuth, H.-H., Lehmann M. and Staiger, J.: The athlete's heart-hemodynamics and structure. Int. J Sports Med. 3：33-43, 1982.)

スポーツ心臓		
持久性トレーニング選手	非トレーニング群	筋力トレーニング選手
動的トレーニング		静的トレーニング
○	← ○ →	○

		遠心性適応		求心性適応		
機能的変化		↓	交感神経刺激	φ ↑		機能的変化
		↓	心拍数	φ		
		↑	拡張期弛緩速度	φ		
		↓	収縮力	↑		
		↓	心筋酸素消費	φ ?		
		↑ ↑	一回拍出量	↓		
形態的変化		↑ ↑	心容量	φ ↓		形態的変化
		↑ ↑	拡張終期容量	↓		
		↑	壁厚	↑ ↑		
		↑	心筋量	↑		
		↓ φ	心筋量/拡張終期容量	↑		
		↑	一回拍出量/心容量	↓		

図 5-19 トレーニングによるスポーツ心臓の形成.
↓低下，φ不変，↑向上
(Keul, J., Dickhuth, H.-H., Lehmann, M. and Staiger, J.：The athlete's heart-hemodynamics and structure. Int. J. Sports Med. 3：33-43, 1982.)

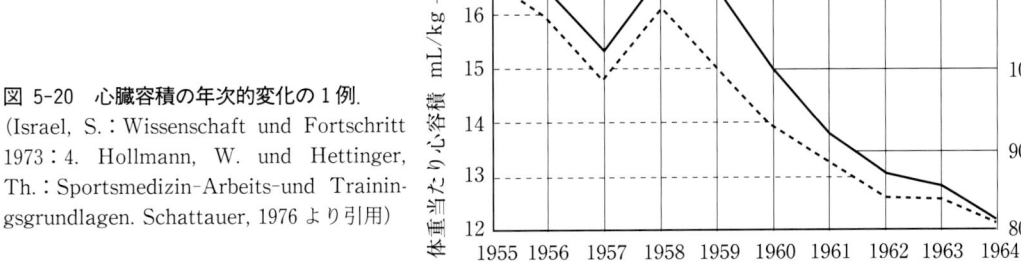

図 5-20 心臓容積の年次的変化の1例.
(Israel, S.：Wissenschaft und Fortschritt 1973：4. Hollmann, W. und Hettinger, Th.：Sportsmedizin-Arbeits-und Trainingsgrundlagen. Schattauer, 1976 より引用)

ヨット，射撃，投てきの選手の体重当たりの心容積は一般人とほとんど変らなかった．

その後，超音波による心エコー図によって心臓の断面図を撮影することができるようになって，心筋の厚さと拡張期終末時の心臓全体の厚さとの比を求めることが可能になった．この結果，持久的なランナーやサイクリストでは，上述の比は未鍛練者と変らず，ウェイトリフティングや砲丸投げの競技者ではこの数値が大きく，後者ではトレーニングによって心室腔よりも心筋が発達していることが明らかになった（表5-10）．

Keul ら[34]は動的トレーニング（全身持久力のトレーニング）と静的トレーニング（等尺性筋力トレーニング）によるスポーツ心臓形成の比較を図5-19のように示している．動的トレーニングを行なった選手は交感神経刺激の低下によって心拍数，心筋の

収縮力と心筋の酸素消費量が低下し，拡張期の血液の充満速度が増し，1回拍出量が増加する．筋力トレーニングを行なった選手ではこれらの変化が起こらないか，反対方向に起こることもあり，また心臓壁が厚い．

動的トレーニングによって大きくなった心臓容積は，トレーニングを中止すると比較的短期間に縮小する．図 5-20 はマラソンランナーの体重当たりの心臓容積の変化を示している．1955 年から 1957 年までトレーニングを減少し，その後 2 年間再び競技用のトレーニングを実施した後にトレーニングを中止したが，心臓容積はトレーニングの増減にしたがって変化した．

6 血 圧

血圧は心臓の拍動によって起こされた血流が血管壁に与える圧力である．したがって動脈では血圧が高いのみならず，心拍動による血流の変化に伴って血圧も変化する．小動脈では血管の抵抗が大きいために，血流がおそくなるとともに血圧も急速に低下し，また脈動が減って定常的な流れになる．静脈系では血圧はわずかである(図 5-21)．

血圧はふつう上腕部を圧迫して上腕動脈の血流を阻止した後に，圧迫した圧力を少しずつ下げて，血液が流れ始めた時に起こる動脈壁の振動音を聴取して，その時の圧迫圧を水銀圧力計の高さ（mmHg）で読み取る（最高血圧）．さらに圧迫圧を下げて行

図 5-21 血管内の血圧．

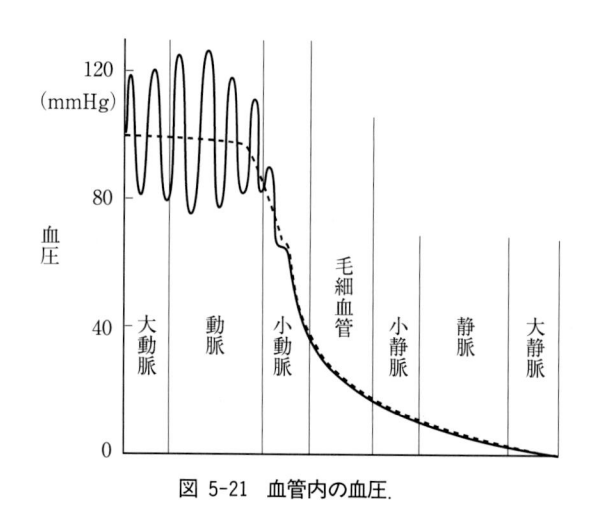

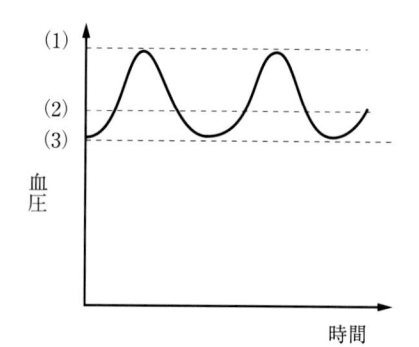

図 5-22 時間に伴う血圧変動の模式図．
(1)最高血圧，(2)平均血圧，(3)最低血圧

表 5-11 日本人の性・年齢別血圧の平均値（mmHg）．

年齢		15—19	20—29	30—39	40—49	50—59	60—69	70 以上
男子	最高血圧	118.1	123.0	128.0	132.5	139.7	145.7	146.6
	最低血圧	68.3	74.0	80.2	83.7	85.8	85.5	81.8
女子	最高血圧	109.5	112.2	116.4	127.6	137.4	143.4	148.6
	最低血圧	66.1	67.9	72.5	78.4	83.1	83.7	81.1

（厚生省：国民栄養の現状．1998．）

くと，音が急に小さくなり，さらにわずかに圧を下げると音が消失する．ふつう後者の血圧を最低血圧とする．最高血圧，最低血圧はそれぞれ収縮期血圧，拡張期血圧とも呼ばれている．

血圧は心臓の拍動に伴なって変動し，安静状態では心臓の収縮期が拡張期と比較して短かいので時間に伴う平均的な血圧はつぎの式によって示される（図 5-22）．

$$\text{平均血圧} = \text{最低血圧} + 1/3 \text{脈圧}$$

ただし脈圧は最高血圧と最低血圧の差である．

日本人の性年齢別血圧の平均値を表 5-11 に示す．血圧は加齢とともに少しずつ増加する．若年の女子は男子よりも血圧が少し低いが，高齢になると男女の差がなくなる．

動物の血圧は動脈内にカテーテルを挿入し，動脈血圧の変化を血液凝固阻止剤を介して圧トランスデューサーに伝えて記録する．ヒトでもこの方法が用いられることがある（直接法）．

1．Poiseuille の法則

粘性 η を持つ液体が半径 r，長さ l の管を通って定常的に流れる場合に，管の前後の圧差 P と液体の単位時間当たりの流量（流速）v との間につぎの関係式が成り立つ．これを Poiseuille の法則と呼ぶ．

$$P = \frac{8 l}{\pi r^4} \eta v$$

図 5-21 に示されているように，小動脈では脈動がほとんど見られず，ここでは血圧の急激な低下が見られるので，Poiseuille の法則を適用するのに適している．

すなわち，小動脈の半径が小さいほど，血管の長さが長いほど，血液の粘性が大きいほど，血流速度が大きいほど管の前後の圧差が大きくなる．

小動脈に動脈硬化が起こると，動脈の内腔の半径が小さくなり，血管壁が凹凸になって血液が流れにくくなるので，血流量を確保するために小動脈前の血圧（体血圧）が上昇する．また脱水状態では血液の粘性抵抗が増して血液が流れにくくなる．

2．血圧の日内周期

Hayashi, H. ら[25]は健康な成人男女（高血圧者は除外）540 人について 24 時間の血圧変動を自動血圧計を用いて測定した．図 5-23 に男子の 24 時間の血圧変動を 20 歳代から 60 歳代に区分して示してある．図から収縮期血圧と拡張期血圧がともに，2 つの頂点を持った曲線を示した．すなわち午前 4 時頃最低値を示し，その後急速に血圧が上昇し，午前中と午後 6 時頃に 2 つのピークを示し，午後 6 時以後急速に血圧が低下して午前 4 時頃の最低値に至った．この傾向はいずれの年代でも観察された．同じような傾向は女子でも見られた．

3．運動と血圧

一般的に全身的な運動では心拍出量が増加するのでそれに応じて血圧が上昇する．いっぽう等張性の運動では運動に関与する筋肉の血管の拡張が起こるので，このことが血圧を低下させるように作用する．しかし等尺性の運動では筋肉の持続的収縮に

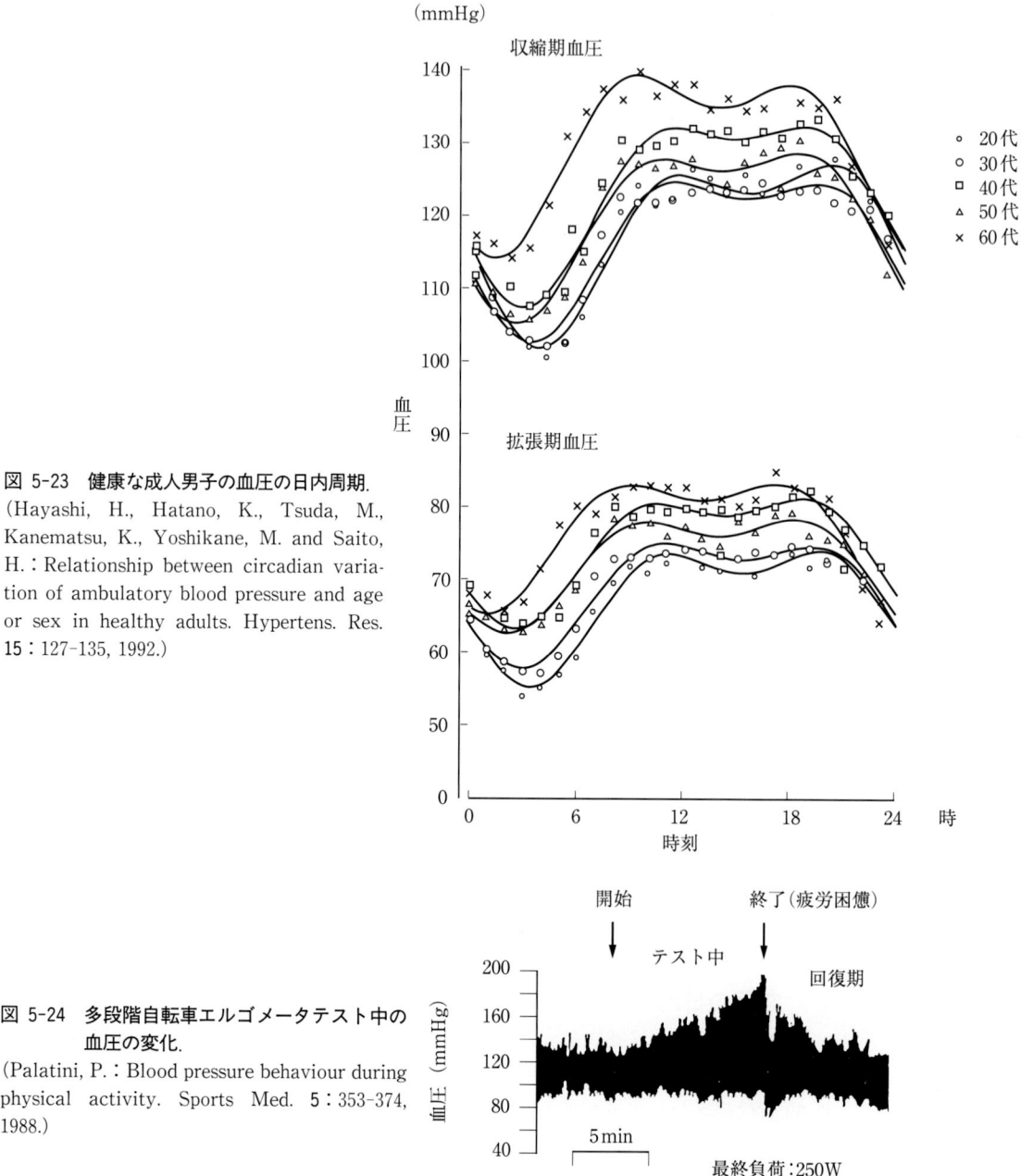

図 5-23 健康な成人男子の血圧の日内周期.
(Hayashi, H., Hatano, K., Tsuda, M., Kanematsu, K., Yoshikane, M. and Saito, H.：Relationship between circadian variation of ambulatory blood pressure and age or sex in healthy adults. Hypertens. Res. 15：127-135, 1992.)

図 5-24 多段階自転車エルゴメータテスト中の血圧の変化.
(Palatini, P.：Blood pressure behaviour during physical activity. Sports Med. 5：353-374, 1988.)

よって血管が圧迫されるのでこのことが血圧を上昇させる．一般に内臓血管は運動時に収縮するので，血圧を上昇させるように作用する．ジャンプ運動では着地時に強い衝撃力（床反力）を着地面から受けるので血圧に影響を与える．
　以上のような理由で運動時の血圧は運動の内容によって異なる．
（1）**自転車エルゴメータ運動**
　自転車エルゴメータを漕ぐ運動は体重の移動がないので床反力を受けなく，また負

荷量を正確に設定できるという長所がある．

　正常血圧の若いアマチュア競技選手が漸増負荷運動を行なって，250 ワットの負荷で疲労困憊に達して運動を中止した場合の血圧の変動を上腕動脈内から直接血圧を測定した結果を図 5-24 に示す．最高血圧は負荷の増加に比例して上昇し，最終段階では約 200 mmHg に達した．運動を中止すると最高血圧が直ちに約 60 mmHg 低下したが，ここで仰臥姿勢を取ったのである程度回復した．最低血圧は運動中止直後にやや低下した以外にほぼ一定であった．

　この結果から自転車漕ぎ運動を疲労困憊に至るまで行なうと若い正常血圧の人でも最高血圧が 200 mmHg まで上昇すること，運動を急に中止しないで，無負荷または軽い負荷でしばらく整理運動を行なう必要があることが明らかになった．

（2）トレッドミル運動

　トレッドミルは床の移動速度および傾斜角度を変えることによって歩行並びにランニングをその場で実施する装置である．

　図 5-25 はトレッドミルを用いて若いアマチュア競技選手が Bruce のプロトコール（表 5-12）によって歩から走へと漸増負荷運動を行なった場合の血圧を直接法によって記録したものである．最高血圧は自転車エルゴメータ運動と比較して上昇が少ないと同時に変動が大きい．また最低血圧は安静時よりも低下して脈圧（最高血圧－最低血圧）が大きくなる．運動中止直後の血圧の変化は自転車エルゴメータ運動と比較して少ない．

（3）歩行とランニング

　トレッドミル上の歩行とランニングでは重心の上下動が少ないが，実際の運動ではステップに伴う床反力が大きく，これと心拍動に伴う血流の変化とが干渉してビート（うなり）現象を起こし，この結果心拍動に伴う血圧の変化よりも周期のおそい血圧の変化が起こってくる．図 5-26 は歩行とランニング時の血圧変動を直接法によって測定したものである．ビート波の振動数は心拍数とステップ数の差であるから，心拍数が異なればビート波の周期も変化する．

表 5-12 Bruce のプロトコール．

段階	スピード（マイル/時）	傾斜（％）	時間（分）	合計時間（分）
5	5.0	18	3+	15+
4	4.2	16	3	12
3	3.4	14	3	9
2	2.5	12	3	6
1	1.7	10	3	3

(Ellestad, M. H.：Stress testing. Davis, 1975 より引用.)

被験者：若年アマチュア競技選手

負荷方法：
Bruce のプロトコール
最高心拍数：186拍/分

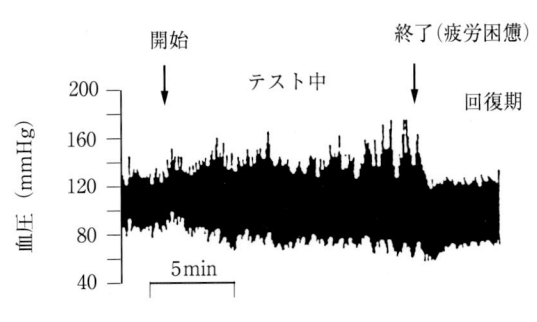

図 5-25　トレッドミルテスト中の血圧の変化．
(Palatini, P.：Blood pressure behaviour during physical activity. Sports Med. 5：353-374, 1988.)

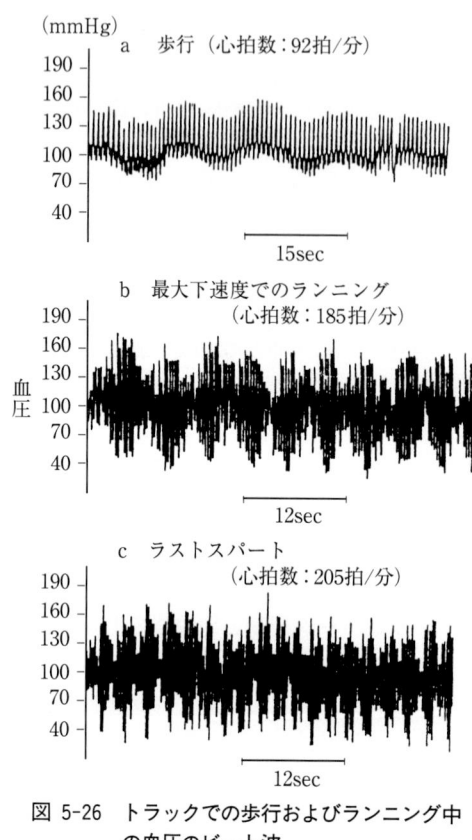

図 5-26 トラックでの歩行およびランニング中の血圧のビート波．
(Palatini, P.: Blood pressure behaviour during physical activity. Sports Med. 5: 353-374, 1988.)

a 歩行（心拍数：92拍/分）
b 最大下速度でのランニング（心拍数：185拍/分）
c ラストスパート（心拍数：205拍/分）

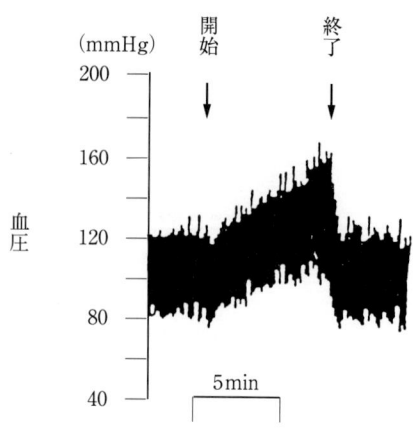

図 5-27 握力テスト中の血圧の変化．直接法によって血圧を測定．
(Palatini, P.: Blood pressure behaviour during physical activity. Sports Med. 5: 353-374, 1988.)

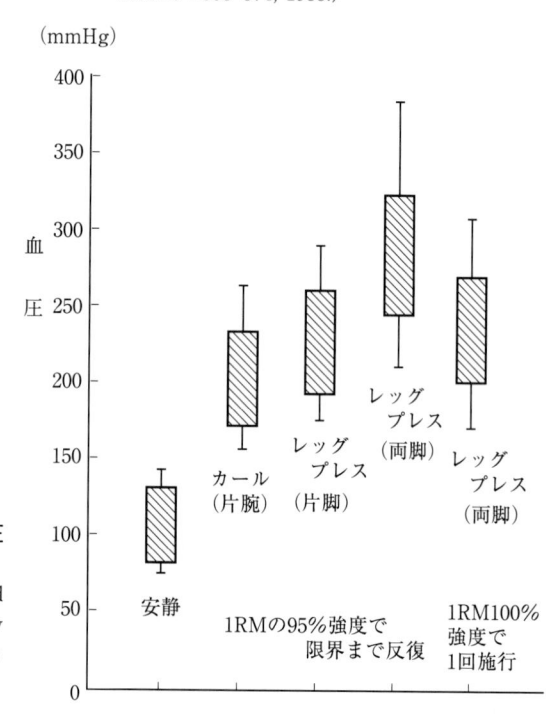

図 5-28 各種の運動中に得られた収縮期および拡張期血圧のピーク値．平均値±標準偏差，n=5
(McDougall, J. D., Tuxon, D., Sale, D. G., Moroz, J. R. and Sutton, J. R.: Arterial blood pressure response to heavy resistance excercise. J. Appl. Physiol. 58: 785-790, 1985.)

（4）等尺性運動

　　等尺性運動では最高血圧も最低血圧も上昇する．図5-27は正常血圧の人が最大筋力の25%の力で握力テストを5分間継続して行なった時の血圧の変化を直接法によって記録したものである．テスト実施中の血圧は時間の経過とともに次第に上昇していくことが示されている．

　　McDougallら[40]は20歳代の男子ボディビルダー5人に重量挙げ運動を行なわせて，上腕動脈の血圧を直接法によって記録した．その結果，両脚でのレグ・プレスを1RM (repetition maximum)の95%の重量で限界まで反復した時の血圧がもっとも高く，血圧(収縮期/拡張期)の平均値が320/250 mmHgに達した．最高の値を示した者では血圧が480/350 mmHgであった．このように筋量の多い運動を最大限に近くまで筋力を発揮して実施するほど血圧が上昇し，同じ運動でも，反復回数とともに血圧が上昇した（図5-28）．

反復回数が限界に近付いた時または1RMの100%で実施する時に怒責が起こるが，別の実験で，水銀柱を120 mmHgまで吹き上げて怒責すると血圧が約200/175 mmHgまで上昇したので，ウェイト・リフティングによる血圧の高度の上昇は筋の強い圧迫と怒責の両方の作用によるという結論が得られた．

以上の点から見て中高年者（とくに高血圧の者）は多くの筋肉を強く持続的に収縮させる等尺性運動を避けるべきである．

（5）最大運動時の最高血圧と年齢

安静時の血圧は表5-11に示されているように加齢とともに上昇する．前述のように運動時の血圧は運動の種類によって変化するので，自転車エルゴメータの漸増負荷による最大運動時の最高血圧を間接法で測定した結果を安静時の最高血圧とともに図

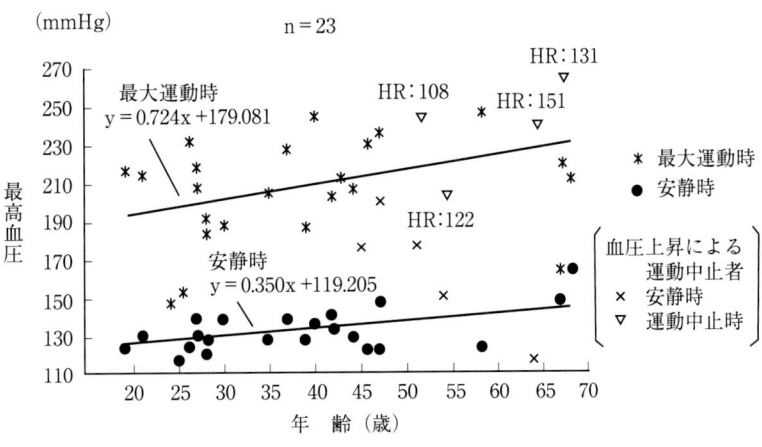

図5-29 年齢と安静および最大運動時の収縮期血圧の関係（男子）．
(石河利寛：運動負荷テストについて．中京大学体育学研究所紀要 No.4：43-47, 1990.)

図5-30 スプリンターと長距離ランナーが3分間の等尺性握力テストを行なった時の収縮期血圧の変化．
(Torok, D. J., Duey, W. J., Basset, D. R. Jr., Howley, E. T. and Mancuso, P.：Cardiovascular responses to exercise in sprinters and distance runners. Med. Sci. Sports Exerc. 27：1050-1056, 1995.)
＊スプリンターと比較して有意差あり

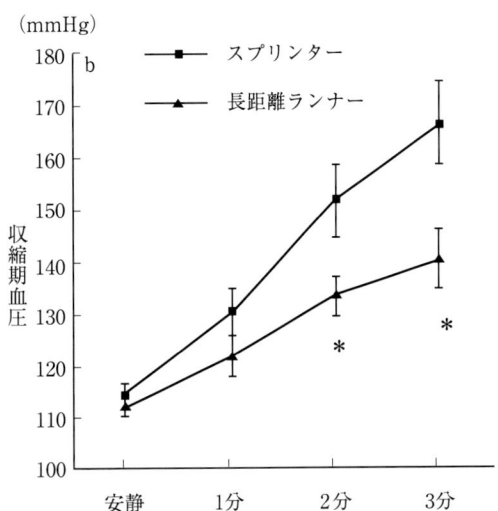

5-29 に示す．この値は前述のように負荷する運動の種類によって異なるが，自転車エルゴメータの場合には平均的に 190-220 mmHg くらいで，加齢とともに多少上昇する．なお図 5-29 で最高血圧が 230 mmHg 以上に達したり，心電図異常の点から中途で運動を中止した者はその際の心拍数を示してある．

（6）筋線維組成と血圧

Torok ら[53]がスプリンター（6 名，安静血圧 113.5/69.6 mmHg，外側広筋の遅筋線維 46.5%）と長距離ランナー（6 名，安静血圧 117.9/72.1 mmHg，外側広筋の遅筋線維 64.8%）に最大筋力の 30% で，3 分間の等尺性筋力テストを行なわせた．その結果，スプリンターの方が収縮期血圧が一層上昇した．これは長距離ランナーの方が遅筋線維が多く，筋の微小血管が豊富であることが原因とされている（図 5-30）．

7 酸素輸送系としての循環

スポーツではこれに関与する筋肉で大量のエネルギーを発生させるために，これに見合った大量の酸素やエネルギー源を作業筋に輸送しなければならない．とくに酸素は肺，血液などに存在するものを合わせても約 2 L に過ぎず，そのうえそのごく一部しか利用できないので，運動時に必要な酸素の大部分は外気から取り入れて作業筋に輸送しなければならない．したがってスポーツ活動時には呼吸器と循環器は主として酸素輸送系としての働きをしている．

図 5-31 に示されているように酸素輸送系に働く身体の機能は外気から肺胞へ酸素を取り込む換気，肺胞気から肺毛細血管へ酸素を移行させる肺拡散，肺毛細血管内で酸素が赤血球のヘモグロビンと結合するヘモグロビンの酸素結合力，肺毛細血管から酸素を作業筋へ運ぶ循環および筋毛細血管から作業筋のミトコンドリアへの筋内の拡散およびミオグロビンによる運搬である．ここではまず酸素輸送系の能力を示す最大酸素摂取量について述べ，さらにこれと関係の深い酸素輸送系の働きを検討する．

1．最大酸素摂取量

酸素輸送系は安静時には十分に余裕を持って働いているので，その能力は最大限に働いた時の酸素輸送量すなわち最大酸素摂取量（maximal oxygen uptake, maximal aerobic power, $\dot{V}_{O_2}max$）によって示される．

（1）最大酸素摂取量の測定法（直接法）とその規準

最大酸素摂取量を測定するにはふつう漸増負荷運動が用いられる．この運動はまた医学的検査としても用いられるので，これらの 2 つの目的を兼ねて運動負荷テストを実施するとよい．このためにふつう用いられる装置は自転車エルゴメータまたはトレッドミルで，ときにはステップ台や流水プールが用いられる．

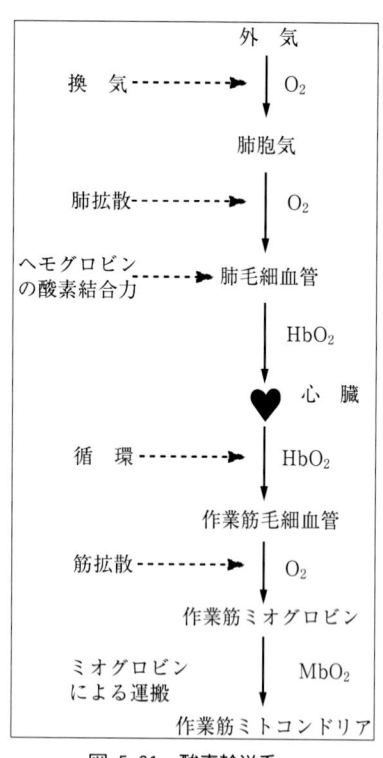

図 5-31 酸素輸送系．

最大酸素摂取量測定のための運動負荷テストにはいろいろな負荷方法が行なわれているが，いずれも負荷を漸増して最終的に疲労困憊に至らせるもので，全体の時間が10—20分くらいである．負荷をあまり急速に上昇させると，とくに中高年では呼吸循環反応が負荷に追つかない場合があり，負荷をあまりゆっくりと上昇させると，とくに自転車エルゴメータの場合には脚筋の疲労が起こって所定のペダル回転速度を維持できなくなる．

このようにして運動負荷テストを行なっても，被験者がテストに馴れていなかったり，被験者の動機づけが不十分である場合には，疲労困憊に到達する前にテストを中止してしまい，酸素摂取量の最大値が得られないことがある．そこで最大値が得られたと判断する基準がつぎのように設けられている．(1)酸素摂取量がプラトーになり，負荷を増しても酸素摂取量がそれ以上増さないこと，(2)心拍数が年齢に相当した最高心拍数に達していること，(3)呼吸交換比[注]($\dot{V}co_2/\dot{V}o_2$)が1を越えること（場合によっては1.15を越えるとしている）(4)血中の乳酸値が一定の値以上に達すること．

上記の基準のうちいくつかが充たされた時に最大酸素摂取量が得られたと判定するが，その基準の数値は必ずしも一定しているとはいえない．たとえばÅstrand, P.-O.とRodahl, K.[11]は「負荷を増しても酸素摂取量がそれ以上増さないこと，および血中乳酸値が8-9ミリモル/Lを越えること」としている．しかし少年や高齢者では上記の基準が適用できない場合もある．

（2）最大酸素摂取量の測定法（間接法）

疲労困憊するまで負荷を上げて行く測定法は平素あまり激しい運動をしていない人

表 5-13 最大酸素摂取量の予測値の補正表．

年齢	係数	最高心拍数	係数
15	1.10	210	1.12
25	1.00	200	1.00
35	0.87	190	0.93
40	0.83	180	0.83
45	0.78	170	0.75
50	0.75	160	0.69
55	0.71	150	0.64
60	0.68		
65	0.65		

(Åstrand, P.-O. and Rodahl, K.: Textbook of work physiology. McGrow-Hill, 1970.)

表 5-14 4つの最大酸素摂取量のテストから得られた測定値の比較．

プロトコール	最大酸素摂取量 (mL/kg・分)
Taylor, Buskirk and Henschel（トレッドミル）	50.02±4.43
Mitchell, Sproule and Chapman（トレッドミル）	49.86±5.65
Åstrand（自転車エルゴメーター）	46.31±4.67
Åstrand-Ryhming（間接法）	49.30±10.72

（数値は平均値±標準偏差）(Glassford, R. G., Baycroft, G. H. Y., Sedgwick, A. W. and Macnab, R. B. J.: Comparison of maximal oxygen uptake values determined by predicted and actual methods. J. Appl. Physiol. 20: 509-513, 1965.)

注：二酸化炭素排出量（$\dot{V}co_2$）と酸素摂取量（$\dot{V}o_2$）との比で，以前には呼吸商と呼ばれていたが，現在では呼吸商は局所での代謝の際の二酸化炭素排出量と酸素消費量の比の場合に限定して用い，肺におけるガス交換には呼吸交換比（respiratory exchange ratio, RER）という言葉が用いられる

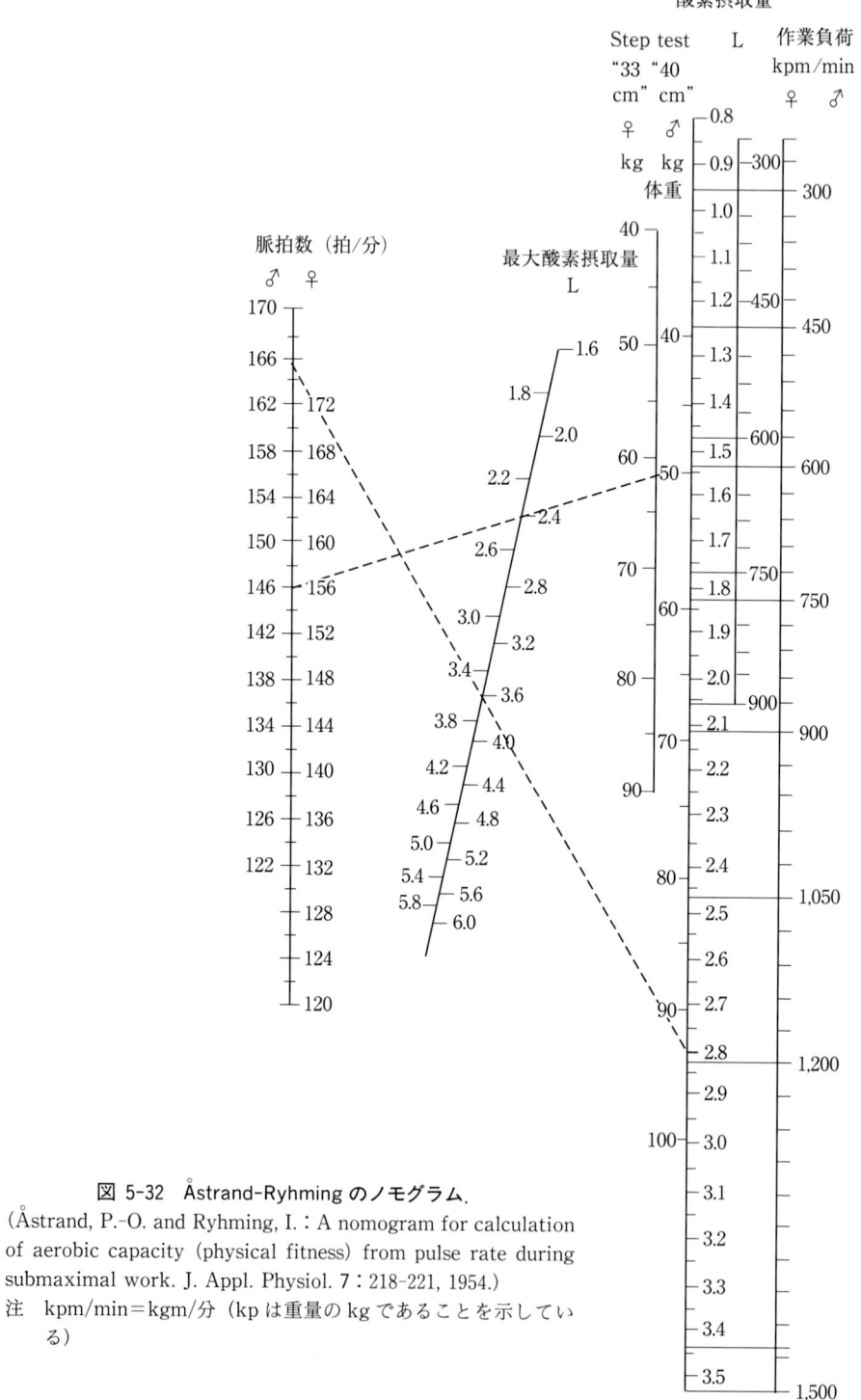

図 5-32 Åstrand-Ryhming のノモグラム.
(Åstrand, P.-O. and Ryhming, I.: A nomogram for calculation of aerobic capacity (physical fitness) from pulse rate during submaximal work. J. Appl. Physiol. 7：218-221, 1954.)
注　kpm/min＝kgm/分（kp は重量の kg であることを示している）

では不馴れのために正しい測定値が得られにくい．また高齢者や動脈硬化が進んでいる人では実施時に危険を伴う．そこで最大負荷に達しないうちに運動を中止して，その時の呼吸循環反応から最大酸素摂取量を間接的に推定する方法が提案されている．

① Åstrand-Ryhming の計算図表（ノモグラム）[10]：

　この計算図表は最大下の作業を行なった場合の作業時の脈拍数（心拍数）と酸素摂取量または作業負荷量から最大酸素摂取量を予測するものである（図5-32）．作業としてはステップテスト，トレッドミル運動，自転車エルゴメータ運動が用いられている．ステップテストは男子 40 cm，女子 33 cm の台高で 22.5 回/分の速度で踏台昇降運動を行ない，その際の酸素摂取量を実測するか体重から推定する．トレッドミル運動では運動中の酸素摂取量を実測する必要がある．自転車エルゴメータ運動では酸素摂取量を実測するか，作業負荷量から推定する．図5-32 の左側にある脈拍数には 120 拍/分未満の数値が記されていないが，これ以下の運動ではこのノモグラムが用いられないことを示している．

　この計算図表は年齢 25 歳，最高心拍数 200 拍/分の人について作成したもので，これ以外の年齢または最高心拍数の者では表5-13 を用いて補正係数を求めて，図5-32 の計算図表によって得られた測定値に掛け算をして正しい測定値を求めることが必要である．しかしこの補正表では年齢が 65 歳までしか示されていない．最近では 65 歳以上の者の最大酸素摂取量の数値を必要とする場合も起こってくる．この場合には最高心拍数の加齢に伴なう低下率が 65 歳以後も 65 歳以前と変らないと仮定して補正係数を補外法で推定するのが良い．

② 最大下の運動の数値からの補外法：

　一般に心拍数と酸素摂取量とは比例関係にある．図5-33 は著者の自験例であるが，明らかにこのことを示している．したがって最大下の 2, 3 の負荷で心拍数と酸素摂取量を測定し，これから両者の関係を示す回帰直線を作成して，補外法によってその人の予測最高心拍数に相当する酸素摂取量を求めれば，最大酸素摂取量を知ることができる．ただしこの場合でも計算図表の場合と同じく，あまり低い心拍数の値を用いて補外しない方が望ましい．図5-34 はステップテストでの補外法を例示している．

図 5-33　自転車エルゴメータによって得られた酸素摂取量と心拍数との関係（著者の自験例）．
（栗本閲夫, 青木純一郎：中高年の運動処方に関する生理学的研究．順天堂大学保健体育紀要 16：36-37, 1973.）

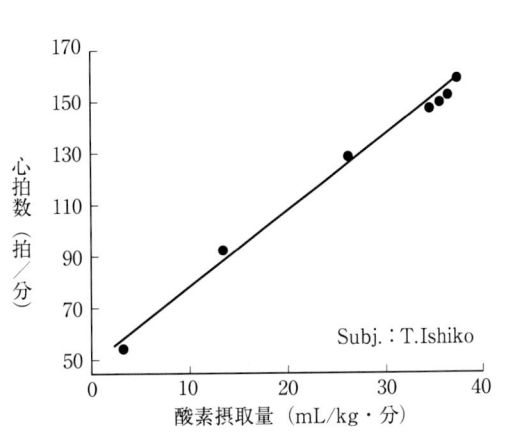

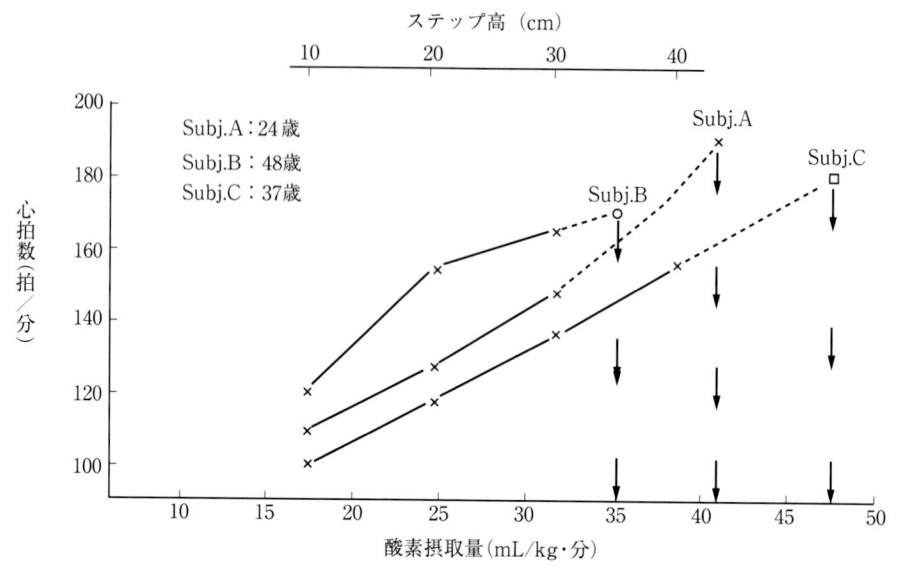

図 5-34 ステップテスト（30回/分）による最大下の心拍数と体重当たりの酸素摂取量から体重当たりの最大酸素摂取量を推定する実例.
(Larson, L. A. (ed): Fitness, health, and work capacity. McMillan, 1974.)

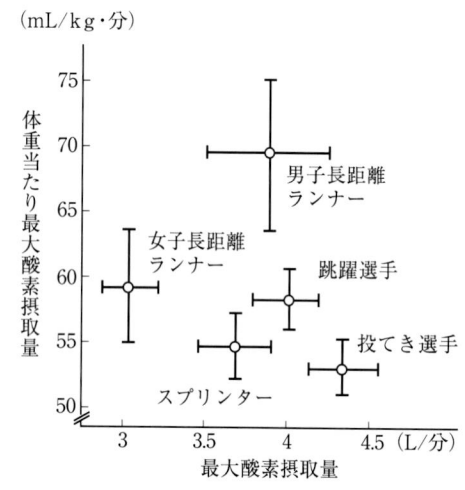

図 5-35 陸上競技選手の最大酸素摂取量. 縦軸に体重当たり, 横軸に絶体値を示す.
(帖佐寛章, 栗本閧夫, 青木純一郎：長距離走者の $\dot{V}_{O_2}$ max の縦断的研究. 順天堂大学保健体育紀要 14：91-93, 1971.)

表 5-15 同じ割合で負荷が増すようにした3つの異なったテストから得られた最大酸素摂取量.

プロトコール	最大酸素摂取量（mL/分）
トレッドミル	3,349±359
自転車エルゴメータ	3,070±366
ステップ台	3,084±315

(Ishiko, T.: Merits of various standard test protocols—a comparison between I.C.P.F.R., W.H.O., I.B.P. and other groups. Shephard, R.J. and Lavallee, H.: Physical Fitness Assessment Thomas, 1978.)

（3）最大酸素摂取量の示し方

　最大酸素摂取量は標準状態（気圧 760 mmHg, 気温 0°C, 乾燥状態, STPD）の量として示されるが，測定値をそのまま示す方法（絶対値）と体重当たりで示す方法（相対値）とがある．前者では体格の影響を受けて，体格の大きい人の方が数値が大きいので，体格と関係なく数値を標示する場合には体重で割って示す．図 5-35 は大学の陸

上競技選手の最大酸素摂取量を種目別に平均値と標準偏差を用いて示したもので，横軸は最大酸素摂取量の絶対値（L/分），縦軸は体重当たりの値（mL/kg・分）を示している．前者では投てき選手の値が最大で，後者では男子長距離ランナーの値が最大であった．最大酸素摂取量は持久力の指標とされているので，この結果から見ても体重当たりで示すのが実情に合っている．

（4）測定法による最大酸素摂取量の違い

最大酸素摂取量はプロトコール（実験計画）が異なれば測定結果が異なってくる．Glassfordら[23)]は4つの異なったプロトコールを用いて同一人の最大酸素摂取量を測定した．この結果は表5-14に示されているように，トレッドミルを用いた2つの方法

表 5-16 男子スポーツ選手（種目別）の最大酸素摂取量．

スポーツ種目	人数	国名	最大酸素摂取量 L/分	最大酸素摂取量 mL/kg・分	測定方法	著者名
距離スキー	5	スウェーデン	5.56	82.6	T	Saltin と Åstrand (1967)
マラソン	6	ベルギー	4.85	78.6	B	Crielaard と Pirnay (1981)
陸上・中距離	8	フィンランド	5.19	78.1	T	Rusko ら (1978)
陸上・長距離	6	ベルギー	5.07	77.1	B	Crielaard と Pirnay (1981)
オリエンテーリング	5	スウェーデン	5.87	76.5	T	Salitn と Åstrand (1967)
自転車競技	5	東ドイツ	5.74	75.5	B	Israel と Weber (1972)
スピード・スケート	6	フィンランド	5.58	72.9	T	Rusko ら (1978)
スキー複合	5	フィンランド	5.12	72.8	T	Rusko ら (1978)
カヌー	4	スウェーデン	5.40	69.2	T	Saltin と Åstrand (1967)
競泳	12	スウェーデン	5.38	69.0	T	Holmer (1974)
アルペン・スキー	12	アメリカ	5.03	66.6	T	Haymes と Dickinson (1980)
ボート	8	ドイツ	6.16	66.6	B	Nowacki ら (1967)
競歩	4	フランス	4.63	64.2	T	Menier と Pugh (1968)
サッカー	5	オーストラリア	4.94	63.6	T	Withers ら (1977)
アイス・ホッケー	9	オーストラリア	4.67	62.0	T	Withers ら (1977)
水球	10	オーストラリア/スペイン	4.97	61.4	T	Novak ら (1978)
スキー・ジャンプ	9	フィンランド	4.25	61.3	T	Rusko ら (1978)
陸上・短距離	6	ベルギー	4.35	60.1	B	Crielaard と Pirnay (1981)
ハンドボール	—	ノールウェー	4.88	60.0	T	Hermansen (1973)
フットボール	16	アメリカ	5.65	59.7	T	Novak ら (1968)
バスケット・ボール	11	オーストラリア	4.82	58.5	T	Withers ら (1977)
フィギュア・スケート	9	カナダ	3.40	58.5	T	Niinimaa (1982)
陸上・十種競技	9	アメリカ	4.88	57.6	T	Faris ら (1980)
バレー	—	アメリカ	4.77	56.4	—	Conlee ら (1982)
野球	10	アメリカ	4.47	52.3	T	Novak ら (1968)
フィールド・ホッケー	12	インド	3.23	50.7	T	Kansal (1980)
ラグビー	11	イギリス	3.90	50.3	B	Withams ら (1973)
体操・ダンス	4	カナダ	3.20	49.2	T	Lavoie と Léve-Néron (1982)
柔道　重量級	10	日本	3.96	40.1	B	山地ら (1978)
中重量級	4	日本	3.52	44.3	B	
軽量級	3	日本	3.03	47.2	B	

ただし，T：トレッドミル走，B：自転車駆動，—：不明（山地啓司：一流スポーツ選手の最大酸素摂取量．体育学研究 30：183-193, 1985.）

表 5-17 女子スポーツ選手（種目的）の最大酸素摂取量

スポーツ種目	人数	国　名	最大酸素摂取量		測定方法	著　者　名
			L/分	mL/kg・分		
陸上・長距離	6	アメリカ	3.47	68.8	T	Brawn と Wilmore (1971)
距離スキー	5	フィンランド	4.03	68.2	T	Rusko ら (1978)
体　操	3	アメリカ	2.85	61.8	T	Noble (1975)
陸上・中距離	9	アメリカ	3.17	61.0	T	Gregor ら (1979)
オリエンテーリング	3	スウェーデン	3.47	59.8	T	Saltin と Åstrand (1967)
バレー	—	アメリカ	3.59	56.0	—	Kovaleski ら (1980)
競　泳	11	スウェーデン	3.64	55.2	T	Holmer (1974)
スピード・スケート	6	日　本	2.82	54.5	B	真島 (1972)
アルペン・スキー	13	アメリカ	3.10	52.7	T	Haymes と Dickinson (1980)
フィールド・ホッケー	10	アメリカ	3.00	51.7	T	Zeldis ら (1978)
自転車競技	7	アメリカ	2.76	50.2	B	Burke ら (1977)
テニス	11	オーストラリア	3.13	50.2	T	Withers と Roberts (1981)
バスケットボール	—	アメリカ	3.39	49.6	—	Vaccaro ら (1980)
カヌー	—	カナダ	2.82	49.2	—	Sidney と Shephard (1973)
陸上・五種競技	6	アメリカ	3.23	49.0	T	Gregor ら (1979)
フィギュア・スケート	8	カナダ	2.70	48.9	T	Niinimaa (1982)
ソフトボール	13	オーストラリア	2.89	54.4	T	Withers と Roberts (1981)
陸上・短距離	3	アメリカ	2.45	43.0	T	Gregor ら (1979)

ただし，T：トレッドミル走，B：自転車駆動，—：不明（山地啓司：一流スポーツ選手の最大酸素摂取量．体育学研究 30：183-193，1985．）

と Åstrand-Ryhming の間接法を用いた自転車エルゴメータによる測定値がほぼ等しかったが，これらと比較して，自転車エルゴメータを用いた Åstrand の直接法の測定値が小さかった．Ishiko[30]も同じような割合で負荷が増すようにして測定した最大酸素摂取量がトレッドミルを用いた場合と比較して，自転車エルゴメータとステップ台を用いた場合に約10％小さかった（表5-15）．このような結果はトレッドミルを用いた場合と自転車エルゴメータまたはステップ台を用いた場合の最大酸素摂取量の比較は慎重でなければならないことを物語っている．

（5）競技者の最大酸素摂取量

　山地[57]は一流競技者の最大酸素摂取量を3人以上20人以下測定した場合を表5-16（男子），表5-17（女子）にまとめて示している．これらの表では体重あたりの最大酸素摂取量の大きい順に記載されているが，男子では距離スキー，マラソン，陸上中長距離，オリエンテーリング，自転車競技選手の数値が大きく，野球，フィールド・ホッケー，ラグビー，体操・ダンス，柔道選手の数値が小さかった．女子では陸上・長距離，距離スキー，体操，陸上・中距離，オリエンテーリングの選手の最大酸素摂取量の数値が大きく，カヌー，陸上・五種競技，フィギュア・スケート，ソフトボール，陸上・短距離の選手の最大酸素摂取量の数値が小さかった．以上の点から長距離種目で一流の選手になるためには男子では 75 mL/kg・分，女子では 65 mL/kg・分以上の最大酸素摂取量が必要であることがわかる．

表 5-18 最大酸素摂取量の評価基準.

上段は絶対値，下段は体重当たりの値を示す．

年齢		最大酸素摂取量（L/分，mL/kg・分）				
		low	fair	average	good	high
女子	20〜29	≦1.69	1.70〜1.99	2.00〜2.49	2.50〜2.79	2.80≦
		≦28	29〜34	35〜43	44〜48	49≦
	30〜39	≦1.59	1.60〜1.89	1.90〜2.39	2.40〜2.69	2.70≦
		≦27	28〜33	34〜41	42〜47	48≦
	40〜49	≦1.49	1.50〜1.79	1.80〜2.29	2.30〜2.59	2.60≦
		≦25	26〜31	32〜40	41〜45	46≦
	50〜65	≦1.29	1.30〜1.59	1.60〜2.09	2.10〜2.39	2.40≦
		≦21	22〜28	29〜36	37〜41	42≦
男子	20〜29	≦2.79	2.80〜3.09	3.10〜3.69	3.70〜3.99	4.00≦
		≦38	39〜43	44〜51	52〜56	57≦
	30〜39	≦2.49	2.50〜2.79	2.80〜3.39	3.40〜3.69	3.70≦
		≦34	35〜39	40〜47	48〜51	52≦
	40〜49	≦2.19	2.20〜2.49	2.50〜3.09	3.10〜3.39	3.40≦
		≦30	31〜35	36〜43	44〜47	48≦
	50〜59	≦1.89	1.90〜2.19	2.20〜2.79	2.80〜3.09	3.10≦
		≦25	26〜31	32〜39	40〜43	44≦
	60〜69	≦1.59	1.60〜1.89	1.90〜2.49	2.50〜2.79	2.80≦
		≦21	22〜26	27〜35	36〜39	40≦

(Åstrand, I.：Aerobic work capacity in men and women with special reference to age. Acta. Physiol. Scand. 49：Suppl. 169, 1960.)

表 5-19 最大酸素摂取量（mL/kg・分）の評価基準（男子）.

評価	パーセンタイル値	年齢				
		20—29	30—39	40—49	50—59	60 以上
Superior	95	53.97	52.53	50.36	47.11	45.21
Excellent	80	48.20	46.75	44.11	40.98	38.09
Good	60	44.23	42.42	39.89	36.05	33.59
Fair	40	40.96	38.86	36.69	33.76	30.15
Poor	20	37.13	35.35	33.04	30.15	26.54
Very poor	5	31.57	30.87	28.29	25.09	20.76
測定数	—	1675	7094	6837	3808	1005

(American College of Sports Medicine：ACSM's guidelines for exercise testing and prescription. 5 ed. Williams & Wilkins, 1995)

（6）一般人の最大酸素摂取量

Astrand[8]は女子 44 人，男子 100 人についてのデータから表 5-18 のような性，年齢別の最大酸素摂取量の評価基準を設定している．ただし体重当たりの最大酸素摂取量の算出には体重を女子 58 kg，男子 72 kg として行なっている．

American College of Sports Medicine[2]（ACSM）（アメリカ・スポーツ医学会）はテキサス州の Institute for Aerobics Research のデータとして表 5-19，表 5-20 を

表 5-20 最大酸素摂取量（mL/kg・分）の評価基準（女子）.

評価	パーセンタイル値	年齢				
		20—29	30—39	40—49	50—59	60以上
Superior	95	46.75	43.87	40.98	36.81	37.46
Excellent	80	40.98	38.57	36.28	32.31	31.23
Good	60	36.65	34.60	32.31	29.43	27.21
Fair	40	33.76	32.31	29.45	26.85	24.49
Poor	20	30.63	28.70	26.54	24.25	22.78
Very poor	5	25.89	25.09	23.53	21.10	19.68
測定数	—	764	2049	1630	878	202

(American College of Sports Medicine：ACSM's guidelines for exercise testing and prescription. 5 ed. Williams & Wilkins, 1995)

示している．このデータは性別，年代別に体重当たりの最大酸素摂取量をパーセンタイル値で6段階に評価しているが，多数の測定値に基づいて作成されているのが特徴である．Åstrandの数値と比較すると測定者数が100倍以上に達しているので信頼しうるデータといえよう．

2．最大酸素摂取量の制限因子
（1）換気量

換気量は健康人の場合には最大酸素摂取量の制限因子とはならない．これはつぎのような点から考察されている．

（i）運動負荷テストで酸素摂取量が最大値に達した時には負荷を上げても酸素摂

表 5-21 安静時およびはげしい運動時の肺拡散係数の変化.

	安静	はげしい運動
肺胞気の酸素分圧 (mmHg)	100	100
混合静脈血酸素分圧 (mmHg)	40	20
酸素摂取量 (mL/分)	200—300	3000—4000
肺拡散係数	3—5	40—50

表 5-22 運動強度（% $\dot{V}_{O_2}$max）と動脈血ヘモグロビンの酸素飽和度（% SaO_2）.

		% $\dot{V}_{O_2}$max			
	安静	70	80	90	100
競技者	96.4	94.6*	92.2*	89.0*	85.5*
非鍛練者	96.3	96.1†	96.1†	95.0†	93.6*†

* 安静時と有意差あり
† 競技者と有意差あり

(Williams, J. H., Powers, S. K. and Stuart, M. K.：Hemoglobin desaturation in highly trained athletes during heavy exercise. Med. Sci. Sports Exerc. 18：168-173, 1986.)

取量が増加しないが，換気量はさらに増加を続ける．（ii）最大酸素摂取量が得られた時の肺胞気の酸素分圧は安静時と変らない．（iii）最大作業時においても意志の働きでさらに換気量を増加させることが可能である．

しかし肺の容量の減少（たとえば肺切除），肺のコンプライアンスの低下（たとえば

肺気腫），気道抵抗の増大（たとえば気管支喘息の発作時）などによって換気が著しく低下すれば酸素摂取量が制限される．

（2）肺拡散とヘモグロビンの酸素結合力

肺胞気の酸素分圧は肺に到達する混合静脈血の酸素分圧よりも高いために肺胞から肺毛細血管を通じて肺の血液に酸素が移行する現象を肺拡散という．

肺拡散の能力は肺拡散係数によってつぎのように示される．

$$肺拡散係数 = \frac{酸素摂取量（mL/分）}{肺胞気酸素分圧 - 混合静脈血酸素分圧（mmHg）}$$

肺拡散係数ははげしい運動時には安静時の10倍以上になるが（表5-21），これは主として酸素摂取量が運動によって増加したためで，持久的スポーツ競技選手はこの能力が大きいために肺拡散係数が大きい．肺胞壁に異常が起これば（たとえば硅肺）肺拡散能力は低下する．

安静時の動脈血の酸素分圧は約100 mmHgで赤血球のヘモグロビンはその95-96％が酸素と結合している．一般人がはげしい運動をしても，動脈血ヘモグロビンの酸素結合度はあまり低下しないが，競技者の一部の者では，この値がかなり低下する．Williamsら[56]は長距離ランナーが最大酸素摂取量の95％のレベルで3分間の走運動を行なった際の動脈血ヘモグロビンの酸素飽和度を耳オキシメータを用いて測定し非鍛練者と比較した（表5-22）．この結果，競技者では動脈血の酸素飽和度が著しく低下していた．この原因として長距離ランナーでは心拍出量が大きいために肺毛細血管における血流が速かで，肺胞の酸素が拡散によって動脈血中に取り込まれる時間が不足するためではないかとしている．

このようにヘモグロビンの酸素結合力が低下するのを補う方法として，自己血液を採血後冷凍保存して採血による貧血が回復するまで待ち，その後再び体内に採血した

表 5-23　僧帽弁患者，非鍛練者および競技者の循環機能．

グループ	最大酸素摂取量（L/分）	最高心拍数（拍/分）	最大1回拍出量（mL）	最大動静脈酸素差（mL/100 mL）
僧帽弁狭窄患者	1.6 ＝	190 ×	50 ×	17
非鍛練者	3.2 ＝	200 ×	100 ×	16
競技者	5.2 ＝	190 ×	160 ×	17

(Rowell, L. B.：Circulation. Med. Sci. Sports 1：15-22, 1969.)

図 5-36　毛細血管内の赤血球から離れた酸素がミオグロビンと結び付くまでの圧変化．
(Honig, C. R., Connett, R. J. and Gayeski, T. E. J.：O₂ transport and its interaction with metabolism：a system view of aerobic capacity. Med. Sci. Sports Exerc. 24：47-53, 1992.)

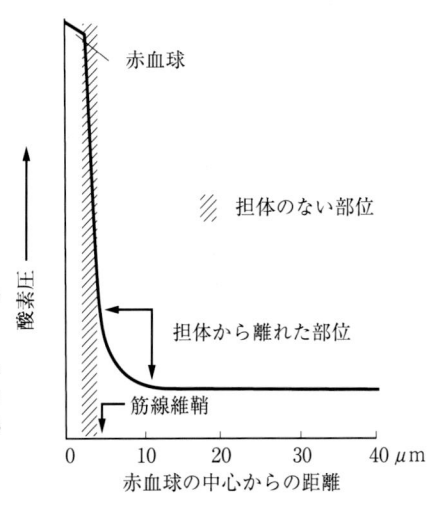

血液を注入する方法が考えられる．これは血液ドーピングと呼ばれている．実際にこのような方法で最大酸素摂取量を増すには 900—1800 mL の冷凍保存血液が必要であり，また国際オリンピック委員会（IOC）はこのような方法を競技で使用することを禁止している[1]．

（3）最大心拍出量

骨格筋への酸素供給能力は心拍出量×動脈血中の酸素濃度によって示されるので，最大心拍出量が最大酸素摂取量と比例関係にあり（図5-7），これが最大酸素摂取量を規定する最大の要因である．

Rowell[47]は Fick の原理を示す式に，僧帽弁患者，非鍛練者，競技者の数値を表5-23のように示している．この表から明らかであるように，最大酸素摂取量に強い影響を与えているのは最大心拍出量の構成因子である最大1回拍出量である．

（4）筋毛細血管から筋ミトコンドリアへの酸素の移行

赤血球のヘモグロビンと結合した酸素は筋毛細血管でヘモグロビンから離れて毛細管壁，筋線維鞘を通り筋線維内でミオグロビンと結び付く．ミオグロビンの酸素との結合力はヘモグロビンの酸素との結合力の約5倍あり，このことが酸素をミオグロビンへ引き寄せる力となる．図5-36に示すように，ヘモグロビンから離れてミオグロビンと結合するまでの遊離した酸素は圧低下が著しく，この部分が酸素の移動を妨げている．

この部分の移動を滑かにするには毛細血管と筋線維鞘との接触面積を広くすること，すなわち筋線維とくに毛細血管の発達した赤筋線維を発達させることが必要であり，この結果として筋肉での酸素の利用を高めて動静脈酸素差を大きくすることができる．とくに高齢者では筋肉が衰えやすいので，筋肉をトレーニングすることが最大酸素摂取量の増加に役立つ．

筋線維内にあるミオグロビンは酸素をミトコンドリアに運び，この酸素が筋肉の代謝に用いられる．

［文　献］

1) American College of Sports Medicine：Position stand on blood doping as an ergogenic aid. Med. Sci. Sports Exerc. 19：540-543, 1987.
2) American College of Sports Medicine：ACSM's guidelines for exercise testing and prescription. 5 ed. Williams & Wilkins, 1995
3) Anderson, H. T.：Physiological adaptations in diving vertebrates. Physiol. Rev. 46：212-243, 1966.
4) Asmussen, E. and Hemmingsen, I.：Determination of maximum working capacity at different ages in work with the legs or with the arms. Scand. J. Clin. Lab. Invest. 10：67-71, 1958.
5) Asmussen, E. and Kristiansson, N.-G.：The "diving bradicardia" in exercising man. Acta. Physiol. Scand. 73：527-535, 1968.
6) Asmussen, E. and Nielsen, M.：The cardiac output in rest and work determined simultaneously by the acetylene and the dyne injection methods. Acta. Physiol. Scand. 27：217-230, 1953.
7) Asmussen, E. and Nielsen, M.：The cardiac output in rest and work at low and high oxygen pressures. Acta. Physiol. Scand. 35：73-83, 1955.
8) Åstrand, I.：Aerobic work capacity in men and women with special reference to age. Acta. Physiol. Scand. 49：Suppl. 169, 1960.
9) Åstrand, P.-O.：Experimental studies of physical working capacity in relation to sex and age. Munksgaard, 1952.
10) Åstrand, P.-O. and Ryhming, I.：A nomogram for calculation of aerobic capacity (physical fitness)

from pulse rate during submaximal work. J. Appl. Physiol. 7:218-221, 1954.
11) Åstrand, P.-O. and Rodahl, K.: Textbook of work physiology, McGrow-Hill, 1970.
12) Bevegard, S.: Studies on the regulation of the circulation in man with special reference to the stroke volume and the effect of musclar work, body position and artificially induced variations of the heart rate. Acta. Physiol. Scand. 57, Suppl. 200:1-36, 1962.
13) Bramwell, C. and Ellis, R.: Clinical observations on Olympic athletes. Arbeitsphysiol. 2:51-60, 1929.
14) 帖佐寛章，栗本関夫，青木純一郎：長距離走者の$\dot{V}O_2$ max の縦断的研究．順天堂大学保健体育紀要 14:91-93, 1971.
15) Craig, A. B. Jr.: Heart rate responses to apnetic underwater diving and to breath holding in man. J. Appl. Physiol. 18:854-862, 1958.
16) Defares, J. G.: Determination of Pv_{CO_2} from the exponential CO_2 rise during rebreathing. J. Appl. Physiol. 13:159-164, 1958.
17) Dietlen, H. und Moritz, F.: Über das Verhalten des Herzens nach langdauerndem und anstregendem Radfahren. Münch. med. Wschr. 55:489-492, 1908.
18) Dill, D. B.: Effects of physical strain and high altitudes on the heart and circulation. Am. Heart J. 43:441-454, 1942.
19) Ekblom, B., Åstrand, P.-O., Saltin, B. Stenberg, J. and Wallström, B: Effect of training on circulatory response to exercise. J. Appl. Physiol. 24:518-528, 1968.
20) Ekblom, B. and Hermansen, L.: Cardiac output in athletes. J. Appl. Physiol. 25:619-625, 1968.
21) Ellestad, M. H.: Stress testing. Davis, 1975 より引用.
22) Ferguson, R. J., Faulkner, J. A., Julius, S. and Conway, J.: Comparison of cardiac output determined by CO_2 rebreathing and dye dilution methods. J. App. Physiol. 25:450-454, 1968.
23) Glassford, R. G., Baycroft, G. H. Y., Sedgwick, A. W. and Macnab, R. B. J.: Comparison of maximal oxygen up take values determined by predicted and actual methods. J. Appl. Physiol. 20:509-513, 1965.
24) Graybiel, C. A., McFarland, R. A., Gates, D. C. and Webster, F. A.: Analysis of the electrocardiograms obtained from 1000 young healthy aviators. Am. Heart J. 27:524-549, 1944.
25) Hayashi, H., Hatano, K., Tsuda, M., Kanematsu, K., Yoshikane, M. and Saito, H.: Relationship between circadian variation of ambulatory blood pressure and age or sex in healthy adults. Hypertens. Res. 15:127-135, 1992.
26) Henschen, S. E.: Skidlauf und Skidwettlauf. Eine medizinische Sportsstudie. Mitt. Med. Klin. Upsala 2:15-88, 1899.
27) Honig, C. R., Connett, R. J. and Gayeski, T. E. J.: O_2 transport and its interaction with metabolism: a system view of aerobic capacity. Med. Sci. Sports Exerc. 24:47-53, 1992.
28) Hoogerwelf, S.: Elektrokardiographische Untersuchungen der Amsterdamer Olympiade Kämpfer. Arbeitsphysiol. 2:61-75, 1929.
29) Irving, L.: Bradycardia in human divers. J. Appl. Physiol. 18:489-491, 1963.
30) Ishiko, T.: Merits of various standard test protocols—a comparisoon between I. C. P. F. R., W. H. O., I. B. P. and other groups. Shephard, R. J. and Lavallee, H.: Physical Fitness Assessment Thomas, 1978.
31) 石河利寛：スポーツと循環．石河利寛，松井秀治編：スポーツ医学．杏林書院，48-81, 1978.
32) 石河利寛：運動負荷テストについて．中京大学体育学研究所紀要 No. 4:43-47, 1990.
33) Israel, S.: Wissenschaft und Fortchritt 1973:4. Hollmann, W. und Hettinger, Th.: Sportsmedizin-Arbeits-und Trainingsgrundlagen. Schattauer, 1976, p. 445 より引用
34) Keul, J., Dickhuth, H.-H., Lehmann, M. and Staiger, J.: The athlete's heart-hemodynamics and struucture. Int. J. Sports Med. 3:33-43, 1982.
35) Knehr, C. A., Dill, D. B. and Neufeld, W.: Training and its effects on man at rest and at work. Am. J. Physiol. 136:148-150, 1942.
36) 厚生省：国民栄養の現状．1998.
37) 栗本関夫，青木純一郎：中高年の運動処方に関する生理学的研究．順天堂大学保健体育紀要 16:36-37, 1973.
38) McArdle, W. D., Foglia, G. F. and Patti, A. V.: Telemetered cardiac response to selected runnig events. J. Appl. Physiol. 23:566-570, 1967.
39) Larson, L. A. (ed): Fitness, health, and work capacity. McMillan, 1974.
40) McDougall, J. D., Tuxon, D., Sale, D. G., Moroz, J. R. and Sutton, J. R.: Arterial blood pressure response to heavy resistance exercise. J. Appl. Physiol. 58:785-790, 1985.
41) Miyamura, M. and Honda, Y.: Maximum cardiac output related to sex and age. Jpn. J. Physiol. 23:

645-656, 1973.

42) Nöcker, J.: Physiologie der Leibesübungen. Ferdinand Enke, Stuttgart, 1971.

43) Olsen, C. R., Fanestil, D. O. and Scholander, P. F.: Some effects of breath holding and apnetic underwater diving on cardiac rhythm in man. J. Appl. Physiol. **17**: 461-466, 1962.

44) Palatini, P.: Blood pressure behaviour during physical activity. Sports Med. **5**: 353-374, 1988.

45) Reeves, J. T., Grover, R. F., Blount, S. G. Jr. and Filley, G. F.: Cardiac output response to standing and treadmill walking. J. Appl. Physiol. **16**: 283-288, 1961.

46) Reindell, H. und Delius, L.: Klinische Untersuchungen über die Herzdynamik beim gesunden Menschen. Dtsch. Arch. kli. Med. **193**: 639-655, 1948.

47) Rowell, L. B.: Circulation. Med. Sci. Sports **1**: 15-22, 1969.

48) Saltin, B., Bromquist, G., Mitchell, J. H., Johnson, R. L. Jr., Widental, K. and Chapman, C. B.: Response to exercise after bed rest and after training. Circulation 37, Suppl. 7, 1968.

49) 佐藤 佑, 石河利寛, 青木純一郎, 清水達雄, 前嶋 孝: 運動に対する心拍数, 血圧, 呼吸数の反応の年齢別, 性別特性に関する研究. 体力科学 **26**: 165-176, 1977.

50) Scholander, P. F., Hammel, H. T., LeMessurier, H., Hemingsen, E. and Garey, W.: Circulatory adjustment in pearl divers. J. Appl. Physiol. **17**: 184-190, 1962.

51) Stead, E. A. Jr., Warren, J. V., Merrill, A. J. and Brannon, E. S.: The cardiac output in male subjects as measured by the technique of right atrial catheterization. J. Clin. Invest. **24**: 326-331, 1945.

52) 体育科学センター: 健康づくり運動カルテ. 講談社, 1976.

53) Torok, D. J., Duey, W. J., Bassett, D. R. Jr., Howley, E. T. and Mancuso, P.: Cardiovascular responses to exercise in sprinters and distance runners. Med. Sci. Sports Exerc. **27**: 1050-1056, 1995.

54) Weisseler, A. M., Leonard, J. J. and Warren, J. V.: Effects of posture and atropine on the cardiac output. J. Clin. Invest. **36**: 1656-1662, 1957.

55) Williams, C. G., Bredell, G. A. G., Wyndham, C. H., Strydom, N. B., Morrison, J. F., Peter, J., Fleming, P. W. and Ward, J. S.: Circulatory and metabolic reactions to work in heat. J. Appl. Physiol. **17**: 625-638, 1962.

56) Williams, J. H., Powers, S. K. and Stuart, M. K.: Hemoglobin desaturation in highly trained athletes during heavy exercise. Med. Sci. Sports Exerc. **18**: 168-173, 1986.

57) 山地啓司: 一流スポーツ選手の最大酸素摂取量. 体育学研究 **30**: 183-193, 1985.

58) 吉田敬義, 石河利寛: 呼吸循環機能からみた幼児の持久走について. 体育学研究 **23**: 59-65, 1978.

59) 吉沢茂弘, 石崎忠利, 本田宏子: 幼児の有酸素的作業能に関する研究(1). 体力科学 **24**: 37-44, 1975.

I部　運動とからだの働き

6章　エネルギー代謝と運動

1　エネルギー代謝の測定法

　日常生活を営み，余暇にスポーツを行なうなどその日，その日を生きて行くためには体内でエネルギーを発生させて，これを利用することが必要である．
　エネルギー代謝を測定するには，代謝の結果発生した熱量を測定する直接法とエネルギー源の酸化に要した酸素とその結果発生した二酸化炭素の量からエネルギー代謝を推定する間接法とがある．

1．直接熱量測定法

　直接法では被験者を特別に造られた大きなカロリー・メータ室内に入れて，被験者から発生した熱をカロリー・メータ室の周囲を循環する水に吸収させる．一定時間後に循環した水の量と水温の上昇度を測定すれば，被験者から発生した熱量を測定することができる．
　この方法では被験者を収容する大きなカロリー・メータ室を必要とするのみならず，短時間に変化するエネルギー代謝を把握できないので，運動のエネルギー代謝を知るためには普通この方法は使用されない．

2．間接熱量測定法

　外気の組成は一定（乾燥状態でO_2：20.93%，CO_2：0.03%，N_2ほか：79.04%）であるから，外気を肺に吸入して肺胞で酸素を体内に取り込み，二酸化炭素と水を体内から肺胞気に排出した後の呼気を採取して，呼気の温度と量，水蒸気の量（水蒸気で飽和しているので，呼気の温度によって決まる），酸素と二酸化炭素の組成を知れば，呼吸によって体内に取込まれた酸素の量と体内から排出された二酸化炭素の量を知ることができる．このためには吸気と呼気とを仕分けするために弁のついた採気マスクまたはマウス・ピースを装着して呼吸することが必要である．呼気の採取には以前にはダグラス・バッグと呼ばれる袋を多数用意して，この中につぎつぎに呼気を吹込んで，それぞれの袋の中の呼気の温度，量，組成を測定していたが，現在では呼気が直接に流量計と自動ガス分析器に吹き込まれて，所定の数値が得られるようになっている．自動ガス分析器は携帯用のものも市販されていて，移動を伴なうスポーツ活動のエネルギー代謝はこの装置によって測定が可能である．

2　呼吸商と呼吸交換比

　　体内のエネルギー源が燃焼する際に生成された二酸化炭素量と消費された酸素量の比を呼吸商 respiratory quotient (RQ) と呼ぶ.
　　炭水化物が完全に燃焼する場合の呼吸商は1.0である．たとえばブドウ糖の場合にはつぎの式のようになる．

$$C_6H_{12}O_6 + 6\,O_2 = 6\,CO_2 + 6\,H_2O$$

脂肪が燃焼する場合の呼吸商は脂肪の種類によって多少異なるが，平均して0.71である．たとえばパルミチン酸グリセロールが燃焼する場合にはつぎの式のようになり，この場合の呼吸商は0.703である．

$$2\,C_{51}H_{98}O_6 + 145\,O_2 = 102\,CO_2 + 98\,H_2O$$

たんぱく質は生体内では完全には酸化されず，尿中に尿素，尿酸，クレアチニンなどの窒素化合物として排泄されるが，呼吸商は0.80とされている．

　　正常な状態ではたんぱく質は運動のエネルギー源としてほとんど用いられないので，呼吸商は炭水化物と脂肪とが体内で燃焼された割合を示している．表6-1にたんぱく質が用いられない場合の呼吸商の数値から，炭水化物と脂肪が燃焼された割合と，その際に酸素1Lが消費された時に発生する熱量を示す[1]．脂肪は炭水化物と比較して燃焼しにくいので，歩行のような定常状態が成立する運動を長時間行なうと，最初は呼吸商が1に近いが次第に低下して，脂肪の利用が高まることがわかる．

　　実際に運動した時のエネルギー代謝を求めるには，組成が既知である空気を吸入し，呼気を採取してこれを分析して酸素摂取量と二酸化炭素排出量を求める．このようにして求めた二酸化炭素排出量と酸素摂取量の比は以前には呼吸商（respiratory quotient, RQ）と呼ばれていたが，現在では呼吸交換比（respiratory exchange ratio, RER）と呼ばれて呼吸商と区別して用いられる．すなわち，呼吸商は組織において代謝の際に発生した CO_2 と使用された O_2 の量の比であり，呼吸交換比は肺から排出された CO_2 と肺から吸収された O_2 の比である．

　　定常的な運動ではRQとRERはほとんど変らないが，乳酸が発生するような運動では乳酸が血液中で緩衝されて炭酸を生じ，これが二酸化炭素として呼気中に排泄されるためにRERが1を越えることがある．

表 6-1　非たんぱく性呼吸商と O_2 1L当りのカロリー.
(Cantarow, A. and Schepartz, B.：Biochemistry. 3rd ed., Saunders, p. 349, Table 35 より引用.)

非たんぱく性呼吸商	炭水化物(%)	脂　肪(%)	O_2 1L当りのカロリー(kcal)
0.71	0	100.0	4.69
0.75	14.7	85.3	4.74
0.80	31.7	68.3	4.80
0.85	48.8	51.2	4.86
0.90	65.9	34.1	4.92
0.95	82.9	17.1	4.99
1.00	100.0	0	5.05

3 運動のエネルギー代謝の示し方

運動のエネルギー代謝は前述のようにカロリー・メータによって直接的にカロリーを測定しないで，以下に示すいろいろな方法によって間接的に消費カロリーを推定する．

1. 酸素摂取量（$\dot{V}o_2$）

運動時の酸素摂取量を測定するには，まず安静時の酸素摂取量を測定することが必要である．このためには測定前にはげしい運動や喫煙を慎しみ，食後少なくとも 2—3 時間経過してから測定を行なう．被験者は座位で約 30 分間安静を保ち，この間にマウスピースの装着に慣れておく．まず 5—10 分間にわたって安静時の酸素摂取量を測定し，引続き所定の運動中の酸素摂取量を測定し，再び安静に戻って回復期の酸素摂取量（酸素負債量）を測定する（図 6-1）．はげしい運動を行なった時には，運動後の酸素摂取量が長時間にわたって安静時の状態に戻らないことがあり，この点を考慮して酸素負債量の測定は運動中止後 30 分で打切る場合が多い．

運動による酸素摂取量は安静時の値を含めて示す場合と安静時の値を差引いて示す場合とがあり，前者をグロス（gross）の酸素摂取量，後者をネット（net）の酸素摂取量という．

図 6-1 の A，B，C を安静，運動，回復時の酸素摂取量とすれば，運動に使われた酸素摂取量はつぎのようになる．

グロスの酸素摂取量：

$$B+C \ (L) \ または \ \frac{B+C}{30-10} \ (L/分)$$

ネットの酸素摂取量：

$$B+C-A\times\frac{60-10}{10} \ (L) \ または \ \frac{B+C-A\times\frac{60-10}{10}}{30-10} \ (L/分)$$

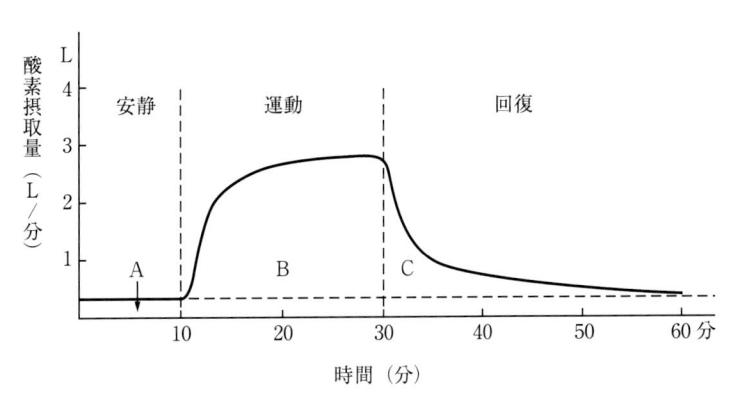

図 6-1 運動による酸素摂取量の変化.
 A. 安静時の酸素摂取量
 B. 運動中の酸素摂取量
 C. 回復期の酸素摂取量

ネットの酸素摂取量は酸素需要量（oxygen requirement）と呼ばれることもある．

2．消費カロリー

定常的な運動の場合には呼吸交換比は呼吸商を示すので，表6-1にしたがって酸素摂取量をカロリーに換算すればよい．

消費カロリーも酸素摂取量と同じように，グロスとネットとがあり，いずれの場合にも総量または単位時間当たりで示される．

絶えず変化している運動では呼吸交換比が呼吸商を正しく示しているとはいえない．この場合には，比較的短時間の運動では炭水化物のみが燃焼したとして，酸素摂取量1Lにつき5.0 kcalが消費されたと仮定し，運動時間が長くなるにつれて1Lにつき4.9 kcalまたは4.8 kcalと仮定して計算する．

3．メッツ Metabolic equivalents（Mets）

メッツはつぎの式で示される．

$$\text{Mets} = \frac{\text{運動時のグロスの酸素摂取量}}{\text{安静時の酸素摂取量}}$$

上式から明らかなように，安静時は1 Metに相当する．安静時の酸素摂取量はそれ以前に摂取した食物や実施した運動の影響を受けるので，それを基準値として運動強度を設定することは基礎時の酸素摂取量を基準とする場合と比較して正確とはいえないが，運動時の酸素摂取量を測定する前に必ず安静時の酸素摂取量を測定するので実用的である．

安静時の酸素摂取量を実測しない場合にはつぎの数値を用いる．

「成人の安静時（1 Met）の酸素摂取量は体重1 kg当たり1分間に3.5 mLとする」したがって，体重W（kg）の人の安静時（1 Met）の酸素摂取量（$\dot{V}_{O_2}$）はつぎの式で示される．

$$1\text{ Met の }\dot{V}_{O_2} = 3.5\text{ mL} \times W\text{（kg）/分} \quad \cdots (1)$$

もし酸素摂取量の代りにキロカロリーを用いれば酸素1 mLは炭水化物が燃焼した場合に1/200 kcal（酸素1 Lは5 kcalに相当）であるから，安静時（1 Met）の消費カロリーはつぎの式で示される．

$$1\text{ Met のカロリー} = 3.5 \times W\text{（kg）}/200\text{ kcal/分} = 0.0175 \times W\text{（kg）kcal/分} \cdots (2)$$

上記の式から，あるスポーツのMetsが既知であれば，そのスポーツを実施した場合の酸素摂取量とカロリー消費量は簡単に算出することができる．なお上式で体重を60 kgとすれば安静時の消費カロリー（1 Met）は1.05 kcal/分となる．

4．エネルギー代謝率 Relative metabolic rate（RMR）

エネルギー代謝率は労働科学研究所の古沢[4]の提案による運動（労働）強度を示す指標でつぎの式によって算出される．

$$\text{RMR} = \frac{\text{運動時のネットの酸素摂取量}}{\text{基礎時の酸素摂取量}}$$

RMRは安定した値を示す基礎代謝を基準にして運動の強度を示したものである．

安静代謝は基礎代謝の約1.2倍に相当する．しかし，運動の代謝を測定する場合には，基礎代謝を別の機会に測定する必要がある．そのうえ，RMRは日本でしか用いられない指標で国際性がないのが欠点である．

RMRとMetsとの間の関係式は安静時の代謝を基礎代謝の1.2倍とすればつぎのようになるので，互に変換することができる．

$$\text{Mets} = \frac{\text{RMR}}{1.2} + 1$$

5．心拍数

前述のように運動中の酸素摂取量の測定にはダグラス・バックまたは携帯用のガス分析器を背負って運動をしなければならないので，運動が制限され，またガス分析器を使用するための専門的知識と技術とが必要である．この点から，小型で動作の妨げにならず記録が容易な携帯用の心電計または心拍計を用いて運動中の心拍数を測定し，これから酸素摂取量を推定する方法が用いられる．

心拍数から酸素摂取量を推定する式は個人別に作成しなければならない．すなわち被験者をトレッドミルまたは自転車エルゴメータを用いた漸増負荷運動によって酸素摂取量と心拍数の関係式を作成して，この式を用いて運動中の心拍数を酸素摂取量に変換する．

変換式の作成にはなるべく測定しようとする実際の運動に近い運動を用いることが望ましい．たとえば水泳であれば流水プールを用いて流速を増す漸増負荷で水泳を行なうことが望まれる．

実際の運動では運動中の心拍数が上昇，下降を繰返すことが多いので，このような場合の心拍数と酸素摂取量の関係式を作成する際に，漸増負荷運動ばかりでなく漸減負荷運動についても作成し，実際の運動の心拍数の上昇期と下降期にそれぞれに対応する関係式を適用する方がより正確である[11]．

心拍数は精神的緊張や体温の上昇の影響を受けるので，強い精神的緊張を要求される射撃や高温下のスポーツには別の機会に得られた心拍数と酸素摂取量の関係式から酸素摂取量を推定することはできない．

4 基礎代謝

基礎代謝は暑くも寒くもない快適な環境温下で身体，精神ともに安静を保ち，空腹状態で横臥している時のエネルギー代謝で，これは覚醒時に生命維持に必要な最小のエネルギー量である．実際に基礎代謝を測定するには前日にはげしいスポーツ活動，飲酒，夜ふかしを禁じ，早朝覚醒して排尿後，飲食物を摂取しないで20—25°Cの室温下で静かに横臥している際の呼気を分析して消費エネルギーを測定する．

1．体表面積の推定式

基礎代謝は体表面積に比例するので，身長，体重から体表面積を推定する式が提出されている．

① Du Bois[2]の式
$$A = 71.84 \times W^{0.425} \times H^{0.725}$$
ただし A：体表面積（cm²），W：体重（kg），H：身長（cm）
② 高比良[10]の式
高比良は日本人の成人男子についてつぎの式を提出した．
$$A = 72.46 \times W^{0.425} \times H^{0.725}$$
③ 村田の式[9]
村田は日本人成人女子についてつぎの式を提出した．
$$A = 70.49 \times W^{0.425} \times H^{0.725}$$
④ 藤本ら[3]の式
藤本らは広い年齢層にわたる日本人男女について研究し，つぎの式を提出した．
0歳　　　　$A = 95.68 \times W^{0.425} \times H^{0.655}$
1-5歳　　　$A = 381.89 \times W^{0.423} \times H^{0.362}$
6歳以上　　$A = 88.83 \times W^{0.444} \times H^{0.663}$

2．体表面積を用いた基礎代謝の推定式

厚生省[8]は藤本らの式を用いた場合の体表面積1m²当たり，1時間当たりの基礎代謝基準値（kcal/m²/時）を年齢別に示している（表6-2）．
したがって，ある人の基礎代謝量（kcal/日）を知るにはつぎの式による．

基礎代謝量（kcal/日）＝基礎代謝基準値（kcal/m²/時）×体表面積（m²）×24

3．体重を用いた基礎代謝の推定式

厚生省[8]は実用的な見地から，さらに体重当たりの基礎代謝基準値を示している（表6-3）．この表は日常生活で中等度の活動をしている者について作成したものである．1日の基礎代謝量は男女別，年齢別につぎの式を用いて計算することができる．

基礎代謝量（kcal/日）＝体重当たり基礎代謝基準値（kcal/kg/日）×体重（kg）

上式は日常生活の活動に片寄りがある者（臥床者，プロスポーツの選手など）や極端な肥満者ややせた人には適用できない．

5　身体活動時のエネルギー代謝

1．日常活動と運動のエネルギー代謝

厚生省[8]は日常生活活動やスポーツに使われるエネルギー消費量をRMRおよび体重1kg当たり，1分当たりのグロスのエネルギー消費量として示している（表6-4）．
表6-4では運動の内容が「非常に弱い運動」，「弱い運動」，「普通の運動」，「強い運動」の順に示されている．
ここに示されている数値は1つの目安であって，たとえば水泳では同じ泳法でも競泳と遊泳とではエネルギー代謝量が異なる．また筋力トレーニングではダンベルやバーベルの重量や，動作のスピードによってエネルギー代謝量が異なる．
したがって，ある人の運動のエネルギー代謝量を正確に知りたい場合にはその運動

表 6-2 単位体表面積当たり基礎代謝基準値.
(厚生省:第5次改訂日本人の栄養所要量, 1994.)

年齢（歳）	基礎代謝基準値 (kcal/m²/時)	
	男	女
0〜	48.7	48.4
1〜	53.6	52.6
2〜	56.2	55.1
3〜	57.2	55.6
4〜	56.5	54.0
5〜	55.1	51.6
6〜	52.9	49.5
7〜	51.1	47.6
8〜	49.3	46.2
9〜	47.5	44.8
10〜	46.2	44.1
11〜	45.3	43.1
12〜	44.5	42.2
13〜	43.5	41.2
14〜	42.6	39.8
15〜	41.7	38.1
16〜	41.0	36.9
17〜	40.3	36.0
18〜	39.6	35.6
19〜	38.8	35.1
20〜29	37.5	34.3
30〜39	36.5	33.2
40〜49	35.6	32.5
50〜59	34.8	32.0
60〜64	34.0	31.6
65〜69	33.3	31.4
70〜74	32.6	31.1
75〜79	31.9	30.9
80〜	30.7	30.0

注:この数字は昭和44年に算定したものである.

を実際に行なわせてその際のエネルギー代謝を実測することが必要である.

表6-4から身体活動時のグロスのエネルギー消費量 (kcal) を算出するにはつぎのような手順による.

① RMRを用いる場合

　　活動時のグロスのエネルギー消費量 (kcal) = (RMR+1.2)×活動時間(分)
　　　×体重 (kg)×基礎代謝基準値 (kcal/kg/分)

上式でRMRに1.2を加えたのは安静代謝を基礎代謝の1.2倍として加えたからである. 体重当たりの基礎代謝基準値は表6-3に性・年齢別にkcal/kg/日として示してあるので, これからkcal/kg/分の値に換算して使用する.

② Eaを用いる場合

表6-4のEaは生活活動と運動の体重1kg当たり, 1分当たりのグロスのエネルギー消費量 (kcal) を示しているから, つぎの計算式が成り立つ. 性・年齢別の補正

表 6-3 単位体重当たりの基礎代謝基準値 (kcal/kg/日).
(厚生省:第 5 次改訂日本人の栄養所要量, 1994.)

年齢(歳)	男子	女子
0〜	—	—
1〜	63.0	63.2
2〜	61.4	61.3
3〜	59.0	58.1
4〜	55.4	53.5
5〜	51.5	48.7
6〜	48.0	45.1
7〜	44.8	42.1
8〜	41.7	39.5
9〜	38.8	36.9
10〜	36.4	34.9
11〜	34.3	32.6
12〜	32.4	30.7
13〜	30.4	29.0
14〜	28.8	27.4
15〜	27.5	25.8
16〜	26.6	24.8
17〜	25.7	24.3
18〜	25.5	24.1
19〜	25.0	23.9
20〜29	23.8	23.6
30〜39	22.8	22.0
40〜49	22.1	21.1
50〜59	21.8	20.9
60〜64	21.6	21.0
65〜69	21.4	21.1
70〜74	21.2	21.2
75〜79	21.1	21.4
80〜	20.6	21.1

係数は表 6-5 に示されている.

活動時のグロスのエネルギー消費量 (kcal)＝Ea (kcal/kg/分)×活動時間 (分)×体重 (kg)×性,年齢別補正係数

厚生省[8]ではさらにアメリカスポーツ医学会 (American College of Sports Medicine) (ACSM) の Guidelines for Exercise Testing and Prescription (Lea & Febiger) からいろいろなレジャー活動のエネルギー代謝の数値を引用している.表 6-6 は厚生省が引用した資料を示した.

表 6-6 で運動種目の順序は原文がアルファベット順となっているのでその順序に記載してある.またアメリカスポーツ医学会のデータは Mets の値を平均値と範囲で示してあるだけで,そのあとに記載されている「エネルギー消費量 (kcal/kg/分)」および「体重別 1 時間当たりのエネルギー消費」は厚生省が書き加えたものである.

この表を見ると 10 Mets のエネルギー消費量が 0.167 kcal/kg/分 とされているが,10 Mets は 35 mL/kg/分 の酸素摂取量に相当するから 1 mL の酸素摂取量は 4.77 kcal に相当し,これは表 6-1 から呼吸商を 0.78 として計算したものと推定される(著

表 6-4 日常生活活動と運動の強度の目安.

日常生活活動と運動の種類	生活活動と運動の強度 エネルギー代謝率（RMR）	エネルギー消費量(kcal/kg/分)(Ea) 男	女
非常に弱い運動	1.0未満		
睡眠	基礎代謝の90%	0.017	0.016
休息・談話（座位）	0.2	0.023	0.022
教養（読む，書く，見る）	0.2	0.023	0.022
談話（立位）	0.3	0.025	0.024
食事	0.4	0.027	0.025
身の回り（身支度，洗面，便所）	0.5	0.029	0.027
裁縫（繕い，ミシンかけ）	0.5	0.029	0.027
趣味・娯楽（生花，茶の湯，麻雀，楽器演奏など）	0.5	0.029	0.027
自動車の運転	0.5	0.029	0.027
机上事務（記帳，算盤，ワープロ，OA機器の使用）	0.6	0.030	0.029
弱い運動	1.0〜2.5		
乗り物（電車，バス，立位）	1.0	0.038	0.035
靴磨き	1.1	0.039	0.037
ゆっくりした歩行（買物，散歩）	1.5	0.046	0.043
洗濯　電気洗濯機	1.2	0.041	0.038
手洗い	2.2	0.059	0.055
干す，とりこむ	2.2	0.059	0.055
アイロンかけ	1.5	0.046	0.043
炊事（準備，片づけ）	1.6	0.048	0.045
掃除　電気掃除機	1.7	0.050	0.046
掃く	2.2	0.059	0.055
家庭菜園，草むしり	2.0	0.055	0.051
普通歩行（通勤，買物）	2.1	0.057	0.053
入浴	2.3	0.061	0.056
育児（背負って歩く）	2.3	0.061	0.056
ゲートボール	2.0	0.055	0.051
バレーボール（9人制）	2.1	0.057	0.053
日本舞踊（春雨）	2.1	0.057	0.053
普通の運動	2.5〜6.0		
自転車（普通の速さ）	2.6	0.066	0.061
階段を降りる	3.0	0.073	0.068
掃除　雑巾がけ	3.5	0.082	0.076
急ぎ足（通勤，買物）	3.5	0.082	0.076
布団　あげおろし	3.5	0.082	0.076
干す，とりこむ	4.9	0.107	0.099
階段昇降	4.6	0.101	0.094
ボーリング	2.5 (1.5〜3.5)	0.064	0.060
ソフトボール（平均）	2.5 (1.5〜3.5)	0.064	0.060
投手	3.0 (2.0〜4.0)	0.073	0.068
野手	2.0 (1.5〜3.5)	0.055	0.051
野球（平均）	2.7 (2.5〜4.0)	0.068	0.063
投手	4.0 (3.0〜5.0)	0.091	0.084
野手	2.5 (2.0〜3.0)	0.064	0.060
キャッチボール	3.0 (2.0〜4.0)	0.073	0.068
ゴルフ（平地）	3.0 (2.0〜4.0)	0.073	0.068

表 6-4 (つづき)

日常生活活動と運動の種類	生活活動と運動の強度 エネルギー代謝率 (RMR)	エネルギー消費量 (kcal/kg/分)(Ea) 男	女
ダンス（軽い）	3.0 (2.5～ 3.5)	0.073	0.068
（活発な）	5.0 (4.0～ 6.0)	0.108	0.100
サイクリング（時速 10 km）	3.4	0.080	0.074
ラジオ・テレビ体操	3.5 (2.0～ 5.0)	0.082	0.076
日本民謡の踊り（秋田音頭など）	4.0 (2.5～ 6.0)	0.091	0.084
エアロビックダンス	4.0 (3.0～ 5.0)	0.091	0.084
ハイキング（平地）	3.0 (2.5～ 4.0)	0.073	0.068
（山地）	4.5 (3.6～ 6.0)	0.100	0.092
ピンポン	5.0 (4.0～ 7.0)	0.108	0.100
ゴルフ（丘陵）	5.0 (3.5～ 6.5)	0.108	0.100
ボート，カヌー	5.0 (2.0～ 8.0)	0.108	0.100
強い運動	6.0 以上		
階段を昇る	6.5	0.135	0.125
テニス	6.0 (4.0～ 7.0)	0.126	0.117
雪上スキー（滑降）	6.0 (4.0～ 8.0)	0.126	0.117
（クロスカントリー）	9.0 (6.0～13.0)	0.179	0.165
水上スキー	6.0 (5.0～ 7.0)	0.126	0.117
バレーボール	6.0 (4.0～ 7.0)	0.126	0.117
バドミントン	6.0 (6.0～ 9.0)	0.126	0.117
ジョギング（120 m/分）	6.0 (5.0～ 7.0)	0.126	0.117
登山（平均）	6.0	0.126	0.117
登り	8.0 (6.0～10.0)	0.161	0.149
下り	5.0 (5.0～ 6.0)	0.108	0.100
柔道，剣道	6.0 (3.0～ 9.0)	0.126	0.117
サッカー，ラグビー，バスケットボールなど	7.0 (5.0～ 9.0)	0.144	0.133
スケート（アイス，ローラー）	7.0 (6.0～ 8.0)	0.144	0.133
水泳　遠泳	8.0 (6.0～10.0)	0.161	0.149
横泳　軽く 50 m を	8.0	0.161	0.149
平泳　流す	10.0	0.197	0.182
クロール	20.0	0.374	0.345
縄とび（60～70 回/分）	8.0 (7.0～ 9.0)	0.161	0.149
ジョギング（160 m/分）	8.5 (7.0～10.0)	0.170	0.157
筋力トレーニング（平均）	9.6	0.190	0.175
腹筋運動	7.6	0.154	0.143
ダンベル運動	11.5	0.223	0.206
バーベル運動	8.7	0.174	0.161
日本民謡の踊り（阿波踊りなど）	12.0(11.0～14.0)	0.232	0.214
ランニング（200 m/分）	12.0(11.0～13.0)	0.232	0.214

注）（　）内は範囲を示した．
（厚生省：第5次改訂日本人の栄養所要量，1994.）

表 6-5 活動代謝（Ea）の年齢別・性別補正係数.
（厚生省：第5次改訂日本人の栄養所要量, 1994.）

年齢（歳）	Ea＝基礎代謝（kcal/kg/分）×（RMR+1.2）	
	男 20～29 歳の基礎代謝を基準として算出	女 20～29 歳の基礎代謝を基準として算出
18	1.07	1.03
19	1.05	1.03
20～29	1.00	1.00
30～39	0.95	0.95
40～49	0.92	0.91
50～59	0.92	0.89
60～64	0.90	0.88
65～69	0.90	0.89
70～74	0.89	0.89
75～79	0.87	0.90
80～	0.86	0.89

注）RMR：1.0 で Ea の計算

者の推定）.

2．歩行のエネルギー代謝

歩行はヒトの移動の基本となる運動で，競技スポーツのように熟練度がパフォーマンスに影響することもなく，中高年者の運動処方の材料としてもしばしば用いられているので，ここで取り上げることにする．

古沢[5]は成人男子についていろいろな歩行速度での RMR を記載している．これを図示すると図 6-2 のようになる．RMR は歩行速度によって異なり，分速 60 m のゆっくり歩く場合には RMR が 1.9 であり，分速 120 m のはや歩きでは RMR が 8.5 になる．したがって速度が増すにしたがって RMR は急上昇し，歩行速度と RMR との関係は指数函数に近くなる．

加賀谷[6]は歩行速度および走行速度と体重当たりの酸素需要量（ネットの酸素消費量）との関係を図示している（図 6-3）．図から歩行，走行ともにスピードの増加に対して体重当たりの酸素需要量が指数関数の関係で増加することを示している．この図ではまた分速約 150 m/分で 2 つの曲線が交差し，このスピードを越えると，歩行が走行よりも同一スピードでエネルギー消費量が多くなることを示している．

日常生活で使われる歩行の移動速度は毎分 70―100 m である（図 6-2 の斜線部）．この範囲では RMR と歩行速度との関係式はほぼ直線的である．このことは同一人が一定の歩行距離を歩くのに要するエネルギー量は歩行スピードに関係なくほぼ一定であることを示している．

この点から加賀谷[7]は成人が安静時の 100 倍のエネルギーを消費する距離を求めた結果，この距離は歩行者の体重に関係なく 2.2 km であることが明らかにされた（図 6-4）．安静時のエネルギー代謝は既述したように体表面積に比例するが，実際的には体重とほぼ比例する．この立場に立って図 6-4 では体重（kg）と安静時の代謝との関係も示している．

以上の点から日常の歩行によって消費されるエネルギーは歩行距離で示すのが実際

表 6-6 レジャー活動のエネルギー消費量と Mets（スポーツ，運動，ゲーム，ダンス）．

種 目	Mets 平均	Mets 範囲	エネルギー消費量 (kcal/kg/分)	体重別1時間当たりのエネルギー消費量 50 kg	60 kg	70 kg
アーチェリー	3.9	3〜 4	0.050〜0.066	150〜200	180〜240	210〜280
バックパッキング		5〜11	0.083〜0.183	250〜550	300〜660	350〜770
バドミントン	5.8	4〜 9	0.066〜0.150	200〜450	240〜540	280〜630
バスケットボール（ゲーム）	8.3	3〜12	0.050〜0.200	150〜600	180〜720	210〜840
ビリヤード	2.5		0.042	125	150	175
ボウリング		2〜 4	0.033〜0.066	100〜200	120〜240	140〜280
ボクシング						
リング上の試合	13.3		0.222	670	800	930
スパーリング	8.3		0.138	410	500	580
カヌー，ボート，カヤック	5.2	3〜 8	0.050〜0.133	150〜400	180〜480	210〜560
コンディショニング運動		3〜 8+	0.050〜0.132+	150〜400+	180〜480+	210〜560+
丘登り	7.2	5〜10+	0.083〜0.167+	250〜500+	300〜600+	350〜700+
クリケット	3.5	4〜 7	0.066〜0.177	200〜530	240〜640	280〜740
クロッケー		3〜 5	0.058	175	210	245
サイクリング						
レジャーと通勤		3〜 8+	0.050〜0.133+	150〜400+	180〜480+	210〜560+
10マイル/時（時速16 km）	7.0		0.117	350	420	490
社交ダンス，タップダンス		3〜 7	0.050〜0.117	150〜350	180〜420	210〜490
エアロビックダンス		4〜10	0.066〜0.167	200〜500	240〜600	280〜700
フェンシング		6〜10	0.100〜0.167	300〜500	360〜600	420〜700
フィールドホッケー	8.0		0.133	400	480	560
磯釣り	3.7	2〜 4	0.033〜0.066	100〜200	120〜240	140〜280
渓流釣り		5〜 6	0.083〜0.100	250〜300	300〜360	350〜420
タッチフットボール	7.9	6〜10	0.100〜0.167	300〜500	360〜600	420〜700
ゴルフ（電動カート使用）		2〜 3	0.033〜0.050	100〜150	120〜180	140〜210
ゴルフ（クラブをかつぐ,カートをひく）	5.1	4〜 7	0.066〜0.117	200〜350	240〜420	280〜490
ハンドボール		8〜12	0.133〜0.200	400〜600	480〜720	560〜840
ハイキング		3〜 7	0.050〜0.117	150〜350	180〜420	210〜490
乗 馬						
ギャロップする	8.2		0.137	410	490	580
トロットする	6.6		0.110	330	400	460
歩 行		2〜 3	0.033〜0.050	100〜150	120〜180	140〜210
蹄鉄投げ		2〜 3	0.033〜0.050	100〜150	120〜180	140〜210
狩猟（弓，銃）						
小さな獲物		3〜 7	0.050〜0.117	150〜350	180〜420	210〜490
大きな獲物		3〜14	0.050〜0.233	150〜700	180〜840	210〜980
柔 道	13.5		0.225	680	810	950
登 山		5〜10+	0.083〜0.167+	250〜500+	300〜600+	350〜700+
音楽演奏		2〜 3	0.033〜0.050	100〜150	120〜180	140〜210
パドルボール，ラケットボール	9.0	8〜12	0.133〜0.200	400〜600	480〜720	560〜840
縄跳び	11.0		0.183	550	660	770
60〜80 回/分	9.0		0.150	450	540	630
120〜140 回/分		11〜12	0.183〜0.200	550〜600	660〜720	770〜840
ランニング						630
(12分/マイル) 分速 134 m	8.7		0.145	440	520	610
(11分/マイル) 分速 146 m	9.4		0.157	470	570	660
(10分/マイル) 分速 161 m	10.2		0.170	510	610	710

表 6-6 （つづき）

種　目	Mets 平均	Mets 範囲	エネルギー消費量 (kcal/kg/分)	体重別1時間当たりのエネルギー消費量 50 kg	60 kg	70 kg
ランニング						
（9分/マイル）分速 179 m	11.2		0.187	560	670	790
（8分/マイル）分速 201 m	12.5		0.208	620	750	870
（7分/マイル）分速 230 m	14.1		0.235	710	850	990
（6分/マイル）分速 268 m	16.3		0.272	820	980	1,140
帆　走		2〜5	0.033〜0.083	100〜250	120〜300	140〜350
スキューバダイビング		5〜10	0.083〜0.167	250〜500	300〜600	350〜700
シャッフルボード		2〜3	0.033〜0.050	100〜150	120〜180	140〜210
スケート		5〜8	0.083〜0.133	250〜400	300〜480	350〜560
スキー，雪						
ダウンヒル		5〜8	0.083〜0.133	250〜400	300〜480	350〜560
クロスカントリー		6〜12+	0.100〜0.200+	300〜600+	360〜720+	420〜840+
水上スキー		5〜7	0.083〜0.117	250〜350	300〜420	350〜490
そりすべり，トボガンそりすべり		4〜8	0.066〜0.113	200〜400	240〜410	280〜560
雪ぐつで雪上を歩く	9.9	7〜14	0.177〜0.233	350〜700	640〜840	490〜980
スカッシュ		8〜12+	0.113〜0.200+	400〜600+	410〜720+	560〜840+
サッカー		5〜12+	0.083〜0.200+	250〜600+	300〜720+	350〜840+
水　泳		4〜8+	0.066〜0.133+	200〜400+	240〜480+	280〜560+
卓　球	4.1	3〜5	0.050〜0.083	150〜250	180〜300	210〜350
テニス	6.5	4〜9+	0.066〜0.150+	200〜450+	240〜540+	280〜630+
バレーボール		3〜6	0.050〜0.100	150〜300	180〜360	210〜420

資料）Guidelines for Exercise Testing and Prescription, ACSM (1991). 一部改変.

図 6-2　歩行速度と RMR.
(Furusawa, K.: Relative metabolic rate of work-R. M. R., Part 1. Its definition and introductory remarks. 兵庫医大紀要 1：1-9, 1949. を図として示す.)

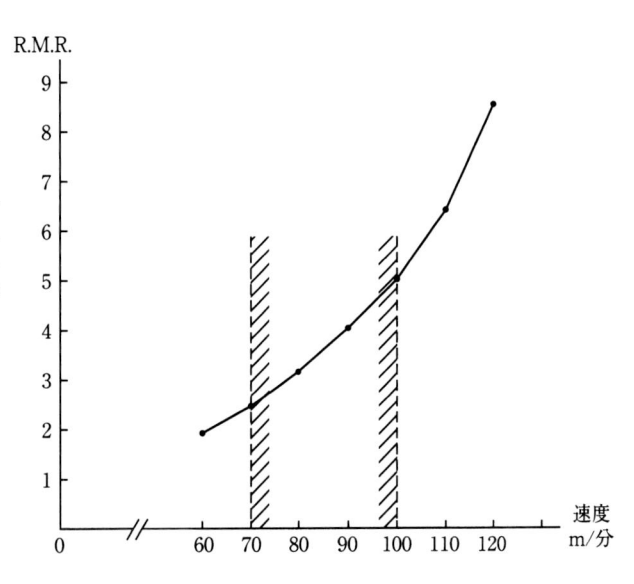

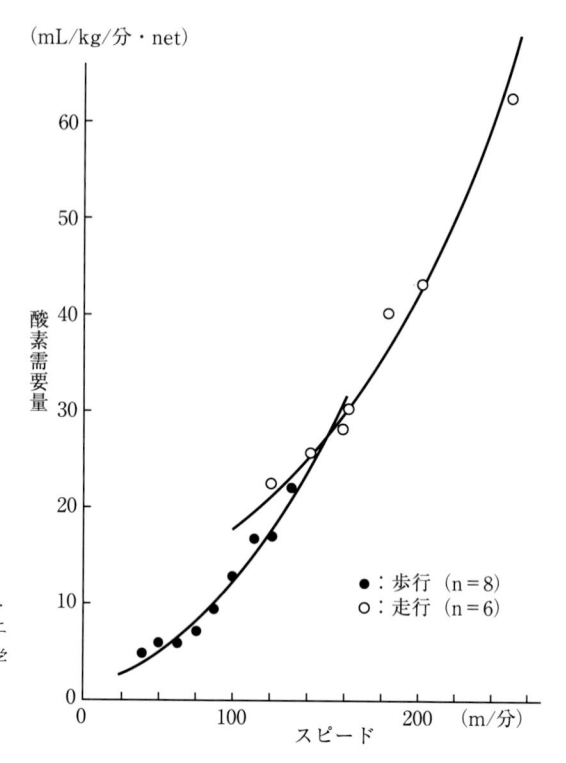

図 6-3 歩行,走行のスピードと酸素需要量との関係.
(加賀谷熙彦:高学年児童の歩行能力—スピード,エネルギー消費量,ストライド関係から—.体育の科学 35:50-55, 1985.)

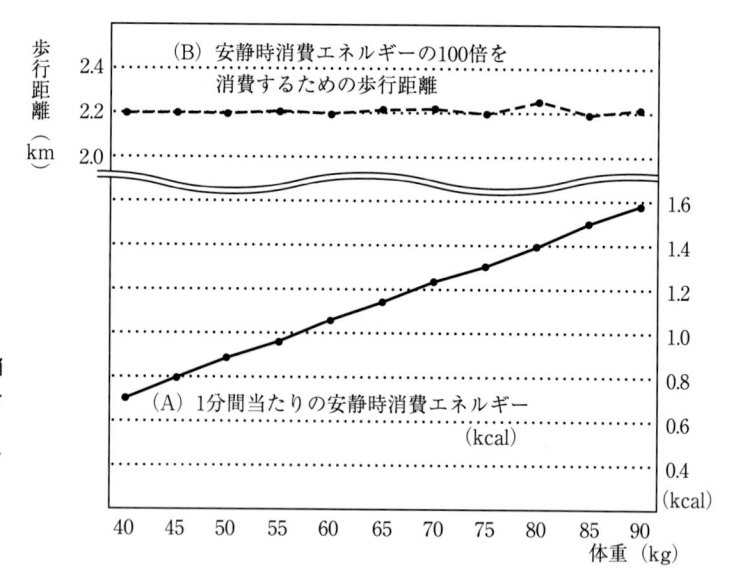

図 6-4 体重別1分間当たりの安静時消費エネルギー量とその100倍を消費するための歩行距離.
(加賀谷熙彦:ウォーキングとジョギング.コーチングクリニック 4(1):56-60, 1990.)

的であり,安静時1分当たりの消費エネルギーの100倍を歩行によって消費するには,歩行スピードと関係なく2.2 kmの距離を歩けばよいことが明らかにされた.

[文　献]

1) Cantarow, A. and Schepartz, B.：Biochemistry. 3rd ed., Saunders, p. 349, Table 35 より引用.
2) Du Bois, D. and Du Bois, E. F.：Clinical calorimetry. A formula to estimate the approximate surface area, if height and weight be known. Archiv. Int. Med. 17：863-871, 1916.
3) 藤本薫喜, 渡辺　孟, 坂本　淳, 湯川幸一, 森本和枝：日本人の体表面積に関する研究. 第18篇. 三期にまとめた算出式. 日本衛生学会誌 23：443-450, 1968.
4) 古沢一夫：労働の生理学的観察. 日本生理誌 1：310-311, 1937.
5) Furusawa, K.：Relative metabolic rate of work-R. M. R., Part 1. Its definition and introductory remarks. 兵庫医大紀要 1：1-9, 1949.
6) 加賀谷熈彦：高学年児童の歩行能力―スピード, エネルギー消費量, ストライド関係から―. 体育の科学 35：50-55, 1985.
7) 加賀谷熈彦：ウォーキングとジョギング. コーチングクリニック 4(1)：56-60, 1990.
8) 厚生省：第5次改訂日本人の栄養所要量. 1994.
9) 村田　豊：日本人女子の体表面積に関する研究. 四国医誌 15：261-295, 1959.
10) 高比良英雄：日本人の新陳代謝論, 其二, 日本人体表面積の測定並びに之を表す式に就て. 栄養研究所報告 1：61-95, 1925.
11) 高見京太, 北川　薫, 石河利寛：スポーツ活動時のエネルギー量推定のためのHR-$\dot{V}o_2$関係式作成のためのプロトコールの検討. 中京大学論叢 37(1)：85-91, 1995.

Ⅰ部　運動とからだの働き

7章 体温調節と運動

1 体温

1．体温の恒常性

体温はからだの温度である．哺乳類，鳥類などの恒温動物では体温がほぼ一定に保たれているが，爬虫類，両棲類，魚類などの変温動物では体温が環境温の影響を受けて変化する．化学反応速度は温度に強く影響されるので，生物がその恒常性を保ち，四季を通じて同じように活動するためには，体温がつねにほぼ一定に保たれていることが重要である．

体温は部位によって異なり，安静状態では脳，肝，腎，消化器など常に働いている器官では温度が高く，弛緩状態の筋肉，皮膚などは熱生産が少なく，熱放散が容易なので温度が低い．体温は体表面に近い部分の温度（外殻温 shell temperature）は環境温の影響を受けて変動するのに対して，深層部の温度（核心温 core temperature）はほぼ一定に保たれる．四肢では環境温が低い場合には末端部で血液が冷却されるが，この血流が静脈中を中枢部に向って流れる間に，静脈と平行して走る動脈中の暖かい動脈血によって暖められて血液の温度が上昇する．このために冬には手足が冷たいが核心温はほぼ一定に保たれる．

2．体温の測定

ふつう体温と呼ばれているのは核心温のことである．核心温はいろいろな部位で測定される．

① **腋下温**　　腋下温は体温測定の場合にもっともしばしば用いられる．腋窩は体表面の一部であるから，この部位で核心温を測定するには少なくとも5分間以上にわたって腋窩部を閉鎖して置くことが必要である．

② **口腔温**　　口腔は体表面と隔離されているので，口腔温は腋下温よりも正確に核心温を示し，腋下温よりも約0.2℃高い．

③ **直腸温**　　核心温を一層正確に測定したい場合には直腸温の測定が用いられる．直腸温は腋下温よりも約0.5℃高い．直腸温は下肢の運動を行なった時に温度が上昇しやすい．

以上の他に鼓膜温や食道温が核心温の指標として測定されることがある．

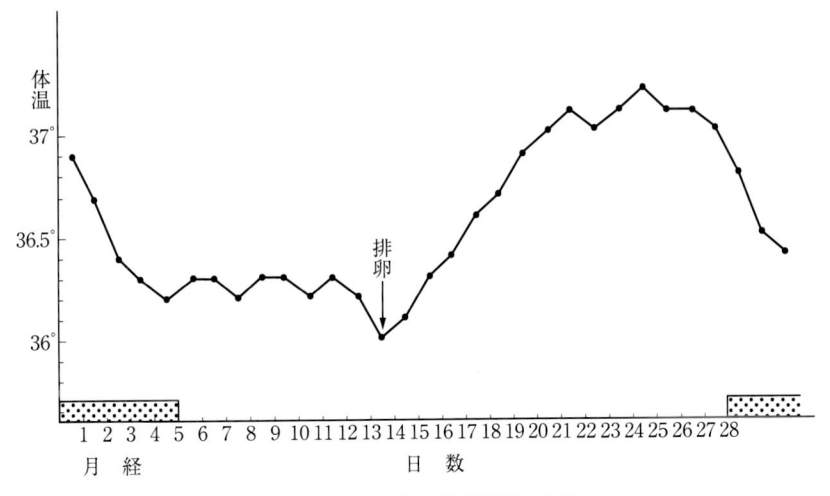

図 7-1 性周期に伴う基礎体温の変化．

3．体温の生理的変動
① **日内周期**　体温は一般に夜間に低く，起床前の午前 4-6 時に最低となり，起床後次第に上昇し，午後から夕方にかけて最高となる．日内変動は 1°C 以内である．
② **成人女子の性周期に伴う変動**　成人女子は性周期によって体温が変動し，排卵前には体温が低く，排卵時に最低値を示し，排卵後に体温が次第に上昇し，月経の開始とともに体温が低下する（図 7-1）．
③ **加齢に伴う変化**　幼児は成人よりも体温が高く，高齢者は成人よりも体温が低い．

2　熱産生

1．基礎代謝
ヒトが生きて行くために必要な最小限のエネルギー消費量を基礎代謝と呼ぶ．基礎代謝は体表面積にほぼ比例するが，体表面積当たりで示すと，男子は女子よりも大きく，また加齢に伴って幼児期から次第に低下する（表 6-2）．

2．特異動的作用
基礎状態において食物を摂取すると熱産生が増加する．この働きを特異動的作用とよぶ．熱産生の増加する割合は摂取する栄養素の種類によって異なりそれぞれの栄養素の持っているカロリーに対してたんぱく質で＋30％，炭水化物で＋6％，脂肪で＋4％である[5]．

3．ホルモンの作用
基礎代謝はまたホルモン影響を受ける．甲状腺ホルモンは基礎代謝を増す．したがってこのホルモンの分泌が高まることで起こるバセドウ病では体温が高い．また寒冷の

刺激によってもこのホルモンの分泌が増す．

　交感神経刺激作用があるアドレナリン，ノルアドレナリンも筋肉のグリコーゲンを分解して代謝を盛んにするために体温を高める．

　黄体ホルモンは成人女子の黄体期に分泌されて，女子の基礎体温を高める．

4．運　動

　運動に基づく熱発生は主として骨格筋の収縮によって起こる．運動によって消費されるエネルギーは，ボールを投げてこれに運動のエネルギーを与える，高い所に登って位置のエネルギーを蓄えるなどを除き大部分は熱エネルギーとなる．この際に酸素が消費され，酸素1Lが消費された時に発生する熱量は呼吸商によって異なるが，約5 kcalである（表6-1）．

　寒冷下では拮抗筋が同時に不随意的に持続的に収縮することによって"ふるえ"が生じ，この結果熱が発生する．

3　熱放散（図7-2）

　熱の放散は伝導，対流，放射，蒸発などの物理的な方法によって行なわれる．全放熱量の80—90％が体表面から行なわれ，そのほかに摂取した飲食物を暖めるために失われる熱量，呼気中に体外に放散される熱量，屎尿によって失われる熱量がある．

　体表面から失われる熱量は環境条件によって異なる．低温では放射，伝導，とくに放射によるものが大きく，高温になるに従い蒸発によるものが増す．室温が34—35℃になれば周囲の物体の温度が皮膚温とほとんど変らなくなるので，もっぱら蒸発によって放熱が行なわれる．

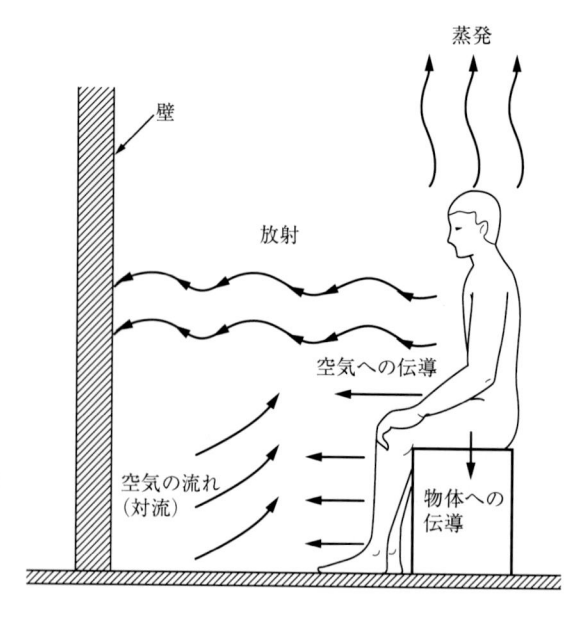

図7-2　熱の放散．

1. 伝導および対流

からだの熱は皮膚表面から，これと接触する空気や物体を暖めて外部に伝わって行く．また呼吸器では気道で暖められた空気が呼出されて熱が外部に伝わる．このような放熱の方式を伝導と呼ぶ．暖められた空気は比重が軽くなって移動するが，このような現象を対流と呼ぶ．

伝導は皮膚と周囲の物体の温度差および物体の熱伝導率に比例して起こる．水の熱伝導率は空気の約23倍，比熱は約4倍であるので，水泳は陸上運動と比較してからだが冷えやすい．衣服は皮膚表面に空気の動かない層をつくり，これによって，伝導および対流による体表面からの熱の放散を防ぐ．

2. 放射

熱が電磁波として，途中にある空気と関係なく，体表面から周囲の物体に直接移動する方式を放射と呼ぶ．放射で失われる熱量は皮膚の絶対温度[注]の4乗と物体表面の絶対温度の4乗との差に比例する．したがって，低温環境では，からだからの放熱の大部分は放射によって起こり，逆に日光やストーブに当たれば，体表面は放射熱を受取って暖められる．

注：摂氏 $-273°$ が絶対温度 $0°$ に相当する．

3. 不感蒸散

発汗や呼吸以外に皮膚や呼吸器の表面から絶えず水分が蒸発している．これを不感蒸散 insensible perspiration と呼ぶ．この際に皮膚や呼吸器の粘膜から気化熱が奪われる．体表面からの気化熱は水1グラム当たり約 580 cal であり，1日に体表面から蒸発する水の量は約 1 L であるから，不感蒸散によって体表面から失われる熱量は約 580 kcal となる．

4. 発汗

蒸散のもう1つの手段は発汗によるものである．発汗は皮膚にある汗腺の分泌によって起こる．汗腺にはエクリン腺とアポクリン腺とがある．大部分の汗腺はエクリン腺であるが，アポクリン腺は腋窩，乳頭，陰部付近にあり，この腺では腺細胞自身が壊れて分泌されて体臭の原因となる．したがって体温調節に役立つのは主としてエクリン腺によって分泌された汗である．

汗腺の数は200〜500万で，そのうち実際に汗をだす腺（能動汗腺）の数は暑い国に住んでいる人ほど多い．

発汗には温熱性発汗と精神性発汗とがある．それぞれの発汗はその発汗の部位や発汗の状態が異なる．両者を比較すれば表7-1のようになる．

温熱性発汗は汗の蒸発によって体熱を放散させるのがその働きである．冬季には潜伏期が比較的長く 10—15 分くらいであるが，夏季には潜伏期が短く，体温の上昇に対して短時間に対応することができる．

精神的発汗は高温にさらされても起こらず，精神的興奮や痛みの刺激で起こる．潜伏期が短く，また原因が去れば発汗がただちに停止する．

温熱性発汗は体幹部，四肢など全身で起こるが，精神性発汗はとくに手掌部に多い．

表 7-1 温熱性発汗と精神性発汗の比較

項目	温熱性発汗	精神性発汗
部位	手掌，足底以外の皮膚	手掌，足底，腋窩
原因	高温	精神的興奮
潜伏期	長い	短い
季節変動	夏起こりやすい	なし
量	多量になりうる	少量
意義	体温調節	手足に湿り気を与える

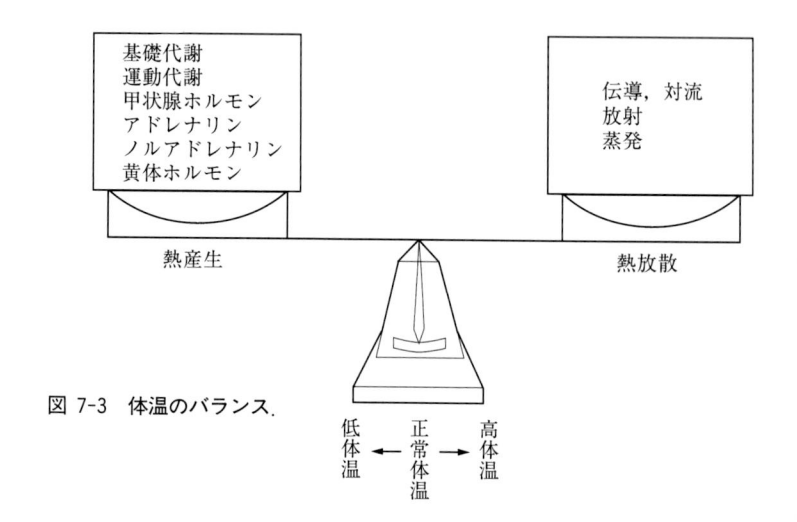

図 7-3 体温のバランス．

熱産生：基礎代謝，運動代謝，甲状腺ホルモン，アドレナリン，ノルアドレナリン，黄体ホルモン

熱放散：伝導，対流，放射，蒸発

低体温 ← 正常体温 → 高体温

腋窩は温熱性発汗によっても精神性発汗によっても発汗が起こる．

5．汗

　汗は比重が 1.002—1.006 で，その 99％以上が水である．汗の成分のうちもっとも多いのは食塩で，ふつう 0.2—0.4％含まれている．血漿の食塩の濃度は 0.65％であるから，汗の方が血漿よりも食塩の濃度が低い．したがって発汗が激しいと血漿の食塩の濃度が増す．このような場合に水分を摂取することが必要である．しかし長期間にわたって多量に発汗する場合には食塩の補給も必要となる．汗には食塩のほかに微量の尿素や乳酸が含まれている．

　以上のように体温が熱産生と熱放散のバランスでほぼ一定に保たれていることを図 7-3 に示す．

4 体温調節中枢と体温調節のメカニズム

　恒温動物の体温がほぼ一定に保たれるのは温度受容器でからだおよびその周辺の温度を感知し，その情報を体温調節中枢に伝えると，この中枢ではこの情報に基づいて核心温度を一定の値に保つようにネガティブ・フィードバックを行なうからである．

1．温度受容器

　体表面には皮膚と一部の粘膜に温受容器と冷受容器がある．これらの受容器の存在

は体表面で温点および冷点として捕えることができる．冷受容器は 12—35℃，温受容器は 25—46℃で刺激され，15℃以下では痛覚が，46℃以上では痛覚と冷覚が同時に刺激されて熱いという感覚が起こる（図 7-4）．

身体内部にも視床下部，中脳，延髄に温度受容器があり，核心体温の変化すなわち冷と温の刺激に対して別のインパルスを発する．

2．体温調節中枢（図 7-5）

視床下部に体温調節中枢がある．図 7-5 に示されている視床下部のニューロン 1 は前述の体表面および核心部にある温受容器からインパルスを受けて，熱放散ニューロン 3 に対して促進的に働き，熱生成ニューロン 4 に対して抑制的に働く．一方視床下部のニューロン 2 は体表面および核心部にある冷受容器からインパルスを受けて，熱放散ニューロン 3 に対して抑制的に，熱生成ニューロン 4 に対して促進的に働く．このようなネガティブ・フィードバックによって体温がほぼ一定に保たれる．

3．体温調節の実施

前述の熱放散ニューロン，熱生成ニューロンを受けて反射的に体温調節が行なわれ

図 7-4　いろいろな温度における冷受容器，温受容器および痛覚神経からのインパルスの発射頻度．
(Guyton, A. C.: Textbook of Physiology. Saunders, 1966. Fig. 556.)

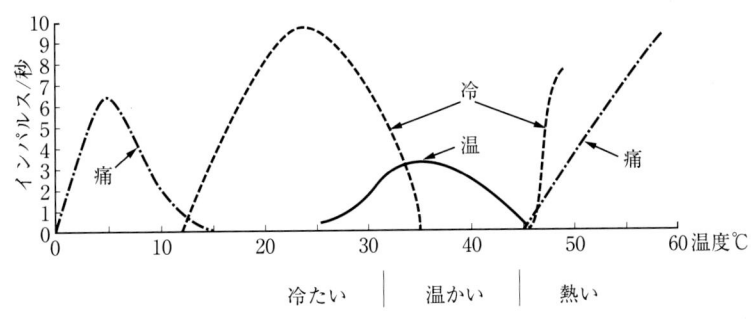

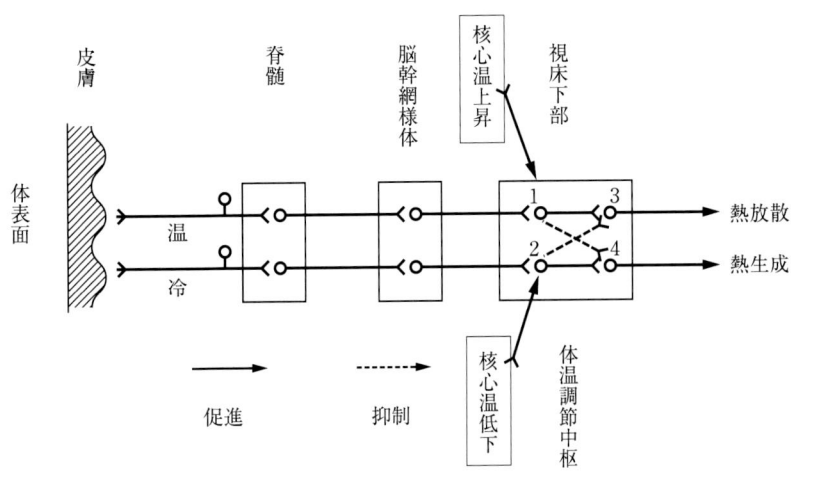

図 7-5　体温調節に関与する神経回路．
（入来正躬，外山啓介：生理学 2．図XIII-61，文光堂，1986．を参考にして作図）

るが，前者では皮膚血管の拡張，呼吸の促進，発汗が起こり，後者では皮膚血管の収縮，立毛筋の収縮，ふるえによる骨格筋の熱産生などが起こる．

体温の調節はまた冷暖房，冷たいまたは暖かい飲食物の摂取，衣服の調節などによって随意的に実施することもできる．

5 運動時の体温調節

1. 運動時の直腸温と皮膚温の変動

江橋[8]らは室温約25℃，湿度約60％の環境条件で3つの速度で5分間のトレッドミル走を行なわせて，直腸温と皮膚温の変化を観察した（図7-6）．その結果，直腸温は運動開始2分後から上昇するが，皮膚温は運動開始直後から低下し，直腸温の上昇と皮膚温の低下は運動強度が高いほど顕著であった．このように皮膚温の低下は運動直後に起こり，直腸温の上昇と無関係に起こるので，体温調節中枢からの反射とは別のものであろう．江橋はまた，このような皮膚温の低下は筋力発揮の運動では起こらないことを観察している．

山崎ら[30]は正常の室温下で3種類の運動強度で自転車エルゴメータを漕いだ時の直

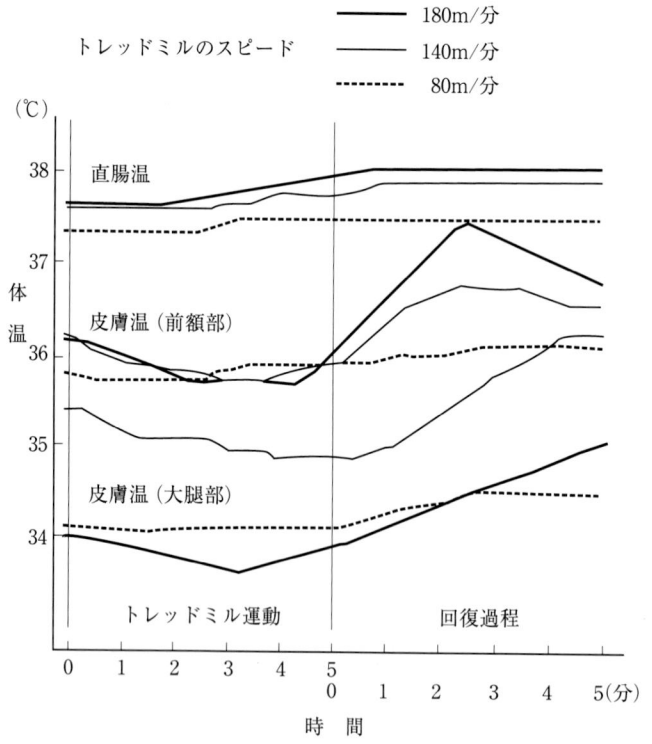

図7-6 いろいろな速度で5分間トレッドミル上をランニングした時の皮膚温，直腸温の連続変化．
（江橋 博：運動開始直後の一過性皮膚温低下について．体力研究 18：42-57, 1970．）

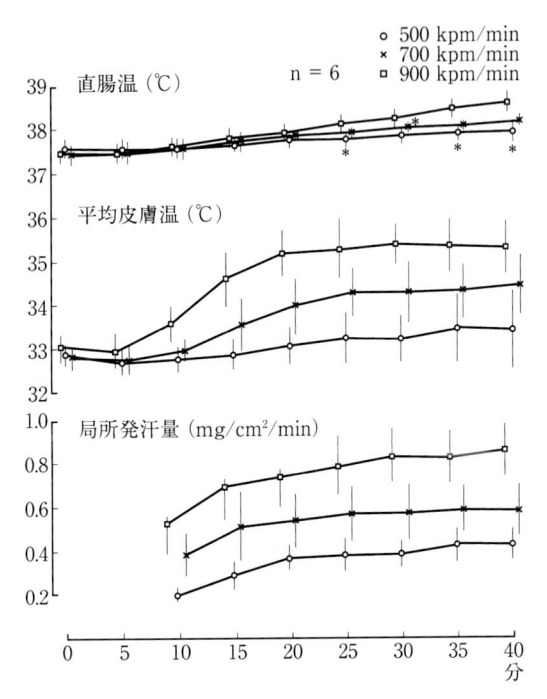

図 7-7 健康な男子学生6名が室温25℃,湿度45%で3つの運動強度の自転車エルゴメータを漕いだ時の直腸温,平均皮膚温,局所発汗量の変化.
(山崎文夫,近藤徳彦,池上晴夫:運動時の発汗量の変化に対する中枢機構と末梢機構の関与.日生気誌 28:95-106,1991.)

腸温と平均皮膚温(0.3×胸部皮膚温+0.3×上腕部皮膚温+0.2×大腿部皮膚温+0.2×下腿部皮膚温)の変化を40分間にわたって観察した(図7-7).この結果,直腸温は運動開始後少しずつ直線的に上昇し,その上昇度は運動強度の大きい場合の方が大きかった.一方皮膚温は前述のように最初の5分間低下した後に20分まで急上昇し,その後ほぼ定常的になった.皮膚温の上昇度は直腸温の上昇度よりもはるかに著しく,また運動強度の影響を強く受けた.このような皮膚温の上昇は皮膚血管が拡張して皮膚血流が増した結果で,これに伴って核心部を流れる血液量は減少する.以上の点から,負荷強度が大きく発熱量が大きい運動ほど放熱のメカニズムが強く働き,その働きは20分くらい経過すると定常的になることがわかった.

核心温の上昇は負荷強度が大きいほど大きいのは当然であるが,負荷強度を酸素摂取量($\dot{V}O_2$)で示した場合よりも,最大酸素摂取量に対する酸素摂取量の割合(% of $\dot{V}O_2max$)で示した方が核心温の上昇の個人差が少ないことを Davies ら[7]が記載している(図7-8).

2. 環境温と運動中の熱代謝

図7-7では運動後10分間の発汗量が測定されていないので発汗量の経過が明らかにされていないが,10分以後は皮膚温と同じような経過で20分まで発汗量が急上昇し,その後定常的な状態に移行していた.また運動強度が大きいほど発汗量が多かった.

つぎに山崎らは直腸温と皮膚温からつぎの式によって平均体温を求めた.

　　　平均体温=0.8×直腸温+0.2×平均皮膚温

そこで平均体温と発汗量の関係を示したのが図7-9である.図において平均体温の

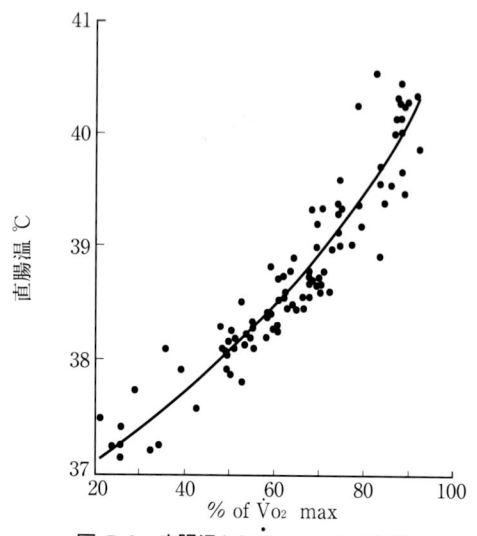

図 7-8 直腸温と%V̇o₂max との関係.
(Davies, C. T. M., Brotherhood, J. R. and Zeidifard, E.: Temperature regulation during severe exercise with some observations on effects of skin wetting. J. Appl. Physiol. 41：772-776, 1976.)

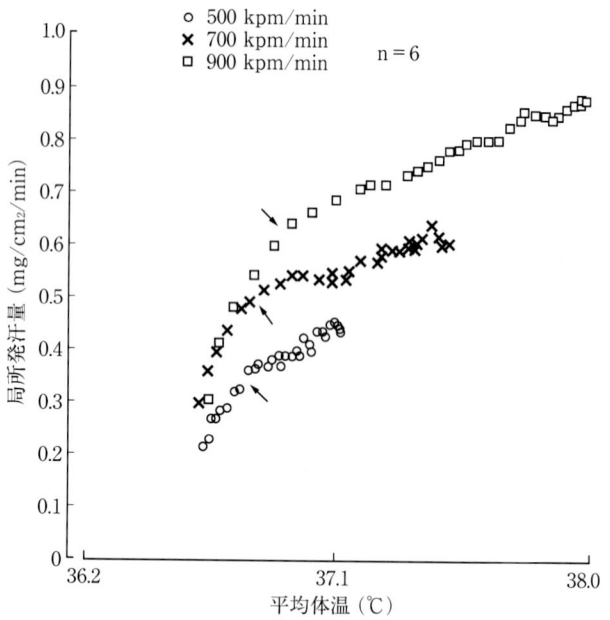

図 7-9 室温で3つの運動強度の運動を行なった場合の局所発汗量と平均体温との関係. 矢印付近で両者の関係が急激に変化する.
(山崎文夫, 近藤徳彦, 池上晴夫：運動時の発汗量の変化に対する中枢機構と末梢機構の関与. 日生気誌 28：95-106, 1991.)

上昇とともに局所発汗量が急上昇し, ある時点（矢印）から, 発汗量の上昇度が緩やかになったことが示されている. 発汗量の変換点における平均体温は 500 kpm/min, 700 kpm/min, 900 kpm/min の運動強度でそれぞれ 36.69±0.15℃, 36.65±0.21℃, 36.67±0.20℃であり, 3つの数値がよく一致していた.

　以上の点から全身的な運動を室温下で実施すると, 運動10分後から平均体温の上昇とともに発汗量は急激に増加し平均体温が 36.7℃くらいから発汗量の増加がゆるやかになることが明らかにされた. 発汗量はまた運動強度の影響を受け, 同じ平均体温でも運動強度が強い場合に発汗量が大きかった.

　以上のように走, 自転車漕ぎのような全身運動では運動開始後直腸温はゆるやかに上昇するが皮膚温は約5分間, 一時的に低下し, その後急上昇して運動強度に応じてほぼ一定の値を保つ.

　運動中の直腸温の上昇度は運動強度が強いほど大きいが, 運動時の酸素摂取量（V̇o₂）よりもその運動による酸素摂取量が運動実施者の最大酸素摂取量の何%に相当するか（% of V̇o₂max）に依存する[7]（図 7-8）. 最大酸素摂取量の大きい人はより強い運動を行なって発熱量を増すが, 同時にすぐれた循環機能によってより多くの血液を体表面に送って放熱量を増すためであろう.

3．運動時の発汗

前述の山崎ら[30]は図7-7に示されているように皮膚温とともに局所発汗量を測定した．測定部位は左前腕屈側で，この部位をカプセルで覆い，この部位内へ乾燥窒素ガスを流して流出する窒素ガスの湿度を測定することで局所の発汗量を測定した．

図7-7では，運動後10分間の発汗量は測定されていないので，この期間の発汗量の経過が明らかにされていないが，10分以後は20分まで皮膚温と同じような経過で発汗量が急上昇し，その後定常的な状態に移行した．発汗量はまた運動強度の影響を受け，同じ平均体温でも運動強度が強い場合に発汗量は多かった．

上記の実験では運動開始直後の発汗量が測定されていないが，これについては大西と小川[23]の報告がある．彼らは軽度発汗状態（室温30－33℃）で，最大酸素摂取量の40％の強さで自転車漕ぎ運動を行なった時の鼓膜温と前腕屈側の発汗量を測定した（図7-10）．

運動開始直後の発汗量は上昇，不変，低下の3つのパターンに分かれたが，運動開始後の鼓膜温の低下が著しい者ほど皮膚からの発汗量が減少した．運動直後の鼓膜温の低下は末梢にある筋肉からの還流血液量の増加のためと著者らは推定している．以上の点から運動直後の発汗量の変化は一定の傾向を示さないものと思われる．

運動中には運動に関与する筋肉を覆う部位の皮膚温が上昇して，この部位の発汗量

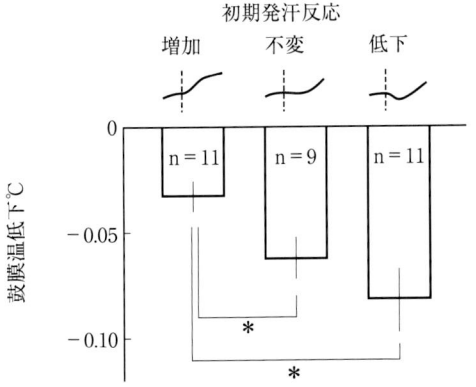

図7-10 運動開始直後に発汗量が増加，不変および減少した群における核心体温の下降度の比較．＊p＜0.05
（大西範和，小川徳雄：運動開始時の深部体温の低下について．体力科学36(6)：626, 1990.）

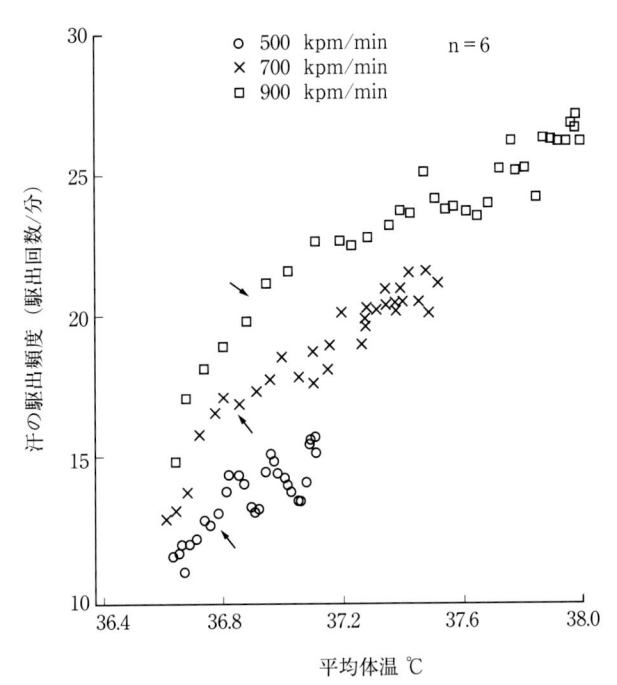

図7-11 汗腺における汗の駆出頻度と平均体温との関係．矢印付近で両者の関係が急激に変化する．
（山崎文夫，近藤徳彦，池上晴夫：運動時の発汗量の変化に対する中枢機構と末梢機構の関与．日生気誌28：95-106, 1991.）

が増す．これは皮膚温の上昇によって発汗神経末端で遊離される伝達物質の量とこの伝達物質に対する汗分泌細胞の感受性が増すことによると考えられる[22]．

図7-11は汗腺から汗を駆出する頻度と体温との関係を示している．汗の駆出頻度は発汗中枢の興奮性を示すものであるが，これは体温の影響を受けると同時に運動強度の影響も受けていることが示されている．

4．高温下の運動

常温下でも運動によって消費される熱量は安静時の15—20倍またはそれ以上に達するが，高温下ではこれに環境温の影響が加わるので，直腸温と皮膚温とが一層上昇し，また皮膚血流量が増して心拍数も増加する．

実際に長距離を走ったランナーがゴールした直後に測定した直腸温の数値[17]を加賀谷[13]が図示している（図7-12）．この図から27-30℃の環境温でランニングをした場合には直腸温が1,500 m走で約38℃，5,000 m走以上の距離で約40℃に達していた．

石河[11]は気温32—34℃，湿度75%の気象条件で行なわれたインターハイ陸上競技でランナーがゴールした直後の直腸温を測定した結果，男子3名の平均値が1,500 m走で39.1℃，5,000 mで40.0℃であったと述べている．

上記の2つの結果から，夏季約30℃の環境温下で中長距離のランニング競技を行なうと，1,500 mランニングで38—39℃，5,000 mで約40℃の直腸温に達し，それ以後はマラソン競技にいたるまで約40℃の直腸温を維持することが明らかにされた．

前述のように（図7-8）運動中の直腸温の上昇度は，ランナーの%$\dot{V}o_2$max に比例するとすれば，約40℃という直腸温でランニングをすれば，その際のスピードは $\dot{V}o_2$max の大きいランナーの方が大きい．すなわち，高温下でも常温下と同じように，$\dot{V}o_2$max は長距離走者の適性の指標として重要である．

5．高温に対する順化

ヒトが特定の環境下に一定期間にわたって置かれると，その環境に対して適応が起こる．これを順化と呼ぶ．実験的に特定の環境を造り，これに順化する場合を人工気候順化 acclimation，自然の気候に順化する場合を気候順化 acclimatization と呼んでいる[3]．

図7-13は高温下で1日4時間運動をした者の順化の過程を示している[29]．発汗速度は急速に増加し，直腸温と心拍数は急速に減少し，約2週間でほぼ順化が完了することが示されている．

高温高湿環境で運動を続けると，脱水がそれ程進行していなくても運動開始40-60分から発汗量が次第に減少し始めることが多い．すなわち，発汗量が増しても滴り落ちる汗の量が増すのみで熱放散量が増さない状態では発汗量が次第に減少する．発汗量が最高値に達した時の無効発汗量が多い程，その後の発汗漸減の速度がはやくなる[4,22]．この際汗の蒸発量は変らないので発汗動率がよくなる．この現象は表皮がふやけて汗腺の導管が表皮の角質層を貫く汗孔部の狭窄ないし閉塞が生じるためで，その部分の皮膚を乾かせば直ちに発汗量が回復する[15]．

以上とは別に高温環境下で多量の発汗によって脱水が進むと，体温上昇に伴う発汗

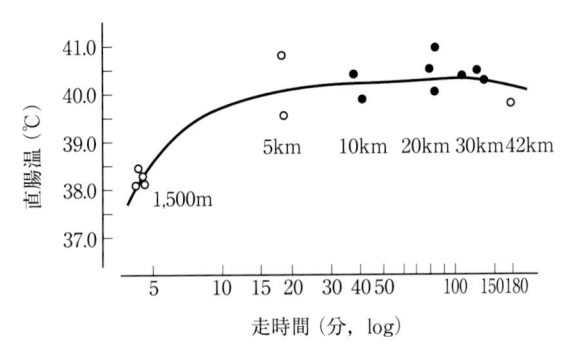

図 7-12 高温環境（27〜30℃）で，長距離走者がゴールした時の直腸温．
(加賀谷熈彦：環境温度と競技力．日本生気象学会：生気象学の事典，68-69，朝倉書店，1992．)

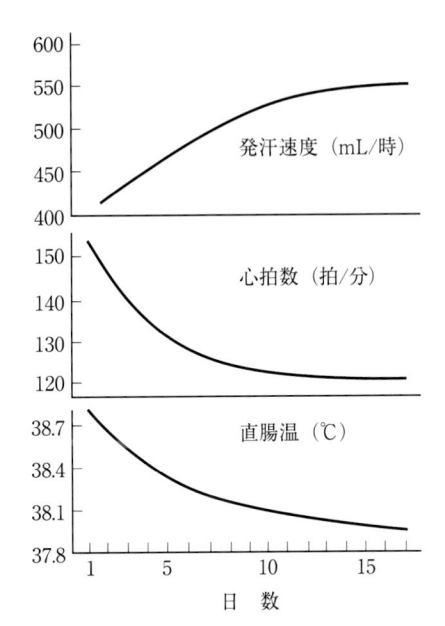

図 7-13 一定の作業下での暑熱順化．涼しい環境で3カ月間高温下と同じ作業を行なわせた後，湿球温 32.2℃，乾球温 33.9℃，風速 0.75 m/秒の高温下で踏台昇降運動を1日に4時間行なわせて暑熱順化の経過を観察した．
(Wyndham, C. H., Benade, A. J. A., Williams, C. G., Strydom, N. B., Goldin, A. and Heyns, A. J. A.：Changes in central circulation and body fluid spaces during acclimatization to heat. J. Appl. Physiol. 25：586-593, 1968.)

量が鈍る．これは体液量の減少と血漿浸透圧の上昇による[9]．

　高温に対する順化が起こると汗の食塩濃度が低下する．これは汗の導管細胞のアルドステロンに対する感受性が増すためと推論されている[16]．

　思春期以後の女子は安静時においても，運動時においても発汗発現の体温閾値が高く，発汗量が少ない．女子ではまた，排卵前と比較して排卵後にこの傾向が顕著になる[2]．

6．低温下の運動と順化

　低温環境では皮膚の寒冷受容器が刺激されて皮膚血管が収縮し，その結果皮膚血流量が減少して皮膚温が低下する．この結果，皮膚表面からの放熱量が減少する．皮膚血管の収縮はまた血圧を上昇させる．

　一方，低温環境ではふるえが起こって熱産生を増す．ふるえは拮抗筋が不随意的，持続的に同時に収縮して起こるものである．0℃の寒冷下に暴露されると，エネルギー代謝は温暖安静時の 35.4 kcal/m²/時から1時間後 54，2時間後 72，3時間後 92，4時間後 96 kcal/m²/時とふるえによって増大する[18]．このようにふるえによって熱産生は基礎代謝の 2—3 倍になる．

　これに対して自発的な運動は熱産生が基礎代謝の 10 倍以上の状態を数十分間継続

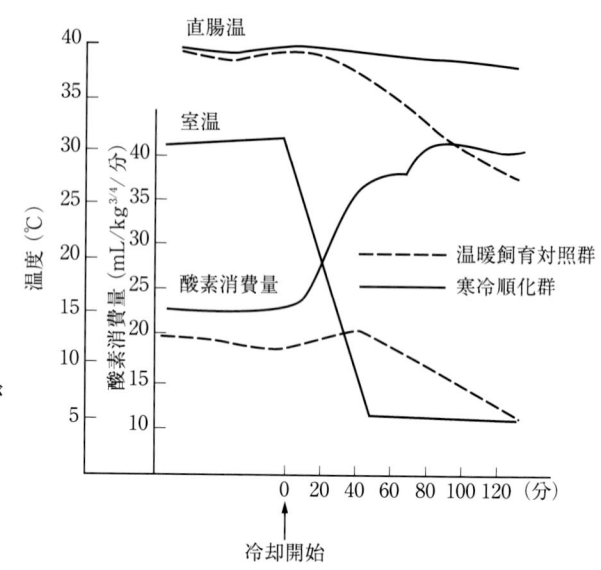

図 7-14 クラーレで処置してふるえが起こらないようにしたラットの寒冷代謝反応.
(黒島晨汎：環境生理学. 理工学社, 1991.)

注：骨格筋の終板に働いてこれをまひさせる物質で南米インデアンが矢毒として用いていた.

することが可能であるので，寒冷下で運動を行なうとからだが暖たまる．運動中止後も数時間にわたって安静代謝が高まっているので，冬に運動をすると，運動中止後もしばらくからだが暖たかい．

しかし，経験の浅いランナーが寒冷下の湿った風の強いマラソンレースに参加すると，レースの後半にスピードが極端に低下して核心温を維持することができなくなることがあると報告されている[19]．低体温の初期にはふるえ，多幸症，中毒様の外観を示し，体温がさらに低下するとふるえが消失して嗜眠，筋の無力症，方向感覚の喪失，幻覚，闘争性などの症状が起こる．核心温が 30°C 未満になると意識を失なう．

寒冷順化には小型の哺乳動物が実験動物としてしばしば用いられる．ラットを 5°C の寒冷に 2〜4 週間暴露するとふるえが次第に減弱し，非ふるえ熱の産生が増して，寒冷下でも直腸温が低下しなくなる．図 7-14 はクラーレ(注)で処置をしてふるえが起こらないようにしたラットを低温下（10°C）に置くと，寒冷に順化したラットでは酸素消費量が増加して直腸温が下降しないことを示している．これは寒冷順化によって，交感神経末端からのノルアドレナリンの放出が増加し，これがリパーゼを活性化して褐色脂肪組織の貯蔵脂肪を分解してエネルギーを発生するためである．ヒトでは褐色脂肪組織は新生児にのみ発達している．

6 熱射病

高温下のはげしい身体活動によって体温が異常に上昇し（40°C 以上），中枢神経系の障害（頭痛，めまい，意識障害，昏睡，痙攣など）を起こす疾患を熱射病 heat stroke と呼ぶ．昔は炭坑や溶鉱炉などの高温下の重労働によって発生したが，現在ではもっぱら高温下のはげしいスポーツ活動によって起こる．炎天下で熱射病にかかった場合には一般に日射病と呼ばれている．熱射病は緊急処置が必要であり，これを怠ると死の危険がある．

表 7-2 熱射病死亡事故例の性，学年（1975～1990年）．

学年	総数	男	女
小学 3 年	1	(1)	
5 年	2	(2)	
小計	3	(3)	
中学 1 年	9	(9)	
2 年	8	(5)	(3)
3 年	3	(2)	(1)
小計	20	(16)	(4)
高校 1 年	37	(35)	(2)
2 年	23	(22)	(1)
3 年	6	(5)	(1)
小計	66	(62)	(4)
高専 5 年	1	(1)	
合計	90	(82)	(8)

（川原　貴：小学，中学，高校のスポーツ活動における熱射病死亡事故の実態．平成4年日本体育協会スポーツ医・科学研究報告, No.VIII, 29-33, 1992.）

表 7-3 熱射病死亡事故例のスポーツ種目．

	種目	総数(女)	合宿	試合
部活動	野球	19	(4)	
	ラグビー	8	(3)	
	サッカー	7	(4)	
	山岳	6	(1)	(1)
	剣道	5	(1)	
	陸上	5 (1)	(3)	
	ハンドボール	4	(1)	(1)
	卓球	3		
	バレーボール	3		
	アメリカンフットボール	2		
	ソフトボール	2 (1)	(1)	
	テニス	2	(1)	
	バスケットボール	2 (2)		
	レスリング	1		
	ボート	1 (1)		
	相撲	1		
	不明	1		
	小計	78 (5)	(22)	(2)
校内行事	登山	7 (2)		
	徒歩	3 (1)		
	持久走	1		
	農園実習	1		
	小計	12 (3)		
	総計	90 (8)		

（川原　貴：小学，中学，高校のスポーツ活動における熱射病死亡事故の実態．平成4年日本体育協会スポーツ医・科学研究報告, No.VIII, 29-33, 1992.）

熱射病とこれと類似した疾患である熱痙攣（高温下の大量の発汗によって起こる塩分欠乏による痙攣）と熱疲労（高温下の身体作業による全身性の疲労）を合せて熱中症と呼ぶ．この3つの疾患ははっきりと区別できないこともあるので，熱中症という言葉は便利な言葉でもある．

1．熱射病（熱中症）の実態
① 小・中・高校のスポーツ活動による熱射病の死亡事故

川原[14]は日本体育・学校健康センターの資料から，1975年から1990年までに上記のセンターが扱った小・中・高校の熱射病死亡事故90例を表7-2のように示している．表7-2から学校における熱射病の死亡事故は小・中学校と比較して高校で多く発生していること，女子と比較して男子で多く発生していることがわかる．

つぎに死亡時の身体活動は表7-3に示すように，不明1，農園実習1を除きすべてスポーツ活動時に事故が起こっていた．また，学校内の行事ではなく，クラブ活動としてスポーツを実施している場合に大部分の死亡事故が起こっていた．運動内容としてはランニングによるものが約半数を占めていた．

表 7-4 新聞記事にみられる運動時熱中症事故種目別発生件数（1970 年より 1990 年）.

種目	件数	死亡数	障害数
ランニング	19	17	13
登山	18	17	1
マラソン大会	14	8	167
野球	13	12	1
ラグビー	6	6	0
開会式	6	0	238
サッカー	4	4	7
テニス	4	3	1
徒歩（訓練）	3	3	11
柔道	3	3	1
フットボール	2	3	2
剣道	2	2	0
ゴルフ	2	2	0
ハンドボール	2	2	0
ソフトボール	2	2	0
その他	8	6	35
計	108	91	477

（中井誠一：運動時熱中症事故発生の実態と発生時の環境温度．平成4年度日本体育協会スポーツ医科学研究報告, No.VIII, 34-47, 1992.）

表 7-5 気象条件と救急搬送された熱中症患者数．

	気温（℃）		相対湿度(%)	風速(m/秒)	患者数
	平均	最高	平均	平均	
1993 年					
7 月	22.5	25.3	79.5	3.2	27
8 月	24.8	28.0	75.9	3.2	21
1994 年					
7 月	28.3	31.8	69.4	2.9	130
8 月	28.9	32.9	68.2	3.1	208

（田村憲治, 小野雅司, 安藤 満, 村上正孝：救急搬送データによる熱中症の発生と気温．日生気誌 31：111-114, 1995．）

なお事故当時の気象を最寄りの気象台に問合せた結果, 乾球温 25°台 2 例, 27°台 2 例, 28°台 3 例, 29°台 3 例, 30°台 6 例, 31°台 3 例, 32°以上 35°以下 7 例計 26 例であった.

② 新聞記事に見られた運動時熱中症の事故

中井[20]は 1970 年から 1990 年までに新聞記事に掲載された, 日射病, 熱射病, 熱疲労, 暑さによるために発生した心不全などを集めて表 7-4 のように示している.

この表から, ランニング, 登山, マラソン大会, 野球などに事故が多かったのは表 7-3 と共通していたが, 開会式に死亡者はいなかったが, 障害者が多発していたのが特徴的である. 開会式はスポーツ活動ではないのでこの障害は熱中症以外に長時間の起立のための脳貧血が含まれている可能性を否定できない.

③ 救急搬送者から見た熱中症の発生と気温

田村ら[27]は東京都の救急患者で傷病名が熱中症と記載された者を 1993 年と 1994 年の 7 月と 8 月の救急活動記録データベースから拾い上げ, その日の気象データを東京管区気象台の日別データから引用した. その結果を表 7-5 に示す.

1993 年夏は気温が低かったのに対して, 1994 年夏は気温が平均値, 最高値ともに高かったが, 熱中症の搬送者は 1993 年と比較して 1994 年は約 7 倍に達していた. そこで 1 日の最高気温と熱中症と診断された搬送者数の関係を図示すると図 7-15 を得る. さらに熱中症の搬送者数と搬送の時刻との関係が図 7-16 に示されている.

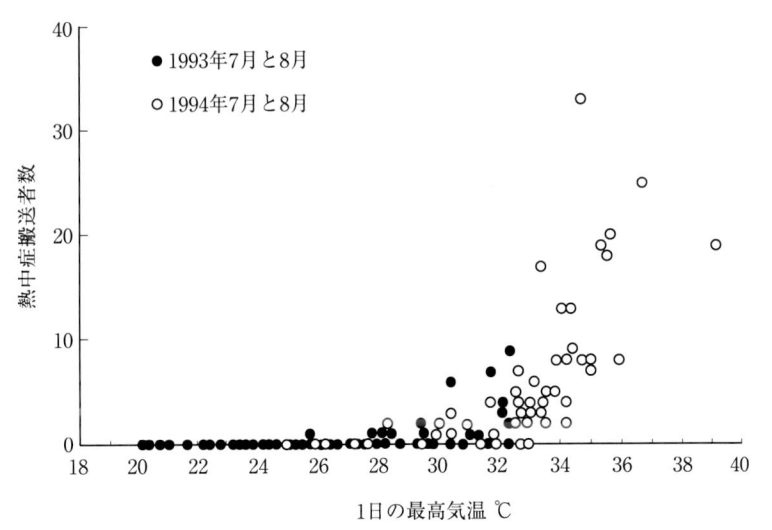

図 7-15 1日の最高気温と熱中症搬送者数.
(田村憲治,小野雅司,安藤 満,村上正孝:救急搬送データによる熱中症の発生と気温.日生気誌 31:111-114, 1995.)

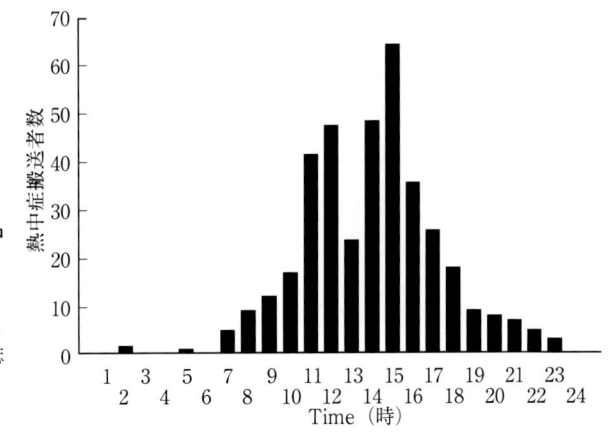

図 7-16 発生時刻別に見た熱中症搬送患者数.
(田村憲治,小野雅司,安藤 満,村上正孝:救急搬送データによる熱中症の発生と気温.日生気誌 31:111-114, 1996.)

搬送者は最高気温が29℃になる日から増加し始め,32℃から急上昇し,気温の上昇とともに指数関数的に搬送者が増加した.また時刻は13時台に谷があるものの,11時から16時にピークがあり,日中の高温時に多発することを示していた.

2. 熱射病患者の臨床症状

運動性の熱射病は筋運動によって発生した過剰の熱がからだの放熱能力を上回った時に起こる高熱状態であり,古典的な症状としてつぎの3つがあげられている[26].
(1) 核心温度が41℃を越す高体温
(2) 中枢神経系の障害
(3) 熱い乾いた皮膚をしていて循環状態によってピンクまたは灰色をしている.
ただし,この症状にあまり固執すると診断を遅らせまたは誤まるおそれがある.

表 7-6 熱射病患者の発生現場と受入機関での体温.

ケース	現 場 °C	受入機関 °C
1	42.0	39.8
2	40.0	39.6
3	41.8	36.8
4	41.8	37.8
5	40.4	37.5
6	40.4	37.8
7	40.2	37.0
8	41.4	36.0
9	41.5	37.7
Total	41.1 (±0.8)	37.8 (±1.2)

(Shapiro, Y. and Seidan, D. S.：Field and clinical observations of exertional heat stroke patients. Med. Sci. Sports Exerc. 22：6-14, 1990.)

表 7-7 臨床症状.

昏 睡
痙 攣
意識混濁または興奮
低血圧（収縮期圧 90 mmHg 未満）
皮膚乾燥
直腸温 41°C
嘔 吐
下 痢

(Shapiro, Y. and Seidan, D. S.：Field and clinical observations of exertional heat stroke patients. Med. Sci. Sports Exerc. 22：6-14, 1990.)

表 7-6 は熱射病患者の発生現場と診療機関での受入れ時の体温を示している．現場ではすべての患者の体温が 40°C を越えていたが，診療機関で受入れた時には平熱になってしまっていた場合もある．

表 7-7 は熱射病患者の臨床症状を示している．大脳は高温に対して弱い器官で中枢神経系の障害としては昏睡，痙攣，意識混濁，興奮などが見られ，低血圧は皮膚血管の拡張と心拍出量の低下によるものであろう．また熱射病の初期段階では発汗が盛んであるが，脱水が進めば皮膚が乾燥する．下痢・嘔吐などの消化器に関する症状も見られた．

3．水分の補給

すでに述べたように汗は血漿と比較して食塩の含有量が少なく，水分が多いので，高温下で発生する熱射病ではその予防および治療として水分を補給することが必要である．

図 7-17 は高温下の室内で 1 名の健康な男子青年が 3.5% の上り勾配を時速 3.5 マイル（約 5.6 km）の速度で 3 つの条件下でそれぞれ 2 回歩行（毎時 10 分間休息）を行なった時の直腸温の変化を示している．

水分を摂取しない場合には直腸温は次第に上昇し，定常状態を示さなかった．水分を本人の欲するままに摂取した場合には前の場合よりも快適な状態で完全に所定の距離を歩くことができたが，最終段階で直腸温が次第に上昇し大変疲れた．これに対して，体重の減少に相当するだけの水を 15 分ごとに強制的に摂取させた場合には，直腸温がほとんど上昇せずに 16 マイルを歩いた．任意に水分を摂取した場合の摂取量によって汗として損失した水分の 2/3 の量が補われた．

Costill ら[6]は 4 人のマラソンランナーに室温 25°C，湿度約 50% の環境下で最大酸素摂取量の 70% に相当するスピードで 2 時間にわたりトレッドミル走を行なわせた．走る際の条件は，(1) 液体補給なし，(2) 10 分ごとに水 100 mL，総計 2000 mL 摂取，

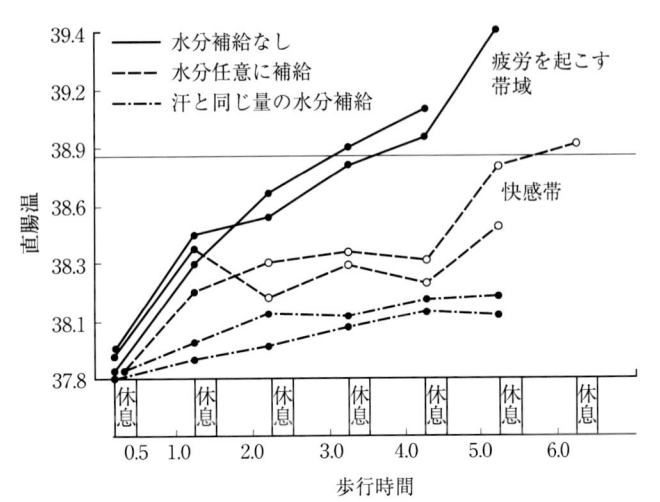

図 7-17 37.8°C，湿度 35〜45％で歩行した場合の直腸温.
(Pitts, G. C., Johnson, R. E. and Consolazio, F. C.：Work in the heat as affected by intake of water, salt and glucose. Am. J. Physiol. 142：253-259, 1944.)

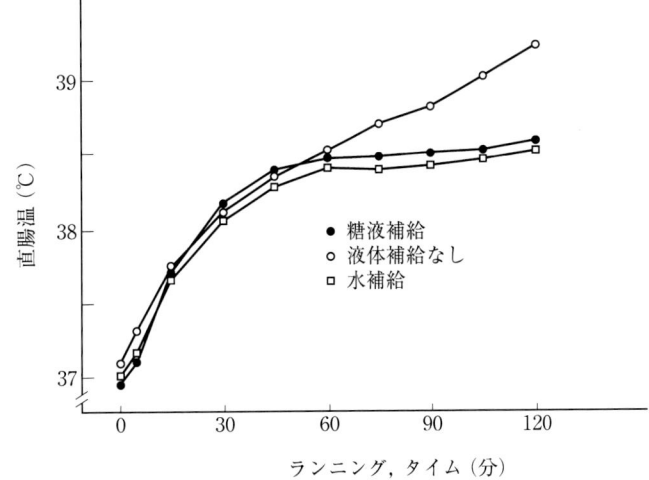

図 7-18 4人のマラソンランナーが 120分のランニングを室温 25°C，湿度約 50％の下で実施した時の直腸温の変化.
(Costill, D. L., Kammer, F. and Fisher, A.：Fluid ingestion during distance running. Arch. Environ. Health 21：520-525, 1970.)

(3) 前と同じ条件で糖電解質溶液(K：2.4 ミリ当量/L, Na：20 ミリ当量/L, Cl：15.3 ミリ当量/L，ブドウ糖：4.37 グラム/100 mL) を摂取とした．このような条件下での直腸温は図 7-18 に示されている．すなわちランニング中に液体をまったく摂取しない場合には直腸温が次第に上昇して 39°Cを越えたが，水または糖電解質溶液を摂取した場合には直腸温が 38.5°Cで平衡状態に達した．

　以上のように高温下での長時間にわたる運動では直腸温を低く保ち，熱射病を予防するためには水分の補給が必須条件であるが，糖および電解質を加えても差支えないという結果が得られた．

　そこで，飲料に加える糖の量をいろいろに変えて，飲料が胃に残留する量を調べたのが図 7-19 である．図から投与した 600 mL の飲料の約 50％が投与後 10 分間で胃から腸へ移動するが，移動する割合は糖の濃度が低いほど速やかで，もし水とほぼ同じ移動速度を期待するならばブドウ糖の濃度が 20 g/L またはそれ以下が望ましいこと

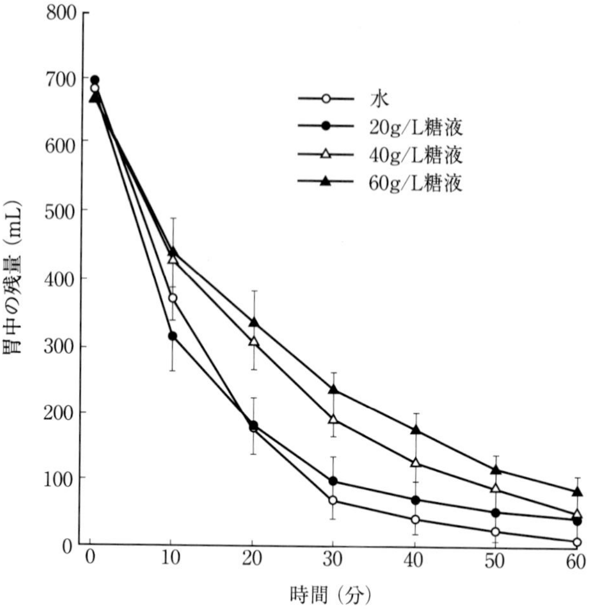

図 7-19 600 mL の飲料を投与した場合の胃の中の残量.
水（○）および 20 g/L（●），40 g/L（△），60 g/L（▲）のブドウ糖溶液投与.
(Vist, G. E. and Maughan, R. : Gastric emptying of ingested solutions in man : effect of beverage glucose concentration. Med. Sci. Sports Exerc. 26 : 1269-1273, 1994.)

が明らかにされた．

4．熱射病対策

（1）アメリカ・スポーツ医学会の主張[1]

アメリカ・スポーツ医学会は長距離走大会または地域の愛好者の走大会の指導者がつぎの勧告を採用すべきだと主張する．

1）**医学の指導者**：運動生理学とスポーツ医学の知識を持つ医学面の指導者が走大会の予防および治療面を統合し，大会の指導者と密接に連絡して作業を行なわなければならない．

2）**大会の組織**：（a）大会は夏の最も暑い時期と1日のうちの最も暑い時間を避けて組織しなければならない．環境条件は地域による変化が大きいので，受入れられないようなレベルの熱ストレスが発生する時期を避けるためには，その地域の天候の履歴を調べることがもっとも役に立つ．大会の組織者は参加者が暑さに馴れていない可能性の大きい早春の季節外れの暑い日に注意を払わなければならない．

（b）当日の環境の熱ストレスの予想を気象サービスから得なければならない．熱ストレスは湿球黒球温度[注]として測定することができる．この温度が 28°C（82°F）を越える場合には，より安全な状態になるまで大会のスケジュールを変更するか延期することを考えなければならない．28°C未満であればスタート地点やコース上の重要な地点に色で示された旗を掲げて熱ストレスの程度を参加者に警告することができる．

（c）夏の大会はすべて早朝（理想的には午前8時前）または午後6時以後の夕方に行なって，太陽の放射を最小限にするべきである．

（d）十分な水の供給がスタート前やレース中 2―3 km ごとに与えられるようにするべきである．各ステーションで 100―200 mL の量を飲むことをランナーに奨励すべ

注：湿球黒球温度
＝ 0.7×湿球温度
＋ 0.2×黒球温度
＋ 0.1×乾球温度

きである．
　（e）大会の役員に虚脱が迫っていることを示す警告症状について教育しなければならない．役員は特定の腕章またはバンドを付け，ランナーが苦しそうな場合にはレースの中止を警告すべきである．
　（f）交通と群衆の規制をつねに維持しなければならない．
　（g）コース上のいろいろな地点から中央の本部へ無線連絡が容易にできるようにしなければならない．
　3）医学的支援：
　（a）医学的組織と責任　　医学の指導者は地域の病院や外来サービスに対して大会について警告し，事故とくに熱障害に備えて医学面の人を用意してもらうようにするべきである．参加者が権利放棄にサインしたからという事実だけで大会の組織者が道徳的および（または）法律的責任を免除されることにはならない．レースを監督している医学面の者は熱障害が差迫っていることを示す症状を持つランナーまたは何等かの理由で心理的または身体的にコントロールがきかないランナーの状態を評価し，調査し，および（または）中止させる権威を持つべきである．
　（b）医学的施設　　① 医学的支援スタッフと施設がレースの場所で利用できるようにしなければならない．
② 施設にはただちに適当な救命処置を開始することができるスタッフを備えなければならない．正規の救命器具の他にアイスパックと扇風機が必要である．
③ 救急処置のトレーニングを受けた人が適当な腕バンドまたは包帯などを付けてコースに沿って立ち，熱障害が差し迫っている症状のあるランナーに中止するように警告しなければならない．
④ 医療関係者を備えた救急車がコースに沿って利用できなければならない．
⑤ この主張では高体温の処置が強調されているが，寒い，多湿で風が強い日には競技者が凍えることがあり，宇宙毛布，毛布，温かい飲料をゴールの地点に用意して，低体温を防ぎ，処置するようにしなければならない．
⑥ 競技者の教育；ランニング愛好者の教育が最近非常に増したが，レースの組織者は参加者のすべてが十分な知識を持ち，レースの用意ができていると考えてはいけない．予備登録時に手引を配布したり，新聞に公告を出したり，クリニックやセミナーをレース前に開くことは有意義である．
　つぎのような人が熱射病になりやすい：肥満者，体力の低い者，脱水状態の者，暑さに順化していない者，熱射病の前歴がある者，体調の悪い者．子どもは大人よりも皮膚からの水分の蒸発が少ないので熱耐性が低い．
　以上のような知識に基づいてすべての参加者はつぎのような忠告を受けなければならない．
　ⓐ 十分なトレーニングと体力がレースを楽しみ熱障害を防ぐのに重要である．
　ⓑ レース前に暑さの中でトレーニングをして置くことが，熱順化を促進し，熱障害の危険を減少させる．レースが行なわれるのと同じ時間にできるだけトレーニングをすることが賢明である．
　ⓒ レース前，レース中に液体を摂取しておくことがマラソンのような長距離走で熱

障害による危険を減らすのにとくに重要である．
- ⓓ 大会前または大会中に疾病にかかった場合には競走を禁止する．
- ⓔ レースの参加者は熱障害の早期の症状について忠告を受けておくべきである．このような症状とはぎこちない動作，よろめき，過度の発汗（および発汗の停止），頭痛，吐き気，目まい，無表情と意識が次第に消失することなどである．
- ⓕ 参加者は快適なスピードで走り，体調が保証するよりも速く走らないように忠告を受けなければならない．
- ⓖ 参加者はパートナーと一緒に走り，互いに他のランナーの良好な状態に責任を持つこと．

（2）日本体育協会の対策

日本体育協会は「スポーツ活動における熱中症予防」[21]と題した小冊子を発行しているが，そのまとめとしてつぎのように記している．

〔熱中症対策の10箇条〕

1．最初からトップギヤーに入れないこと．

運動開始時にはウォーミングアップを行ないます．これと同様に，高温下で運動をするには，体を高温に馴れさせる必要があります．夏の始

● 高温に順化させるための大まかな目安（参考）

第1日	柔軟体操およびジョギング・短パン着用	60分程度
第2日	柔軟およびスプリント・短パン着用	80分程度
第3日	スプリントおよび一般練習・ユニフォーム着用	100分程度
第5日	競技練習・ユニフォーム＋各種装具着用	120分程度

めや合宿の第1日目には，事故が起こりやすいので気をつけよう．

2．体重測定の習慣をつけよう．

毎朝起床時に体重を計りましょう．体重減少が続くようであれば，運動の負担が強すぎることを示します．

運動開始前と終了時に体重を測定すると，運動中に汗として失われた水分量が求められます．つぎの運動を始めるまでに，少なくともこの脱水量の80％を補わなければなりません．

3．水分を補給しよう．

汗は我々の体から熱を奪い，体温が上昇しすぎるのを防いでくれます．しかし失われた水分を補わなくては運動能力を維持できませんし，体温の調節も困難になります．

適当な水分を用意し，30分ごとに飲水休憩をとることによって，脱水が起こることを防げます．脱水状態ではよい結果を出すことはできません．

4．電解質の補給も忘れずに．

発汗によって水分と同時に電解質が失われます．

この電解質を補うことなく水分のみを補給すると，血液のナトリウムの濃度が低下し，その結果，筋肉の疼痛やけいれん（熱けいれん）が起こります．ナトリウムの補給には食塩水でも可能ですが，汗の組成とほぼ等しいイオンを含んだ飲料も便利です．

5．運動強度と体温

運動強度が増加するほど消費する熱量も増加し，体温が上昇します．したがって運動強度が増すほど休憩の回数を増やし，水分補給も増やさなければなりません．

体重の3％以上の脱水が起これば，運動能力も低下することが証明されています．

6．天候因子と体温

気温，湿度，風速，輻射熱等天候因子に注意する必要があります．特に湿度が重要です．おなじ気温であっても直射日光が強く，また湿度が高ければ汗の量も増加し，水分補給の必要性も増加します．湿

湿球温	15℃以下…特に注意不要．	青信号
	15℃～20℃…全員に注意を注ぐこと 20℃～23℃…運動中にも水分補給を 23℃～25℃…上記の注意に加えて，運動強度を下げる．	黄信号
	25℃以上…厳重注意	赤信号

度が90％を越える場合には，厳重な注意が必要です．湿度を計るには，乾湿計を用い，湿球温を参考にします．

7．衣服の問題

スポーツの種類によっては，大量の防具をつけることがありますが，これが放熱を妨げ，体温を上昇させます．休憩中には可能な限り衣服を緩め，体から熱を逃す工夫をしてください．また不必要に大量の衣服をつけたりしないよう，冬物の流用などは避けてください．

8．身体因子のチェック

●暑熱障害を起こしやすい人には充分注意してください．

高温下の運動に馴れていない（未順化）人，肥満傾向にある人，自己の記録に挑戦しやすい人，熱や下痢のある人，高温下で意識を失った経験のある人，など．

9．暑熱障害の症状を知っておこう．

●症状の軽いものから順番に並べると次のようになります．

1）熱失神：顔面が急にそう白になり全身脱力感，血圧低下，意識喪失などが認められる皮膚血管の拡張による循環不全が原因

2）脱水による熱疲はい：激しい口渇，脱力，倦怠感，血液濃縮など

3）イオンの喪失による熱疲はい：2）に加えて頭痛，吐き気，嘔吐，下痢，意識障害など

4）熱けいれん：腕，脚，腹筋などの疼痛，けいれんなど．〔血液のNaCl低下による〕

5）熱射病：体温の著しい上昇と意識の喪失など，最も重症で予後もわるい

1），2），3）は容易に熱射病に移行することがあるので注意が必要です．

10．救急処置

万一の緊急事態に備え，救急処置を知っておきましょう．予後が違ってきます．

●まず，救急車を呼んでください．

●同時に，涼し部屋で横にし，濡れタオルと扇風機などで体を冷やします．

●そしてこの状態で病院へ運びます．

　また医師に伝える情報を整理しておきましょう．適当な処置が少しでも早くとれます．

(日本体育協会：スポーツ活動における熱中症予防．1993)

[文献]

1) American College of Sports Medicine: Position stand on the prevention of thermal injuries during distance running. Med. Sci. Sports Exerc. **19**: 529-533, 1987.
2) Bittel, J. and Henane, R.: Comparison of thermal exchanges in men and women under neutral and hot conditions. J. Physiol. **250**: 475-489, 1975.
3) Buskirk, E. R.: Temperature regulation with exercise. Exerc. Sports Sci. Rev. **5**: 45-88, 1977.
4) Candas, V., Libert, P., and Vogt, J. J.: Effect of hidromeiosis on sweat drippage during acclimation to humid heat. Eur. J. Appl. Physiol. **44**: 123-133, 1980.
5) Cantarow, A. and Schepartz, B.: Biochemistry, 3rd ed,. p. 353, Saunders, 1962.
6) Costill, D. L., Kammer, F. and Fisher, A.: Fluid ingestion during distance running. Arch. Environ. Health **21**: 520-525, 1970.
7) Davies, C. T. M., Brotherhood, J. R. and Zeidifard, E.: Temperature regulation during severe exercise with some observations on effects of skin wetting. J. Appl. Physiol. **41**: 772-776,1976.
8) 江橋 博：運動開始直後の一過性皮膚温低下について．体力研究 **18**：42-57，1970．
9) Fortney, S. M., Nadel, E. R., Wenger, C. B. and Bove, J. R.: Effect of blood volume on sweating rate and body fluids in exercising humans. J. Appl. Physiol. **51**: 1594-1600, 1981.
10) Guyton, A. C.: Textbook of Physiology. Saunders, 1966,. Fig. 556.
11) 猪飼道夫，杉本良一，石河利寛：スポーツの生理学．p 283，同文書院，1960．
12) 入来正躬，外山啓介：生理学 2．図XIII-61，文光堂，1986．
13) 加賀谷凞彦：環境温度と競技力．日本生気象学会：生気象学の事典，68-69，朝倉書店，1992．
14) 川原 貴：小学，中学，高校のスポーツ活動における熱射病死亡事故の実態．平成4年度日本体育協会スポーツ医・科学研究報告，No. VIII，29-33，1992．
15) Keraslake, D. Mc. K.: The stress of hot environments. Cambridge University Press, 1972. 小川[22]より引用．
16) Kirby, C. R. and Convertino, V. A.: Plasma aldosterone and sweat sodium concentration after exercise and heat acclimation. J. Appl. Physiol. **61**: 967-970, 1986.
17) 黒田善雄，加賀谷凞彦，塚越克巳，雨宮輝也，太田裕造，成沢三雄：陸上長距離走時の呼吸循環機能の反応．日本体育協会スポーツ科学委員会報告，1970．
18) 黒島晨汎：環境生理学．理工学社，1981．
19) Maughan, R. J., Licht, I, M., Whiting, P. H. and Miller, J. D. B.: Hypothermia, hyperkalemia, and marathon running. Lancet No. 8311: 1336, 1982.
20) 中井誠一：運動時熱中症事故発生の実態と発生時の環境温度．平成4年度日本体育協会スポーツ医科学研究報告，No. VIII：34-47，1992．
21) 日本体育協会：スポーツ活動における熱中症予防．1993．
22) 小川徳雄：運動と発汗．体力科学 **45**：289-300，1996．
23) 大西範和，小川徳雄：運動開始時の深部体温の低下について．体力科学 36（6）：626，1990．
24) Pitts, G. C., Johnson, R. E. and Consolazio, F. C.: Work in the heat as affected by intake of water, salt and glucose. Am. J. Physiol. **142**: 253-259, 1944.
25) Saltin, B. and Hermansen, L.: Esophageal, rectal and muscle temperature during exercise. J. Appl. Physiol. **21**: 1757, 1966
26) Shapiro, Y. and Seidan, D. S.: Field and clinical observations of exertional heat stroke patients. Med. Sci. Sports Exerc. **22**: 6-14, 1990.
27) 田村憲治，小野雅司，安藤 満，村上正孝：救急搬送データによる熱中症の発生と気温．日生気誌 **32**：111-114，1995．
28) Vist, G. E. and Maughan, R.: Gastric emptying of ingested solutions in man: effect of beverage glucose concentration. Med. Sci. Sports Exerc. **26**: 1269-1273, 1994.
29) Wyndham, C. H., Benade, A. J. A., Williams, C. G., Strydom, N. B., Goldin, A. and Heyns, A. J. A.: Changes in central circulation and body fluid spaces during acclimatization to heat. J. Appl. Physiol. **25**: 586-593, 1968.
30) 山崎文夫，近藤徳彦，池上晴夫：運動時の発汗量の変化に対する中枢機構と末梢機構の関与．日生気誌 **28**：95-106，1991．

I部　運動とからだの働き

8章　ホルモンと運動

1　ホルモンの概説

1．ホルモンとその特徴
　からだの器官の中には特定の分泌物を出すものがある．汗，唾液，胃液のように分泌物が導管を通って身体の表面や消化管内に分泌される場合には外分泌と呼ばれる．一方，分泌物が導管を通らないで直接血管内に分泌されるものがあり，このような働きは内分泌，分泌物はホルモンと呼ばれる．
　おもな内分泌腺には下垂体，甲状腺，上皮小体，副腎，膵臓，性腺があり，また消化器にもいくつかの内分泌腺がある．
　ホルモンはつぎのような特徴を持っている．
① 微量で有効である．
② 特定の器官や細胞で造られて血液中にでる．二酸化炭素やアセチルコリンは微量で強い働きをするが，前者は代謝の結果，体内の各所でつくられるものであり，後者は神経のシナプスで働くのでホルモンではない．
③ ある組織に特異的に働く．
④ 体内で生産される．ビタミンも微量で健康の維持には欠くことのできないものであるが，体内で生産されずに食物として摂取されるのでホルモンではない．

2．視床下部と下垂体
　脳の視床下部の神経細胞は下垂体ホルモンの分泌をコントロールするホルモンを分泌している．この点で中枢神経系と内分泌系とは視床下部を介して連絡されている．

（1）下垂体
　下垂体は約0.5グラムの重さで視床下部から柄によって大脳の下面につり下げられていて，頭蓋底の蝶形骨背面にあるトルコ鞍に乗っている．哺乳動物の下垂体には前部と後部の間に裂け目があり，この部分によって形態的に前葉と後葉とに区分される（図8-1）．下垂体はまた組織的に腺からなる腺葉と神経組織からなる神経葉からできている．腺葉はさらに前部，隆起部，中間部からなり，隆起部，中間部はヒトではあまり発達していない．図8-1に示されているように前葉，後葉という区分と腺葉，神経葉という区分とは一致していないが，ふつう前葉は腺葉の意味に，後葉は神経葉の意味に用いられている．

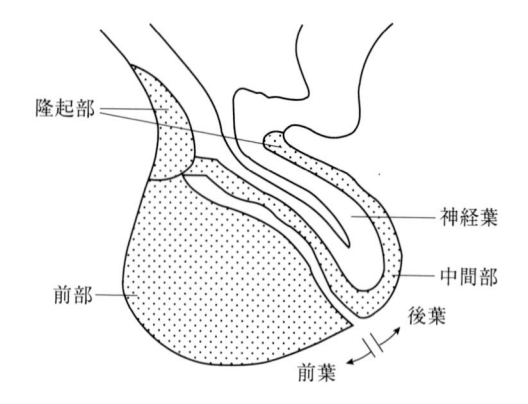

図 8-1 下垂体の横断面.
網目の部分が腺葉, 白の部分が神経葉

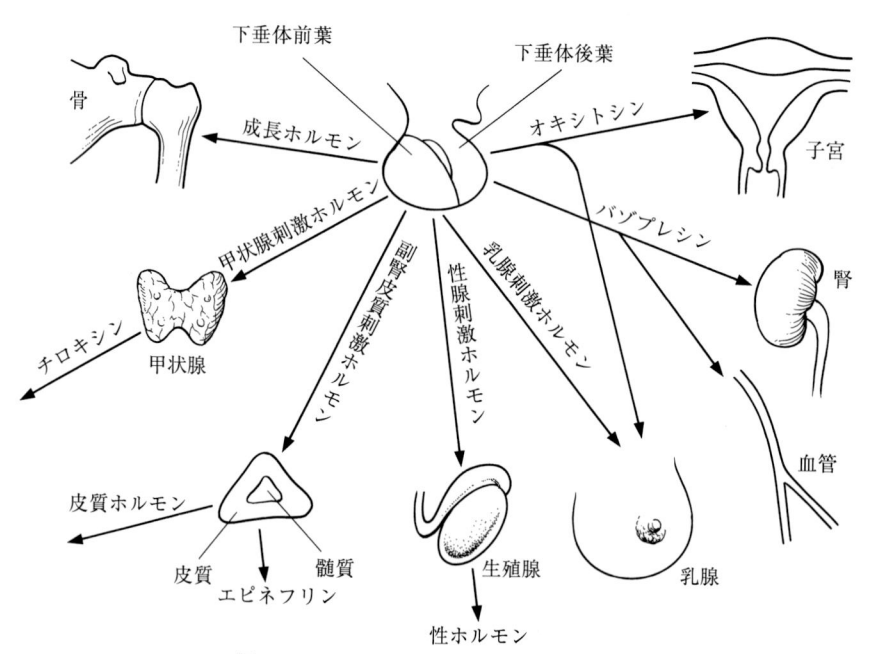

図 8-2 下垂体から放出されるホルモン.

(2) 視床下部と下垂体前葉から分泌されるホルモン

　視床下部のホルモンは視床下部の神経の細胞体で産生された後, 軸索の末端まで運ばれて下垂体門脈内に放出される. このホルモンが下垂体前葉の分泌細胞に働いて下垂体のホルモンを血流中に放出させる. 下垂体から放出されるホルモンを図 8-2 に示す.

1) 成長ホルモンと成長ホルモン調節ホルモン

　下垂体の成長ホルモンは骨端軟骨の形成を促して骨の成長を促進する. 成長ホルモンはまた細胞のたんぱく質合成を促進し, 糖の細胞内への取り込みを減弱させて高血糖を起こさせ, 中性脂肪を分解して遊離脂肪酸の血中濃度を増加させる. 視床下部からは成長ホルモン放出ホルモンと成長ホルモン放出抑制ホルモンとが分泌されて, これらが成長ホルモンの分泌を調節している.

2）甲状腺刺激ホルモンと甲状腺刺激ホルモン放出ホルモン
　下垂体の甲状腺刺激ホルモンは視床下部から分泌された甲状腺刺激ホルモン放出ホルモンによって分泌が調節されていて，甲状腺細胞を刺激して甲状腺からホルモン（チロキシン）の分泌を起こさせる．
　　3）副腎皮質刺激ホルモンと副腎皮質刺激ホルモン放出ホルモン
　下垂体の副腎皮質刺激ホルモンは主として副腎皮質の糖質コルチコイドと性ホルモンに働き，視床下部から分泌された副腎皮質刺激ホルモン放出ホルモンによって分泌が促進される．とくにストレスを受けた時にこの作用が強く起こる．
　　4）性腺刺激ホルモン（ゴナドトロピンまたはゴナドトロフィン）と性腺刺激ホルモン放出ホルモン
　性腺刺激ホルモンには卵胞刺激ホルモンと黄体形成ホルモンの2種類があり，前者は女子の卵胞の発育を促進し，男子の精子の形成を促進する．後者は女子の卵胞を成熟させ，その後黄体の形成を促進し，男子の男性ホルモンの分泌を促進する．性腺刺激ホルモン放出ホルモンで確定しているのは黄体形成ホルモン放出ホルモンだけで，このホルモンが卵胞刺激ホルモンの放出も行なっていると思われている．
　　5）乳腺刺激ホルモン（プロラクチン）とプロラクチン調節ホルモン
　プロラクチンは乳腺を刺激して乳汁の分泌を促進するホルモンで，視床下部のプロラクチン放出ホルモンとプロラクチン放出抑制ホルモンの支配を受ける．

（3）視床下部と下垂体後葉から分泌されるホルモン
　下垂体後葉は主として神経細胞から構成されていて神経葉とも呼ばれる．
　視床下部の視索上核や室旁核の細胞体には多数の分泌顆粒が認められ，この分泌物が軸索内を下行して下垂体後葉に位置する軸索末端に達し，ここで貯蔵される．視床下部の神経細胞の細胞体に他の神経細胞からのインパルスが伝わると，下垂体にある軸索末端からホルモンが血液中に放出される．このメカニズムを神経分泌という．分泌されるホルモンはオキシトシンとバゾプレシンである．
　　1）オキシトシン
　子宮に働いて平滑筋を収縮させ，また乳腺の平滑筋を収縮させて乳汁の排出を促す．このホルモンは分娩に際しての陣痛微弱や分娩後の子宮の収縮不全に使用される．
　　2）バゾプレシン（抗利尿ホルモン）
　末梢血管を収縮させて血圧を上昇させる働きをする．また腎臓の尿細管に働いて，水分の再吸収を促進する働きがあり，この作用にのみ注目した時に抗利尿ホルモンと呼ばれる．

3．甲状腺

　甲状腺は気管の前面にあって気管を取巻くように位置している重さ20—30gの内分泌腺で，ヨードを含むチロキシン（T_4）とトリヨードチロニン（T_3）の2種類の甲状腺ホルモンを分泌する（図8-3）．
　甲状腺のホルモンは基礎代謝を高めて体温を上昇させる．そのために，このホルモンの分泌が増すと体重が減少する．また炭水化物代謝を高めて消化管から炭水化物の吸収速度を増し，グリコーゲンからブドウ糖への分解を高めるので高血糖を起こす．

チロキシン (T₄)　　HO−⟨benzene⟩(I,I)−O−⟨benzene⟩(I,I)−CH₂−CH(NH₂)−COOH

トリヨードチロニン (T₃)　HO−⟨benzene⟩(I)−O−⟨benzene⟩(I,I)−CH₂−CH(NH₂)−COOH

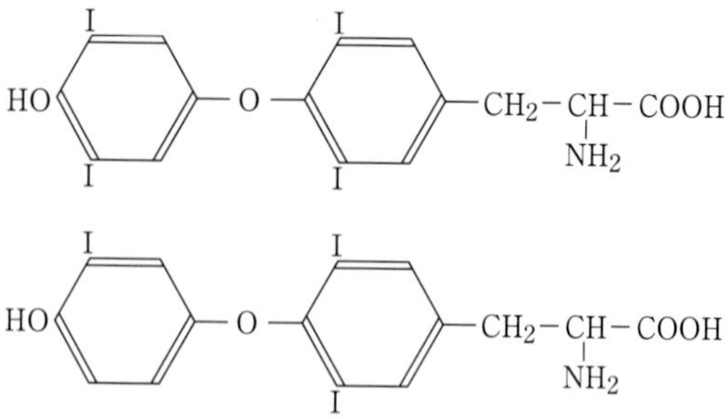

図 8-3　甲状腺ホルモン

さらにたんぱく質代謝を増して，尿中への窒素の排泄量を増加させる．
　このホルモンは副腎髄質に働いてアドレナリンとノルアドレナリンの分泌を促進し，この結果安静時の心拍数と心拍出量が増加する．このホルモンはまた成長ホルモンの分泌を促進する．
　甲状腺ホルモンは下垂体の甲状腺刺激ホルモンによって調節されているが，後者はまた血液中の甲状腺ホルモンの血中濃度によって調節されている．
　寒冷刺激は甲状腺ホルモンの分泌を増して基礎代謝を高めるが，これは視床下部を介して下垂体から甲状腺刺激ホルモンの分泌を増すことによって行なわれる．

4．上皮小体

　上皮小体は副甲状腺とも呼ばれ，甲状腺後面の被膜内に上下1対ずつ計4個存在する．この腺を摘出すると血液中のカルシウムイオンの濃度が低下する．またこのホルモンが過剰に分泌されると高カルシウム血症が起こり，血液中のリンの濃度が低下する．このホルモンは血液中のカルシウムの濃度を一定に保つのに役立ち，その分泌は血液中のカルシウムの濃度によって調節されている．

5．膵臓

　膵臓は消化腺であるが，膵臓のランゲルハンス島の α 細胞と β 細胞からそれぞれグルカゴンとインスリンが分泌される．

（1）インスリン（インシュリン）

　インスリンは体内の種々の組織に働いて，血糖を低下させる．
① 組織とくに筋肉での糖の燃焼を増加させ，同時にグルコースからグリコーゲンへの生成を盛んにする．
② 肝においてグルコースからグリコーゲンへの転化を盛んにする．
③ 炭水化物の腸からの吸収には影響を与えない．
　インスリンの分泌は血液中の糖のレベルによって調節されている．
　糖尿病はインスリンの分泌が減少するか，インスリンの利用度が低下することによって起こり，その結果高血糖になって，尿中に糖が排泄される（図8-4）．また脂肪とたんぱく質の利用が高まるので，脂肪の代謝産物であるケトン体*が尿中に現われ，

＊ 3-ヒドロキシ酪酸（$CH_3CH(OH)CH_2COOH$），アセト酢酸（CH_3COCH_2COOH），アセトン（$CH_3COCOOH$）の総称

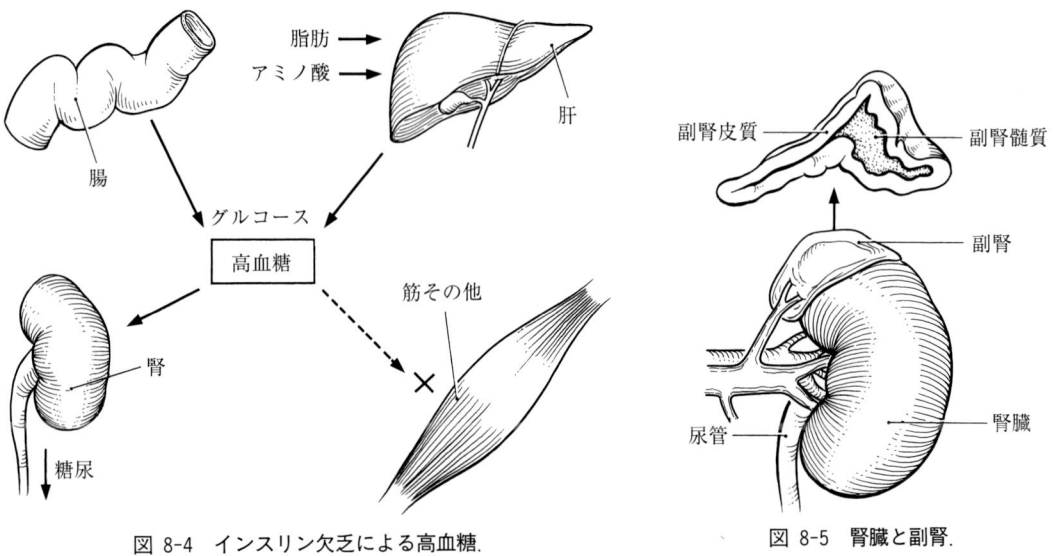

図 8-4 インスリン欠乏による高血糖.

図 8-5 腎臓と副腎.

たんぱく質の代謝産物である窒素が尿中に増加する．糖尿病では糖を負荷したときの糖の耐性が低く，血糖の上昇が著しく，これが長時間続く．

(2) グルカゴン

グルカゴンはインスリンと反対に肝臓のグリコーゲンを分解して血糖を上昇させる働きがある．グルカゴンは低血糖によって分泌が促進されるので，血糖の維持に役立つ．

6．副腎

副腎は腎の上部に左右一対ある三角形をした臓器で，皮質と髄質とから成り立ち，それぞれ異なったホルモンを内分泌する（図 8-5）．

(1) 副腎髄質

副腎髄質からアドレナリン（エピネフリン）とノルアドレナリン（ノルエピネフリン）という2種類のホルモンが分泌される．この2つのホルモンは構造的に似ていて，いずれもカテコール基を持っている．カテコール基を持ったアミンを一括してカテコールアミンという（図 8-6）．生体内で分泌されるカテコールアミンには上記の2つ

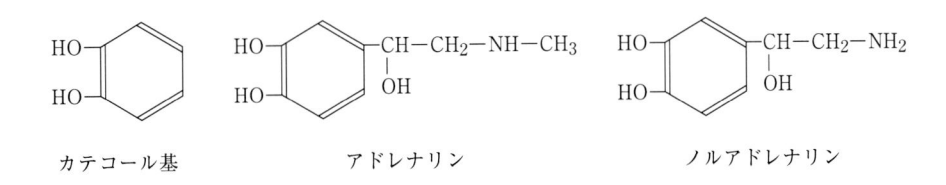

図 8-6 アドレナリンとノルアドレナリンの構造式.

表 8-1 アドレナリンの作用.

項　目	作　用
瞳　孔	散　大
血　圧	上昇（収縮期）
血　管	収縮（筋血管を除く）
心拍出量	増　加
心拍数	増　加
冠血管血流量	増　加
気管支平滑筋	弛　緩
胃腸平滑筋	運動抑制
噴門，幽門，回盲弁括約筋	収　縮
脾　臓	収　縮
唾　液	分　泌
血　糖	上　昇
グリコーゲン	分　解
基礎代謝	増　加

表 8-2 アドレナリンとノルアドレナリンの作用の違い.

項　目	アドレナリン	ノルアドレナリン
末梢血管抵抗	低　下	上　昇
筋血管	拡　張	収　縮
血　圧		
収縮期血圧	上　昇	上　昇
拡張期血圧	不　変	上　昇
心拍出量	増　加	減　少
心拍数	増　加	減　少

のもの以外に脳細胞から分泌されるドーパミンがある．

　アドレナリンとノルアドレナリンが副腎から分泌される割合はヒトではノルアドレナリンが約20％で，大部分がアドレナリンである．血液中のノルアドレナリンは交感神経節後線維の末端から分泌されたものが大部分である．

　アドレナリンの作用を表8-1に示す．すなわち，瞳孔を散大させ，循環器の働きを促進し，気管支や胃腸の平滑筋を弛緩させ，血糖を上昇させるなどの働きがある．

　ノルアドレナリンはアドレナリンとほぼ同様な働きをするが，末梢血管の収縮作用が強く，その結果，末梢血管の抵抗が増加して，心拍出量と心拍数が減少する（表8-2）．

　副腎髄質のホルモンは副腎を支配する交感神経によって分泌が促進される．精神的緊張，寒さ，運動も分泌を促進する．

（2）副腎皮質

　副腎皮質は球状層，束状層，網状層の3層からなり，それぞれ別のホルモンを分泌する．

1）糖質コルチコイド（グルココルチコイド）

　束状層から分泌される糖代謝に関係が深いホルモンを糖質コルチコイドと呼ぶ．生体内で分泌されるものはコルチコステロン，コルチゾール，コルチゾンである．このホルモンはつぎの生理作用がある．

・糖代謝に及ぼす影響

　糖質コルチコイドはアミノ酸から糖の新生を促進し，肝臓においてグリコーゲンの合成を促す．多量にこのホルモンを与えると糖の新生の結果，高血糖を起こす．

・たんぱく代謝に及ぼす影響

　このホルモンはたんぱく質の分解を促進し，このホルモンが過剰になると，血中の残余窒素が増える．

・脂肪代謝に及ぼす影響

　このホルモンが過剰となると，体内の脂肪の分布が変わり，頸，胴，胸，顔などに

脂肪が沈着し，四肢の脂肪が減少する．

・血液に対する影響

このホルモンは流血中の好酸球，リンパ球を減少させ，好中球を増加させる．好酸球の減少は副腎機能の検査に用いられる．

・神経に対する影響

糖質コルチコイドを投与すると，中枢神経系を興奮させて，多幸感や不眠を訴える．

・消化器に対する影響

このホルモンによって胃の塩酸およびペプシンの分泌が増す．

・抗炎症，抗アレルギー，抗ストレス効果

このホルモンはあらゆる炎症を抑え，気管支喘息やリウマチのようなアレルギー疾患に対する治療効果が大きい．またストレスに対して抵抗力を増す働きをする．

2）電解質コルチコイド（ミネラロコルチコイド）

このホルモンは電解質代謝に重要な働きをするが，生体内の有効物質は球状層から分泌されるアルドステロンである．

このホルモンが不足すると，尿中への食塩の排泄が増加し，その結果血液中のカリウムが増加して，ナトリウムとクロールが減少する．反対にこのホルモンを大量に投与すると，血液中のナトリウムとクロールが増加して浮腫が起こり，またカリウムが尿中に排泄されて，血液中のカリウムの濃度が低下する．

このホルモンはレニン-アンギオテンシン系によって調節されている（図8-7）．すなわち腎動脈の血圧が低下すると，腎糸球体輸入細動脈にある圧受容器が傍糸球体細胞を刺激してレニンを分泌させ，これが腎静脈を経て全身を循環する．レニンは血漿たんぱく質中にあるアンギオテンシノーゲンに作用して，アンギオテンシンIができる．アンギオテンシンIは肺循環中に肺血管内皮細胞中にあるアンギオテンシン変換酵素によってアンギオテンシンIIを生じる．アンギオテンシンIIはそれ自身が末梢血管の平滑筋を収縮させて血圧を上昇させるとともに，副腎皮質球状層に作用してアルドステロンの分泌を促進する．この結果，腎からのナトリウムの再吸収を増加させ，これに伴なって血管内の水分が増加して血圧が上昇する．このように，レニン-アンギオテンシン系は生体内の血圧調節系の1つである．

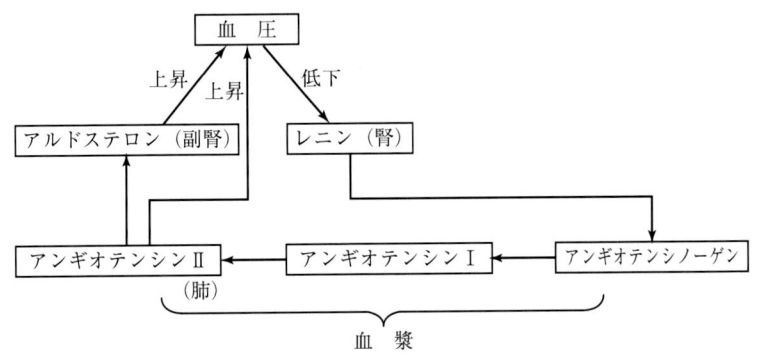

図8-7 レニン，アンギオテンシン，アルドステロンによる血圧の調節．

3）性ホルモン

このホルモンは網状層から分泌される．主として男性ホルモンであるが，女性ホルモンもわずかに分泌される．両ホルモンとも性腺から分泌されるものと比較するとはるかに弱い．このホルモンは下垂体の副腎皮質刺激ホルモンから支配を受ける．

4）副腎皮質刺激ホルモンと副腎皮質ホルモン

糖質コルチコイドと性ホルモンは下垂体の副腎皮質刺激ホルモンの支配を受ける．電解質コルチコイドは副腎皮質刺激ホルモンの支配を受けているがその作用は弱く，主としてアンギオテンシンIIによって調節されている．血液中の糖質コルチコイドの濃度が視床下部に働き，これが副腎皮質刺激ホルモンの分泌を調節している．

7．性腺

性腺は男性の睾丸および女性の卵巣を指し，それぞれ男性ホルモンおよび女性ホルモンを分泌する．

（1）睾丸

男性ホルモン（アンドロゲン）は睾丸の間細胞から分泌される．このホルモンの有効物質はいくつか知られているが，主として作用するのはテストステロンである．

男性ホルモンは男性の第1次性徴である陰茎，前立腺，精嚢の発達を促がし，第2次性徴である声変わり，ひげ，男らしい骨格などの発現に寄与する．

（2）卵巣

卵巣から女性ホルモン（卵巣ホルモン）が分泌される．女性ホルモンは卵胞ホルモンと黄体ホルモンの2種類がある．

1）卵胞ホルモン（エストロゲン）

卵胞ホルモンは卵巣の卵胞細胞液中に存在するが，また妊娠中の胎盤にもある．
このホルモンは子宮の内膜を肥厚させ，乳腺を発達させるが乳汁の分泌を抑制する．このホルモンは下垂体前葉の卵胞刺激ホルモンによってコントロールされる．このホルモンは骨を丈夫にする働きがあり，女性が更年期を過ぎるとこのホルモンの分泌が低下して骨のミネラルが減少する．

2）黄体ホルモン（プロゲステロン）

このホルモンは子宮に働いて増殖期から分泌期に移行させる．この変化は卵の着床に好都合である．また排卵を抑制する．さらに乳腺に働いてその発達を助けるが，乳汁の分泌を抑制するので妊娠中には乳腺が発達するが，乳汁の分泌が起こらない．
このホルモンは体温を上昇させるので性周期の黄体期には体温が上昇する．

（3）女子の性周期

女子の性周期は約28日で，初経以後月経閉止までほぼ規則的に持続する．卵巣と子宮で性周期に伴う変化が起こる．

1）卵巣の変化（図8-8）

初期卵胞が次第に成熟して成熟卵胞になるにしたがい卵巣の表面に向かう．成熟した卵胞は卵胞液で満たされ，この中に卵胞ホルモンが分泌される．卵胞はついに破裂して排卵が起こる．排卵後の卵胞は黄体となり，ここから黄体ホルモンが分泌される．黄体は月経開始とともに退化して2，3ヵ月後に白体となって次第に萎縮する．

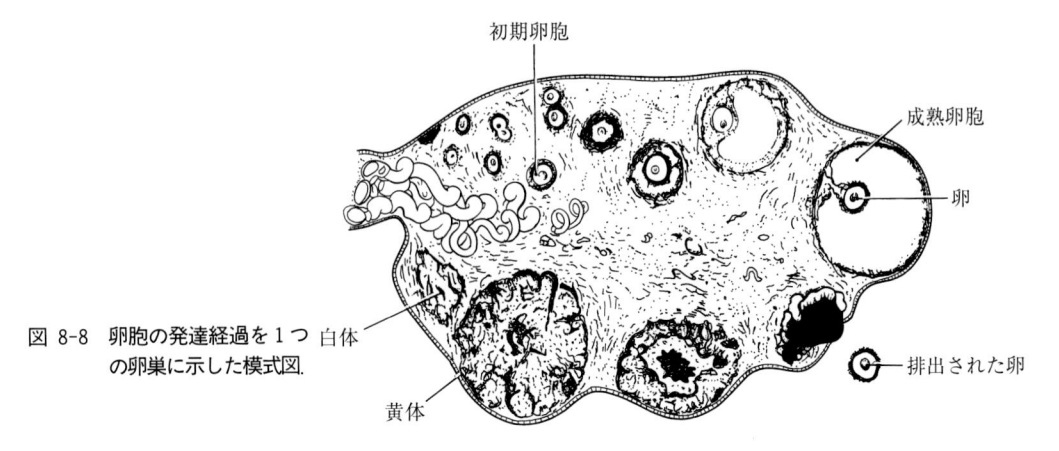

図 8-8 卵胞の発達経過を1つの卵巣に示した模式図.

2) 子宮の変化

子宮は月経期，増殖期，分泌期に区分され，性周期とともにこの経過が繰り返される．

月経期は約5日間で，子宮内膜が剝離して出血が起こっている時期である．性周期は月経の発現の日を第1日とする．

増殖期は7—10日で，月経終了後，子宮内膜が新生されて子宮平滑筋が増殖する時期である．増殖期の最初の数日はあまり変化がないので，静止期または再生期と呼ぶことがある．増殖期は卵巣で卵胞が成熟する時期に当たる．

分泌期は排卵後12—20日間継続し，この時期には子宮内膜の分泌腺が活動して子宮が浮腫状となる時期である．この時期に卵巣では黄体が形成されて次第に完成される時期に当たる．

3) 性周期とホルモンの関係

子宮は卵巣ホルモンの影響を受ける．すなわち増殖期は卵胞ホルモン（エストロゲン）によって起こり，分泌期は卵胞ホルモンと黄体ホルモン（プロゲステロン）の共同作用によって起こる．この2つのホルモンの分泌が低下すると月経が起こる（図8-9）．

卵巣は下垂体前葉から分泌されるゴナドトロピンによって支配される（p.143参照）．ゴナドトロピンのうち，卵胞刺激ホルモンと黄体形成ホルモンとのバランスが卵胞の変化を決める．すなわち，卵胞刺激ホルモンが初期卵胞に働いてその成熟を開始すると，黄体形成ホルモンが卵胞刺激ホルモンと共同して働いて卵胞の成熟と排卵とを起こさせる．排卵後の黄体の形成および増殖には黄体ホルモンが働き，これに乳腺刺激ホルモンが加わる（図8-9）．

エストロゲンは卵胞刺激ホルモンの分泌を押さえ，黄体形成ホルモンの分泌を促進する．このために，卵胞が発達すると卵胞刺激ホルモンの分泌が衰えて黄体形成ホルモンが増加する．卵巣におけるプロゲステロンの増加は黄体形成ホルモンの分泌を減少させて月経に至る．

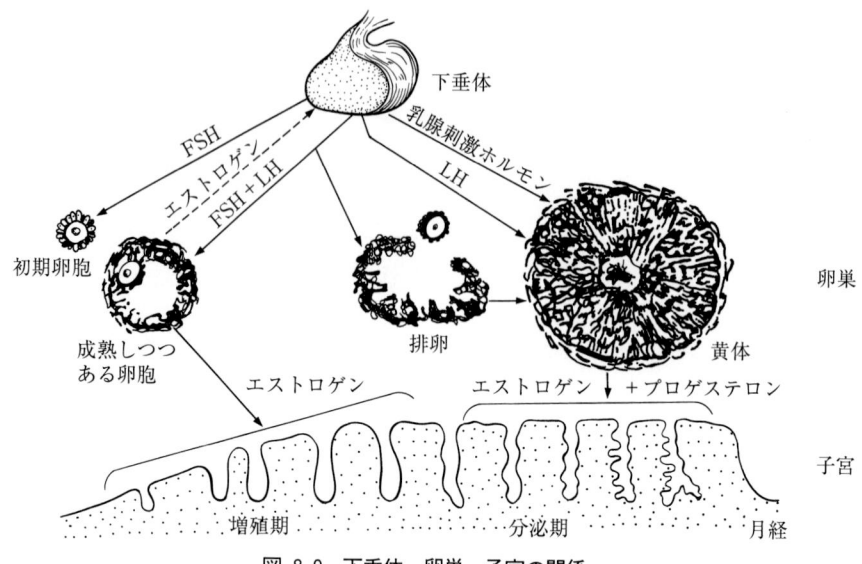

図 8-9 下垂体，卵巣，子宮の関係．
FSH：卵胞刺激ホルモン，LH：黄体形成ホルモン

2 運動によるホルモンの変化

1 ではからだのいろいろな部分から分泌されるホルモンを分泌器官の解剖学的な位置にしたがって，上から下へと記述した．第 2 部では互に関係の深いホルモンを集めて運動との関係を記述したので，1 と同じ順序になっていない．

運動による血液中のホルモンの濃度の変化を示す場合には，測定方法によって，血漿中の濃度で表示される場合と血清中の濃度で表示される場合とがある．以下の記述では煩雑を避けるために，どちらの場合にもすべて血中濃度と表現されている．血漿中か血清中かのどちらであるかを正しく知りたい場合には引用した原文を参照して欲しい．また動脈血から採血した場合にはそのことを記述し，単に血中濃度と記してある場合は静脈血の意味である．

ホルモンは血中に極めて微量に存在するので，つぎのような単位がしばしば用いられる．

$$\text{microgram}\ (\mu g) = 10^{-6}\,g,\ \text{nanogram}\ (ng) = 10^{-9}\,g$$
$$\text{picogram}\ (pg) = 10^{-12}\,g$$

1．エピネフリン（アドレナリン），ノルエピネフリン（ノルアドレナリン）と運動

運動によって交感神経系が活動する．交感神経系は節後線維の末端からノルエピネフリンを分泌するので，交感神経系の活動が盛んになれば，血中のノルエピネフリンの濃度が上昇する．一方，ノルエピネフリンは副腎髄質からも分泌されるが，その分泌量はわずかなので，血中のノルエピネフリンの濃度は交感神経系の活動を示すもっ

ともよい指標とされている.

　血中のエピネフリンは副腎髄質に由来するものであるが, その濃度はノルエピネフリンと比較すると低い. ノルエピネフリンとエピネフリンを合わせて表現する場合にはカテコールアミンという用語が用いられる.

　血中のカテコールアミンの濃度はランニング, 自転車漕ぎ運動, 水泳などのような全身的な運動によって上昇する.

　Galbo ら[17](1975)は8人の男子にトレッドミル上で漸増負荷ランニングを行なわせて, 血中カテコールアミン濃度を測定した(図8-10). 第1の負荷, 第2の負荷, 第3の負荷はそれぞれ2.0 L/分, 3.0 L/分, 4.0 L/分の酸素摂取量を示し, これは最大酸素摂取量の47, 77, 100%に相当した. その結果, エピネフリンもノルエピネフリンも運動負荷の増加に伴って, 血中の濃度が急速に増したが, 増加の立ち上がりはノルエピネフリンの方が早く, 最大酸素摂取量の約50%から増加したが, エピネフリンは約75%から増加した. このような増加は運動中止後30分には安静のレベルに戻った. 同様な結果をHartleyら[23](1972)も報告している.

　最大酸素摂取量の76%に相当するトレッドミル走を1時間以上にわたって疲労困憊するまで行なわせた結果を図8-11に示す. この場合にもエピネフリン, ノルエピネフリンが増加するが, 立ち上がりがノルエピネフリンの方が早く, 運動後40分でほぼ最終値に達した. 同様な結果をHartleyら[24](1972)が長時間運動によって報告している. このようなエピネフリンとノルエピネフリンの運動に対する反応の違いはその発生源が異なることから説明できる.

　等尺性の運動も血中のカテコールアミンを上昇させる. 大腿四頭筋を最大筋力の40%に相当する強さで2分間収縮させた(等尺性膝伸展運動)時に動脈血中のノルエ

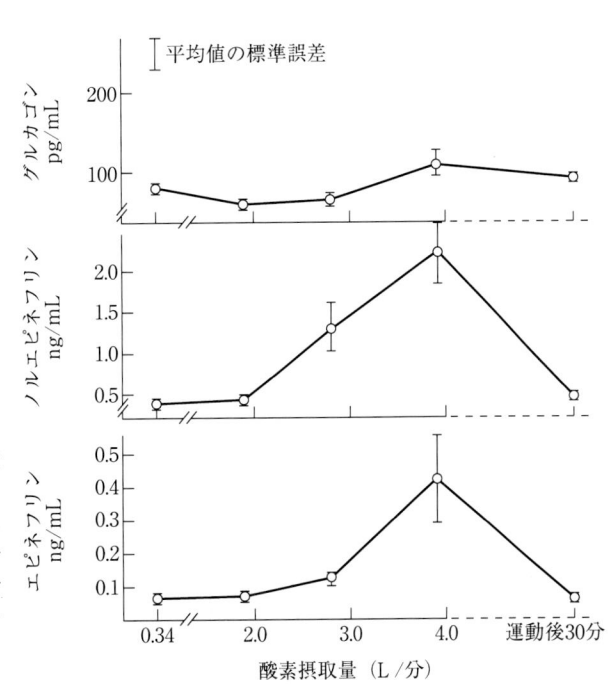

図 8-10　漸増負荷 (ランニング) による血中グルカゴン, ノルエピネフリン, エピネフリンの濃度と酸素摂取量との関係.
(Galbo, H., Holst, J. J. and Christensen, N. J.: Glucagon and plasma catecholamine responses to graded and prolonged exercise in man. J. Appl. Physiol. **38**: 70–76, 1975.)

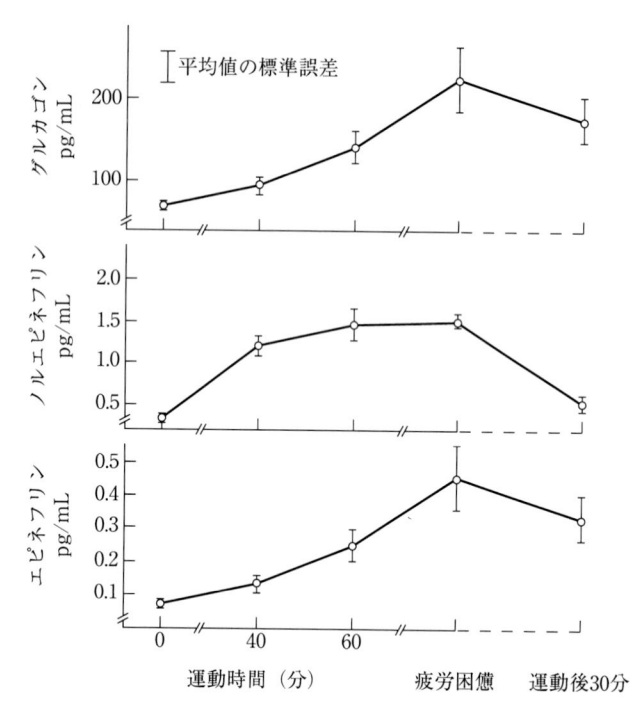

図 8-11 長時間ランニングによる血中グルカゴン，ノルエピネフリン，エピネフリンの濃度の変化.
(Galbo, H., Holst, J. J. and Christensen, N. J. : Glucagon and plasma catecholamine responses to graded and prolonged exercise in man. J. Appl. Physiol. **38** : 70-76, 1975.)

ピネフリンの濃度は 0.21 ± 0.03 ng/mL（安静）から 0.32 ± 0.06 ng/mL（運動）に増加し，エピネフリンの濃度は 0.10 ± 0.04 ng/mL（安静）から 0.24 ± 0.07 ng/mL（運動）に増加した[16]．このように局所的な等尺性の運動の方が全身的な等張性運動よりもエピネフリンがノルエピネフリンよりも一層増加する．

　平素のトレーニングが運動に対するカテコールアミンの反応にどのように影響するかを知るために，Bloom ら[3]（1976）は十分にトレーニングを積んだレーシング・サイクリストとトレーニングされていない青年男子それぞれ6人に最大酸素摂取量の30, 45, 60, 75%に相当する漸増負荷で8分間ずつ自転車漕ぎ運動を行なわせて，その際の血中のカテコールアミンを測定した（図8-12）．安静時のノルアドレナリンの血中濃度はサイクリストの方が低かったが，アドレナリンには差が認められなかった．ノルアドレナリンは運動時にも安静時と同じようにサイクリストの方が低かった．アドレナリンは非鍛練者の方が最後の2つの負荷で急速に上昇してサイクリストとの間で差が拡大した．運動後にカテコールアミンは急速に低下したが，5分後にはまだかなり高いレベルにあった．

　同一の人について血中カテコールアミンのトレーニングによる変化を調べた結果については図8-13に示されている．6人の青年男子が7週間にわたってはげしいトレーニングを行なった際に，1500 kgm/分の強さで自転車漕ぎ運動を行なった時の血中カテコールアミンの濃度はトレーニングによって急速に低下し，約3週間後にトレーニングの効果は飽和状態に達した．このようにトレーニングの効果は比較的早期に現われる．

　血中のノルアドレナリンの濃度は低酸素（$14\%O_2$）を吸入して運動した場合には空

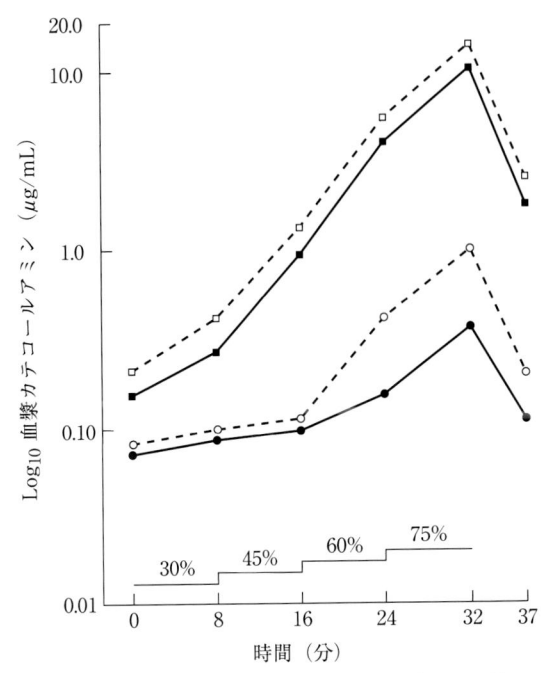

図 8-12　6人のレーシングサイクリスト（ノルアドレナリン■—■，アドレナリン●—●）と6人の非鍛錬者（ノルアドレナリン□…□，アドレナリン○…○）の漸増負荷運動による血中カテコールアミンの変化.
(Bloom, S. R., Johnson, R. H., Park, D. M., Rennie, M. J. and Sulaiman, W. R.: Differences in the metabolic and hormonal response to exercise between racing cyclists and untrained individuals. J. Physiol. 258: 1-18, 1976.)

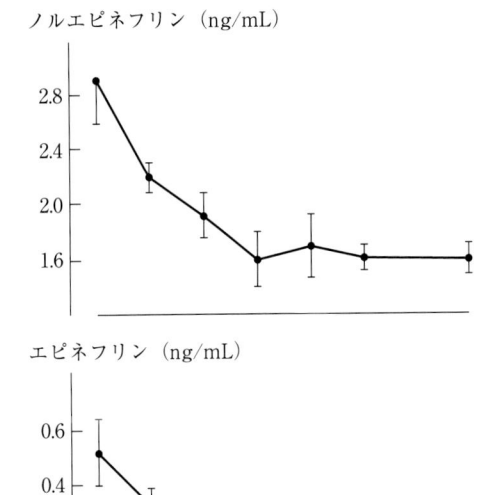

図 8-13　トレーニングがはげしい運動後の血中カテコールアミン濃度に与える影響.
(Winder, W. W., Hagberg, J. M., Hickson, R. C., Ehsani, A. A. and McLane, J. A.: Time course of sympathoadrenal adaptation to endurance exercise training in man. J. Appl. Physiol.: Respirat. Environ. Exercise Physiol. 45: 370-374, 1978.)

気を吸入して運動した場合よりも上昇する[9]．反対に高酸素（100%O_2）を吸入した場合には低下する[27]．

　高温または低温下の運動も血漿カテコールアミンを上昇させる．図8-14は最大酸素摂取量の68%に相当する水泳を水温21℃，27℃，33℃で1時間実施した場合の血中のノルエピネフリンとエピネフリンの濃度の変化を示したものである[19]．水温21℃では直腸温が水泳開始時と比較して終了時に平均0.8℃低下したのに対して水温27℃と33℃ではそれぞれ平均0.7℃，1.3℃上昇した．血中カテコールアミンは21℃での水泳の時に上昇がもっとも著しく，33℃での水泳がこれに次いで上昇した．

　このような運動負荷に対する血中カテコールアミンの反応は相対的な負荷強度を等しくすれば（たとえば同一心拍数で比較すれば）動的な運動については男女差が認められない[34]．しかし，最大筋力の30%で握力を疲労困憊するまで維持した場合には，血中のエピネフリンとノルエピネフリンは男子では初期値よりも増加したのに対して女子では変らなかったので，静的な運動では男子の方が血中カテコールアミンが上昇しやすい（図8-15）．

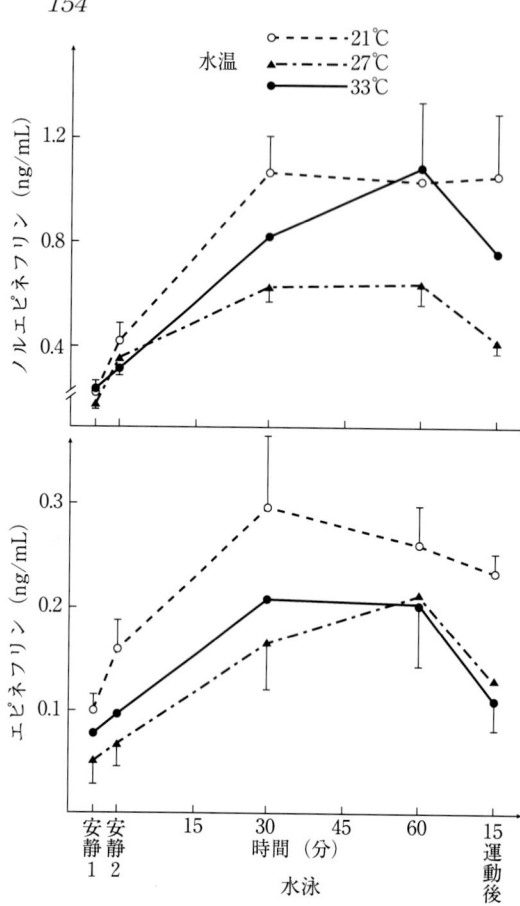

図 8-14 6人の青年男子が21℃, 27℃, 33℃の水温で68%of V̇o₂maxの酸素を消費する水泳を60分間行なった際の血漿中のカテコールアミンの変化.
(Galbo, H., Houston, M. E., Christensen, N. J., Holst, J. J., Nielsen, B., Nygaard, E. and Suzuki, J.: The effect of water temperature on the hormonal response to prolonged swimming. Acta. Physiol. Scand. **105**: 326-337, 1979.)

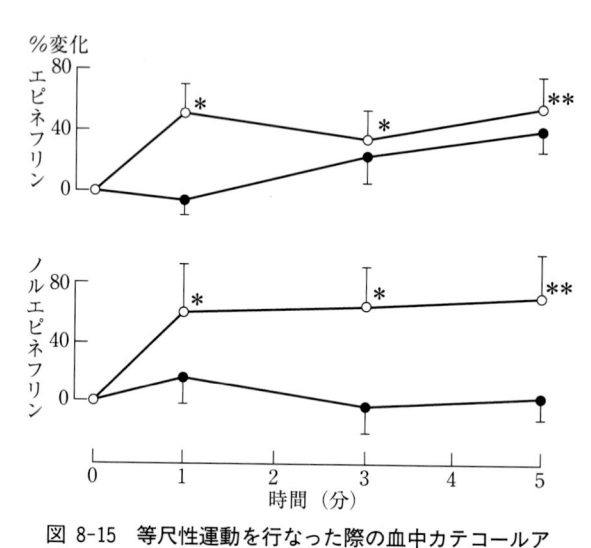

図 8-15 等尺性運動を行なった際の血中カテコールアミン濃度変化の性差. (○男子, ●女子)
(Sanchez, J., Requignot, J. M., Peyrin, L. and Monod, H.: Sex differences in the sympatho-adrenal response to isometric exercise. Eur. J. Appl. Physiol. **45**: 147-154, 1980.)

　　　平素の食事も運動中の血中のカテコールアミンの濃度に影響を与える. Sasakiら[38]は青年男子に低炭水化物食(炭水化物30%, 脂肪50%, たんぱく質20%)と高炭水化物食(炭水化物70%, 脂肪20%, たんぱく質10%)をそれぞれ1週間ずつ与えた後に, 最大酸素摂取量の70%に当たる自転車漕ぎ運動を30分間実施して血中のカテコールアミンを測定した. その結果, 運動によってノルエピネフリンのみが上昇したが, 上昇の割合は低炭水化物食の方が大きかった(図8-16). 一方, Galboら[18]も同じような実験をしたが, 彼等の結果は血中のエピネフリンの上昇が低炭水化物食で高炭水化物食よりも一層上昇したという結果をえている.

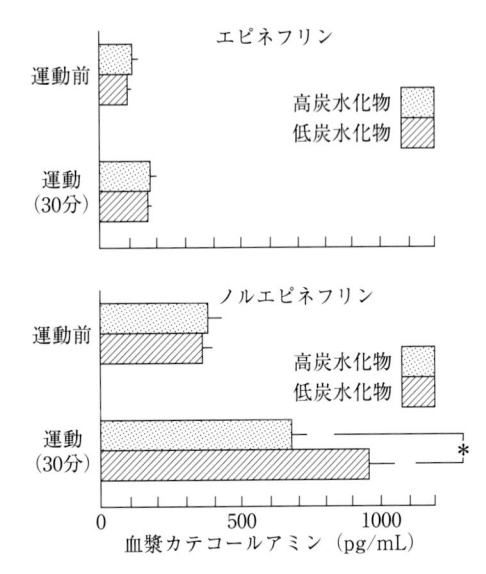

図 8-16 高炭水化物食，低炭水化物食後の血漿カテコールアミンの反応．
*p＜0.05
(Sasaki, H., Hotta, N. and Ishiko, T.: Comparison of sympatho-adrenal activity during endurance exercise performed under high- and low-carbohydrate diet conditions. J. Sports Med. Phys. Fit. **31**：407-412, 1991.)

2．成長ホルモンと運動

運動によって成長ホルモンの分泌が増加する．Sutton と Lazarus[43] (1976) は 300 kpm/分 (25-53% of $\dot{V}_{O_2}max$)，600 kpm/分 (40-66% of $\dot{V}_{O_2}max$)，および 900 kpm/分 (75-90% of $\dot{V}_{O_2}max$) の負荷で青年男子 7 人に 20 分間の自転車漕ぎ運動を行なわせた結果，負荷が増加するほど成長ホルモンの血中濃度が増して安静時の 10—20 倍に達した（図 8-17 (A)）．成長ホルモンは睡眠時にも増加するが，はげしい運動の方が血中の成長ホルモンの濃度がはるかに高いレベルに達した（図 8-17 (B)）．

図 8-18 に示されているように，運動開始から血中の成長ホルモンの増加まで約 5—10 分かかるが，同一負荷強度（% of $\dot{V}_{O_2}max$）で比較するとトレーニングされた

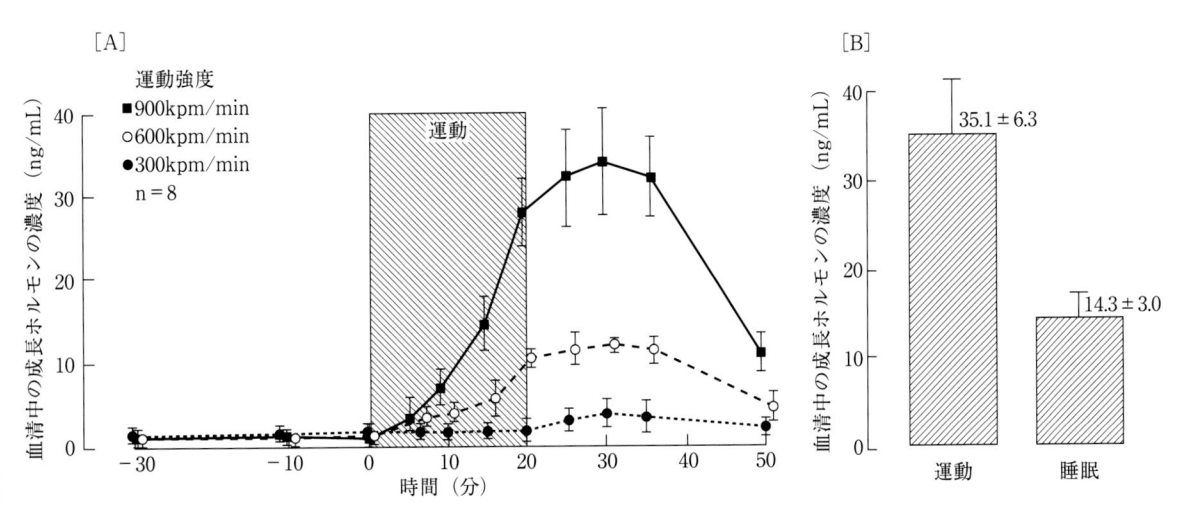

図 8-17 運動による血中の成長ホルモンの変化(A) と運動時と睡眠時の血中の成長ホルモンの比較(B)．
(Sutton, J. and Lazarus, L.: Growth hormone in exercise: comparison of physiological and pharmacological stimuli. J. Appl. Physiol. **41**：523-527, 1976.)

図 8-18 漸増負荷運動中の血漿免疫反応性インスリン，成長ホルモンおよびコルチゾール．6人のレーシング・サイクリスト（●—●）と6人の非鍛練者（○…○）の比較．平均値とその標準誤差を示す．
(Bloom, S. R., Johnson, R. H., Park, D. M., Rennie, M. J. and Sulaiman, W. R.: Differences in the metabolic and hormonal response to exercise between racing cyclists and untrained individuals. J. Physiol. **258**: 1-18, 1976.)

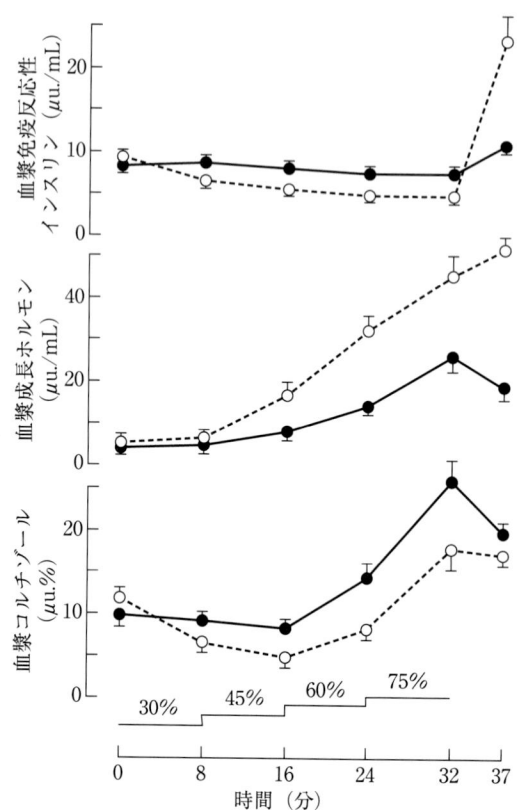

サイクリストの方が非鍛練者よりも成長ホルモンの濃度が低かった（Bloom ら[3]，1976）．また同一青年男子7人を7週間にわたって週3回，1回3時間のトレーニング（持久走，バスケットボール，バレーボール）を実施して最大酸素摂取量が14%増加した場合のトレーニング前後の血中成長ホルモンを自転車エルゴメータを用いて同一負荷強度（42%，75%および98% of $\dot{V}O_2max$）で比較した Hartley らの研究[24]（1972）においても，トレーニング後の血中の成長ホルモンの濃度は安静時にも運動中にも低下した．

成長ホルモンと運動との関係については発育期を対象とした場合が興味深い．Zakas ら[49]（1994）は10歳，13歳，9歳の男子それぞれ10人，10人，9人のトレーニング群と同年齢のコントロール群（8人，9人，9人）について，トレーニング群はふつうの学校体育（週2—3回，40分）の他に1回50分間週3回3カ月間にわたってトレーニングを行なった．トレーニングはウォーミングアップを10—15分間実施した後にインターバル・トレーニングを実施した．インターバル・トレーニングの重い負荷は自転車漕ぎ運動を最高心拍数の80—85%で4分間実施し，軽い負荷はウォーキングと体操を最高心拍数の30—40%で8-10分実施した．これに対してコントロール群は学校体育のみ実施した．3カ月間のトレーニング期間前後の血中の成長ホルモン濃度を図8-19に示す．

思春期の10歳の男子ではトレーニングの効果が見られなかったが，発育期に相当す

図 8-19 10歳, 13歳, 16歳のトレーニング群と同年齢のコントロール群についてトレーニング前後の安静時の血中成長ホルモン濃度を示す.
数値は平均値±平均値の標準誤差で示す.
$*p<0.05$, $**p<0.01$
(Zakas, A., Mandrouka, K., Karamouzis, M. and Panagiotopoulou : Physical training, growth hormone and testosterone levels and blood prepubertal, pubertal and adolescent boys. Scand. J. Med. Sci. Sports 4 : 113-118, 1994.)

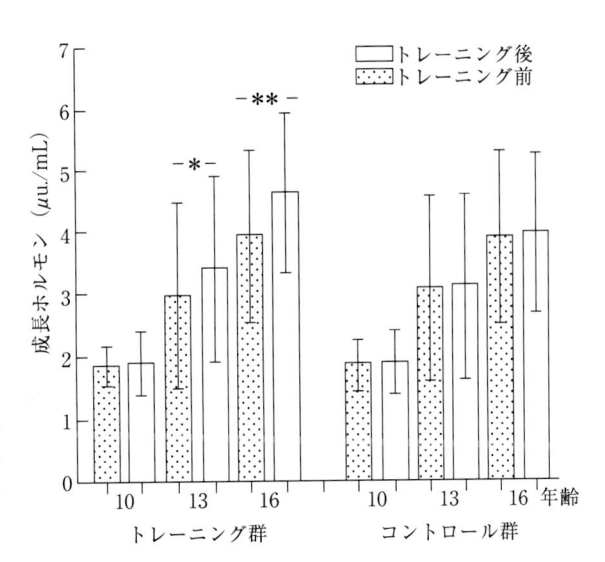

る13歳および16歳の男子ではトレーニングによって安静時の血中の成長ホルモンの濃度が有意に増加した. これに対してコントロール群では同じ時期の変化がすべての年齢で見られなかった. したがって, 発育期にトレーニングをすることによって安静時の成長ホルモンが増加して発育を促進する可能性があることをこのデータは示している. しかしトレーニング期間がわずか3カ月であったので, もっと長期間にわたる研究が今後行なわれることを望みたい.

3. 甲状腺ホルモンと運動

血漿中の甲状腺ホルモンの大部分はたんぱく質と結び付いているので, 甲状腺ホルモンの作用を明らかにするためにはチロキシン (T_4) とトリヨードチロニン (T_3) の濃度のみならず遊離チロキシン (free T_4) と遊離トリヨードチロニン (free T_3) の濃度を調べる必要がある.

Terjung と Tipton[45] (1971) は7人の青年男子に最大酸素摂取量の約60%に相当する自転車漕ぎ運動を30分間行なわせて, T_4, free T_4 および甲状腺刺激ホルモン (TSH) の変化を血液に対する血球部分の割合 (ヘマトクリット) とともに調べた (表8-3). その結果, 血中の T_4 の濃度は運動中に少し増加したが, その増加はヘマトクリットの増加と同じくらいであったので, 運動中の T_4 の濃度の増加は運動中の血液

表 8-3 血漿中の総チロキシン (T_4) と遊離チロキシン (free T_4), ヘマトクリット, 甲状腺刺激ホルモン (TSH) の運動による変化.
(Terjung, R. L. and Tipton, C. M. : Plasma thyroxine and thyroid-stimulating hormone levels during submaximal exercise in humans. Am. J. Physiol. 220 : 1840-1845, 1971.)

	運動前	運動		
		10分	20分	30分
[T_4]×10^{-7}モル	1.18±0.11	1.30±0.14	1.36±0.16	1.27±0.16
[free T_4]×10^{-11}モル	2.38±0.15	2.80±0.33	3.00±0.27	2.77±0.20
ヘマトクリット%	44.5±0.6	47.3±0.8	46.5±0.9	46.6±1.0
[TSH] ng/mL	9.2±0.3	8.8±0.6	9.2±0.5	8.9±0.5

表 8-4 90 km のクロスカントリーに参加した前後の 26 人の男子の
チロキシンおよび遊離チロキシンの濃度の平均値.

	前日	レース日	1 日後	2 日後
チロキシン（μg/100 mL）	7.6	8.6**	7.6	7.0
free T_4（ng/100 mL）	4.7	7.9***	5.8	5.1

**$p<0.01$, ***$p<0.001$

(Kirkeby, K. Strömme, S. B., Bjerhedal, I., Herzenberg, L. and Refsum, H. E.: Effect of prolonged, strenuous exercise on lipids and thyroxine in serum. Acta. Med. Scand. 202: 463-467, 1977.)

の濃縮のためと判断した．しかし free T_4 の増加は血液の濃縮を越えていたので真の増加と判断した．また TSH は運動の影響を受けなかった．

Caralis ら[8]（1977）は 10 人の健康な青年（男子 7 人，女子 3 人）にトレッドミル上を漸増ランニングを行なわせて，その前後の free T_4 を測定した．その結果，5 人の free T_4 が運動によって増加し，5 人の free T_4 が減少した．彼等はこの結果を検討して，最大ランニング時の「心拍数×収縮期血圧」の数値から判定して身体的によりよくトレーニングされた人では free T_4 が増加したことを示唆した．

Kirkeby ら[30]（1977）は 26 人の男子が 90 km のクロスカントリースキーに参加した前後のチロキシン（T_4）と遊離チロキシン（free T_4）の血中の濃度を測定した（表 8-4）．その結果，どちらの物質もレースを終了した日の血中濃度が増加していたが，その翌日にはレース前の値と変わらなかった．

Stock ら[41]（1978）は 3650 m の高地で空腹時に運動した場合に低地で空腹時に運動した場合よりも free T_4，T_4 とともに脂肪酸の血中濃度が増加していることを報告した．

ラットを用いた動物実験で Winder と Heninger[48]（1973）はラットを回転ドラム上でランニングをさせて 4 週間トレーニングすると，安静時の free T_4 の T_4 中に含まれる割合が運動したラット（$0.036\%\pm0.05$）の方が安静ラット（$0.024\%\pm0.02$）と比較して有意（危険率 1% 以下）に高かった．

Balsam と Leppo[2]（1974）は甲状腺ホルモン（T_4 と T_3）の代謝回転を放射性ヨードを含んだ上記のホルモンを静脈内に注入して，その後体外に排泄される量を調べた結果，トレッドミルを用いて 12 週間トレーニングしたラットでは非トレーニングラットよりも代謝回転が速く，とくに糞からの排泄量が増した．

以上の結果からはげしい運動（長時間または低酸素下）によって甲状腺ホルモンの働きが高まり，また代謝回転が増すが，そのことが生理学的にどのような意義を持っているかは明らかでない．

4．糖質コルチコイド，副腎皮質刺激ホルモン（ACTH）と運動

副腎皮質から分泌される糖質コルチコイドのうち，ヒトではコルチゾールが，ラットではコルチコステロンが主として分泌される．

Kuoppasalmi ら[32]（1980）は長距離ランナーが余裕を持って約 20 km の距離を走った場合と全力で 13—14 km を走った場合の血漿コルチゾールの変化を調べた．その結

図 8-20 5人の長距離ランナーの持久走による血中コルチゾールの変化．運動をしない日（□…□），中等度のランニング（4.3分/km の速度で 21 km）（●—●），はげしいランニング（3.3分/km の速度で 13-14 km）（△—△）．
(Kuoppasalmi, K., Näveri, H., Härkönen, M. and Adlercreutz, H.：Plasma cortisol, androstenedione, testosterone and luteinizing hormone in running exercise of different intensities. Scand. J. Clin. Lab. Invest. **40**：403-409, 1980.)

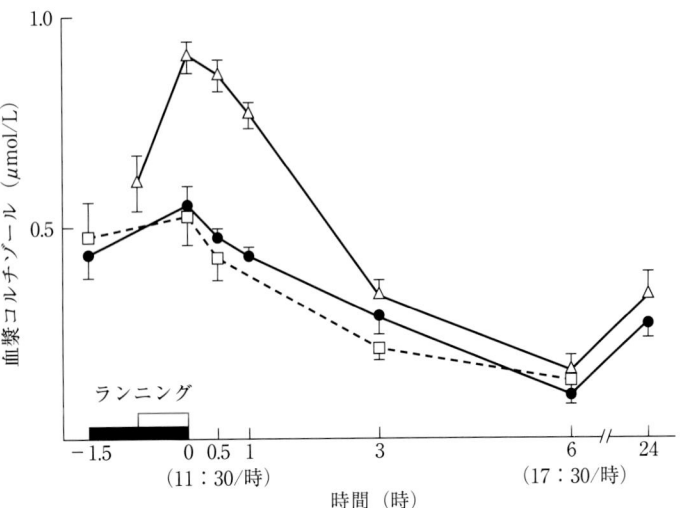

果，図 8-20 に示されているように余裕を持って走った場合には血中のコルチゾールの濃度が運動をしない日と変らなかったが，全力で走った場合には 2 倍近くまで上昇し，運動終了後約 3 時間して安静値に戻った．しかし，Rose ら[36]（1970）は 9 人の男子が 1 マイルを平均 7 分 32 秒で走った後の血中のコルチコイドの濃度は安静時と変らなかったことを述べている．

Bloom ら[3]（1976）は自転車エルゴメータテストで最大負荷が平均 342 ワットの 6 名のレーシングサイクリストと平均 236 ワットの 6 名の非鍛練者に，同じ相対負荷強度（最大負荷の 30％，45％，60％，75％）でそれぞれ 8 分間，合計 32 分間の漸増負荷テストを行なって，血漿中のコルチゾール濃度を調べた（図 8-18）．その結果，両グループとも最大負荷の 75％の負荷で初めて血漿コルチゾールの濃度が増したが，その増加はサイクリストの方が大きかった．

Hartley ら[23]（1972）は 6 人の青年男子を持久走，バスケットボール，バレーボールなどによって 1 回 3 時間，週 3 回，7 週間にわたってトレーニングを行ない，トレーニング前後に同じ相対的負荷強度（40，70，100％of $\dot{V}O_2max$）で自転車エルゴメータを用いて漸増負荷テストを行なって，その際の血中のコルチゾールの濃度を測定した．運動時間は 3 つの負荷でそれぞれ 8 分，8 分，5 分であった．その結果，トレーニング前もトレーニング後も最後の負荷で初めてコルチゾールの濃度が安静値の約 2 倍まで増したが，その時の数値はトレーニングによって変わらなかった．

以上の事実は Shephard と Sidney[39]（1975）が「弱い運動から中等度の運動までは血漿の糖質コルチコイドの濃度は変化しない．この点が成長ホルモンやグルカゴンと異なっている」と述べている点を裏付けるものである．強い運動で血漿コルチゾールの濃度は上昇するが，トレーニングされた者とトレーニングされていない者とでどちらのコルチゾールの濃度が一層上昇するかについては前述の引用した事実からは決められない．

コルチゾールとそれを支配している ACTH との関係について，Dessypris ら[14]

表 8-5 9人のランナーのマラソン前後の血漿コルチゾールと ACTH の数値.
(Dessypris, A., Wägar, G., Fyhrquist, F., Mäkinen, T., Welin, M. G. and Lambery, B.-A.: Marathon run: effects on blood cortisol-ACTH, iodothyronines-TSH and vasopressin. Acta. Endocr. 95: 151-157, 1980.)

	マラソン	
	前	後
コルチゾール μmol/L	0.22 ± 0.10	0.82 ± 0.27*
ACTH ng/L	19 ± 13	108 ± 33**

*$p<0.0005$　　平均値±標準偏差
**$p<0.005$

(1980)はアテネで行なわれたマラソン大会出場者9人の大会前日と当日マラソン終了後を同じ時刻で測定した結果(日差変動を避けるため)を表8-5に示す．どちらのホルモンもマラソン終了後血中の濃度が4—5倍増加していた．

　Fraioli ら[15](1980)は青年プロ競技者8人が漸増トレッドミル走を行なって最大酸素摂取量が得られた時の血漿 ACTH の濃度が安静時の約10倍に達したことを述べているが，この場合にはコルチゾールの濃度は測定されていなかった．一方，Gambertら[21](1981)は平素規則的な運動をしていない男女に最高心拍数の80％に達するトレッドミル走を20分間実施させた結果，運動による ACTH の上昇は男子の方が女子よりも著しかったと述べている．

　以上のように ACTH も強い運動によって血中の濃度が上昇し，コルチゾールとほぼ同じような変化を示すものと思われる．このことから血中のコルチゾールの運動による増加は ACTH を介して行なわれるものと推定される．

　なおラットを運動させると副腎の重量が増すことが知られている(Song ら[40], 1973).

5．レニン，アンギオテンシン，アルドステロンと運動

　レニンは腎の傍糸球体細胞から血液中に分泌され，アンギオテンシンを介して副腎皮質からアルドステロンを分泌させる．アルドステロンは腎でのナトリウムの再吸収を増加させ，これに伴って血漿の水分が増加して血圧が上昇する．

　血中のレニンは肝臓で除去されるが，除去される程度は肝血流と無関係であるので，レニンの血中濃度はレニンの腎での分泌量と比例すると考えられる[25]．

　レニンはつぎのような場合に反応して分泌される[44]．① 中心血液量の減少 ② 体内のナトリウムの減少 ③ 交感神経の活動 ④ 腎血流量の減少

　運動中にレニンの分泌量が増すが，その反応はノルエピネフリンの分泌量と関係が深いので，交感神経系の β-レセプターを介して行なわれるとされている[26,31]．交感神経系の β-レセプターをブロックする薬物(β-ブロッカー)によって血漿中のレニンの濃度が低下し[4,5]，β-レセプターを刺激する薬物によって上昇する[33]．

　運動中および運動後に血漿中のレニンの濃度が増加する．レニンの増加は運動強度に依存する[10,31,33]．図8-21は100，175，225ワットの自転車漕ぎ運動をそれぞれ6分間にわたって別の日に行なった時の血漿中のレニン活性を示したものである．

　増加した血漿レニン活性とその結果起こるアルドステロン濃度の増加は運動後6—

12時間にわたって継続する（図8-22）．

運動時のレニンの増加は交感神経系の活動だけによるものではない．食事からのナトリウムを減らすと，運動中の血漿レニンの濃度が増加して，その結果腎でのナトリウムの再吸収を増す[33]．

以上述べたように，運動によってレニン・アンギオテンシン・アルドステロン系の働きが高まり，ナトリウムの尿中への排泄量とそれに伴なう水分の排泄量とが減少して細胞外液の量の減少を防ぐように働く．

6．インスリン，グルカゴンと運動
(1) インスリン

インスリンは血糖を低下させる唯一のホルモンである．運動とインスリンとの関係は運動が強くなるにしたがってインスリンの血中濃度が低下するが，Hartleyら[23] (1972)は7週間のはげしいトレーニングによって漸増負荷運動中の血中インスリンの濃度がトレーニング前よりも高いレベルに保たれることを観察した（図8-23）．またBloomら[3] (1976)は十分にトレーニングされたレーシング・サイクリストと非鍛練者との漸増負荷運動中の血中濃度を比較したが後者では運動中のインスリンの血中濃度が減少し，運動中止後に急増したのに対して，サイクリストでは運動中にインスリンの濃度が低下せず，運動後の上昇もわずかであった（図8-18）．運動中のインスリンの分泌抑制は低酸素下で運動を行なった時に一層顕著に起こる（図8-24）．

このようなインスリンの分泌抑制はインスリンを分泌する膵臓のランゲルハンス島のβ細胞にある交感神経のα受容体を介して行なわれる．したがって，交感神経系の

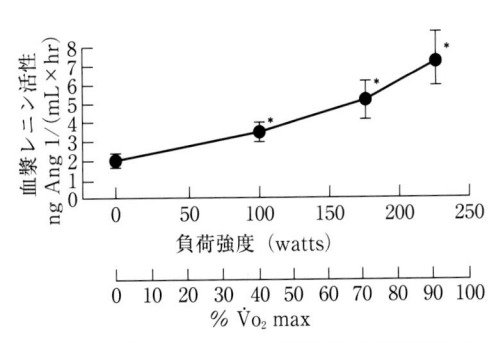

図8-21 異なった3つの運動強度で自転車漕ぎ運動をした後の血漿レニン活性．
血漿レニン活性は恒温漕内に資料を置き，アンギオテンシン1 (Ang) の生成速度 (ng/mL×時間) で示す．
(Convertino, V. A., Keil, L. C., Bernauer, E. M. and Greenleaf, J. E.: Plasma volume, osmorality, vasopressin, and renin activity during graded exercise in man. J. Appl. Physiol.: Respirat, Environ, Exercise Physiol. **50**: 123-128, 1981.)

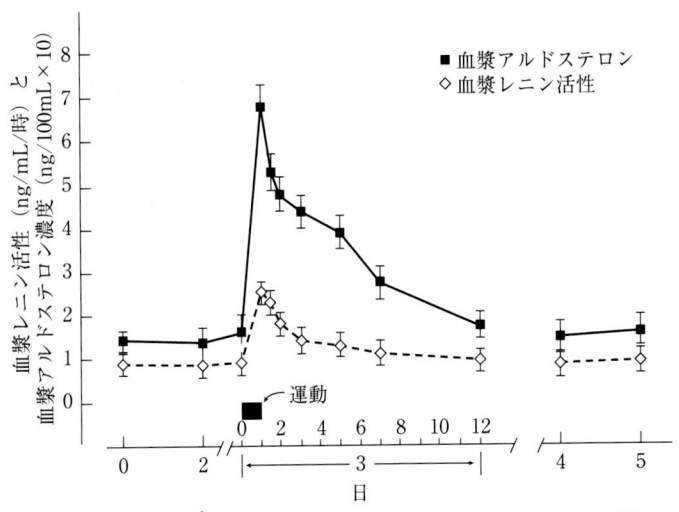

図8-22 60% of $\dot{V}O_2$max の運動を，室温30℃，湿度50-53%の環境下で1時間行なった時の運動中と運動後の血漿レニン活性とアルドステロン濃度．
(Costill, D. L., Branam, G., Fink, W. and Nelson, R.: Exercise induced sodium conservation: changes in plasma renin and aldosterone. Med. Sci. Sports **8**: 209-213, 1976.)

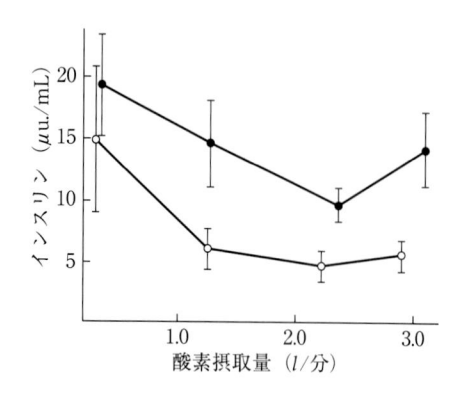

図 8-23 酸素摂取量と血漿中のインスリンの濃度(マイクロユニット/mL)との関係.
　　　○─○ トレーニング前,
　　　●─● トレーニング後
(Hartley, L. H., Mason, J. W., Hogan, R. P., Jones, L. G., Kotchen, T. A., Mougey, E. H., Wherry, F. E., Pennington, L. L. and Ricketts, P. T.: Multiple hormonal responses to graded exercise in relation to physical training. J. Appl. Physiol. 33: 602-606, 1972.)

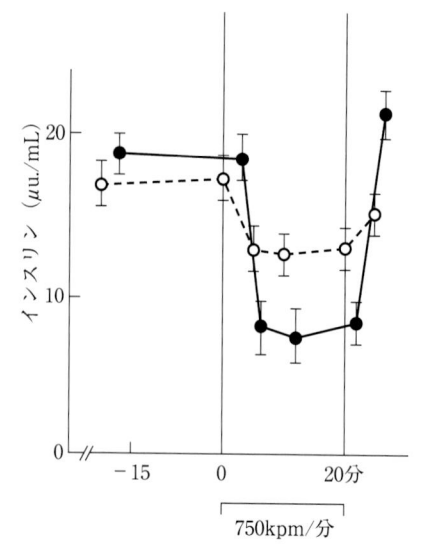

図 8-24 750 kpm/分の強度で自転車漕ぎ運動を正常酸素下と低酸素下で実施した時の血清インスリンの濃度の比較.
　　　●─● 低酸素下,
　　　○┄○ 正常酸素下
(Sutton, J. R.: Effect of acute hypoxia on hormonal response to exercise. J. Appl. Physiol. 42: 487-592, 1977.)

活動が盛んで，血中のノルエピネフリンの濃度が高い時にはインスリンの濃度が減少する．しかし副腎髄質から分泌されるエピネフリンの濃度が高くてもインスリンの濃度は低下しない（Bray ら[6]，1977）．

肥満者[6]や炭水化物に富んだ食物を摂取している人[35]では安静時にも運動時にも血中のインスリンの濃度が高い．反対に絶食によってインスリンの濃度が低下する[16]．

（2）グルカゴン

膵臓のランゲルハンス島の α 細胞から分泌されるグルカゴンはインスリンと反対に血糖を上昇させる働きをしている．

ラットでは運動による肝グリコーゲンの解糖とそれに伴う血糖の上昇にはグルカゴンが主要な働きをしている．しかしヒトでは漸増負荷運動によって血中のノルエピネフリンが増加してもグルカゴンは増加しない（図 8-10）．また長時間運動によっても運動が 1 時間以内であれば，血中のグルカゴンは増加しない．しかし，交感神経の β レセプターをブロックすると，グルカゴンの作用が失なわれるので，グルカゴンの生理的な働きは α 細胞の β レセプターを介して行なわれていると推定される（図 8-25）．

絶食中に運動をすると，インスリンの血中濃度は安静時でも絶食前よりも低下していたが，運動によってさらに低下した．これに対してグルカゴンは運動前，運動とも絶食前よりもはるかに上昇して血糖の低下を防ぐ働きをしていた（図 8-26）．したがっ

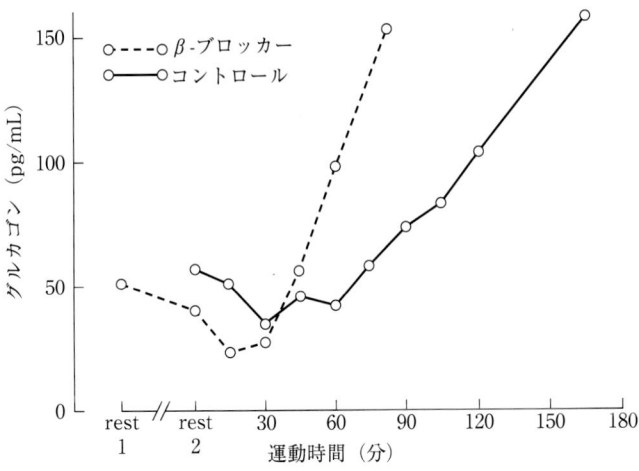

図 8-25　安静と長時間運動中の血漿グルカゴン濃度 (7人), 点線は交感神経の β レセプターを薬物でブロックした場合.
(Galbo, H., Richter, E. A., Hilsted, J., Holst, J. J., Christensen, N. J. and Henriksson, J.：Hormonal regulation during prolonged exercise. Ann. N. Y. Acad. Sci. **301**：72-80, 1977.)

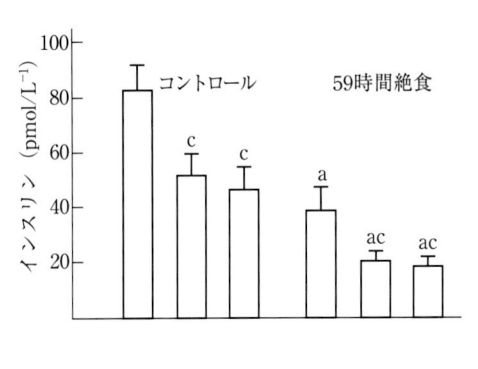

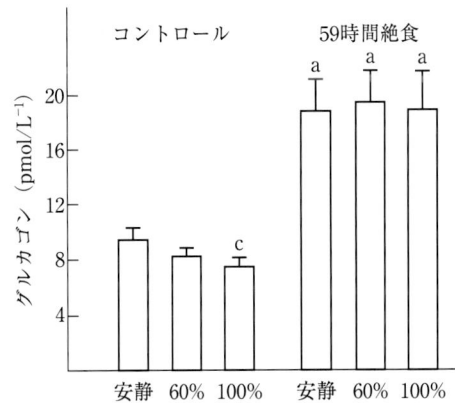

図 8-26　絶食時の運動による血中のインスリンとグルカゴンの濃度の変化. 平均値と標準誤差で示す.
(Galbo, H.：Hormonal and matabolic adaptation to exercise. Georg Thiem, Stuttgart, 1983.)
a：絶食対コントロール
c：運動対安静
　　$p<0.05$ にて有意差あり
60％：最大酸素摂取量の 60％の強度で 10 分間トレッドミル走
100％：最大酸素摂取量の強度で 5 分間トレッドミル走

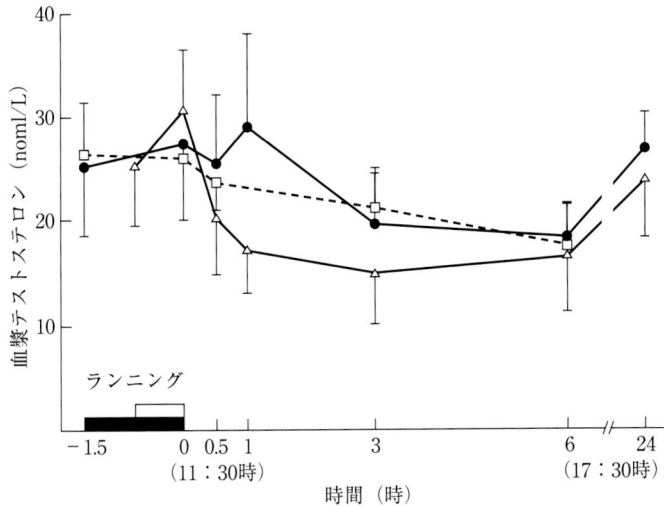

図 8-27　血漿テストステロンの変化.
　　□…□ 運動をしない日, ●—● 中等度の運動 (4.3 分/km で 21 km) の日, △—△ はげしい運動 (3.3 分/km で 13-14 km 走) の日.
(Kuoppasalmi, K., Näveri, H., Härkönen, M. and Adlercreutz, H.：Plasma cortisol, androstenedione, testosterone and luteinizing hormone in running exercise of different intensities. Scand. J. Clin. Lab. Invest. **40**：403-409, 1980.)

て図 8-25 に見られた 1 時間を越す長時間運動時の血中グルカゴンの上昇は低血糖のためであろう.

7. 性ホルモンと運動

(1) テストステロン

視床下部の性腺刺激ホルモン放出ホルモンによって下垂体前葉から性腺刺激ホルモンが放出される．性腺刺激ホルモンのうち，黄体形成ホルモンが睾丸でテストステロンの合成と血中への分泌を行なう．女子では黄体形成ホルモンが卵巣を刺激して少量のテストステロンを分泌する．テストステロンはまた副腎皮質からも分泌され，女子ではこの分泌量の方が多い．

流血中のテストステロンの大部分はたんぱく質と結び付いていて，遊離テストステロンは1—3%に過ぎないが，これが活動性が高い．

1) 運動に対する急性の反応（表8-6）

表8-6は運動前後の血清中のテストステロンの変化を示している．実施した運動はランニングまたは自転車漕ぎ運動のような全身運動が大部分で，血清中のテストステロンは男女とも運動後に20—30%増加している．ウェイト・トレーニングでは例数が少ないが運動後の増加の割合が少ない．このように血中のテストステロンが運動後に増加しているのは，テストステロンの肝臓での除去の働きが低下しているためとされている．運動中止後に増加した血中のテストステロンは急速に低下する（図8-27）．スプリント走では運動後のテストステロンの血中濃度は増加しない（Kuoppasalmiら[32]）．

表 8-6 運動に対する血清中のテストステロンの急性反応．

文献	性	運動の種類	強さ	持続時間	テストステロンの変化（%）
Guezennec et al. (1986)	男子	ウェイトトレーニング	70%MVC	8回 15セット	+3
Shangold (1984)	女子	トレッドミル走	自分で選ぶ	30分	+37
Grossman et al. (1984)	男子	自転車エルゴメータ	40と80%MAP	40分	+29
Cumming et al. (1987)	女子	ウェイトトレーニング	疲労するまで	10回 18セット	+20
Maresh et al. (1988)	男子	自転車エルゴメータ	50%MAP	45分	+30
Kuoppasalmi (1980)	男子	ランニング	3.3分/km	45分	+21
Kuoppasalmi (1980)	男子	ランニング	4.3分/km	90分	+7
Wilkerson et al. (1980)	男子	トレッドミル走	漸増して90%MAPまで	20分	+11
Wilkerson et al. (1980)	男子	トレッドミル走	100%MAP	8分	+21

MVC=最大筋力；MAP=最大酸素摂取量

(Deschenes, M. R., Kraemer, W. J., Maresh, C. M. and Crivello, J. F.: Exercise-induced hormonal changes and their effects upon skeletal muscle tissue. Sports Med. 12: 80-93, 1991.)

表 8-7 トレーニングによる安静時のテストステロンの血清中の変化.

文献	性	運動の種類	強さ	持続時間	テストステロン濃度の変化（%）
Wheeler et al. (1984)	男子	ランニング	自己選択	64 km/wk	−17
Cumming et al. (1987)	女子	ウェイトトレーニング	筋疲労まで	8 wk	+36
Tegelman et al. (1990)	男子	スキー/オリエンテーリング	シーズンオフ，低強度のトレーニング		+21
Tegelman et al. (1990)	女子	スキー/オリエンテーリング	シーズンオフ，低強度のトレーニング		−21
Busso et al. (1990)	男子	ウェイトトレーニング	80%MVC, 230 反復/週	15 wk	+52
Busso et al. (1990)	男子	ウェイトトレーニング	80%MVC, 230 反復/週	51 wk	+17
Seidman et al. (1990)	男子	エアロビック運動		5 days/wk, 6 wk	+29
Seidman et al. (1990)	男子	エアロビック運動		5 days/wk, 12 wk	−21
Seidman et al. (1990)	男子	エアロビック運動		5 days/wk, 18 wk	+2
Hackney et al. (1990)	男子	ランニング	自己選択	18 km/day, 16 y	−48
Haakinen et al. (1985)	男子	ウェイトトレーニング	70-100%MVC, 570 反復/週	16 wk	+25
Haakinen et al. (1985)	男子	ウェイトトレーニング	70-100%MVC, 570 反復/週	24 wk	0
Haakinen et al. (1990)	女子	ウェイトトレーニング	40-80%MVC, 300 反復/週	16 wk	−18
Haakinen et al. (1988)	男子	ウェイトトレーニング	自己選択	3-5 days/wk, 24 カ月	+27

MVC＝最大筋力，wk＝週，y＝年

(Deschenes, M. R., Kraemer, W. J., Maresh, C. M. and Crivello, J. F.：Exercise-induced hormonal changes and their effects upon skeletal muscle tissue. Sports Med. 12：80-93, 1991.)

2）運動によるトレーニング効果

表8-7にトレーニングによる安静時の血清中のテストステロン濃度の変化を示す．全体的に見て，トレーニングによって安静時のテストステロンは増加する場合も低下する場合もある．とくに目立つのは1日に18 kmのランニングを16年間実施していたケースで血中のテストステロンが同年齢の男子よりも48%低かった．ただしこのケースではトレーニングの内容から見て，オーバートレーニングになっていた可能性がある．また男子のウェイトトレーニングでは全体的に血中のテストステロン濃度を増加させる効果が得られている．女子では例数が少なく，効果が不明である．

発育期の男子にトレーニングを行なってテストステロンに対する影響を観察した研究にはZakasらの報告[49]がある．トレーニング内容については成長ホルモンの項で述べたので省略するが，トレーニングの結果は図8-28に示されているように，13歳と16

図 8-28 10, 13, 16 歳男子のトレーニング群と同年齢のコントロール群についてトレーニング前後の安静時の血中のテストステロン濃度の変化を示す．
*p＜0.05, **p＜0.01
(Zakas, A., Mandrouka, K., Karamouzis, M. and Panagiotopoulou：Physical training, growth hormone and testosterone levels and blood prepubertal, pubertal and adolescent boys. Scand. J. Med. Sci. Sports **4**：113-118, 1994.)

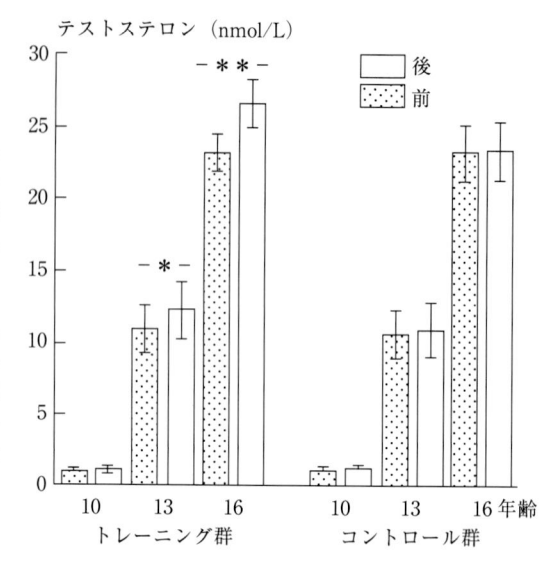

歳の男子のグループではトレーニングによって血中のテストステロンの濃度が増した．しかし思春期前の 10 歳の男子ではトレーニングの効果が見られなかった．

（2）エストラジオールとプロゲステロン

女性ホルモンは卵胞ホルモンの有効成分であるエストラジオール（estradiol）と黄体ホルモンの有効成分であるプロゲステロン（progesterone）が測定対象となる．これらのホルモンはそれぞれ下垂体前葉から分泌される卵胞刺激ホルモンと黄体形成ホルモンの支配を受けるので，運動と女性ホルモンの関係を知るにはこれらの 4 つのホルモンを性周期の卵胞期と黄体期に運動を実施してホルモンの反応を明らかにする必要がある．

Jurkowski ら[29]（1978）は 9 人の月経が正常な女子（年齢 21.8 歳，身長 168.4 cm，体重 60.3 kg，$\dot{V}_{O_2}$max 42.8 mL/kg・分）に運動を負荷してホルモンの変化を観察した．運動は 3 段階の漸増負荷自転車漕ぎ運動で，第 1 段階は平均 32% of $\dot{V}_{O_2}$max の強度（軽運動）で 20 分間，第 2 段階は平均 63% of $\dot{V}_{O_2}$max の強度（重運動）で 20 分間，

表 8-8 健康な青年女子の性ホルモンと性腺刺激ホルモンの性周期および運動による変化．

	エストラジオール (pg/mL)		プロゲステロン (ng/mL)		卵胞刺激ホルモン (mIU/mL)		黄体形成ホルモン (mLIU/mL)	
	卵胞期	黄体期	卵胞期	黄体期	卵胞期	黄体期	卵胞期	黄体期
安静	103.8	199.5	0.53	9.07	7.04	4.10	12.70	11.54
軽運動	110.3	218.1	0.57	10.33	7.96	3.94	13.97	11.50
重運動	119.6	272.5	0.75	12.60	9.64	4.57	15.88	11.39
疲労困憊	129.8	270.1	0.87	12.50	9.27	4.41	16.89	13.04

注：軽運動，重運動の測定値はそれぞれの運動 20 分後のもの
(Jurkowski, J. E., Jones, N. L., Walker, W. C., Younglai, E. W. and Sutton, J. R.：Ovarian hormonal responses to exercise. J. Appl. Physiol.：Respirat. Environ. Exercise Physiol. **44**：109-114, 1978.)

第3段階は平均88%of $\dot{V}o_2max$ で疲労困憊まで運動を行なった．その際のホルモンの測定値が表8-8に示されている．

　安静時のエストラジオール，プロゲステロンはともに卵胞期よりも黄体期に高い数値がえられているが，とくに後者では濃度が約20倍近くになっている．エストラジオールは運動によって卵胞期にも黄体期にも増加し，疲労困憊時に最高値に達した．プロゲステロンは卵胞期には安静値が非常に低く運動によって有意の増加が認められなかったが平均値が約60%増加し，黄体期には有意の増加が認められた．卵胞刺激ホルモンは卵胞期の方が黄体期よりも濃度が高かったが，前者の時期では運動による濃度の有意の増加が認められたが，後者の時期では認められなかった．黄体形成ホルモンはどちらの時期にも運動による有意の増加が認められなかった．

　以上のように卵胞から分泌されるエストラジオールとプロゲステロンの血中濃度は運動強度に依存して増加し，その増加は性周期の影響を受けて黄体期の方が大きい．この増加の原因としてはテストステロンと同じように肝臓におけるホルモン除去の働きが低下していることが推定されている．

（3）女子の性周期と運動

　Hetlundら[28]（1993）は205人の女子ランナーをその走行距離から3群に区分して，それぞれのグループの年齢，走行距離，体力特性とともに月経の状態を調査した（表8-9）．

　表からエリートランナーは平素の走行距離が長く，漸増負荷テストで到達するレベルが高く，体重当たりの最大酸素摂取が大きく，年齢が若く，体重が少なく，身体質

表8-9　205人の女子ランナーの走行距離，年齢，身体的特性および月経の状態．

	普通のランナー (n=88)	レクリエーションランナー (n=89)	エリートランナー (n=28)	p Value
週当たりの走行距離(km)	20 (16)	48 (14)	67 (25)	<0.001
運動負荷テストの段階	4 (0.6)	6 (0.5)	8 (0.6)	<0.001
最大酸素摂取量 (mL/min/kg)	45.0 (5.5)	50.5 (5.1)	60.2 (4.7)	<0.001
年齢（年）	34.5 (8.0)	34.0 (8.1)	29.1 (4.6)	<0.01
初経年齢（年）	13.6 (1.5)	13.6 (1.3)	13.7 (1.7)	NS
体重（kg）	62.3 (7.5)	62.1 (6.7)	57.3 (6.8)	<0.01
身体質量係数（kg/m²）	22.2 (2.0)	21.8 (1.9)	20.2 (1.7)	<0.001
正常月経（%）	59	39	21	
不規則月経（%）	35	39	57	
過少月経（%）	5	11	11	
無月経（%）	1	10	11	

　数値は平均値（標準偏差）を示す．
　p Value：分散分析による差の有意性の危険率
　NS：有意差なし
　(Hetlund, M. L., Haarbo, J. and Christiansen, C.: Running induces menstrual disturbances but bone mass is unaffected, except in ammenorrheic women. Am. J. Med. 95：53-60, 1993.)

量係数(体重/身長²)が小さかった．月経の状態では走行距離が短いグループほど正常者が多く，平素の走行距離が長いグループほど月経異常者の割合が増加した．

　これらのランナーの血中の性ホルモンと性腺刺激ホルモンの濃度の値は表8-10に平均値と最高値が示されている．これは女子の性ホルモンが性周期の影響を受けるためで，10日の間隔で3回採血をして，3回の平均値と最高値を示してある．この表から走行距離の多いランナーほどエストラジオール(平均値と最高値)，プロゲステロン(最高値)の血中濃度が低く，このことが月経異常者が多いことと関連していることが推定された．これらのランナーについて月経の状態別に血中の女性ホルモンの濃度を示したのが図8-29である．この図から月経の状態が正常なほど女性ホルモン(エストラジオールとプロゲステロン)の血中濃度が高かった．

　Glassら[22](1987)は1984年のオリンピック大会の女子マラソン大会に出場資格を持つ者(2時間51分19秒以内で公認マラソン大会で走った者)を調査した．その結果19%が無月経であったが，正常月経の者と比較した結果，練習量には差がなかったが，無月経のランナーの方が年齢が若く，体重が少なく，体脂肪率が低く，血中のエストラジオールの濃度が低かった．

　Bakerら[1](1981)はランニング開始前に正常月経であった23人の女子ランナーの現在の正常月経者(14人)と無月経者(6人)を比較した．その結果正常月経者は初潮開始年齢が早く(12.2歳：13.8歳)，血中のエストラジオール，下垂体から放出される黄体形成ホルモンと乳腺刺激ホルモンの濃度が無月経者よりも高かった．また出産経験のないランナーは無月経者に多かった．

　Daleら[12](1979)もランナー90人，ジョガー24人，一般の人(コントロール)54人計168人の女子を対象に調査をした結果，長距離ランナーでは無月経の者が多いこと，出産経験者に運動性の過少月経者や無月経者が少ないことを述べている．

表8-10　3グループのランナーの性ホルモンと性腺刺激ホルモン．

	普通のランナー	レクリエーションランナー	エリートランナー	p Value
エストラジオール(pmol/L)				
平均	373 (359-389)	327 (310-346)	280 (244-320)	0.02
最高	678 (643-714)	577 (538-619)	505 (429-595)	0.06
プロゲステロン (nmol/L)				
平均	3.6 (3.4-3.8)	3.1 (2.8-3.4)	2.8 (2.4-3.3)	NS
最高	20.4 (18.4-22.6)	13.4 (11.5-15.6)	11.5 (8.4-15.6)	0.03
黄体形成ホルモン (IU/L)				
平均	3.3 (3.1-3.5)	2.4 (2.2-2.6)	2.5 (2.2-2.8)	0.002
卵胞刺激ホルモン (IU/L)				
平均	7.7 (7.3-8.1)	7.7 (7.3 8.1)	6.5 (6.2-6.9)	NS

数値は平均値と最高値で示す．
p Value：分散分析による差の有意性の危険率
NS：有意差なし
(Hetlund, M. L., Haarbo, J. and Christiansen, C.: Running induces menstrual disturbances but bone mass in unaffected, except in ammenorrheic women. Am. J. Med. 95：53-60, 1993.)

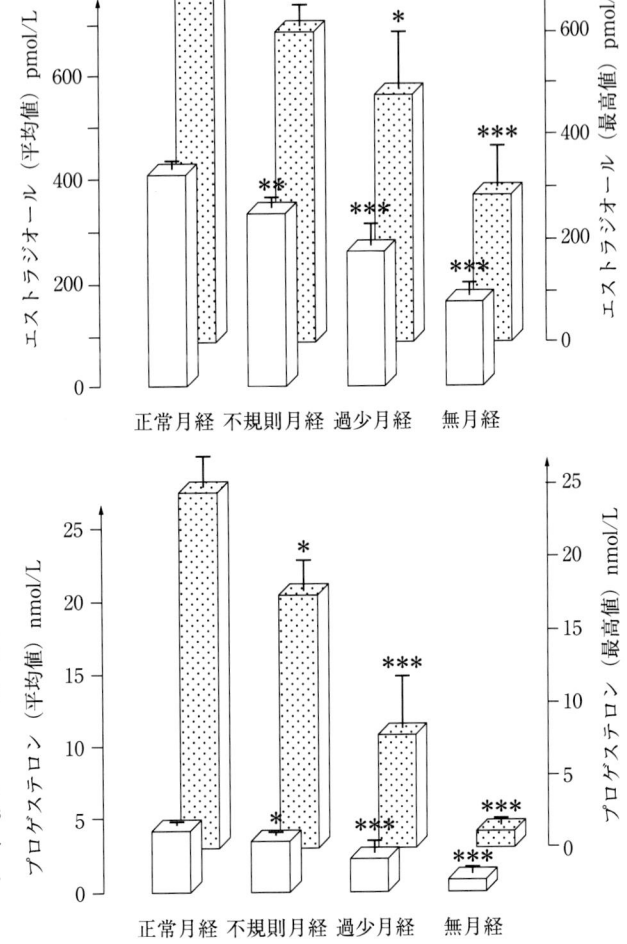

図 8-29 月経の規則性別にランナーを区分した場合のエストラジオールとプロゲステロンの血中濃度.白い柱は平均値,陰影をつけた柱は最高値を示す.pmol:10^{-12}モル,nmol:10^{-9}モル
(Hetlund, M. L., Haarbo, J. and Christiansen, C.: Running induces menstrual disturbances but bone mass is unaffected, except in ammenorrheic women. Am. J. Med. 95:53-60, 1993.)

　以上のように平素から練習量が多い女子の長距離ランナーでは月経異常者が多く,このような者は卵巣から分泌されるホルモンであるエストロゲンとプロゲステロンの分泌量が少なく,これらを統御する下垂体の性腺刺激ホルモンと乳腺刺激ホルモンの分泌量が少ないことが明らかにされた.

　そこで,Bullen ら[7](1985)は平素トレーニングされていない正常月経の女子大学生にランニング(最終的に1日に10マイル)と3時間半の中等度の強さのスポーツ(自転車,テニス,バレーボール)を行なわせた.このようなトレーニング群には食事を制限して体重を減少させた群と体重を維持させた群を設定して月経異常とホルモン障害の発生状態を調べた(表 8-11).

　その結果,健康な成人女子に長時間にわたってはげしいスポーツを行なわせると大部分の者が月経異常と下垂体性腺刺激ホルモン,黄体の異常を訴えることが明らかになった.このような女子の性機能の障害は体重を維持していても防げなかった.したがって成人女子がマラソン大会に出場しようと思って非常にはげしい運動の練習を繰

返すことは成人女子の性機能を維持するという立場からあまり望ましいことではない.

表 8-11 健康な正常月経女子大学生にはげしいスポーツを実施させた時の月経異常並びに性ホルモン障害の発現状態.
(Bullen, B. A., Skrinar, G. S., Beitins, I. Z. Mering, G., Turbull, B. A. and McArthur, J. W.: Induction of menstrual disorders by strenuous exercise in untrained women. New Eng. J. Med. 312: 1349-1353, 1985.)

	体重維持グループ	体重減少グループ
人数	12	16
年齢（年）	22±0.5	22±0.5
トレーニング前の体脂肪率（％）	26±0.9	26±1.2
トレーニングによる体重の変化（％）	−1±0.2	−4±0.3
総走行距離（マイル）	241±16	261±9
月経異常（人数）		
異常なし	3	1
出血異常	7	7
遅延	1	12
ホルモン障害（人数）		
黄体機能異常	8	10
黄体形成ホルモンの急増期消失	5	13

[文　献]

1) Baker, E. R., Mathur, R. S., Kirk, R. F., and Williamson, H. O.: Female runners and secondary amenorrhea: correlation with age, parity, mileage, and plasma hormonal and sex-hormone-binding globulin concentrations. Fertility and Sterility 36: 183-187, 1981.

2) Balsam, A. and Leppo, L. E.: Stimulation of the peripheral metabolism of L-thyroxine and 3, 5, 3'-L-Triiod thyronine in the physially trained rat. Endocrinology 95: 299-302, 1974.

3) Bloom, S. R., Johnson, R. H., Park, D. M., Rennie M. J. and Sulaiman, W. R.: Differences in the metabolic and hormonal response to exercise between racing cyclists and untrained individuals. J. Physiol. 258: 1-18, 1976.

4) Bonelli, J., Waldhäusl, W., Magometschnigg, D., Schwarzmeier, J., Korn, A. and Hitzenberger, G.: Effect of exercise and of prolonged oral administration of propranolol on haemodynamic variables, plasma renin concentration, plasma aldosterone and c-AMP. Eur. J. Cli. Invest. 7: 337-343, 1977.

5) Bozovic, L. and Castenfors, J.: Effect of ganglionic blocking on plasma renin activity in exercising and pain-stressed rats. Acta Physiol. Scand. 70: 290-292, 1976.

6) Bray, G. A., Whipp, B. J., Koyal, S. N. and Wasserman, K.: Some respiratory and metabolic effects of exercise in moderately obese men. Metabolism 26: 403-412, 1977.

7) Bullen, B, A., Skrinar, G. S., Beitins, I. Z. Mering, G., Turbull, B. A. and McArthur, J. W.: Induction of menstrual disorders by strenuous exercise in untrained women. New Eng. J. Med. 312: 1349-1353, 1985.

8) Caralis, D. G., Edwards, L. and Davis, P. J.: Serum total and free thyroxine and triiodthyronine during dynamic muscular exercise in man. Am. J. Physiol. 233: E 115-E 118, 1977.

9) Clancy, L. J., Critchley, J. A. J. H., Leitch, A. G., Kirby, B. J., Ungar, A. and Flenley, D. C.: Arterial catecholamines in hypoxic exercise in man. Cli. Sc. Mol. Med. 49: 503-506, 1975.

10) Convertino, V. A., Keil, L. C., Bernauer, E. M. and Greenleaf, J. E.: Plasma volume, osmorality, vasopressin, and renin activity during graded exercise in man. J. Appl. Physiol.: Respirat, Environ, Exercise Physiol. 50: 123-128, 1981.

11) Costill, D. L., Branam, G., Fink, W. and Nelson, R.: Exercise induced sodium conservation: changes in plasma renin and aldosterone. Med. Sci.

Sports 8 : 209-213, 1976.
12) Dale, E., Gerlach, D. H. and Wilhite, A. V. : Menstrual dysfunction in distance runners. Obstet. and Gynecol. 54 : 47-53, 1979.
13) Deschenes, M. R., Kraemer, W. J., Maresh, C. M. and Crivello, J. F. : Exercise-induced hormonal changes and their effects upon skeletal muscle tissue. Sports Med. 12 : 80-93, 1991.
14) Dessypris, A., Wägar, G., Fyhrquist, F., Mäkinen, T., Welin, M. G. and Lambery, B.-A. : Marathon run : effects on blood cortisol-ACTH, iodothyronines-TSH and vasopressin. Acta. Endocr. 95 : 151-157, 1980.
15) Fraioli, F., Moretti, C., Paolucci, D., Alicicco, F., Crescenti, F. and Fortunio, G. : Physical exercise stimulates marked concomitant release of β-endorphin and adrenocorticotropic hormone (ACTH) in peripheral blood in man. Experimentesia 36 : 987-988, 1980.
16) Galbo, H. : Hormonal and matabolic adaptation to exercise. Georg Thiem, Stuttgart, 1983.
17) Galbo, H., Holst, J. J. and Christensen, N. J. : Glucagon and plasma catecholamine responses to graded and prolonged exercise in man. J. Appl. Physiol. 38 : 70-76, 1975.
18) Galbo, H., Holst, J. J. and Christensen, N. J. : The effect of different diets and of insulin on the hormonal responses to prolonged exercise. Acta. Physiol. Scand. 107 : 19-32, 1979.
19) Galbo, H., Houston, M. E., Christensen, N. J., Holst, J. J., Nielsen, B., Nygaard, E. and Suzuki, J. : The effect of water temperature on the hormonal response to prolonged swimming. Acta. Physiol. Scand. 105 : 326-337, 1979.
20) Galbo, H., Richter, E. A. : Hilsted, J., Holst, J. J., Christensen, N. J. and Henriksson, J. : Hormonal regulation during prolonged exercise. Ann. N. Y. Acad. Sci. 301 : 72-80, 1977.
21) Gambert, S. R., Garthwaite, T. L., Pontzer, C. H., Cook, E. E., Tristani, F. E., Duthie, E. H., Martinson, D. R., Hagan, T. C. and McCarty, D. J. : Running elevates plasma β-Endorphin immunoreactivity and ACTH in untrained human subjects. Proc. Soc. Exper. Biol. and Med. 168 : 1-4, 1981.
22) Glass, A. R., Yahiro, J. A., Deuster, P. A., Vigersky, R. A., Kyle, S. B. and Schoomaker, E. B. : Amenorrhea in Olympic marathon runners. Fertility and Sterility 48 : 740-745, 1987.
23) Hartley, L. H., Mason, J. W., Hogan, R. P., Jones, L. G., Kotchen, T. A., Mougey, E. H., Wherry, F. E., Pennington, L. L. and Ricketts, P. T. : Multiple hormonal responses to graded exercise in relation to physical training. J. Appl. Physiol. 33 : 602-606, 1972.
24) Hartley, L. H., Mason, J. W., Hogan, R. P., Jones, L. G., Kotchen, T. A., Mougey, E. H., Wherry, F. E., Pennington, L. L. and Ricketts, P. T. : Multiple hormanl responses to prolonged exercise in relation to physical training. J Appl. Physiol. 33 : 607-610, 1972.
25) Hesse, B., Andersen, E. D. and Ring-Lasen, H. : Hepatic elimination of renin in man. Cli. Sc. & Mol. Med. 55 : 377-382, 1978.
26) Hasse, B., Christensen, N. J. and Andersen, E. D. : Renin release in relation to plasma noradrenaline during supine exercise in cardiac patients. Acta. Med. Scand. 204 : 185-189, 1978.
27) Hesse, B., Kanstrup, I, -L., Christensen, N. J., Ingemann-Hansen, T., Hansen, J. F. Halkjaer-Kristensen, J. and Petersen, F. B. : Reduced norepinephrine response to dynamic exercise in human subjects during O_2 breathing. J. Appl. Physiol. : Respirat. Environ. Exercise Physiol. 51 : 176-178, 1981.
28) Hetlund, M. L., Haarbo, J. and Christiansen, C. : Running induces menstrual disturbances but bone mass is unaffected, except in ammenorrheic women. Am. J. Med. 95 : 53-60, 1993.
29) Jurkowski, J. E., Jones, N. L., Walker, W. C., Younglai, E. W. and Sutton, J. R. : Ovarian hormonal responses to exercise. J. Appl. Physiol. : Respirat. Environ. Exercise Physiol. 44 : 109-114, 1978.
30) Kirkeby, K. Strömme, S. B., Bjerhedal, I., Herzenberg, L. and Refsum, H. E. : Effect of prolonged, strenuous exercise on lipids and thyroxine is serum. Acta. Med. Scand. 202 : 463-467, 1977.
31) Kotchen, T. A., Hartley, L. H., Rice, T. W., Mougen, E. H., Jones, L. G. and Mason, J. W. : Renin, norepinephrine, and epinephrine responses to graded exercise. J. Appl. Physion. 31 : 178-184, 1971.
32) Kuoppasalmi, K., Näveri, H., Härkönen, M. and Adlercreutz, H. : Plasma cortisol, androstenedione, testosterone and luteinizing hormone in running exercise of different intensities. Scand. J. Clin. Lab. Invest. 40 : 403-409, 1980.
33) Leenen, F. H. H., Boeer, P. and Geyskes, G. G. : Sodium intake and the effects of isoproterenol and

exercise on plasma renin in man. J. Appl. Physiol. : Respirat. Environ, Exercise Physiol. **45** : 870-874, 1978.

34) Lehmann, M., Keul, J., Berg, A. und Stippig, S. : Plasma-catecholamine und metabolische Veränderungen bei Frauen während Laufbandergometrie. Eur. J. Appl. Physiol. **46** : 305-315, 1981.

35) Rennie, M. J. and Johnson, R. H. : Effects of an exercise-diet program on metabolic changes with exercise in runners. J. Appl. physiol. **37** : 821-825, 1974.

36) Rose, L. I., Friedman, H. S., Beering, S. C. and Cooper, K. H. : Plasma cortisol changes following a mile run in conditioned subjeccts. J. Clin. Endocr. **31** : 339-341, 1970.

37) Sanchez, J., Requignot, J. M., Peyrin, L. and Monod, H. : Sex differences in the sympatho-adrenal response to isometric exercise. Eur. J. Appl. Physiol. **45** : 147-154,1980.

38) Sasaki, H., Hotta, N. and Ishiko, T. : Comparison of sympatho-adrenal activity during endurance exercise performed under high- and low-carbohydrate diet conditions. J. Sports Med. Phys. Fit. **31** : 407-412, 1991.

39) Shephard, R. J. and Sidney, K. H. : Effects of physical exercise on plasma growth hormone and cortisol levels in human subjects. Exercise and Sport Sciences Reviews **3** : 1-30, 1975.

40) Song, M. K., Ianuzzo, C. P., Sauber IV, C. W. and Gollnick, P. D. : The mode of adrenal gland enlargement in the rat in response to exercise training. Pflügers Arch. **339** : 59-68, 1973.

41) Stock, M. J., Chapman, C., Stirling, J. L. and Cambell, I. T. : Effect of exercise, altitude, and food on blood hormone and metabolic levels. J. Appl. Physiol. : Respirat, Environ. Exercise Physiol. **45** : 350-354, 1978.

42) Sutton, J. R. : Effect of acute hypoxia on hormonal response to exercise. J. Appl. Physiol. **42** : 487-592, 1977

43) Sutton, J. and Lazarus, L. : Growth hormone in exercise : comparison of physiological and pharmacological stimuli. J. Appl. Physiol. **41** : 523-527, 1976.

44) Terjung, R. : Endocine response to exercise. Exerc. and Sport Sci. Rev. **7** : 153-180, 1979.

45) Terjung, R. L. and Tipton, C. M. : Plasma thyroxine and thyroid-stimulating hormone levels during submaximal exercise in humans. Am. J. Physiol. **220** : 1840-1845, 1971.

46) Wasserman, D. H., Spalding, J. A., Brooks, Lacy, D., Colburn, C. A., Goldstein, R. E. and Cherrington, A. D. : Glucagon is a primary controller of hapatic glycogenolysis and gluconeogenesis during muscular work. Am. J. Physiol. **257** : E 108-E117, 1989.

47) Winder, W. W., Hagberg, J. M., Hickson, R. C., Ehsani, A. A. and McLane, J. A. : Time course of sympathoadrenal adaptation to endurance exercise training in man. J. Appl. Physiol. : Respirat. Environ. Exercise Physiol. **45** : 370-374, 1978.

48) Winder, W. W. and Heninger, W. : Effect of exercise on degradation of thyroxine in the rat. Am. J. Physiol. **224** : 572-575, 1973.

49) Zakas, A., Mandrouka, K., Karamouzis, M. and Panagiotopoulou : Physical training, growth hormone and testosterone levels and blood prepubertal, pubertal and adolescent boys. Scand. J. Med. Sci. Sports **4** : 113-118, 1994.

Ⅰ部 運動とからだの働き

9章 消化吸収と運動

　食物を消化管内に取り込み，それを利用できる形にすることを消化といい，小腸の細胞が消化された食物を消化管内から取込み血管またはリンパ管内に放出する働きを吸収という．
　食物のうち無機塩類とビタミンはそのまま吸収されるが，3大栄養素であるたんぱく質，炭水化物，脂肪は消化管内で分解されて比較的低分子量の化合物になった後に体内に吸収される．消化吸収されなかった食物残渣は大腸内で発酵，腐敗の作用を受け，これに胆汁，消化管からの分泌物，脱落した腸壁の細胞，腸内の細菌などが混じて糞便として体外に排泄される．
　消化器は口腔，食道，胃，小腸，大腸および消化腺から成り立っている（図9-1）．小腸はさらに十二指腸，空腸，回腸に，大腸は盲腸，結腸，直腸に区分される．

1 消化器の運動

1．咀嚼と嚥下
　口腔内で行なわれる咀嚼は随意運動で，主として咀嚼筋による下顎運動として行なわれ，舌や口唇の運動がこれを助ける．咀嚼筋は咬筋，側頭筋，外側翼突筋，内側翼突筋からなり，三叉神経第3枝（下顎神経）の支配を受ける．
　口腔内で咀嚼された食物が咽頭，食道を通って胃に入るまでに行なわれる一連の運動を嚥下という．すなわち，食塊が口腔の奥に到達して軟口蓋や舌根に触れると反射的に嚥下運動が起こる．嚥下はつぎの3つの時期に分けられる（図9-2）．第1相では口を閉じ，舌の前部を持ち上げて食塊を後方に押しやり，第2相では舌が口蓋に密着し，軟口蓋が引き上げられて鼻腔と口腔との連絡を断ち，さらに喉頭が引上げられて喉頭蓋が喉頭の入口を覆い，その後に食塊が嚥下される（嚥下反射）．食塊が液状の時にはただちに食道の下端に達するが固体の時には蠕動（上から下に進む筋層の収縮波）によって押し進められて食道の下端に到達する（第3相）．これによって反射的に食道下部の括約筋が弛緩して食物を胃へ送り込む．

2．胃の運動
　胃の筋層はよく発達し，外側の縦走筋，内側の輪状筋の他に最内側に斜走筋を持っている．

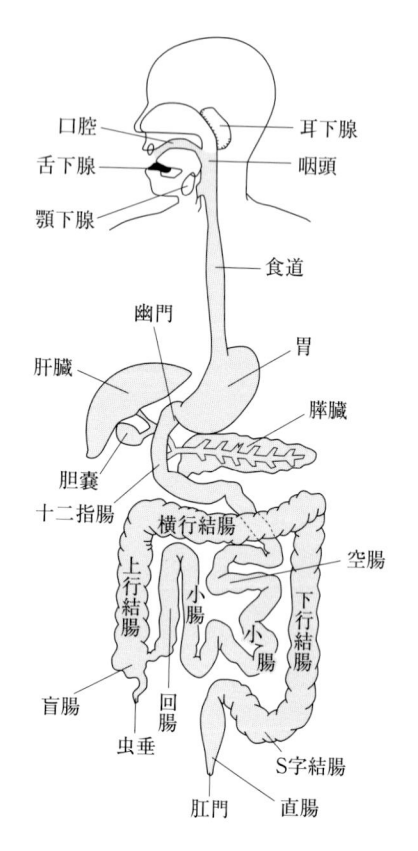

図 9-1 消化器（灰色の部分）．

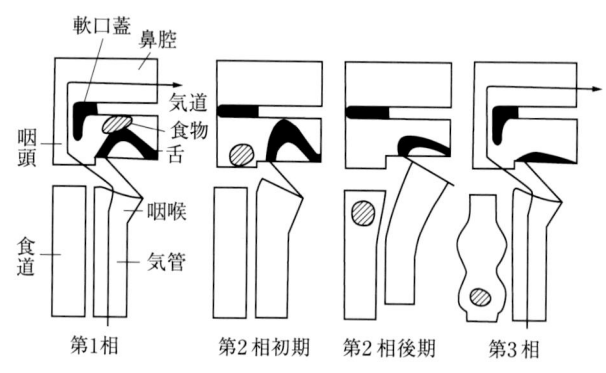

図 9-2 嚥下の経過を示す模式図（右向きの人の断面図）．

　胃の蠕動は噴門部から始まって緩やかに進み幽門部に近づくと次第に強くなる．幽門はふつう閉じているので，蠕動によって幽門部に送られた食塊はここで混和されて消化が進む．胃の蠕動はふつう 15—20 秒間隔で起こる．

　胃の内容が粥状になると幽門が開いて，少しずつ十二指腸に送られる．幽門の括約筋は十二指腸の内容が酸性になると緊張し，アルカリ性となると緩むので，酸性の胃液で混和された胃の内容物が十二指腸へ移動すると幽門の括約筋が閉じ，十二指腸液でアルカリ性になると開く．

　食物の胃からの排出時間は液体では速やかで，固体では遅く，また炭水化物とたんぱく質では速やかで脂肪では遅い．

　胃の運動は交感神経と副交感神経（迷走神経）によって支配され，前者では抑制的に後者では促進的に働らく．

3．小腸の運動

　小腸は輪状筋と縦走筋を備え，胃から送られてきた粥状の内容物を混和し，さらにこれに膵液，胆汁，腸液が加わって消化が進み，これをしだいに下方に移動させて大腸へ送る．この間に小腸壁から吸収が行なわれる．

　小腸の運動は分節運動，振子運動，蠕動の3つに区分される（図 9-3）．

　分節運動は輪状筋の収縮によって起こる．すなわち一定の間隔をおいて輪状筋が収

図 9-3 小腸の運動.

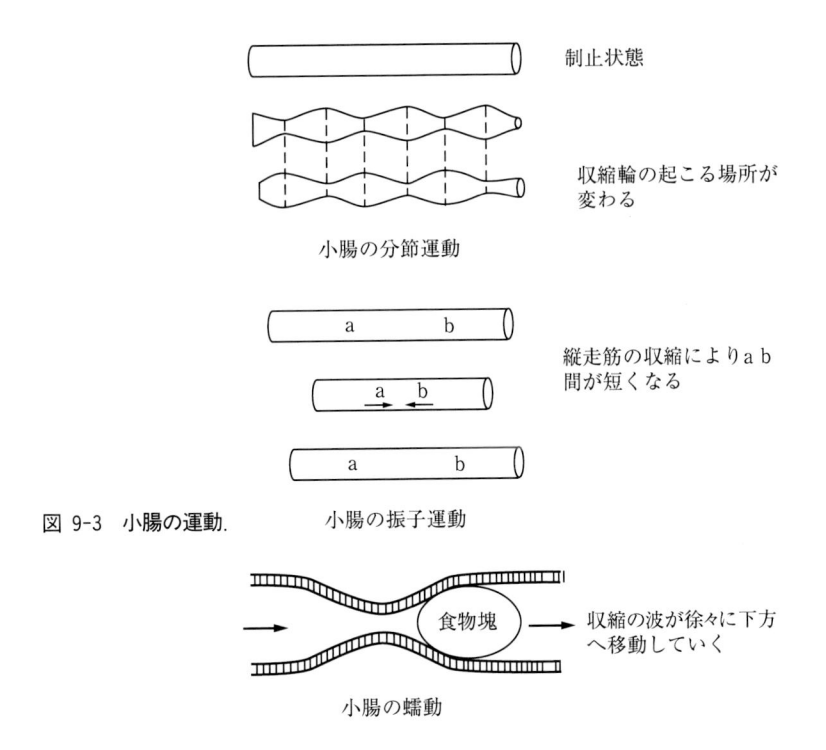

制止状態

収縮輪の起こる場所が変わる

小腸の分節運動

縦走筋の収縮によりab間が短くなる

小腸の振子運動

収縮の波が徐々に下方へ移動していく

小腸の蠕動

縮して腸が分節状になる．つぎにくびれた部分が膨らみ，膨らんだ部分がくびれて，このような運動が繰り返されて，腸の内容が混和される．

　振子運動は縦走筋の周期的収縮によって，小腸が縦の方向に伸縮して腸の内容を混和する．

　蠕動は口から遠ざかるように進行する収縮波で，輪状筋と縦走筋の両方が関与する．すなわち腸内容によって腸壁が拡張すると，それよりも口側が収縮し，尾側が弛緩することによって，腸内容が口側から尾側へ送られる．蠕動は絶えず起こっているわけではなく，分節運動や振子運動によって腸の内容がある程度混和されたときに起こる．

　小腸の内容が回腸の下端に到達すると回盲弁が開いて小腸の内容を大腸に送る．胃に食物が入った場合にも反射的に回腸の蠕動が高まって回盲弁が開く．これを胃回腸反射という．

　小腸はアウエルバッハ神経叢やマイスネル神経叢などの神経網によって支配されているので中枢から切り離されても自動的に運動するが，同時に自律神経の支配を受けて迷走神経によって促進的な，交感神経によって抑制的な支配を受ける．回盲弁も前者によって緩み，後者によって緊張が高まる．

4．大腸の運動

　大腸は小腸と同じように内側に輪状筋，外側に縦走筋を持っている．大腸は通常弱い蠕動が見られるだけであるが，食事を摂取すると反射的に強い蠕動が起こる．これを胃・大腸反射と呼ぶ．蠕動は回盲弁に続く上行結腸，横行結腸を経て下行結腸，直腸に到達する．時には逆の方向に蠕動が伝わる場合があり，これを逆蠕動と呼ぶ．大

腸の運動は小腸と同じように交感神経で抑制的に，副交感神経系の迷走神経で促進的に支配を受ける．

2　消化と吸収

1．口腔内消化

　唾液は耳下腺，顎下腺，舌下腺などの唾液腺から分泌される．唾液は弱酸性で1日の分泌量は約1Lに達する．唾液腺には漿液腺と粘液腺とがあり，前者から分泌された唾液はさらさらしていてプチアリン（唾液澱粉消化酵素）を含み，後者から分泌された唾液は粘っこくて粘素（ムチン）を含む．ヒトの耳下腺は漿液腺であるが顎下腺と舌下腺とは漿液腺と粘液腺とが混在している混合腺である．

　口腔内の消化はプチアリンによって行なわれ，この消化酵素は唾液中にあるアミラーゼで，ほぼ中性の状態で澱粉に作用してデキストリンを経て麦芽糖に分解する．唾液の消化作用は食物が胃に入っても胃液と混和しない限り持続する．

　唾液腺は副交感神経と交感神経との両方の支配を受ける．副交感神経を刺激すると唾液腺の血管の拡張とともに希薄な唾液を多量に分泌し，交感神経を刺激すると唾液腺の血管の収縮とともに濃厚な唾液を少量分泌する．

　食物をとると唾液が反射的に分泌されるが，この反射の受容器は味覚器の働きをする味蕾である．食物に触れることによって味蕾で起こった興奮は顔面神経または舌咽神経を上行して延髄にある唾液分泌中枢に行く．唾液分泌中枢は味蕾からの求心性興奮を受けて反射的に遠心性の興奮を顔面神経を通して舌下腺，顎下腺に送り，同時に舌咽神経を通して耳下腺に送って唾液の分泌を促進する．一方，唾液の分泌抑制は上顎交感神経節から交感神経によって唾液腺に伝えられる（図9-4）．

　食物の匂いをかいだり，見たり，おいしい食物を想像したりしただけでも唾液の分泌が起こるのは生後獲得された条件反射によるもので，これには大脳皮質が関与する．

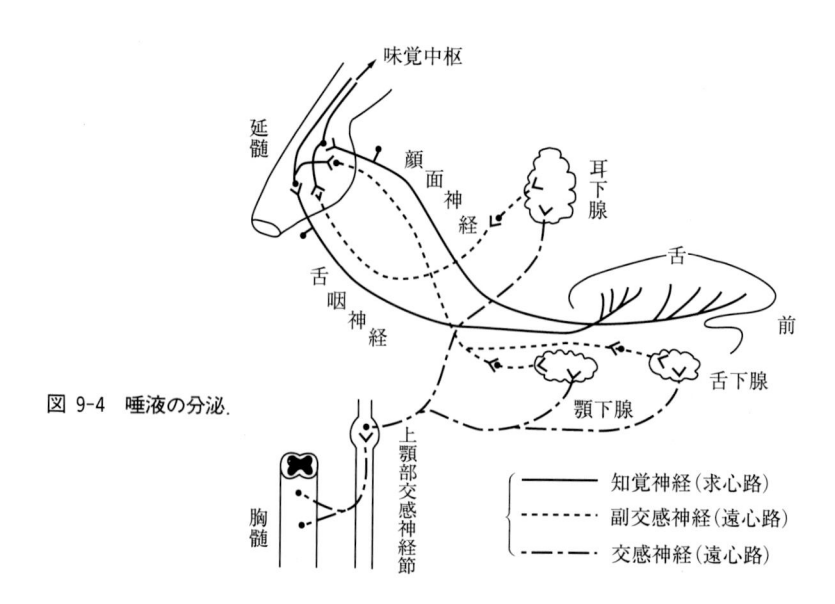

図 9-4　唾液の分泌．

―――　知覚神経（求心路）
-------　副交感神経（遠心路）
―・―・―　交感神経（遠心路）

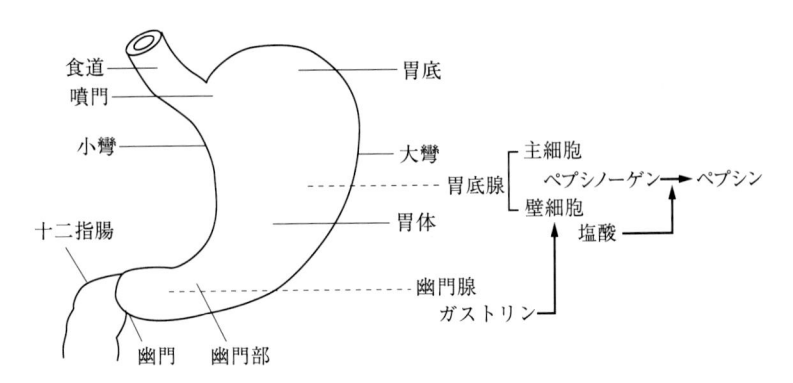

図 9-5 胃の形態と分泌腺.

2．胃における消化

　胃は噴門部および幽門部に括約筋を持ち，これによって食道および十二指腸と分離されている．胃液は塩酸を含み酸性（pH 1.0—1.5）で空腹時に胃内に 30—50 mL 存在し，1日に 2—3 L 分泌される（図9-5）．
　胃腺には胃底腺と幽門腺とがある．胃底腺は胃の大部分に分布していて，その腺細胞は主細胞と壁細胞から成り立っている．主細胞は胃のたんぱく消化酵素であるペプシンを分泌する．ペプシンはペプシノーゲンと呼ばれる不活性の状態で生成され，塩酸の働きで活性化されてペプシンとなる．ペプシンは酸性の状態でたんぱく質に働いてペプトンに分解する．一方，壁細胞からは塩酸を分泌する．塩酸はペプシンの活性化に必要であるのみならず，ペプシンが働くための適当な酸性度を保ち，また取込まれた食物に対して殺菌作用がある．幽門腺は幽門部にあってガストリンと呼ばれるホルモンを分泌する．このホルモンは門脈，肝静脈を経て全身を循環し，胃底腺の壁細胞に働いて塩酸を放出させる．
　胃液の分泌には神経性分泌と体液性分泌とがある．神経性分泌は反射によるもので食物を見たり，食物の匂いをかいだりして起こる条件反射と食物が口腔内に入って味覚器を刺激することによって起こる無条件反射とがある．このような神経性分泌は迷走神経を通して行なわれる．
　体液性分泌は食物が幽門部に達して，ここからガストリンを放出させ，このホルモンが血行性に胃底腺の壁細胞を刺激して塩酸を分泌させる過程である．壁細胞からの塩酸の分泌物質には前述のように迷走神経の末端から分泌されるアセチルコリンと幽門腺から内分泌されるガストリンがあるが，それ以外に胃粘膜にあるヒスタミンがある．胃粘膜はまた粘液を分泌して食塊の機械的刺激や塩酸やペプシンによる化学的浸襲を防御している．
　食物はふつう胃から吸収されないが，アルコールはよく吸収される．

3．膵　液

　膵臓からの外分泌による膵液は弱アルカリ性で十二指腸へ1日に 500—800 mL 分泌される．膵液はたんぱく質，脂肪，炭水化物のいずれも消化する能力を持った強力な消化液である．

（1）たんぱく質消化酵素

膵液のたんぱく質消化酵素トリプシンは不活性なトリプシノーゲンとして膵臓から分泌され，小腸上部の腸粘膜から分泌されるエンテロキナーゼの作用によってトリプシンとなる．トリプシンはアルカリ性の状態でたんぱく質をポリペプチドまで分解する．胃でペプシンの消化作用を受けて生成されたペプトンもトリプシンによってポリペプチドに分解される．

キモトリプシンとカルボキシペプチダーゼはトリプシンによってそれぞれキモトリプシノーゲン，プロカルボキシペプチダーゼから活性化され，これらの酵素もまたたんぱく質をアミノ酸まで分解する．

（2）脂肪消化酵素

膵液の脂肪分解酵素（リパーゼ）をステアプシンといい，脂肪を分解して脂肪酸とグリセロールにする．胆汁内の胆汁酸は脂肪を乳化して細かい粒子にするので，ステアプシンの作用を強める．

（3）炭水化物消化酵素

アミロプシンは澱粉消化酵素で澱粉に働いて麦芽糖にする．アミロプシンは唾液のプチアリンよりも強力である．

（4）膵液の分泌

膵液の分泌には神経性分泌と体液性分泌とがある．

神経性分泌は口腔内の味覚刺激によって起こり，食後数分で始まり2—3時間続く．分泌神経は迷走神経である．迷走神経の刺激によって分泌される膵液は濃く，酵素を沢山含んでいる．

体液性分泌は酸性の胃内容が十二指腸に送り込まれると，十二指腸の粘膜にある不活性のセクレチンを活性化し，これが血行性に膵臓に至り，膵液を分泌させる．酸性の胃内容はまた十二指腸からコレシストキニンを放出させ，これが血行性に膵液を分泌させるのみならず，胆囊を収縮させて胆汁を排出させる．

4．胆　汁

胆汁は肝臓から1日約500—700 mL分泌される黄色い液体で，ただちに十二指腸へは流出せず，胆囊に貯えられて濃縮される．胆汁の排出は胃の内容が十二指腸粘膜に触れることによって，ここでコレシストキニンが造られ，これが血行性に胆囊を収縮させ，また肝囊の入口にあるOddiの括約筋を弛緩させることによって胆汁を十二指腸内に排出させる．

胆汁は胆汁酸と胆汁色素を含み，胆汁酸は脂肪を乳化して，消化酵素が脂肪に接触しやすくする．胆汁色素は血色素の分解産物である．胆汁にはまたコレステロールが含まれ，このコレステロールは血液中から胆汁を通して十二指腸内に排泄され，これが胆石の原因となる．

酸，たんぱく質，脂肪は胆汁の排出を促すが，炭水化物は胆汁の排出を促さない．自律神経の胆汁排出作用は明らかでない．

5. 小腸内での消化吸収

　小腸の管腔面には多数の指状の小さな突起があり，これを絨毛と呼ぶ．絨毛が管腔に面した表面は一層の上皮細胞で覆われ，その内面には毛細血管とリンパ管が入りこみ，その管腔面にはブラシの毛のようなものが密生していて刷子縁（brush border）と呼ばれている．摂取した食物が消化管内で消化酵素の働きによって分解することを管内消化と呼び，刷子縁の表面で行なわれる消化を膜消化と呼ぶ．

（1）糖質

　主要な糖質である澱粉は唾液のプチアリンと膵液のアミロプシンの作用によって麦芽糖にまで分解されるが，刷子縁でマルターゼによってブドウ糖（グルコース）に分解される．いっぽう食物として摂取された蔗糖（スクロース）はそのまま小腸に到達した後，蔗糖分解酵素（スクラーゼ）によって刷子縁でブドウ糖（グルコース）と果糖（フルクトース）に分解される．乳糖（ラクトース）も同様に途中で消化を受けずに小腸に到達した後に刷子縁でラクターゼによってブドウ糖とガラクトースに分解される．このようにして生じた単糖類（グルコース，フルクトース，ガラクトース）は絨毛の上皮細胞の糖輸送体によって細胞内に取り込まれる．これらの単糖類はさらに別の糖輸送体によって上皮細胞内から血管内に放出される．

（2）たんぱく質

　消化管内に摂取されたたんぱく質は胃液のペプシンの消化作用を受けるが，その作用は不完全でプロテオースやペプトンの段階までである．これらの物質はアルカリ性の十二指腸液で中和された後トリプシン，キモトリプシン，カルボキシペプチダーゼなどの消化酵素によってオリゴペプチドと少量のアミノ酸にまで分解され，オリゴペプチドは刷子縁のペプチダーゼによってアミノ酸，ジペプチド，トリペプチドに分解される．このようにして生じたアミノ酸はアミノ酸輸送体によって，ジペプチドとトリペプチドはペプチド輸送体によって上皮細胞内に取り込まれる．後者は細胞内でさらにアミノ酸に分解される．

（3）脂質

　食物として摂取された脂質（脂肪）は口腔，胃ではほとんど消化されずに十二指腸に達し，胆汁酸塩とエマルジョン（液体の中に他の液体が微粒子として混在している状態）をつくる．この中には中性脂肪のみならずコレステロールやリン脂質も取り込まれる．膵臓から分泌されたリパーゼ（ステアプシン）はエマルジョンの表面に吸着されて中性脂肪を加水分解して，脂肪酸とグリセロールにする．これらの物質は小腸の上皮細胞から吸収される．コレステロールエステルも膵液中のコレステロールエステラーゼによって加水分解されて遊離コレステロールと脂肪酸になり，小腸の上皮細胞内に吸収される．リン脂質も膵液中のホスフォリパーゼによって加水分解されて吸収される．脂質の上皮細胞内への吸収は糖質やたんぱく質と異なり輸送体を必要としない．

　このようにして吸収された物質は上皮細胞内で中性脂肪，エステル型コレステロール，リン脂質に再合成され，それにたんぱく質が結合してキロミクロンとなり，リンパ管に送られて胸管から体循環に加わる．

　胆汁酸の大部分は十二指腸を通過して回腸で再吸収され，肝臓から再び胆汁中に排泄される．

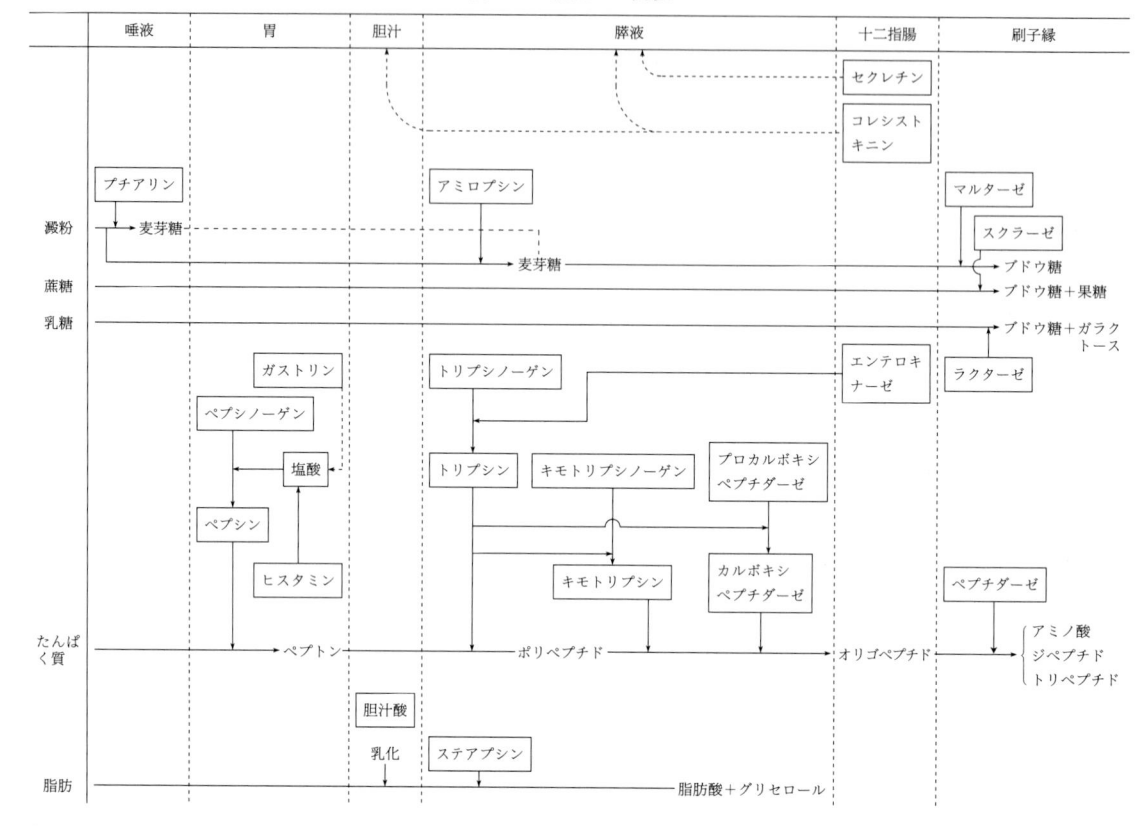

表 9-1 消化の一覧表

	唾液	胃	胆汁	膵液	十二指腸	刷子縁
				セクレチン		
				コレシストキニン		
澱粉	プチアリン → 麦芽糖			アミロプシン ――麦芽糖―――――――→		マルターゼ → ブドウ糖 スクラーゼ
蔗糖						→ ブドウ糖＋果糖
乳糖					エンテロキナーゼ	→ ブドウ糖＋ガラクトース ラクターゼ
たんぱく質		ガストリン ペプシノーゲン → 塩酸 ペプシン ヒスタミン → ペプトン		トリプシノーゲン トリプシン　キモトリプシノーゲン　プロカルボキシペプチダーゼ キモトリプシン　カルボキシペプチダーゼ → ポリペプチド	→ オリゴペプチド	ペプチダーゼ → アミノ酸 ジペプチド トリペプチド
脂肪			胆汁酸 乳化	ステアプシン ――脂肪酸＋グリセロール――		

なお，消化の概要を表 9-1 に示す．

③ 運動時の消化吸収

1．運動時に起こる消化器症状

Moses[16]は運動中に起こる種々の胃腸症状の罹患率を記した 6 つの論文をまとめて記載している（表 9-2）．表に示されているようにアンケートの項目や回答数，スポーツ種目などが論文によって異なっているので，罹患率で示されたこれらの論文の数値を合計する訳には行かないが，比較的罹患率の高かった項目は食欲不振，おくび，腹部痙攣，便意，便通，下痢などであった．これらの症状のうち，臨床医学的に見てとくに重大な疾患に起因する可能性がある症状は腹部痙攣と下血であるがスポーツ活動時にこれらの症状が起こった原因は明らかにされていない．

Peters ら[19]は実験室内で運動を行なわせて胃腸症状の罹患率を調査した．すなわちトライアスリートについて，最大酸素摂取量の 70％の酸素を消費する運動を約 10 分の休息時間を挟んで約 50 分実施させ，これを 4 セット繰返して，その際に現われた胃腸症状を調べた．運動は第 3 セットのみサイクリングで，その他はランニングであった．表 9-3 は第 3 セット（サイクリング）と第 4 セット（ランニング）の際に出現し

表 9-2 運動に関連して起こる胃腸症状の罹患率（参加者に対する％）.

文献	被験者(数)	食欲不振	食道			胃		腹部痙攣	結腸または直腸			
			胸焼け	胸痛	おくび	吐き気	嘔吐		便意	便通	下痢	下血
Sullivan (1981)	ランニング・クラブ (57)	50[a]	10			6		25[a]	30			
Keefe et al. (1984)	マラソン (707)		9.5[a]			11.6[a]	1.8[a]	19.3[a]	36	13	10	2.4
Priebe & Priebe (1984)[b]	ランナー (425)							67	63	51	30[c]	12
Worobetz & Gerard (1985)	耐久レース (70)	41	11	18	36	21	4	30	54	44	26	
Riddoch & Trinick (1988)	マラソン (536)	28[a]			20	4	31[a]	42		27		
Worme et al. (1989)	トライアスロン (67)	12	8		12	6	2	5	<5		18	

a：激しいランニング　b：下痢を起こした者に対する％　c：回答者に対する％
(Moses, F.M.：The effect of exercise on the gastrointestinal tract. Sports Med. 9：159-172, 1990.)

表 9-3 無カロリーの水分を摂取しながら4段階の運動をした時の第3段階および第4段階における胃腸症状の発現率（％）.
(Peters, H.P., Van Schelven, F.W. and Van der Togt, C.R.：Gastrointestinal problems as a function of carbohydrate supplements and mode of exercise. Med. Sci. Sports Exerc. 25：1211-1224, 1993.)

	第3段階（サイクリング）	第4段階（ランニング）
吐き気	19	9
おくび	22	27
腹部膨満	6	18
胃腸痙攣	9	27
排便切迫	9	9
鼓腸	9	0
側腹痛	0	18

た胃腸症状の罹患率を示している．

表9-2と表9-3とで調査項目が異なるので，比較が不十分な点があるが，両者に共通して現われやすい症状はおくび，腹部の痙攣，便意であった．また，表9-3からサイクリングよりもランニングの方が胃腸症状を起こしやすいことがわかった．表9-3では水分を十分に摂取していたので，発現した胃腸症状は脱水によるものではないと推定される．

2．食道の蠕動に対する運動の影響

Soffer[23]ら（1993）はトレーニングされたサイクリスト8人について固定自転車を用いて漸増負荷運動を行なわせ，食道の収縮を圧センサーを食道内に挿入して測定した（表9-4）．この結果，収縮の持続時間，収縮圧の振幅，収縮頻度はいずれも運動によって低下した．また食道内のpHを測定した結果，運動が強いほど食道内のpHが4以下になっている時間が増加した（図9-6）．このような結果は食道の蠕動が運動によって抑圧されて胃液の逆流のために食道内のpHが低下したことを示している．運動の影響は運動強度が強いほど大きい．

Soffer ら[24]（1994）はまた非鍛練者についても同様な所見を得ているが，鍛練者と比較して弱い運動から食道内のpHの低下が著しいという結果であった．すなわち，胃液

表 9-4 運動が食道の収縮に与える効果.

収縮	安静	60%$\dot{V}o_2$max	75%$\dot{V}o_2$max	90%$\dot{V}o_2$max
持続時間(秒)	3±0.2	2.5±0.2	1.5±0.3	1.1±0.2*
振幅(mmHg)	44±5.3	38.2±1	26.9±5.9	17.0±4.9*
頻度(回数/分)	1.2±0.2	0.7±0.2	0.7±0.2	0.3±0.1*

数値は平均値±平均値の標準誤差 $\dot{V}o_2$max:最大酸素摂取量
* $p \leq 0.05$(安静値との比較)
(Soffer, E.E., Merchant, R.K., Duethman, G., Launspach, J., Gisolfi, C. and Adrian, T.E.: Effect of graded exercise on esophageal motility and gastroesophageal reflux in trained athletes. Digestive Diseases and Sciences 38: 220-224, 1993.)

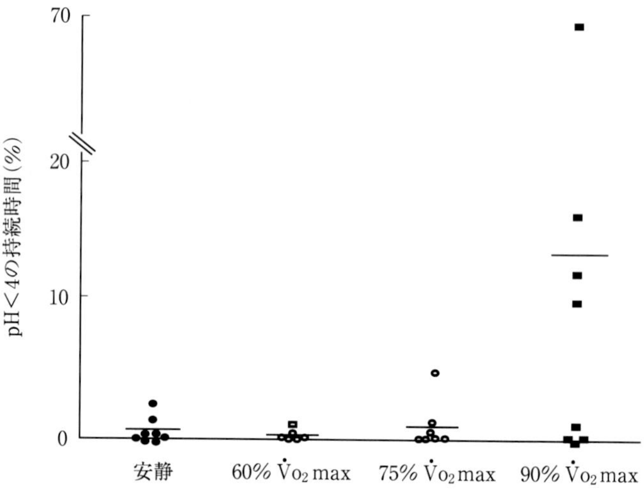

図 9-6 食道内が pH<4 であった時間の割合(%)を運動強度別に示す.
(Soffer, E.E., Merchant, R.K., Duethman, G., Launspach, J., Gisolfi, C. and Adrian, T.E.: Effect of graded exercise on esophageal motility and gastroesophageal reflux in trained athletes. Digestive Diseases and Sciences 38: 220-224, 1993.)

の逆流は非鍛練者では弱い運動から起こりやすい.

3. 胃内容の排出に対する運動の影響

摂取された食物の胃からの排出に対する影響は, 食物の種類と運動の強度によって異なる.

Neufer ら[18](1989)は水 400 mL を投与して, 3 種類の歩行と 3 種類のランニングを 15 分間行なわせた後の胃から排出した水の量を 10 人の青年男子(平均年齢 19 歳, 平均身長 173 cm, 平均体重 66 kg, 平均最大酸素摂取量 57.9 mL・kg^{-1}・分$^{-1}$)について調べた. その結果を図 9-7 に示す. 歩行ランニングとも比較的軽い運動では安静時と比較して水の胃からの排出は促進されたが, 最大酸素摂取量の 75% のランニングでは安静時と変らなかった.

Brouns ら[4](1987)は胃からの排出に対する運動の影響について, 従来の研究結果を表 9-5 のようにまとめている.

図 9-7 と表 9-5 の結果は必ずしも一致していないが, 軽および中等度の運動では胃からの排出は安静時と変らないか, 促進しているとしてよかろう. しかし重運動の場合には安静時と変らないか, 遅延しているという結果が得られた.

図 9-7 投与された水 400 mL が胃から排出された割合.
＊, ＊＊は他のすべてと有意差あり
(Neufer, P.D., Young, A.J. and Sawka, M.N.: Gastric emptying during walking and running: effect of varied exercise intensity. Eur. J. Appl. physiol. 58: 440-445, 1989.)

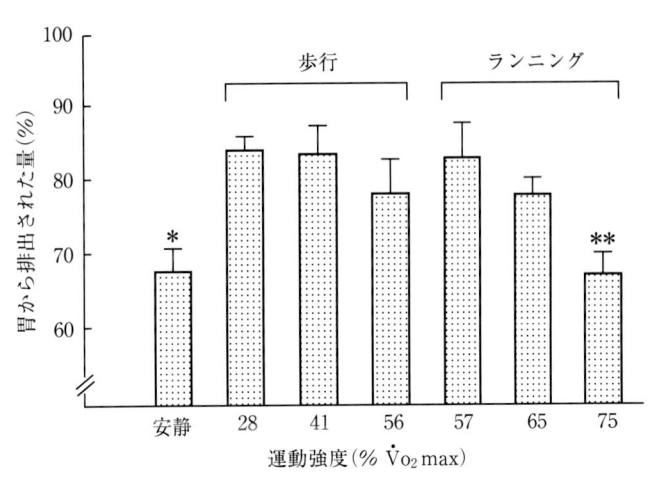

表 9-5 運動が胃からの排出に与える効果.

投与条件		胃からの排出	著者	方法
液体	軽運動	不変	Ramsbottom, 1974	胃吸引
液体	中運動	不変	Costill, 1974	胃吸引
液体	中運動	促進	Campbell, 1928	胃吸引
			Hellenbrandt, 1934	バリウム
			Neufer, 1986	胃吸引
液体	中運動	遅延	Ramsbottom, 1974	胃吸引
液体	重運動	不変	Fordtran, 1967	胃吸引
			Costill, 1970	胃吸引
液体	重運動	遅延	Campbell, 1928	胃吸引
			Hellebrand, 1934	胃吸引
			Costill, 1974	胃吸引
固体, 中運動		促進	Cammack, 1982	標識化合物 呼気中の水素
半固体, 中および重運動		不変	Feldman, 1982	標識化合物 血清中性脂肪

(Brouns, F., Saris, W.H.M. and Rehrer, N.J.: Abdominal complaints and gastrointestinal function during long-lasting exercise. Int. J. Sports Med. 8: 175-189, 1987.)

Carrio ら[6] (1989) はアイソトープ・マーカーを含んだ血清アルブミンを注入した卵を用いて卵サンドイッチ (パン 50 g, 卵 50 g, オリーブ油 5 g) を作成し, これをオレンジ・ジュース 200 mL とともに摂取させて, その後の胃からの排泄状態を調べた. 対象者は 10 人の成人男子とこれとほぼ同じ年齢, 体格をした 10 人のマラソンランナーで, 後者のグループは安静状態と 90 分間のランニング (速度 1 km 当たり 4.0〜4.5 分) をした時の胃の中の試験食の残存状態を調べた. 図 9-8 はその結果を示している.

一般青年男子では, 試験食後に安静を保っていると, ほぼ直線的に胃から試験食が

図 9-8 固形食が胃中へ残存する割合の時間経過.
(Carrio, I., Estorch, M., Serra-Grima, R., Ginjaume, M., Notivol, R., Carabuig, R. and Villardell, F. : Gastric emptying in marathon runners. Gut 30 : 152-155, 1989.)

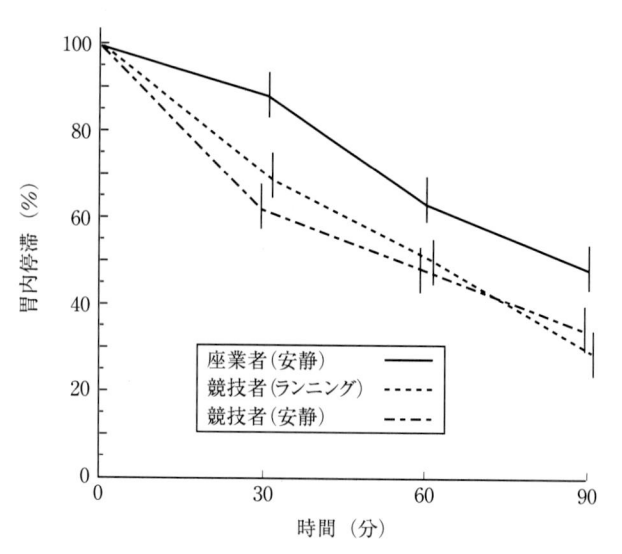

腸に移行し，胃の中の残存率は90分後に約50％になった．一方，マラソンランナーでは試験食の腸への移行が速く，90分後には30％しか残っていなかった．またランニング中にも残存率は安静時と変らなかった．このように安静時にもランニング時にもマラソンランナーの方が腸への試験食の移動速度が速い理由として，この研究の著者らはマラソンランナーが副交感神経の緊張状態にあるためと推定している．

高温下の運動では発汗による体内の水分不足を補給のために，また1時間を越える運動ではエネルギー源の補給のために，水または炭水化物溶液を運動中に摂取する必要性が生じる．この際に摂取された溶液がすみやかに胃から腸へ排出されることが望ましい．

Murray[17](1987)はこれに関する論文をまとめて表9-6のように記している．表9-6から，安静時にも運動中にも，溶液が薄いほど胃からの排出速度が速やかであるので，とくに水分の補給を目的とする場合には，高濃度の炭水化物や糖を摂取することは望ましくないことがわかる．

4. 胃液の分泌に対する運動の影響

運動が胃液の分泌に与える影響については，もっぱら胃酸の分泌について研究が行なわれている．

FeldmanとNixon[9](1982)は運動が食事に伴う胃酸の分泌に与える影響を調べた（図9-9）．図の0分にpH5に調整した600 mLの混合食をチューブを通して胃の中に注入した．混合食はたんぱく質39 g，炭水化物30 g，脂肪30 gで546 kcalであった．食後45分間臥位安静を保った後に，45分間運動または座位を保ち，その後臥位に戻った．運動は最大負荷の50％（3人）または70％（3人）で固定自転車漕ぎ運動を実施し，座位（コントロール）は自転車上で行なった．この結果，運動は胃液の水素イオン濃度に有意な変化を生じさせなかった．

FordtranとSaltin[10](1967)も最大酸素摂取量の71％で1時間のトレッドミル走を

表 9-6 運動中に摂取された溶液の胃からの排出速度.

著者	溶液	運動	胃からの排出速度
Barnes ら (1984)	水 3.5% CHO	走：60%$\dot{V}o_2$max 30分	水＞3.5% CHO
Candas ら (1986)	水 0.08% CHO 7.0% CHO 15.0% CHO	自転車：50% $\dot{V}o_2$max 4時間	水, 0.08% CHO, 7% CHO ＞15.0% CHO
Costill ら (1970)	水 4.4% G	走：70% $\dot{V}o_2$max 120分	有意差なし
Dickinson ら (1984)	2.0% G 2.0% G+C 7.0% G 7.0% G+C	走：75% $\dot{V}o_2$max 90分	2.0% G, 2.0% G+C ＞7.0% G 7.0% G+C ＞7.0% G
Fordran と Saltin (1967)	水 13.3% G	走：75% $\dot{V}o_2$max 60分	水＞13.3% G
Neufer ら (1986)	水 5.0% GP 5.0% GP+G 7.1% GP+F 7.5% GP+F 7.5% GP+G	安静と 走：50-70% $\dot{V}o_2$max 15分	安静 　水＞5% GP, 5% GP+G, 　7.1% GP+F 運動 　水＞5% GP+G, 　7.1% GP+F, 7.5% GP+F, 　7.5% GF+G
Owen ら (1985)	水 10.0% G 10.0% GP	走：65% $\dot{V}o_2$max 120分	有意差なし
Pedersen (1973)	水 15.0% GP 40.0% GP	自転車：60% $\dot{V}o_2$max 60分	安静 　15.0% GP＞ 　40.0% GP 運動 　有意差なし

CHO：炭水化物, G：ブドウ糖, C：カフェイン, GP：ブドウ糖ポリマー, F：果糖
(Murray, R.：The effects of consuming carbohydrate-electrolyte beverage on gastric emptying and fluid absorption during and follwing exercise. Sports Med. **4**：322-351, 1987.)

図 9-9 食事によって刺激された酸の分泌に対する運動の効果.
(Feldman, M. and Nixon, J.V.：Effect of exercise on postprandial gastric secretion and emptying in humans. J. Appl. Physiol.：Respiratory Environ. Exercise Physiol. **53**：851-854, 1982.)

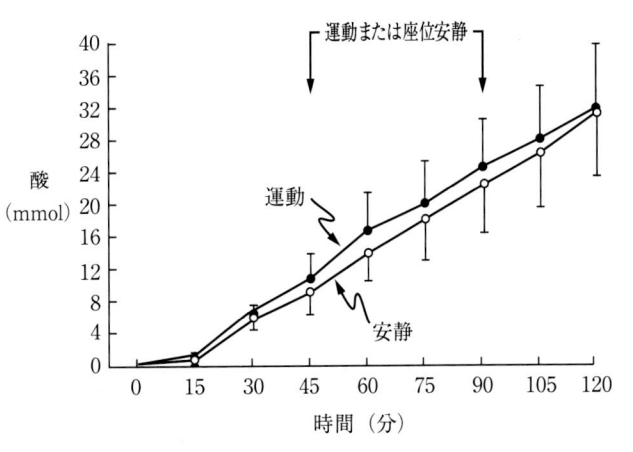

表 9-7 小腸通過時間.

著者	被験者	食事	運動	測定法	通過時間
Cammack ら (1982)	男子1 女子6	固形食 630 kcal, ラクツロース 405 g	自転車 60 分 最高心拍数 117 拍/分	呼気水素	～300 分, 変化なし
Keeling と Martin (1987)	男子12	液状食 360 kcal, 350 mL ラクツロース 30 g	トレッドミル歩行 時速 5.6 km, 120 分 最高心拍数 109 拍/分	呼気水素	66 分→44 分
Meshkinpour ら (1989)	男子7 女子14	水 150 mL ラクツロース 10 g	トレッドミル歩行 時速 4.5 km, 60 分 最高心拍数 106 拍/分	呼気水素	55 分→89 分
Ollenshaw ら (1987)	男子9	水, ランチ 放射性マーカー	運動の種類と強度を変えて 5 時間 最高心拍数 160 拍/分まで	放射性マーカーを入れたカプセルの位置	240～300分, 変化なし

(Moses, F. M.: The effect of exercise on the gastrointestinal tract. Sports Med. 9: 159-172, 1990.)

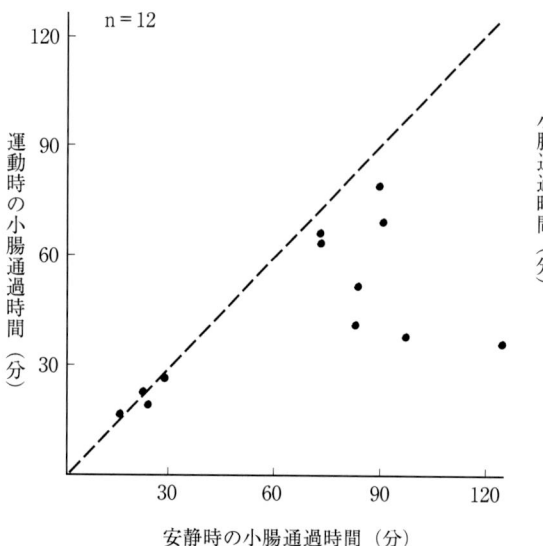

図 9-10 安静時と運動時の小腸通過時間の比較.
(Keeling, W.F. and Martin, B. J.: Gastrointestinal transit during mild exercise. J. Appl. Physiol. 63: 978-981, 1987.)

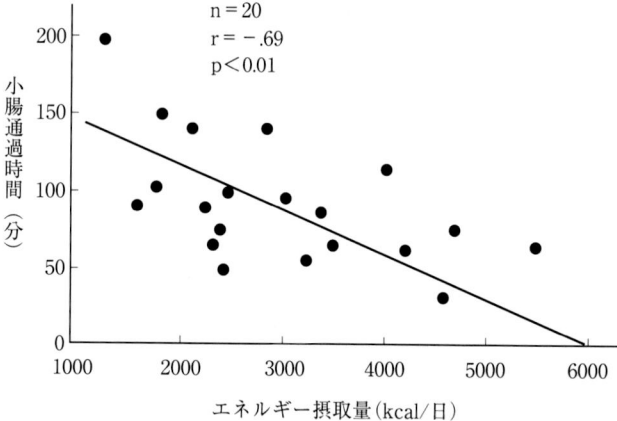

図 9-11 小腸通過時間と1日のエネルギー摂取量との関係.
(Harris, A., Lindeman, A. K. and Martin, B. J.: Rapid orocecal transit in chronically active persons with high energy intake. J. Appl. Physiol. 70: 1550-1553, 1991.)

行なった前後の胃内容の水素イオン濃度に有意の変化を生じないことを述べている．以上の結果から運動は胃の塩酸の分泌についてあまり影響を与えないといえよう．

5．小腸通過時間と運動

摂取された食物が胃，小腸を通過して盲腸に到達するまでの時間を測定するには胃と小腸で消化吸収を受けない糖類（ラクツロース，luctulose）が大腸内で嫌気性細菌によって分解されて水素ガスを発生することがよく利用される．発生した水素は体内に吸収されてただちに呼気中に排出されるので，呼気中の水素ガスが増加し始める時点を小腸通過時間と判定する．

Moses[16)](1990)は運動中の小腸通過時間を測定した結果をまとめて表9-7に示している．表9-7から小腸通過時間は用いた食事内容によって大きく異なるが，運動との関係はまだ結論が得られていない．運動によって小腸通過時間が促進されたKeelingとMartin[13)]のデータを図9-10に示す．通過時間が短かった4名では運動の影響が見られず，通過時間が長かった場合にのみ運動の影響が見られた．

　Harris (1991)ら[12)]は1日のエネルギー摂取量が異なる青年男子20人にラクツロースを用いて小腸通過時間を測定したが，平素から運動をよく実施して沢山のカロリーを摂取している人ほど小腸通過時間が短いという結果が得られた（図9-11）．しかしキシロース（5炭糖の1種）を用いて体内への吸収量を調べた結果，小腸通過時間が速くてもキシロースの体内への取込みが減るということがないという結果が得られた．以上の点から運動と小腸通過時間との間には一定の関係が得られてなく，平素から沢山のカロリーを摂取していれば通過時間が促進し，それに伴って腸からの吸収量も増加すると考えられる．

　Luiら[14)](1993)は活動的な高齢者が運動を一時休止しても小腸通過時間が延長しないと報告しているので，トレーニングは小腸の通過時間に関係がなさそうである．

6．大腸通過時間，胃腸通過時間と運動

　すでに述べたように運動中に腹痛，便意，便通，下痢などが運動に関連して起こることが知られているが，測定技術上の困難さから，からだの運動と大腸の運動との関係を調査した研究は少ない．

　Luiら[14)](1993)は平素から活動的な男子高齢者（平均年齢71歳，運動クラブのメンバー）に2週間の運動期間（平素の運動を継続し，1日に1万歩以上歩く）と2週間の安静期間（運動を中止して家庭で過す）とを取らせ，それぞれの期間の最後の3日間に放射線不透過のマーカーを服用させて4日目に腹部にX線を放射して，マーカーの位置から大腸の通過時間を求めた．大腸を右結腸，左結腸，S字結腸・直腸の3部分に

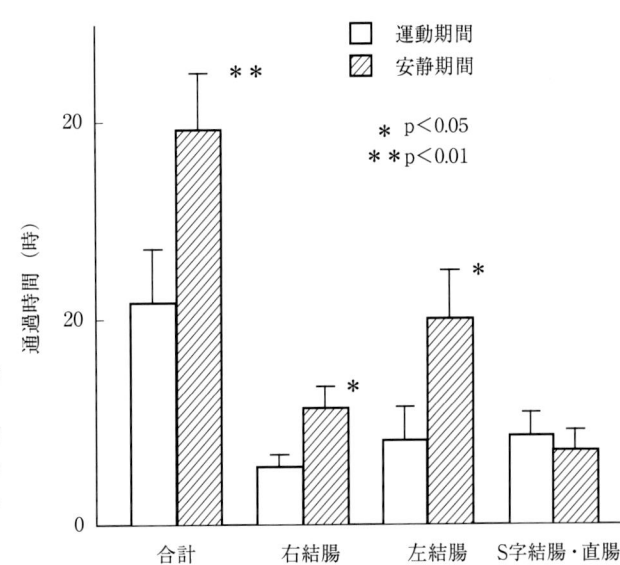

図9-12　運動期間と安静期間における大腸通過時間．
(Lui F., Kondo, T. and Toda, Y.：Brief physical inactivity prolongs colonic transit time in elderly active men. Int. J. Sports Med. 14：465-467, 1993.)

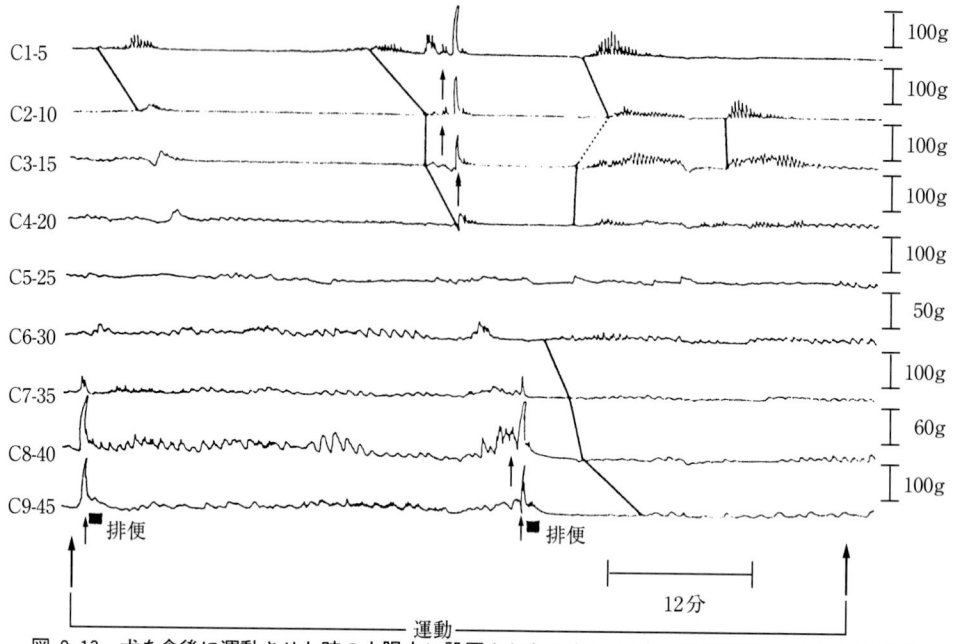

図 9-13 犬を食後に運動させた時の大腸内に設置されたストレンゲージ張力変化．↑は巨大移動収縮（giant migration contraction）を示す．C_1〜C_9のあとの数字は結腸起始部からの距離を示す．
(Dapoigny, M. and Sarna, S.K.: Effects of physical exercise on colonic motor activity. Am. J. Physiol., 260: G646-652, 1991.)

区分し，それぞれの通過時間を求めた．なお小腸の通過時間は別に求めた．測定結果を図9-12に示す．図から，右側部の結腸と左側部の結腸は運動期間中には安静期間と比較して通過時間が有意に短縮し，この結果，大腸全体の通過時間が短縮した．しかしS字結腸・直腸の通過時間は変らなかった．

口から摂取してから排便するまでの胃腸通過時間は大腸通過時間と同じではないが，この点についてCordainら(1986)[7]はカルミン色素を用いてランニングが食物を摂取してから排便されるまでの胃腸通過時間に及ぼす影響について研究を行なった．ちなみに運動群では年齢から推測される最高心拍数の70—80％に相当する心拍数で30分間のランニングを週3回，3週間にわたって実施した結果，胃腸通過時間が35時間から24時間に低下したが，コントロール群（運動をしないグループ）では45時間であった．一方，BinghamとCummings[3] (1989)は3人の男子と3人の女子について9週間のトレーニング期間中に放射線不透過のマーカーを使って測定した胃腸通過時間，糞便の重量，固さ，pH，アンモニア，窒素に変化を認めなかった．

最近，犬を散歩させている人たちが増えて来たが，彼らは犬が散歩を始めると直ちに排便をすることを知っている．DapoignyとSarna[8] (1991)は犬を食後に運動（ランニング）をさせると直ちに大腸に巨大移動収縮が発生して排便することを観察している（図9-13）．結腸の巨大移動収縮がその末端まで到達すると排便が起こる．巨大移動収縮は結腸の中枢端で起こり，中途で消失してしまうものもあるが（C1からC3ま

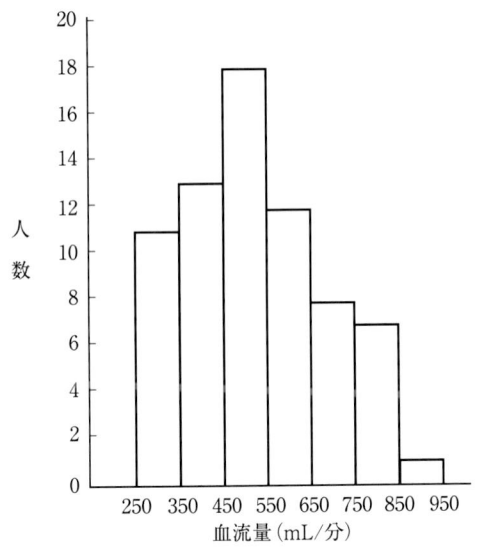

図 9-14. 安静時の上腸間膜動脈の血流量.
(Qamar, M.I., Read, A.E., Skidmore, R., Evans, J.M. and Wells, P.N.T.: Transcutaneous Doppler ultrasound measurement of superior mesenteric artery blood flow in man. Gut 27：100-105, 1986.)

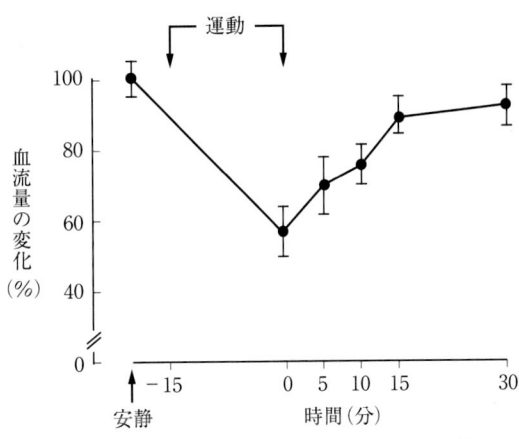

図 9-15 空腹時の上腸間膜動脈血流のトレッドミル歩行による変化.
(Qamar, M.I. and Read, A.E.: Effect of exercise on mesenteric blood flow in man. Gut 28：583-587, 1987.)

での矢印)，これは結腸の内容を下方に移動させるのに役立つと思われる．巨大移動収縮は犬を空腹時に運動させても起こる．しかし，犬の結腸の巨大移動収縮が運動によって起こる理由については明らかではない．

　運動が大腸の機能に影響を与えないという報告もある．Bingham と Cummings[2] (1987) は 14 人の健康であるが平素規則的な運動をしていない青年男女に，一定の食事を与えて，最初の 3—5 週間には少しも運動をさせず，その後いろいろな期間にわたってトレーニングを実施し，一番長期間 (8—9 週) トレーニングしたグループは，ジョギングを 60 分間にわたって実施させた．その結果，体脂肪の減少，除脂肪体重の増加，最大酸素摂取量の増加，血中の HDL-コレステロールの増加，安静時脈拍数の減少などのトレーニング効果は得られたが胃腸通過時間，便通の回数，便の重量や性状に変化が見られなかった．

7. 腸管の血流と運動

　上腸管膜動脈は十二指腸上部を除く小腸全体および結腸の右半分に血液を送ってい

注：Doppler 効果：波長 λ，振動数 n の音の伝播速度は $v = n\lambda$ である．音源が u の速度で近付く（遠ざかる）時の音の振動数 (n')，波長 (λ') はつぎの式で表わされる

$$n' = \frac{v}{\lambda'} = \frac{v}{\lambda \frac{v \mp u}{v}} = n \frac{1}{1 \mp \frac{u}{v}}$$ 　　（近づく時は —，遠ざかる時は ＋）

図 9-16. 流動食を摂取した後，安静を保っていた場合（直線）と流動食を摂取した後，トレッドミル歩行を行なった場合（点線）の血流量の変化．
M：食事．E：運動
(Qamar, M.I. and Read, A.E.: Effect of exercise on mesenteric blood flow in man. Gut 28 : 583-587, 1987.)

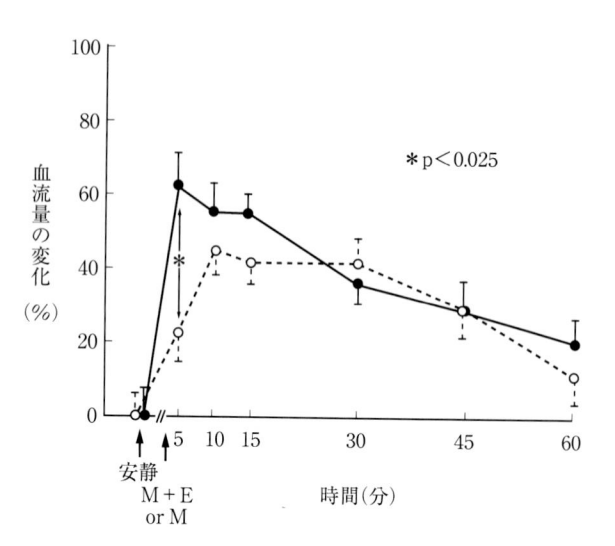

る．この動脈の血流を外部から測定するためには経皮的ドプラー超音波測定法[注]が用いられる．この方法は超音波映像機，ドプラー流量計とビデオ・テープレコーダーから成立っている．まず腹壁外から超音波を発信して腹部の超音波映像を求め，これから上腸管膜動脈の位置を確認し，この血管の上に発信機と受信機を置くと，動脈血流に対するドプラー効果によって受信された超音波の振動数が変わる．動脈血は脈を打って流れているので，その変化をビデオ・テープレコーダーに収めておき，その後これをコンピュータで分析して血流速度を算出する．

Qamar ら[20](1986)は上記の方法で 70 人の成人男女の安静時の上腸間膜動脈の血流速度を測定した結果，517 ± 19 mL/分（平均値±平均値の標準誤差）で図 9-14 に示すような分布を示した．この流量には性，年齢との相関が認められなかった．

次に Qamar と Read[21](1987)は前述のドプラー超音波法で，空腹時および食後の上腸間膜動脈の血流に対する運動の影響を測定した．空腹時の場合には時速 5 km，傾斜 20％の上り勾配のトレッドミルを 15 分間歩行して，その後の上腸間膜動脈の血流を測定した．その結果，安静時の血流量は 555 ± 30 mL/分（平均値±平均値の標準誤差（n＝16））であったが，図 9-15 に示されているように，運動直後には血流量が安静時の約 60％に低下し，15 分後には約 90％まで回復した．

食後の運動の場合には，まず空腹安静時の上腸間膜動脈の血流を測定し，これを基準値として，1つのグループは食事を行なってその後安静を保ち，もう 1 つのグループは食事後前記と同じようにトレッドミル上の歩行を 15 分行なった後に上腸間膜血流の測定を行なった．食事は 400 mL のミルク（390 kcal，たんぱく質 21.6 g，脂肪 15.4 g，炭水化物 41.3 g）にストロベリーの香りを付けたものを摂取した．運動群では食事を運動 10 分後に摂取した．したがって，運動 15 分後，食後 5 分後から測定を行なった．コントロール群も同じ時刻に食事を行なった．測定結果を図 9-16 に示す．安静時に食事を摂取すると，食後ただちに上腸間膜動脈血流量は食前よりも 60％増加し，1 時間後にも約 20％増加していた．運動後に食事を摂取した場合には，血流量が増加する時間が遅れ，ピークの増加量も低下したが，食後 10 分以後からは安静時に食事を摂取

図 9-17 電磁流量計の原理.

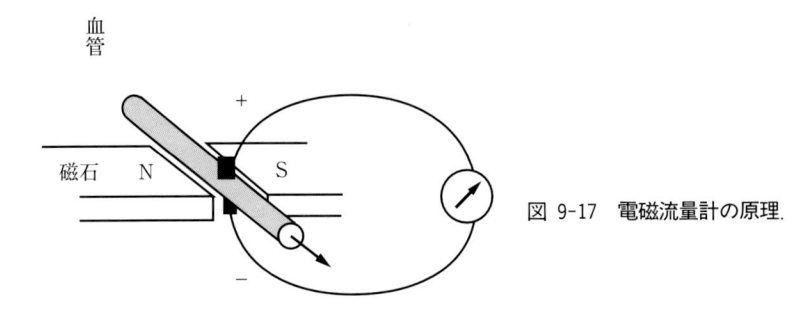

表 9-8 運動による血流の変化.

		空腹時		食後	
		上腸間膜動脈	大動脈	上腸間膜動脈	大動脈
	犬の数	5	5	6	5
流量 mL/分/kg	安静	17.70±3.58	194.6±10.82	22.17±0.92	166.0±7.33
	運動	14.10±2.75	373.2±36.72	19.25±1.95	325.4±16.10
	差	−3.60	+178.6	−2.92	+159.4
	有意性	$p>0.1$	$p<0.02$	$p>0.05$	$p<0.001$

(Burns, G.P. and Schenk, W.G.: Effect of digestion and exercise on intestinal blood flow and cardiac output Arch. Surg. **98**: 790-794, 1969.)

した場合と有意の差がなかった．

このような結果から空腹時に運動をすると上腸間膜動脈の血流は安静時よりも低下するが空腹時に食事を摂取すると上腸間膜動脈の血流は増加する．食後に運動をすると食後に安静にしていた場合よりも反応が遅れるが，上腸間膜動脈の血流が増加することが明らかにされた．

BurnsとSchenk[5](1969)は犬の上腸間膜動脈の血流と大動脈の血流を同時に測定して，食餌と運動の影響を明らかにした．すなわち，あらかじめ開腹手術によって，これらの動脈に電磁流量計を取り付けた後実験を行なった．電磁流量計は血管を挟んで磁場を与えると，血流速度に比例して血管と垂直な面に電位差を生じることを利用して流速を測定する装置である（図9-17）

食餌は15オンスの馬肉を与え，運動は8°の傾斜のトレッドミル上を時速3—4マイルであえぎが現われるまで(5—10分間)行なわせた．その結果，表9-8に示されているように，空腹時でも食後でも運動は大動脈の血流速度を増加させるが，上腸間膜動脈の血流速度は安静時と比較して運動時に有意な変化が認められなかった．

8．腸管からの吸収に対する運動の影響

腸管からの吸収に運動がどのような影響を与えるかを知るには，対象となる物質の全身的な変化から推定する方法と，腸管内を灌流して灌流液の内容の変化から測定する方法とがある．

表 9-9 25 グラムの d-キシロースを投与して安静を保った場合と歩行運動を継続した場合のキシロースの血中濃度（mg/100 mL）と尿中への排泄量（g）（6 人の平均値）．

	キシロースの血中濃度 (mg/100 mL)					尿中の量 (g)
時間	1時間	2時間	3時間	4時間	5時間	5時間の合計
安静	45.6	39.4	25.4	16.4	11.9	6.7
運動	52.3	37.3	23.7	16.2	10.7	6.5

(Williams, JR.J.H., Mager, M. and Jacobson, E.D.：Relationship of mesenteric blood flow to intestinal absorption of carbohydrates. J. Lab. Clin. Med. 63：853-863, 1964.)

表 9-10 25 グラムの 3-0-メチル-d-グルコースを投与して安静を保った場合と歩行運動を継続した場合の 3-0-メチル-d-グルコースの血中濃度（mg/100 mL）と尿中への排泄量（g）（6 人の平均値）．

	3-0-メチル-d-グルコースの血中濃度 (mg/100 mL)					尿中の量 (g)
時間	1時間	2時間	3時間	4時間	5時間	5時間の合計
安静	108.2	75.8	26.2	18.4	11.1	14.1
運動	81.7	38.2	20.7	14.6	13.9	7.2

(Williams, JR.J.H., Mager, M. and Jacobson, E.D.：Relationship of mesenteric blood flow to intestinal absorption of carbohydrates. J. Lab. Clin. Med. 63：853-863, 1964.)

（1）全身的な測定法

　全身的な変化を測定する場合には，ある物質が一定時間に腸管から吸収される量は，その物質の血液中の増加量から尿中への排泄量を差引いた値として求められる．ただしこのような測定に用いられる物質は血液中からただちに組織に移行して代謝として利用されるものは適当でない．
　Williams ら[25]（1964）は d-キシロース（xylose）（5 炭糖で糖輸送体によらないで吸収されるが代謝作用を受けずに尿中に排泄される）25 グラムを 500 mL の水に溶解して経口的に投与して，その後安静を保った場合と，投与 1 時間半後から 4 時間半にわ

図 9-18 重水を含んだ飲料を摂取した後に安静および種々の強さ（最大酸素摂取量の 42％, 61％, 80％）で運動をした場合の血液中の重水素の濃度．
ppm：parts per million
(Maughan, R.J. Leiper, J.B. and McGaw, B.A.：Effects of exercise intensity on absorption of ingested fluids in man. Exp. Physiol. 75：419-421, 1990.)

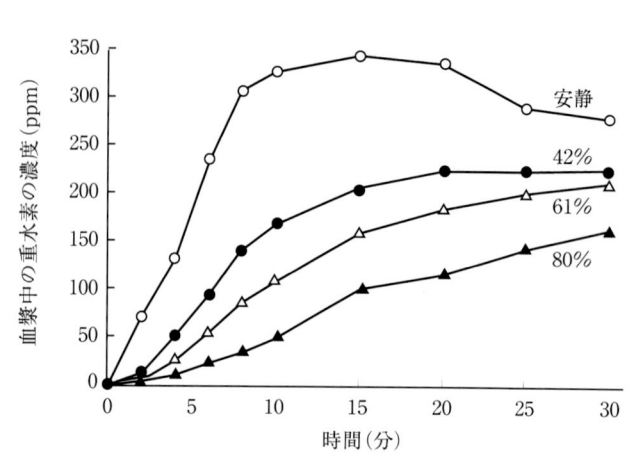

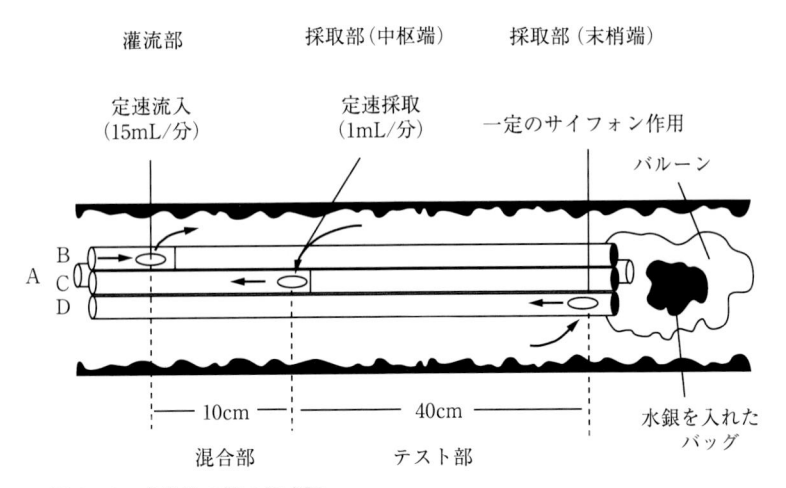

図 9-19 多孔性の管の模式図.
(Schedl, H. P., Maughan, R. J. and Gisolfi, C. V.: Intestinal absorption during rest and exrcise: implications for formulating an oral rehydration solution (ORS). Med. Sci. Sports Exerc. 26: 267-280, 1994.)

たる歩行を高温環境下で行なった場合について，血液中の濃度および尿中への排泄量を比較した（表9-9）．この結果どちらの数値も運動と安静で差がなくキシロースの腸からの吸収は運動の影響を受けなかった．

つぎに彼らは同じような実験を3-0-メチル-d-グルコース（6炭糖で，糖輸送体によって吸収されるが，体内で代謝作用を受けずにそのまま排泄される）について行なった（表9-10）．この結果，3-0-メチル-d-グルコースの血中濃度は運動中に低く，それに応じて尿中への排泄量も低下した．

このように2つの物質の腸からの吸収に対する運動の影響が異なった理由については明らかにされていないが，この論文の著者たちは高温下の運動によって腸への血流が低下し，このことが腸粘膜の細胞に低酸素症を起こさせて輸送担体による能動的吸収を妨げたのに対して，受動的吸収は影響を受けなかったのであろうと推定している．

Maughanら[15]（1990）はブドウ糖電解質溶液に重水（^2H_2O）を体重1kg当たり71.4 mgを加えたもの200 mLを摂取させた後に，安静またはいろいろな強さで自転車エルゴメータを使って運動をさせて，その後の動脈化された血液中の重水素の濃度を測定した（図9-18）．この結果，重水素の増加は安静時がもっとも速く，最高値に到達する時間も短かった．これに対して運動は運動強度が強いほど重水素の濃度の増加速度と最高値到達時間が遅れた．

重水素の血中濃度は腸からの吸収速度以外に摂取した飲料の腸までの到達時間や血中の水分の利用速度にもよるが，この研究は腸からの水の吸収速度がはげしい運動ほど遅れることを示唆している．

（2）小腸の部分的灌流法（三重管腔灌流法）

この方法は細い管の束を経口的に腸管内に挿入した後，試験液を小腸の一部について管を通して灌流し，その際の灌流液の成分の変化から小腸の吸収状態を判定するも

表 9-11 ブドウ糖の吸収.
(Fordtran, J. S. and Saltin, B.: Gastric emptying and intestinal absorption during prolonged severe exercise. J. Appl. Physiol. 23: 331-335, 1967.)

被験者	テスト部分のブドウ糖の平均濃度 (mM)			ブドウ糖の吸収速度 (mM/時, 30 cm 当たり)		
	安静	運動	安静	安静	運動	安静
空腸						
JH	24	27	30	35.2	27.8	37.8
GH	153	147	151	80.5	84.0	82.5
GH	155	157	164	47.7	49.0	45.3
MH	185	184	175	64.4	55.5	60.0
回腸						
MH	26	27	26	13.6	13.3	14.5
GB	22	20	18	15.5	16.5	13.7
JH				21.6	32.3	28.0

注 30 cm:テスト部の長さ

表 9-12 軽運動に対する空腸 (30 cm) からの吸収量の変化.

	水 mL/30 cm 50分	ナトリウム mmol/30 cm 50分	塩素 mmol/30 cm 50分	カリウム mmol/30 cm 50分
コントロール	32.0 (4.0)	2.4 (0.4)	2.0 (0.4)	0.20 (0.02)
運動	16.2 (6.1)	0.5 (0.9)	0.3 (0.7)	0.01 (0.04)
回復	23.8 (4.2)	1.8 (0.4)	1.8 (0.4)	0.13 (0.02)

数値:平均値 (標準誤差)
(Barclay, G. R. and Turnberg, L. A.: Effect of moderate exercise on salt and water transport in human jujunum. Gut 29: 816-820, 1988.)

のである.

　図9-19は腸管内に挿入した管の束を示している.A管はバルーンと結び付いていて,この中に空気を送り込みバルーンをふくらませて灌流液の流れを調節するためのものである.B管は管内の灌流液を一定速度で灌流部から腸管内に流出させる.管外に出た灌流液は混合部で腸管内にある液体と混合する.この混合物の一部はC管の末梢部とD管の末梢部にある取込み口から管内に取込まれる.

　そこで,C管とD管から取り込まれた灌流液を分析すればその差はC管とD管の取込口の間 (40 cm) で腸管に吸収された物質の量を示す.図ではC管とD管の距離が 40 cm となっているが,テスト部で腸管に吸収された物質の量が少な過ぎるときにはこの距離を延ばせばよい.このような腸管の部分灌流によって得られた結果をつぎに述べる.

　Fordtran と Saltin[10] (1967) は空腸および回腸内で部分的灌流法を行なって,最大酸素摂取量の71% (64—78%) に相当するランニングをトレッドミル上で行なっている時の運動が小腸からの吸収に与える影響を調べた.ブドウ糖液を投与した時の結果を表9-11に示す.テスト部のブドウ糖の濃度および吸収速度は運動中と安静時とで変わらなかった(個人の間でブドウ糖の濃度に大きな差があるのは濃度の異なる糖液を灌流したためで,回腸では生理的に濃いブドウ糖液がここまで到達することがないので淡いブドウ糖液のみを用いた).この他に水,ナトリウム,塩素,カリウム,重炭酸も

表 9-13 灌流液の組成.

溶　液	ポリエチレン・グリコール mg/mL	Na$^+$ meq/L	K$^+$ meq/L	浸透圧 mosmol/L
6% CE	1.1±0.03	24.6±0.74	2.4±0.17	283.3±3.05
水	1.1±0.1			26.4±2.92
等張性電解質	0.9±0.5	139±3	5.1±0.1	295.3±0.70

CE：炭水化物・電解溶液, 6% CE は 2%ぶどう糖, 4%しょ糖と電解質からなり等張性になるように作成されている.
(Gisolfi, C. V., Spranger, K. G., Summers, R. W., Schedl, H. P. and Bleiler, T. L.：Effect of cycle exercise on intestinal absorption in humans. J. Appl. Physiol. 71：2518-2527, 1991.)

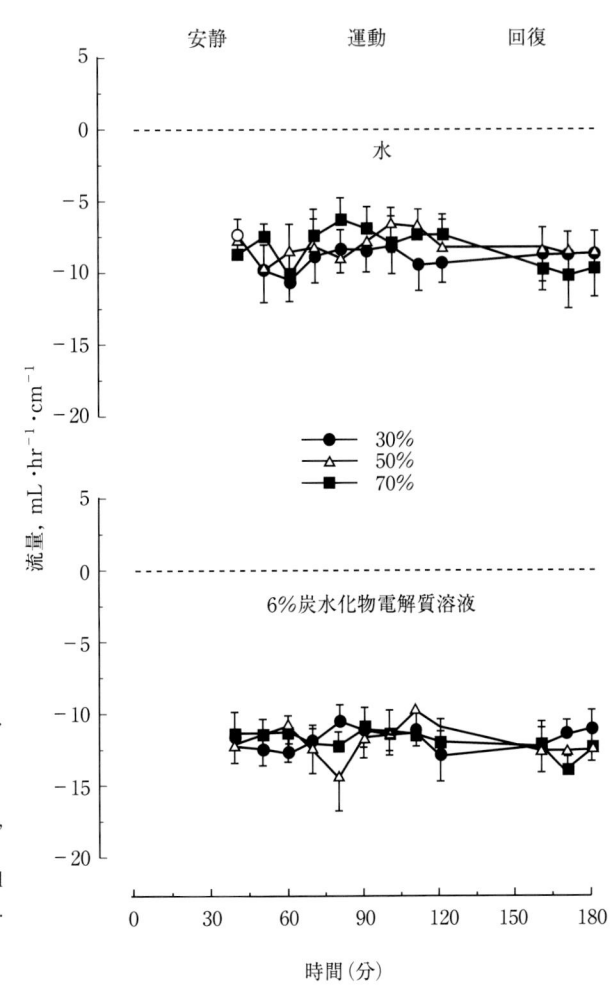

図 9-20 運動による灌流液の流量の変化.（流量がマイナスであることは腸から吸収されたことを示す）.
(Gisolfi, C. V., Spranger, K. G., Summers, R. W., Schedl, H. P. and Bleiler, T. L.：Effect of cycle exercise on intestinal absorption in humans. J. Appl. Physiol. 71：2518-2527, 1991.)

運動によって腸からの吸収に変化を生じなかった.
　　Barclay と Turnberg[1] (1988) は 7 人の青年男女に軽い自転車漕ぎ運動（運動中の平均心拍数 103.1 拍/分, 血圧の平均値 124.2～78.6 mmHg）を 50 分間行なわせて, 運動前の安静状態（コントロール）, 運動中および運動後の回復状態（回復）について,

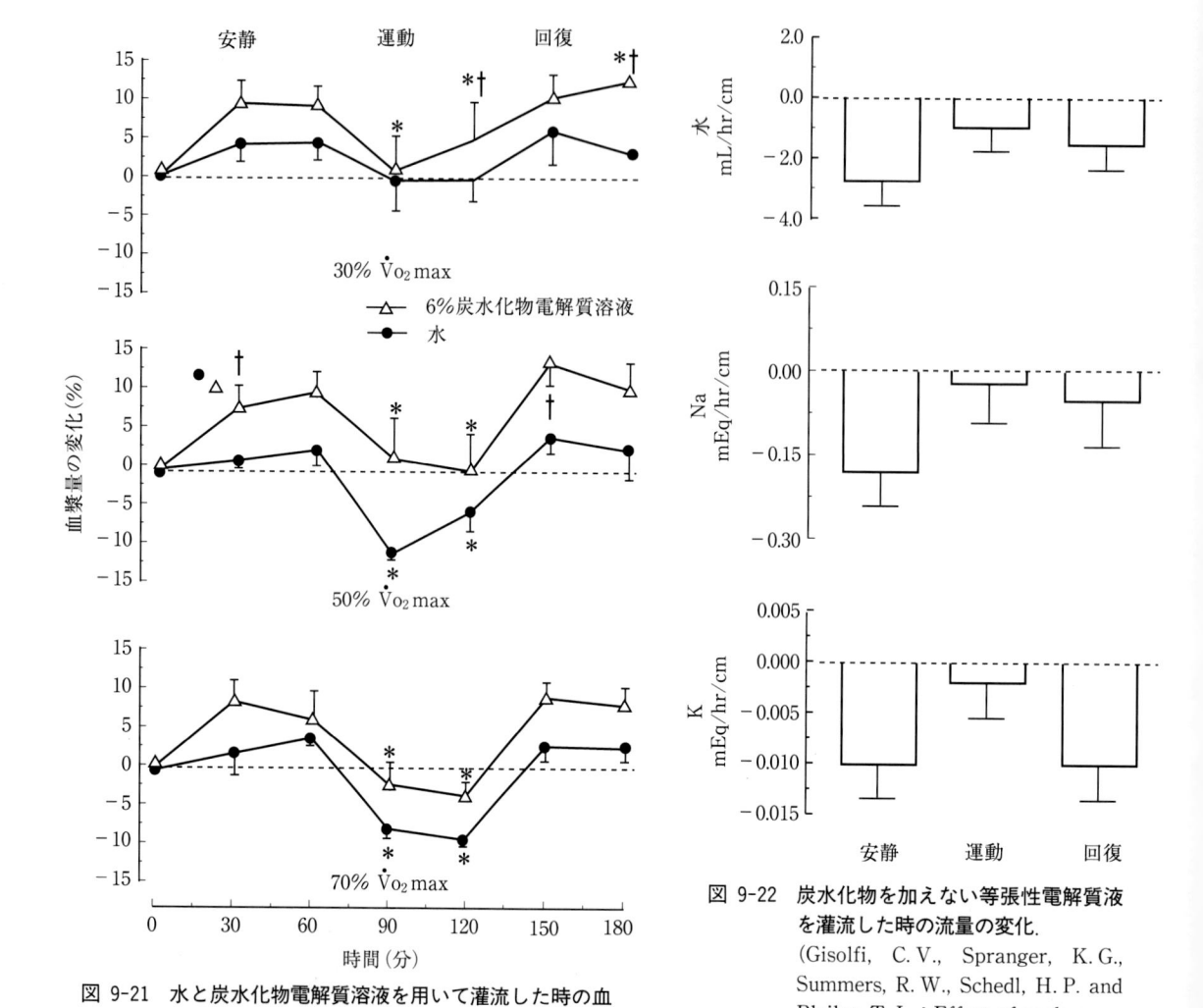

図 9-21 水と炭水化物電解質溶液を用いて灌流した時の血液中血漿量の変化.
(Gisolfi, C. V., Spranger, K. G., Summers, R. W., Schedl, H. P. and Bleiler, T. L.: Effect of cycle exercise on intestinal absorption in humans. J. Appl. Physiol. 71: 2518-2527, 1991.)

図 9-22 炭水化物を加えない等張性電解質液を灌流した時の流量の変化.
(Gisolfi, C. V., Spranger, K. G., Summers, R. W., Schedl, H. P. and Bleiler, T. L.: Effect of cycle exercise on intestinal absorption in humans. J. Appl. Physiol. 71: 2518-2527, 1991.)

それぞれ50分間の空腸からの吸収量を水,ナトリウム,塩素,カリウムについて比較した(表9-12).その結果,運動中の数値は運動前のコントロール値と比較してすべて有意に低下した.

以上のように腸からの吸収は運動によって変らないという報告と低下するという報告があるので,Gisolfiら[11](1991)は最近この点について再検討した結果を報告している.彼等は全身的な測定法は小腸までの到着時間の影響を受けるので避けて,小腸の部分的な灌流法を用いた.また運動に馴れたサイクリスト(男子6人,平均年齢25.2歳,平均最大酸素摂取量 $74.9\,mL\cdot kg^{-1}\cdot 分^{-1}$)に自転車漕ぎ運動を行なわせた.運動は休息を挟んで,$30\%\dot{V}o_2max$, $50\%\dot{V}o_2max$, $70\%\dot{V}o_2max$ の強さで1時間実施すること

を基本とした．灌流液は3種類のものを用いた（表9-13）．表9-13に示されているポリエチレン・グリコールは腸で吸収されないので，灌流量のマーカーとして用いられている．

図9-20は3種類の強度（最大酸素摂取量の30，50，70％）で運動をした時の灌流液（水と炭水化物電解質溶液）の1時間当たり，1cm当たりの流量（mL）を示している．水が腸から吸収される割合は運動の強さと関係なく一定で安静時，回復時とも変りがなかった．すなわち，腸からの水の吸収は運動の影響を受けなかった．しかし水を灌流した場合と炭水化物電解質溶液を灌流した場合とでは，腸から吸収された量がことなり，前者の方が数量が小さく（0に近い），炭水化物・電解質溶液の方が水よりも腸からの吸収が速かった．

図9-21は3つの運動強度で運動した際の血液中の血漿量（％）の変化を安静時，運動時および回復時に調べた結果を示している．用いた灌流液は炭水化物電解質溶液と水であった．血漿量（％）が増加または減少するということは血球量（％）が減少または増加することで，このことは血液中の水分が増加，または減少（脱水）することを意味する．図9-21から脱水は比較的強い運動をした時に起こり（発汗のため）炭水化物電解質溶液よりも水を灌流した時に顕著におこった．このことと，図9-15の結果を合わせて考えると，高温下ではげしい運動する際に起こる脱水を防ぐためには水を補給するよりも炭水化物電解質の溶液を補給した方が望ましいということになる．

なお炭水化物を加えない等張性の電解質溶液を灌流した時の運動中の水，Na，Kの吸収量は安静時よりも低下した（図9-22）．

以上の点から平素運動を行なっている人でははげしい運動を行なっても運動中の腸からの吸収は安静時と変りがなく，吸収速度は水よりも炭水化物，電解質溶液の方がはやく，したがって脱水症状が起こりにくいことが明らかにされた．

まとめ

消化器は自律神経の支配を受け，交感神経系の興奮は消化管の運動や消化・吸収作用を抑制し，副交感神経系の興奮はこれらの作用を促進する．運動は交感神経緊張状態であるから消化器の運動や消化・吸収作用を抑圧する．したがって食後にはげしい運動を行なうことは消化吸収を抑制するので好ましくない．――以上は常識として通用している考え方であるが，これまで述べてきたように，このような考え方は，とくに平素から運動に親しんでいる者には通用しない．

運動中に起こりやすい便意や腹痛などの症状は胃腸の動きが高まった時に起こる症状であり，胃から水や試験食の十二指腸への移行も平素運動をしている者では速やかで，運動時にも速度が低下しないという報告もあり，腸を流れる血液量も運動時に必ずしも低下するとはいえない．また腸からの吸収も運動中に低下しないという報告もあり，一般に平素から運動に親しんでいる人では運動前または運動中に食物や水を摂取しても，ほとんど影響を受けないというのが現在まで得られた所見からの結論といえよう．

[文　　献]

1) Barclay, G. R. and Turnberg, L. A.：Effect of moderate exercise on salt and water transport in human jujunum. Gut 29：816-820, 1988.
2) Bingham, S. A. and Cummings, J. H.：The effect of exercise on large intestinal function. Gastroenterology 92：A 1317, 1987.
3) Bingham, S. A. and Cummings, J. H.：Effect of exercise and physical fitness on large intestinal function. Gastroenterology 97：1389-1899, 1989.
4) Brouns, F., Saris, W. H. M. and Rehrer, N. J.：Abdominal complaints and gastrointestinal function during long-lasting exercise. Int. J. Sports Med. 8：175-189, 1987.
5) Burns, G. P. and Schenk, W. G.：Effect of digestion and exercise on intestinal blood flow and cardiac output Arch. Surg. 98：790-794, 1969.
6) Carrio, I., Estorch, M., Serra-Grima, R., Ginjaume, M., Notivol, R., Carabuig, R. and Villardell, F.：Gastric emptying in marathon runners. Gut 30：152-155, 1989.
7) Cordain, L., Latin, R. W. and Behnke, J. J.：The effects of an aerobic running program on bowel transit time. J. Sports Med. 26：101-104, 1986.
8) Dapoigny, M. and Sarna, S. K.：Effects of physical exercise on colonic motor activity. Am. J. Physiol. 260：G 646-652, 1991.
9) Feldman, M. and Nixon, J. V.：Effect of exercise on postprandial gastric secretion and emptying in humans. J. Appl. Physiol.：Respiratory Environ. Exercise Physiol. 53：851-854, 1982.
10) Fordtran, J. S. and Saltin, B.：Gastric emptying and intestinal absorption during prolonged severe exercise. J. Appl. Physiol. 23：331-335, 1967.
11) Gisolfi, C. V., Spranger, K. G., Summers, R. W., Schedl, H. P. and Bleiler, T. L.：Effect of cycle exercise on intestinal absorption in humans. J. Appl. Physiol. 71：2518-2527, 1991.
12) Harris, A., Lindeman, A. K. and Martin, B. J.：Rapid orocecal transit in chronically active persons with high energy intake. J. Appl. Physiol. 70：1550-1553, 1991.
13) Keeling, W. F. and Martin, B. J.：Gastrointestinal transit during mild exercise. J. Appl. Physiol. 63：978-981, 1987.
14) Lui, F., Kondo, T. and Toda, Y.：Brief physical inactivity prolongs colonic transit time in elderly active men. Int. J. Sports Med. 14：465-467, 1993.
15) Maughan, R. J., Leiper, J. B. and McGaw, B. A.：Effects of exercise intensity on absorption of ingested fluids in man. Exp. Physiol. 75：419-421, 1990.
16) Moses, F. M.：The effect of exercise on the gastrointestinal tract. Sports Med. 9：159-172, 1990.
17) Murray, R.：The effects of consuming carbohydrate-electrolyte beverage on gastric emptying and fluid absorption during and follwing exercise. Sports Med. 4：322-351, 1987.
18) Neufer, P. D., Young, A. J. and Sawka, M. N.：Gastric emptying during walking and running：effect of varied exercise intensity. Eur. J. Appl. Physiol. 58：440-445, 1989.
19) Peters, H. P., Van Schelven, F. W. and Van der Togt, C. R.：Gastrointestinal problems as a function of carbohydrate supplements and mode of exercise. Med. Sci. Sports Exerc. 25：1211-1224, 1993.
20) Qamar, M. I., Read, A. E., Skidmore, R., Evans, J. M. and Wells, P. N. T.：Transcutaneous Doppler ultrasound measurement of superior mesenteric artery blood flow in man. Gut 27：100-105, 1986.
21) Qamar, M. I. and Read, A. E.：Effect of exercise on mesentric blood flow in man. Gut 28：583-587, 1987.
22) Schedl, H. P., Maughan, R. J. and Gisolfi, C. V.：Intestinal absorption during rest and exrcise：implications for formulating an oral rehydration solution (ORS). Med. Sci. Sports Exerc. 26：267-280, 1994.
23) Soffer, E. E., Merchant, R. K., Duethman, G., Launspach, J., Gisolfi, C. and Adrian, T. E.：Effect of graded exercise on esophageal motility and gastroesophageal reflux in trained athletes. Digestive Diseases and Sciences 38：220-224, 1993.
24) Soffer, E. E., Wilson, J., Deuthman, G., Lausprach, J. and Adrian, T. E.：Effect of graded exercise on esophageal motility and gastroesophageal reflux in non-trained subject. Digestive Diseases and Sciences 39：193-198, 1994.
25) Williams, JR, J. H., Mager, M. and Jacobson, E. D.：Relationship of mesenteric blood flow to intestinal absorption of carbohydrates. J. Lab. Clin. Med. 63：853-863, 1964.

I部　運動とからだの働き

10章　骨と運動

1　骨とその役割

　骨は胎生期の間葉から発達した支持組織の1つである．ヒトは重力に抗して頭蓋を頂点とした立位姿勢を保ちながら両脚を用いて移動するので，姿勢保持のために骨の果たす役割は大きい．運動は骨格筋の収縮によって骨が関節を中心として回転運動をすることに起因する．

　頭蓋は立位姿勢の最上部に位置し，脳，視覚器，聴覚・平衡感覚器，鼻腔および口腔を囲む骨格である．

　頭蓋を支えるのは脊柱であるが，これは頸椎 7，胸椎 12，腰椎 5，仙椎 5，尾椎 3—5 が一列に配列されて脊髄を取囲んでいる．頸椎から腰椎にかけては脊椎骨が次第に大きさを増し，頸椎と腰椎では前弯（前方に凸），胸椎と仙尾椎では後弯（後方に凸）の形をしている．このような脊柱の弯曲は足が着地した時に床面から上方に受ける衝撃力（床反力）を緩和して頭部に強い刺激を与えないようにするのに役立つ．椎骨と椎骨の間には椎間板があり，これは円盤状の軟骨で緩衝作用をしている．

　仙椎と尾椎はそれぞれ骨が癒合している．仙椎は仙腸関節を介して腸骨，坐骨，恥骨が癒合してできている骨盤と結合している．このように仙椎は全体が固定されているのみならず，骨盤ともしっかりと結合されているので，その上にあって可動性のある腰椎の下部に変形や位置の移動が起こると腰痛が起こりやすい．

　胸郭は 12 個の胸椎と 12 対の肋骨，1 個の胸骨から成立ち，籠状の形をしていて内部にある心臓，肺，気管，食道を保護している．

　上腕骨はその骨頭が肩甲骨の関節窩と結合して肩関節を構成し，大腿骨はその骨頭が骨盤の大腿骨頭窩と結合して股関節を構成している．肩関節の方が関節の結合が浅いために関節の可動性が大きいが脱臼しやすい．一方，股関節では大腿骨の頸部が内側に傾いているので，重心から下方へ作用する体重と下方から上方へ働く床反力とが大腿骨の頸部に回転力として作用するので，頸部およびその付近の骨組織が老化などによって弱っていると転倒の際にこの部分が骨折を起こしやすい．

　発育期の四肢の円柱状の骨（長骨）は骨端部と骨幹部の間に軟骨の部分があり，X線写真ではこの部分が透明な線として現われるので骨端線と呼ばれ，骨の長さの増大はこの部分で行なわれる．骨端線が閉鎖すると発育が完成する．発育期にこの部分がスポーツなどで強い衝撃力を繰返し受けると，骨の発育が障害されやすい．骨の太さの

増大は骨膜部にある骨芽細胞の働きによって行なわれる.

発育期を終了した後の骨はほぼ一定の形態と質量を保っているが,これは骨の代謝がまったく行なわれないからではなく,骨の表面で行なわれる骨形成と骨破壊との間にバランスが取れているからである.このような変化を骨のリモデリング (remodeling) と呼ぶ.すなわち,破骨細胞が骨を破壊した後に,マクロファージ (macrophage) と呼ばれる大型の食細胞が破壊部分を細胞内に取込んで清掃し,さらに骨芽細胞が骨を新生することによってリモデリングが完成する (図10-1).リモデリングの働きは高齢になると不完全になり,その結果,骨の質量が減少する.

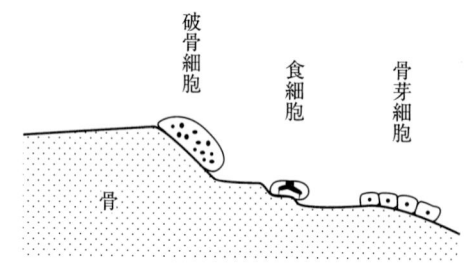

図 10-1 骨のリモデリングの模式図.

骨はたんぱく質のコラーゲン線維が網目状に張られている間にミネラルであるリン酸カルシウムの化合物 (ヒドロキシアパタイト：$Ca_{10}(PO_4)_6(OH)_2$) が沈着した構造を持っている.老化によってコラーゲンの網目が不規則になり,ミネラルの量も減ってくる.

骨は表層部に位置して緻密な構造を持っている皮質骨と,内部に位置して海綿状をしている海綿骨から成り立っている.四肢の長骨では骨端部の内部に海綿骨が見られるが骨幹部は主として皮質骨から構成されている.一方,椎骨ではほぼ全体が海綿骨からなる.

2 ヒトの骨のミネラル量と運動

1. 骨のミネラル量の測定法

ヒトでは生体内の骨の一部を取出して試験管内 (in vitro) で測定することができないので,現在広く行なわれているのは骨のミネラルの質量を生体内 (in vivo) で測定する方法である.これにもいくつかの方法があるが,ここではその中の主流となっている光子吸収法 (photon absorptiometry) について述べる.これには単一光子吸収法と二重光子吸収法とがある.

(1) 単一光子吸収法 (SPA)

この方法はアイソトープ (放射性同位体) から放出された単一エネルギーを持ったガンマ線を骨に当てて,骨を透過する前と後の放射線の強さを測定し,放射線の減弱度から骨に含まれたミネラル (ヒドロキシアパタイト) の量または密度を測定する方法である.

いま厚さ T の骨に対してガンマ線を放射して,骨を透過する前と後のガンマ線の強さ (I_0 と I) を測定すれば I_0 と I の間にはつぎの関係式が成立つ.

$$I = I_0 e^{-\mu\rho T} \quad \cdots\cdots (1)$$

(1) 式の μ は質量減弱係数で,放射されたガンマ線のエネルギーと透過されたヒドロキシアパタイトの質量によって決まるので既知である.ρ は骨の中にあるミネラルの密度,T は放射線が透過した部位の骨の厚さである.

(1) 式の対数を取ればつぎのようになる．

$$\ln \frac{I_0}{I} = \mu \rho T \quad \cdots\cdots\cdots\cdots\cdots\cdots\cdots\cdots\cdots\cdots\cdots\cdots\cdots\cdots\cdots\cdots (2)$$

(2) 式から I_0, I を実測すれば μ は既知であるので ρT を求めることができる．

放射された骨の断面積を A とすれば，ρT はつぎのように書き直すことができる．

$$\rho T = \rho V/A = m/A \quad \cdots\cdots\cdots\cdots\cdots\cdots\cdots\cdots\cdots\cdots\cdots\cdots\cdots (3)$$

ただし V は放射された部位の骨の体積，m はハイドロキシアパタイトの質量である．

以上の点から放射された部位の断面積当たりのハイドロキシアパタイトの質量 (ρT) は (2) 式から求めることができる．

ρT はふつう骨密度と呼ばれ g/cm^2 で示される．これは g/cm^3 で示される物理学の密度と異なり，面密度と呼ばれる．

長骨は管状をしているので，このようにして測定された骨密度はガンマ線が骨の中心部を透過するか周辺部を透過するかによって測定値が異なる．そこでガンマ線を骨の長さと直角の方向に走査して得られた骨密度をつぎつぎに加算し，骨を1cmの厚さに輪切りにした時の骨のミネラルの質量を求める．これを骨塩量と呼び g/cm の単位で示される (図 10-2)．さらにこれを骨幅で割れば，測定した部位における平均的な骨密度 g/cm^2 が得られる．

実際に単一光子吸収法で測定されるのは上記のような骨塩量 (g/cm) か，この部位の平均的な骨密度 (g/cm^2) である．

上記は骨を単独で取出して放射線を当てた場合を示しているが，実際に人体内では骨が軟部組織（脂肪，筋肉，結合組織）などによって包まれているで，この部分でもガンマ線がある程度減衰し，これが骨塩量測定の誤差となる．そこでSPAで骨塩量を測定する場合には，軟部組織が比較的少ない部位（橈骨，掌骨，指骨，踵骨など）が測定対象となる．また γ 線の減衰率が軟部組織とあまり変らない水の中に測定部位を浸して軟部組織の影響を少なくして測定することが実際に行なわれている．

(2) 二重光子吸収法 (DPA)

前述のように単一光子吸収法では軟部組織が測定誤差の原因となるので，測定可能な部位が軟部組織の少ない部位に限定される．この欠点を補うために，エネルギーの異なる2種類の光子を照射する二重光子吸収法が用いられる．

いま骨 (質量減弱係数 μ_B, 密度 ρ_B, 厚さ T_B)，軟部組織 (質量減弱係数 μ_S, 密度 ρ_S, 厚さ T_S) からなる厚さ T の人体に，X, Y の2種類の光子を照射した場合にはつぎの式が成立つ．

光子 X を照射した場合

$$I_X = I_{OX} e^{-\mu_X \rho_B T_B - \mu_X \rho_S T_S}$$

光子 Y を照射した場合

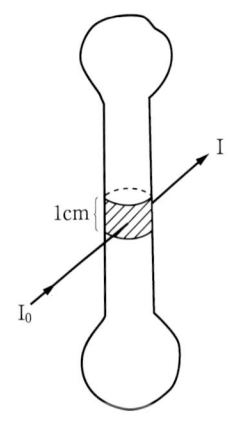

図 10-2 1cm の幅で輪切りにした斜線部の骨のミネラルの質量が骨塩量であることを示す模式図．

$$I_Y = I_{OY} e^{-\mu_Y \rho_B T_B - \mu_Y \rho_S T_S}$$

上の2式の中で未知数は骨のミネラルの面密度（$\rho_B T_B$）と軟部組織の面密度（$\rho_S T_S$）であるから，この2つの式を連立方程式として解けば，骨のミネラルの面密度と軟部組織の面密度とを知ることができる．さらに図10-2のような長さ1cm当たりの骨塩量を求めることができる．また，この値を骨幅で割ればこの部位の平均的な骨密度を求めることができる．

二重光子吸収法では軟部組織の多い部分にあってとくに障害されると生活に重大な脅威を与える可能性のある骨である大腿骨頚部（大腿骨折を起こしやすい）や腰椎（腰痛の原因となりやすい）の骨密度や骨塩量を測定することが可能となった．

その後二重光子吸収法では測定法が次第に改良されて放射線量が極めて少量ですむX線を用いた測定が可能となったので（dual energy X-ray absorptiometry, DEXAと呼ばれている），現在では身体の一部を照射するだけでなく，全身を照射することによって全身の骨塩量をグラム単位で測定することも可能となった．

2．発育期の骨のミネラル量と運動

身長は骨格の高さとほぼ等しいので骨の発達は身長が急速に伸びる思春期前後に著しく，成人の骨塩量を高いレベルに保つにはこの時期の運動が重要と考えられている．

表10-1に発育期の運動が骨に与える効果を明らかにした研究を一覧表として示す．

ジュニア・ウェイトリフターの骨密度を調査した研究にはVirvidakisら[67]（1990）とConroyら[8]（1993）の研究がある．前者ではジュニア・ウェイトリフティング世界大会に参加した男子選手の非利き手の前腕の骨密度を，後者では同様の大会に参加した男子選手の腰椎および大腿骨の骨密度を同年齢の一般男子と比較した結果，いずれもウェイトリフターの骨密度が一般人（コントロール）よりも大きかった（表10-2，10-3）．後者ではまた，測定した各部位の骨密度はスクワット，スナッチ，クリーン・アンド・ジャークのパフォーマンスと有意な相関があったことを報告している．

Slemendaら[55]（1991）は118名の子ども（男女を含み，年齢5.3—14歳）が体重支持スポーツ（ベースボール，ウェイトリフティング，バスケットボール，サッカー，テニス）に使う週当たりの時間を自己申告させた結果，この時間と実測した骨密度との間に腰椎を除いて有意な関係を認めた（表10-4）．

中高校生時代の運動習慣はとくに女子では骨密度を高めるのに重要である．宮元と石河[41]（1993）は男子大学生51名，女子大学生29名について，彼等が中学高校6年間の在学中に年間週3日以上運動をした場合を運動継続群，3日未満の者を非継続群に区分し，運動継続群が2年未満，2—4年間，5年以上であった3群について現在の骨密度を男女別に比較した（図10-3）．その結果，運動継続年数と骨密度との間に男子では有意な関係を認めなかったが，女子では大腿骨頚部，Wardの三角，大転子部で有意な関係を認めた．

広田ら[22]（1991）は女子専門学校生161名について中高校時代に週3回以上規則的に運動した場合を運動群として，現在の前腕部の骨密度と中高校時代の運動群としての在籍年数との関係を調査した結果，5年以上運動群として在籍していた者の骨密度は4

表 10-1 発育期の運動が骨に与える効果.

文献	著者	人数	性	年齢	運動の種類	期間	測定部位	測定法	効果
67)	Virvidakisら (1990)	59	男	15〜20	ウェイト・リフティング		前腕	SPA	ジュニアのウェイトリフターは一般人よりも骨密度大
55)	Slemendaら (1991)	118	男, 女	5.3〜14	体重支持スポーツ		橈骨 大腿骨 腰椎	SPA DPA	橈骨と大腿骨は骨密度と体重支持時間との間に相関あり. 腰椎は相関なし.
22)	広田ら (1991)	161	女	19〜25	中・高校の運動歴		前腕	SPA	骨密度は運動歴と関係あり. 5年以上＞0〜4年＞0年
41)	宮元と石河 (1993)	80	男, 女	18〜28	中・高校の運動歴		大腿骨 腰椎	DPA	女子では大腿骨の骨密度は運動歴と関係あり.
8)	Conroyら (1993)	25	男	17.4±1.4	ウェイト・リフティング	2.7年	大腿骨 腰椎	DPA	ジュニアのウェイトリフターは一般人よりも骨密度大.
17)	Grimstonら (1993)	34	男, 女	12.9±0.4	衝撃負荷のスポーツと水泳の比較	6年	大腿骨 腰椎	DPA	大腿骨骨密度は衝撃負荷のスポーツの方が大. 腰椎では有意差なし.
65)	Teegardenら (1996)	204	女	18〜31	高校のスポーツ活動	3年	全身 大腿骨 腰椎 橈骨	DPA SPA	高校のスポーツ活動によるエネルギー消費量は橈骨以外の骨密度と有意の相関あり.
7)	Cassellら (1996)	28	女	7〜9	体操競技, 水泳		全身	DPA	骨密度：体操＞水泳, 一般人
11)	Dysonら (1997)	16	女	7〜11	体操競技	2年以上	全身 大腿骨 腰椎	DPA	いずれの部位でも効果あり.

SPA：単一光子吸収法, DPA：二重光子吸収法（DEXAを含む）

表 10-2 非利き手の前腕部骨密度.

	骨密度（g・cm^{-2}）	
	ジュニア・ウェイトリフター	コントロール
測定数	59	91
遠位端	1.74±0.24	1.15±0.13
近位端	1.95±0.24	1.38±0.13

(Virvidakis, K., Georgiou, E., Korkotsidis, A., Ntalles, K. and Proukakis, C.: Bone mineral content of junior competitive weightlifters. Int. J. Sports Med. 11：244-246, 1990.)

表 10-3 脊椎と大腿骨近位端の骨密度.

	骨密度（g・cm^{-2}）	
測定部位	ジュニア・ウェイトリフター	コントロール
脊椎	1.41±0.20*	1.06±0.21
大腿骨頸部	1.30±0.15*	1.05±0.12
大転子部	1.05±0.89*	0.89±0.12
Wardの三角	1.26±0.20*	0.99±0.16

数値は平均値±1SD　　* $p<0.05$
Wardの三角：大腿骨頸部と大転子部の間にある部分.
(Conroy, B. P., Kraemer, W. J., Maresh, C. M., Fleck, S. J., Stone, M. H., Fry, A. C., Miller, P. D. and Dalsky, G. P.: Bone mineral density in elite junior Olympic weightlifters. Med. Sci. Sports Exerc. 25：1103-1109, 1993.)

表 10-4 体重支持時間と骨密度との相関.

	骨密度				
	橈骨	大腿骨頸部	Wardの三角	大転子部	腰椎
体重支持時間	0.40*	0.37*	0.34*	0.41*	0.11

* $p<0.01$

(Slemenda, C. W., Miller, J. Z., Hui, S., Reister, T. K. and Johnston, JR., C. C.: Role of physical activity in the development of skeletal mass in child. J. Bone Miner. Res. 6 : 1227-1233, 1991.)

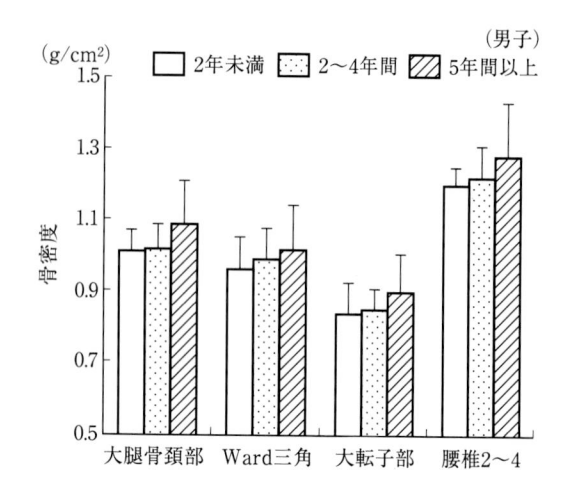

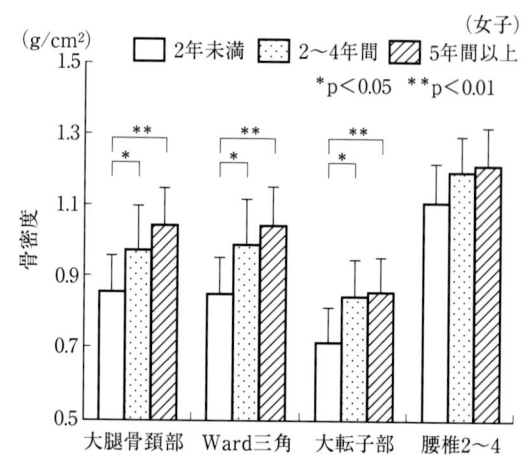

図 10-3 中・高校生時代を通しての運動の継続年数と骨密度との関係.
(宮元章次, 石河利寛: 成長期の規則的な運動が大学生の骨密度に及ぼす効果. 体力科学 42 : 37-45, 1993.)

年以下の者と比較して有意に高かった.

　Grimston ら[17] (1993) は平均12.9歳の男女計34人について, 着地の際の床反力を体重の3倍以上受ける衝撃負荷スポーツ(ランニング, 体操, タンブリング, ダンス)の実施者(1回60分の運動を週3回以上実施)と体重を支持しない水泳実施者の骨密度とを比較した. その結果, 図10-4に示されているように, 大腿骨頸部の骨密度は前者の方が有意に大きかったが, 腰椎では有意の差が認められなかった.

　思春期前の小学生に相当する年齢の女子の骨密度についてはCassellら[7] (1996) とDysonら[11] (1997) によって報告されている. 前者では7―9歳の体操競技実施女子の全身の骨密度が水泳実施女子並びに一般女子よりも大きく(表10-5), 後者では7―11歳の体操競技実施女子の全身, 大腿骨(頸部と大転子部), 腰椎の骨密度が同年齢一般女子よりも大きかった(図10-5). ただし, 前者では体重で補正し, 後者では身長で割った値で比較した.

　以上の点から, 発育期に体重を支持することによって床反力を受けるスポーツや強い筋力を発揮するスポーツを行なうことは骨の発達のために有意義である.
　女子の場合には後述するように女性ホルモンが骨の発達に寄与することが知られて

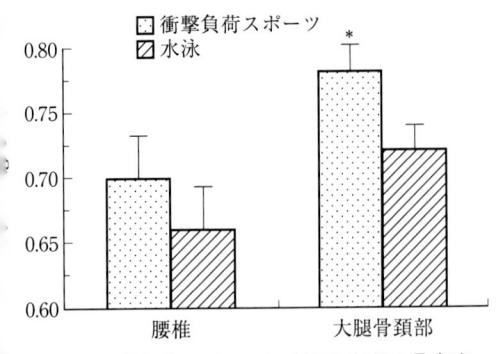

図 10-4 衝撃負荷スポーツと水泳実施者の骨密度の比較.
　　　＊：p＜0.05
(Grimston, S. K., Willows, N. D. and Hanley, D. A.：Mechanical loading regime and its relationship to bone mineral density in children. Med. Sci. Sports Exerc. 25：1203-1210, 1993.)

表 10-5 体操，水泳，コントロール群の体格および骨密度の比較.

	体 操	水 泳	コントロール
測定数	14	14	17
年　齢	8.8±0.2	9.0±0.2	8.3±0.2
身　長 (cm)	130±1.6	137±1.6	130±1.5
体　重 (kg)	26±2.0	35±2.0	30±1.6
全身の骨密度 (g/cm²)	0.852±0.014[a,b]	0.766±0.009[b]	0.783±0.07[a]

数値：平均値±平均値の標準誤差
骨密度は体重について補正した値.
2つのaおよび2つのbの間には危険率0.1％以下で有意差あり.
(Cassell, C., Benedict, M. and Specker, B.：Bone mineral density in elite 7-to 9-yr-old female gymnasts and swimmers. Med. Sci. Sports Exerc. 28：1243-1246, 1996.)

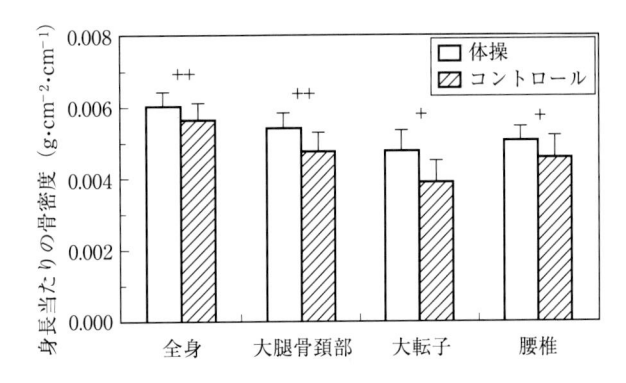

図 10-5 7～11歳の体操競技実施女子の身長で割った身体各部の骨密度.
　　　＋ p＜0.05，＋＋ p＜0.01
(Dyson, K., Blimkie, C. J. R., Davison, K. S., Webber, C. E. and Adachi, J. D.：Gymnastic training and bone density in preadolescent females. Med. Sci. Sports Exerc. 29：443-450, 1997.)

いるが，思春期前のスポーツ活動も骨の発達を促すので，女性ホルモンがわずかしか分泌されない小学生時代のスポーツも大切である．

　ただし発育期では骨端軟骨が残存しているので，強い床反力を受けるスポーツを繰返し行なうと脛骨上端の骨端軟骨に障害を与えることがあるので (Osgood-Schlatter病) この点に注意することも大切である．

3．成人の骨のミネラル量と運動

　成人の骨のミネラル量と運動との関係については数多くの研究があるが，ここでは最近もっぱら行なわれている光子吸収法（DEXAを含む）を用いたもののみを取上げることとする．運動の効果を知るには過去に一定期間にわたって運動を実施した者を対象として，運動の内容の違いまたは運動非実施者との比較による骨塩量または骨密度の違いを明らかにする横断的研究と，一定期間にわたって決められた運動を実施してその前後の骨塩量または骨密度を比較する縦断的研究とがあるので，両者を別個に取扱う．

表 10-6 成人の運動が骨に与える効果（横断的研究）

文献	著者	運動実施者 人数	性	年齢	運動 種類	期間	骨 部位	測定法	効果
24)	Huddleston ら (1980)	35	男	70〜84	テニス	25〜72年	橈骨	SPA	利き手効果あり 非利き手効果なし
6)	Brewer ら (1983)	42	女	30〜40	マラソン	2年以上	橈骨	SPA	効果あり
64)	Talmage と Anderson (1984)	1200	女	19〜98	思春期または成人期の運動		橈骨	SPA	効果あり
25)	Kanders ら (1985)	60	女	24〜35	余暇活動 500 kcal/日以上		腰椎	DPA	効果あり
61)	Stillman ら (1986)	83	女	30〜85	日常活動量大		橈骨	SPA	効果あり
18)	Halioua ら (1986)	48	女	20〜50	日常活動量大		橈骨	SPA	効果あり
2)	Aloia ら (1988)	24	女	39	日常活動量大		橈骨	SPA	効果なし
54)	Sinaki と Offord (1988)	68	女	49〜65	日常活動量大		腰椎	DPA	効果あり
63)	高良ら (1988)	11 / 8	男 / 女	18〜32 / 18〜23	各種のスポーツ / 各種のスポーツ	3年以上 / 3年以上	腰椎と大腿骨	DPA	効果あり（大腿骨は女子のみ効果あり）
21)	Heinrich ら (1990)	40	女	21.7 / 20.2 / 30.3 / 25.7	水泳 / 競走 / レクリエーション走 / ボディビル	10.5年 / 4.4年 / 5.5年 / 2.5年	腰椎 大腿骨 / 橈骨	DPA / SPA	ボディビルは他の種目より効果大
16)	後藤ら (1991)	95	男	21〜72	ベースボール，バスケットボール，ジョギング，ゲートボール		腰椎 大腿骨	DPA	効果あり
		102	女	44〜70	バレーボール，ジョギング，ゲートボール		上と同じ		効果あり
14)	福林ら (1991)	31	女	大学生	バレーボール		全身 腰椎	DPA	効果あり
4)	朴ら (1991)	16 / 9	男 / 女		長距離走と短距離走		橈骨 / 腰椎 大腿骨	SPA / DPA	短距離ランナーは長距離ランナーよりも骨塩量大
43)	森ら (1992)	15 / 10	男 / 女	19.3 / 19.4	各種のスポーツ	3年以上	腰椎 大腿骨	DPA	効果あり
58)	Smith と Rutherford (1993)	20	男	24	トライアスロンとボート		腰椎 全身	DPA	ボート＞トライアスロン，一般人
45)	中島ら (1994)	27	女	40〜59	ゴルフのキャディ	3〜35年	腰椎	DPA	一般人と差なし
19)	Hamdy ら (1994)	40	男	19〜38	ウェイトリフティング，ランニング，レクリエーション・スポーツ	3年以上	上肢 下肢 腰椎 全身	DPA	上肢のみウェイトリフティング＞ランニング，レクリエーション・スポーツ
30)	Kirchner ら (1995)	26	女	18〜22	体操競技		腰椎 大腿骨 全身	DPA	すべての部位で体操競技選手大
32)	呉ら (1995)	18	女	23	バドミントン 水泳	9年 12年	前腕	DPA	骨密度左右差はバドミントンあり，水泳なし
12)	Fehling ら (1995)	28	女	19〜20	バレーボール，体操，水泳	1年以上	腰椎 大腿骨 全身	DPA	バレーボールと体操は効果あり，水泳は効果なし

SPA：単一光子吸収法　　DPA：二重光子吸収法（DEXA を含む）

運動が成人の骨に与える効果を横断的に調べた結果を発表年次にしたがって表10-6に示す．

表10-6で気が付くことは女子を対象とした研究が多いという点である．これは女子の方が骨の老化に伴って骨粗鬆症を起こしやすく，骨粗鬆症の防止対策として運動

が注目されているからである．また骨粗鬆症を起こしやすい高齢者が研究対象として多く選ばれているのも目立つ点である．過去に実施した運動も各種のスポーツ種目以外に日常の活動量の大小が問題とされている．

この結果は効果として示されているように，片手のスポーツではテニスプレーヤーの利き手が一般人の利き手よりも[24]，バドミントンプレーヤーの利き手が非利き手よりも[32]骨塩量または骨密度が大きかった．一般に筋力的なスポーツ種目（ボディビル[21]，ウェイトリフティング[19]，ボート[58]，体操[30]，短距離走[4]）の選手の方が持久的なスポーツ種目（長距離走，トライアスロン）よりも骨に対する効果が大きいことがわかる．また特定のスポーツでなくても日常の活動量が大きいということも有効であるように思われる[18,54,61]．しかし，水泳では効果が認められていない[12]．また芝生を歩くゴルフのキャディでは骨に対する効果が観察されていない[45]．

このような効果は発育期とほぼ同じで，これらの効果は骨を丈夫に保ち，骨粗鬆症を予防するには，一生を通じて運動を継続することが大切であることを物語っている．

運動が骨に与える効果を縦断的に調査した結果は表10-7に示されている．この場合にも女子を対象とした研究の方が男子を対象とした研究よりも多い．用いた運動も体操，歩走，球技，筋力トレーニング等があり，その結果，ほとんどの研究で運動が有効だという事実が得られている．効果が認められなかったのはGleesonら[15]（1990）の筋力トレーニングが踵骨に与える影響とPetersonら[47]（1991）の閉経後の女子に対するウェイト・トレーニングの影響，百武ら[42]（1994）の球技・ジョギングの女子の腰椎に対する影響についての報告である．Gleesonら[15]の研究では筋力トレーニングが腰椎に効果が見られているので，このトレーニングが踵骨に対する刺激として有効でなかったのは，刺激が踵骨にまで及ばなかったものと解釈してよかろう．Petersonら[47]の場合に効果がみられなかったのはウェイト・トレーニングを家庭で持久的ダンスのプログラムに加えて実施させ，所定のプログラムの78％しか実行されていなかったことも原因の1つと思われる．また百武ら[42]で女子に効果が見られなかったのは女子の運動実施者の半数がゲートボールの実施者であったためと思われる．

運動は年齢に関係なく高齢者についても有効である．高齢女子に運動を行なわせたSmithとReddan[56]の結果を図10-6に示す．この研究では運動群(20人)，コントロール群（20人）ともに開始時の年齢が平均82歳で，3年後には運動群では平均4.2％骨塩量が増加したのに対して，コントロール群では平均2.0％減少した．用いた運動は1.5―3.0メッツの比較的軽い運動を30分間，週3回行なった．

Kerr[27]ら（1996）は平均57歳の閉経後の女子に一側の上，下肢に対して，高負荷，低反復と低負荷高反復の筋力・トレーニングを1回3セット，週3回，1年間にわたって実施させて，骨密度の変化を調べた．その結果，高負荷，低反復のトレーニングが低負荷，高反復のトレーニングよりも有効であり，またトレーニング効果は非運動側には及ばなかった（図10-7）．

4．骨のミネラル量に及ぼす女性ホルモンとカルシウム摂取量の影響
（1）骨のミネラルと女性ホルモン
「8章　ホルモンと運動」において走行距離の長い女性ランナーほど無月経の者が多

表 10-7 成人の運動が骨に与える効果（縦断的研究）.

文献	著者	運動実施者			運動		骨		効果
		人数	性	年齢	種類	期間	部位	測定法	
56)	Smith と Reddan (1976)	12	女	69〜95	1.5〜3メッツの運動	3年	橈骨	SPA	効果あり
1)	Aloia ら (1978)	9	女	53	体操	1年	橈骨	SPA	効果あり
57)	Smith ら (1981)	12	女	81	座位での運動	3年	橈骨	SPA	効果あり
31)	Krolner ら (1983)	16	女	50〜73	歩，走，体操，球技	8月	橈骨 腰椎	}DPA	効果あり
68)	Williams ら (1984)	20	男	38〜68	ランニング	9月	踵骨	DPA	効果あり
59)	Smith ら (1984)	120	女	36〜65	エアロビック運動	3〜4年	橈骨 尺骨 上腕骨	}SPA	効果あり
36)	Margulies ら (1986)	158	男	18〜21	重量物を持って歩走	14週	脛骨	SPA	効果あり
53)	Simkin ら (1987)	14	女	63.1	局所筋運動	5月	橈骨	SPA	効果あり
9)	Dalsky ら (1983)	17	女	55〜70	歩，走，階段昇り，サイクリング，ボート，筋力トレーニング	9〜22月	腰椎	DPA	効果あり
15)	Gleeson ら (1990)	34	女	24〜46	筋力トレーニング	1年	腰椎 踵骨	DPA SPA	効果あり 効果なし
22)	広田ら (1991)	15	女	19〜25	歩行，水泳など	4〜9月	橈骨 尺骨	}SPA	効果あり
47)	Peterson ら (1991)	35	女	52	ウェイト・トレーニング	1年	前腕 上腕骨 腰椎	}SPA DPA	筋力が増加したが，骨密度は増加せず
40)	Menkes ら (1993)	11	男	50〜70	筋力トレーニング	4月	腰椎 大腿骨	}DPA	効果あり
42)	百武ら (1994)	193	男女	20〜72	各種の球技，ジョギング	1年	腰椎	DPA	男子：野球，ジョギング効果あり 女子：効果なし
46)	Nicholas ら (1994)	11	女	19	体操	27週	腰椎 大腿骨	}DPA	増加 不変
51)	Ryan ら (1994)	21	男	61	筋力トレーニング	16週	大腿骨 全身	}DPA	大腿骨頸部のみ効果あり
27)	Kerr ら (1996)	56	女	57	筋力トレーニング	1年	大腿骨 橈骨	}DPA	高負荷低反復の方が低負荷高反復より効果大

いことを述べたが，女性ホルモンが骨のミネラルにどのような影響を及ぼすかを知るには正常月経ランナーと無月経ランナーの骨のミネラルを比較する研究が行なわれている．表 10-8 に正常月経ランナーと無月経ランナーを比較した論文を一覧表として示した．

表 10-8 に記載されている 5 つの論文のうち女性ホルモンを調べた 3 つのものについては女性ホルモンの代表的なものとしてエストラジオールの測定値を示した．エストラジオールの血中濃度は性周期によって変動するが，表 10-8 では正常月経ランナーは無月経ランナーの 3—4 倍の血中濃度を保っていることがわかる．橈骨の骨密度，骨塩量は 3 例とも正常月経ランナーと無月経ランナーで有意差を認めず，腕全体の骨密度（腕骨密度）を調べた 2 つの研究についても，危険率が 5％以下で骨密度の差はあまり大きくなかった．これに対して腰椎の骨密度では約 10％の骨密度差が見られた．以上の結果から，女性ホルモンが骨密度を高めることに寄与しているが，ランナーでは

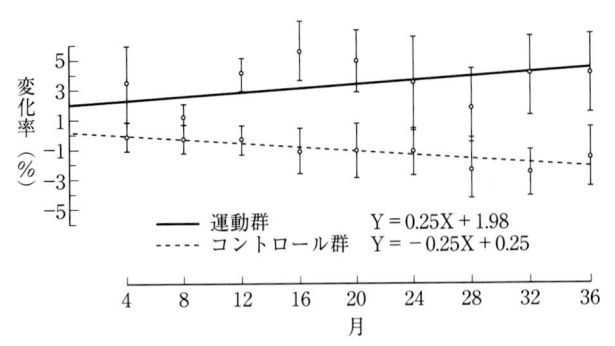

図 10-6 橈骨中央部の3年にわたる骨のミネラルの変化.
(Smith, E. I. and Reddan, W.: Physical activity—a modality for bone accretion in the aged. Am. J. Roentgen. 126:1297, 1976.)

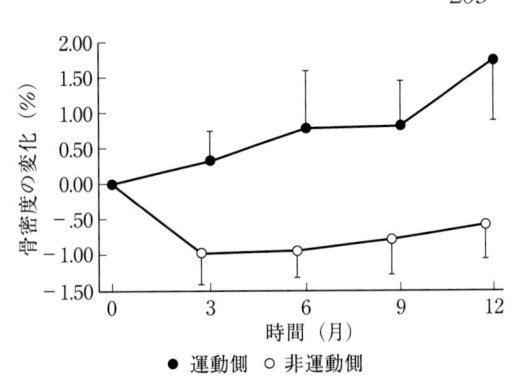

図 10-7 高負荷, 低反復回数のトレーニングが閉経後の女子の大腿骨大転子部の骨密度に与える効果.
(Kerr, D., Morton, A., Dick, I. and Prince, R.: Exercise effects on bone mass in post-menopausal women are site-specific and load-dependent. J. Bone Miner. Res. 11:218-225, 1996.)

表 10-8 正常月経ランナーと無月経ランナーの女性ホルモンと骨のミネラルの比較.

文献	著者	項目	正常月経ランナー	無月経ランナー	p
10)	Drinkwater ら (1984)	エストラジオール (pg/mL)	106.99±9.80	38.58±7.03	<0.01
		橈骨骨密度 (g/cm²)	0.54±0.01	0.53±0.02	NS
		腰椎骨密度 (g/cm²)	1.30±0.03	1.12±0.04	<0.01
35)	Marcus ら (1985)	エストラジオール (pg/mL)	92.5±27.4	36.3±3.5	<0.01
		橈骨骨密度 (g/cm²)	0.72±0.01	0.69±0.01	NS
		腰椎骨密度* (mg/cm³)	182±4.9	151±8.0	<0.02
13)	Fisher ら (1986)	エストラジオール (pg/mL)	32.8±22.2	8.6±0.1	<0.0001
		橈骨骨塩量 (g/cm)	0.71±0.05	0.70±0.07	NS
		腰椎骨密度 (g/cm²)	1.20±0.12	1.10±0.09	0.02
50)	Rutherford ら (1993)	——			
		腕骨密度 (g/cm²)	0.967±0.02	0.905±0.02	<0.05
		腰椎骨密度 (g/cm²)	1.180±0.02	1.071±0.02	<0.01
44)	Myburgh ら (1994)	——			
		腕骨密度 (g/cm²)	0.812±0.07	0.751±0.029	<0.05
		腰椎骨密度 (g/cm²)	1.050±0.110	0.928±0.056	<0.01

* この部位の骨密度はコンピュータ断層撮影法によったので測定値の単位が他と異なる.
pg≡10^{-12} g　　NS:有意差なし

　ランニングによって刺激を受ける腰椎の方が上肢よりも骨密度を高める効果が大きいことがわかる.
　女性ホルモンの影響を調べるもう1つの方法に閉経後の女子の骨密度を調べる方法

表 10-9　過去のカルシウムの摂取量と骨のミネラル.

測定部位	一生涯のカルシウムの摂取量	
	多いグループ（61人）	少ないグループ（14人）
橈骨末端部骨塩量	0.943±0.136	0.836±0.112
橈骨末端部骨密度	0.414±0.051	0.366±0.045
橈骨中央部骨塩量	0.894±0.113	0.787±0.092
橈骨中央部骨密度	0.742±0.055	0.676±0.063

測定単位は骨塩量 g/cm, 骨密度 g/cm².
すべての項目で多いグループと少ないグループとの差は p<0.05 で有意.
(Halioua, L.：High lifetime dietary calcium(Ca) intake and physical activity contribute to greater bone mineral content(BMC) and bone density(BD) in healthy premenopausal women. Fed. Proc. 45：477, 1986.)

があるが，この点はすでに述べたように，閉経後の女子では骨塩量または骨密度が低下するが，運動はこれを防止する作用がある．

（2）骨のミネラルとカルシウムの摂取量

Smith ら[57]（1981）は高齢の女子に運動群（12人，82.9歳，1.5—3.0メッツの運動を30分，週3回実施）と薬物群（10人，80.7歳，カルシウム 750 mg，ビタミンD 400国際単位を毎日補給）を作成し，さらにコントロール群（18人 81.9歳）を加えて橈骨の骨塩量について3年間の変化を観察した．その結果，運動群と薬物群はそれぞれ 2.29%，1.58% 骨塩量が増加したのに対してコントロール群は 3.29% 減少し，高齢者の運動実施とカルシウム，ビタミンDの補給は高齢による骨のミネラルの低下を防ぐという結果を得た．

Halioua[18]（1986）は 20—50 歳の閉経前の女子 75 人について，過去のカルシウム摂取量の多かったグループと少なかったグループに区分して非利き手の橈骨の骨のミネラルを比較した（表 10-9）．この結果，摂取量の多かったグループの方が骨塩量，骨密度ともに大きな数値を示した．

Kanders と Lindsay[25]（1985）は 60 人の若い女子（24—35 歳）についてカルシウム摂取量と身体活動量を調査し，1日 755 mg のカルシウム摂取量と 1日 500 kcal の余暇活動によるエネルギー消費量で区分して腰椎の骨密度との関係を調べた．その結果，運動とカルシウムの摂取量は独立して骨密度を増加するように働き，両者を十分に行なうことによって骨のミネラルに最大の効果を与えるという結果を得た．

③ 動物を用いた研究

動物を用いた骨の研究ではふつう小動物が用いられる．この場合には同一性，年齢の動物を2群に分けて，一群には決められた運動を一定期間行なわせ（運動群），安静状態で飼育した同一年齢の他の一群（安静群）と同一時期に骨を摘出して両群の骨の違いを明らかにする．

運動が実験動物の骨に与える効果を調べた研究を一覧表として表 10-10 に示す．用いられた動物の大部分はラットであり，時には七面鳥やにわとりなどの歩行性の鳥が

表 10-10 運動が骨に与える効果（動物）．

文献	著者	対象	性	年齢	運動	測定	効果
29)	KingとPengelly (1973)	ラット	—	—	持久走またはスプリント走	骨の灰重量 X線による透過性	灰重量差なし．脛骨骨幹部の皮質の密度はスプリント走大
28)	KiiskinenとHeikkinen(1973)	マウス	—	2週齢から開始	持久走：30 cm/秒，20 → 180 分	大腿骨の破砕力	破砕力は増加，1日120分以上のトレーニングを3週間以上続けると骨の発育を抑制
33)	LeBlancら (1983)	ラット	メス	187〜266日	自由運動	全身のカルシウム	運動によってカルシウム増加
49)	RubinとLanyon (1985)	七面鳥	オス	成熟	外力を尺骨に与える	尺骨軸の断面積	0.001ストレイン以下では断面積が減少
3)	Beyerら (1985)	ラット	オス	26月	持久走：22 m/分，40 分	大腿骨	骨密度およびカルシウム密度増加
37)	Matsudaら (1986)	にわとり	オス	3週齢	持久走	足根中足骨の破砕力	破砕力低下
39)	McDonalら (1986)	ラット	メス	7, 14, 19月	持久走	大腿骨，上腕骨，肋骨，鎖骨	老齢ラットでは大腿骨，上腕骨および肋骨のミネラルが増加
62)	Swissa-Sivanら (1989)	ラット	メス	5週齢から開始	水泳（自由水泳とおもりを付けた水泳）を20週間	上腕骨の重量，容積，長さ，皮質面積，密度，破砕力，ミネラル量	水泳ラットはおもりに関係なくコントロールラットより大
23)	HouとSalem (1990)	ラット	メス	8週齢から開始	持久走	大腿骨，腰椎	大腿骨の皮質骨が減って海綿骨の中心部が増加したが，腰椎は変化ない
52)	七五三木ら(1990)	ラット	オス	4週齢から開始	持久走の運動時間を変える	脛骨	持久走によって骨重量と骨塩量が増加
48)	Raabら (1990)	ラット	メス	2.5月齢と25月齢から開始	持久走：36 m/分（若いラット）18 m/分（老齢ラット）傾斜15%，1時間，10週間	大腿骨，脛骨	若いラットも老齢ラットも大腿骨除脂肪重量はトレーニング群がコントロール群より大，脛骨では有意差なし．破砕力はトレーニングによってどちらの骨も高まる
26)	勝田ら (1991)	ラット	オス	4週齢から開始	持久走：30 m/分，40 m/分，50 m/分の3種類	大腿骨，脛骨	大腿骨軸中央部の体重当たり骨塩量にはトレーニング群（3群）がコントロール群より大
34)	Liら (1991)	ラット	メス	8週齢から開始	持久走：最大酸素摂取量の80〜90%で1時間	脛骨，第2中足骨	脛骨と第2中足骨とで反応が異なり，局所の負荷が未熟な骨の反応に影響する
5)	Bourrinら (1992)	ラット	メス	5週齢	水泳：2時間から漸増して6時間	大腿骨，胸椎，腰椎	水泳トレーニングによって大腿骨と腰椎の海綿体減少
66)	Umemuraら (1995)	ラット	メス	3, 6, 12, 20, 27月齢	ジャンプ：40 cm×100回 持久走：30 m/分，60分	大腿骨，脛骨	除脂肪乾燥骨重量：ジャンプ群＞ランニング，コントロール群 直径：大腿骨では3月と6月のラットのみ水泳，ランニング群＞コントロール群．脛骨ではすべての月齢でジャンプ群＞水泳，コントロール群

表 10-11 ラットを走行時間を変えてトレーニングした場合の体重，脛骨の除脂肪乾燥骨重量および骨長.

グループ	数	体重 (g)	骨重量 (mg)	骨長 (mm)
Control	7	436.6±16.5	501.1±21.7	40.46±0.58
T 15	6	424.6±20.2	515.1±16.1	40.74±0.60
T 30	8	417.0±20.8	547.4±19.2**,§	40.61±0.77
T 60	8	412.3±12.8**	550.2±13.7**,§	40.84±0.39
T 120	8	395.0±21.8**,§,#	556.9±21.0**,§	40.71±0.66

数値は平均値±標準偏差
** : $p<0.01$ 対 control, § : $p<0.01$ 対 T 15, # : $p<0.05$ 対 T 30
トレーニングは走行速度 30 m/分，5 日/週，7 週間にわたり走トレーニングを課した．
T 15, T 30, T 60, T 120 の数字は走行時間（分）を示す．
（七五三木聡，勝田　茂，天貝　均，大野敦也：成長期の運動が引き起こす骨肥大．体力科学 39：181-188, 1990．）

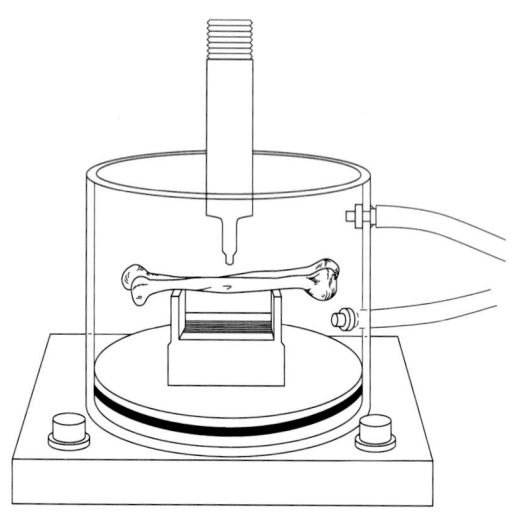

図 10-8　骨の破砕力の測定．
骨の両端を固定して中央部に上から力を加えて破砕する．
(Matsuda, J. J., Zernicke, R. F., Vailas, A. C., Pedrini, V. A., Pedrini-Mille, A. and Maynard, J. A.: Structual and mechanical adaptation of immature bone to strenuous exercise. J. Appl. Physiol. 60：2028-2034, 1986.)

用いられる．運動は主として動物用のトレッドミルを用いた持久走運動である．水泳は手軽に実施できるがラットにとっては非生理的な運動なので，最近ではあまり用いられない．瞬発的な運動としてジャンプが用いられているのが注目に値する．

1．発育期の実験動物を用いた研究

　Kiiskinen と Heikkinen[28]（1973）は 2 週齢のマウスを 3—7 週間にわたってトレッドミル走を秒速 30 cm のスピードで 20 分間から漸増して 180 分間にわたって週 5 回トレーニングとして課した．その結果大腿骨の破砕力は 3 週間以内のトレーニング（1 日 120 分のトレーニング）では増したが，7 週目には骨の長さの発育が遅延した．破砕力はふつう長骨の 2 点を固定し，その中央部に圧力を加えて骨折を起こさせる力によって測定される（図 10-8）．

　発育期のラットに持久走を行なわせた研究には Hou と Salem[23]（1990），七五三木ら[52]（1990）（表 10-11），Raab ら[48]（1990），勝田ら[26]（1991）（表 10-12），Li ら[34]（1991）があるが，ラットの下肢の骨（大腿骨，脛骨）の重量はトレーニングによって増加し，破砕力が増すという結果がえられた．しかし腰椎の骨の重量が増すという結果は得られなかった．

　発育期のラットに水泳を行なわせた Bourrin ら[5]（1992）の研究では大腿骨と腰椎の海綿体部の骨が減少するという結果が得られたが，Swissa-Sivan ら[62]（1989）はラットに自由水泳とおもりを付けた水泳を行なわせた結果，どちらの場合にも上腕骨の重量，長さ，骨塩量などがコントロール群よりも大であったと述べているので，水泳が発育

表 10-12 ラットを走速度を変えてトレーニングした場合の大腿骨軸中央部の骨塩量（SPA により測定）.

グループ	数	骨塩量(mg/cm)	骨塩量/体重 (mg/cm/100 g)
コントロール群	10	105.0±4.2	24.2±1.5
T 30 m/分 群	10	108.7±4.9	27.8±1.6**
T 40 m/分 群	9	112.8±10.7	29.7±2.9**,#
T 50 m/分 群	9	97.0±32.9	28.2±1.1**

数値は平均値±標準偏差
**：p<0.01 対コントロール群，#：p<0.05 対 T 30 m/分群
（勝田 茂，七五三木聡，池田 賢，天貝 均，大野敦也：運動強度の違いがラットの骨成長に及ぼす影響．体育学研究 36：39-51，1991.）

期のラットの骨に与える効果は明らかでない．一方，Umemura ら[66]（1995）は 3 カ月齢のラットについて，ジャンプ・トレーニングがランニングよりも有効であることを観察した．

ラット，マウス以外の発育期の動物を用いた研究については，Matsuda ら[37]（1986）のひよこ（にわとりのひな）に持久走を行なわせた研究があるが，足根中足骨の中軸部の皮質の厚さがトレーニングによって増したが破砕力が低下したことを報告した．

以上の点から，発育期の小動物をトレーニングした研究の結果は必ずしも一致していないが，ラット（マウス）が日常生活で行なっているランニングやジャンプを適当な条件で繰返し実施させることによって四肢の骨の発達を助長するという結果が得られている．

2．成熟した実験動物を用いた研究

表 10-14 に示されているように成熟した実験動物については発育期と同様に，運動が骨に与える効果が認められているので，ここでは，とくに老化ラットを用いた結果について述べる．

Beyer ら[3]（1985）はオスの 22 カ月齢の老ラットを 4 カ月間にわたってトレッドミル（角度 8°）上を 11 m/分の速度で 10 分間移動することから始めて最終的に 22 m/分で 40 分間の走トレーニングを行なわせ，同年齢の運動しないラットと比較した（表10-13）．この結果，老化ラットの運動群と非運動群の間には大腿骨の乾燥重量，骨密度，総カルシウム量に有意差をもって前者の数値の大きいことを認めた．さらに運動群の老化ラットは非運動群の若い成熟ラットよりも骨重量および骨密度について，有意に高い数値を示した．

McDonald ら[39]（1986）は 12 週間にわたってトレッドミルで持久走トレーニングをした 19 カ月齢のラットの骨を同じようにトレーニングした 7 カ月齢，14 カ月齢のラットとともに非運動群と比較した（表 10-14）．その結果，走運動で直接刺激を受ける大腿骨と上腕骨では大部分の場合において運動群と非運動群の間に有意な差をもって運動群の骨のカルシウム濃度が高かったが，直接刺激を受けない肋骨や鎖骨ではほとんどの場合に有意な差が認められなかった．また 19 カ月齢の老化ラットは 7 カ月齢，14 カ月齢の成熟ラットと同じように運動が骨のカルシウム濃度に影響を与えたが，肋骨では老化

表 10-13 老化ラットを4カ月にわたって持久走トレーニングを行なった場合の大腿骨の重量, 密度, カルシウム量を同月齢の非運動老化ラットおよび成熟ラットと比較した.

		成熟ラット (非運動群)	老化ラット (非運動群)	老化ラット (運動群)
月齢		9	26	26
大腿骨	乾燥重量 (g)	0.9501±0.03[b]	0.9205±0.03[a]	1.1060±0.03[a,b]
	骨密度 (g/cm³)	1.0822±0.021	0.9330±0.023[a]	1.1095±0.014[a]
	総カルシウム (mg)	274.1±7.5[b]	258.1±7.5[a]	303.0±6.5[a,b]

2つのaおよび2つのbの間には0.05以下の危険率で有意の差あり.
(Beyer, R.E., Huang, J.C. and Wilshire, G.B.: The effect of endurance exercise on bone dimensions, collagen, and calcium in the aged male rat. Exp. Geront. **20** : 315-323, 1985.)

表 10-14 運動群と非運動群ラットの骨のカルシウム濃度 (mg/g 骨重量) の比較. 数値は平均値と標準偏差で示す.

月齢	7 月		14 月		19 月	
	運動群 (n=10)	非運動群 (n=10)	運動群 (n=9)	非運動群 (n=8)	運動群 (n=8)	非運動群 (n=7)
大腿骨軸部	317.4 54.1	260.4* 23.2	297.6 57.8	233.1* 53.8	241.1 18.7	207.4* 23.7
大腿骨頚部	270.3 64.8	243.4 48.4	270.6 64.5	218.4 62.5	232.9 30.2	260.9 23.2
大腿骨全体	311.2 57.4	260.3* 18.3	284.1 52.4	234.6* 34.4	240.6 17.0	215.2* 28.9
上腕骨	291.4 14.6	242.6* 17.6	275.5 29.1	241.6 35.6	253.6 24.9	209.8* 29.4
肋骨	294.6 100.2	252.6 28.6	242.5 61.4	267.4 18.5	250.1 16.4	203.5* 34.6
鎖骨	289.7 64.1	274.6 36.7	268.2 73.1	233.1 44.6	249.4 12.6	217.6 24.1

* 同一月齢の運動群と非運動群の比較で有意差を示す ($p<0.05$)
(McDonald, R., Hegenauer, J. and Saltman, P.: Age-related differences in the bone mineralization pattern of rats following exercise. J. Geront. **41** : 445-452, 1986.)

ラットのみ運動が有効であった.

　Raabら[48](1990)は若齢ラットと老齢のラットについて, それぞれ10週間の持久走を行なわせた後, 大腿骨と上腕骨について破砕試験 (図10-8参照) を行なった. 破砕力は破砕直前の回転力を回転半径で割って示されている (表10-15). その結果, 破砕力は加齢とともに高まるが, 走トレーニングによっても高まるという結果がえられた.

　Umemuraら[66](1995)は若齢から高齢までのラットについて, 持久走トレーニング (30 m/分, 1時間) とジャンプトレーニング (40 cmの高さ, 100回) を8週間にわたって実施し, その後大腿骨と脛骨の除脂肪重量を測定した (図10-9). この結果, 大腿骨においては12月齢のラットを除き, 脛骨においてはすべての年齢でトレーニング効果が認められた. ジャンプトレーニングはランニングトレーニングと比較して平均値についてはすべての場合に骨重量が大きく, 大腿骨では20月齢で, 脛骨では3月, 20月,

表 10-15 トレーニングに伴う大腿骨と上腕骨の破砕力の変化.
(Raab, D. M., Smith, E. L., Crenshaw, T. D. and Thomas, D. P.：Bone mechanical properties after exercise training in young and old rats. J. Appl. Physiol. 68：130-134, 1990.)

	破砕力 (kg/mm)	
	大腿骨	上腕骨
若齢コントロール群	41.7±1.1*	19.0±0.5*
若齢トレーニング群	42.9±1.8*†	21.6±1.0*†
高齢コントロール群	45.7±1.1	24.5±0.8
高齢トレーニング群	53.1±3.1†	25.6±0.7†

数値は平均値±標準偏差
† 年齢差が有意（p<0.05）（若齢：高齢）
* トレーニング差が有意（p<0.05）（トレーニング：コントロール）

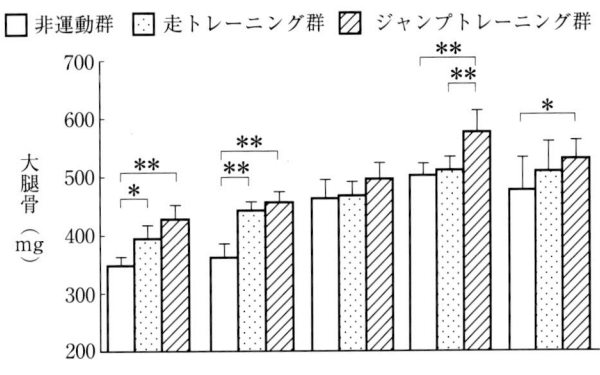

図 10-9 若齢から高齢までのラットに走トレーニングとジャンプトレーニングを行なわせたことによる大腿骨と脛骨の除脂肪重量に対する効果.
(Umemura, Y., Ishiko, T., Tsujimoto, H., Miura, H., Mokushi, N. and Suzuki, H.：Effect of jump training on bone hypertrophy in young and old rats. Int. J. Sports Med. 16：364-367, 1995.)

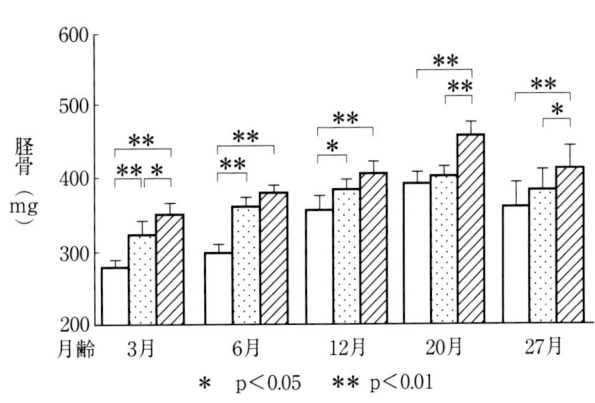

27月齢で有意の差が認められた.

　以上の点から運動は実験動物の骨の密度や重量，物理的強度などを高めるが，四足動物では地面反力が腰椎や肋骨などにあまり働かないのでランニングよりもジャンプの方が有効である．またラットの水泳はヒトの水泳と同一視することができない．高齢のラットには運動がとくによい効果を与えるように思われるが，これはラットが長い期間にわたって狭い籠に閉じ込められていたためかも知れない．今後は比較的自由に移動できる籠で飼育したラットを用いてその結果をヒトと対比することが必要であろう．

まとめ

　脊椎動物では骨が一定の体型を維持し，脳や内臓を保護する働きをしているが，とくにヒトでは二足歩行のために上肢と下肢の働きが分化し，下肢が歩行のために重要

図 10-10 アメリカ白人女子の骨密度の年齢に伴う変化.
(Mazess, R. B., Barden, H. S., Ettinger, M., Johnstone, C., Dawson-Haghes, B., Baran, D., Powell, M. and Notelovitz, M. : Spine and femur density using dual-photon in US white women. Bone Mineral 2 : 211-219, 1987.)

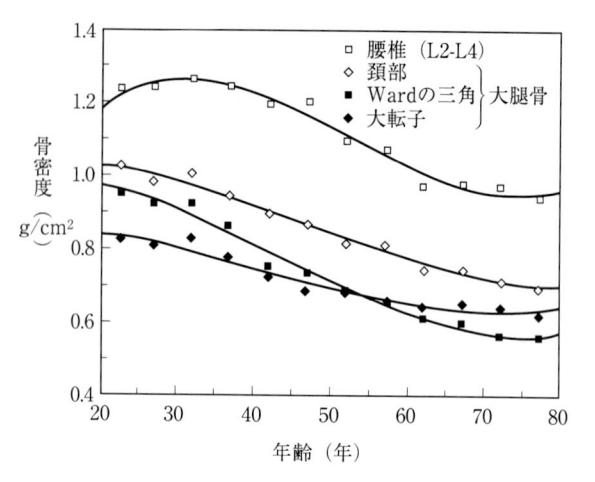

な働きをしている．加齢に伴って骨のミネラル量の減少と骨組織の破壊が起こると骨粗鬆症となり，大腿骨折や頑固な腰痛に悩まされることが多い．このために，平素から骨を丈夫に保ち，骨の変形を防ぐことは高齢化が進む現在の社会では重要なことであり，この意味においての運動の役割が重要視されている．

Mazess ら[38](1987) はアメリカ合衆国の正常な白人成人女子に DPA を用いて腰椎（892 例）と大腿骨（634 例）の骨密度（骨塩密度）を測定した．図 10-10 は 5 歳刻みに平均値をプロットし，それを曲線化したものである．図に示されているように，20－40 歳では骨密度の年齢的変化はわずかである．腰椎ではこの年齢の中間に骨密度のピークがあり，大腿骨では 20 歳をピークに少しずつ骨密度が低下して行くが Ward の三角部（大腿骨の頚部と大転子部の中間に位置する）の加齢に伴う低下が著しい．とくに腰椎では 40 歳以後の低下が著しくなる．50 歳前後で起こる閉経期以後では女性ホルモンの分泌低下が著しいが，この曲線上ではこの年齢以後に骨密度の減少が著しいという現象は見られていない．骨密度の低下は 65 歳以後再びゆるやかになる．

すでに述べたように運動が骨密度を増す効果は思春期に著しいが，小学生時代の運動も骨密度を増すために有効である．この点から学校体育の目的の 1 つに骨密度を増すことを取入れて，その目的に沿った運動を実施すべきである．

つぎに重要なのは 40 歳以後の骨の減少期にこれを防止することを心掛けるべきである．

運動の種類としては筋力トレーニングと地面へのインパクトの強い運動すなわちなわとび，陸上競技，ダンスおよびジョギングなどが望ましく，芝生の上を歩くゴルフや水に浮く水泳は骨の強化の点からあまり期待できない．

骨の強化に女性ホルモンとカルシウムの摂取が役立つことが知られているので，閉経期以後の女子に女性ホルモンを補給すること，平素から食物中のカルシウムの摂取量が不足しないように注意することも骨の強化に役立つ．

臥床安静の項（241 ページ）で述べたように長期間臥床していると骨のミネラルが急速に減少するので，不必要に長期間臥床することをなるべく避けることも高齢者にとって極めて大切な心掛けである．

[文 献]

1) Aloia, J. F., Cohn, S. H., Ostuni, J. A. Cane, R. and Ellis, K.：Prevention of involutional bone loss by exercise. Ann. Intern. Med. **89**：356-358, 1978.
2) Aloia, J. F., Vaswani, A. N., Yeh, J. K. and Cohn, S. H.：Premonopausal bone mass is related to physical activity. Arch. Intern. Med. **148**：121-123, 1988.
3) Beyer, R. E., Huang, J. C. and Wilshire, G. B.：The effect of endurance exercise on bone dimensions, collagen, and calcium in the aged male rat. Exp. Geront. **20**：315-323, 1985
4) 朴 一男, 西口豊憲, 佐藤哲也, 小池達也, 浅田莞爾, 島津 晃：運動の骨塩量に対する影響. リハビリテーション医学 **28**：890, 1991.
5) Bourrin, S., Ghaemmaghami, F., Vico, L., Chappard, D., Gharib, C. and Alexandre, C.：Effect of a five-week swimming program on rat bone：A histomorphometric study. Calcif. Tissue Int. **51**：137-142, 1992.
6) Brewer, V., Meyer B. M., Keele, M. S., Upton, S. J. and Hagan, R. D.：Role of exercise in prevention of involutional bone loss. Med. Sci. Sports Exerc. **15**：445-449, 1983.
7) Cassell, C., Benedict, M. and Specker, B.：Bone mineral density in elite 7-to-9-yr-old female gymnasts and swimmers. Med. Sci. Sports Exerc. **28**：1243-1246, 1996.
8) Conroy, B. P., Kraemer, W. J., Maresh, C. M., Fleck, S. J., Stone, M. H., Fry, A. C., Miller, P. D. and Dalsky, G. P.：Bone mineral density in elite junior Olympic weightlifters. Med. Sci. Sports Exerc. **25**：1103-1109, 1993.
9) Dalsky, G. P., Stocke, K. S., Ehsani, A. A., Slatopolsky, E., Lee, W. C. and Stanley, J. B.：Weight-bearing exercise training and lumbar bone mineral content in postmenopausal women. Ann. Intern. Med. **108**：824-828, 1988.
10) Drinkwater, B. L., Nilson, K., Chesnut III, C. H., Bremner, W. J., Sydney, S. and Southworth M. B.：Bone mineral content of amenorrheic and eumenorrheic athletes. New Eng. J. Med. **311**：277-281, 1984.
11) Dyson, K., Blimkie, C. J. R., Davison, K. S., Webber, C. E. and Adachi, J. D.：Gymnastic training and bone density in preadolescent females. Med. Sci. Sports Exerc. **29**：443-450, 1997.
12) Fehling, P. C., Alekel, L., Clasey, J., Rector, A. and Stillman, R. J.：A comparison of bone mineral densities among female athletes in impact loading and active loading sports. Bone **17**：205-210, 1995.
13) Fisher, E. C., Nelson, M. E., Frontera, W. R., Turksoy, R. N. and Evans, W. J.：Bone mineral content and levels of gonadotropins and estrogens in amenorrheic running women. J. Clin. Endocrinol. Metab. **62**：1232, 1986.
14) 福林 徹, 目崎 登, 下条仁士, 宮永 豊, 進藤さよ, 西野仁樹：女子運動選手における月経異常と骨塩濃度の関連. 臨床スポーツ医学 **8**：815-819, 1991.
15) Gleeson, P. B., Protas, E. J., LeBlanc, A. D., Schneider, V. S. and Evans, H. J.：Effects of weight lifting on bone mineral density in premenopausal women. J. Bone Miner. Res. **5**：153-158, 1990.
16) 後藤澄雄, 山縣正庸, 百武衆一, 小林康正, 袖山知典, 守屋秀繁, 梅津美香：高い骨密度の維持に有効なスポーツの質と量に関する研究. 臨床スポーツ医学 **8**：821-825, 1991.
17) Grimston, S. K., Willows, N. D. and Hanley, D. A.：Mechanical loading regime and its relationship to bone mineral density in children. Med. Sci. Sports Exerc. **25**：1203-1210, 1993.
18) Halioua, L.：High lifetime dietary calcium (Ca) intake and physical activity contribute to greater bone mineral content (BMC) and bone density (BD) in healthy premenopausal women. Fed. Proc. **45**：477, 1986.
19) Hamdy, R. C., Anderson, J. S., Walen, K. E. and Harvill, L. M.：Regional differrences in bone density of young men involved in different exercises. Med. Sci. Sports Exerc. **26**：884-888, 1994.
20) Heinonen, A., Oja, P., Sievanen, H., Pasanen, M. and Vuori, I.：Effect of two training regimens on bone mineral density in healthy premenopausal women：A randomized trial. J. Bone Miner. Res. **13**：483-490, 1998.
21) Heinrich, C. H., Going, S. B., Pamenter, R. W., Perry, C. D., Boyden, T. W. and Lohman, T. G.：Bone mineral content of cyclically menstruating female resistance and endurance trained athletes. Med. Sci. Sports Exerc. **22**：558-563, 1990.
22) 広田孝子, 真砂江美, 奈良正子, 大栗美保, 安藤広行, 広田憲二：若年時からの骨粗鬆症の積極的予防法. 体力研究 No. 77：113-121, 1991.
23) Hou, J. C.-H. and Salem, G. J.：Structual and mechanical adaptations of immature trabecular bone to strenuous exercise. J. Appl. Physiol. **69**：1309-1314, 1990.
24) Huddleston, A. L., Rockwell, D., Kulund, D. N. and Harrison, R. B.：Bone mass in lifetime tennis ath-

letes. JAMA 244 : 1107-1109, 1980.
25) Kanders, B. S. and Lindsay, R. : The effect of physical activity and calcium intake on the bone density of young women age 24-35. Med. Sci. Sports Exerc. 17 : 284-285, 1985.
26) 勝田 茂, 七五三木聡, 池田 賢, 天貝 均, 大野敦也 : 運動強度の違いがラットの骨成長に及ぼす影響. 体育学研究 36 : 39-51, 1991.
27) Kerr, D., Morton, A., Dick, I. and Prince, R. : Exercise effects on bone mass in postmenopausal women are site-specific and load-dependent. J. Bone Miner. Res. 11 : 218-225, 1996.
28) Kiiskinen, A. and Heikkinen, E. : Effects of physical training on the development and strength of tendons and bones in growing mice. Scand. J. Cli. Lab. Invest. 29 Suppl. 123 : 20. 1973.
29) King, D. W. and Pengelly, R. G. : Effect of running on the density of rat tibialis. Med. Sci. Sports Exerc. 5 : 68-69, 1973.
30) Kirchner, E. M., Lewis, R. D. and O'Connor, P. J. : Bone mineral density and dietary intake of female college gymnasts. Med. Sci. Sports Exerc. 27 : 543-549, 1995.
31) Krolner, B., Toft, B., Nielsen, S. P. and Tondevold, E. : Physical exercise as prophylaxis against involutional vertebral bone loss : a controlled trial. Cli. Sci. 64 : 541-546, 1983.
32) 呉 堅, 鳥居 俊, 黒田善雄 : スポーツ選手における前腕骨塩量の検討. 臨床スポーツ医学 12 : 728-732, 1995.
33) LeBlanc, A. D., Evans, H. J., Johnson, P. C. and Jhingran, S. : Changes in total body calcium balance with exercise in the rat. J. Appl. Physiol. : Respirat. Environ. Exercise Physiol. 55 : 201-204, 1983.
34) Li, K.-C., Zernicke, R. F., Barnard, R. J. and Li, A. F.-Y. : Differential response of rat limb bones to strenuous exercise. J. Appl. Physiol. 70 : 554-560, 1991.
35) Marcus, R., Cann, C., Madvig, P., Minkoff, J., Goddard, M., Bayer, M., Martin, M., Gaudiani, L., Haskell, W. and Genant, H. : Menstrual function and bone mass in elite women distance runners. Ann. Int. Med. 102 : 158-163, 1985.
36) Margulies, S. Y., Simkin, A., Leichter, I., Bivas, A., Steinberg, R., Galadi, M.. Stein, M., Kashtan, H. and Milgrom, C. : Effect of intense physical activity on the bone-mineral content in the lower limbs of young adults. J. Bone and Joint Surg. 68 A : 1090-1093, 1986.
37) Matsuda, J. J., Zernicke, R. F., Vailas, A. C., Pedrini, V. A., Pedrini-Mille, A. and Maynard, J. A. : Structual and mechanical adaptation of immature bone to strenuous exercise. J. Appl. Physiol. 60 : 2028-2034, 1986.
38) Mazess, R. B., Barden, H. S., Ettinger, M., Johnston, C., Dawson-Hughes, B., Baran, D., Powell, M. and Notelovitz, M. : Spine and femur density using dual-photon in US white women. Bone Mineral 2 : 211-219, 1987.
39) McDonald, R., Hegenauer, J. and Saltman., P. : Age-related differences in the bone mineralization pattern of rats following exercise. J. Geront. 41 : 445-452, 1986.
40) Menkes, A., Mazel, S., Redmond, R. A., Koffler, K., Libanati, C. R., Gundberg, C. M., Zizic, T. M., Hagberg, J. M., Partley, R. E. and Hurley, B. F. : Strength training increases regional bone mineral density and bone remodeling in middle-aged older men. J. Appl. Physiol. 74 : 2478-2484, 1993.
41) 宮元章次, 石河利寛 : 成長期の規則的な運動が大学生の骨密度に及ぼす効果. 体力科学 42 : 37-45, 1993.
42) 百武衆一, 後藤澄雄, 山縣正庸, 守屋秀繁 : 骨粗鬆症の予防としての運動効果の縦断的研究. 臨床スポーツ医学 11 : 1271-1277, 1994.
43) 森 諭史, 上星智美, 茨木邦夫, 高良宏明, 勝山直文, 太田 豊, 宮本章次 : 運動と青年期の骨塩量. 九州スポーツ医科学 4 : 21-24, 1992.
44) Myburgh, K. H., Bachrach, L. K., Lewis, B., Kent, K. and Marcus, R. : Low bone mineral density at axial and appendicular sites in amenorrheic athletes. Med. Sci. Sports Exerc. 25 : 1197-1202, 1994.
45) 中島仁子, 高沢竜一, 沖汐美由紀, 田井美穂, 櫻井洋子, 瀬戸 昌, 井本岳秋, 澤田芳男, 中根惟武, 米満弘之 : キャディの運動量, 栄養摂取量と骨密度. ゴルフの科学 7(2) : 64-68, 1994.
46) Nicholas, D. L., Sanborn, C. F., Bonnick, S. L., Ben-Ezra, V., Gench, B. and DiMarco, N. M. : The effects of gymnastics training on bone mineral density. Med. Sci. Sports Exerc. 26 : 1220-1225, 1994.
47) Peterson, S. E., Peterson, M. D. Raymond, G., Gilligan, C., Checovich, M. M. and Smith, E. E. : Muscular strength and bone density with weight training in middle-aged women. Med.Sci. Sports Exerc. 23 : 449-504, 1991.
48) Raab, D. M., Smith, E. L, Crenshaw, T. D. and Thomas, D. P. : Bone mechanical properties after

exercise training in young and old rats. J. Appl. Physiol. 68：130-134, 1990.

49) Rubin, C. T. and Lanyon, L. E.：Regulation of bone mass by mechanical strain magnitude. Calcif. Tissue Int. 37：411-417, 1985.

50) Rutherford, O. M.：Spine and total bone mineral density in amenorrheic endurance athletes. J. Appl. Physiol. 74：2904-2908, 1993.

51) Ryan, A. S., Treth, M. S., Rubin, M. A., Miller, J. P., Nicklas, B. J., Landis, D. M., Partley, R. E., Libanti, C. R., Gundberg, C. M. and Hurley, B. F.：Effects of strength training on bone mineral density：Hormonal and bone turnover relationships. J. Appl. Physiol. 77：1678-1684, 1994.

52) 七五三木聡，勝田 茂，天貝 均，大野敦也：成長期の運動が引き起こす骨肥大．体力科学 39：181-188, 1990.

53) Simkin, A. Ayalon, J. and Leichter, I.：Increased trabecular bone density due to bone-loading exercises in postmenopausal osteoporotic women. Calcif. Tissue Int. 40：59-63, 1987.

54) Sinaki, M. and Offord, K. P.：Physical activity in postmenopausal women：Effect on back muscle strength and bone mineral denity of the spine. Arch. Phys. Med. Rehabil. 69：277-280, 1988.

55) Slemenda, C. W., Miller, J. Z., Hui, S., Reister, T. K. and Johnston, JR., C. C.：Role of physical activity in the development of skeletal mass in child. J. Bone Miner. Res. 6：1227-1233, 1991.

56) Smith, E. L. and Reddan, W.：Physical activity -a modality for bone accretion in the aged. Am. J. Roentgen. 126：1297, 1976.

57) Smith, Jr., E. L., Reddan, W. and Smith, P. E.：Physical activity and calcium modalities for bone mineral increase in aged women. Med. Sci. Sports Exerc. 13：60-64, 1981.

58) Smith, R. and Rutherford, O. M.：Spine and total body bone mineral density and serum testosterone levels in male athletes. Eur. J. Appl. Physiol. 67：330-334, 1993.

59) Smith, Jr., E. L., Smith, P. E., Ensign, C. J. and Shea, M. M.：Bone involution decrease in exercising middle-aged women. Calcif. Tissue Int. 36：S 129-S 138, 1984.

60) Sowers, M., Kshirsagar, A, Crutchfield, M. M. and Updike, S.：Joint influence of fat and lean body composition compartments on femoral mineral density in premenopausal women. Am. J. Epidemiol. 135：257-264, 1992.

61) Stillman. R. J., Lohman, T. G., Slaughter. M. H. and Massey, B. H.：Physical activity and bone mineral content in women aged 30-85 years. Med. Sci. Sports Exerc. 18：576-580, 1986.

62) Swissa-Sivan, A., Simkin, A., Leichter, I., Nyska, A., Nyska, M., Statter, M., Bivas, A., Menczel, J. and Samueloff, S.：Effects of swimming on bone growth and development in young rats. Bone Miner. 7：91-105, 1989.

63) 高良宏明，乗松尋道，上里智美，吉川朝昭，茨木邦夫，宮本章次，勝山直文：スポーツと青年期骨格―DPAによる骨塩量分析．九州スポーツ医・科学会 1：88-91, 1988.

64) Talmage, R. V. and Anderson, J. J. B.：Bone density loss in women：effects of childhood activity, exercise, calcium intake and estrogen therapy. Calcif. Tissue Int. 36（Supple 2）S 52, 1984.

65) Teegarden, D., Proulx, M. K., Sedlock, D., Weaver, C. M., Johnston, C. C. and Lyle, R. M.：Previous physical activity relates to bone mineral measures in young women. Med. Sci. Sports Exerc. 28：105-113, 1996.

66) Umemura, Y., Ishiko, T., Tsujimoto, H., Miura, H, Mokushi, N. and Suzuki, H.：Effect of jump training on bone hypertrophy in young and old rats. Int. J. Sports Med. 16：364-367, 1995.

67) Virvidakis, K., Georgiou, E., Korkotsidis, A., Ntalles, K. and Proukakis, C.：Bone mineral content of junior competitive weightlifters. Int. J. Sports Med. 11：244-246, 1990.

68) Williams, J. A., Wanger, I., Wasnich, R. and Heilbrun, L.：The effect of long-distance running upon appendicular bone mineral content. Med. Sci. Sports Exerc. 16：223-227, 1984.

II部 運動と健康・体力

11章　寿命と運動
12章　臥床・不使用の生理学
13章　体力と体力テスト
14章　からだのトレーニング
15章　老化と運動
16章　肥満と運動
17章　高血圧と運動
18章　冠動脈硬化性心疾患と運動
19章　糖尿病と運動
20章　健康・体力を保持するための運動
　　　 とエネルギー所要量

II部　運動と健康・体力

11章　寿命と運動

　日本人の平均寿命は第2次世界大戦終了時までは男女とも50歳を越えていなかった．しかし，戦後に寿命は急速な延びを示し，現在では男女とも世界一の長寿国となった（表11-1，図11-1）．
　運動（スポーツを含む）が健康に良い影響を与えるならば，規則的に運動を実施している者はそうでない者と比較して平均的に長寿を保つはずである．しかし，これを明らかにするには年齢と社会的経済的状態の等しい2群を用意し，一群は一生運動を継続し，他の一群は一生運動を実施ないで両群の全員が死亡するまで待って両群の死

表 11-1　平均寿命の国際比較．

男		女	
日　　　　本	77.19	日　　　　本	83.82
アイスランド	76.2	ス　イ　ス	81.70
スウェーデン	75.91	スウェーデン	81.18
香　　　　港	76.3	香　　　　港	81.8
ス　イ　ス	75.30	フ ラ ン ス	81.9
イ ギ リ ス	74.06	アイスランド	80.6
フ ラ ン ス	74.0	イ ギ リ ス	79.32
ド　イ　ツ	72.99	ド　イ　ツ	79.49
アメリカ合衆国	72.40	アメリカ合衆国	79.00

注　作成基礎期間
　　日本　1997，アイスランド　1995〜96，スウェーデン　1996，香港　1996，スイス　1994〜95，イギリス　1995，フランス　1996，ドイツ　1993〜95，アメリカ合衆国　1994
（厚生統計協会：国民衛生の動向．厚生の指標46(9)：75, 1999）

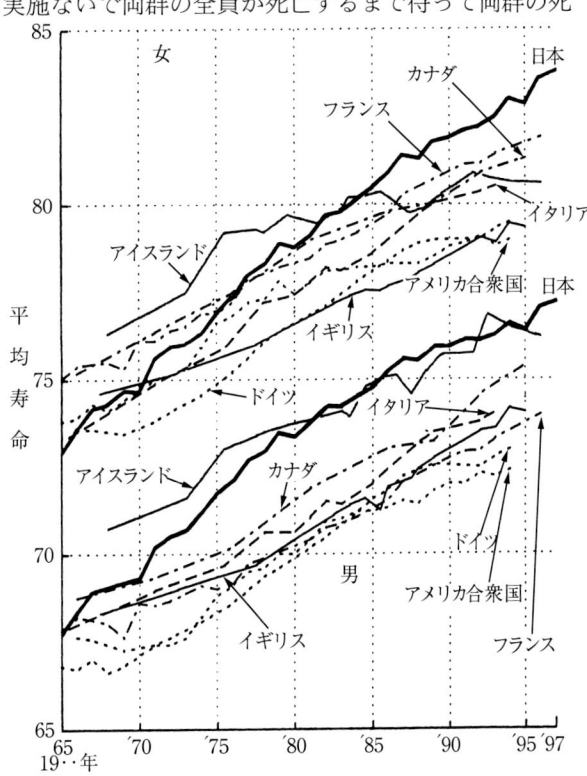

注　1990年以前のドイツは，旧西ドイツの数値である．
資料　Demographic Yearbook 1996, U.N. 等

図 11-1　諸外国の平均寿命の比較．
（厚生統計協会：国民衛生の動向．厚生の指標46(9)：75, 1999）

亡年齢を比較する必要がある．しかしこのような研究は事実上不可能であるので，いろいろな面から運動群と非運動群の寿命の比較が行なわれている．

1　大学生時代のスポーツ活動と寿命

　Rook[16]（1954）はCambridge大学に1860～1900年の間に在籍していた大学生について在学中に種々の競技を行なっていた者とそうでなかった者の寿命を比較した．選ばれた競技者はOxford大学との対抗戦で代表選手を数年間にわたって務めた学生で，その種目は陸上競技，クリケット，ボート，ラグビー・フットボールであった．また，これと比較するために用いられたのは無作為に選ばれた同じ大学の一般大学生と学業成績優秀者であった．

　調査対象者の死亡年齢を表11-2に示す．この表では戦死者および事故死者は調査対象から除かれていた．表11-2から明らかなように，競技者の死亡年齢は平均して67-69歳で競技者と非競技者（学業成績優秀者と無作為に抽出した一般大学生）との間に死亡年齢に差が認められなかった．また死亡診断書が得られた者についての死因の第1位は競技者，学業成績優秀者，無作為抽出者ともに心臓血管疾患で，死因の約40％を占めていた．

　Montoyeら[10]（1956）はアメリカのMichigan州立大学の卒業生で1855年から1919年生れの競技者629人と非競技者583人の死亡年齢を比較した（表11-3）．その結果両者はほとんど等しく，また在学中の平均余命から予測された一般人の死亡年齢よりも約8歳長寿を保った．このような結果は大学在学中の競技活動は寿命に影響を与えず，競技活動の有無にかかわらず，大学卒業生はアメリカ人の平均的な寿命よりも長生きすることを示していた．

　PolendnakとDamon[14]（1970）はアメリカのHarvard大学の卒業生の死亡年齢を在学中競技選手をしていた者とそうでなかった者とに区分して調査した結果を表11-4のように示している．調査対象を出生年別に1860—1869年，1870—1879年，1880—1889年に3区分し，この期間に生れた卒業生で自然の原因（戦死，事故死を除く）で死亡した者のみを調査対象とした．この年代に生れた者について調査時点（1967年6月30日）で死亡者の割合が表の注）に示してある．また，この表では競技選手をメジャーとマイナーに区分して示してある．メジャー競技者はメジャースポーツ（野球，フットボール，ボート，陸上競技，アイスホッケー，テニス）においてのLetter winnerで，マイナー競技者はLetter winnerでないメジャー・スポーツの競技者とマイナー・スポーツ（バスケットボール，クリケット，フェンシング，ゴルフ，ラクロス，ポロ，水泳，レスリング）の競技者である．Letter winnerとは大学のメジャー・スポーツにおいて優秀な成績を挙げた結果，大学当局から大学の頭文字（Letter）をトレーニング・ウェアに付けることを許された者である．表11-4に示されているように3群間に死亡年齢に差が認められなかった．死因も3群間に差が認められなかった．

　以上のように大学生が在学時代に競技選手をしていても，していなくても寿命や死因に変りがないというのがイギリスおよびアメリカの調査結果である．このことは大学時代のスポーツ活動は寿命や死因に影響を与えず，その後数十年にわたる社会人と

表 11-2 種々の種目の競技者の死亡年齢.

グループ	陸上競技	クリケット	ボート	ラグビー	成績優秀者	一般大学生
人数	203	176	167	218	362	325
死亡年齢	67.41	68.13	67.08	68.84	69.41	67.43

(Rook, A.: An investigation into the longevity of Cambridge sportsmen. Brit. Med. J. 1: 773-775, 1954.)

表 11-3 競技者と非競技者の死亡状況の比較.

		平均余命*(年)	平均死亡年齢(年)	差(年)
すべての死因を含む	競技者	65.96	73.86	7.90
	非競技者	65.97	74.24	8.27
事故死を除く	競技者	65.96	74.43	8.47
	非競技者	65.99	74.59	8.60

* 大学在学中の年齢から算出した一般人の予測死亡年齢

(Montoye, H. J., Van Huss, W. D., Olson, H., Hudec, A. and Makoney, E.: Study of the longevity and morbidity of college athletes. J. A. M. A. **162**: 1132-1134, 1956.)

表 11-4 Harvard 大学の卒業生の死亡年齢 (事故死を除く).

	1860-69			1870-79			1880-89		
	n	平均値	S.D.	n	平均値	S.D.	n	平均値	S.D.
競技者（メジャー）	55	67.3	16.8	84	69.8	15.9	16	66.2	14.2
競技者（マイナー）	49	67.9	18.0	119	70.8	14.7	43	67.2	16.8
非競技者	416	69.3	17.4	699	70.1	15.0	308	67.7	12.5

注) 調査対象のうち死亡者の割合は 1860-69, 99.3%：1870-79, 94.6%：1880-89, 75.7%
(Polednak, A. P. and Damon, A.: College athletics, longevity and cause of death, Human Biol. **42**: 28-46, 1970.)

しての生活の方が寿命に影響することを物語っている.

　Kitamura[7] (1964) は大学時代に競技者であった者 1,655 人，東京大学医学部医学科の卒業生，一般人男子の 3 グループの生存率を図 11-2 のように示している．この図は高齢者になるほど大学競技者の生存率が医学部卒業生および一般人よりも高くなることを意味しているが，とくに第二次世界大戦中には医師が不足して過重労働を強いられていたので，この結果から大学生時代の競技活動が寿命の延長に寄与するという結論をだすには無理がある．

2 プロスポーツ選手の寿命

　長年にわたって競技スポーツを継続しているグループとしてプロスポーツの選手の寿命が問題となる．この点においてメトロポリタン生命保険会社が行なったアメリカの大リーグ選手の調査結果を示す[9]（表 11-5）．

　この調査では選手がそのチームに属していた時期を 1876—1900, 1901—1973 年の 2 つに区分し，後者ではさらに 5 年以上プレーをした場合と 5 年未満の場合に分けて調査結果を示している．また比較対照するために，大リーグの選手の死亡率がアメリカの一般の白人の死亡率の何％に相当したかを示している．

　1900 年以前に大リーグでプレーをした選手の死亡率は一般白人の 97％で，一般白人とほぼ同じであったが，1901-1973 年では在籍 5 年未満のプレーヤーでは一般白人の

図 11-2 大学競技者，東京大学医学部卒業者および一般日本人の年齢別生存率.
(Kitamura, K.: The role of sport activities in the prevention of cardiovascular malfunction. Proceedings of international congress of sports sciences, Tokyo: 79-91, 1964.)

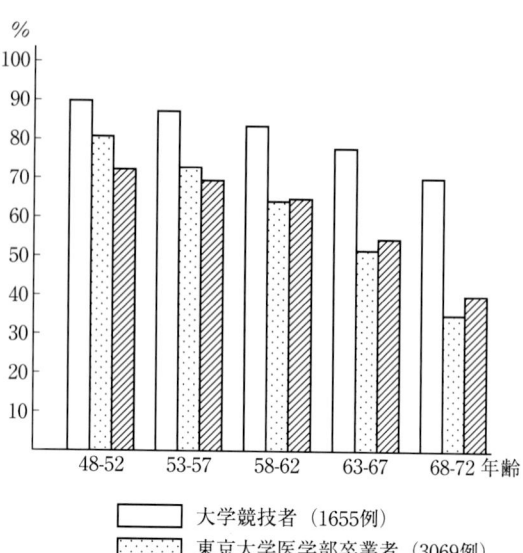

□ 大学競技者（1655例）
▫ 東京大学医学部卒業者（3069例）
▨ 一般日本人

表 11-5 アメリカ大リーグ選手の死亡率とアメリカ国民白人男子の死亡率.
(Metropolitan Life Insurance Company: Longevity of major league baseball players. Satistical Bulletin 2-4, April, 1975. Polednak, A. P. 編: The longevity of athletes. Thomas, 1979 より引用)

	大リーグでプレーを始めた年					
	1876—1900		1901—1973			
			在籍5年未満		在籍5年以上	
	人数	%	人数	%	人数	%
全年齢	1,391	97%	1,763	59%	935	72%
40 未満	211	117	194	64	59	34
40 以上	1,180	94	1,569	58	876	79
40-49	163	123	178	62	117	79
50-59	189	105	342	72	192	81
60-69	280	101	489	72	241	68
70 以上	548	83	560	45	326	78

59%，在籍5年以上では一般人の72%で，ともに一般白人の死亡率をはるかに下回っていた．

19世紀と20世紀で野球選手の身体活動量が大きく変ったとは考えられないので，20世紀になって大リーグの野球選手の社会的経済的状態が向上し，球団も選手自身も選手の健康管理に一そう留意するようになったことが死亡率の低下を引起こした原因であろう．

図 11-3（a）（b）は日本特有のプロスポーツである大相撲の年寄についての調査結果である[11]．ここでは大正15年から昭和45年の間に死亡した年寄の平均死亡年齢を調べ，これを日本人の平均寿命と比較した結果が示されている．日本人の平均寿命には幼少年期に死亡した人の年齢も含まれているのに対して，年寄は現役の力士が引退後に就任するので20歳以前の死亡はあり得ない．したがって，年寄の死亡年齢は日本人の平均寿命を上回っているべきであるが，図 11-3 に示されているように，戦前には日本人の平均寿命と同じくらいで，戦後にはこれを下回っていたので，力士は特殊な

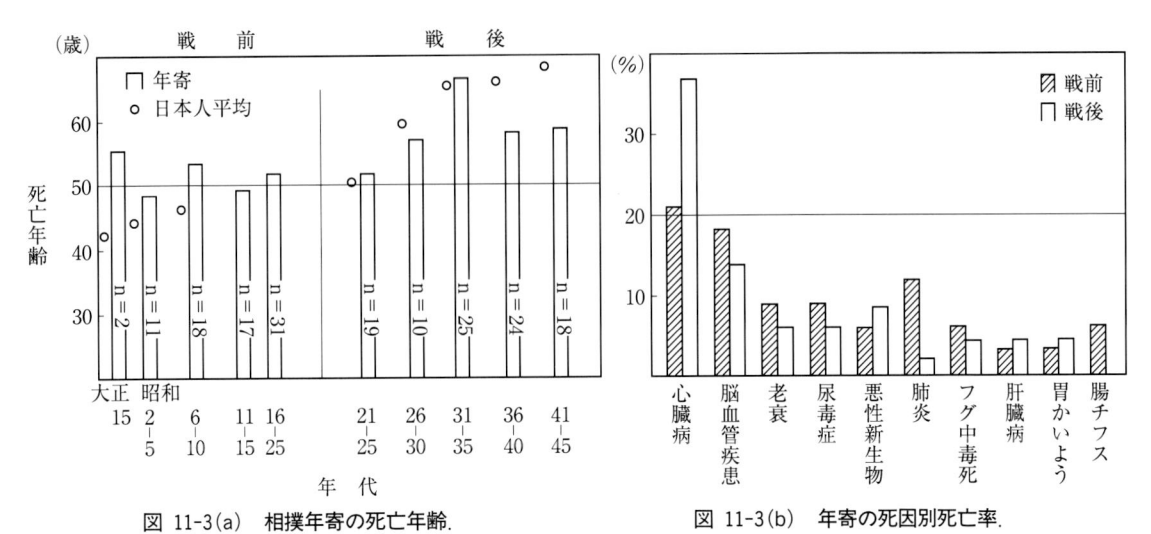

図 11-3(a)　相撲年寄の死亡年齢．　　　図 11-3(b)　年寄の死因別死亡率．
(小川新吉，古田善伯，永井信雄，山本恵三，美濃部浩一：元相撲力士(年寄)の健康状態に関する研究．東京教育大学体育学部スポーツ研究所報 11：1-14, 1973.)

体質の持主であることがわかる．また力士の死因の第1位が戦前から心臓病であったこともこのことを物語っている．これはおそらく肥満が原因であろう．

3　社会人として運動を実施している者の寿命

　戦前は社会人が余暇にスポーツ活動をすることはあり得なかったが（余暇が十分に与えられていない上に余暇にスポーツを楽しむだけの社会的基盤に乏しかった），現在ではあらゆる年齢層に対してスポーツ活動を行なうことが奨励されている．その学問的根拠を寿命の面から以下に明らかにする．
　図 11-4 はフィンランドの 1889 年から 1930 年までのエリートスキーヤーのリストから 396 人のスキー選手を選び，その生存率を 1967 年の終りに調べた結果を示したものである[6]．
　フィンランドではスキーが国民の間に広く普及しているので，スキー選手は一般的な階層の人であり，競技生活を引退した後もスキーを継続的に行なっている．このようなスキーヤーの生存率を年齢別にプロットし，これをフィンランドの一般男子の生存率と比較したのがこの図である．一般男子の生存率は年次的に高まっているので，1931—35 年，1946—50 年，1956—60 年の 3 つの年代についてプロットして，これとスキーヤーの生存率とを比較している．図においてエリートスキーヤーの 50% 生存率を示す年齢は 73.0 歳で，一般国民の上記の 3 つの年代における生存率はそれぞれ 68.9 歳，68.7 歳，70.2 歳であったので，エリートスキーヤーの生存率の方が多少すぐれていた．
　Hammond[4] (1964) は多数の中高年者についてアンケート調査を行なった．すなわち，1959 年 10 月 1 日から 1960 年 2 月 15 日までに 106 万 4004 人の運動実施状態についてアンケート調査を行ない，その返答から，運動実施状態を「実施せず」，「軽く実

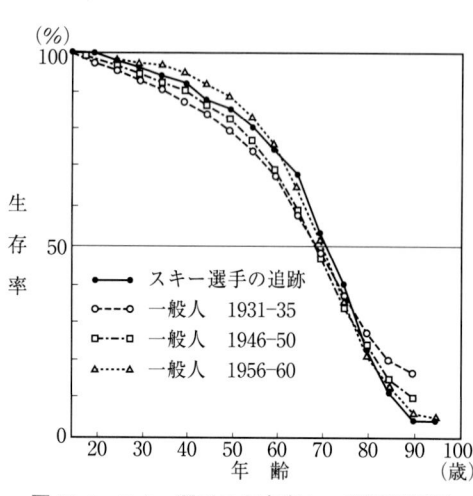

図 11-4 スキー選手の生存率と一般国民男子の生存率 1931—35，1946—50，1956—60 年との比較.
(Karvonen, M. J., Klemola, H., Virkajarvi, J. and Kekkonen, A.：Longevity of endurance skiers. Med. Sci. Sports **6**：49-51, 1974.)

表 11-6 運動の実施状態と死亡率.
(男子, 100 人対)

年　齢	実施せず	軽　く	中等度	激しく
第1回調査				
45-49歳	1.06	0.56	0.38	0.23
50-54	2.08	0.80	0.55	0.33
55-59	3.60	1.58	0.86	0.59
60-64	4.90	2.32	1.19	0.92
65-69	10.33	3.85	1.74	1.38
70-74	11.02	4.92	2.60	1.56
75-79	16.05	6.55	3.46	1.96
80-84	16.43	8.49	3.96	4.49
85歳以上	22.13	12.08	5.67	2.78
第2回調査				
45-49歳	1.14	0.63	0.45	0.40
50-54	1.31	1.15	0.75	0.49
55-59	3.23	1.81	1.02	0.93
60-64	5.40	3.01	1.84	1.37
65-69	6.45	4.65	2.34	1.62
70-74	12.09	6.84	3.53	2.57
75-79	15.69	9.07	4.38	3.00
80-84	26.30	12.15	7.08	4.71
85歳以上	24.46	18.70	9.73	2.86

(Hammond, E. C.：Some preliminary findings on physical complaints from a prospective study of 1,064,004 men and women. Amer. J. Publ. Hlth. **54**：11-23, 1964.)

施」,「中等度に実施」および「激しく実施」の4段階に性, 年齢別に区分した. つぎにこれらの回答者の生死を第1回は1960年10月1日, 第2回は1961年9月30日付で調査した. この結果, 第1回の調査では7,269人, 第2回の調査では9,453人が死亡していることが判明した. そこで前に作成した性, 年齢別, 運動実施状態別の区分に属する人の死亡率を調査した. 表11-6は男子についての成績である. 表から明らかなように, 年齢が進むのにつれて死亡率が増すのは当然であるが, 同一年齢で見ると, すべての年齢区分において運動実施がはげしい人ほど死亡率が低下することが明らかになった. この結果から中高年で運動をはげしく実施している人ほど長寿が約束されることがわかる. しかし死亡率が運動を「実施せず」と答えた人と「激しく実施している」と答えた人の間に5—8倍の違いがあり, 運動を実施していないと答えた人の中に病気の者が入っている可能性があり, 調査方法に問題があると思われる.

Paffenbarger ら[12] (1986) は1916年から1950年の間に入学したハーバード大学の男子卒業生16,936人について, 1962年と1966年に身体活動の状態を調査した. すなわち, 1日の歩行距離, 階段登行数, 軽いスポーツと激しいスポーツの実施時間を調べて, この結果から身体活動によって消費されるカロリーを1週間当たりで算出して週500 kcal未満, 500—1,999 kcal, 2,000 kcal以上の3つのグループに区分した. その後, 1978年までにこれらの人たちの中で死亡した1,413人について, 彼等の死亡年齢

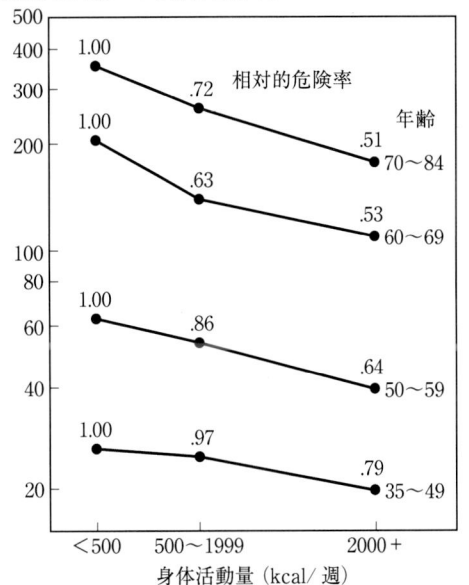

図 11-5 16,936人のハーバード大学卒業生を身体活動量別に区分し，1962年から1978年まで調査し，その間の死亡率を週500 kcal未満の身体活動量のグループを基準に示す．
(Paffenbarger, R. S. Jr., Hyde, R. T., Wing, A. L. and Hsieh, C.-C.: Physical activity, all-cause mortality, and longevity of college alumni. N. Engl. J. Med. 314：605-613, 1986.)

と生前の調査で3つのグループのどれに所属していたかを調べた．この結果が図11-5に示されている．

この図は週500 kcal未満の消費カロリーであったグループの死亡率を1として，週500—1,999 kcalと週2,000 kcal以上のグループの死亡率を死亡年齢別に示したものである．

この図から35〜49歳で死亡した者の死亡率は週500 kcal未満，500—1,999 kcal，2,000 kcal以上の3つのグループで1：0.97：0.79を示し，3つのグループ間であまり大きな差がなかったが，死亡年齢が高くなるのにしたがって，3つのグループ間の差が拡大し，70—84歳の3つのグループの死亡率は1：0.72：0.51となった．この結果は，大学卒業後に平素から運動に多量のエネルギーを消費していると，高齢になってからの死亡率が低く，したがって長生きをすることを物語っている．

Paffenbargerら[13] (1994)はさらに1977年に前回と同様の身体活動の状態の調査を行ない，その後1988年までフォローして死亡状態を調査した結果この間に14,786人のうち2,343人が死亡した．そこで，前回の調査から今回の調査までに週当たりのカロリー消費量が1,250 kcal以上増加したグループ，変らなかったグループ（±1,259 kcal），1,250 kcal以上減少したグループの3群について，その後11年間の生存率を年齢別に示した（図11-6）．この結果，消費カロリーが1,250 kcal以上増加したグループ，1,250 kcal以上減少したグループの死亡率は有意に（$p<0.001$）に減少または増加するという結果が得られた．この研究では，また喫煙を中止したグループは喫煙を継続したグループに対して，正常血圧を保ったグループは高血圧になったグループに対して死亡の危険率が有意に低下したことを明らかにしている．

以上の結果から運動は寿命を延ばす働きがあることが明らかにされたが，どのよう

図 11-6 1977年に45—84歳であった14,786人のハーバード大学卒業生について1988年までの生存率を身体活動量の変化（前回の調査（1962または1966年）と今回の調査（1977年）の比較）別に示した．
(Paffenbarger, R. S. Jr., Kampert, J. B., Lee, I-Min, Hyde, R. T., Leung, R. W. and Wing, A. L.: Changes in physical activity and othr lifeway patterns influencing longevity. Med. Sci. Sports Exerc. 26：857-865, 1994.

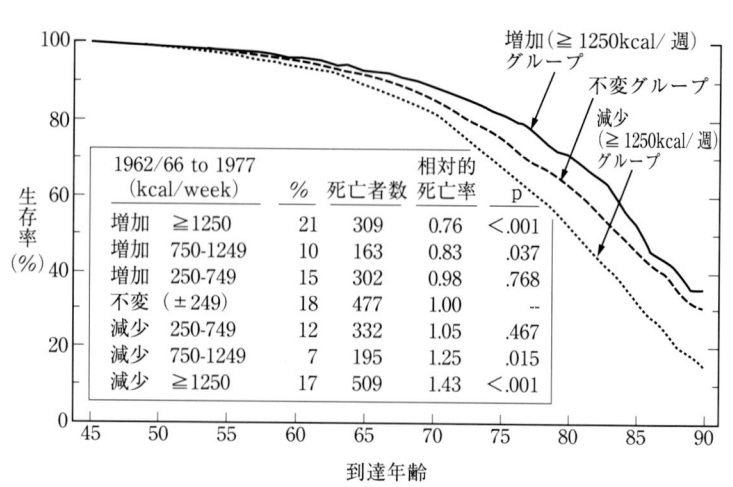

1962/66 to 1977 (kcal/week)		%	死亡者数	相対的死亡率	p
増加	≧1250	21	309	0.76	<.001
増加	750-1249	10	163	0.83	.037
増加	250-749	15	302	0.98	.768
不変	(±249)	18	477	1.00	--
減少	250-749	12	332	1.05	.467
減少	750-1249	7	195	1.25	.015
減少	≧1250	17	509	1.43	<.001

表 11-7 調査対象となったフィンランドの男子競技選手のスポーツ種目による区分と人数．
(Sarna, S., Koskenvuo, M. and Kaprio,J.: Increased life expectancy of world class male athletes. Med. Sci. Sports Exerc. 25：237-244, 1993.)

スポーツ種目の区分	人数	種目の内訳
持久的スポーツ	303	長距離走 クロスカントリースキー
チームゲーム	1,185	サッカー アイスホッケー バスケットボール 他のグループに属しない陸上競技種目
パワースポーツ	909	ボクシング レスリング ウェイトリフティング 投擲
一般男子	1,712	

な運動が望ましいかが問題となる．この点でSarnaら[17]（1993）は1920—1965年にオリンピック大会，世界選手権大会，ヨーロッパ選手権大会，国際競技大会にフィンランドの代表として出場した男子競技者を種目の特性から表11-7に示すように持久的スポーツ，チームゲーム，パワースポーツの3つに区分し，それに一般男子を加えて調査対象者とした．

彼らは1989年5月に調査対象者の生存状態を調査し，死亡者については死亡年月日，および死因を明らかにした．以上結果から年齢別の生存率を競技種目の区分別に求めた（図11-7）．

図11-7から50歳まではどのグループもほとんどの者が生存していたが，その後生存率に違いが現われた．一番生存率が高かったのは持久的スポーツで，つぎがチームゲームであり，パワースポーツは一般男子とほとんど変らなかった．

そこで4つのグループについて，1985年に行なった健康生活に関した調査結果を表11-8に示す．この表から国際競技に出場した一流の競技選手はどのスポーツ種目でも過半数の者がその後スポーツを継続していて，この点が一般男子と異なっていた．ま

図 11-7 調査対象となったフィンランド競技選手のスポーツ種目別生存曲線と一般男子の生存曲線.
(Sarna, S., Koskenvuo, M. and Kaprio, J.: Increased life expectancy of world class male athletes. Med. Sci. Sports Exerc. 25: 237-244, 1993.)

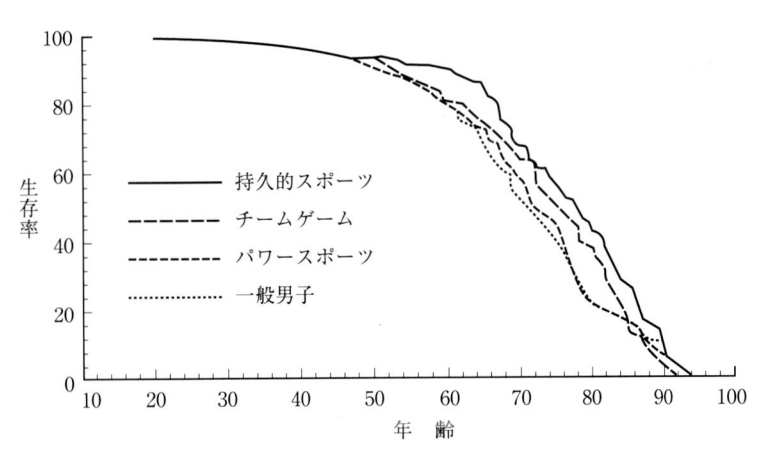

表 11-8 調査対象となった4つのグループの健康生活に関する調査結果.

	持久的スポーツ (153人)	チームゲーム (697人)	パワースポーツ (454人)	一般男子 (788人)
成人以後に余暇活動または競技スポーツを続けている者 (%)	68.2	63.0	59.9	17.1
喫煙経験のない者 (%)	58.7	46.9	47.9	26.5
現在の喫煙者 (%)	11.4	15.2	17.9	26.1
20歳から1985年までの体重の変化 (kg)	8.6	9.3	12.8	11.1
アルコール消費量 (g/月)	11.4	17.0	15.1	14.0

(Sarna, S., Koskenvuo, M. and Kaprio, J.: Increased life expectancy of world class male athletes. Med. Sci. Sports Exerc. 25: 237-244, 1993.)

た彼等は喫煙経験がない者が多く,現在でも喫煙している者が一般人の約半数であった.しかし,20歳の時の体重と比較すると現在の体重が増加していたが,これは一般人でも同じであった.アルコールの消費量も一般人とほとんど変らなかったが,持久的スポーツの競技選手は比較的体重の変化も,アルコールの消費量も少なかった.また死亡者の死因を調査した結果,持久的スポーツを行なっていたグループは心臓血管疾患とがんの死亡率が一般人の半数以下であった.一方,外因死はパワースポーツ・グループがもっとも多く一般人の2倍であったが持久的スポーツ・グループでは一般人の1.2倍であった.

　以上の点から長寿を保つためには持久的なスポーツ(歩行,ジョギング,クロスカントリー・スキー)が望ましい.このようなスポーツ活動を継続している者は,喫煙者が少なく,体重も一定に維持され,また心臓血管疾患とがんの罹患率が低く,このことが持久的スポーツグループが長寿を保つ原因であろう.

図 11-8　1日の歩行距離によって区分した3グループの死亡率．
(Hakim, A. A., Petrovitch, H., Burchfiel, C. M., Ross, G. W., Rodriguez, B. L., White, L. R., Yano, K., Curb, J. D. and Abbott, R. D.：Effects of walking on mortality among nonsmoking retired men. N. Engl. J. Med. 338：94-99, 1998.)

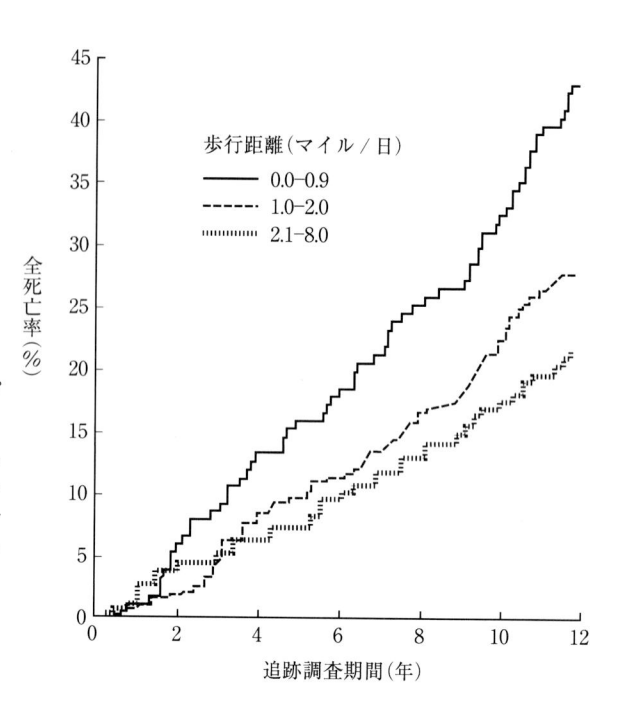

4　退職した高齢者の歩行が寿命に与える効果

　　Hakim, A. A. ら[5]（1998）は日本から移住したハワイ・オアフ島住民男子 61—81 歳の退職者で非喫煙者 707 人について1日の歩行距離を調査した後，その後 12 年間の死亡状態を調査した．その結果，1日 2.1—8.0 マイル（1マイル＝1.6 km）歩行していた者は 0.9 マイル以下しか歩行していなかった者と比較して死亡率が約 1/2 であることを報告した（図 11-8）．

　　歩行距離別に区分した死因は表 11-9 に示されているように，全死因および癌では歩行距離の多いグループの方が死因となる傾向が少なかったが，動脈硬化性の疾患（冠動脈心臓病，脳卒中）では有意な相関（危険率 5％以下）が得られなかった．

　　このような点から，高齢者では退職後も歩くことを習慣付けることが長寿を保つために有効であることが明らかにされた．

5　動物実験による寿命の研究

　　ヒトの寿命についての研究は大学卒業時から追求しても数十年間を要し，そのうえ規則正しく運動を続けている人が少ないので運動の効果を明らかにするための調査がかなり困難である．そこで寿命が短く，一定の運動を行なわせるのに好都合なラットが実験の対象として用いられる．図 11-9 は Retzlaff ら[15]がアルビノ・ラットの死亡日数を運動群と非運動群についてオス，メス別に示したものである．用いた運動は分

表 11-9　1日の歩行距離別に区分した3群の12年間の死亡率.

		死亡年齢（歳）	死亡率（％）	死亡傾向の危険率
	全死因			
歩行距離	0.0—0.9 マイル/日	69.8	43.1	
	1.0—2.0 マイル/日	69.0	27.7	0.1%以下
	2.1—8.0 マイル/日	67.9	21.5	
	冠動脈心臓病および脳卒中			
歩行距離	0.0—0.9 マイル/日	69.3	6.6	
	1.0—2.0 マイル/日	68.9	5.6	10%
	2.1—8.0 マイル/日	67.9	2.1	
	癌			
歩行距離	0.0—0.9 マイル/日	69.6	13.4	
	1.0—2.0 マイル/日	68.8	9.4	0.8%
	2.1—8.0 マイル/日	67.7	5.3	

(Hakim, A. A., Petrovitch, H., Burchfiel, C. M., Ross, G. W., Rodriguez, B. L., White, L. R., Yano, K., Curb, J. D. and Abbott, R. D.：Effects of walking on mortality among nonsmoking retired men. N. Engl. J. Med. 338：94-99, 1998.)

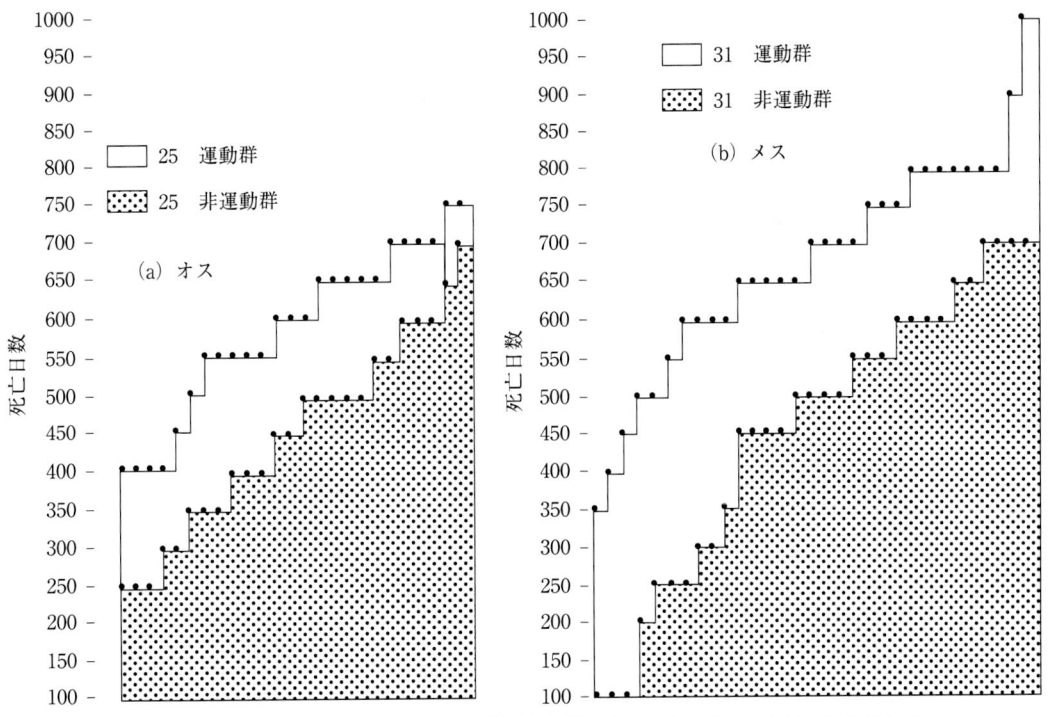

図 11-9　Sprague-Dawley系ラットの運動群と非運動群の寿命の比較. 点は匹数を表わす.
(Retzlaff, E., Fontaine, J. and Furuta, W.：Effect of daily exercise on life-span of albino rats. Geriatrics 21：171-177, 1966.)

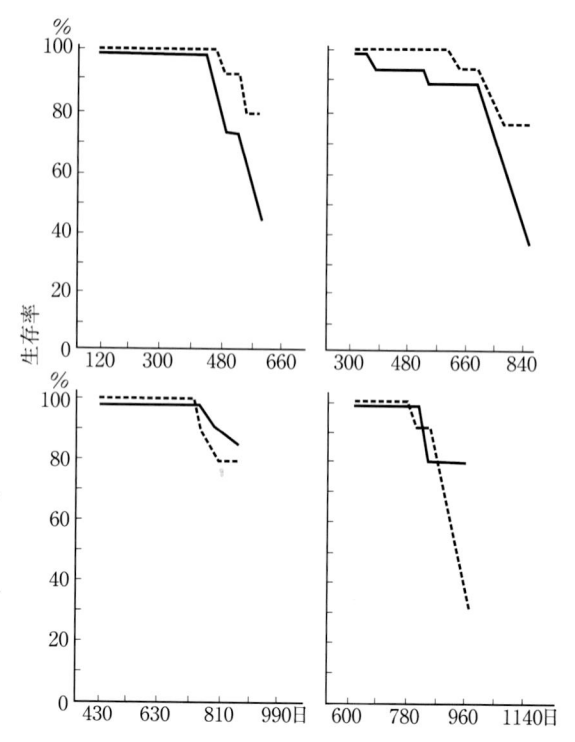

図 11-10 ラットの生存率　点線はトレーニングされたラット，実線は非トレーニングラット．
(Edington, D. W., Cosmas, A. C. and MaCafferty, W. B.: Exercise and longevity: Evidence for a threshold age. J. Geront. 27: 341-343, 1972.)

速11.5mのトレッドミル上の移動運動を毎日10分間行なうもので，移動速度，運動時間ともに軽度のものであった．結果は図11-9から明らかなように生存日数はオス，メスともに運動群の方が長かった．ラットはふつう分速30mで1時間走り続ける能力があるので，この研究に用いた運動は強度，持続時間ともに弱いもので，この点から考えると，運動がラットの寿命に良い影響を与えるというよりも，非運動群の運動不足がラットの寿命に悪い影響を与えると解釈すべきであろう．

Edingtonら[2]はオス・ラットを用いて傾斜角8度のトレッド・ミル上を分速10mで20分間移動させる運動を行なわせて，その開始時期を変えて生存率を非運動群と比較した結果を示している（図11-10）．左上は120日齢から，右上は300日齢から，左下は430日齢から，右下は600日齢からトレーニングを開始した場合を示している．その結果，早期（120日および300日）からトレーニングしたラットの生存率はコントロール群を上回り，晩期（430日および600日）からトレーニングした場合には生存率がコントロール群を下回ったという結果が得られた．

Goodrick[3]は回転wheel付ケージと普通のケージでWistar系のラットを飼育した時の加齢に伴う体重の変化と生存率を示している（図11-11）．Wheel付のケージで飼育されたラットは主として夜間にwheelを自発的に回転させて運動をするが，その際のwheelの回転数は自動的に記録される．餌はどちらの場合も自由に摂取できるようにしてある．図11-11（a）はこの際の体重の変化を示している．オス，メスともに回転ケージで飼育した場合の方が体重が少なかった．図11-11（b）はこのような条件で飼育した場合の生存率を示している．生存率の低下が早期から起こるのは回転wheelなしのオス，回転wheel付きのオス，回転wheelなしのメス，回転wheel付きのメス

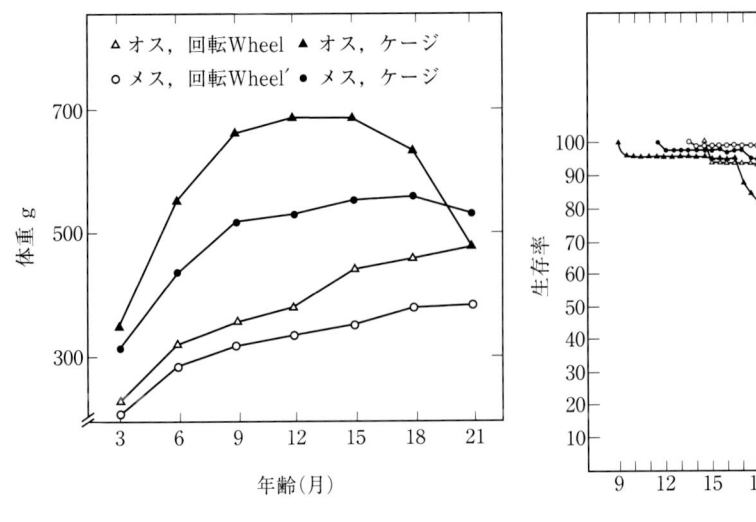

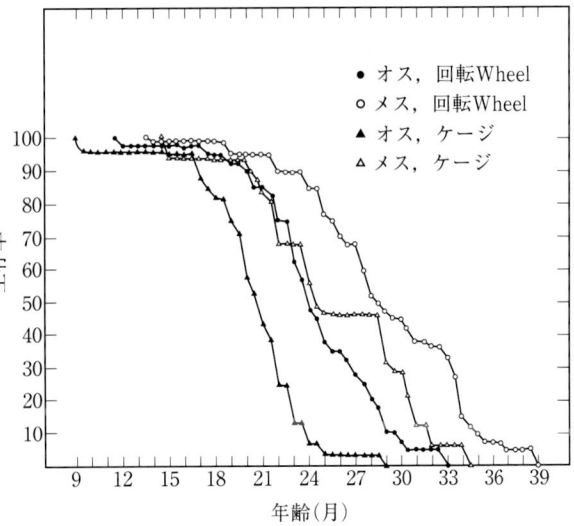

図 11-11 (a) 回転 wheel 付ケージで飼育した場合とふつうのケージで飼育した場合のラットの体重の変化.

図 11-11 (b) 回転 wheel 付きのケージで飼育した場合とふつうのケージで飼育した場合のラットの生存率.

(Goodrick, C. L.: Effects of long-term voluntary wheel exercise on male and female Wistar rats. Geront. 26: 22-33, 1980.

表 11-10 毎日の走運動が肥満高血圧ラットの寿命,心臓の異常面積,食物摂取,カロリー摂取に及ぼす影響.
(Booth, F. W., Mackenzie, W. F., Seider, M. J. and Gould, E. W.: Longevity of exercising obese hypertensive rats. J. Appl. Physiol: Respirat. Environ. Exercise Physiol. 49(4): 634-637, 1980.)

項　目	食物自由摂取 非運動群	食物制限 非運動群	食物自由摂取 ランニング群
死亡年齢（日）	339.0±22.0	512.0±28.0	228.0±7.0
心臓の異常面積の割合（％）	1.6±0.4	2.8±1.0	7.5±2.1
48—251日にわたる食物摂取量（g/日）	35.2±1.3	21.1±1.1	30.2±1.0
48—251日にわたる推定カロリー摂取量（カロリー）	20,302	12,602	16,426

　の順序であった．このような結果はオス，メスともに狭いケージで飼育するよりも，自由に運動のできるケージで飼育した方が体重も少なく，寿命が永いことを示している．

　Boothら[1]は肥満高血圧ラットを用いて，食物と運動を表 11-10 に示されている条件で飼育し，その結果の平均寿命，心臓の大きさ，食物摂取量およびカロリー摂取量を調査した．運動はトレッドミル走を生後 45 日目から分速 20 m で 1 時間にわたり毎日行なわせた．その結果，高血圧ラットでは食物制限，非運動群の寿命がもっとも長く，食物自由摂取運動群の寿命がもっとも短かった．

以上の結果から，正常のラットは狭いケージで飼育するよりも，自発運動ができるケージで食物を制限して飼育する場合に長寿を保ち，高血圧ラットでは食物を制限して肥満を防ぐとともに運動をさせないで飼育することが長寿を保つのによい条件であることが明らかとなった．

[文　献]

1) Booth, F. W., Mackenzie, W. F., Seider, M. J. and Gould, E. W.：Longevity of exercising obese hypertensive rats. J. Appl. Physiol：Respirat. Environ. Exercise Physiol. 49 (4)：634-637, 1980.

2) Edington, D. W., Cosmas, A. C. and MaCafferty, W. B.：Exercise and longevity：Evidence for a threshold age. J. Geront. 27：341-343, 1972.

3) Goodrick, C. L.：Effects of long-term voluntary wheel exercise on male and female Wistar rats. Geront. 26：22-33, 1980.

4) Hammond, E. C.：Some preliminary findings on physical complaints from a prospective study of 1,064,004 men and women. Amer. J. Publ. Hlth. 54：11-23, 1964.

5) Hakim, A. A., Petrovitch, H., Burchfiel, C. M., Ross, G. W., Rodriguez, B. L., White, L. R., Yano, K., Curb, J. D. and Abbott, R. D.：Effects of walking on mortality among nonsmoking retired men. N. Engl. J. Med. 338：94-99, 1998.

6) Karvonen, M. J., Klemola, H., Virkajarvi, J. and Kekkonen, A.：Longevity of endurance skiers. Med. Sci. Sports 6：49-51, 1974.

7) Kitamura, K.：The role of sport activities in the prevention of cardiovascular malfunction. Proceedings of International Congress of Sports Sciences, Tokyo：79-91, 1964.

8) 厚生統計協会：国民衛生の動向．厚生の指標 46 (9)：75, 1999.

9) Metropolitan Life Insurance Company：Longevity of major league baseball players. Statistical Bulletin 2-4, April, 1975. Polednak, A. P. 編：The longevity of athletes. Thomas, 1979 より引用

10) Montoye, H. J., Van Huss, W. D., Olson, H., Hudec, A. and Makoney, E.：Study of the longevity and morbidity of college athletes. J. A. M. A. 162：1132-1134, 1956.

11) 小川新吉，古田善伯，永井信雄，山本恵三，美濃部浩一：元相撲力士（年寄）の健康状態に関する研究．東京教育大学体育学部スポーツ研究所報 11：1-14, 1973.

12) Paffenbarger, R. S. Jr., Hyde, R. T., Wing, A. L. and Hsieh, C. -C.：Physical activity, all-cause mortality, and longevity of college alumni. N. Engl. J. Med. 314：605-613, 1986.

13) Paffenbarger, R. S. Jr., Kampert, J. B., Lee, I-Min, Hyde, R. T., Leung, R. W. and Wing, A. L.：Changes in physical activity and other lifeway patterns influencing longevity. Med. Sci. Sports Exerc. 26：857-865, 1994.

14) Polednak, A. P. and Damon, A.：College athletics, longevity and cause of death. Human Biol. 42：28-46, 1970.

15) Retzlaff, E., Fontaine, J. and Furuta, W.：Effect of daily exercise on life-span of albino rats. Geriatrics 21：171-177, 1966.

16) Rook, A.：An investigation into the longevity of Cambridge sportsmen. Brit. Med. J. 1：773-777, 1954.

17) Sarna, S., Koskenvuo, M. and Kaprio, J.：Increased life expentancy of world class male athletes. Med. Sci. Sports Exerc. 25：237-244, 1993.

II部　運動と健康・体力

12章　臥床・不使用の生理学

　安静は休養の手段の1つであり，急性または慢性の疾患時に臥床によって安静にすることが治療の原則と1つと考えられてきた．しかしその後，臥床によって健康上いろいろな障害が起こることが明らかになり，必要以上の臥床は健康の点から避けるべきだという結論に達した．

1 臥床（ベッドレスト）による尿成分の変化

　Deitrickら[4]（1948）は4人の健康な青年男子に6—7週間にわたって臥床安静を取らせた．臥床中にはからだを動かさないように，両脚にギプス包帯を巻き，腰に腰帯を当て，また摂取する食物を一定に保ち，その際の24時間尿を集めてその変化を調べた．

　図12-1は臥床前，臥床中，臥床後における尿中へのカルシウム，クエン酸の排泄量とpHの変化を個人別に示したものである．この図から個人差はあるが，臥床中の尿中へのカルシウムの排泄量が増してpHがアルカリ性に傾いたことがわかる．骨の主成分はリン酸カルシウムの化合物であるから，上記の所見は骨のミネラルの分解が進んで，尿中に排泄されたことを推定させる．

　図12-2は臥床前，臥床中，臥床後の尿中に排泄されたカリウム，硫黄，窒素の量の推移を個人別に示したものである．これらの物質はいずれも臥床後排泄量が増加し2—3週後に最高値に達した．その後平常の生活に戻ると，排泄量が低下して臥床前の値を下回った．

　カリウムは筋細胞に多く存在し，硫黄と窒素はたんぱく質の構成成分であるので，このような尿成分の変化は臥床によって筋肉が萎縮し，筋肉を構成する物質が尿中に排泄されたものと推定できる．これを裏付けるものとして臥床中に筋力の低下が認められた．特に下肢の筋力の低下が著しく，足関節背屈力は13.3%，足関節底屈力は20.8%の低下が認められた．

　Issekutzら[9]（1966）は16人の健康な青年男子に姿勢（臥位，座位，立位）と運動とを組合せて，尿中への窒素とカルシウムの排泄量を観察した（図12-3）．その結果，窒素の排泄量には一定の傾向が見られなかった．一方，カルシウムの排泄量は臥位安静で増加し，臥位で運動（自転車エルゴメータ運動）をしてもその増加を止めることができなかったが，運動をしなくても座位，立位を取ることによって，排泄量の増加

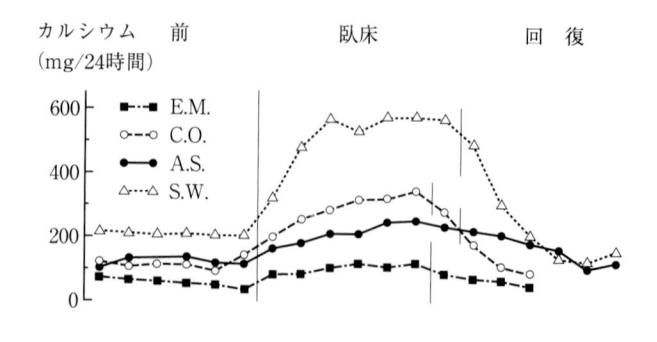

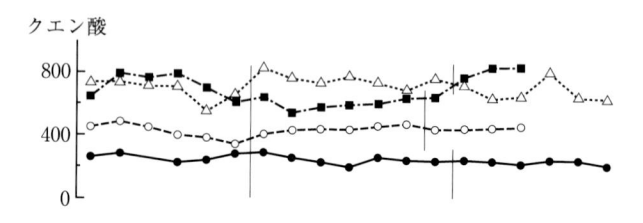

図 12-1 臥床が尿中のカルシウム，クエン酸，pH に与える影響．
(Deitrick, J. E., Whedon, G. D. and Shorr, E.: Effects of immobilization upon various metabolic and physiologic functions of normal men. Am. J. Med. 4 : 3-36, 1948.)

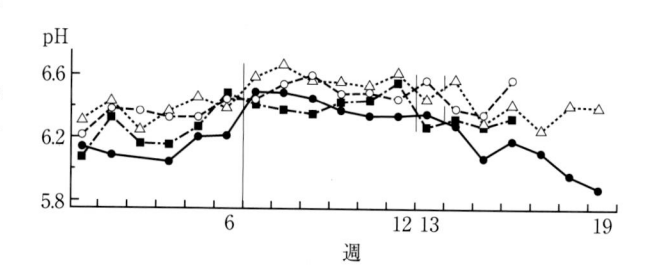

を抑えることができた．この結果，臥位安静によるカルシウムの尿中への排泄量の増加は運動不足よりも，臥位によって骨が体重を支持する作用が欠如するためとの結論が得られた．

2 臥床による体液量の変化

　　Greenleaf ら[7] (1977) は7人の青年男子に2週間の臥床を行なわせ，その間に，ⅰ) 安静を保った場合，ⅱ) 臥床したまま等尺性運動を1日1時間行なった場合（最大脚伸展力の21％で1分間継続する等尺性脚伸展運動を1分間の休息を挟んで反復）ⅲ) 臥床したまま等張性運動を1日1時間行なった場合（最大酸素摂取量の68％の強度で自転車漕ぎ運動を実施）の3つの場合について体液の変化を比較した．
　体液（細胞外液）は組織間液と血液とに分けて測定し，血液はさらに血漿と血球とに区分して測定した．血漿量はエバンス・ブルーを用いた色素稀釈法によって測定し，血液量は血漿量とヘマトクリット値から，赤血球量は血液量と血漿量の差から求めた．また細胞外液は2.5グラムのNaBrを経口投与して3時間後（平衡状態）に血漿のNaBrの濃度を測定して求めた．

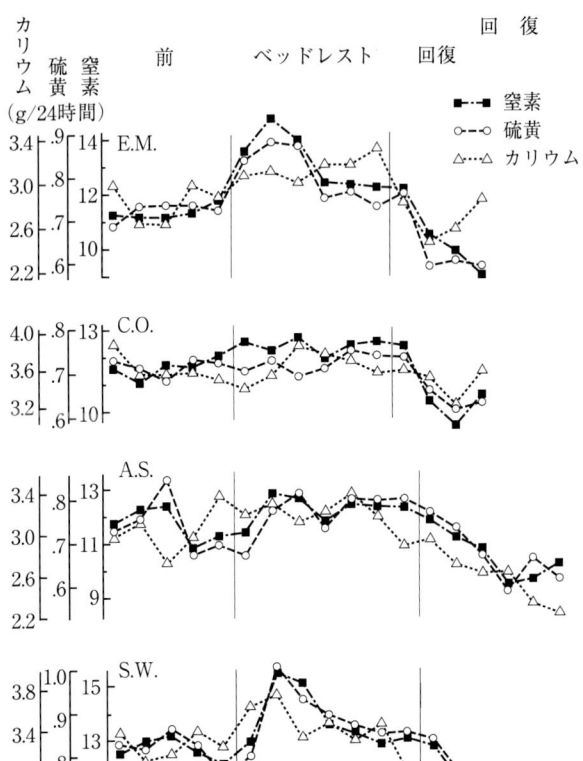

図 12-2 ベッドレストが窒素，硫黄，カリウムの尿中への排泄量に与える影響.
(Deitrick, J. E., Whedon, G. D. and Shorr, E. : Effects of immobilization upon various metabolic and physiologic functions of normal men. Am. J. Med. 4 : 3-36, 1948.)

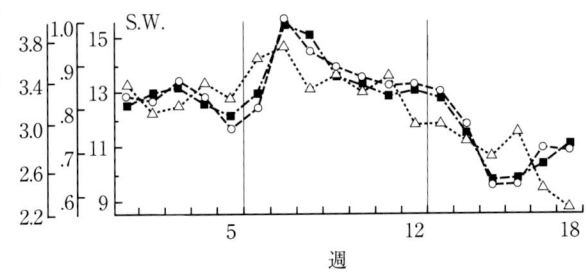

測定結果を図 12-4 に示す．この図から臥床状態で安静状態を保った場合には血漿量が低下するが，組織間液量は低下せず，このことは臥床中に運動を行なっても変わらなかった．その結果臥床によって全血液量が低下するが，この事実はすでに述べた Deitrick らの臥床実験でも報告されている．

3 不使用による動物の骨の変化

Armstrong[1] (1946) は 27 月齢のオスラットに神経切断を行って，一側の前肢を麻痺させた後，15 週間飼育して，骨の発育を調べた（表 12-1）．その結果，上肢骨の長さ，太さ，重量は麻痺肢で小さく，麻痺肢の骨の発育が遅延していたが，骨重量に占める灰重量の割合は変らなかった．

Gillespie[6] (1954) は 750—1200 g の子猫に第 5 腰髄と第 1 仙髄の前根を分断して一側の後肢の運動を麻痺させ，2 カ月後に後肢の骨重量（大腿骨＋脛骨＋腓骨）と脱皮脚重量を調べた（図 12-5）．その結果，両者の間には相関関係があり，後肢の麻痺による骨重量の低下は筋重量の低下と関係が深いことがわかった．

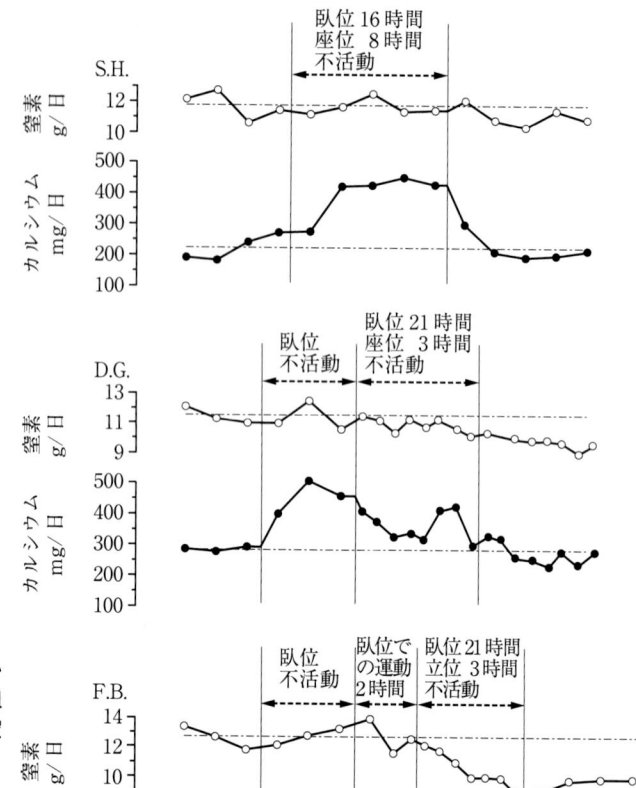

図 12-3 S. H., D. G., F. B. の3人の被験者について臥位,座位,立位と身体活動とを組合せた場合の尿中へのカルシウムと窒素の排泄量の変化.
(Issekutz, Jr., B., Blizzard, J. J., Birkhead, N. C. and Rodahl, K.: Effect of prolonged bed rest on urinary calucium output. J. Appl. Physiol. 21: 1013-1020, 1966.)

表 12-1 ラットの前肢を麻痺させた場合の骨に対する影響.
(Armstrong, W. D.: Bone growth in paralyzed limbs. Proc. Exp. Biol. Med. 61: 358-362, 1946.)

	上腕骨		橈骨	
	正常肢	麻痺肢	正常肢	麻痺肢
長さ (mm)	27.37 ±0.231	26.91 ±0.249	24.47 ±0.148	22.84 ±0.190
骨軸部の直径 (mm)	2.85 ±0.039	2.52 ±0.005		
乾燥除脂肪骨重量 (mg)	215.2 ±3.09	165.9 ±4.71	48.8 ±1.24	42.8 ±1.31
灰重量 (mg)	147.8 ±2.40	113.4 ±3.30	41.5 ±0.64	29.7 ±0.77

数値は平均値±標準偏差

Kharmosh と Saville[10] (1965) もラビットを用いて Gillespie と同様の所見を報告している.

Semb[18] (1966) は犬の前肢を石膏で固定または上腕神経叢を除去して残りの3本の脚で歩くようにして 4—112 日後に骨の変化を調べた.その結果,不動肢の骨と健常肢

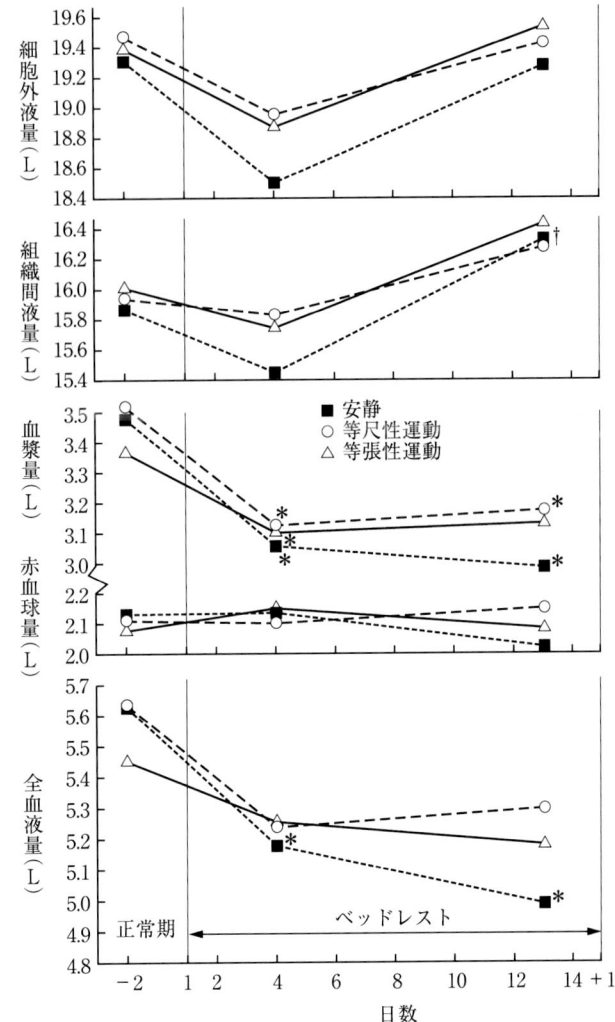

図 12-4 ベッドレスト期間中の体液成分の変化
 * $p<0.05$（正常期の値との比較）
 † $p<0.05$（臥床4日目の値との比較）

(Greenleaf, J. E., Bernauer, E. M., Young, H. L., Morse, J. T., Stanley, R. W., Jukos, L. T. and Vann Beaumont, W.: Fluid and electrolyte shifts during bed rest with isometric and isotonic exercise. J. Appl. Physiol.: Respirat. Environ. Exercise Physiol. 42：59-66, 1977.)

の骨から取出した一定の大きさの標本の力学的性質には有意な差が見られなかったので，不動骨が折れ易いのは骨重量が少ないためと判断した．

以上の点から発育期の動物の運動を麻痺させると，その部分の骨の発育が遅れて骨重量が低下し，これは麻痺に伴なう筋重量の低下と関係が深いことが明らかにされた．

4 臥床，無重力によるヒトの骨の変化

Donaldson ら[5]（1970）は健康な男子3名に30―36週間の臥床安静を行なわせた．その結果，血清中のカルシウムとリンの濃度は変らなかったが，踵骨の骨塩量が減少し，臥床を中止すると次第に回復した（図12-6）．

Rambaut と Goode[15]（1985）は84日にわたるスカイラブ飛行による宇宙旅行中の飛行士のカルシウムのバランスを報告している．それによると，尿中および糞中への

図 12-5 麻痺脚の骨重量と筋重量（正常脚に対する％で示す）．
x 軸：脱皮した麻痺脚の重量（正常脚を 100％で示す）
y 軸：麻痺脚の大腿骨，脛骨，腓骨の総重量（正常脚を 100％で示す）
(Gillespie, J. A.：The nature of the bone changes associated with nerve injuries and disuse. J. Bone Joint Surg. 36 B：464-473, 1954.)

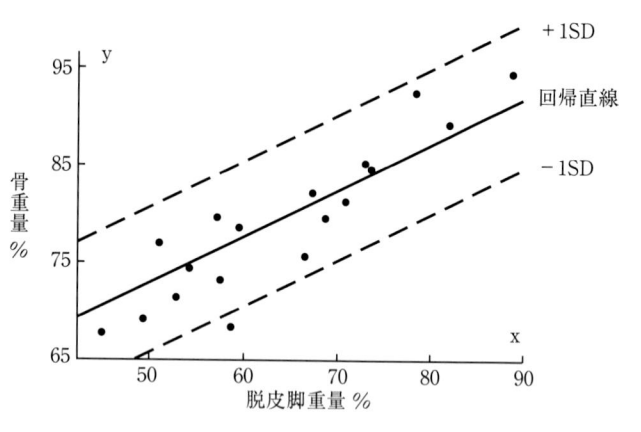

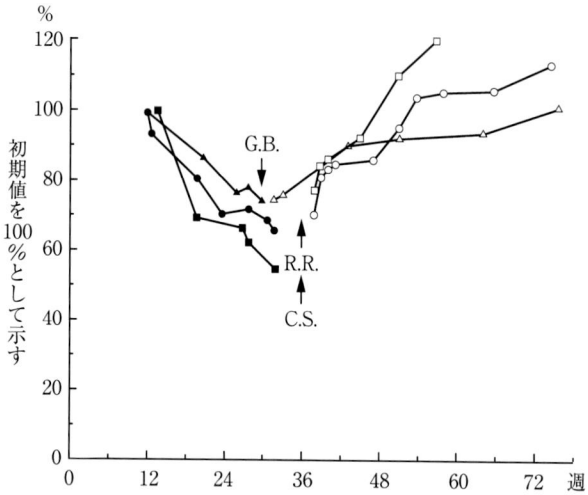

図 12-6 臥床による踵骨の骨塩量の変化．矢印は臥床中止の時点を示す．
(Donaldson, C. L., Hulley, S. B., Vogel, J. M., Hattner, R. S., Bayer, J. H. MacMillan, D. E.：Effect of prolonged bed rest on bone mineral. Metabolism 19：1071-1084, 1970.)

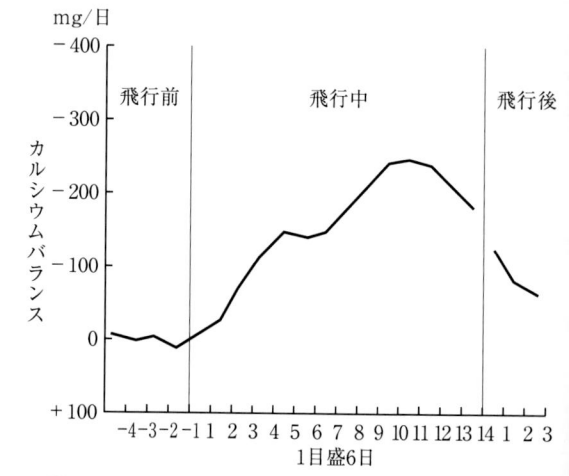

図 12-7 スカイラブ派遣団の 9 人の宇宙飛行士のカルシウムバランス．
(Rambaut, P. C. and Goode, A. W.：Skeletal changes during space flight. Lancet Nov. 9：1050-1052, 1985.)

カルシウムの排泄量は飛行中に増加し続け，そのために摂取量と排泄量の差で示されるカルシウムバランスは微小重力下ではつねにマイナスであった（図 12-7）．

5　不使用による筋肉の変化

　　　　Hettinger[8]（1961）は一側の腕を 1 週間石膏で固定した結果，筋力が 13％低下したが，その後石膏を除いて毎日トレーニングした結果約 10 日後にもとの筋力に達したと述べている．
　　　　Sargeant[17]ら（1977）は片脚に外傷を受けてギプス包帯を巻いて固定した 7 人の患者について，ギプス包帯を除去した後の脚の容積および大腿四頭筋の外側部（外側広筋）にバイオプシーを行なって，筋のサンプルを採取し，これから得られた筋線維タ

表 12-2　7人の患者についての健脚と患脚との比較.

No.	年齢(歳)	固定日数(日)	体重支持日数(日)	脚容積(L)	筋線維タイプ I (%)	II (%)	平均線維面積 ($\mu m^2 \times 10^{-6}$) I	II
1	19	54	28	健脚 6.98 患脚 6.37	67 62	33 38	39 22	42 27
2	18	53	7	健脚 5.33 患脚 5.00	55 62	45 38	27 13	30 23
3	29	213	0	健脚 5.46 患脚 4.45	66 79	34 21	30 14	27 7
4	26	183	14	健脚 6.20 患脚 5.19	54 38	46 62	37 16	36 17
5	30	180	42	健脚 7.31 患脚 6.88	59 58	41 42	29 22	37 29
6	18	85	30	健脚 7.64 患脚 7.03	71 51	29 49	37 23	39 32
7	20	150	14	健脚 5.92 患脚 4.87	64 63	36 37	40 19	56 32

(Sargeant, A. J., Davies, C. T. M., Edwards, R. H. T., Maunder, C. and Young, A.: Functional and structural changes after disuse of human muscle. Cli. Sci. and Molecular Med. **52**: 337-342, 1977.)

イプおよび筋線維断面積を健側と患側について比較した(表12-2).表から固定によって脚の容積が減少していたので筋の萎縮が起こったことは明らかであった.しかし健脚と患脚でタイプⅠ線維とタイプⅡ線維の割合は変らず,どちらのタイプにも筋線維断面積の低下が起こった.

　MacDougallら[13](1977)は9人のうち4人には上腕を抵抗運動によって5カ月間トレーニングを実施した後に,肘関節を5週間固定し,残りの5人には5週間の固定を先行してその後に5カ月間のトレーニングを行なった.その結果,表12-3に示されているように,クレアチンリン酸(CP)とクレアチン,グリコーゲンはほとんどすべての場合においてトレーニングによって増加し,固定によって減少した.一方,筋収縮に直接関与するアデノシン3リン酸(ATP)とアデノシン2リン酸(ADP)はトレーニングによってほとんどの場合に酵素活性が増すが,固定によって酵素活性が減少しないという結果を得た.また,表12-4に示されているように上腕囲と肘伸展トルクはトレーニングによって増加し,固定によって減少した.

　MacDougallら[12](1980)はまた,7人の男子に5-6カ月の抵抗運動によるトレーニングの後に,5-6週間の肘の固定を行なった結果,トレーニングによって上頭三頭筋の伸展力の増加とともに,タイプⅡ,タイプⅠの筋線維面積がそれぞれ39%,31%増加した結果,タイプⅡ/タイプⅠの面積比が増し,一方,固定によって伸展力の低下とタイプⅡ,タイプⅠの筋線維面積がそれぞれ33%,25%減少して面積比が減った.このことはトレーニングによる適応がタイプⅡ線維でより大きく起こったことを示している(表12-5).

表 12-3 バイオプシーによる CP, クレアチン, ATP, ADP, グリコーゲンの濃度.

	グループ I　4人			グループ II　5人		
	コントロール	トレーニング後	固定後	コントロール	固定後	トレーニング後
CP	16.68±0.22	17.18±0.50*	12.64±1.91**	17.46±0.52	13.33±1.35**	18.70±0.34**
クレアチン	11.00±0.52	15.61±0.83**	11.48±1.01*	10.47±0.90	9.82±1.80	13.42±1.87*
ATP	5.52±0.15	6.08±0.45*	5.51±0.48	4.62±0.33	4.65±0.82	5.85±0.38*
ADP	0.93±0.16	1.20±0.06*	1.09±0.03	0.99±0.12	1.01±0.23	1.12±0.11
グリコーゲン	84.32±10.54	101.90±13.09*	55.34±21.45**	88.24±17.66	59.46±20.79**	125.90±35.00**

平均値±標準偏差, 単位は μmol/g wet weight, *$p<0.05$, **$p<0.01$
CP：クレアチンリン酸, ATP：アデノシン3リン酸, ADP：アデノシン2リン酸
(MacDougall, J. D., Ward, G. R., Sale, D. G. and Sutton, J. R.：Biochemical adaptation of human skeletal muscle to heavy resistance training and immobilization. J. Appl. Physiol.：Respirat. Environ. Exercise Physiol. 43：700-703, 1977.)

表 12-4 トレーニング前後, 固定前後の上腕囲と肘伸展力の変化.

上腕囲 (cm)				最大肘伸展トルク (ft-lb)			
トレーニング前	28.7±2.6	トレーニング後	31.9±2.6*	トレーニング前	32.2±5.4	トレーニング後	41.1±3.9*
固定前	30.9±2.8	固定後	29.2±2.3*	固定前	39.0±10.4	固定後	25.5±11.8*

平均値±標準偏差　*$p<0.01$
(MacDougall, J. D., Ward, G. R., Sale, D. G. and Sutton, J. R.：Biochemical adaptation of human skeletal muscle to heavy resistance training and immobilization. J. Appl. Physiol.：Respirat. Environ. Exercise Physiol. 43：700-703, 1977.)

表 12-5 タイプ II/タイプ I の面積比のトレーニングと固定による変化.

	トレーニング前	トレーニング後	固定前	固定後
平均値±標準偏差	1.346±0.108	1.431^a±0.073	1.476±0.087	1.306^b±0.060

^{a}：$p<0.05$,　^{b}：$p<0.005$
(MacDougall, J. D., Elder, G. C. B., Sale, D. G., Moroz, J. R. and Sutton, J. R.：Effects of strength training and immobilization on human muscle fibres. Eur. J. Appl. Physiol. 43：25-34, 1980.)

　このようにギプス固定によって骨格筋を不使用の状態に置くと筋力の低下, 筋線維面積の減少, 筋収縮のためのエネルギー源の減少を起こす.
　Bamman ら[2] (1997) は臥床安静中に歩行と関係の深い足関節の屈伸運動について筋力トレーニングを行なった結果, 安静群では足底屈の筋力の低下が見られたのに対して抵抗運動群では低下が見られなかった (表 12-6). この結果は臥床中でも筋力トレーニングを行なうことが必要であることを示している.

6 臥床による呼吸循環機能の変化

　Deitrick ら[4] (1948) は先に述べた臥床実験によって心拍数が 3.8% 増加したが血圧に変化が見られなかったことを記述している. また臥床中に傾斜台を用いて起立試験 (傾斜台を 65°の角度に 20 分間保持) を実施したところ心拍数の増加と脈圧の低下と

表 12-6 臥床中の筋力の変化.
(Bamman, M. M., Hunter, G. R., Stevens, B. R., Guilliams, M. E. and Greenisen, M. C.: Resistance exercise prevents plantar flexor deconditioning during bed rest. Med. Sci. Sports Exerc. 29: 1462-1468, 1997.)

	非運動群		抵抗運動群	
	臥床前	臥床後	臥床前	臥床後
足底屈筋力 (N-m)	124±4	108±3*	159±14	151±14
足背屈筋力 (N-m)	46±3	45±2	46±2	42±3

注) 筋力はサイベックス装置を用いた最大回転力である.
*: $p<0.05$

ともに,4人の被験者のうち3人が失神して,姿勢変換に対する循環機能の調節力が低下していることを明らかにした.さらに踏台昇降テスト (Masterのステップテスト) を行なわせたところ,運動前に同じテストを実施した場合と比較して,心拍数と血圧が一層上昇し,もとの状態に戻るまでに多くの時間を必要とした.しかし,肺活量や最大換気量には変化が認められなかった.

Taylorら[19](1949)は6人の健康な青年男子に3—4週間の臥床を行なわせて主として循環機能の変化を観察した.その結果,表12-7に示されているように,基礎代謝は低下したが,アセチレン再呼吸法で測定した安静時の拍動量と心拍出量は不変であった.またX線撮影で得られた心横径と収縮期心容量はそれぞれ8.3%,16.9%減少した.

Saltinら[16](1968)はベッドレストとトレーニングとを組合せて実験を行なった.すなわち,5人の青年男子に20日間のベッドレストを取らせた後,55日間のトレーニングを実施して,安静とトレーニングが呼吸循環機能に与える変化を調べた.安静後のトレーニングは主としてランニング(自転車漕ぎ運動のこともある)を1日2回(土曜日は1日1回,日曜日は休み)実施し,そのうち1回は持久走(少なくとも10分間以上,ふつう20分間以上),1回はインターバル走(2—5分間走を1—3分間の休息を挟んで4—5回反復)を実施した.

図12-8に安静とトレーニングに伴う最大酸素摂取量の変化が示されている.臥床前に最大酸素摂取量が大きかった2人は平素から規則的に競技スポーツを実施していた.他の3人は大学のスポーツ活動に最小限に参加している者であった.彼らはベッドレストを20日間取っただけで最大酸素摂取量が平均28%減少した.その後トレーニングを行なうことによって,低下した最大酸素摂取量は急速に回復し,55日間のトレーニングでベッドレスト前の値を上回ったが,とくに臥床前に低い値を示した3人

表 12-7 ベッドレストが基礎代謝,心拍出量および心臓容積などに与える影響.

	ベッドレスト前	ベッドレスト後	比 (%)
基礎代謝　　mLO_2/分	228	208	-8.8
拍動量　　　mL	82	80	
心拍出量　　L/分	4.62	4.71	
心横径　　　cm	11.86	10.87	-8.3
収縮期心臓容積　mL	565	469	-16.9

(Taylor, H. L., Henschel, A., Brozek, J. and Keys, A.: Effects of bed rest on cardiovascular function and work performance. J. Appl. Physiol. 2: 223-239, 1949.)

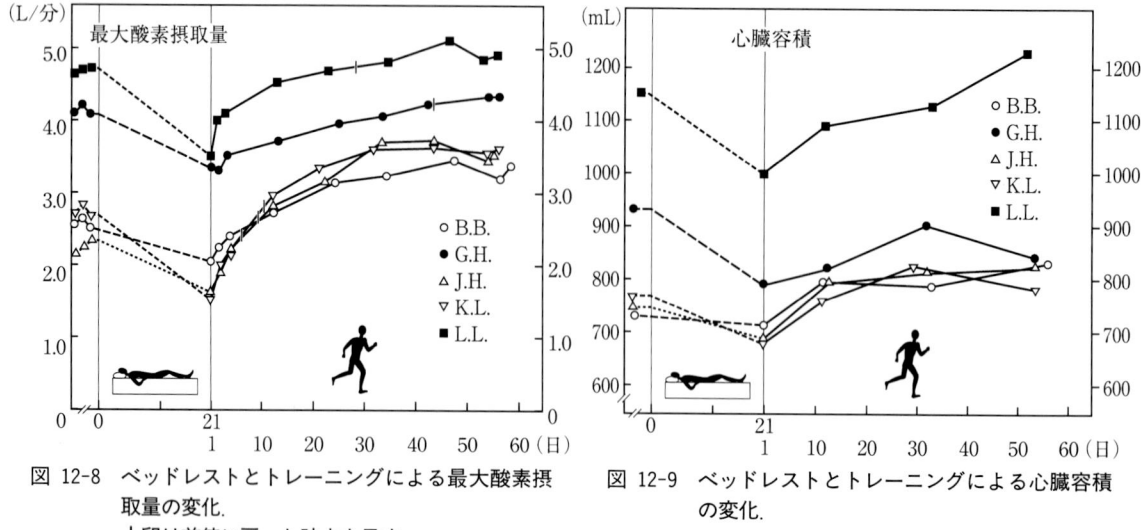

図 12-8 ベッドレストとトレーニングによる最大酸素摂取量の変化.
｜印は前値に戻った時点を示す

図 12-9 ベッドレストとトレーニングによる心臓容積の変化.

(Saltin, B., Blomqvist, G., Mitchell, J. H., Johnson, R. L., Wildenthal, K. and Chapman, C. B.：Response to exercise after bed rest and after training. Circulation **38**：Suppl. 7, 1968.)

はトレーニングによる最大酸素摂取量の増加が顕著であった．

　心臓容積も最大酸素摂取量と同じく，平素スポーツ活動に親しんでいる2人が他の3人よりも大きく，ベッドレストとトレーニングによる変化も最大酸素摂取量とほとんど同様であった（図12-9）．

　最近 Convertino[3]（1997）はベッドレストによる呼吸循環機能の変化について，その後の研究を加えてつぎのようにまとめている．

　ベッドレストによる最大酸素摂取量の低下はベッドレストを取った日数とともにほぼ直線的に起こり，1日に約0.9%の低下率が約30日間続く（図12-10）．

　また酸素摂取量と心拍数と関係がベッドレストによって変化し，同一酸素摂取量における心拍数がベッドレスト後ではつねに高く，最高心拍数も高くなる（図12-11）．この現象はベッドレスト後に血漿中のノルエピネフリンが運動によって一層高まるためとされている（図12-12）．このことは交感神経のβレセプターに直接作用するイソプロテレノールを投与しても起こるので，βレセプターの感受性がベッドレストによって増したためと解釈されている．このようにベッドレストによってノルエピネフリンとそれに対するレセプターの感受性が増すことによって最高心拍数が増して，最大心拍出量をできるだけ維持するように働く．

　ベッドレストによって安静時，最大下および最大運動時の心拍数が増したということは1回拍出量が減ったことを意味し，これは心臓の容量が減ったことによる（Saltinら[16]1968）．

　この点について，10日間のベッドレストによって安静時および自転車漕ぎ運動時の左心室の駆出率[注]が増加し1回拍出量が減少したことが報告されている（図12-13）．

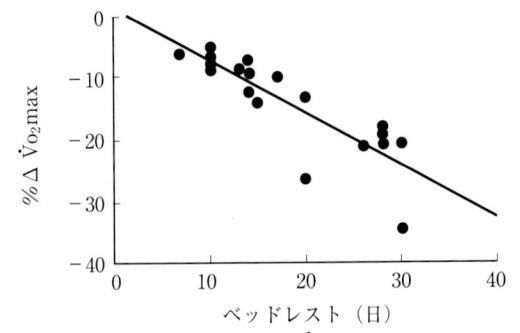

図 12-10 最大酸素摂取量（$\dot{V}O_2max$）の低下率（％）とベッドレストの日数.
19 の研究のデータをプロットした.
%Δ$\dot{V}O_2max$＝1.4−0.85 日
r＝−0.73
(Convertino, V.: Cardiovascular consequences of bed rest: effect on maximal oxygen uptake. Med Sci. Sports Exerc. 29: 191-196, 1997.)

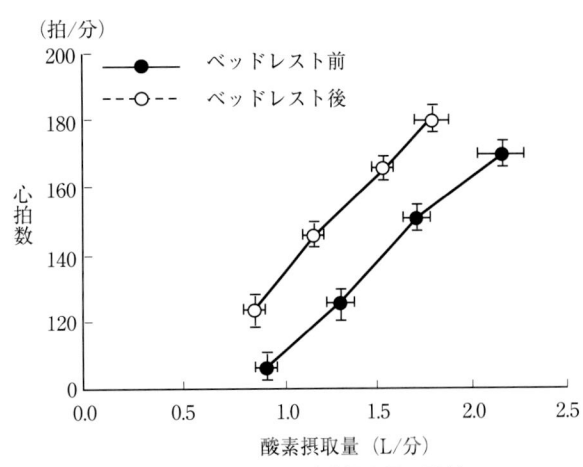

図 12-11 心拍数と酸素摂取量の関係.
12 人の健康な中年男子の 10 日間のベッドレスト前（黒丸）と後（白丸）の値を示す.
(Hung ら: Am. J. Cardiol. 51: 344-348, 1983 より修正)
(Convertino, V.: Cardiovascular consequences of bed rest: effect on maximal oxygen uptake. Med. Sci. Sports Exerc. 29: 191-196, 1997.)

　このように安静と運動中の心拍出量の減少と駆出率および心拍数の増加がベッドレスト後ただちに起こることは静脈還流の低下による心臓の充満度の減少が主たる原因と思われる．静脈還流の減少とそれに伴う心臓の充満度の減少は 1 回拍出量を低下させる．

　静脈還流の減少はベッドレストによって血漿量が減少するためで，実際にベッドレストによる最大酸素摂取量と血漿量の低下が高い相関関係にあることが明らかにされている（図 12-14）．これに加えて，ベッドレスト後に立位姿勢を取ると脚の静脈が一層拡張するようになる．これらのことが心室の充満と駆出量を低下させ，心拍数を増加させる．

　Convertino[3]の述べたことはベッドレスト後比較的短期間に起こる変化であるが，ベッドレストが長期間になれば，骨格筋とくに下肢の筋肉の萎縮が起こり，この結果，筋肉の毛細血管網の低下，ミトコンドリア量とそれに含まれる酸化酵素活性の低下が起こって筋肉での酸素の摂取能力が低下する．このことが運動時の動静脈酸素差を低下させて最大酸素摂取量を低下させる．

　また平素の身体活動で発達した心臓が臥床により萎縮することも最大酸素摂取量の低下に寄与する．とくに長距離競技者に多いスポーツ心臓ではベッドレストの影響が大きい．

　Lee ら[11]（1997）は臥床中に立位姿勢または下半身陰圧の仰臥姿勢で 1 日 30 分間のトレッドミルによるインターバル走トレーニング（図 12-15）を行なうと 5 日間のベッ

注：左心室の駆出率とは左心室に充満した血液量に対する駆出された血液量の割合で心筋シンチグラフによって求める．

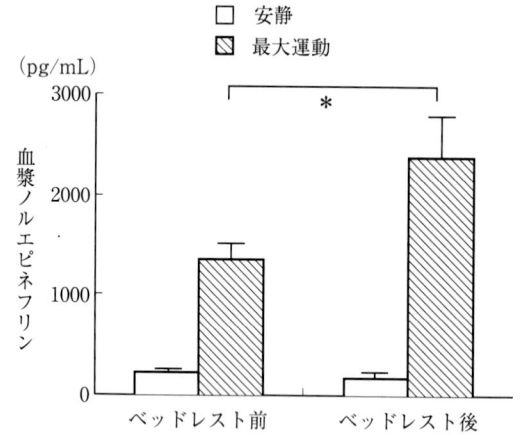

図 12-12 安静時および最大運動時の血漿ノルエピネフリン濃度(ベッドレスト前と後の比較).
＊ p＜0.05

(Convertino, V.: Cardiovascular consequences of bed rest: effect on maximal oxygen uptake. Med Sci. Sports Exerc. 29: 191-196, 1997.)

(Convertino ら: J. Gravitational Physiol. 2: p 66-67, 1995 より修正して引用)

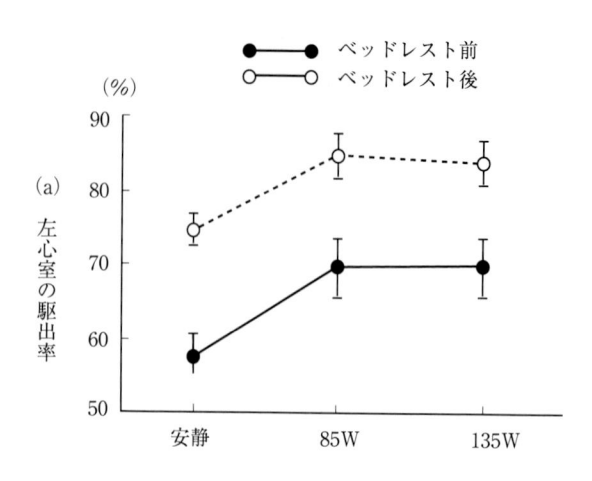

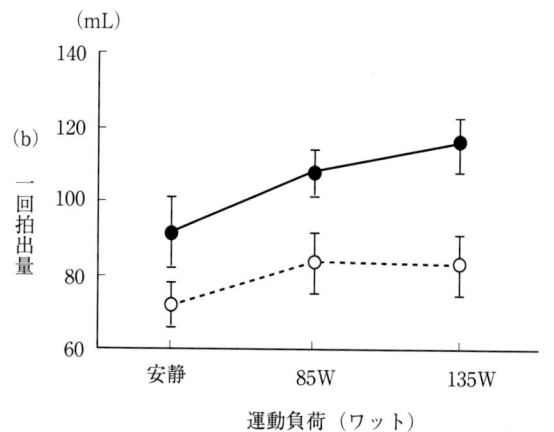

図 12-13 10 日間のベッドレスト前後における安静時と 85 ワット,135 ワットで自転車漕ぎ運動時の左心室の駆出率 (a) および 1 回拍出量 (b) の変化.

(Convertino, V.: Cardiovascular consequences of bed rest: effect on maximal oxygen uptake. Med Sci. Sports Exerc. 29: 191-196, 1997.)

(Hung. J. D. ら: Am. J. Cardiol. 51: 344-348, 1983 より修正)

ドレスト後の走運動による身体反応を臥床前と同じように維持できることを明らかにして,このことが宇宙旅行対策として利用でき可能性があることを示した.

7 臥床による姿勢保持能力の変化

Taylor ら[19](1949) は安定した立位姿勢を保つのにベッドレストがどの程度影響を与えるかを調べた (図 12-16).すなわち,閉眼で立位姿勢を 2 分間保っている際の頭部の動揺を頭部につけた運動失調測定器 (ataxiameter) の先端の移動距離で測定した.この値は正常の状態で約 33 cm であったが,3 週間にわたるベッドレストを取った

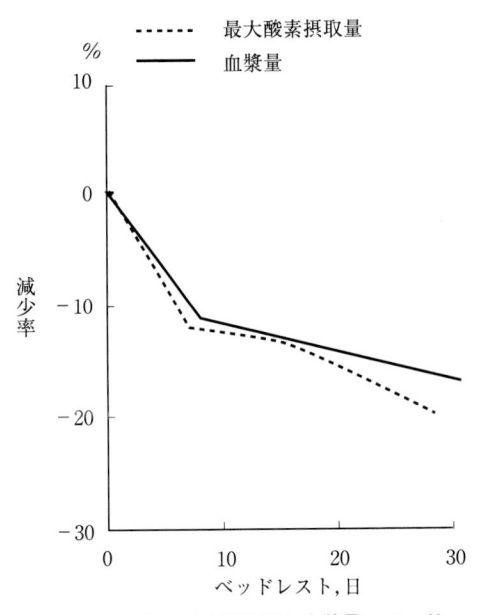

図 12-14 最大酸素摂取量と血漿量のベッドレストによる時間的変化（5人の平均）．

(Convertino, V.：Cardiovascular consequences of bed rest：effect on maximal oxygen uptake. Med. Sci. Sports Exerc. 29：191-196, 1997.)

(Greenleaf, J. E. ら：Work, J. Appl. Physiol. 67：1820-1826, 1989年より修正)

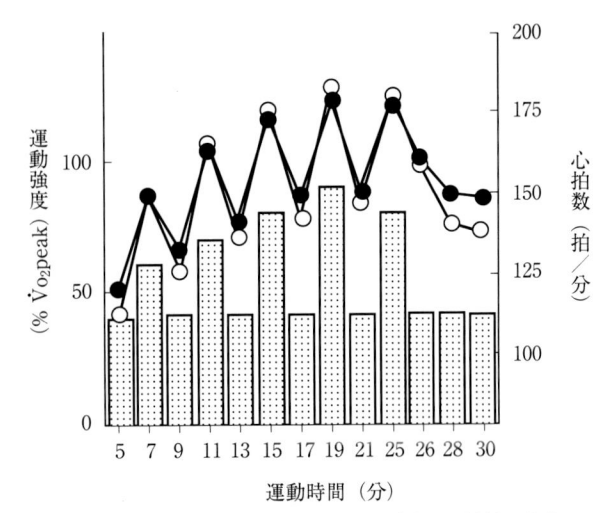

図 12-15 インターバル・トレーニング時の心拍数の変化．
○立位トレッドミル走運動
●仰臥位，下半身陰圧トレッドミル運動
（トレッドミルは垂直に設置されている）

(Lee, S. M. C., Benett, B. S., Hargens, A. R., Watenpaugh, D. E., Ballard, R. E., Murthy, B. G., Ford, S. R. and Fortney, S. M.：Upright exercise or supine lower body negative pressure exercise maintains exercise renponses after bed rest. Med. Sci. Sports Exerc. 29：892-900, 1997.)

直後では 47 cm を示し，5 日間正常な生活を送るとほぼ正常値に戻った．この値は正常な生活をさらに 3 週間送った後でも変らなかった．

種田ら[14]（1998）はベッドレスト後の立位姿勢の動揺にはヒラメ筋からの伸張反射による姿勢調節機能の混乱が原因であるとしている．

以上の結果は臥位姿勢を長時間保つと立位姿勢を安定に保つことができず，頭部が動揺することを示している．

8 寝たきり老人の身体的特徴

横関[20]（1993）は東京都にある特別養護老人ホームおよび養護老人ホームに入所している寝たきり老人（女子）10 名と，それをほぼ同年齢で介助の心要のない一般老人（女子）14 名をいろいろな点から比較した．

表 12-8 から，寝たきり老人と一般老人との間には，年齢，身長，体重，体脂肪率については有意差が認められず，除脂肪体重にのみ有意差が認められて，一般老人の方が重かった．これはすでに述べたように，臥床によって骨量と筋肉量が減ったためであろう．

図 12-16 ベッドレストが立位姿勢の動揺に与える影響.
(Taylor, H. L., Henschel, A., Brozek, J. and Keys, A.: Effects of bed rest on cardiovascular function and work performance. J. Appl. Physiol. 2 : 223-239, 1949.)

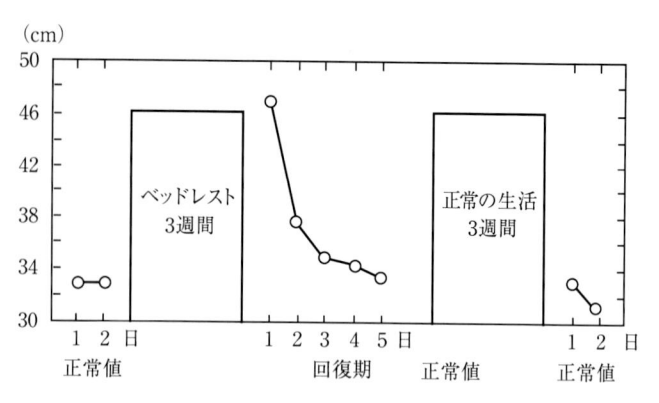

表 12-8 寝たきり老人と一般老人の身体的特徴.

	年齢 （歳）	身長 (cm)	体重 (kg)	除脂肪体重 (kg)	体脂肪率 (％)
寝たきり老人	83±7	138.4±7.6	38.2±7.7	26.6±3.8*	29.5±5.8
一般老人	80±6	141.2±5.7	45.4±9.3	30.7±5.0	31.6±5.2

*p＜0.05
(横関利子：寝た切り老人の基礎代謝量とエネルギー所要量. 日本栄養・食料学会誌 46：459-466, 1993.)

　表12-9 は寝たきり老人と一般老人の血液の生化学的検査の結果を示している．両者の間に有意差を示したのは HDL-コレステロール，カルシウムおよび鉄の濃度で，いずれの項目も寝た切り老人の値の方が低かった．HDL-コレステロールは動脈硬化の防止作用があり，カルシウムは骨のミネラルの主成分であり，鉄は赤血球のヘモグロビンに含まれていて酸素を運ぶ働きをしているので，寝た切り老人では動脈硬化と骨粗鬆症が進む可能性が大きく，また酸素摂取能力が低下していることが推定される．
　表 12-10 は寝た切り老人と一般老人の覚醒時の心拍数，1 日のエネルギー消費量，1 日のエネルギー摂取量および基礎代謝量を示している．一般老人は身体活動を行なっているので，心拍数の最高値が高く，1 日のエネルギー摂取量と消費量が大きく，基礎代謝量も高かったが，寝た切り老人ではエネルギー代謝量が低く，それに伴ってエネルギー摂取量も低下していた．
　上記の寝た切り老人の大部分は動脈硬化，脳の障害などが原因で寝た切りになったので，やむを得ない点があるが，大腿骨骨折，高血圧などで寝た切りになった場合も含まれており，高齢者が外傷，高血圧などで臥床生活を送る場合には寝た切りにならないように注意する必要がある．

表 12-9 寝たきり老人と一般老人の血液生化学的性状.
(横関利子:寝た切り老人の基礎代謝量とエネルギー所要量. 日本栄養・食料学会誌 46:459-466, 1993.)

		寝たきり老人	一般老人
総コレステロール	(mg/dL)	173.3±20.3	184.8±37.6
HDL-コレステロール	(mg/dL)	32.2±5.3*	39.7±7.2
中性脂肪	(mg/dL)	133.6±53.4	135.0±55.2
血糖	(mg/dL)	82.2±23.1	92.3±44.6
尿酸	(mg/dL)	4.3±1.1	4.2±1.2
尿素窒素	(mg/dL)	17.9±7.9	20.3±8.1
クレアチニン	(mg/dL)	1.2±0.5	1.2±0.4
β-リポたんぱく	(mg/dL)	458.5±137.7	515.5±182.9
カルシウム	(mg/dL)	7.5±1.0*	8.4±0.4
鉄	(μg/dL)	74.1±18.6*	101.5±25.3

* $p<0.05$:HDL-コレステロール,カルシウム,および鉄濃度に有意差あり.

表 12-10 覚醒時の心拍数,1日のエネルギー消費量,エネルギー摂取量および基礎代謝量.
(横関利子:寝た切り老人の基礎代謝量とエネルギー所要量. 日本栄養・食料学会誌 46:459-466, 1993.)

	寝たきり老人	一般老人
覚醒時心拍数 (拍/分)		
最高値	109±4*	113±17
最低値	58±11	52±8
平均値	74±9	74±6
エネルギー消費量		
(kcal/日)	813.6±212.6***	1402.7±324.5
(kcal/kg/日)	21.6±5.1***	31.3±5.0
エネルギー摂取量		
(kcal/日)	907.8±219.1***	1369.5±223.2
基礎代謝量		
(kcal/日)	636.3±166.4***	907.0±150.0

* $p<0.05$ *** $p<0.001$

[文　献]

1) Armstrong, W. D.: Bone growth in paralyzed limbs. Proc. Exp. Biol. Med. 61:358-362, 1946.
2) Bamman, M. M., Hunter, G. R., Stevens, B. R., Guilliams, M. E. and Greenisen, M. C.: Resistance exercise prevents plantar flexor deconditioning during bed rest. Med. Sci. Sports Exerc. 29:1462-1468, 1997.
3) Convertino, V.: Cardiovascular consequences of bed rest: effects on maximal oxygen uptake. Med. Sci. Sports Exerc. 29:191-196, 1997.
4) Deitrick, J. E., Whedon, G. D. and Shorr, E.: Effects of immobilization upon various metabolic and physiologic functions of normal men. Am. J. Med. 4:3-36, 1948.
5) Donaldson, C. L., Hulley, S. B., Vogel, J. M., Hattner, R. S., Bayer, J. H. MacMillan, D. E.: Effect of prolonged bed rest on bone mineral. Metabolism 19:1071-1084, 1970.
6) Gillespie, J. A.: The nature of the bone changes associated with nerve injuries and disuse. J. Bone Joint Surg. 36 B:464-473, 1954.
7) Greenleaf, J. E., Bernauer, E. M., Young, H. L., Morse, J. T., Stanley, R. W., Jukos, L. T. and Vann Beaumont, W.: Fluid and electrolyte shifts during bed rest with isometric and isotonic exercise. J. Appl. Physiol.: Respirat. Environ. Exercise Physiol. 42:59-66, 1977.
8) Hettinger, Th.: Physiology of strength. Tomas. 1961.
9) Issekutz, Jr., B. Blizzard, J. J., Birkhead, N. C. and

Rodahl, K. : Effect of prolonged bed rest on urinary calcium output. J. Appl. Physiol. 21 : 1013-1020, 1966.
10) Kharmosh, O. and Saville, P. D. : The effect of motor denervation on muscle and bone in the rabbit's hind limb. Acta orthop. Scandinav. 36 : 361-370, 1965.
11) Lee, S. M. C., Benett, B. S., Hargens, A. R., Watenpaugh, D. E., Ballard, R. E., Murthy, B. G., Ford, S. R. and Fortney, S. M. : Upright exercise or supine lower body negative pressure exercise maintains exercise responses after bed rest. Med. Sci. Sports Exerc. 29 : 892-900, 1997.
12) MacDougall, J. D., Elder, G. C. B., Sale, D. G., Moroz, J. R. and Sutton, J. R. : Effects of strength training and immobilization on human muscle fibres. Eur. J. Appl. Physiol. 43 : 25-34, 1980.
13) MacDougall, J. D., Ward, G. R., Sale, D. G. and Sutton, J. R. : Biochemical adaptation of human skeletal muscle to heavy resistance training and immobilization. J. Appl. Physiol. : Respirat. Environ. Exercise Physiol. 43 : 700-703, 1977.
14) 種田行男, 北畠義典, 江川賢一, 真家英俊, 福永哲夫 : 20日間のベッドレストがヒラメ筋伸張反射の姿勢調節に及ぼす影響. 体力研究 95号 : 8-13, 1998.
15) Rambaut, P. C. and Goode, A. W. : Skletal changes during space flight. Lancet Nov. 9 : 1050-1052, 1985.
16) Saltin, B., Blomqvist, G., Mitchell, J. H., Johnson, R. L., Wildenthal, K. and Chapman, C. B. : Response to exercise after bed rest and after training. Circulation 38 : Suppl.7, 1968.
17) Sargeant, A. J., Davies, C. T. M., Edwards, R. H. T., Maunder, C. and Young, A. : Functional and structural changes after disuse of human muscle. Cli. Sci. and Molecular Med. 52 : 337-342, 1977.
18) Semb, H. : The breaking strength of normal and immobilized cortical bone from dogs. Acta orthop. Scandinav. 37 : 131-140, 1966.
19) Taylor, H. L., Henschel, A., Brozek, J. and Keys, A. : Effects of bed rest on cardiovascular function and work performance. J Appl. Physiol. 2 : 223-239, 1949.
20) 横関利子 : 寝た切り老人の基礎代謝量とエネルギー所要量. 日本栄養・食料学会誌 46 : 459-466, 1993.

II部 運動と健康・体力

13章 体力と体力テスト

1 健康と体力の定義

　「健康」,「体力」という言葉は科学が進歩する以前から用いられていた日常用語であり,したがってこれを科学的に厳密に定義することはできない.国によって,または人によって多少用語の使用法が異なっていても差支えない.

1. 健康の定義
　健康は"病気でない状態"と考えることができる.Stedmanの医学辞典[31]（1976）によれば「健康は疾病や異常の証拠がなく,生体がもっとも良く働いている状態」と記されている.
　Lamb[18]（1978）は健康を定義して,「からだが元気で,バイタリティがあり,疾病がない状態」としている.
　一方,WHO[34]（1948）は健康を広く解釈して,つぎのように定義している.「健康とは身体的,精神的および社会的に完全に良好な状態であって,たんに疾病や虚弱でないというだけではない」　南山堂の医学大辞典[26]（1990）もWHOの定義を採用している.

2. 体力の定義
　体力は体（からだ）と力（ちから）とからできている熟語である.「からだ」は「こころ」と対立する概念であるから,体力と精神力とは対立し,体力には精神力を含めないのが一般的な考え方である.ちからは「学力」,「記憶力」などのように「能力」の意味に用いられるので,「体力」は「身体的能力」といい換えることができる.
　江戸時代のプロのスポーツマンは力士であり,この時代によく行なわれたスポーツ競技は力石を持ちあげる力くらべであったので,昔の日本では「体力」という用語は主として筋力の意味に用いられてきたと思われるが,現在ではもっと広い意味で用いられている.
　日本語の体力に相当する英語は"physical fitness"である.これはいろいろな条件にからだを適応させて行く能力で,適応させる条件が示されないと体力の内容が具体的にならない.重量挙げの競技者の体力とマラソンの競技者の体力とは内容がまったく異なるからである.

ドイツ語の体力に相当する言葉は"Leistungsfähigkeit"である．この言葉はすぐれたパフォーマンス (performance) を発揮できる能力の意味である．したがって，暑さ寒さに耐える能力は physical fitness ではあるが Leistungsfähigkeit ではない．

以上のように同じ体力を意味する言葉が日本語，英語，ドイツ語で内容が多少異なっているが，国際交流が盛んになるに従って，その溝が次第に埋められるようになってきた．

松岡[20] (1951) は体力をドイツ流に解釈してパフォーマンスの能力 (Leistungsfähigkeit) と定義している．石河[14] (1962) は「体力は精神力に対する言葉で，人間の身体活動の基礎となる身体的能力」と定義している．一方，朝比奈[3] (1977) は「体力とは個人の持つ身体能力であり，健康とはその体力を十分に発揮できるような個人の精神的身体的状態である」として健康と体力との関係を説明している．

WHO[35] (1966) では体力の定義として"体力とは特定の条件下で身体作業を満足のいくように行なうことができる能力"としている．

一方，Clarke[7] (1976) は体力を日常生活との関連で考えてつぎのように定義している．「体力は毎日の仕事を元気よく，きびきびと遂行して行く能力で，あまり疲れないで余暇を楽しみ，非常の場合や予期しない事態においても対処するだけの十分なエネルギーを持っていること」．

Lamb[18] (1978) も体力を生活との関係で考えて「体力は現在および将来起こりうる生活への挑戦に十分満足行くように対処しうる能力」と定義している．

このように体力という言葉は競技ですぐれた記録（パフォーマンス）をだすために必要な要素であるとともに，日常生活を満足に送るためにも欠くべからざる身体的能力という意味で用いられている．

2 体力の構成因子

体力と精神力とは対立する概念であるから，体力の構成因子として精神的因子を挙げることは適当でないので，このような区分をした論文はここでは取り上げない．

Cureton[9] (1947) は運動能力 (motor fitness) を平衡性 (balance)，敏捷性 (agility)，パワー（瞬発力ともいう）(power)，持久力 (endurance)，筋力 (strength)，柔軟性 (flexibility) の 6 項目に細分している．一連の体力テストを構成する場合にはこのような項目を組み合せると好都合である．

Pate[27] (1983) は体力には運動能力と健康関連の体力との 2 つの考え方があるとして，その内容を図 13-1 のように示している．

文部省[21] (1963) では体力診断テストの構成因子を敏捷性，瞬発力，筋力，持久力，柔軟性に区分し，これらの因子を測定することによって体力の診断を行なっている．

以上は体力テストを構成する場合に考慮すべき構成因子であるが，石河[15] (1971) はより広い立場に立って体力を区分する場合に「形態と機能」と「抵抗力と行動力」の 2 つの分類法を示している．

「形態と機能」による区分では，前者を長育と幅厚育とに大別し，これをさらに身長，体重，座高などに細別する．後者は神経機能，感覚機能，筋機能など器官の働きによっ

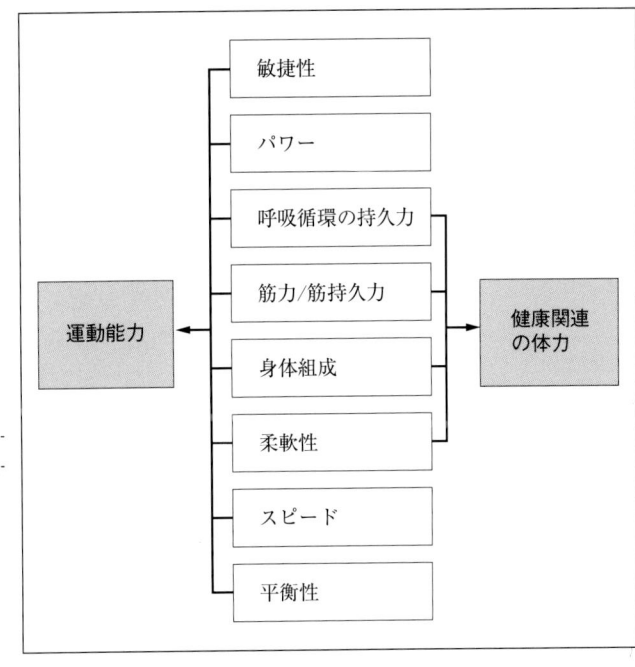

図 13-1 体力の構成因子.
(Pate, R. R.: A new definition of youth fitness. Physician and Sportsmed. 11(4): 77-83, 1983.)

運動能力 ← 敏捷性／パワー／呼吸循環の持久力／筋力/筋持久力／身体組成／柔軟性／スピード／平衡性 → 健康関連の体力

表 13-1 形態と機能.

A. 形 態
　長　育：身長，上肢長，下肢長，座高，手長，足長，下腿長など
　幅厚育：体重，胸囲，大腿囲，下腿囲，上腕囲，前腕囲，臀囲，皮下脂肪厚など
B. 機 能
　神経機能：反応時間，反射時間など
　感覚機能：視力，聴力など
　筋 機 能：筋力，筋持久力など
　呼吸機能：肺活量，最大換気量など
　循環機能：心電図，心拍出量など
　消化機能：排出時間，消化液検査など
　排泄機能：腎クリアランス，濃縮試験など
　関節機能：柔軟性テスト

(石河利寛：体力とは何か．からだの科学 39 号：50-57, 1971.)

表 13-2 抵抗力と行動力.

A. 抵抗力
・物理化学的ストレスに対する抵抗力
　　気温，気湿，気圧，加速度，化学物質など
・生物的ストレスに対する抵抗力
　　細菌，ウイルス，寄生虫など
・生理的ストレスに対する抵抗力
　　空腹，口渇，不眠，疲労など
・精神的ストレスに対する抵抗力
　　不快，苦悩，悲哀，恐怖など
B. 行動力
・行動を起こす能力
　　筋力，瞬発力（筋機能）
・行動を持続する能力
　　持久力 ｛ 筋持久力（筋機能）
　　　　　　 全身持久力（呼吸循環機能）
・行動を調整する能力
　　調整力 ｛ 平衡性
　　　　　　 巧緻性 ｝（神経機能）
　　　　　　 敏捷性
　　　　……柔軟性（関節機能）

(石河利寛：体力とは何か．からだの科学 39 号：50-57, 1971.)

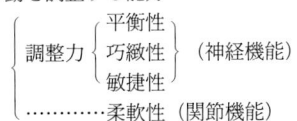

て大別し，それをさらに反応時間，筋力，肺活量などに細別している（表 13-1）．「抵抗力と行動力」による区分の場合には，前者ではストレッサー別に区分し，後者では行動を起こす，持続する，調整するという立場から区分している（表 13-2）．

③ 文部省の旧体力テストと新体力テスト

　　文部省の旧体力テストは小学校低・中学年運動能力テスト，小学校スポーツテスト，スポーツテスト，壮年体力テストの4つから成り立っていて，テストの名称や内容が統一性に欠け，それぞれのテストの作成も低年齢から高年齢へと年齢順に行なわれたわけではない．しかしここでは測定対象の年齢順にテストの内容を簡単に紹介する．その後，1998年から，6歳から79歳までの男女を対象とした新体力テストが実施された．

1．小学校低・中学年運動能力テスト[24]

　　このテストは小学校1—4学年男女を対象に作成されたもので5種目から成立っている（表13-3）．測定項目は走，跳，投の3種目の他に35 cmの高さに張られたゴムテープを跳び越した後，このテープの下を床に手を付いてくぐり抜ける「とび越しくぐり」と，後述のジグザグ・ドリブルと同じように置かれた5対の旗門（図13-2）をボールを持ってジグザグに走り出発点に戻る「持ち運び走」の5項目のテストから成り立っている．測定結果は表13-3に示されているように，年齢に関係なく男女別にそれぞれの項目ごとに1〜10級に評価される．

2．小学校スポーツテスト[22]

　　このテストは小学校5，6年生男女を対象に作成されたもので，運動能力テストと体

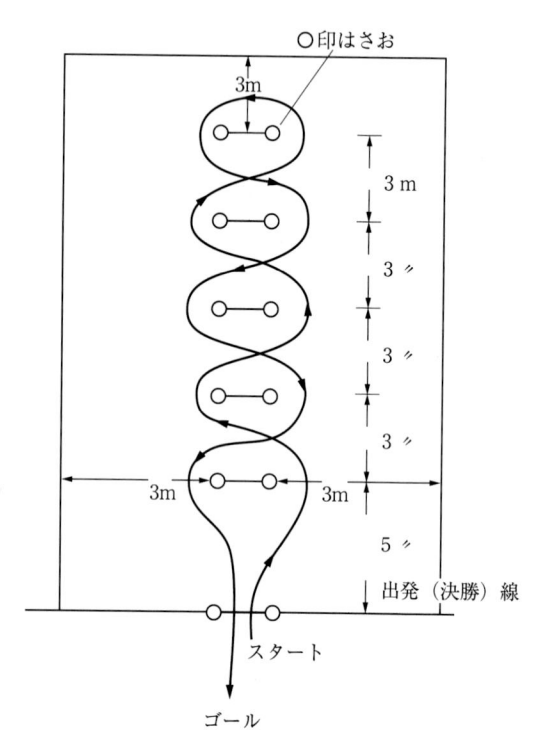

図 13-2　ジグザグドリブル，持ち運び走の旗門の配置．
（文部省体育局：平成7年度体力・運動能力調査報告書，1996.）

表 13-3 小学校低・中学年運動能力テストの測定項目と評価基準
(1)測定項目　1．走る―50m走
　　　　　　2．跳ぶ―立ち幅とび
　　　　　　3．投げる―ソフトボール投げ
　　　　　　4．跳び，くぐる―とび越しくぐり
　　　　　　5．持って走る―持ち運び走
(2)運動能力テスト級別判定表基準表

＜男　　子＞

級＼種目	50m走（秒）	立ち幅とび（cm）	ソフトボール投げ（m）	とび越しくぐり（秒）	持ち運び走（秒）
1	8″以下	180以上	35以上	8″7以下	12″0以下
2	8″1～8″5	170～179	30～34	8″8～9″4	12″1～12″5
3	8″6～9″0	160～169	26～29	9″5～10″2	12″6～13″1
4	9″1～9″5	150～159	22～25	10″3～11″2	13″2～13″8
5	9″6～10″0	140～149	18～21	11″3～12″3	13″9～14″7
6	10″1～10″5	130～139	14～17	12″4～13″8	14″8～15″7
7	10″6～11″0	120～129	11～13	13″9～15″3	15″8～16″8
8	11″1～11″5	110～119	9～10	15″4～17″1	16″9～18″3
9	11″6～12″0	100～109	7～8	17″2～19″2	18″4～19″9
10	12″1以上	99以下	6以下	19″3以上	20″0以上

＜女　　子＞

級＼種目	50m走（秒）	立ち幅とび（cm）	ソフトボール投げ（m）	とび越しくぐり（秒）	持ち運び走（秒）
1	8″5以下	170以上	22以上	9″0以下	12″7以下
2	8″6～9″0	160～169	19～21	9″1～9″8	12″8～13″3
3	9″1～9″5	150～159	16～18	9″9～10″7	13″4～13″9
4	9″6～10″0	140～149	13～15	10″8～11″8	14″0～14″6
5	10″1～10″5	130～139	11～12	11″9～13″1	14″7～15″4
6	10″6～11″0	120～129	9～10	13″2～14″6	15″5～16″3
7	11″1～11″5	110～119	7～8	14″7～16″2	16″4～17″4
8	11″6～12″0	100～109	6	16″3～18″0	17″5～18″9
9	12″1～12″5	90～99	5	18″1～19″8	19″0～20″6
10	12″6以上	89以下	4以下	19″9以上	20″7以上

（文部省体育局：平成7年度体力・運動能力調査報告書，1996．）

力診断テストから成立っている（表13-4）．

　運動能力テストは走，跳，投のほかに，低い鉄棒で地面に足をついたまま行なう斜め懸垂腕屈伸と，図13-2のように配置された5対の旗門をジグザグにポールをドリブルして出発点に戻るジグザグドリブルおよび低鉄棒で繰返しさか上りをする連続さか上りを加えて，その結果を表13-5(1)，(2)を用いて男女別に100点満点で採点し，さらに表13-5(3)によって1―5級に評価するものである．

表 13-4 小学校スポーツテストの測定項目
(松島茂善編著：小学校スポーツテスト．第一法規, 1965.)

```
A．運動能力テスト
 1．50 m 走
 2．走り幅とび
 3．ソフトボール投げ
 4．斜め懸垂腕屈伸
 5．(1)ジグザグドリブル
    (2)連続さか上がり
B．体力診断テスト
 1．敏しょう性のテスト……反復横とび
 2．瞬発力のテスト……垂直とび
 3．筋力のテスト……(1)背筋力
             (2)握力
 4．持久性のテスト……踏み台昇降運動
 5．柔軟性のテスト……(1)伏臥上体そらし
             (2)立位体前屈
```

表 13-5 小学校スポーツテストの運動能力テスト成績判定基準表
(1)運動能力テスト男子の得点表

得点＼種目	50 m 走 秒	走り幅とび cm	ソフトボール投 m	斜め懸垂腕屈伸 回	ジグザグドリブル 秒	連続さか上がり 回
20	8″ 以下	370 cm 以上	41 m 以上	50 回以上		
19	8″ 1	364〜369	40	48〜49		
18	8″ 2	358〜363	39	46〜47		
17	8″ 3	352〜357	38	44〜45		
16	8″ 4	346〜351	37	42〜43		
15	8″ 5	340〜345	36	40〜41		
14	8″ 6	334〜339	35	38〜39		
13	8″ 7	328〜333	34	36〜37		
12	8″ 8	322〜327	33	34〜35		
11	8″ 9	316〜321	32	32〜33		
10	9″ 0	310〜315	31	30〜31	18″0 以下	7 回以上
9	9″ 1	304〜309	30	28〜29	18″1〜19″0	6 〃
8	9″ 2	298〜303	29	26〜27	19″1〜20″0	
7	9″ 3	292〜297	28	24〜25	20″1〜21″0	5 〃
6	9″ 4	286〜291	27	22〜23	21″1〜22″0	
5	9″ 5	280〜285	26	20〜21	22″1〜23″0	4 〃
4	9″ 6	274〜279	25	18〜19	23″1〜24″0	
3	9″ 7	268〜273	24	16〜17	24″1〜26″0	3 〃
2	9″8〜 9″9	262〜267	23	14〜15	26″1〜28″0	2 〃
1	10″0〜10″1	256〜261	22	10〜13	28″1〜30″0	1 〃
0	10″2 以上	255 cm 以下	21 m 以下	9 回以下	30″1 以上	0 回

　体力診断テストは表 13-6 に示されているように，体力を敏しょう性，瞬発力，筋力，柔軟性，持久性の5項目に区分し，それぞれの項目に沿った合計7種目のテストから構成されている．それぞれの測定項目の結果は男，女別に1〜5点に採点され，それぞれの項目の得点の合計点が性，年齢別に表 13-6(3)によってA—Eの5段階に評価される（表 13-6）．

(2) 運動能力テスト女子の得点表

得点＼種目	50m走 秒	走り幅とび cm	ソフトボール投 m	斜め懸垂腕屈伸 回	ジグザグドリブル 秒	連続さか上がり 回
20	8″4	330 cm 以上	27 m 以上	47 回以上		
19	8″5	325〜329	26	45〜46		
18	8″6	320〜324	25	43〜44		
17	8″7	315〜319	24	41〜42		
16	8″8	310〜314	23	39〜40		
15	8″9	305〜309	22	37〜38		
14	9″0	300〜304	21	35〜36		
13	9″1	295〜299	20	33〜34		
12	9″2	290〜294	19	31〜32		
11	9″3	285〜289	18	29〜30		
10	9″4	280〜284	17	27〜28	17″3 以下	7 回以上
9	9″5	275〜279	16	25〜26	17″4〜18″0	6 〃
8	9″6	270〜274	15	23〜24	18″1〜19″0	
7	9″7	265〜269	14	21〜22	19″1〜20″0	5 〃
6	9″8	260〜264	13	19〜20	20″1〜21″0	
5	9″9	255〜259	12	17〜18	21″1〜22″0	4 〃
4	10″0	250〜254	11	15〜16	22″1〜23″0	
3	10″1〜10″2	240〜249	10	13〜14	23″1〜24″0	3 〃
2	10″3〜10″4	230〜239	9	11〜12	24″1〜26″0	2 〃
1	10″5〜10″6	220〜229	8	9〜10	26″1〜28″0	1 〃
0	10″7 以上	219 cm 以下	7 m 以下	8 回以下	28″1 以上	0 回

(3) 運動能力テスト級別判定表

級＼性	男子	女子	各種目必要最低点	備　考
1 級	82〜100	78〜100	10 点以上	5種目のうち，1種目でも，その得点が必要最低点に満たない場合は，その最低の級に判定する．なお，ジグザグドリブルと連続さか上がりは，それぞれの得点の和が1種目の得点となる．
2 級	63〜81	60〜77	7 〃	
3 級	42〜62	40〜59	5 〃	
4 級	23〜41	22〜39	3 〃	
5 級	5〜22	5〜21	1 〃	

(松島茂善編著：小学校スポーツテスト．第一法規，1965．)

3．スポーツテスト[21]

　このテストは12歳から29歳までの青少年男女を対象として作成されたもので，体力診断テストと運動能力テストからなり，それぞれのテストの測定項目が表13-7に示されている．体力診断テストは小学校スポーツテストと同じように体力を5項目に区分し7種目のテストを行なうように作成されている．ただし，反復横とびの3本の平行線の間隔が小学校スポーツテストでは100 cmであるのに対してスポーツテストでは120 cmとなり，踏み台昇降運動の台の高さが小学校スポーツテストでは男女とも35 cmであるのに対してスポーツテストでは男子40 cm，女子35 cmとなっている．

　体力診断テストの成績の判定基準は表13-8に示されているように，男女別に7種目のテストをそれぞれ5段階に1〜5点として評価し，その総得点を性，年齢別にA—Eの5段階に判定している．

表 13-6　小学校スポーツテストの体力診断テスト成績判定基準表

(1)男子の種目別判定表

種目＼得点	1	2	3	4	5
反復横とび	23点以下	24～30	31～38	39～45	46点以上
垂直とび	22 cm以下	23～28	29～32	36～41	42 cm以上
背筋力	36 kg以下	37～56	57～77	78～96	97 kg以上
握　力	9 kg以下	10～15	16～21	22～26	27 kg以上
伏臥上体そらし	35 cm以下	36～42	43～49	50～56	57 cm以上
立位体前屈	1 cm以下	2～6	7～11	12～16	17 cm以上
踏み台昇降運動	51.6以下	51.7～62.8	62.9～74.0	74.1～85.2	85.3以上

(2)女子の種目別判定表

種目＼得点	1	2	3	4	5
反復横とび	24点以下	25～30	31～38	39～45	46点以上
垂直とび	17 cm以下	18～24	25～32	33～39	40 cm以上
背筋力	26 kg以下	27～43	44～61	62～78	79 kg以上
握　力	8 kg以下	9～13	14～19	20～24	25 kg以上
伏臥上体そらし	38 cm以下	39～44	45～52	53～58	59 cm以上
立位体前屈	3 cm以下	4～8	9～14	15～18	19 cm以上
踏み台昇降運動	44.8以下	44.9～56.7	56.8～68.6	68.7～80.5	80.6以上

(3)体力診断テスト総合判定表

段　階	男子 10歳	男子 11歳	女子 10歳	女子 11歳
A	26以上	28以上	25以上	28以上
B	22～25	25～27	22～24	25～27
C	18～21	20～24	18～21	20～24
D	15～17	17～19	15～17	17～19
E	14以下	16以下	14以下	16以下

(松島茂善編著：小学校スポーツテスト．第一法規，1965．)

　一方，運動能力テストでは走，跳，投，懸垂に加えて選択種目として持久走，急歩，水泳(平泳び，クロール)，スキー，スケートの1つを選択して実施する．その結果は表 13-9 に示されているように性別・種目別に1～20点として評価し，5種目の総合点 (100点満点) から1—5級に判定される (級外ということがありうる)．

4．壮年体力テスト[23]

　壮年体力テストは30～59歳男女のために作成されたもので，危険が伴わないこと，測定値が加齢に伴って低下すること，高齢者でも比較的容易に実施しうることなどを考慮した結果，表 13-10 に示されているような5種目のテストから構成された．ただし反復横とびは平行線の間隔を小学校スポーツテストと同じく100 cmとし，ジグザグドリブルも小学校スポーツテストと同じものを採用し，また垂直とび，握力，急歩はスポーツテストと同じものを採用した．

　測定結果は表 13-10 に示されているように各項目とも男女別に1～20点で採点し，

表 13-7. スポーツテストの測定項目

```
1. 体力診断テスト
(1)敏捷性のテスト……反復横とび
(2)瞬発力のテスト……垂直とび
(3)筋力のテスト……背筋力,握力
(4)持久力のテスト……踏み台昇降運動
(5)柔軟性のテスト……伏臥上体そらし
              立位体前屈
2. 運動能力テスト
(1) 50m走（男,女）
(2)走り幅とび（男,女）
(3)ハンドボール投げ（男,女）
(4)懸垂腕屈伸（男子）
  斜め懸垂腕屈伸（女子）
(5)選択種目（A, B, Cの3群のうち1つを選択する）
 A 1500m持久走または1500m急歩（男子）
   1000m持久走または1000急歩（女子）
 B 200m平泳ぎまたは200mクロール（男,女）
 C 1000mスキー平地滑走（男,女）
   1500スケート滑走（男子）
   1000mスケート滑走（女子）
```

(松島茂善編著：スポーツテスト．第一法規，1963.)

その合計点からその得点に相当する年齢（体力年齢）が男女別に判定される．判定された体力年齢を自分の年齢と比較すれば，自分の体力の測定値が年齢相当であるかどうかを知ることができて便利である．

5. 日本人の体力の推移[24]

　文部省の体力テストは標本を全国から数多く集めている．たとえば壮年体力テストでは1性，1年齢当たり600人を予定し，体力テストの回収率が90％を越えている[24]．したがって日本人の体力の現状や変化を知るには好都合である．

　図13-3(A)，(B)は壮年体力テストの合計点を性，年齢別および平素の運動・スポーツの実施状況別に示したものである．体力テストの合計点は男女とも30歳を過ぎれば低下する．低下の度合は最初は比較的ゆるやかであるが，次第に低下速度が増すので，体力の変化を年齢別に示す曲線が上方に凸の形を示している．また，運動・スポーツの実施状況別に体力の変化を示すと，各年齢とも運動・スポーツを「ほとんど毎日実施している」人の体力がもっともすぐれ，「まったく実施していない」人の体力がもっとも劣っていた．週3—4日以上実施している人と週1—2回実施している人の体力差が比較的少ないので，30歳以後の男女が体力を比較的高いレベルに保つためには，週1—2回またはそれ以上運動やスポーツを実施することが必要であるといえよう．

　つぎに日本人の体力が年次的にどのように変化しているかを明らかにするために，壮年体力テストの合計点の変化を年次順に示したのが図13-4である．(A)は男子，(B)は女子の30歳，40歳，50歳の体力の年次推移を示している．男子，女子とも昭和40年代，50年代の体力は各年齢とも順調に向上したが，昭和60年（1985年）以後

表 13-8. 体力診断テストの成績判定基準表

(松島茂善編著：スポーツテスト．第一法規, 1963.)

(1) 体力診断テストの種目別得点表

(男　子)

段階(得点) 種目	1 点	2 点	3 点	4 点	5 点
反復横とび	〜31点	32〜 35点	36〜 41点	42〜 46点	47点〜
垂直とび	〜32 cm	33〜 42 cm	43〜 53 cm	54〜 63 cm	64 cm〜
背筋力	〜71 kg	72〜107 kg	108〜143 kg	144〜177 kg	178 kg〜
握力	〜23 kg	24〜 34 kg	35〜 43 kg	44〜 54 kg	55 kg〜
踏み台昇降	〜41.8	41.9〜56.5	56.6〜71.3	71.4〜85.9	86.0〜
伏臥上体そらし	〜36 cm	37〜 46 cm	47〜 56 cm	57〜 66 cm	67 cm〜
立位体前屈	〜4 cm	5〜 11 cm	12〜 18 cm	19〜 24 cm	25 cm〜

(女　子)

段階(得点) 種目	1 点	2 点	3 点	4 点	5 点
反復横とび	〜23点	24〜 29点	30〜 35点	36〜 40点	41点〜
垂直とび	〜24 cm	25〜 30 cm	31〜 37 cm	38〜 43 cm	44 cm〜
背筋力	〜45 kg	46〜 66 kg	67〜 88 kg	89〜109 kg	110 kg〜
握力	〜16 kg	17〜 23 kg	24〜 30 kg	31〜 37 kg	38 kg〜
踏み台昇降	36.6	36.7〜50.6	50.7〜64.8	64.9〜78.8	78.9〜
伏臥上体そらし	〜37 cm	38〜 46 cm	47〜 57 cm	58〜 66 cm	67 cm〜
立体前屈	〜5 cm	6〜 11 cm	12〜 18 cm	19〜 23 cm	24 cm〜

(2) 体力診断テストの総得点の年齢別判定表

(男　子)

段階(得点) 年齢	A	B	C	D	E
	点	点	点	点	点
12　歳	〜20	19〜18	17〜14	13〜11	10〜
13　歳	〜23	22〜20	19〜16	15〜13	12〜
14　歳	〜24	23〜21	20〜17	16〜14	13〜
15　歳	〜27	26〜23	22〜19	18〜16	15〜
16　歳	〜27	26〜24	23〜20	19〜17	16〜
17　歳	〜29	28〜26	25〜22	21〜19	18〜
18歳以上	〜29	28〜26	25〜22	21〜20	19〜

(女　子)

段階(得点) 年齢	A	B	C	D	E
	点	点	点	点	点
12　歳	〜25	24〜22	21〜18	17〜15	14〜
13　歳	〜26	25〜23	22〜19	18〜16	15〜
14　歳	〜27	26〜24	23〜20	19〜17	16〜
15歳以上	〜28	27〜25	24〜21	20〜18	17〜

表 13-9 運動能力テストの成績判定基準表

(松島茂善編著:スポーツテスト. 第一法規, 1963.)

(1) 得点表
(男 子)

種目＼点数	50m走	走り幅とび	ハンドボール投	懸垂	1500m持久走	1500m急歩	200m平泳ぎ	200mクロール	1000mスキー平地滑走	1500mスケート滑走
20点	～6″4	6.00m～	40m～	21回～	～5′00″	～8′30″	～2′55″	～2′25″	～5′00″	～2′38″
19 〃	6″5	5.90m〜5.99〃	39m	20回	5′01″〜5′05″	8′31″〜8′35″	2′56″〜3′00″	2′26″〜2′30″	5′01″〜5′03″	2′39″〜2′40″
18 〃	6″6	5.80〃〜5.89〃	38 〃	19 〃	5′06″〜5′10″	8′36″〜8′40″	3′01″〜3′05″	2′31″〜2′35″	5′04″〜5′07″	2′41″〜2′42″
17 〃	6″7	5.70〃〜5.79〃	37 〃	18 〃	5′11″〜5′15″	8′41″〜8′45″	3′06″〜3′10″	2′36″〜2′40″	5′08″〜5′12″	2′43″〜2′45″
16 〃	6″8	5.60〃〜5.69〃	36 〃	17 〃	5′16″〜5′20″	8′46″〜8′50″	3′11″〜3′15″	2′41″〜2′45″	5′13″〜5′18″	2′46″〜2′49″
15 〃	6″9	5.50〃〜5.59〃	35 〃	16 〃	5′21″〜5′25″	8′51″〜8′55″	3′16″〜3′20″	2′46″〜2′50″	5′19″〜5′25″	2′50″〜2′54″
14 〃	7″0	5.40〃〜5.49〃	34 〃	15 〃	5′26″〜5′30″	8′56″〜9′00″	3′21″〜3′25″	2′51″〜2′55″	5′26″〜5′34″	2′55″〜3′00″
13 〃	7″1	5.30〃〜5.39〃	33 〃	14 〃	5′31″〜5′35″	9′01″〜9′05″	3′26″〜3′30″	2′56″〜3′00″	5′35″〜5′45″	3′01″〜3′06″
12 〃	7″2	5.20〃〜5.29〃	32 〃	13 〃	5′36″〜5′40″	9′06″〜9′10″	3′31″〜3′35″	3′01″〜3′05″	5′46″〜5′58″	3′07″〜3′13″
11 〃	7″3	5.10〃〜5.19〃	31 〃	12 〃	5′41″〜5′45″	9′11″〜9′15″	3′36″〜3′40″	3′06″〜3′10″	5′59″〜6′14″	3′14″〜3′21″
10 〃	7″4	5.00〃〜5.09〃	30 〃	11 〃	5′46″〜5′50″	9′16″〜9′20″	3′41″〜3′45″	3′11″〜3′15″	6′15″〜6′33″	3′22″〜3′30″
9 〃	7″5	4.80〃〜4.99〃	29 〃	10 〃	5′51″〜5′55″	9′21″〜9′30″	3′46″〜3′50″	3′16〜3′20″	6′34″〜6′56″	3′31″〜3′40″
8 〃	7″6	4.60〃〜4.79〃	28 〃	9 〃	5′56″〜6′00″	9′31″〜9′40″	3′51″〜3′55″	3′21″〜3′25″	6′57″〜7′23″	3′41″〜3′52″
7 〃	7″7〜7″8	4.40〃〜4.59〃	27 〃	8 〃	6′01″〜6′10″	9′41″〜9′50″	3′56″〜4′00″	3′26″〜3′30″	7′24″〜7′54″	3′53″〜4′07″
6 〃	7″9〜8″0	4.20〃〜4.39〃	26 〃	7 〃	6′11″〜6′20″	9′51″〜10′00″	4′01″〜4′10″	3′31″〜3′40″	7′55″〜8′25″	4′08″〜4′25″
5 〃	8″1〜8″2	4.00〃〜4.19〃	25 〃	6 〃	6′21″〜6′30″	10′01″〜10′10″	4′11″〜4′20″	3′41″〜3′50″	8′26″〜8′56″	4′26″〜4′47″

点数＼種目	50m走	走り幅とび	ハンドボール投	懸垂	1500m持久走	1500m急歩	200m平泳ぎ	200mクロール	1000mスキー平地滑走	1500mスケート滑走
4〃	8″3〜8″4	3.80m〜3.99〃	23m〜24〃	5〃	6′31″〜6′40″	10′11″〜10′20″	4′21″〜4′30″	3′51″〜4′00″	8′57″〜9′27″	4′48″〜5′12″
3〃	8″5〜8″6	3.60〃〜3.79〃	21〃〜22〃	4〃	6′41″〜6′50″	10′21″〜10′30″	4′31″〜4′40″	4′01″〜4′10″	9′28″〜9′58″	5′13″〜5′38″
2〃	8″7〜8″8	3.40〃〜3.59〃	19〃〜20〃	3〃	6′51″〜7′00″	10′31″〜10′40″	4′41″〜4′50″	4′11″〜4′20″	9′59″〜10′29″	5′39″〜6′04″
1〃	8″9〜9″0	3.20〃〜3.39〃	17〃〜18〃	2〃	7′01″〜7′10″	10′41″〜10′50″	4′51″〜5′00″	4′21″〜4′30″	10′30″〜11′00″	6′05″〜6′30″

(女 子)

点数＼種目	50m走	走り幅とび	ハンドボール投げ	斜め懸垂	1000m持久走	1000m急歩	200m平泳ぎ	200mクロール	1000mスキー平地滑走	1500mスケート滑走
20点〜	〜7″5	〜4.80m	30m〜	50回〜	〜4′00″	〜6′30″	〜3′20″	〜3′00″	〜6′43″	〜2′13″
19〃	7″6	4.70m〜4.79	29m	48回〜49〃	4′01″〜4′05″	6′31″〜6′35″	3′21″〜3′25″	3′01″〜3′05″	6′44″〜6′47″	2′14″〜2′16″
18〃	7″7	4.60〃〜4.69〃	28m	46〃〜47〃	4′06″〜4′10″	6′36″〜6′40″	3′26″〜3′30″	3′06″〜3′10″	6′48″〜6′52″	2′17″〜2′19″
17〃	7″8	4.50〃〜4.59〃	27m	44〃〜45〃	4′11″〜4′15″	6′41″〜6′45″	3′31″〜3′35″	3′11″〜3′15″	6′53″〜6′58″	2′20″〜2′23″
16〃	7″9	4.40〃〜4.49〃	26m	42〃〜43〃	4′16″〜4′20″	6′46″〜6′50″	3′36″〜3′40″	3′16″〜3′20″	6′59″〜7′05″	2′24″〜2′28″
15〃	8″0	4.30〃〜4.39〃	25m	40〃〜41〃	4′21″〜4′25″	6′51″〜6′55″	3′41″〜3′45″	3′21″〜3′25″	7′06″〜7′13″	2′29″〜2′34″
14〃	8″1	4.20〃〜4.29〃	24m	38〃〜39〃	4′26″〜4′30″	6′56″〜7′00″	3′46″〜3′50″	3′26″〜3′30″	7′14″〜7′23″	2′35″〜2′41″
13〃	8″2	4.10〃〜4.19〃	23m	36〃〜37〃	4′31″〜4′35″	7′01″〜7′05″	3′51″〜3′55″	3′31″〜3′35″	7′24″〜7′35″	2′42″〜2′49″
12〃	8″3	4.00〃〜4.09〃	22m	34〃〜35〃	4′36″〜4′40″	7′06″〜7′10″	3′56″〜4′00″	3′36″〜3′40″	7′36″〜7′50″	2′50″〜2′59″
11〃	8″4	3.90〃〜3.99〃	21m	32〃〜33〃	4′41″〜4′45″	7′11″〜7′15″	4′01″〜4′05″	3′41″〜3′45″	7′51″〜8′08″	3′00″〜3′11″
10〃	8″5〜8″6	3.80〃〜3.89〃	20m	30〃〜31〃	4′46″〜4′50″	7′16″〜7′20″	4′06″〜4′10″	3′46″〜3′50″	8′09″〜8′29″	3′12″〜3′25″
9〃	8″7〜8″8	3.65〃〜3.79〃	19m	28〃〜29〃	4′51″〜4′55″	7′21″〜7′25″	4′11″〜4′15″	3′51″〜3′55″	8′30″〜8′54″	3′26″〜3′41″

種目 点数	50 m走	走り 幅とび	ハンドボ ール投げ	斜め 懸垂	1000 m 持久走	1000 m 急歩	200 m 平泳ぎ	200 m クロール	1000 m スキー 平地滑走	1500 m スケート 滑走
8 〃	8″9 〜 9″0	3.50 m 〜 3.64 〃	18 m	26 回 〜 27 〃	4′56″ 〜 5′00″	7′26″ 〜 7′30″	4′16″ 〜 4′20″	3′56″ 〜 4′00″	8′55″ 〜 9′24″	3′42″ 〜 3′59″
7 〃	9″1 〜 9″2	3.35 〃 〜 3.49 〃	17 〃	24 〃 〜 25 〃	5′01″ 〜 5′10″	7′31″ 〜 7′40″	4′21″ 〜 4′30″	4′01″ 〜 4′10″	9′25″ 〜 9′59″	4′00″ 〜 4′20″
6 〃	9″3 〜 9″4	3.20 〃 〜 3.34 〃	16 〃	22 〃 〜 23 〃	5′11″ 〜 5′20″	7′41″ 〜 7′50″	4′31″ 〜 4′40″	4′11″ 〜 4′20″	10′00″ 〜 10′34″	4′21″ 〜 4′44″
5 〃	9″5 〜 9″6	3.05 〃 〜 3.19 〃	15 〃	20 〃 〜 21 〃	5′21″ 〜 5′30″	7′51″ 〜 8′00″	4′41″ 〜 4′50″	4′21″ 〜 4′30″	10′35″ 〜 11′09″	4′45″ 〜 5′08″
4 〃	9″7 〜 9″8	2.90 〃 〜 3.04 〃	14 〃	18 〃 〜 19 〃	5′31″ 〜 5′40″	8′01″ 〜 8′10″	4′51″ 〜 5′00″	4′31″ 〜 4′40″	11′10″ 〜 11′44″	5′09″ 〜 5′33″
3 〃	9″9 〜 10″0	2.75 〃 〜 2.89 〃	13 〃	16 〃 〜 17 〃	5′41″ 〜 5′50″	8′11″ 〜 8′20″	5′01″ 〜 5′10″	4′41″ 〜 4′50″	11′45″ 〜 12′19″	5′34″ 〜 5′58″
2 〃	10″1 〜 10″2	2.60 〃 〜 2.74 〃	12 〃	14 〃 〜 15 〃	5′51″ 〜 6′00″	8′21″ 〜 8′30″	5′11″ 〜 5′20″	4′51″ 〜 5′00″	12′20″ 〜 12′54″	5′59″ 〜 6′24″
1 〃	10″3 〜 10″4	2.45 〃 〜 2.59 〃	11 〃	12 〃 〜 13 〃	6′01″ 〜 6′10″	8′31″ 〜 8′40″	5′21″ 〜 5′30″	5′01″ 〜 5′10″	12′55″ 〜 13′29″	6′25″ 〜 6′50″

(2) 運動能力テストの級別判定表

級 別	総 合 点	各種目必要最低点	備　　　考
1 級	80〜100	10 点以上	5種目のうち，1種目でも，その得点が必要最低点に満たない場合は，その最低の級に判定する．
2 級	60〜 79	7 点以上	
3 級	40〜 59	5 点以上	
4 級	20〜 39	3 点以上	
5 級	10〜 19	1 点以上	

図 13-3 (A) 運動・スポーツの実施状況別壮年体力テストの合計点（男子）

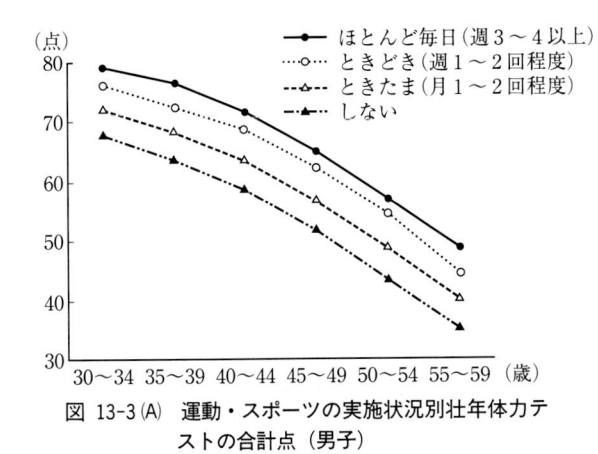

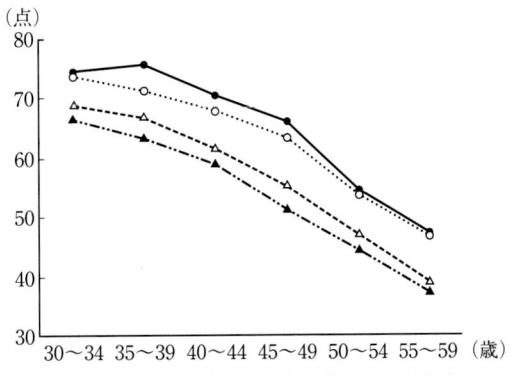

図 13-3 (B) 運動・スポーツの実施状況別壮年体力テストの合計点（女子）

（文部省体育局：平成7年度体力・運動能力調査報告書，1996.）

表 13-10 壮年体力テストの測定項目と体力年齢判定基準.

(1)測定項目

1. 反復横とび（敏しょう性）
2. 垂直とび（瞬発力）
3. 握力（筋力）
4. ジグザグドリブル（巧緻性）
5. 急歩（持久性）
    1500 m（男子）
    1000 m（女子）

(2)-1 男子の体力テスト得点表

得点	反復横とび	垂直とび	握　力	ジグザグドリブル	急　歩	得点
20	49点以上	61 cm 以上	55 kg 以上	13秒0以下	9分07秒以下	20
19	47〜48	58〜60	53〜54	13″1〜13″6	9′08″〜 9′35″	19
18	45〜46	56〜57	51〜52	13″7〜14″2	9′36″〜 9′57″	18
17	44	54〜55	49〜50	14″3〜14″8	9′58″〜10′16″	17
16	43	52〜53	48	14″9〜15″4	10′17″〜10′33″	16
15	42	50〜51	47	15″5〜16″0	10′34″〜10′48″	15
14	41	49	46	16″1〜16″6	10′49″〜11′00″	14
13	40	48	45	16″7〜17″2	11′01″〜11′11″	13
12	39	47	44	17″3〜17″8	11′12″〜11′22″	12
11	38	46	43	17″9〜18″3	11′23″〜11′32″	11
10	37	45	42	18″4〜18″9	11′33″〜11′42″	10
9	36	44	41	19″0〜19″6	11′43″〜11′52″	9
8	35	43	40	19″7〜20″4	11′53″〜12′03″	8
7	34	42	39	20″5〜21″3	12′04″〜12′14″	7
6	33	40〜41	38	21″4〜22″3	12′15″〜12′26″	6
5	32	38〜39	37	22″4〜23″7	12′27″〜12′40″	5
4	31	36〜37	36	23″8〜25″5	12′41″〜12′58″	4
3	30	33〜35	35	25″6〜27″5	12′59″〜13′20″	3
2	28〜29	30〜32	32〜34	27″6〜32″5	13′21″〜13′58″	2
1	27以下	29以下	31以下	32″6以上	13′59″以上	1

(2)-2 女子の体力テスト得点表

得点	反復横とび	垂直とび	握　力	ジグザグドリブル	急　歩	得点
20	43点以上	41 cm 以上	38 kg 以上	16秒0以下	7分01秒以下	20
19	41〜42	39〜40	37	16″1〜16″5	7′02″〜 7′23″	19
18	40	37〜38	36	16″6〜17″1	7′24″〜 7′35″	18
17	39	35〜36	35	17″2〜17″7	7′36″〜 7′46″	17
16	38	33〜34	34	17″8〜18″2	7′47″〜 7′54″	16
15	37	32	33	18″3〜18″8	7′55″〜 8′02″	15
14	36	31	32	18″9〜19″4	8′03″〜 8′09″	14
13	35	30	31	19″5〜19″9	8′10″〜 8′15″	13
12	34	29	30	20″0〜20″5	8′16″〜 8′21″	12
11	33	28	29	20″6〜21″1	8′22″〜 8′26″	11
10	32	27	28	21″2〜21″6	8′27″〜 8′33″	10
9	31	26	27	21″7〜22″2	8′34″〜 8′40″	9
8	30	25	26	22″3〜22″9	8′41″〜 8′47″	8
7	29	24	25	23″0〜23″7	8′48″〜 8′55″	7

得点	反復横とび	垂直とび	握力	ジグザグドリブル	急歩	得点
6	28 点	23 cm	24 kg	23″8〜24″6	8′56″〜 9′04″	6
5	27	22	23	24″7〜26″1	9′05″〜 9′15″	5
4	26	20〜21	22	26″2〜28″2	9′16″〜 9′29″	4
3	24〜25	18〜19	21	28″3〜31″0	9′30″〜 9′49″	3
2	21〜23	16〜17	19〜20	31″1〜35″2	9′50″〜10′28″	2
1	20 以下	15 以下	18 以下	35″3 以上	10′29″以上	1

(2)-3　壮年体力テスト体力年齢判定基準表

体力年齢区分	男	女
20 歳代	67 点以上	62 点以上
30〜34	61〜66	58〜61
35〜39	54〜60	53〜57
40〜44	46〜53	45〜52
45〜49	38〜45	37〜44
50〜54	30〜37	29〜36
55〜59	22〜29	21〜28
60 歳以上	21 点以下	20 点以下

(松島茂善編著：壮年体力テスト．第一法規，1968．)

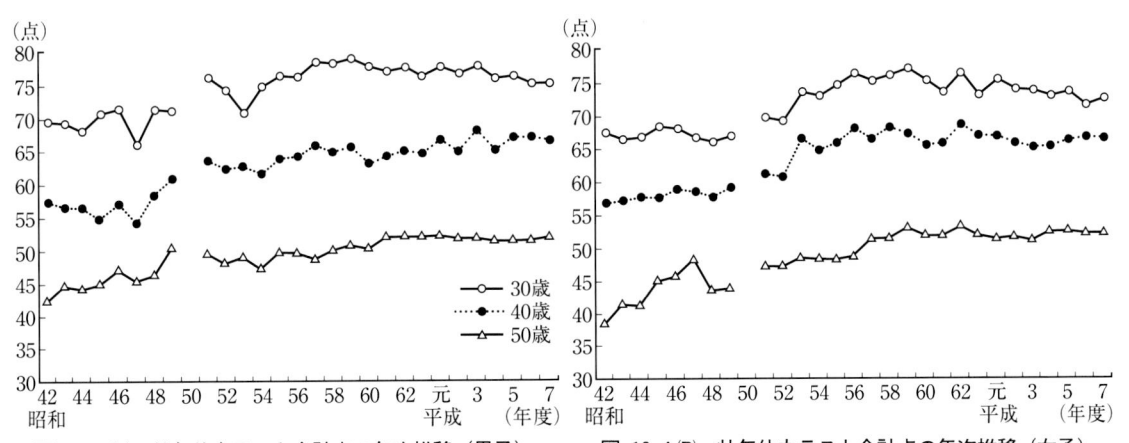

図 13-4 (A)　壮年体力テスト合計点の年次推移（男子）　　図 13-4 (B)　壮年体力テスト合計点の年次推移（女子）
(文部省体育局：平成 7 年度体力・運動能力調査報告書，1996．)

になるとほぼ飽和状態になり，30 歳の男女は多少低下傾向を示しているように思われる．この点を明らかにするために青少年男女の体力診断テストの年次的推移を図 13-5 に示す．この図は小学生，中学生，高校生，大学生および勤労青年の体力の年次的推移を示したものである．小学生の方が中学生よりも得点が高いのはテストの内容と評価が異なるからである．この図から青少年の体力も昭和 60 年（1985 年）頃をピークにその後多少低下していることがわかる．

なお，文部省[24]では壮年体力テストの結果から，30〜34 歳と 55〜59 歳男女の体力の推移を持久力（急歩）と瞬発力（垂直とび）との測定結果から比較して，男女とも持久力よりも瞬発力の加齢に伴う体力の低下が著しいことを示している（図 13-6）．この

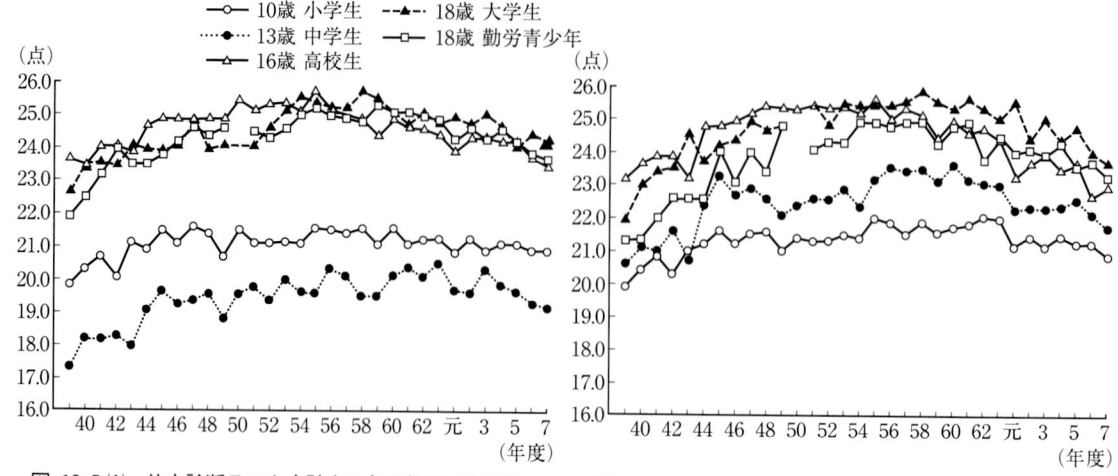

図 13-5(A) 体力診断テスト合計点の年次推移（男子）．
（注）10歳は他の年齢と得点基準が異なる．

図 13-5(B) 体力診断テスト合計点の年次推移（女子）．
（注）左と同じ．

（文部省体育局：平成7年度体力・運動能力調査報告書，1996.）

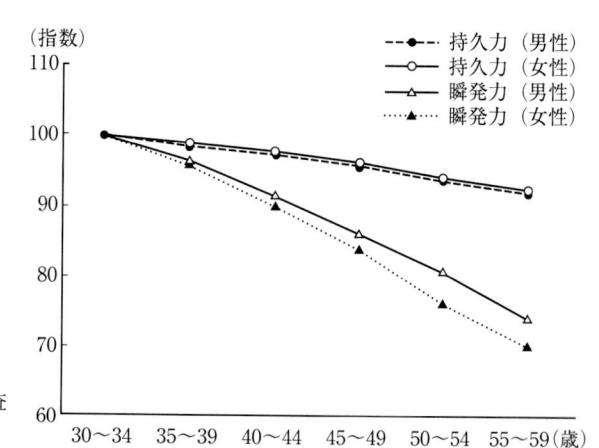

図 13-6 持久力と瞬発力の低下傾向（指数）．
（注）30〜34歳代を100とした指数
（文部省体育局：平成7年度体力・運動能力調査報告書，1996.）

記述は誤まりではないが，持久力は急歩のスピードで比較し，瞬発力は垂直とびの高さで比較しているので注意を要する．垂直とびの高さを重心の垂直方向への移動距離とすれば，踏切時の上方への重心の移動スピードの2乗が垂直とびの高さに比例するので，急歩と垂直とびをともにスピードの単位で比較するには垂直とびの高さの平方根について急歩のスピートと比較しなければならない．このようにして比較して見ると，持久力と瞬発力の加齢に伴う低下の差はわずか約10％くらいで，それでも持久力の方が低下しにくいのは，すべての人が平素から歩行を実施しているのに対して，垂直とびは滅多に行なっていないためと考えてよかろう．

6．文部省の新体力テスト

文部省がおよそ30年ぶりに見直した新体力テストは1998年から実施された[25]（表13-11）．従来の体力テストを新体力テストと比較すると表13-12のようになる．新体

表 13-11 文部省の新体力テスト.

測定対象	テスト項目
6歳—11歳男女	握力，上体起こし，長座体前屈，反復横とび，20mシャトルラン（往復持久走），50m走，立ち幅とび，ソフトボール投げ
12歳—19歳男女	握力，上体起こし，長座体前屈，反復横とび，持久走，20mシャトルラン，50m走，立ち幅とび，ハンドボール投げ，ただし持久走か20mシャトルランのどちらかを選択する
20歳—64歳男女	握力，上体起こし，長座体前屈，反復横とび，急歩，20mシャトルラン，立ち幅とび ただし急歩か20mシャトルランのどちらかを選択する．急歩は男子1500m，女子1000m
65歳—79歳男女	ADL，握力，上体起こし，長座体前屈，開眼片足立ち，10m障害物歩行，6分間歩行

ADL（日常生活活動テスト）によって，テスト項目を制限する．

（文部省体育局：平成10年度体力・運動能力調査報告書，1999．）

表 13-12 文部省スポーツテスト（旧体力テスト）と現行の新体力テスト

旧体力テスト	新体力テスト
テスト項目　＜対象年齢＞	テスト項目　＜対象年齢＞
	＜全年齢共通＞ 握力 上体起こし●，長座位体前屈●
＜6～9歳＞ 50m走，立ち幅とび，ソフトボール投げ，とび越しくぐり▲，持ち運び走▲	＜6～11歳＞ 50m走，立ち幅とび，ソフトボール投げ，反復横とび●，20mシャトルランテスト●
＜10～29歳＞ 50m走，ジグザグドリブル（10～11歳）▲，ハンドボール投げ （10～11歳はソフトボール投げ） 持久走（1500m, 1000m）（12歳以上） 反復横とび，握力 走り幅とび▲，（斜）懸垂腕屈伸▲ 連続逆上がり（10～11歳）▲ 垂直とび▲，背筋力▲，立位体前屈▲ 伏臥上体そらし▲，踏み台昇降運動▲	＜12～19歳＞ 50m走，ハンドボール投げ，反復横とび，持久走（1500m, 1000m） （20mシャトルランテスト●との選択） 立ち幅とび●
	＜20～64歳＞ 反復横とび 急歩（1500m, 1000m） （20mシャトルランテスト●との選択） 立ち幅とび●
＜30～59歳＞ 反復横とび，握力，急歩(1500m, 1000m) 垂直とび▲，ジグザグドリブル▲	
	＜65～79歳＞ ADL調査●，開眼片足立ち● 10m障害物歩行●，6分間歩行テスト●

▲：削除項目，●：新項目　注）表題名を多少変更した．ADL：日常生活活動テスト
（青木純一郎：文部省の新体力テスト（仮称）試行案の概要．体育科教育 **46**(7)：69-71, 1998）

図 13-7 加齢に伴う握力の変化.
(注) 数値は,移動平均をとって平滑化してある.(移動平均:グラフ上のばらつきを少なくするため,ある数値に前後の2数値を加えた数を3で割った値.)
(文部省体育局:平成10年度体力・運動能力調査報告書, 1999)

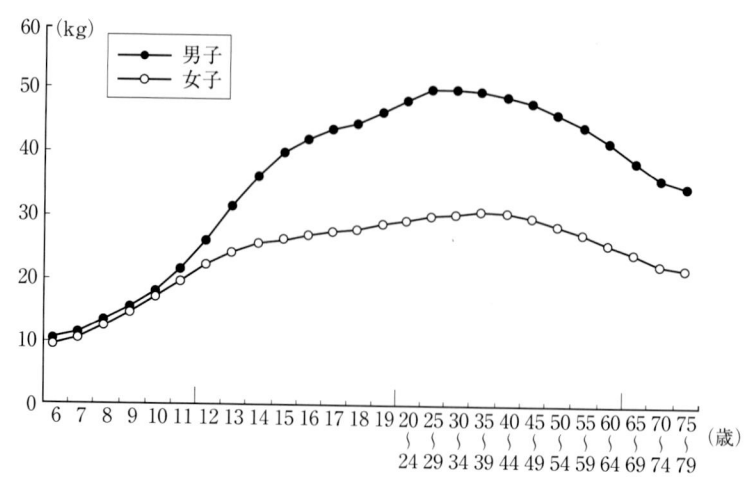

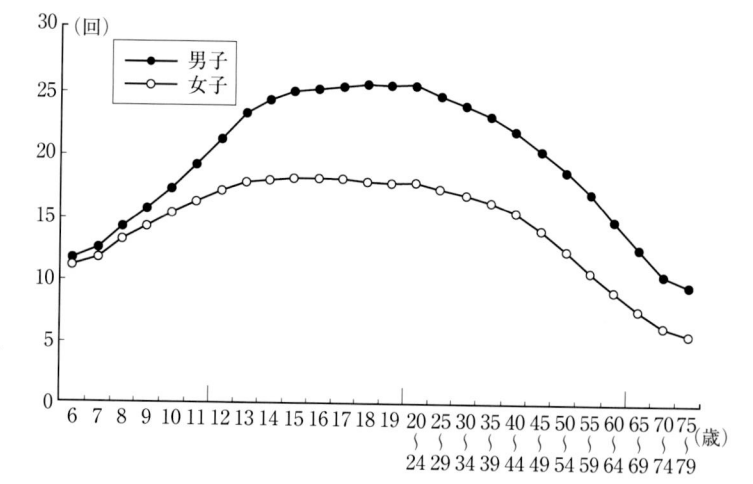

図 13-8 加齢に伴う上体起こしの変化.
(注) および出典は図 13-7 と同じ.

力テストはつぎのような特徴を持っている.
① 対象年齢が延長された.
日本人の寿命の延長と高齢者の体力テストの必要性から,従来の体力テストでは対象者の年齢を60歳未満としていたのを80歳未満とした.
② 全年齢共通の項目として,握力,上体起こし,長座体前屈を採用し,これらの項目の6歳から79歳までの体力の変化を明らかにした.
これら共通項目による体力テストの性,年齢別平均値を握力(図 13-7),上体起こし(図 13-8),長座体前屈(図 13-9)について示す.握力は筋力の測定値であるので,12歳頃から測定値の男女差が大きくなり,30～40歳でピーク値に到達する.その後,次第に測定値が低下するが,50歳頃までその低下が僅かである.これは,平素から握力が使われているためであろう.
上体起こしは腹筋力と腹筋の持久力の指標として用いられる.上体起こしは握力と異なり,自分の体重を負荷として用いるので,比較的体重の軽い10歳代後半から成人と同じくらいの数値が得られる.数値の低下も握力と比較して早期に起こる.

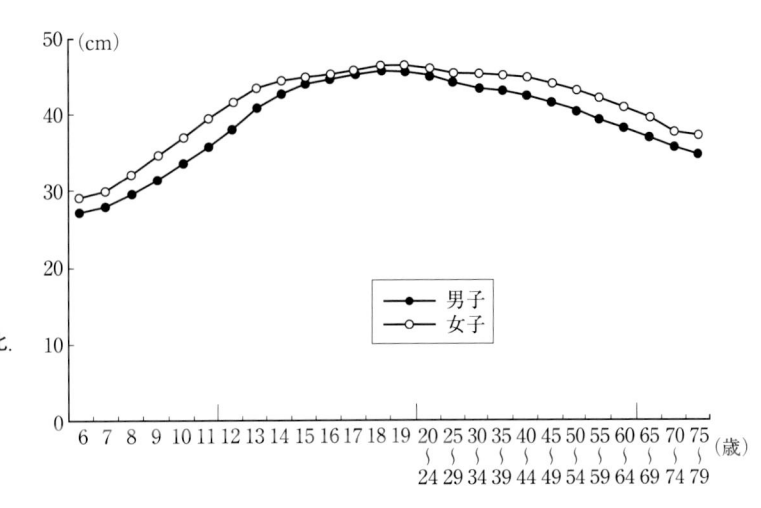

図 13-9　加齢に伴う長座体前屈の変化.
(注) および出典は図 13-7 と同じ.

　長座体前屈は柔軟性の指標として用いられる．この測定値は全ての年齢で女子が男子よりも優れている．また握力や上体起こしのように筋力の影響を受けることが少ないので，男女差，年齢差が少ない．

4　アメリカの Youth Fitness Test[12]

　このテストはアメリカ合衆国の保健・体育・レクリエーション協議会（American Alliance for Health, Physical Education, and Recreation）が10歳から17歳の青少年男女を対象として作成した体力テストでつぎの7種目から構成されている．

1. 男子：懸垂腕屈伸（回数）
   女子：屈腕懸垂（秒）
2. 上体起こし
   男子は最高限100回まで，女子は最高限50回まで実施
3. 往復走（30フィート2往復の時間，秒）
4. 立幅跳び（フィート・インチ）
5. 50ヤード・ダッシュ（1/10秒まで計測）
6. ソフトボール投げ（フィート）
7. 600ヤード走・歩（分・秒）

このテストの特徴の1つは，測定の基準値が%ile（パーセンタイル）値で示されていることで，その理由は測定値の分布が正常分配曲線にならないためで，%ile値から，ある測定値が同質のグループの測定値の順位の何%の位置に相当するかを知ることができる．グループ分けには2つの方法が用いられている．1つは性，年齢別にグループ分けする方法である．他の1つは年齢，身長，体重を考慮して，10〜14歳では8クラスに，15〜17歳では3クラスに区分して，性別，クラス別に評価する方法である．
　しかし，その後このような体力テストは競技指向的であるという批判が強くなったために，同じ団体が図13-1のような考え方で以下のような健康関連の体力テストを作成した[1]．

1. 1マイル走または9分間走
2. 上体起こし（屈膝腕組み姿勢で実施）
3. 上腕三頭筋部と肩甲骨下部の皮下脂肪厚の和
4. 長座体前屈

5 ヨーロッパの体力テスト（Eurofit）[8]

このテストはヨーロッパの青少年の体力テストとして作成されたもので，つぎの項目から成立っている．

1．呼吸循環の持久力のテスト
（1）自転車エルゴメータテスト（PWC 170）
　自転車エルゴメータを用いて漸増負荷運動を行なわせ，その際の心拍数を測定して，心拍数が170拍/分を示す負荷強度（ワット）を心拍数―負荷強度の関係図から求め，これを体重で割ってwatts/kg（体重）として示す．
（2）6分間持久走テスト
　6分間の持久走の距離をメートルで示す．

2．運動能力テスト
① フラミンゴ・バランステスト（全身のバランス）
　図13-10に示されているように細長い棒の上に片足で立ち，反対の脚の膝を曲げて自分の手で保持して1分間その姿勢を保つ．できるまでの施行回数を記録する．
② プレート叩きテスト（腕の動きのスピード）
　直径20 cmの2つの円盤を中心が互いに80 cm放れた位置に置き，10×20 cmの四角いプレートをその中間に置く．非きき手をこのプレートの上に置き，利き手を使って前後に置かれた円盤上をできるだけ速く動かして25回往復して50回叩いた時間を測定する（図13-11）．

図13-10　フラミンゴバランステスト（手を離してからの時間を測る）．
(Council of Europe：Eurofit. Strasbourg, 1983.)

図13-11　プレート叩きテスト．
(Council of Europe：Eurofit. Strasbourg, 1983.)

③ 長座体前屈（柔軟性）
　台の上に長座して体を前屈し，両手をできるだけ前方に伸ばす．足の爪先の位置に手先きが達した時のスコアは15点，それから1cm増す（減らす）ごとに1点を加算（減算）する．

④ 立幅とび（瞬発力）
　すべらない床の上で行ない，跳んだ距離をcmで測定する．

⑤ 腕引き（静的筋力）
　立位で非利き手を水平に前方に挙げて柱を押さえ，利き手で柱に結び付けられた握力計を弓を引くように水平に引張って，その力を握力計の目盛によって測定する．

⑥ 上体起こし（体幹の筋力）
　膝を曲げ，両手を頸の後に組んで仰臥し，30秒間にできるだけ速く上体起こしを繰返してその回数を数える．

⑦ 屈腕懸垂（機能的筋力）
　鉄棒を順手で握って立ち，腕を曲げ足を地面から離して顎が鉄棒の高さ以上の位置をできるだけ長く保つ．両眼が鉄棒の下になった時にテストを終えて，それまでの時間を測る．

⑧ 50m往復走（走スピード）
　5m離れて120cmの長さの平行線を引き，この平行線を5往復する時間を測定する．

　なお，立幅とびの代りに垂直とび，腕引きの代りに握力，往復走の代りに50mスプリントが用意されている．

6 国際体力テスト標準化委員会の体力テスト[13]

　この委員会は1964年に東京で開催されたオリンピック大会の関連行事として行なわれた国際スポーツ科学会議（International Congress of Sports Sciences）での決議に基づいて作られた．著者はこの委員会の実行委員長を長い間務めていたので思い出が深い．歴史，気候，文化などの異なる各国の委員の意見を統一することはかなり困難なことであったが，体力テストを広義に考えて以下のようにまとめた．

① 個人のデータと競技歴
　性，年齢，国籍，職業，住所，結婚，労働時間などの個人の情報の他に，過去のスポーツ歴や現在の身体活動状態を記入する．

② 医学的検査
　過去の疾病歴や現在の健康状態に加えて，健康感，睡眠，喫煙，飲酒，薬の服用，聴力，視力，疼痛の有無，家族の疾病歴について答えるとともに，本人の医学的検査（尿検査，血液検査，肺活量，心電図など）を行なってそのデータを記入する．

③ 生理学的測定
　後述の運動負荷テストを行なう．

④ 形態計測と身体組成
　身長，体重，胸囲，座高などの他に，体脂肪量，体水分量，体カリウム量，骨年齢

などの測定法が記されている．

⑤ 運動能力テスト

50 m 走，立幅とび，持久走（12 歳未満の男女 600 m, 12 歳以上の男子 2000 m または 1000 m, 12 歳以上の女子 1500 m または 800 m），懸垂屈腕（12 歳以上の男子）または屈腕持久懸垂（女子および 12 歳未満の子供），往復走（10 m, 2 往復―木片を 2 回持帰る），上体起こし（30 秒間の回数），長座体前屈，立位体前屈などを行なう．

以上のテストはすべてテスト方法が記載されているが，テスト結果の評価は述べられていない．

7 運動負荷テスト

運動負荷テストの目的は 2 つある．1 つは健康状態のチェックであり，他の 1 つは体力の測定である．できればこの 2 つの目的を兼ねて運動負荷テストを実施することが望ましい．

運動負荷テストとしてふつう用いられる装置は自転車エルゴメータかトレッドミルである．

自転車エルゴメータ（bicycle ergometer または cycle ergometer）はサドルに腰掛けてその場で，自転車と同じようにペダルを踏んで，機械的または電気的に車輪に与えられた抵抗に抗して，一定の速度で車輪を回転させる装置である．仕事量は車輪に与えられた抵抗力と車輪の移動距離の積によって与えられる．仕事率はワット（watt）または kg・meter/分（kgm/min, kpm/min）で与えられる．kp は質量ではなく重量のキログラム（キロポンド）であることを意味している．ふつう車輪の回転速度を1定にして（1 分間当たり 50 回転または 60 回転がしばしば用いられる），車輪に与えられる摩擦抵抗を変えることによって負荷の強さが調節される．

トレッドミルは移動する床の上を移動速度と同じスピードで反対方向に走るまたは歩く装置で，床は移動速度と傾斜角を変えることができる．したがってトレッドミルの負荷の強さは床の移動速度と傾斜角で示されるが，自転車エルゴメータと異なって，仕事量や仕事率で示すことはできない．ねずみ用のトレッドミルも市販されている．

1. 医学的検査としての運動負荷テスト

最近は一生を通じて運動をすることの重要性が高まってきたので高齢者で運動（スポーツ）を始めたいと希望する人が増えてきた．このような希望を持つ人に対して安静状態の医学的検査だけでは不十分で，運動状態における循環機能を調べる必要がある．このために必要なのは運動状態における主観的症状と心電図所見および血圧測定値で，またあらかじめ運動負荷テストを実施することの許可を医師から得ておくことも必要である．運動負荷テスト中も医師の立会いが必要である．

運動中に運動を停止させるための条件として国際体力テスト標準化委員会[13]ではつぎのように記している．

① 運動の強さを増しても脈圧（最高血圧と最低血圧の差）がつねに低下する場合
② 収縮期血圧が 240―250 mmHg を越える場合

③ 拡張期血圧が 125 mmHg を越える場合
④ 胸痛の増加，強い呼吸困難，間欠性跛行などの症状の発現
⑤ 顔面蒼白やチアノーゼ，よろめき，軽度の意識混濁，外傷に対する無反応のような臨床症状の発現
⑥ つぎの心電図の所見の発現：発作性上室性または心室性不整脈，T波の終了前に起こる心室性期外収縮の連続，軽い心房—心室ブロック以上の伝導障害，および 0.3 mV 以上の水平型または低下型 R-ST の低下．

2．運動負荷テストの禁忌[13]

つぎのような場合には運動負荷テストを実施してはならない．
① 医師の許可が得られていない
② 口腔温が 37.5°Cを越えた場合
③ 十分に安静を保っても心拍数が 100 拍/分を越えている場合
④ 心不全が現われている場合
⑤ 過去 3 カ月以内に心筋梗塞または心筋炎に罹患した場合，またはこのような病状を示す症状や心電図所見がある場合，または狭心症にかかっている場合
⑥ かぜを含めて伝染性疾患にかかっている証拠がある場合

3．生理学的検査としての運動負荷テスト

運動負荷テストを実施する前に十分な安静（少なくとも 15 分以上）を取り，その後軽い負荷で運動を数分間実施して運動に馴れた後，再び安静を保ち，その後に運動負荷テストを始める．

運動負荷の与え方として現在広く行なわれているのは漸増負荷法である．これは運動時間とともに負荷を増して行く方式で負荷の増加があまり急であるとからだの働きが運動に適応できない．一方，増加があまりゆっくりであると運動時間が長くなり過ぎて疲労してしまう．最大テスト（耐えられる最大限の負荷まで負荷を増して行くテスト）では 7—20 分くらいの運動時間が適当である．

4．運動負荷テストで得られる主な生理学的指標

(1) 最大酸素摂取量

最大酸素摂取量は個人が到達しうる酸素摂取量の最高値で，ふつう漸増負荷法によって測定する．これが得られたことを証明するためには負荷を増しても酸素摂取量が増さない（酸素摂取量の leveling off）という現象が観察されることが必要である．

高齢者または心電図や血圧値の異常などで最大テストが実施できない者では，複数の最大下の負荷で運動を行なって酸素摂取量と心拍数の関係を測定し，これから，年齢から予測される最高心拍数に相当する酸素摂取量を補外法で求めて最大酸素摂取量とする（図 13-12）．

年齢と最高心拍数との関係を示す式はいくつか提案されているが，もっとも簡単な式は次式である．

$$\text{最高心拍数（拍/分）} = 220 - \text{年齢}$$

図 13-12　年齢の異なる A, B, C の 3 人の最大酸素摂取量を最大下の運動時の心拍数と酸素摂取量から補外法によって求める方法.
(International Commitee for the Standardization of Physical Fitness Tests : Fitness, health and work capacity. Macmillan, 1974.)

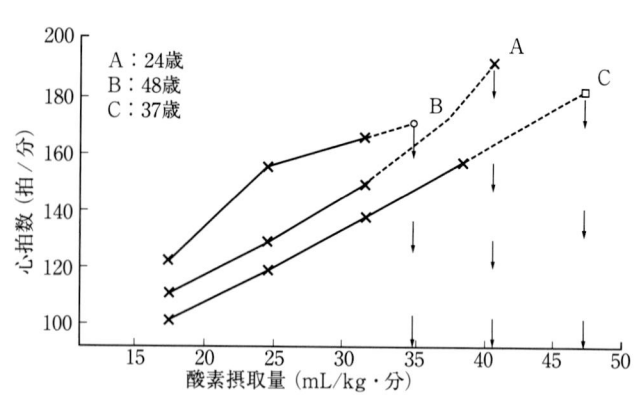

表 13-13　予測最大酸素摂取量を求めるさいの補正に用いる係数.

年　齢	係　　数	最高心拍数	係　　数
15	1.10	210	1.12
25	1.00	200	1.00
35	0.87	190	0.93
40	0.83	180	0.83
45	0.78	170	0.75
50	0.75	160	0.69
55	0.71	150	0.64
60	0.68		
65	0.65		

年齢または最高心拍数から係数を求める．この係数を図 13-13 から求めた最大酸素摂取量に掛けて補正する．
(Åstrand, I. : Aerobic work capacity in men and women with special reference to age. Acta Physiol. Scand. **49** (Suppl. 169), 1960.)

　　この式は最高心拍数が性やトレーニング状態によって変らず，年齢とともに直線的に低下することを示している．私自身の最高心拍数はトレッドミル走テストで143拍/分であったので，上式がよく適合している．
　　最大下の負荷における心拍数から最大酸素摂取量を推定する方法は Åstrand-Ryhming の計算図表[5] (nomogram) を用いることで得られる．この図表はさらに改訂され，年齢補正表が付加されたので，それを図 13-13 および表 13-13 に示す[4]．
　　体重の異なる者の最大酸素量を比較するには体重で割って用いる．日本人の体重当たり最大酸素摂取量の標準値を図 13-14 に示す．この値には性差が見られ，また加齢とともにほぼ直線的に低下する．

(2) Anaerobic Threshold (AT)
　　漸増負荷運動を行なうと，酸素の供給が十分な場合には炭水化物と脂肪はアセチル CoA として酸素とともに筋肉のミトコンドリア内に取り込まれ，ここで Krebs の回路と電子伝達系によってアデノシン 3 リン酸が造られて，これが筋肉の収縮のエネルギー源となる．
　　運動が次第に強くなって，酸素の供給が不十分になると，エネルギー補給の一部は

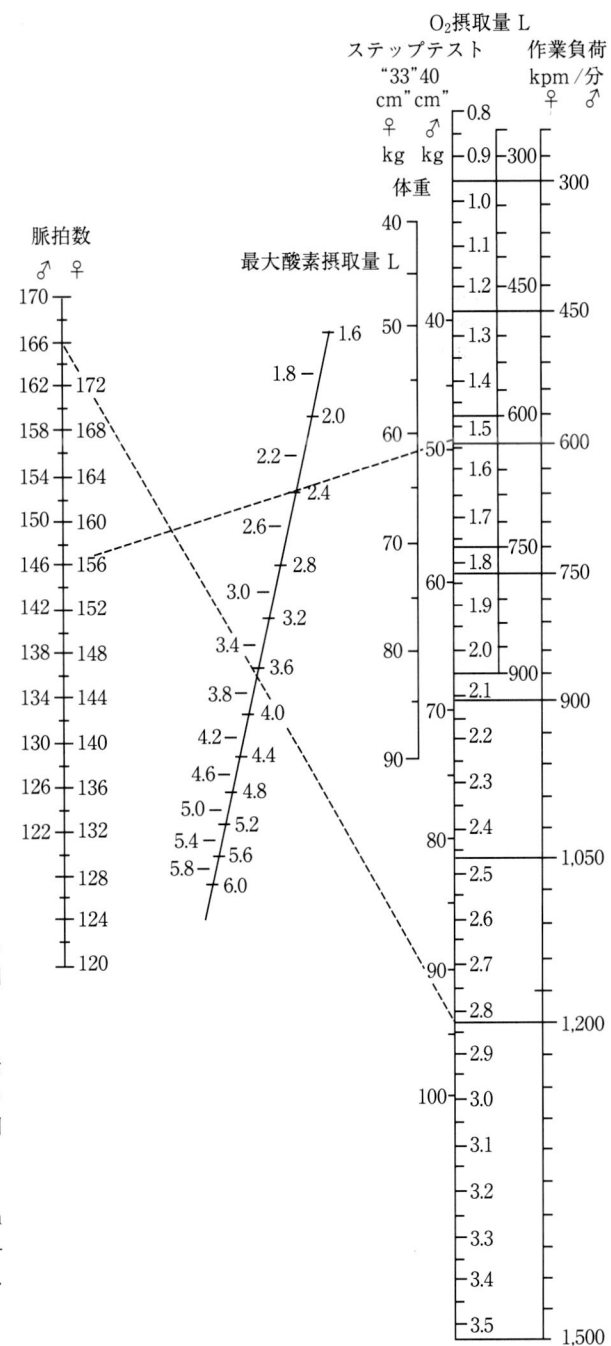

図 13-13 最大下の負荷から最大酸素摂取量を求めるための Astrand-Ryhming の計算図表.

自転車エルゴメーターを用いる場合には作業負荷とその際の脈拍数（心拍数）から男，女別に最大酸素摂取量を求める．トレッドミルの場合には最大下の運動時の酸素摂取量と脈拍数（心拍数）から性に関係なく求める．この図ではさらに，ステップテストから求める方法が図示されている．
(Åstrand, P.-O. and Ryhming, I.: A nomogram for calculation of aerobic capacity (physical fitness) from pulse rate during submaximal work. J. Appl. Physiol. **7**：218-221, 1954.)

酸素を利用しないで発生するエネルギーを用いる．すなわち，解糖過程で発生したピルビン酸が乳酸となり，この過程で生じたアデノシン3リン酸が筋収縮に用いられ，発生した乳酸が血液中に流出する．乳酸は血液の緩衝作用によって重炭酸塩と結び付いて炭酸が発生し，これが二酸化炭素として呼気中に排出される．一方，乳酸は呼吸中枢を刺激して換気量が増す．血液の緩衝作用の指標はそれが開始された時点と，緩

図 13-14 体重当たり最大酸素摂取量の年齢による推移.
(東京都立大学体育研究室：日本人の体力標準値. 第 4 版, 不昧堂, 1989.)

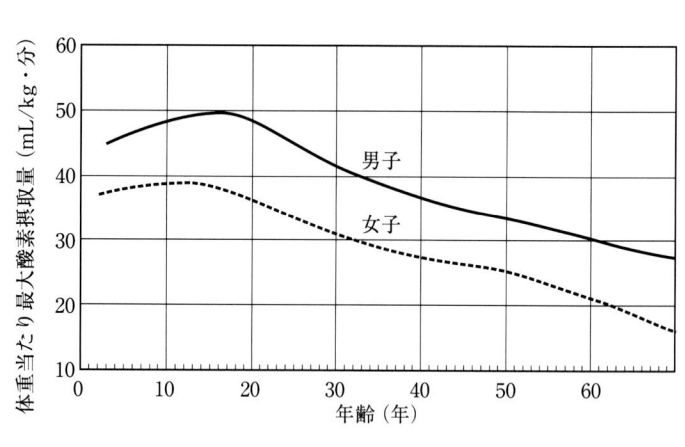

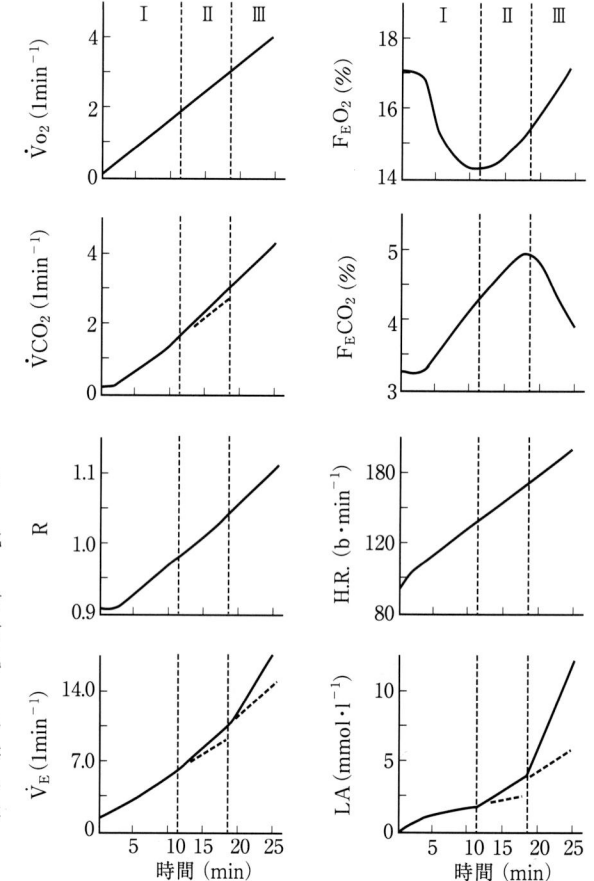

図 13-15 漸増負荷運動中の種々のパラメータの変化.
$\dot{V}_{O_2}$：酸素摂取量, $\dot{V}_{CO_2}$：二酸化炭素排出量, R：呼吸交換比, $\dot{V}_E$：換気量, F_{EO_2}：呼気酸素含有率, F_{ECO_2}：呼気二酸化炭素含有率, H.R.：心拍数, LA：血中乳酸濃度
(Skinner, J. S. and McLellan, T. H.: The trasition from aerobic to anaerobic metabolism. Res. Quart. for Exercise and Sport 51：234-248, 1980.)

衝作用が失われて，血液中に乳酸が急速に増加し始める時点の 2 つが考えられる．
　漸増負荷運動を行なうと，乳酸を含めていろいろなパラメータが変化するので，この変化を図 13-15 に示す．
　図 13-15 において酸素摂取量，呼吸交換比，心拍数は変曲点を示さず，二酸化炭素排出量と呼気酸素含有率は Ⅰ と Ⅱ の間（第 1 点）に変曲点があり，呼気二酸化炭素含

表 13-14 15段階の RPE (rate of perceived exertion) スケール.

6	
7	Very, very light
8	
9	Very light
10	
11	Fairly light
12	
13	Somewhat hard
14	
15	Hard
16	
17	Very hard
18	
19	Very, very hard
20	

(Borg, G. A. V.: Psychological bases of perceived exertion. Med. Sci. Sports Exerc. 14: 377-381, 1982.)

表 13-15 比の性質を持った新らしい RPE スケール.

0	Nothing at all	
0.5	Very, very weak	(just noticeable)
1	Very weak	
2	Weak	(light)
3	Moderate	
4	Somewhat strong	
5	Strong	(heavy)
6		
7	Very strong	
8		
9		
10	Very, very strong	(almost max)
・	Maximal	

(Borg, G. A. V.: Psychological bases of perceived exertion. Med. Sci. Sports Exerc. 14: 377-381, 1982.)

有率はIIとIIIの間（第2点）に変曲点がある．一方，換気量と血中乳酸濃度は第1点と第2点の両方に変曲点が観察される．

ふつう AT を測定するには上記の換気量と血中乳酸濃度の2つの指標が使われて，換気量を用いたもの，血中乳酸濃度を用いたものはそれぞれ換気性閾値，乳酸性閾値と呼ばれている．

第1点と第2点のどちらを AT と呼ぶかについては意見が分れている．Wasserman ら[33]は第1点を AT と定義し，Davis ら[10]，Reinhard ら[28]，Stamford ら[30]がこれに同調している．一方，第2点は Kindermann ら[17]，Mader ら[19]のドイツの研究者によって AT と呼ばれ，Skinner と McLellan[29]もこれに同調している．後者のグループでは第1点を aerobic threshold と呼ぶことを提案しており，第1点を AT と呼んだ Reinhard ら[28]は第2点を threshold of decompensated metabolic acidosis と呼んでいる．

換気応答から測定した換気性閾値と血中乳酸から測定した乳酸性閾値とが一致するかどうかについても議論がある．Wassermann ら[33]，Davis ら[10]は両者が一致するといい，Green ら[11]は前者の方が後者より遅れて現われるという．lactate threshold は採血した血液によっても異なり，動脈血は静脈血よりも早期に出現する[36]．

以上のように，最大酸素摂取量を体力の指標として用いることの他に，最大下の運動で無酸素的な代謝が起こり始める点を測定することも重要であるが，実際問題として判定が難かしくて色々と面倒である．私見であるが，私は血中乳酸濃度が 4 mM になる点[16] (onset of blood lactate accumulation, OBLA) を動脈血または動脈血化した血液（組織を温めてから採血する）から求めるのがよいと考えている．

(3) Borg の scale[6]

漸増負荷運動で運動の強さを主観的に評価する方法の1つとして Borg の尺度

(scale)がある．表 13-14 は Borg が作成した最初の RPE スケールで 6 から 20 までの 15 段階からなり立っている．6 から 20 というのはふつうの尺度と比較して非常に異なっているが，これは心拍数の約 1/10 に設定されていて，いわば生理的な指標に準拠したスケールである．その意味で簡単でわかりやすい尺度であるのでよく利用される．

表 13-15 は Borg が新しく作成したスケールで 0 から 10 の段階にわかれ，2 (weak) は 1 (very weak) の 2 倍，4 (somewhat strong) は 2 (weak) の 2 倍というように，数字が強さの感覚に比例するように作成されている．

Borg[6] (1982) はこのようなスケールについてつぎのように述べている．「主観的な強さをどのような状況においても示す完全なスケールは存在しないであろう．したがって研究の目的に応じていろいろなスケールを使用すべきである．しかし現在のところ，古い RPE スケールは perceived exertion に関するかんたんな応用研究やスポーツやリハビリテーションで運動の強さを予測したり処方するのに最良のものである．また新しい比の性質を持ったカテゴリー尺度は，呼吸困難，疼痛のような主観的症状の強さを測定するのにとくに適しているであろう．」

[文　献]

1) American Alliance for Health, Physical Education and Dance: AAHPERD health-related physical fitness test manual. AAHPERD, 1980.
2) 青木純一郎：文部省の新体力テスト（仮称）試行案の概要．体育科教育 46(7)：69-71, 1998.
3) 朝比奈一男：体力の考え方．福田邦三監修：日本人の体力．杏林書院, 1977.
4) Åstrand, I.: Aerobic work capacity in men and women with special reference to age. Acta Physiol. Scand. 49 (Suppl. 169), 1960.
5) Åstrand, P.-O. and Ryhming, I.: A nomogram for calculation of aerobic capacity (physical fitness) from pulse rate during submaximal work. J. Appl. Physiol. 7: 218-221, 1954.
6) Borg, G. A. V.: Psychological bases of perceived exertion. Med. Sci. Sports Exerc. 14: 377-381, 1982.
7) Clarke, H. H.: Application of measurement to health and physical education. Prentice-Hall, 1976.
8) Council of Europe: Eurofit. Strasbourg, 1983.
9) Cureton, T. K.: Physical fitness appraisal and guidance. C. V. Mosby, 1947.
10) Davis, J. A., Vodak, P., Wilmore, J. H., Vodak, J. and Kurtz, P.: Anaerobic threshold and maximal aerobic power for three modes of exercise. J. Appl. Physiol. 41: 544-550, 1976.
11) Green, H. J., Hughson, R. L., Orr, G. W. and Ranney, D. A.: Anaerobic threshold, blood lactate, and muscle metabolites in progressive exercise. J. Appl. Physiol.: Respirat. Environ. Exercise Physiol. 54: 1032-1038, 1983.
12) Hunsicker, P. and Reiff, G. G.: Youth fitness test manual. American Alliance for Health, Physical Education, and Recreation, 1965.
13) International Commitee for the Standardization of Physical Fitness Tests: Fitness, health and work capacity. Macmillan, 1974.
14) 石河利寛：スポーツとからだ．岩波新書, 1962.
15) 石河利寛：体力とは何か．からだの科学 39 号：50-57, 1971.
16) Karlsson, J. and Jacobs, I.: Onset of blood lactate accumulation during muscular exercise as a threshold concept. I. Theoretical considerations. Int. J. Sports Med. 3: 190-201, 1982.
17) Kindermann, W., Schramm, M. and Keul, J.: Aerobic performance diagnostics with different experimental settings. Int. J. Sports Med. 1: 110-114, 1980.
18) Lamb, D. R.: Physiology of exercise. McMillan, 1978.
19) Mader, V. A., Liesen, H., Heck, H., Philippi, H., Rost, R., Schürch, P. and Hollmann, W.: Zur Beurteilung der sportartspezifischen Ausdauerleistungsfähigkeit im Laborsportarzt und Sportmedizin. Heft 4-5, 80-112, 1976.
20) 松岡脩吉：体力の属性に関する考察―体力の概念の分析．体力科学 1：1, 1951.
21) 松島茂善編著：スポーツテスト．第一法規, 1963.
22) 松島茂善編著：小学校スポーツテスト．第一法規,

23) 松島茂善編著：壮年体力テスト．第一法規，1968．
24) 文部省体育局：平成7年度体力・運動能力調査報告書，1996．
25) 文部省体育局：平成10年度体力・運動能力調査報告書，1999．
26) 南山堂：医学大辞典．南山堂，1990．
27) Pate, R. R. : A new definition of youth fitness. Physician and Sportsmed. **11**(4) : 77-83, 1983.
28) Reinhard, U., Müller, P. H. and Schmülling, R.-M. : Determination of anaerobic threshold by the ventilation equivalent in normal individuals. Respiration **38** : 36-42, 1979.
29) Skinner, J. S. and McLellan, T. H. : The trasition from aerobic to anaerobic metabolism. Res. Quart. for Exercise and Sport **51** : 234-248, 1980.
30) Stamford, B. A., Weltman, A. and Fulco, C. : Anaerobic threshold and cardiovascular responses during one-versus two-legged cycling. Res. Quart. **49** : 351-362, 1978.
31) Stedman's medical dictionary 23版, Williams & Wilkins, Baltimore, 1976.
32) 東京都立大学体育研究室：日本人の体力標準値．第4版，不昧堂，1989．
33) Wasserman, K., Whipp, B. J., Koyal, S. N. and Beaver, W. L. : Anaerobic threshold and respiratory gas exchange during exercise. J. Appl. Physiol. **35** : 236-243, 1973.
34) World Health Organization : Magna carta for health, 1948.
35) World Health Organization : Technical report 388, 1966.
36) Yoshida, T., Takeuchi, N. and Suda, Y. : Arterial versus venous blood lactate increase in the forearm during incremental bicycle exercise. Eur. J. Appl. Physiol. **50** : 87-93, 1982.

II部 運動と健康・体力

14章 からだのトレーニング

1 トレーニング総論

1．トレーニング（Training）とコンディショニング（Conditioning）

　Harre[11]の著書（1982）によれば「トレーニングという言葉はいろいろな意味に用いられるが，広義にはヒトの身体的，精神的，知的または機械的パフォーマンスを速やかに増す目的で行なわれる組織化された教授法」と定義されている．一方，Harre[11]は「コンディショニングは主としてスタミナ，パワー，スピードを増すことである」と述べている．

　NovichとTaylor[27]は彼等の著書（1970）において「コンディショニング・プログラムは主として筋力トレーニング，スピードトレーニング，持久力トレーニング，柔軟性トレーニング，敏捷性トレーニングおよびリアクショントレーニングから成立っている」と述べている．

　Harreの著書はドイツのベルリンから出版され，東西ドイツが統合される前の東ドイツのスポーツ・トレーニングについて述べられているのに対して，NovichとTaylorの著書はアメリカ合衆国のフィラデルフィアから出版されているが，両者に共通してコンディショニングという用語は日本語の"体力づくり"という意味に用いられている．

　日本で出版されているスポーツ大辞典[26]ではコンディショニングという用語は取上げられていないが，トレーニングについては「身体資源の増加をはかることを目的とした運動をいう」を記されている．このようにトレーニングを体力づくりに限定して定義しているのは，この辞典が日本体育協会によって編集されたためであろう．

　中島寛之編著「スポーツ外傷と障害[24]」という単行本（1996）には「コンディショニングの内容」という項目があり，表14-1に示すようなものから成立っている．すなわち，コンディショニングの内容として体力づくりのみならず，テーピング，リハビリテーション，マッサージを含めている．しかし科学的な用語は世界的に共通したものでなければならないので，コンディショニングの日本語は「体力づくり」とすべきである．またトレーニングという用語を体力づくりの意味に用いる場合には「体力トレーニング」とすべきである．この点について，Harre[11]（1982）は競技スポーツのためのトレーニングとして表14-2のような内容を示している．

　以上のようにコンディショニングという日本語は国際的な立場から見て誤まった使

表 14-1 コンディショニングの内容.

1. レジスタンス・トレーニングの実際
2. スポーツ PNF（Proprioceptive neuromuscular facilitation）とストレッチングの実際
3. テーピングの実際
4. アスレチック・リハビリテーションの実際
5. スポーツ・マッサージの実際

（中島寛之編著：新版スポーツ外傷と障害．文光堂，1996．）

表 14-2 競技スポーツのためのトレーニング．

1. パーソナリティの発達
2. コンディショニング
3. スポーツのテクニックとコーディネイションのトレーニング
4. 戦術のトレーニング
5. メンタル・トレーニング

（Harre, D.：Principles of sports training. Sportverlag, Berlin, 1982.）

い方をされている場合があるので注意する必要がある．

2．スポーツ・トレーニングの原則

Ozolin[30]（1965）はスポーツ・トレーニングの原則として全面性，自覚性，漸進性，反復性，個別性の5項目を挙げている．この原則はいろいろなトレーニングについて共通して適用することができる．

① 全面性

Ozolin[30]（1965）はまた「スポーツマンの高度の道徳性，文化水準，強靱な意志，筋肉および運動に必要な諸条件（筋力，スピード，持久力，柔軟性，巧みさ）の均衡のとれた発達，心臓，血管，呼吸器，その他の器官および組織の完全な機能および運動を組織し調整する能力はスポーツの専門化の重要な基礎である」と述べている．彼の全面性の考え方は全人教育という立場から出発しており，専門的なスポーツマンは心身ともにすぐれた人間でなければならないという当時のソビエト連邦の考え方を示すものとして興味深い．

② 自覚性

トレーニングの実施者はトレーニングの意義，手段，方法をはっきりと理解してより効果的なトレーニングを実施しなければならない．

③ 漸進性

漸進性の原則とは徐々にではあるが絶えずトレーニングの量と強度を増して行くことである．

④ 反復性

反復性の原則とはトレーニングによって器官，組織の機能を向上するためには反復実施が必要であり，この場合に重要なことはトレーニングの後に十分な回復を取った後，再びトレーニングに取りかかることである．

⑤ 個別性

トレーニングはこれを実施する人の性，年齢，トレーニングに対する準備状態，能力などを考慮して個別的に行なうことが必要である．

2 筋肉のトレーニング（レジスタンス・トレーニング）

筋肉のトレーニングは，筋収縮の様式から等張性（isotonic）トレーニング，等尺性（isometric）トレーニング，等速性（isokinetic）トレーニングの3つに区分される．

1．等張性トレーニング

バーベルやダンベルのような重量物を持上げる場合のように，一定の重量によって筋肉が引張られた状態で行なうトレーニングを等張性（isotonic）トレーニングという．実際に重量物を持上げる時には加速度が加わるので，動作の開始時に負荷が増し，動作の終了時に負荷が減るので厳密にいえば等張性ではない．

等張性トレーニングで負荷の強さを示す場合には，ふつうその負荷で最大限何回反復して実施できるか（最大反復回数，repetition maximum, RM）で示す．時には静的最大筋力の何％に相当するかで負荷の強さを示す場合もある．

DeLormeとWatkins[7]（1948）は漸増抵抗運動 progressive resistance exercise を提唱した．彼等の用いた方法は10 RMの負荷を基準として，第1セットは10 RMの1/2の負荷で10回，第2セットは10 RMの3/4の負荷で10回，第3セットは10 RMの負荷で10回トレーニングを行なうものであった．この結果，筋力が増加して10 RMの重量で15回できるようになれば，用いる負荷を増してトレーニングを実施し，このようなことを繰返して漸増負荷運動を行なう．

Zinovieff[37]（1951）はDeLormeとWatkinsの方法では疲労のために最後の10 RMの負荷で10回行なうことが困難であることを理由に，負荷を漸減して行くことを主張した．すなわち，最初のセットは10 RMの負荷で10回行ない，次のセットから次第に重量を減らして10回行ない，合計100回繰返す．こうすれば，各セットとも常に筋肉の能力をフルに発揮できることになる．彼はこの方法を"Oxford technique"と呼んだ．

DeLormeら[6]（1952）は青年男子を用いて彼等の方法で4カ月間に40回トレーニングすることによって，1 RMの重量から求めた肘屈曲力と膝伸展力がそれぞれ平均59％と49％増したことを記している．

McMorrisとElkins[20]（1954）は青年男子を用いてDelormeの方法とZinovieffの方法を上腕三頭筋について比較した．すなわち，前者の方法では10 RMの重量の1/4，2/4，3/4，4/4の重量でそれぞれ10回，後者の方法では4/4，3/4，2/4，1/4の重量でそれぞれ10回トレーニングを行なってその効果を比較した．その結果，どちらの方法とも筋力の増加に有効であって，その効果に差がなかったことを報告した．

Berger[1]（1962）は負荷の強さとセット数をいろいろと組合せてベンチプレスを週3回，12週間行なわせてその効果を比較した．すなわち，負荷の強さ2 RM，6 RM，10 RMとセット数1セット，2セット，3セットを用いて9つの組合せを作成し，ベンチプレスの1 RMの大きさをトレーニング効果の判定に用いた結果，6 RM—3セットの組合せが効果がもっとも大きかった．Berger[2]（1966）はさらにベンチプレスを用いて2 RM—6セット，6 RM—3セット，10 RM—3セットの3群について週3回，9週間

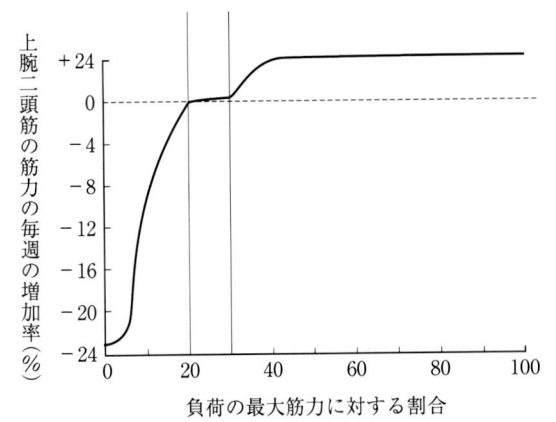

図 14-1 負荷の大きさとトレーニング効果.
(Hettinger, Th.: Physiology of strength. Thomas, Springfield, 1961.)

表 14-3 等尺性トレーニングに必要な筋収縮時間.

負 荷 強 度 (最大筋力に対する%)	必要な筋収縮時間 (秒)
40〜50	15〜20
60〜70	6〜10
80〜90	4〜 6
100	2〜 3

(Hettinger, Th.: Physiology of strength. Thomas, Springfield, 1961.)

にわたるトレーニングを行なって効果を比較した結果，グループ間で効果に差がなかったことを報告した．

O'shea[29](1966)は 9—10 RM，5—6 RM，2—3 RM の3つの重量で6週間にわたってそれぞれ3セットのトレーニングを膝深屈伸（deep knee bend）について行なったが，3グループの間でトレーニング効果に差が認められなかった．

以上の点から等張性の筋力トレーニングでは 2—10 RM の比較的重い負荷を用いて3セットを反復実施し，筋力が増して 10 RM を超えた場合には負荷を増し RM を減らして実施するのが基本的な方法といえよう．この際に反復実施の間に休息をとるとトレーニング効果が減ることが Rooney ら[33]（1994）によって報告された．

2．等尺性トレーニング

Hettinger と Müller[13]（1953）は肘を曲げた位置で等尺性トレーニングを行ない，最大筋力の 2/3 の負荷強度で，1回6秒，1日1回等尺性トレーニングを行なうことが筋力の増大に有効であることを報告した．

Hettinger[12]（1961）は等尺性トレーニングの負荷の大きさとトレーニング効果との関係について図 14-1 を示している．すなわち，最大筋力の 20—30％の負荷で等尺性筋収縮を行なっても筋力は増加もしないし減少もしない．これは日常活動で発揮される筋力に相当する．もし最大筋力の 20％以下の筋力発揮しかしない場合には筋力が低下し，これは臥床している場合に相当する．負荷が最大筋力の 30％を越えると等尺性筋力のトレーニングの効果が次第に増し，最大筋力の 40％以上ではトレーニング効果が最大となり，それ以上負荷を増してもトレーニング効果は上昇しない．

Hettinger[12]（1961）はさらに，負荷強度とトレーニングに必要な筋収縮の持続時間との関係を表 14-3 のように示している．すなわち，最大筋力を発揮すれば 2—3 秒間筋収縮を持続すればよいが，最大筋力の 40—50％の筋力を発揮する場合には 15—20秒間筋収縮を持続する必要があり，最大筋力の 30％以下ではトレーニング効果が起こらない．

Müller[22]（1957）は等尺性トレーニングの間隔と筋力増強の効果との関係を図 14-2

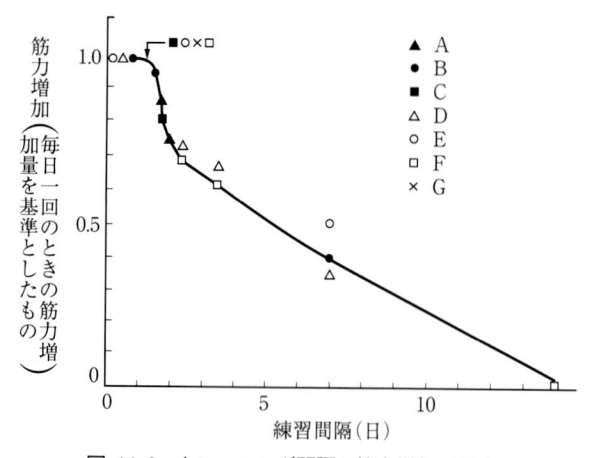

図 14-2　トレーニング間隔と筋力増加の割合.
(Müller, E. A.: The regulation of muscular training. J. Assoc. Phys. Ment. Rehabil. 11：41-47, 1957.)

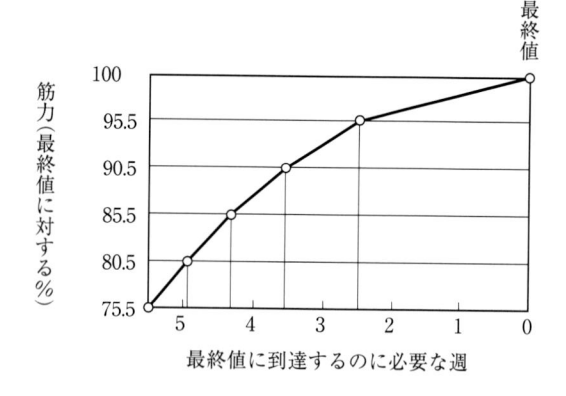

図 14-3　最終値に到達するまでの筋力増加の経過.
(Müller, E. A. und Rohmert, W.: Die Geschwindigkeit der Muskelkraft-Zunahme bei isometrischen Training. Int. Z. angew. Physiol. 19：403-419, 1963.)

のように示している．すなわち，1日に1回トレーニングをした場合の筋力増加を1とすれば，週1回で筋力増加の割合は半減し，2週間に1回では効果が失われる．したがって，筋力増加を目的としてトレーニングを行なう場合には少なくとも週1回のトレーニングが必要である．

　MüllerとRohmert[23](1963)はトレーニング効果が平素のトレーニング状態に依存し，平素トレーニングされていない人では短時間で大きなトレーニング効果が得られるが，トレーニングが行なわれてその人の最終値に近づく程，効果が上がらなくなることを示している（図14-3）．

　等尺性トレーニングは一定の関節角度でトレーニングを行なうものであるが，トレーニング効果はトレーニングを行なった角度で測定するととくに顕著に示される．この点についてGardner[10](1963)は膝伸展の等尺性トレーニングを膝関節を115°，135°，155°に保って，最大筋力の2/3の筋力を発揮して6秒間，週3回，6週間にわたって実施し，その効果を上記の3つの角度でテストした結果，135°，155°でトレーニングしたグループがそれぞれ，135°，155°の角度で測定した場合にのみ筋力の有意な増加が見られた．またMeyers[19](1967)によれば，肘関節を170°に保って肘屈曲等尺性トレーニングを最大の筋力を発揮して6秒間，3セットおよび20セット実施すると，どちらの場合でも6週間後に肘関節170°で測定した時の屈曲力が90°で測定した時の屈曲力よりも筋力の増加が大きかったことを述べている．

　以上の点から等尺性の筋トレーニングは，抵抗物に対して力を発揮すればよいのであるから，特定の用具を必要とせず，気軽に実施できるという点が長所である．しかしどの程度の力を発揮したかを測定することが困難であり，またいろいろな角度で力を発揮してトレーニングをすることが必要であるという点が短所である．

3．等速性トレーニング

　等速性トレーニングとは筋肉の収縮速度を一定に保って筋収縮を繰返すトレーニン

表 14-4 等速性，等尺性，等張性トレーニングの効果の比較．

測定項目	等尺性筋力（膝関節 90°）		等尺性筋力（膝関節 45°）		等速性仕事量	
	膝伸展	膝屈曲	膝伸展	膝屈曲	膝伸展	膝屈曲
トレーニング群						
等速性トレーニング	14%	11%	24%	19%	11%	16%
等尺性トレーニング	17	26	14	24	3	3
等張性トレーニング	－2	4	13	1	3	1

(Moffroid, M., Whipple, R., Hofkosh, J., Lowman, E. and Thithle, H.：A study of isokinetic exercise. Phys. Therapy 49：735-747, 1969.)

グで，そのためには特殊な装置（例えばサーボモーターの利用）を使用する必要がある．収縮中に発揮される力は関節角度によって異なり，その時の力の変化はトルク (torque) の変化として示される．

　Thistle ら[36]（1967）は等速性トレーニングの効果を等張性トレーニング，等尺性トレーニングと比較した．すなわち，大腿四頭筋を上記の3つの方法で8週間トレーニングした後に，効果の判定を等速性トレーニングの装置で行なった．その結果，等速性トレーニングではピークトルクが47.2%増加したのに，等張性トレーニング，等尺性トレーニングではそれぞれ28.6%，13.1%しか増さなかった．

　Moffroid ら[21]（1969）も Thistle らと同様の実験を行なった．等尺性トレーニングは膝関節90°および45°（伸展位に対して45°）でそれぞれ等尺性膝屈曲運動および等尺性膝伸展運動を行ない，等張性トレーニングはプーリーの引上げを行なった．また，等速性トレーニングは等速性装置を用いた．4週間のトレーニング後に等速性装置を用いて膝関節90°および45°で速度を0にして等尺性筋力を測定し，また速度を22.5°/秒において等速性仕事量を求めた．その結果，表14-4に示すように等速性トレーニング群では各テストで良好な成績を収めたが，等尺性トレーニング群では等尺性筋力テストでのみトレーニング効果が認められ，等張性トレーニング群では角度45°の膝伸展等尺筋力のみにトレーニング効果が認められた．

　Pipes と Wilmore[31]（1975）は24°/秒と136°/秒の2つの角速度で週3回，1回40分，8週間の等速性トレーニングを行なった結果，前者よりも後者の方がトレーニング効果が大きかったことを報告した．

　Osako と Ishiko[28]（1981）は高速度での膝伸展等速性トレーニング（角速度120°/秒で24回反復）と低速度での膝伸展等速性トレーニング（角速度30°/秒で6回）をトレーニング時間を等しくして週4日，8週間にわたって実施し，そのトレーニング効果を種々のスピードでの膝伸展トルクによって調べた（図14-4）．この結果，低速度でトレーニングしたグループは低速度でのトルクに有意なトレーニング効果が見られたが，高速度でトレーニングしたグループでは低速度のみならず，高速度で測定したトルクにもトレーニング効果が認められた．したがって，高速度でトレーニングをした方が幅広い速度でのトルクにトレーニング効果が得られることが明らかにされた．

　以上の点から等速性トレーニングは速い速度でトレーニングを行なう方が有効であろう．

図 14-4 低速度と高速度の等速性トレーニングが膝伸展最大トルクに与える効果.
(Osako, M. and Ishiko, T.: Effects of isokinetic training on peak torque of knee extension, muscle fiber composition and enzyme activities. Physical Fitness Research: Proceedings of 1981 ICPFR, Tokyo, 45-53, 1981.)

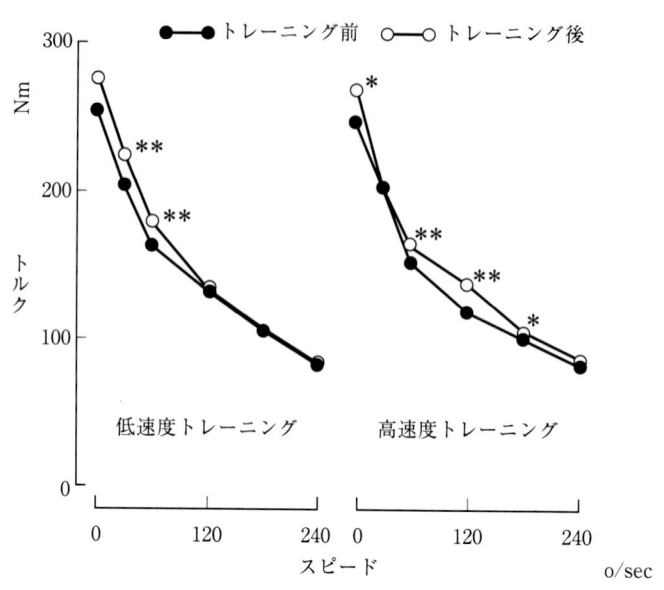

表 14-5 等張性, 等尺性, 等速性トレーニングの比較

	等 張 性	等 尺 性	等 速 性
負荷の強さの表示	RM	最大筋力の%	ある速度でのトルク
筋収縮中の負荷の強さ	変 化	不 変	トルクは変化するが, 常に最大筋力を発揮することができる
持続時間	短	任意に選べる	ある範囲内で任意に選べる
末梢循環	あまり阻止されない	阻 止	あまり阻止されない
スキルの向上	あり	少ない	少ない
所要時間	大	小	小
外 傷	起こりうる	少ない	少ない
装 置	簡 単	簡 単	特殊装置

(石河利寛:運動生理学―とくに筋のトレーニングを中心として―.中島寛之編:スポーツ外傷と障害, 7-30, 文光堂, 1983. を一部改変)

4. 等張性, 等尺性, 等速性トレーニングの比較

　等張性, 等尺性, 等速性のトレーニングはいずれも筋力トレーニングとしての効果が科学的に確立されているので, 筋力トレーニングの手段として用いることができるが, それぞれのトレーニングには表14-5に示すような特徴がある.

　簡便性という点では等尺性のトレーニングがもっともすぐれ, つねに最大筋力を発揮できるという点では等速性のトレーニングがすぐれている. しかしふつうに用いられているのはバーベルやダンベルを利用した等張性のトレーニングである. いずれにせよ負荷がつねにoverloadであり, 筋力の増加とともに負荷を増して行くことが大切である.

5. 筋持久力のトレーニング

　筋持久力は一定強度の運動を持続する筋肉の能力と定義される[18]. 日本体育協会[25]は陸上競技選手に屈腕作業と脚伸展作業を最大筋力の1/3の負荷で疲労するまで行な

表 14-6 陸上競技選手（男子）の筋持久力（最大筋力の1/3を負荷として行なった最大反復回数）.
（日本体育協会：東京オリンピックスポーツ科学研究報告 37-110, 1965.）

種 目	人数	腕筋持久力	脚筋持久力
短距離	6	64.5回	52.3回
中・長距離	4	53.0	282.0
ハードル	3	46.3	67.0
跳躍 （三段，幅，高とび）	4	45.7	40.3
投てき	8	50.8	38.1

表 14-7 トレーニング負荷の強さとトレーニング効果.

トレーニング群	疲労までの回数		
	トレーニング前	トレーニング3週間	トレーニング6週間
1/2 max 群	55 回	67 回 (+22%)	80 回 (+45%)
1/3 max 群	55 回	82 回 (+49%)	105 回 (+90%)
1/4 max 群	55 回	109 回 (+98%)	200 回 (+264%)

（加賀谷淳子：筋持久力のトレーニング負荷の研究．体力科学 19：146, 1970.）

わせて，その最大反復回数を筋持久力の指標として示した（表14-6）．その結果，腕筋持久力には陸上競技の種目による差が観察されなかったのに，脚筋持久力では中，長距離のランナーの反復回数が多く，持久力がすぐれていた．

　加賀谷[17]（1970）は青年女子について最大筋力の1/2, 1/3, 1/4の負荷で疲労困憊するまでトレーニングを1日1回，週6回6週間にわたって行ない，最大筋力の1/3の負荷で疲労困憊するまで行なった回数をトレーニング効果の指標とした．その結果は表14-7に示すように最大筋力の1/4でトレーニングをした場合にもっとも大きな効果が得られた．

　トレーニングに要する持続時間については猪飼ら[14]（1965）は最大筋力の1/3の負荷で1秒1回の反復収縮を疲労困憊するまでの回数（最大反復回数）を求めた後，最大反復回数の1/1, 2/3, 1/2の回数でトレーニングを行なった．その結果，疲労困憊するまで繰返しトレーニングをしたグループが最大反復回数の増加がもっとも大きかった（図14-5）．

　以上のように筋持久力のトレーニングは最大筋力の1/4くらいの比較的軽い負荷で疲労困憊に至るまで運動を繰返すことが望ましい．

6．筋力，筋持久力のトレーニングと筋線維タイプ

　「2章　筋肉と運動」で述べたように，タイプI筋線維は比較的弱い運動で働き，持久性に富んでいるので，筋持久力のトレーニングではこの筋線維をトレーニングすることが望ましい．一方，筋力のトレーニングでは強い筋収縮によってタイプI筋線維のみならずタイプIIAおよびIIB筋線維も働かせる必要があり，これらの筋線維のトレーニングでは強い力を発揮することが必要である（図14-6）．

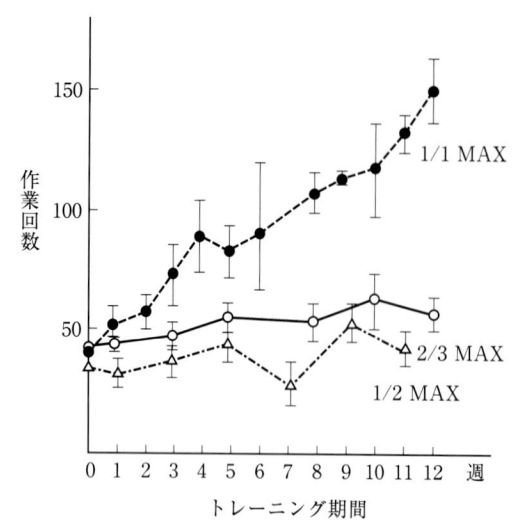

図 14-5 持続時間によって3群に分けた12週間のトレーニング効果.
(猪飼道夫,石井喜八,中村淳子(1965):筋力と筋持久力のトレーニング.石河利寛,松井秀治編,スポーツ医学,258-270,1964 杏林書院.)

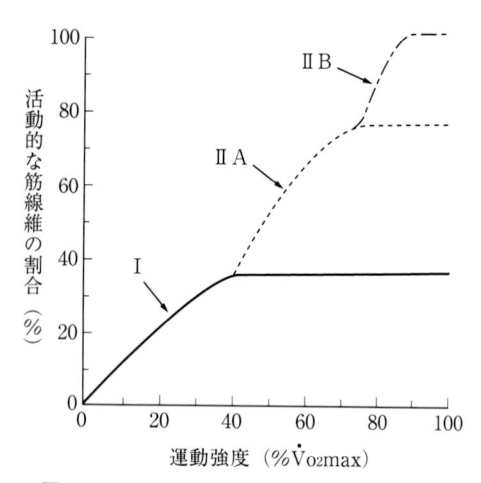

図 14-6 運動強度と動員される筋線維タイプの関係
(Sale, D. G.: Influence and training on motor unit activation. Pandolf, K. B. ed.: Exercise and Sport Sciences Reviews 15: 95-151, 1987.)

　骨格筋は大脳皮質から運動神経を介して支配されているが,大脳の抑制作用のためにトレーニングの初期には随意的に強い収縮を行なうことを試みても,すべての筋線維を収縮へと動員することはできない.したがって,最大筋力は大脳の抑制作用がトレーニング直後から除かれることによって増加し続けるが,筋断面積はほとんど増加せず,その結果断面積当たりの筋力が増加する.トレーニング開始約3週間後から,筋線維の肥大が起こって筋の断面積が増加し,それとともに最大筋力はさらに増加する(図14-7).その結果十分にトレーニングされた筋肉では筋力が筋肉の断面積に比例して増加する.したがって,トレーニングされたボート選手の握力と握力に関与する筋肉の太さを前腕囲(断面積ではない)によって測定した数値とは密接な関係があるが直線関係とはならない(図14-8).

7. プライオメトリックス[32)] (Plyometrics)

　このトレーニングは反動的な動きを利用したパワートレーニングである.すなわち筋肉を収縮させる直前に一度急速に引伸ばすと筋紡錘が刺激されて伸張反射が起こり,この結果,引き伸ばされた筋肉が一層強く収縮することを利用して行なうトレーニングである.

　伸張反射は四肢の伸筋に発達しているので,プライオメトリックスはジャンプのような運動のトレーニングに用いられる.BoscoとKomi[3)] (1981) は屈膝位からのジャンプ(屈膝ジャンプ),立位からスタートした屈膝ジャンプ(反動を加えたジャンプ)および40cmの高さからとび降りた屈膝ジャンプ(ドロップジャンプ)の際の床が受ける力の時間的経過を比較した(図14-9).

　この結果,ドロップジャンプでは踏切る力が大きく,滞空時間も長かった.これは

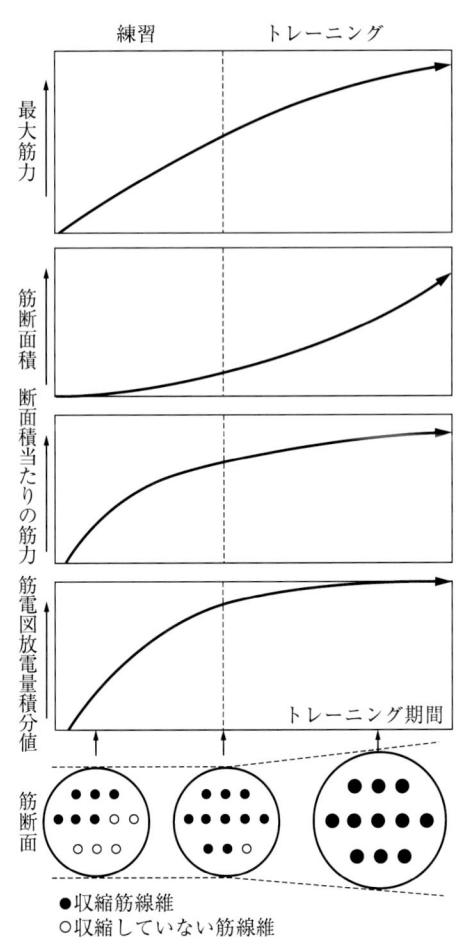

図 14-7 筋力トレーニング効果の経過.
(福永哲夫：ヒトの絶対筋力. 杏林書院, 1978.)

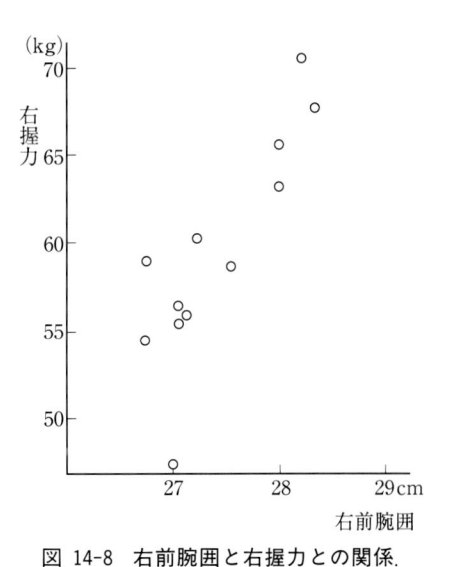

● 収縮筋線維
○ 収縮していない筋線維

図 14-8 右前腕囲と右握力との関係.
(ボートクルー別)
(石河利寛：スポーツとからだ. 岩波書店, 1962.)

脊髄レベルの伸張反射を利用することで大脳の抑制作用が取除かれ，筋肉を過伸展することで筋線維に弾性エネルギーを蓄積することができて，強い筋収縮が可能となるからである．

RadcliffeとFarentinos[32] (1985) はプライオメトリックスの例として，デップスジャンプ(台上からの落下後のジャンプ，台上からとび降りてはいけない)，坂上りおよび，坂下りのジャンプ，メディシンボール・ツイスト（メディシンボールを両手で持ち，体幹を反対方向にひねった後，ボールを相手にトスする）などいくつかの例を示している（図 14-10）．

このトレーニングは筋肉を過伸展するので筋肉の障害とくに肉ばなれを起こしやすく[8]，したがって平素からトレーニングを行なっていない者が安易に実施してはいけない．また平素からトレーニングを行なっている者でもウォーミング・アップを怠ってはいけない．

3 呼吸循環機能のトレーニング

呼吸循環機能はとくに中長距離のスポーツ選手がすぐれているので，この働きを高めるには歩，走のような全身運動を比較的長時間にわたって継続することが必要である．トレーニングの強さの指標としては学問的立場からは実施者の最大酸素摂取量が用いられ，トレーニング時の酸素摂取量がその何％に相当するかで示される（最大酸素摂取量に対する％，% of $\dot{V}_{O_2}max$）．実用的には比較的かんたんに測定しうる心拍数が用いられる．

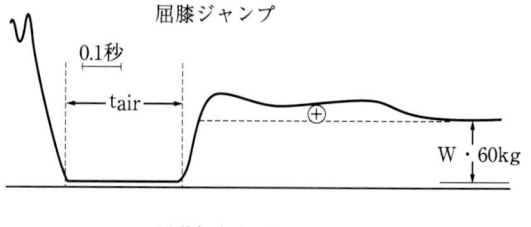

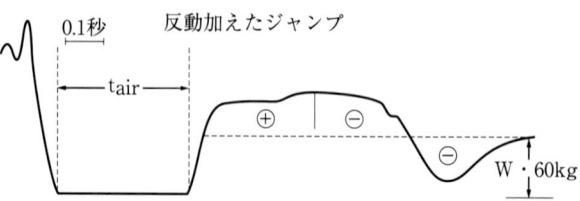

図 14-9 いろいろなジャンプ時の床反力（床が受ける力）の時間的経過．
W：体重
t_{air} ジャンパーのからだが空中にある時間
（レコーダーの時間的経過は右から左へ移動している）
⊖ からだが床によって減速されている時期
⊕ からだが床を踏み切ることによって加速されている時期
(Bosco, C. and Komi, P. V.: Potentiation of the mechanical behavior of the human skeletal muscle through prestreching. Acta. Physiol. Scand. **106**：467-472, 1981.)

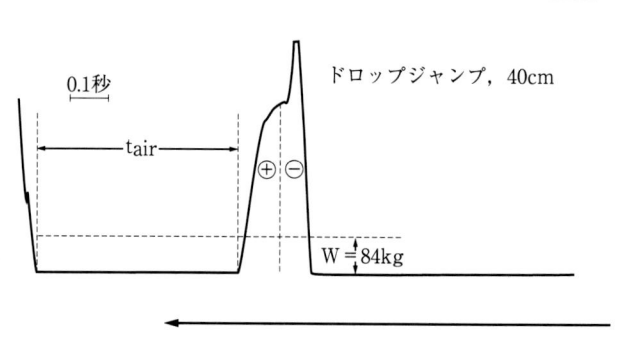

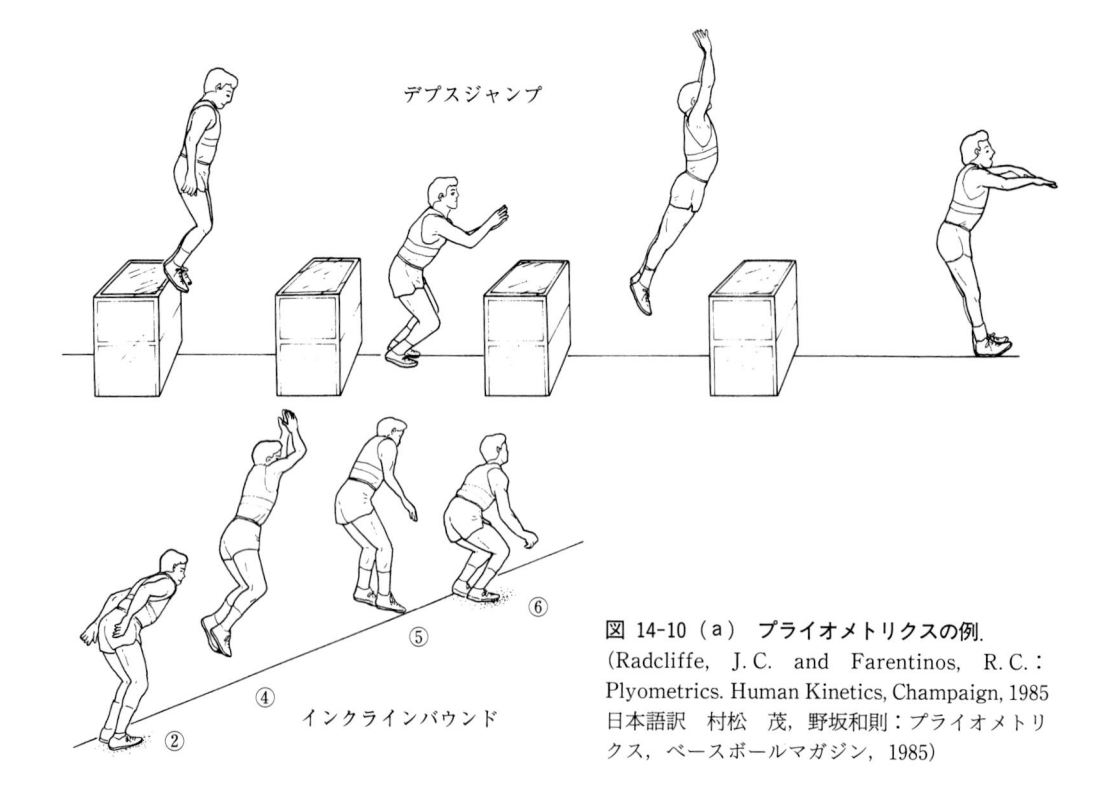

屈膝ジャンプ
反動加えたジャンプ
ドロップジャンプ，40cm
時間的経過

デプスジャンプ

インクラインバウンド

図 14-10（a） プライオメトリクスの例．
(Radcliffe, J. C. and Farentinos, R. C.: Plyometrics. Human Kinetics, Champaign, 1985 日本語訳　村松　茂，野坂和則：プライオメトリクス，ベースボールマガジン，1985)

デクラインホップ

メディシンボールツイスト

図 14-10（b） プライオメトリクスの例.

1．体育科学センター方式[35]

体育科学センターでは呼吸循環機能の持久力（全身持久力）を高める方法として図 14-11，表 14-8 を示している．

すなわち，トレーニングの実施者の日常生活やトレーニング状態，年齢などを考慮して，軽い，中等度，強い運動の3つの処方を用意し，トレーニングの内容を強さと持続時間で示している．一般的に強い運動では短時間トレーニングを実施すれば効果が上がるが，弱い運動では比較的長時間その運動を継続しなければ効果が上がらないことを示している．このように運動の強度は最大酸素摂取量の何%に相当するかで示されているが，実用的な立場を考慮して，この数値を比較的簡単に測定できる心拍数から換算する表を年齢別に示している（表14-9）．しかし心拍数は運動時の環境温の影響を受けやすいので，高温下の運動では心拍数が一層上昇する点に注意する必要がある．

2．Cooper の aerobics[4,5]

Cooper は心肺機能を高めるいろいろな運動を"aerobics"と呼び点数化された表14-10のような運動によって男子は少なくとも週30点，女子は週24点の運動を継続することを奨励している．この表に示されているように，歩，走，水泳では一定の距

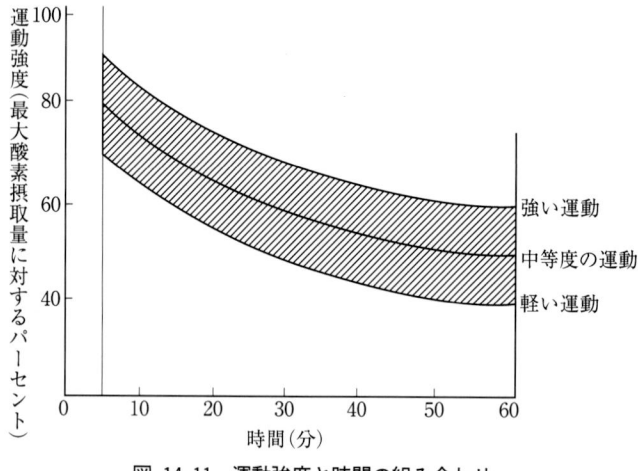

図 14-11 運動強度と時間の組み合わせ．
（体育科学センター：スポーツによる健康づくり運動カルテ．講談社，1983．）

表 14-8 運動強度と時間の組み合わせ（運動強度は最大酸素摂取量に対するパーセント）．

トレーニングの強度	運動時間 5分	10分	15分	30分	60分
軽　　い	70	65	60	50	40
中くらい	80	75	70	60	50
強　　い	90	85	80	70	60

（体育科学センター：スポーツによる健康づくり運動カルテ．講談社，1983．）

表 14-9　最大酸素摂取量の何%に当たるかを示す年齢別心拍数．

強度	年齢	歳 20〜29	歳 30〜39	歳 40〜49	歳 50〜59	歳 60 以上
最大酸素摂取量	100%	190	185	175	165	155
	90	175	170	165	155	145
	80	165	160	150	145	135
	70	150	145	140	135	125
	60	135	135	130	125	120
	50	125	120	115	110	110
	40	110	110	105	100	100

（体育科学センター：スポーツによる健康づくり運動カルテ．講談社，1983．）

表 14-10 Cooper の運動プログラム.

(1) 歩行とランニングのプログラム（男女共通）

このプログラムは1回の走（歩）距離によって評価が異なるので，ここでは1.0マイルの距離の場合のみを示す.

距離	時間	得点
	分 秒　分 秒	
1.0マイル	19：59—14：30	1
	14：29—12：00	2
	11：59—10：00	3
	9：59— 8：00	4
	7：59— 6：31	5
	6：30— 5：45	6
	5：45 未満	7

(2) 水泳のプログラム（男女共通）

このプログラムも1回の水泳の距離によって評価が異なるので500ヤードの距離の場合のみを示す.

距離	時間	得点
	分 秒	
500ヤード	18：20　以上	1
	18：19—13：45	3.5
	13：44— 9：10	4.5
	9：10 未満	7

(3) その他スポーツのプログラム

性	種目	運動時間	得点	コメント
男女	バドミントン	1ゲーム	1.5	シングルス
男女	ゴルフ	9ホール	1.5	電動カート不使用
男子	ホッケー	20分	3	
男女	なわとび	5分	1.5	両脚とびまたは交互片脚とび
男女	テニス	1セット	1.5	シングルス
男女	バレーボール	15分	1	
男女	スキー	30分	3	水上または雪上スキー
男女	スケート	15分	1	アイスまたはローラースケート
男女	ボート	6分	1	2オール，20ストローク/分
女子	スクエア・ダンス	30分	2.5	

(Cooper, K. H.：The new aerobics. Bantam Book, New York, 1970., Cooper, M. and Cooper, K. H.：Aerobics for women. Bantam Book, New York, 1972.)

離を移動するスピードによって得点が与えられ，その得点はスピードが速い方が大きい．いっぽう，ゲームとして行なわれているスポーツではゲーム数または運動時間によって，それぞれのゲーム別に得点が与えられている．

[文献]

1) Berger, R. A.：Effect of varied weight training programs on strength. Res. Quart. 33：168-181, 1962.
2) Berger, R. A.：Comparative effects of three weight training programs. Res. Quart. 37：95-102, 1966.
3) Bosco, C. and Komi, P. V.：Potentiation of the mechanical behavior of the human skeletal muscle through prestreching. Acta. Physiol. Scand. 106：467-472, 1981.
4) Cooper, K. H.：The new aerobics. Bantam Book, New York, 1970.
5) Cooper, M. and Cooper, K. H.：Aerobics for

women. Bantam Book, New York, 1972.

6) DeLorme, T. L., Ferris, B. G. and Gallagher, J. R.: Effect of progressive resistance exercise on muscle contraction time. Arch. Phys. Med. 33: 86-92, 1952.

7) DeLorme, T. L. and Watkins, A. L.: Technics of progressive resistance exercise. Arch. Phys. Med. 29: 263-273, 1948.

8) Ebbeling, C. B. and Clarkson, P. M.: Exercise induced muscle damage and adaptation. Sports Med. 7: 207-234, 1989.

9) 福永哲夫: ヒトの絶対筋力. 杏林書院, 1978.

10) Gardner, G. W.: Specificity of strength changes of the exercised and nonexercised limb following isometric training. Res. Quart. 34: 98-101, 1963.

11) Harre, D.: Principles of sports training. Sportverlag, Berlin, 1982.

12) Hettinger, Th.: Physiology of strength. Thomas, Springfield, 1961.

13) Hettinger, Th. and Müller, F. A.: Muskelleistung und Muskeltraining. Arbeitsphysiol. 15: 111-126, 1953.

14) 猪飼道夫, 石井喜八, 中村淳子 (1965): 筋力と筋持久力のトレーニング. 石河利寛, 松井秀治編, スポーツ医学, 258-270, 1964. 杏林書院.

15) 石河利寛: スポーツとからだ. 岩波書店, 1962.

16) 石河利寛: 運動生理学—とくに筋のトレーニングを中心として—. 中島寛之編: スポーツ外傷と障害, 7-30, 文光堂, 1983.

17) 加賀谷淳子: 筋持久力のトレーニング負荷の研究. 体力科学 19: 146, 1970.

18) 加賀谷淳子: 筋持久力. Jap. J. Sports Sci. 13: 233-240, 1994.

19) Meyers, C. R.: Effects of two isometric routines on strength size, and endurance in exercised and nonexercised arms. Res. Quart. 38: 430-440, 1967.

20) McMorris, R. O. and Elkins, E. C.: A study of production and evaluation of muscular hypertrophy. Arch. Phys. Med. Rehabil. 35: 420-426, 1954.

21) Moffroid, M., Whipple, R., Hofkosh, J., Lowman, E. and Thithle, H.: A study of isokinetic exercise. Phys. Therapy 49: 735-747, 1969.

22) Müller, E. A.: The regulation of muscular training. J. Assoc. Phys. Ment. Rehabil. 11: 41-47, 1957.

23) Müller, E. A. und Rohmert, W.: Die Geschwindigkeit der Muskelkraft-Zunahme bei isometrischen Training. Int. Z. angew. Physiol. 19: 403-419, 1963.

24) 中島寛之編著: 新版, スポーツ外傷と障害. 文光堂, 1996.

25) 日本体育協会: 東京オリンピックスポーツ科学研究報告 37-110, 1965.

26) 日本体育協会: スポーツ大辞典. 大修館, 1987.

27) Novich, M. M. and Taylor, B.: Training and conditioning of athletes. Lea & Febiger, Philadelphia, 1970.

28) Osako, M. and Ishiko, T.: Effects of isokinetic training on peak torque of knee extension, muscle fiber composition and enzyme activities. Physical Fitness Research: Proceedings of 1981 ICPFR, Tokyo, 45-53, 1981.

29) O'Shea, P.: Effects of selected weight training programs on the development of strength and muscle hypertrophy. Res. Quart. 37: 95-102, 1966.

30) Ozolin, N. G.: ソビエトのスポーツ・トレーニング方式. 日本体育協会: 東京オリンピックスポーツ科学研究報告 638-647, 1965.

31) Pipes, T. V. and Wilmore, J. H.: Isokinetic vs. isotonic strength training in adult men. Med. Sci. Sports 7: 262-274, 1975.

32) Radcliffe, J. C. and Farentinos, R. C.: Plyometrics. Human Kinetics, Champaign, 1985 日本語訳 村松茂, 野坂和則: プライオメトリクス, ベースボールマガジン.

33) Rooney, K. J., Herbert, R. D. and Balnave, R. J.: Fatigue contributes to the strength training stimulus. Med. Sci. Sports Exerc. 26: 1160-1164, 1994.

34) Sale, D. G.: Influence and training on motor unit activation. Pandolf, K. B. ed.: Exercise and Sport Sciences Reviews 15: 95-151, 1987.

35) 体育科学センター: スポーツによる健康づくり運動カルテ. 講談社, 1983.

36) Thistle, H. G., Hislop, H. J., Moffroid, M. and Lowman, E. W.: Isokinetic contraction: a new concept of resistance exercise. Arch. Phys. Med. Rehabil. 48: 279-282, 1967.

37) Zinovieff, A. N.: Heavy resistance exercise: the "Oxford technique", Brit. J. Phys. Med. 14: 129-132, 1951.

II部　運動と健康・体力

15章　老化と運動

　国立社会保障・人口問題研究所が発表した「日本の将来推計人口」[9]によれば65歳以上の老年人口の総人口に対する割合は1997年には15.7%であったが，2000年には17.2%，2010年には22.0%，2050年には32.3%になると推定されている．

　平成8年国民栄養調査[8]によれば60—69歳男女では33.6%（男子31.6%，女子34.3%）の者が運動習慣ありとされているが，このことは高齢者の2/3が運動習慣を持っていないことを示している．

　このように，今後ますます高齢者人口が増加し，その2/3の者が運動習慣を持っていない現状では，高齢者が規則的に運動をするように推進することによって，高齢者のQuality of Lifeを高めることは重要な課題である．

1 運動と関係が深い器官の働きの加齢に伴う変化

1．加齢に伴う運動ニューロンの変化

　TomlinsonとIrving[22]（1977）は13—95歳にたわる47人の生前に健康で突然死した者の腰仙髄にある下肢支配の運動ニューロン（神経細胞）数を調査した（図15-1）．その結果，60歳を過ぎると加齢とともに下肢支配の運動ニューロンの数が減ることを

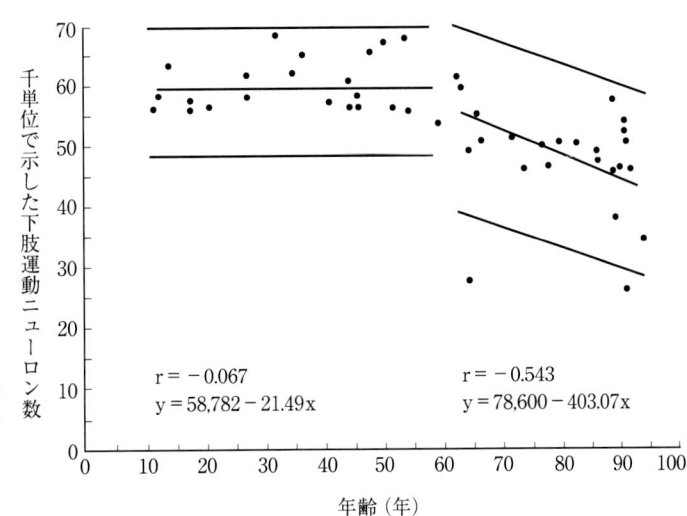

図 15-1　13-95歳にわたる47人の突然死者の腰仙髄にある下肢支配の運動ニューロン数．
（Tomlinson, B. E. and Irving, D.: The numbers of limb motor neurons in the human lumbosacral cord throughout life. J. Neurol. Sci. 34 : 213-219, 1977.）

左側：$r = -0.067$, $y = 58,782 - 21.49x$
右側：$r = -0.543$, $y = 78,600 - 403.07x$

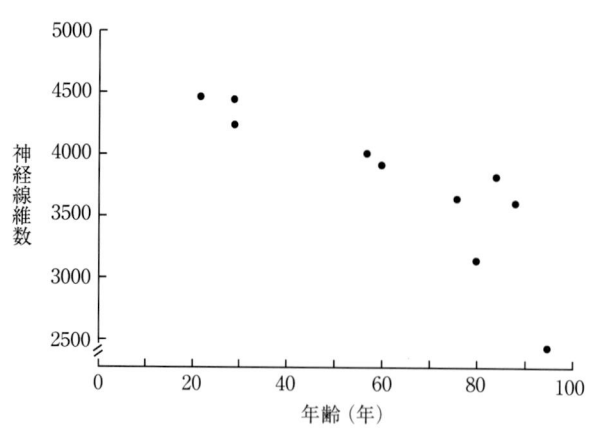

図 15-2 ヒトのC₈の前根にある有髄神経数と年齢.
(Mittal, K. R. and Logmani, F. H.: Age-related reduction in 8 th cervical ventral nerve root myelinated fiber diameters and numbers in man. J. Geront. 42:8-10, 1987.)

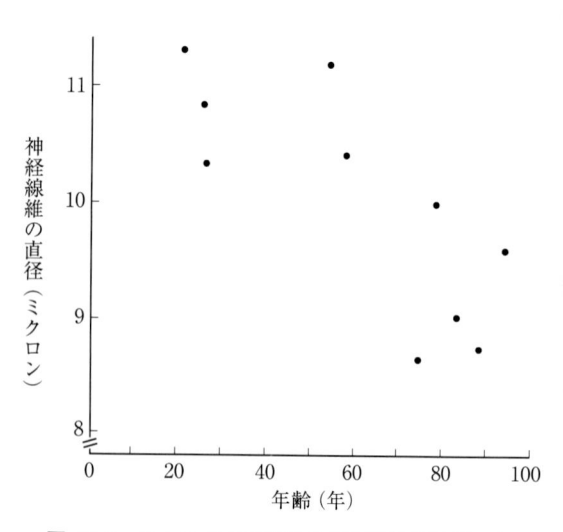

図 15-3 ヒトのC₈の前根にある有髄神経線維の太さと年齢.
(Mittal, K. R. and Logmani, F. H.: Age-related reduction in 8 th cervical ventral nerve root myelinaoed fiber diameters and numbers in man. J. Geront. 42:8-10, 1987.)

明らかにした.

MittalとLogmani[14]（1987）は生前および検屍の結果，神経学的疾患のなかった21—94歳の10例の者について第8頸髄（C₈）の右前根の有髄神経線維数を数えた（図15-2）．この結果，上肢を支配している運動神経線維の数は加齢に伴って減少することを報告した．彼等はまた，この神経線維の直径が加齢とともに細くなることも見出した（図15-3）．神経の伝導速度は軸索の直径に比例するとされているので，上記の所見は加齢に伴って運動神経の伝導速度が遅くなることを意味している．

以上の点から加齢に伴って上下肢を支配している運動ニューロンの数と神経線維の太さが減少するという結果が得られた.

2．加齢に伴う骨格筋の変化

Lexellら[10]（1983）は事故で突然死をした平均72歳と30歳の男子をそれぞれ6例ずつの死体から外側広筋を摘出して調査した．その結果，筋全体の大きさは18％，筋線維の総数は25％若年者の方が大きかったが，筋線維の断面積，速筋線維と遅筋線維の割合には有意差が認められなかった．このような結果から，加齢に伴う外側広筋の萎縮は主として筋線維数の減少によるものであることが示された．

Lexellら[11]（1988）はさらに15—83歳の生前には健康であったが突然死した男子43人の右脚の外側広筋を死後3日以内に摘出して調べた．図15-4はこの筋の線維数を年齢別に示したものである．この図は加齢に伴って外側広筋の筋線維数が減少することを示している．さらに，筋の断面積も筋線維数と同じような経過を保って減少することが図15-5に示されている．また筋線維をタイプⅠ（遅筋線維）とタイプⅡ（速筋線維）に区分して調べると，加齢に伴う筋線維面積の減少は速筋線維の方が大きかった

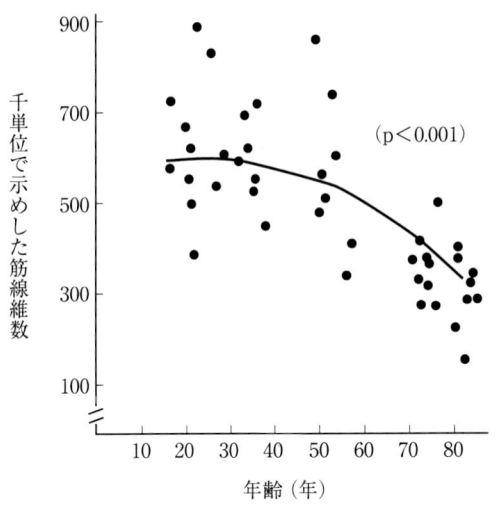

図 15-4 年齢別に見た外側広筋の筋線維の総数.
(Lexell, J., Taylor, C. C. and Sjöström, M.: What is the cause of the ageing atrophy?. J. Neurol. Sci. 84: 275-294, 1988.)

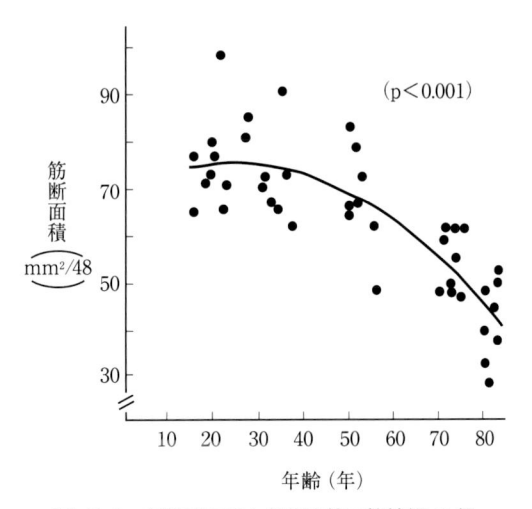

図 15-5 年齢別に見た外側広筋の筋線維 48 個当たりの筋断面積.
(Lexell, J., Taylor, C. C. and Sjöström, M.: What is the cause of the ageing atrophy?. J. Neurol. Sci. 84: 275-294, 1988.)

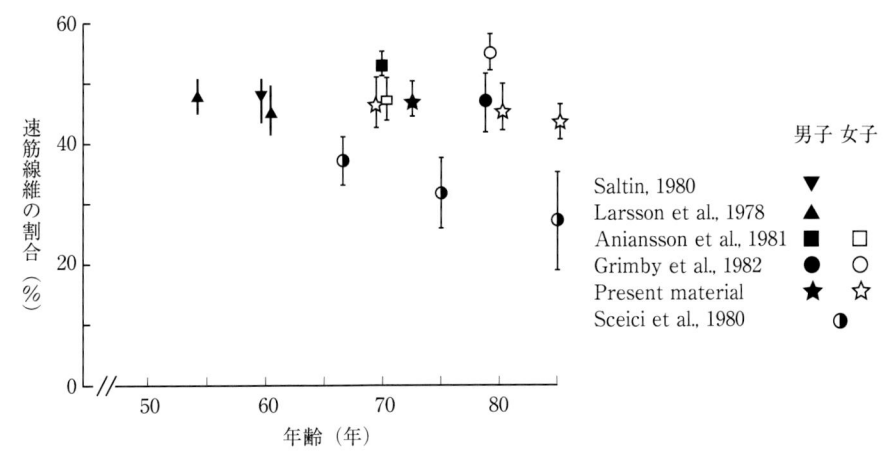

図 15-6 年齢 50 歳以上の男女の速筋線維の全筋線維に対する割合. 平均値と平均値の標準誤差を示す.
(Grimby, G., Anianson, A., Zetterberg, C. and Saltin, B.: Is there a change in ralative muscle fibre composition with age?. Clin. Physiol. 4: 189-194, 1984.)

が, 線維数の割合は変らなかった. この点については Grimby ら[5] (1984) が 50 歳以後の高齢者について, 加齢に伴う速筋線維が全体の筋線維に対する割合の変化を調べた 6 論文の結果を示しているが, 1 つの研究を除いてこの割合は加齢によって変らないという結果を得ている (図 15-6).

Örlander ら[16] (1978) は 22—65 歳男子 56 人の外側広筋のバイオプシーによって得られた標本から筋線維に含まれるミトコンドリアの量が加齢とともに低下することを報告した. このことは筋肉で摂取する酸素量が低下することを意味する.

表 15-1 男子腹直筋の組織学的組成(%).
(Inokuchi, S., Ishikawa, H., Iwamoto, S. and Kimura, T.: Age related changes in the histological composition of the rectus abdominis muscle of the adult human. Hum. Biol. 47(2): 231-249, 1975.)

年齢	数	筋細胞質	脂肪細胞
20代	6	93.1±6.43	0.2±0.06
30代	7	86.4±7.12	2.4±0.41
40代	4	78.9±5.42	5.3±0.76
50代	7	64.0±7.95	10.0±1.89
60代	9	57.3±6.83	20.8±4.22
70代	7	40.1±5.99	38.7±5.27
80代	5	28.9±6.22	50.3±8.73

注) 筋核，結合組織などを除外

　Inokuchi ら[6] (1975) は 45 人の男子の腹直筋を臍の高さの部分で調べた結果，加齢に伴って筋線維の占める割合が減少し，脂肪細胞の占める割合が増加するということを報告した（表 15-1）．

　以上のように加齢によって筋全体の大きさと筋線維数とが減少するが，速筋線維と遅筋線維の割合は変らないという結果が得られた．また腹直筋では筋肉の代りに脂肪が沈着することも明らかにされた．

3. 加齢に伴う呼吸循環機能の変化

　運動時の呼吸循環機能は運動に関与する筋肉に運動のエネルギーを発生するのに必要な酸素を輸送する働きをしている．酸素輸送系の模式図を図 15-7 に示す．すなわち，外気から肺胞内へ酸素を送り込む換気，肺胞気内の酸素を肺毛細血管内に移動させる肺拡散，この酸素と結合するヘモグロビンの作用，ヘモグロビンと結合した肺毛細血管内の酸素を作業筋に送る循環が関与する．

　換気に重要な最大吸気から最大呼気までの肺の容量は肺活量と呼ばれるが，この容量の加齢に伴う変化を図 15-8 に示す．20 歳の肺活量を基準とすると，60 歳男女の肺活量はそれぞれ 69%，70% に当たり，男女とも加齢に伴って，肺活量はほぼ同じ割合で低下する．しかし，酸素輸送系の中で肺活量はある程度余裕があり，したがって肺結核や肺の腫瘍などで肺の一部分を摘出する手術が実際に行なわれているので，加齢に伴うこの程度の肺活量の低下は酸素輸送能力にあまり影響しないものと思われる．むしろ加齢に伴う肺の弾力線維の働きの低下で肺気腫（肺が拡張して，肺胞に空気が沢山入った状態）が起こると，吸気によって外気を十分に取り込むことができなくなる．この点で多量の喫煙は肺の弾力線維に障害を与えるので，禁煙または節煙は中高年者の大切な心掛けである．

　肺胞内の酸素を血液中に取込む血色素の血中濃度も加齢に伴って低下する（図 15-9）．しかし，60 歳になっても，男子，女子の血色素量はそれぞれ平均値が 14.8 g/dL，13.0 g/dL の数値を示し，この程度の濃度のヘモグロビンでは貧血とはいえない．

　以上の点から，加齢に伴う酸素輸送系の能力の低下に直接関与するのは循環系であることが推測される．図 15-10 は体重当たりの最大心拍出量の変化を男子について示したものである．残念ながら，この図では 60 歳以上の高齢者が測定されていないが，この数値が 60 歳以後ではかなり低下して青年期の半分以下になっていることが推定される．

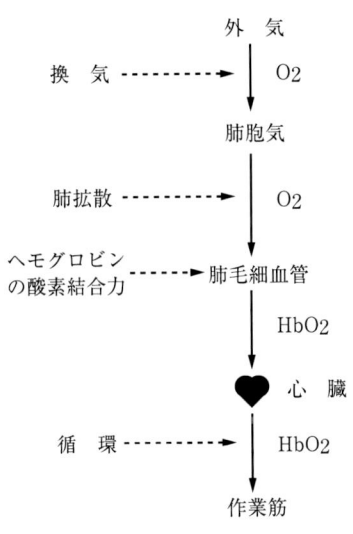

図 15-7　酸素輸送系.
（石河利寛：持久力とは．石河利寛，竹宮　隆編：持久力の科学．1-13，杏林書院，1994．）

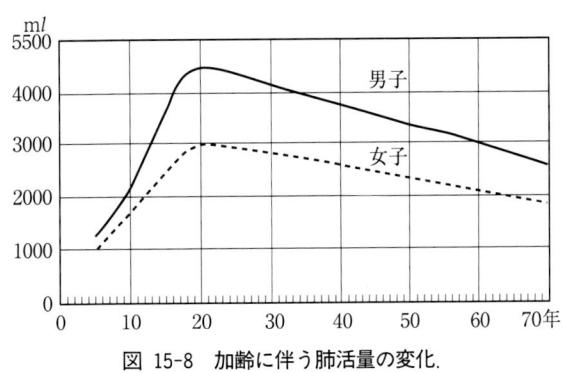

図 15-8　加齢に伴う肺活量の変化.
（東京都立大学体育研究室：日本人の体力標準値，第4版．不昧堂，1989．）

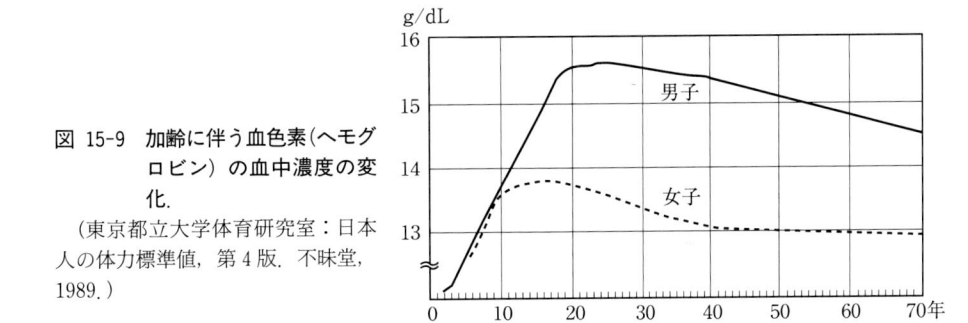

図 15-9　加齢に伴う血色素（ヘモグロビン）の血中濃度の変化.
（東京都立大学体育研究室：日本人の体力標準値，第4版．不昧堂，1989．）

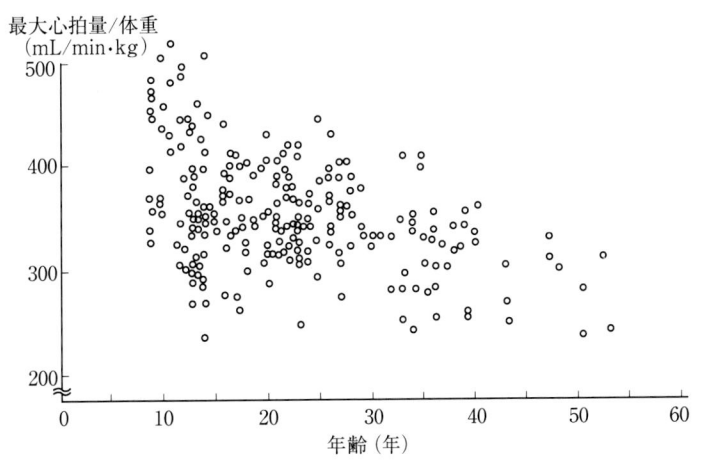

図 15-10　体重当たりの最大心拍出量（男子）の年齢に伴う変化.
(Miyamura, M. and Honda, Y.：Maximum cardiac output related to sex and age. Jpn. J. Physiol. 23：645-656, 1973.)

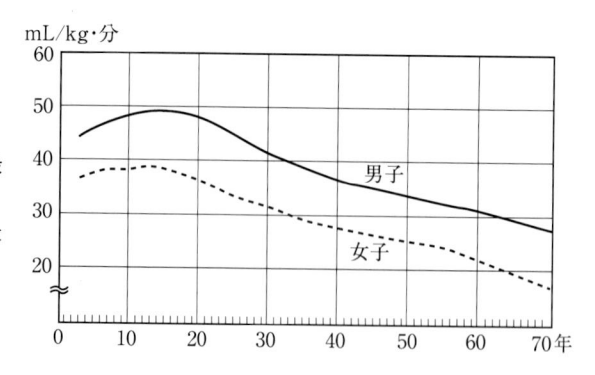

図 15-11 加齢に伴う体重当たり最大酸素摂取量の変化.
（東京都立大学体育研究室：日本人の体力標準値，第4版．不昧堂，1989．）

呼吸循環系の役割の主役をなすものは，酸素を外気から体内に取り込み，これを必要な組織（運動の場合には主として筋肉）に送り込むことで，この能力を示す指標として体重当たりの最大酸素摂取量が用いられる．

図 15-11 は体重当たり最大酸素摂取量の加齢に伴う変化を示したものである．この値は男子が女子よりもすぐれているが，男女とも加齢によって低下し，60歳で青年期の約 60% となる．同一年齢で比較すると，男子は女子よりもつねに平均値が大きい．

2 加齢に伴う体力テスト値および競技記録の変化

ここでは体力テストの値と競技記録の加齢に伴う変化について述べるが，測定単位が異なる場合の比較には注意を要する．

1．筋　力

図 15-12 は握力，図 15-13 は背筋力の年齢に伴う変化を男女別に示したものである．筋力は男女とも 20 歳頃にピーク値に達し，その値が 40 歳頃まで継続し，その後徐々に加齢とともに低下する．加齢に伴う筋力の低下率は握力よりも背筋力の方がやや大きいが，これは日常生活で背筋力を使うことが少ないためであろう．

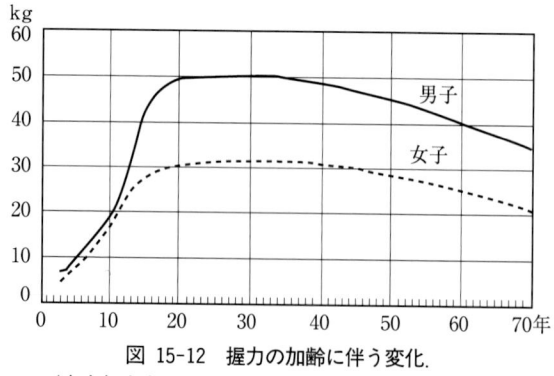

図 15-12 握力の加齢に伴う変化.
（東京都立大学体育研究室：日本人の体力標準値，第4版．不昧堂，1989．）

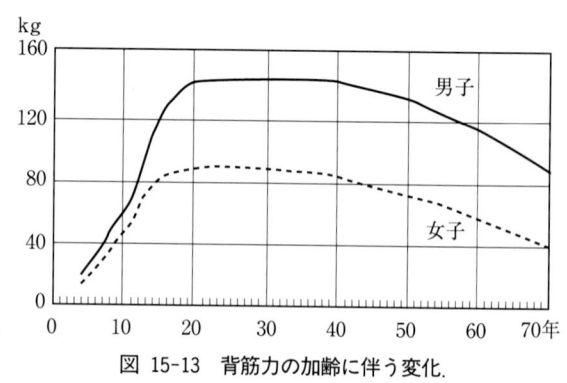

図 15-13 背筋力の加齢に伴う変化.
（東京都立大学体育研究室：日本人の体力標準値，第4版．不昧堂，1989．）

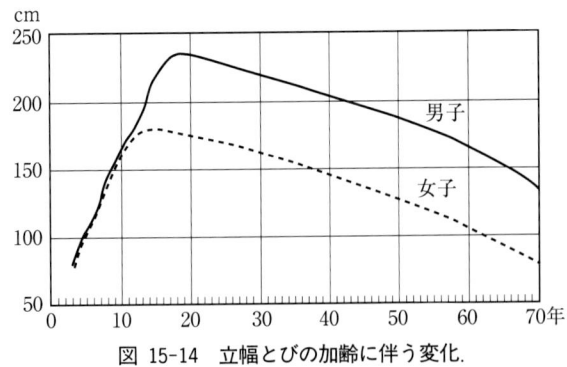

図 15-14 立幅とびの加齢に伴う変化.
（東京都立大学体育研究室：日本人の体力標準値，第4版．不昧堂，1989．）

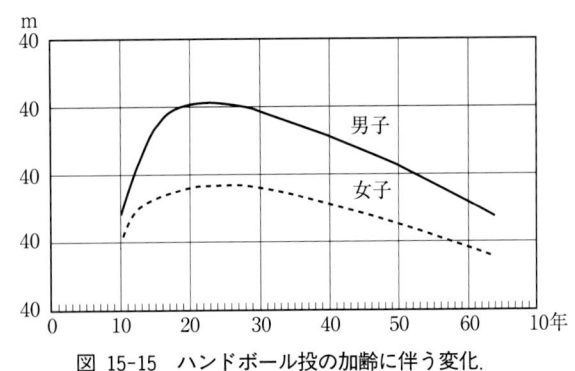

図 15-15 ハンドボール投の加齢に伴う変化.
（東京都立大学体育研究室：日本人の体力標準値，第4版．不昧堂，1989．）

2．筋パワー

　筋パワーの測定値として立幅とび（図15-14）とハンドボール投（図15-15）の年齢による変化を示す．立幅とびは20歳を過ぎると跳躍距離が低下し初め，ハンドボールは30歳まで投球距離が低下しない点が異なるが，それ以後はほぼ同じ経過を取って記録が低下して行く．

3．心肺の持久力

　心肺の持久力のフィールド・テストとして持久走が用いられる．図15-16は5分走（5分間で走った距離を測定する）の年齢による変化を示す．持久走は自己の体重をすみやかに比較的長時間にわたって移動させる能力であるから，体重当たり最大酸素摂取量と関係が深く，10歳代に測定値のピークがあり，それ以後加齢とともに走行距離がほぼ直線的に低下して行く．

4．一流競技選手の競技記録

　一流競技選手は高齢者の場合でも平素からはげしいトレーニングを継続しているので，この場合の加齢に伴う競技記録の変化は興味深い．
　図15-17はアメリカの1万m走（a）とマラソン（b）の性，年齢別の最高記録を示したものである．この図から，男女とも40歳までは20歳とほとんど変らない記録

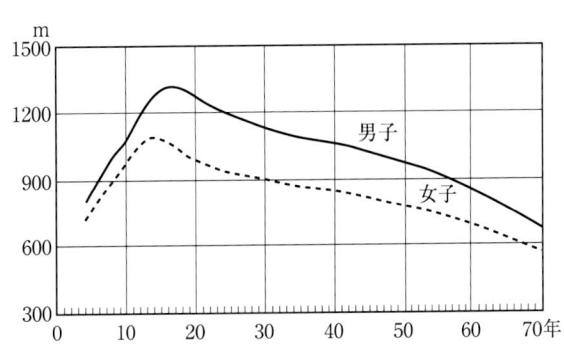

図 15-16　5分走の走行距離の加齢に伴う変化．
　（東京都立大学体育研究室：日本人の体力標準値，第4版．不昧堂，1989．）

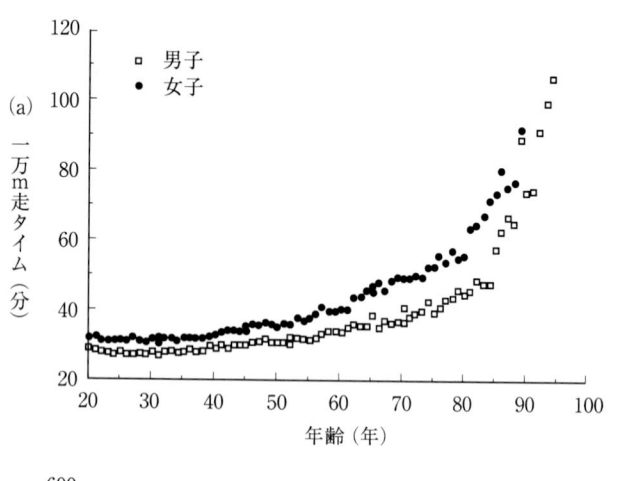

図 15-17　1万m走（a）とマラソン競技（b）のタイムの性，年齢別記録[19]．
(USA Track & Field Road Running Information Center database, 1997. Tanaka, H. and Higuchi, M.: Age, exercise performance, and physiological functional capacities. Adv. Exerc. Sports Physiol. 4:51-56, 1998. より引用.)

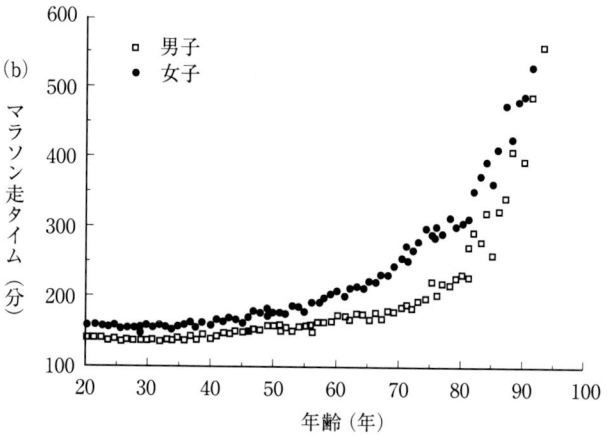

であることがわかる．40歳から80歳までは男女とも加齢に伴って記録が少しずつ低下して行き，とくに女子の低下の方が著しいので男女差が拡大する．80歳を過ぎると，記録の低下は加速するが，この年齢層ではとくに男子の記録の低下が極めて著しいので，一度拡大した男女差が縮小して，90歳になると男女差がなくなる．

このようにトップ・アスリートでは長距離走の記録が40歳まではほとんど青年期と変らないで維持できるが，40歳を過ぎるととくに女子では記録の低下が著しくなり，80歳を過ぎると男女とも（とくに男子）低下の割合が極めて顕著になることがわかる．

図15-18は1500m水泳の記録を性，年齢別にプロットしたものである．長距離走と比較して記録に男女差が少ないのは女子に多い皮下脂肪が水泳では浮力として有利に作用しているためであろう．80歳代で男女とも記録が急速に低下する点は長距離走と同じである．

3　高齢者の運動

1．高齢者の健康チェック

高齢者が運動を規則的に実施しようとする場合には，まず高齢者が健康で，運動の

図 15-18　1500 m 自由型水泳の年齢別記録.
(Tanaka, H. and Seals, D. R.：Age and gender interaction in physiological functional capacity：insight from swimming performance. J. Appl. Physiol. 82：846-851, 1997 を修正.)

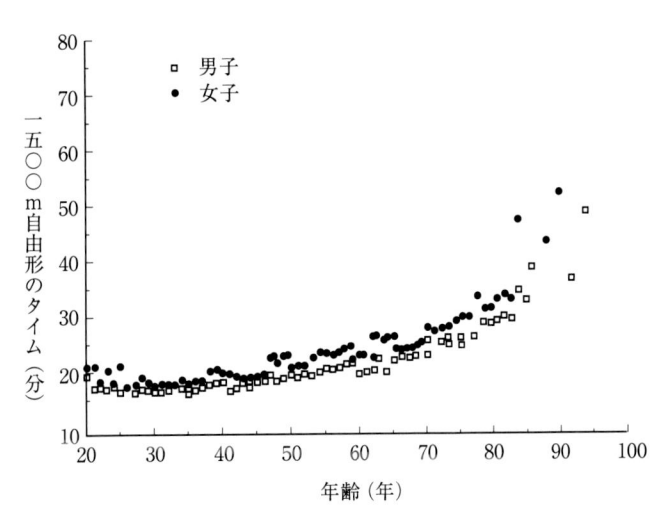

効果を挙げるのに必要なトレーニングを実施できることを確認して置くことが必要である．そのためには，あらかじめ血液検査，尿検査，胸部 X 線検査，心電図検査，血圧測定などを実施する．とくに心電図と血圧とは運動負荷テストによって，安静時のみならず運動時にも検査を実施することが望ましい．平成 8 年度の国民栄養調査[8]によれば，60 歳以上の安静時の血圧値は男女とも約 2/3 の者が高血圧または境界域高血圧に相当する数値を示していたことが明らかにされているので，高齢者の血圧測定は欠くことができない．

しかしながら，高齢者が一定期間臥床生活を送ると一生この生活を続ける可能性が大きいので，不必要に臥床生活を送ることは絶対に避けなければならない．高齢者の場合でも青壮年と同じように筋肉トレーニングと持久力トレーニングとを組合せて実施することが必要である．

2．高齢者の筋肉トレーニング

Frontera ら[4] (1988) は 62—72 歳の健康な非鍛練者 12 名に対して，12 週間にわたる筋肉トレーニングを行なわせた．負荷の強さは 1 RM の 80％で 8 回反復する膝関節の伸展筋と屈曲筋のトレーニングを週 3 回実施させた．この結果，毎週測定した筋力は伸展筋も屈曲筋も順調に増加した（図 15-19）．また CT スキャンで測定した大腿の筋断面積も両脚とも順調に増加した（図 15-20）．さらに外側広筋について実施した筋バイオプシーによって得られた筋サンプルから筋線維の断面積を計測した結果，トレーニングによってタイプ I 線維，タイプ II 線維とも断面積の増大が認められた（図 15-21）．

高齢者の筋肉トレーニングが最大酸素摂取量を増大する効果も認められた．この点について Frontera ら[3] (1990) は前と同じ対象者について実験をした結果，トレーニングされた脚を用いてエルゴメータで測定した最大酸素摂取量はトレーニング効果が認められたのに対して，トレーニングされなかった腕エルゴメータを用いて測定した最大酸素摂取量はトレーニング効果が認められなかった（表 15-2）．これについて彼等

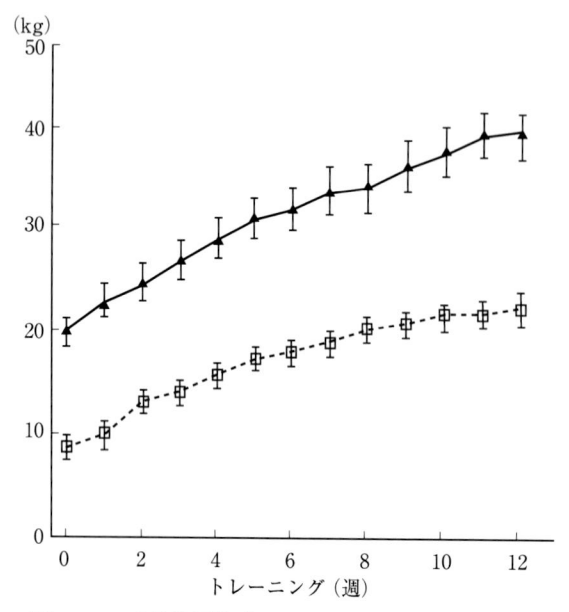

図 15-19 左膝伸展筋（―▲―）と屈曲筋（―□―）の動的筋力（1RM）を毎週測定した値，平均値±標準誤差を示す．

(Frontera, W. R. Meredith, C. N., O'Reilly, K. P., Knuttgen, H. G. and Evans, W. J.: Strength conditioning in older men: skeletal muscle hypertrophy and improved function. J. Appl. Physiol. 64: 1038-1044, 1988.)

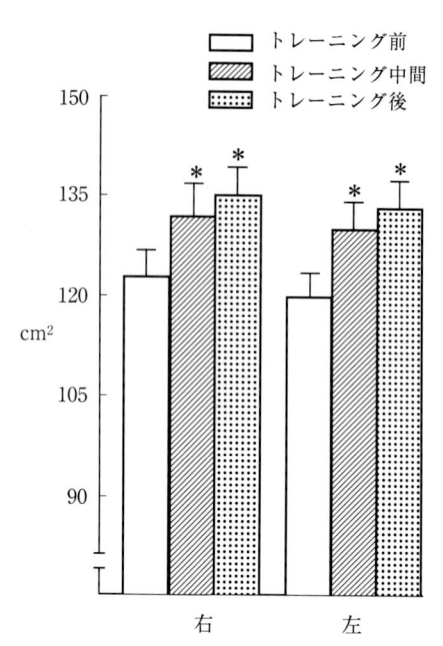

図 15-20 CT スキャンで得られた大腿筋断面積のトレーニングによる変化．
平均値±標準誤差を示す
＊トレーニング前と比較して有意な変化（$p<0.05$）

(Frontera, W. R., Meredith, C. N., O'Reilly, K. P., Knuttgen, H. G. and Evans, W. J.: Strength conditioning in older men: skeletal muscle hypertrophy and improved function. J. Appl. Physiol. 64: 1038-1044, 1988.)

は筋肉トレーニングによって筋肉の毛細血管が発達し，筋毛細血管内の酸素が毛細血管壁および筋線維鞘を通して筋線維内に移行しやすくなったためと推察している．

このように高齢者の筋肉トレーニングはその筋肉を発達させるのみならず，筋肉の酸素の利用を高めるので，トレーニングされた筋肉を用いて最大酸素摂取量を測定するとこの数値を高める効果が認められている．

しかしながら高齢者の筋力トレーニングは筋損傷を起こしやすい．Manfredi ら[13] (1991) はペダルがモーターで逆回転する特別に設計したサイクル・エルゴメータを用いて 5 人の男子高齢者（59―63 歳）にエクセントリック・トレーニング（外力によって筋肉が引き伸ばされるトレーニング）を行なわせた結果，外側広筋のバイオプシーで得られた筋標本の 95.7% に筋損傷が認められた．

さらに筋トレーニングは血圧を上昇させる．この点について MacDougall ら[12] (1985) は男子青年ボディ・ビルダー 5 名（22―28 歳）に片腕を用いたアーム・カールと片脚および両脚を用いた座位でのレグ・プレスを行なわせて，他の片腕の上腕動脈に挿入した圧トランスデューサを用いて血圧を直接測定した結果，最高血圧値が 300

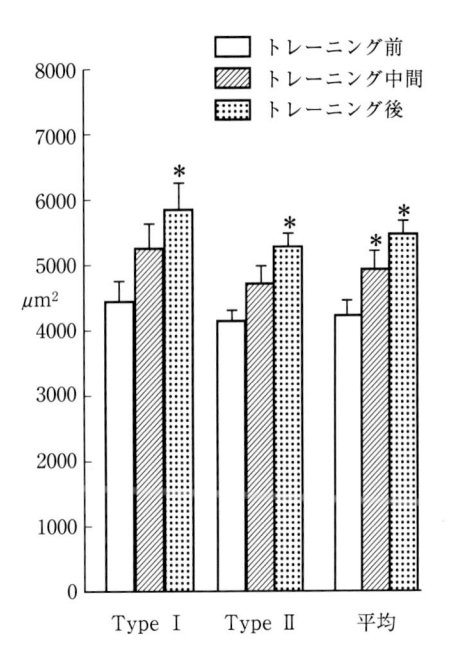

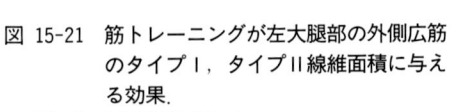

図 15-21 筋トレーニングが左大腿部の外側広筋のタイプⅠ,タイプⅡ線維面積に与える効果.
平均値±標準誤差を示す.
＊トレーニング前と比較して有意な変化.（p＜0.05）
(Frontera, W. R., Meredith, C. N., O'Reilly, K. P., Knuttgen, H. G. and Evans, W. J.: Strength conditioning in older men: skeletal muscle hypertrophy and improved function. J. Appl. Physiol. 64: 1038-1044, 1988.)

表 15-2 12週間の筋トレーニングが最大酸素摂取量および心肺機能に及ぼす効果.

	トレーニング前	トレーニング後	
脚エルゴメータによる測定			
最大酸素摂取量 (除脂肪体重当たり)	38.6±1.2	40.5±1.6	p＜0.05
最高心拍数 (拍/分)	160±4	156±4	p＜0.05
最大換気量 (L/分)	75.2±5.0	78.4±4.8	p＜0.05
腕エルゴメータによる測定			
最大酸素摂取量 (除脂肪体重当たり)	26.2±0.9	26.2±1.0	p＞0.05
最高心拍数 (拍/分)	156±5	148±3	p＞0.05
最大換気量 (L/分)	55.9±5.6	57.8±5.0	p＞0.05

(Frontera, W. R., Meredith, C. N., O'Reilly, K. P. and Evans, W. J.: Strength training and determinants of $\dot{V}_{O_2}$ max in older men. J. Appl. Physiol. 68: 329-333, 1990.)

mmHgを越えることがあることを報告している．高齢者では青年のボディ・ビルダーと比較して筋力がはるかに弱いために，これほどの血圧上昇は起こらないであろうが，一般に高齢者では安静時の血圧が青年よりも高く，動脈硬化が進んでいるので，高齢者が強い負荷で筋力トレーニングをすることは危険である．

3．高齢者の持久力トレーニング

持久力の指標とされている最大酸素摂取量は加齢とともにほぼ直線的に低下する

表 15-3 低強度および高強度トレーニング前後の運動に対する応答.

	トレーニング前	LTトレーニング後	HTトレーニング後
最大酸素摂取量			
mL/kg・分	25.4±4.6	28.2±5.2	32.9±7.6
L/分	1.91±0.4	2.10±0.4	2.39±0.6
最高心拍数			
拍/分	174±10	168±7	174±7
最大心拍出量(推定値)			
L/分	17.6±3.2	18.1±2.8	18.7±2.9
最大1回拍出量(推定値)			
mL	101±18	107±17	108±2.5
動静脈酸素差(推定)			
mL O_2/100 mL	11.0±3.0	11.7±2.1	12.8±2.5

LT：低強度トレーニング　HT：高強度トレーニング
(Seals, D. R., Hagberg, J. M., Hurley, B. F., Ehsani, A. A. and Holloszy, J. O.：Endurance training in older man and woman. I. Cardiovascular responses to exercise. J. Appl. Physiol.：Respirat. Environ. Exercise Physiol. 57：1024-1029, 1984.)

(図 15-11). Buskirk と Hodgson[2] (1987) はこの点を調べた従来の論文を検討した結果, 最大酸素摂取量が加齢に伴って低下する割合は男子で年間 0.4—0.5 mL・kg^{-1}・min^{-1}, 女子で年間 0.2—0.35 mL・kg^{-1}・min^{-1}であり, この低下率は平素から活動的な生活を送っている者でも非活動的な生活を送っている者でも変らない. しかし活動的な生活を送っている者が高齢になって非活動的な生活を送ると, この低下率が急速になると述べている.

平素トレーニングを実施していない高齢者を1年間にわたってトレーニングを行なった結果について, Seals ら[18] (1984) は表 15-3 のように示している. 彼等は平均年齢 63 歳の非鍛練者男女 11 人に持久力トレーニングを行なわせた. 最初の半年間は低強度のトレーニングとして心拍数 120/分以下での歩行 20—30 分間, 少なくとも週 3 回実施させ, 同時に日常生活での身体活動を増加するように心掛けさせた. 後半の半年間は高強度のトレーニングとして運動強度を次第に増して最終的にはジョギング, サイクル・エルゴメータ運動またはトレッドミル走を心拍数 156±6 拍/分のレベルで 45 分間, 週 3.6±0.8 回実施させた.

トレーニングの結果は表 15-3 に示されているように, 最大酸素摂取量は順調に増加して 1 年後の増加率は 30% に達した. しかし最高心拍数は変化しなかった. 1 回拍出量の増加は低強度のトレーニングで顕著であり, 動静脈酸素差は高強度のトレーニングで顕著であった. このような結果から高齢者の持久力トレーニングは長期間にわたってトレーニング強度を次第に増加して実施するのがよいという結果を得た.

未鍛練の高齢者では比較的弱い運動でも強い運動と同じような効果を上げられるという報告もある. Belman と Gaesser[1] (1991) は 65—75 歳の健康な非鍛練男女に乳酸性閾値よりも低い強度 (最大酸素摂取量の 53% 以下) と高い強度 (最大酸素摂取量の 72% 以上) で 30 分間, 週 4 回, 8 週間にわたるトレーニングを実施させた結果, 両群で同じ程度の最大酸素摂取量の向上が見られた.

歩, 走のような持久力トレーニングでは, 運動強度を増した時に下肢の損傷が起こ

表 15-4 歩走トレーニングによる損傷.
(Pollock, M.L., Carroll, J. F., Graves, J. E., Leggett, S. H., Braith, R. W., Limacher, M. and Hagberg, J. M.: Injuries and adherence to walk/jog and resistance training programs in the elderly, Med. Sci. Sports Exerc. 23: 1194-1200, 1991.)

研　　究	年齢	人数	期間(週)	損傷率(%)
Pollock ら, 1977	20-35	50	20	18
Pollock ら, 1976	49-65	22	20	41
Pollock ら, 1991	70-79	14	20	57

りやすいことをPollock[17]ら (1991) は表15-4のように示している．この表から青年期と比較して70歳代の高齢者では約3倍の損傷が発生することがわかる．Seals ら[18]も前述の1年間にわたるトレーニングで高齢者に強いトレーニングを行なった時に整形外科的な損傷が起こりやすいことを述べている．

　以上の点から高齢者では神経，筋，呼吸循環器などに退化が起こるが，これを少しでも遅らせて，高齢に至るまで元気な生活を送るためには運動を欠くことはできない．高齢者の運動はまず健康で運動実施が可能なことを確認した上で筋肉づくりの運動と呼吸循環機能を高める運動を規則的に実施することが必要で，これらの運動を比較的弱いレベルから徐々に強めて行くことが事故を防止する立場からも大切である．

4．高齢者の歩行

　高齢者は特別なトレーニングを行なわなくても，毎日歩くことを心掛けていれば寿命を延ばす効果があることが報告されている．「11章　寿命と運動」で述べているように1日に2.1マイル以上歩いている退職した61—81歳の非喫煙男子のその後12年間の死亡率は0.9マイル以下しか歩いていない男子の死亡率の約1/2であることが報告されているので（図11-8，表11-9参照），平素からなるべく毎日長い距離を歩くようにすることは高齢者の大切な心掛けである．

[文　献]

1) Belman, M. J. and Gaesser, G. A.: Exercise training below and above the lactate threshold in the elderly. Med. Sci. Sports Exerc. 23: 562-568, 1991.
2) Buskirk, E. R. and Hodgson, J. L.: Age and aerobic power: the rate of change in men and women. Federation. Proc. 46: 1824-1829, 1987.
3) Frontera, W. R., Meradith, C. N., O'Reilly, K. P. and Evans, W. J.: Strength training and determinants of $\dot{V}_{O_2}$ max in older men. J. Appl. Physiol. 68: 329-333, 1990.
4) Frontera, W. R., Meredith, C. N., O'Reilly, K. P., Knuttgen, H. G. and Evans, W. J.: Strength conditioning in older men: skeletal muscle hypertrophy and improved function. J. Appl. Physiol. 64: 1038-1044, 1988.
5) Grimby, G., Anianson, A., Zetterberg, C. and Saltin, B.: Is there a change in relative muscle fibre composition with age?. Clin. Physiol. 4: 189-194, 1984.
6) Inokuchi, S., Ishikawa, H., Iwamoto, S. and Kimura, T.: Age related changes in the histological composition of the rectus abdominis muscle of the adult human. Hum. Biol. 47(2): 231-249, 1975.
7) 石河利寛：持久力とは．石河利寛，竹宮　隆編：持久力の科学 1-13，杏林書院，1994．
8) 厚生省保健医療局地域保健・健康増進栄養課生活習慣病対策室監修：平成10年版国民栄養の現状．第一出版，1998．
9) 国立社会保障・人口問題研究所：日本人の将来推計人口（平成9年1月推計）．厚生の指標 45(9)：p. 38, 1998．
10) Lexell, J., Henriksson-Larsen, K., Winblad, B. and Sjöström, M.: Distribution of different fiber types in human skeletal muscles: Effects of aging studied in whole muscle cross sections. Muscle & Nerve

6 : 588-595, 1983.
11) Lexell, J., Taylor, C. C. and Sjöström, M. : What is the cause of the ageing atrophy ?. J. Neurol. Sci. **84** : 275-294, 1988.
12) MacDougall, J. D., Texen, D., Sale, D. G., Moroz, J. R. and Sutton, J. R. : Arterial blood pressure response to heavy resistance exercise. J. Appl. Physiol. **58** : 785-790, 1985.
13) Manfredi, T. G., Fielding, R. A., O'Reilly, K. P., Meredith, C. N., Lee, H. Y. and Evans, W. J. : Plasma creatine kinase activity and exercise-induced muscle damage in older men. Med. Sci. Sports Exerc. **23** : 1028-1034, 1991.
14) Mittal, K. R. and Logmani, F. H. : Age-related reduction in 8 th cervical ventral nerve root myelinated fiber diameters and numbers in man. J. Geront. **42** : 8-10, 1987.
15) Miyamura, M. and Honda, Y. : Maximum cardiac output related to sex and age. Jpn. J. Physiol. **23** : 645-656, 1973.
16) Örlander, J., Kiessling, K.-H.,Larsson, L., Karlsson, J. and Aniansson, A. : Skeletal muscle metabolism and ultrastructure in relation to age in sedentary men. Acta Physiol. Scand. **104** : 249-261, 1978.
17) Pollock, M. L., Carroll, J. F., Graves, J. E., Leggett, S. H., Braith, R. W., Limacher, M. and Hagberg, J. M. : Injuries and adherence to walk/jog and resistance training programs in the elderly, Med. Sci. Sports Exerc. **23** : 1194-1200, 1991.
18) Seals, D. R., Hagberg, J. M., Hurley, B. F., Ehsani, A. A. and Holloszy, J. O. : Endurance training in older man and woman. I . Cardiovascular responses to exercise. J. Appl. Physiol. : Respirat. Environ. Exercise Physiol. **57** : 1024-1029, 1984.
19) Tanaka, H. and Higuchi, M. : Age, exercise performance, and physiological functional capacities. Adv. Exerc. Sports Physiol. **4** : 51-56, 1998.
20) Tanaka, H. and Seals, D. R. : Age and gender interaction in physiological functional capacity : insight from swimming performance. J. Appl. Physiol. **82** : 846-851, 1997.
21) 東京都立大学体育研究室：日本人の体力標準値，第4版．不味堂，1989．
22) Tomlinson, B. E. and Irving, D. : The numbers of limb motor neurons in the human lumbosacral cord throughout life. J. Neurol. Sci. **34** : 213-219, 1977.

II部　運動と健康・体力

16章　肥満と運動

1　肥満と健康

　　　肥満はからだに脂肪が過剰に蓄積した状態である．脂肪組織は主として中性脂肪で満たされた脂肪細胞から成り立っている．
　　　脂肪細胞は生後1年間に急速に数を増して出生時の約3倍になる．その後10歳頃までは徐々に数を増し，思春期の発育のスパートが見られる時期には大きさと数とが急速に増して成人期に到達する．成人期には細胞数はほとんど増加しない．成人の肥満者は細胞数が少し増しているが主として細胞の大きさが増している．しかし脂肪細胞が中性脂肪を含む量には限度があり（細胞当たりの中性脂肪約1.0μg），その後は細胞数を増すことによって脂肪量が増す[10]．
　　　肥満はつぎの疾患や障害と関連があるので健康上望ましくない[10]．① 心臓の機械的仕事量の増加と左室機能不全のために起こる心機能障害 ② 高血圧 ③ 糖尿病 ④ 腎疾患 ⑤ 胆嚢疾患 ⑥ 呼吸器疾患 ⑦ 外科手術中の麻酔管理上の問題 ⑧ 骨関節炎，退行性関節疾患および痛風 ⑨ 子宮内膜癌 ⑩ 血漿脂質およびリポたんぱく質異常
したがって，一生を通して肥満を避けることは健康を保つための大切な心掛けである．

2　肥満の判定法

　　　肥満の判定法は大きく分けて　(1) 体格指数から求める方法，(2) 標準体重から求める方法，(3) 皮下脂肪厚から求める方法，(4) 体脂肪量（体脂肪率）から求める方法の4つに区分することができる．

1．体格指数から求める方法

　　　肥満の判定に用いられる主な体格指数を表16-1に示す．
　　　Broca, P. P.[21]は成人の理想的な体重（kg）が身長（cm）から100を差引いた値に等しいとして，身長に応じた理想的な体重を求める公式を作成した．
　　　これに対して桂[4]はBrocaの公式に0.9を掛けた値が日本人に適しているとしてBrocaの変法を提案した．ふつうこのようにして計算した値の+30%以上を肥満とし

表 16-1 肥満の判定に用いられる体格指数.

Broca の公式	身長 (cm) − 100
Broca の変法	{身長 (cm) − 100} × 0.9
Rohrer 指数	{体重 (kg)/身長^3 (cm)} × 10^7
Body Mass Index (Quetelet 指数, Kaup 指数)	体重 (kg)/身長^2 (m)

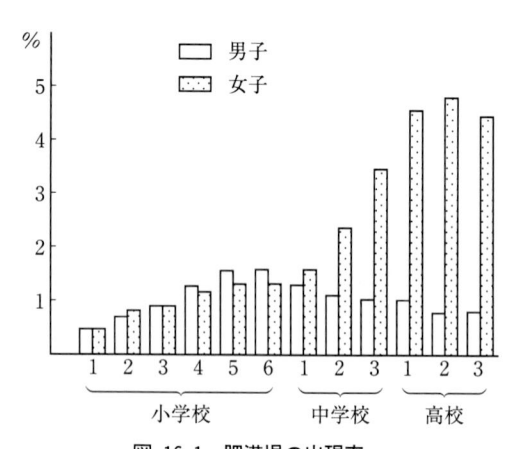

図 16-1 肥満児の出現率.
(神奈川県教育委員会：肥満の管理と指導. 1969.)

ている.

　石河ら[5] (1967) は小学生の身長と体重から Rohrer 指数を算出してこの値の平均値±標準偏差が 130±15 であったので，標準偏差の 2 倍以上すなわち Rohrer 指数 160 以上を肥満児の判定基準とした．またこの判定法の妥当性を明らかにするために，小学生男女それぞれ 6 名を写真撮影し，写真から判断した肥満の順位と Rohrer 指数，Kaup 指数，比体重，皮下脂肪厚，上腕囲の実測値の順位とを比較した結果，Rohrer 指数が写真から判定した肥満の順位ともっとも近似していたので Rohrer 指数が肥満の指標として望ましいと判断した．

　神奈川県教育委員会[6] (1969) は上記の Rohrer 指数による基準によって全県下の小，中，高校生の肥満児の出現率を調査した結果，中高校の女子生徒に肥満児が多いことを図 16-1 のように明らかにした．また，神奈川県では鶴見から横浜にかけての京浜地区と湯河原から真鶴にかけての伊豆半島地区に肥満児が多く，肥満児の増加は当時の都市化現象であることを示した．

　一方，北川と宮下[7] (1977) は青年男子の Rohrer 指数と体脂肪率との関係から体脂肪率 20% 以上に相当する青年男子の肥満の基準は Rohrer 指数 152 以上としている．

　体重 (kg) を身長 (m) の 2 乗で割った値はケトレー (Quetelet) 指数またはカウプ (Kaup) 指数と呼ばれていたが，その後アメリカで Body Mass Index (BMI) と呼ぶようになって現在ではこの呼び方が一般的となった．メトロポリタン生命保険会社[11,12]の理想体重から計算すると，正常な成人男女は BMI が 19—27 の範囲にあり，この範囲は 1971—74 年の National Health and Nutrition Survey に参加した成人の 25—75 パーセンタイル値に相当する[3]．一方，日本人の男女の BMI を年齢別に調べた国民栄養調査[8]では図 16-2 に示されているように，BMI の数値が青年期から次第に増して男子では 40 歳代から 50 歳代にかけて，女子では 50 歳代から 60 歳代にかけてピーク値に達する．この値は男子では最近増加傾向にあるが，女子では少し減少している．

　BMI の数値から判定する肥満の基準については，Forbes の著書[3]においては男女ともに BMI 30 以上を肥満とする Bristrian と Blackburn の計算図表が引用されてい

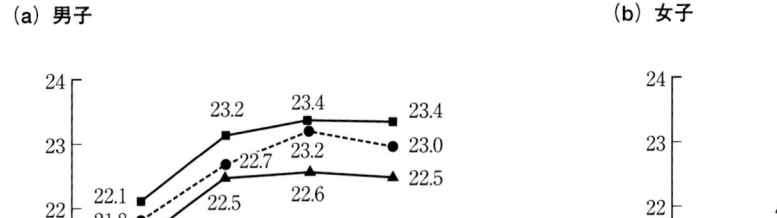

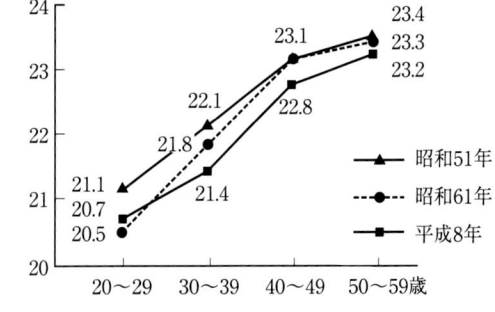

(a) 男子

図 16-2 性，年齢別に示した日本人の Body Mass Index(kg/m²)の平均値の年次推移．
(厚生省保健医療局地域保健・健康増進栄養課：国民栄養の現状（平成 8 年国民栄養調査成績），第一出版，1998．)

(b) 女子

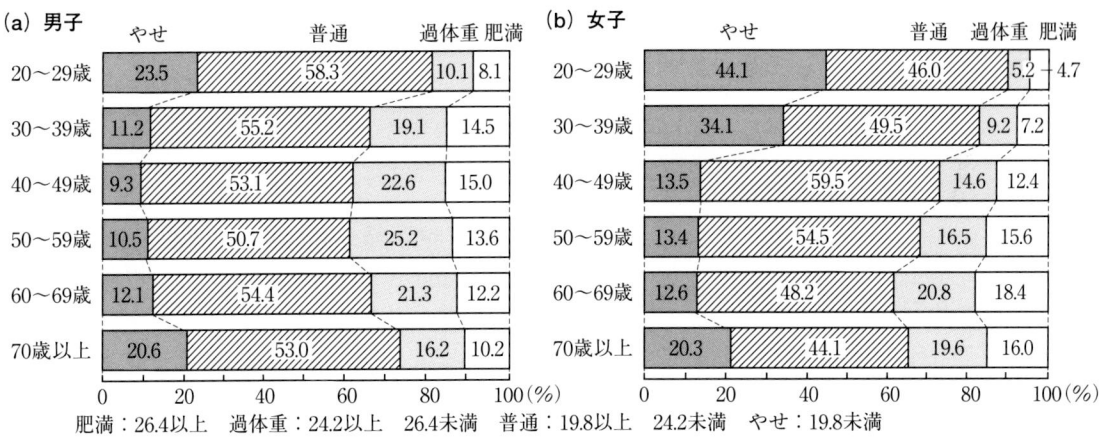

図 16-3 日本肥満学会の BMI の基準による肥満の出現率．
肥満：26.4 以上　過体重：24.2 以上 26.4 未満　普通：19.8 以上 24.2 未満　やせ：19.8 未満
(厚生省保健医療局地域保健・健康増進栄養課：国民栄養の現状（平成 8 年国民栄養調査成績），第一出版，1998．)

る．日本の場合，日本肥満学会[17](1993)では疫学的に各種疾病異常の合併率のもっとも少ない BMI が 22 付近にあることを根拠として，その 20％増以上すなわち 26.4 以上を肥満としているが，阪本と池田[20](1992)はまったく同じ根拠に基づいて肥満の判定基準を BMI 26.5 以上としている．厚生省[8](1998) では日本人の成人男女の肥満の出現率を日本肥満学会の判定基準を用いて図 16-3 に示している．

2．標準体重から求める方法

　この方法は多数の人の身長と体重を測定して身長別の標準的な体重を統計的に設定し，それに基づいて肥満の基準を設定するものである．
　アメリカのメトロポリタン生命保険会社[11,12](1942, 1943)は身長別にもっとも死亡率の低い体重を求め，これを理想体重(ideal weigh)と考えて標準体重表を作成した．このような考え方によって塚本と田村[22](1986)は同じような理想体重を考えて，明治生命保険加入者の資料に基づいて日本人の成人男女の標準体重表を作成した（表16-2)．この表に示されている標準体重の何％増から肥満と判定するかについて著者らは

表 16-2 明治生命・標準体重表.

身長 (cm)	男 (kg)	女 (kg)	身長 (cm)	男 (kg)	女 (kg)
130	…	41.9	161	59.3	56.2
131	…	42.3	162	60.0	56.8
132	…	42.9	163	60.7	57.3
133	…	43.4	164	61.4	57.9
134	…	43.9	165	62.1	58.6
135	…	44.4	166	62.8	59.2
136	…	44.9	167	63.6	59.9
137	…	45.4	168	64.3	60.5
138	…	45.9	169	65.0	61.3
139	…	46.3	170	65.8	62.0
140	45.9	46.8	171	66.5	62.8
141	46.5	47.2	172	67.3	63.6
142	47.1	47.6	173	68.1	64.4
143	47.7	48.1	174	68.9	65.3
144	48.3	48.5	175	69.7	66.2
145	48.9	48.9	176	70.5	67.1
146	49.5	49.3	177	71.3	68.1
147	50.1	49.9	178	72.1	69.1
148	50.8	50.2	179	72.9	70.1
149	51.4	50.6	180	73.8	71.2
150	52.0	51.0	181	74.6	…
151	52.6	51.4	182	75.5	…
152	53.3	51.9	183	76.3	…
153	53.9	52.3	184	77.2	…
154	54.6	52.8	185	78.1	…
155	55.2	53.2	186	79.0	…
156	55.9	53.7	187	79.9	…
157	56.6	54.2	188	80.8	…
158	57.2	54.7	189	81.7	…
159	57.9	55.2	190	82.6	…
160	58.6	55.7			

(塚本 宏, 田村 誠:死亡率からみた日本人の体格. 明治生命標準体重表. 厚生の指標 33(2):3-14, 1986.)

明らかにしていないが, 常識的には+20%以上であろう.

厚生省[9](1986)は昭和58, 59年度の国民栄養調査の対象者のうち, 20歳以上の成人男女21,530名について, 性別, 年代区分別で, 同一身長の者を体重の軽い方から順に並べてその90%値以上を"ふとりすぎ"としている. 表16-3に, 90%値に相当する体重を示す. この考え方では性, 年齢, 身長によって肥満者の基準を設定しているのが特徴であるが, この結果, 肥満者がつねに10%の割合で存在することになる.

文部省[14](1998)は小学生, 中学生について性, 年齢, 身長別に平均体重を求めて, その120%以上の者を肥満傾向児としてその頻度を算出している (表16-4). この結果, 小学校高学年から肥満傾向児が次第に増加してくることがわかる.

3. 皮下脂肪厚から求める方法

NagamineとSuzuki[16](1964)は, 皮下脂肪計で上腕三頭筋部と肩甲骨下部の皮下脂肪厚を測定した値の和が体密度と相関が高いことを示した. そこで長嶺[15](1972)は上述の皮下脂肪厚から体脂肪率を算定して, 体脂肪率20%以上, 25%以上, 30%以上をそれぞれ軽度の肥満, 肥満, 極度の肥満と判定する基準を作成した (表16-5).

皮下脂肪計による測定値は皮膚をつまんで測定した厚さなので, この測定値が皮下脂肪厚の実際の値と一致するかどうかは疑問である. また上記の2カ所で測定した皮下脂肪厚が全身の体脂肪量を示す指標として適当かどうかについても疑問が残るが, 測定が簡単にできるので実用的であり, 比較的広く用いられている.

4. 体脂肪率から求める方法

肥満の定義から, 肥満の判定には体脂肪率 (脂肪の重量が体重に占める割合) から行なうことが望ましい. しかし, 体脂肪率は直接測定できないので, この推定には体組成を2, 3, 4成分からなると考えて脂肪以外の部分の組成を測定し, その結果から得られた体脂肪率の推定式が表16-6に示されている. この表の2成分モデルでは脂肪と除脂肪の2成分, 3成分モデルでは脂肪と水 (W) とそれ以外の成分 (Siriの式) および脂肪とミネラル (M) とそれ以外の成分 (Lohmanの式), 4成分モデルでは脂肪,

表 16-3 性・年齢・身長別にみた肥満者の体重の基準.

男子体重（kg）

身長＼年齢	20〜29	30〜39	40〜49	50〜59	60〜
130	45.4	50.8	47.8	45.5	44.2
132	46.5	51.8	49.0	46.8	45.4
134	47.6	52.8	50.2	48.0	46.7
136	48.8	53.9	51.4	49.3	48.0
138	49.9	55.0	52.7	50.7	49.3
140	51.1	56.1	54.0	52.0	50.7
142	52.3	57.2	55.3	53.4	52.1
144	53.6	58.3	56.7	54.9	53.6
146	54.8	59.5	58.1	56.4	55.1
148	56.1	60.7	59.5	57.9	56.6
150	57.5	61.9	61.0	59.5	58.2
152	58.8	63.1	62.5	61.1	59.8
154	60.2	64.4	64.0	62.7	61.5
156	61.7	65.7	65.6	64.4	63.2
158	63.1	67.0	67.2	66.1	65.0
160	64.6	68.3	68.9	67.9	66.8
162	66.2	69.7	70.6	69.8	68.6
164	67.8	71.1	72.3	71.6	70.6
166	69.4	72.5	74.1	73.6	72.5
168	71.0	74.0	75.9	75.6	74.5
170	72.7	75.4	77.8	77.6	76.6
172	74.4	76.9	79.7	79.7	78.8
174	76.2	78.5	81.7	81.9	81.0
176	78.0	80.0	83.7	84.1	83.2
178	79.9	81.6	85.7	86.3	85.5
180	81.8	83.3	87.9	88.7	87.9
182	83.7	84.9	90.0	91.1	90.4
184	85.7	86.6	92.2	93.5	92.9
186	87.8	88.4	94.5	96.0	95.5
188	89.8	90.1	96.8	98.6	98.1
190	92.0	91.9	99.2	101.3	100.9

女子体重（kg）

身長＼年齢	20〜29	30〜39	40〜49	50〜59	60〜
130	44.9	47.4	48.6	48.9	47.2
132	45.9	48.4	49.7	50.1	48.5
134	46.9	49.4	50.8	51.3	49.9
136	47.9	50.5	52.0	52.5	51.3
138	49.0	51.6	53.1	53.8	52.8
140	50.1	52.6	54.3	55.0	54.3
142	51.2	53.8	55.5	56.4	55.9
144	52.4	54.9	56.8	57.7	57.5
146	53.5	56.1	58.0	59.1	59.1
148	54.7	57.2	59.3	60.5	60.8
150	55.9	58.4	60.7	62.0	62.6
152	57.2	59.7	62.0	63.4	64.4
154	58.5	60.9	63.4	65.0	66.2
156	59.8	62.2	64.8	66.5	68.1
158	61.1	63.5	66.3	68.1	70.1
160	62.5	64.9	67.7	69.7	72.1
162	63.9	66.3	69.3	71.4	74.1
164	65.3	67.7	70.8	73.1	76.3
166	66.7	69.1	72.4	74.9	78.4
168	68.2	70.5	74.0	76.6	80.7
170	69.7	72.0	75.7	78.5	83.0
172	71.3	73.5	77.3	80.4	85.4
174	72.9	75.1	79.1	82.3	87.8
176	74.5	76.7	80.8	84.2	90.3
178	76.2	78.3	82.7	86.3	92.9
180	77.9	80.0	84.5	88.3	95.6
182	79.6	81.6	86.4	90.4	98.3
184	81.4	83.4	88.3	92.6	101.2
186	83.2	85.1	90.3	94.8	104.1
188	85.0	86.9	92.3	97.1	107.0
190	86.9	88.8	94.4	99.4	110.1

(厚生省保健医療局地域保健・健康増進栄養課：肥満とやせの判定表・図. 第一出版, 1986.)

水，骨のミネラル（B）とそれ以外の成分（Selingerの式）に区分して，体密度および，脂肪以外の部分の含有率から体脂肪率を推察する式を示している．

（1）水中体重測定法

ここでは肥満の判定にしばしば利用されている2成分モデルについてのみ説明する．このモデルでは体密度（Db）を測定することが必要である．体密度は体重を体積で割ることによって算出される．体積はふつう水中体重を測定することによって知ることができる．すなわち，アルキメデスの原理によって，水中にある身体は体積に相当する水の重量の浮力を受ける．したがって空中と水中で体重を測定すればその差から体積を知ることができて，これから体密度がわかる．水中体重の測定にはふつう水漕内にブランコを吊し，この上に坐って，できるだけ息を吐いた状態で水中に体全体

表 16-4 肥満傾向児の出現率(%).

年齢(歳)	男子	女子
6	4.76	4.86
7	5.78	5.39
8	7.49	7.37
9	9.68	8.03
10	10.33	9.18
11	11.03	9.05
12	10.97	9.50
13	9.55	8.30
14	9.14	7.55

(文部省:平成9年度学校保健統計調査報告書, 1998.)

表 16-5 皮脂厚による肥満の判定基準(皮脂厚＝上腕背部＋背部).

性別	年齢階級(歳)	軽度の肥満		肥満		極度の肥満	
		皮脂厚(mm)	体脂肪(%)	皮脂厚(mm)	体脂肪(%)	皮脂厚(mm)	体脂肪(%)
男	6〜8	20	20	30	25	40	30
	9〜11	23	20	32	25	40	30
	12〜14	25	20	35	25	45	30
	15〜18	30	20	40	25	50	30
	成人	35	20	45	25	55	30
女	6〜8	25	25	35	30	45	35
	9〜11	30	25	37	30	45	35
	12〜14	35	25	40	30	50	35
	15〜18	40	30	50	35	55	40
	成人	45	30	55	35	60	40

(長嶺晋吉:皮下脂肪からの肥満の判定. 日医会誌 68:919-924, 1972.)

表 16-6 体脂肪率(%Fat)の推定式.

	方程式	文献
2成分モデル	$\%\mathrm{Fat} = (\frac{4.95}{D_b} - 4.50) \, 100$	Siri, 1956
	$\%\mathrm{Fat} = (\frac{4.570}{D_b} - 4.142) \, 100$	Brozek et al., 1963
3成分モデル	$\%\mathrm{Fat} = (\frac{2.118}{D_b} - 0.78\,W - 1.354) \, 100$	Siri, 1961
	$\%\mathrm{Fat} = (\frac{6.386}{D_b} - 3.96\,M - 6.090) \, 100$	Lohman, 1986
4成分モデル	$\%\mathrm{Fat} = (\frac{2.747}{D_b} - 0.714\,W + 1.146\,B - 2.0503) \, 100$	Selinger, 1977

%FAT:体脂肪率, D_b:体密度, W:体水分率, M:体(骨+骨以外)ミネラル率, B:骨ミネラル率

注)上式は成人男子のデータに基づいて作成した推定式であるが, Miyamotoら[13] (1994)は成人女子の2成分モデルの推定式をつぎのように示している

$$\%\mathrm{Fat} = (\frac{5.075}{D_b} - 4.604) \times 100$$

(Roche, A. F., Heymsfield, S. B. and Lohman, T. G.: Human body composition. Human Kinetics. Champaign, 1996. Miyamoto, S., Ishiko, T., Takara, H. and Mori, S.: A modified formula to estimate body fat from body density in adult females. Adv. Exerc. Sports Physiol. 1: 13-17, 1984.)

を沈ませて,ブランコの張力を測定することによって得られる.ただし,このような状態で測定した体積は肺の残気量を含んでいるので,別の機会に大気中でこれを測定して体積から差引く(表16-7).このようにして測定した体密度を表16-6の2成分モデルの式に代入すれば体脂肪率が算出される.

（2）生体通電法

脂肪はほとんど通電性がなく,一方,除脂肪の部分は水と塩類を含み,通電性が良好である.そこで手背と足背に通電用の電極を置いて微弱な高周波電流を流し,別の

表 16-7 体密度の測定式

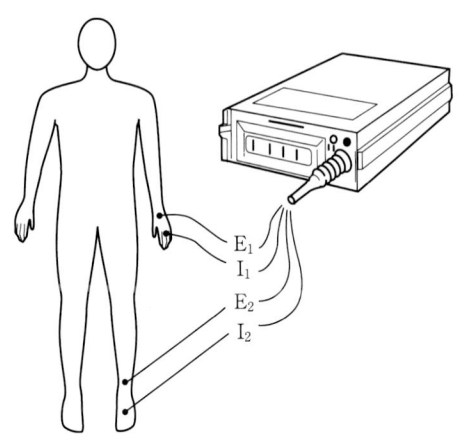

$$\text{体密度(g/cm}^3) = \frac{\text{空気中体重(kg)}}{\frac{\text{空気中体重(kg)} - \text{水中体重(kg)}}{\text{水の密度}} - \text{残気量(L)}}$$

図 16-4 生体通電法による体脂肪量の測定.
I_1, I_2 通電用電極, E_1, E_2 インピーダンス測定用電極

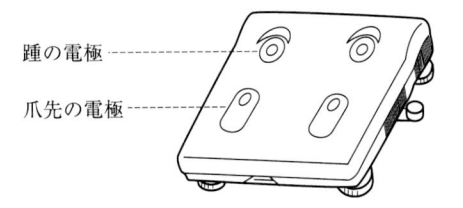

図 16-5 インピーダンス測定用の体重計.
(Nunez, C., Gallagher, D., Visser, M., Pi-Sunyer, F. X., Wang, Z. and Heymsfield, S. B.：Bioimpedance analysis：evaluation of leg-to-leg system based on pressure contact foot-pad electrodes. Med. Sci. Sports Exerc. 29：524-531, 1997.)

一組の電極間の通電性を測定して除脂肪部分の重量を測定しようとするのが生体通電法である.

図16-4に示すように，両腕を体側から離して仰臥姿勢を取り，通電用の1組の電極を手背部と足背部に装着し，それよりも中枢端にインピーダンス測定用の1組の電極を装着して両電極間のインピーダンスを測定する.

図16-4では臥位姿勢でインピーダンスを測定する図が示されているが，図16-5のような体重計の台上に立位姿勢を取り，爪先の2つの電極から通電して踵の2つの電極間のインピーダンスを測定すれば，体重と体脂肪率の両方が同時に測定できて便利である.

（3） DEXA 法

「10章 骨と運動」で述べたようにDEXA法によって2種類のX線を全身に照射することによって，骨の通過前後のX線の減衰率から全身の骨塩量を測定することが可能となったが，同時に軟部組織の通過前後のX線の減衰率から軟部組織の脂肪量を測定することが可能となった．この結果，DEXA法では，体骨塩量，体脂肪量，除脂肪除骨塩量の3つの体構成成分の質量が測定可能となった．

図16-6はDEXA法で測定したからだの除脂肪量と生体通電法で測定した体インピーダンスの大きさとが逆相関関係を示していて，体インピーダンスから体脂肪量を推定することが可能であることを示している．

生体通電法を用いた除脂肪体重の推定式を表16-8に示す．この表で身長(S)，体重(W)，抵抗(R)，インピーダンス(Z)は測定され，リアクタンス(Xc)はRとZから算出される．

図 16-6 DXA 法で測定した除脂肪量と通電法で測定した体インピーダンスとの関係.
（Nunez, C., Gallagher, D., Visser, M., Pi-Sunyer, F. X., Wang, Z. and Heymsfield, S. B.: Bioimpedance analysis: evaluation of leg-to leg system based on pressure contact foot-pad electrodes. Med. Sci. Sports Exerc. 29: 524-531, 1997.）

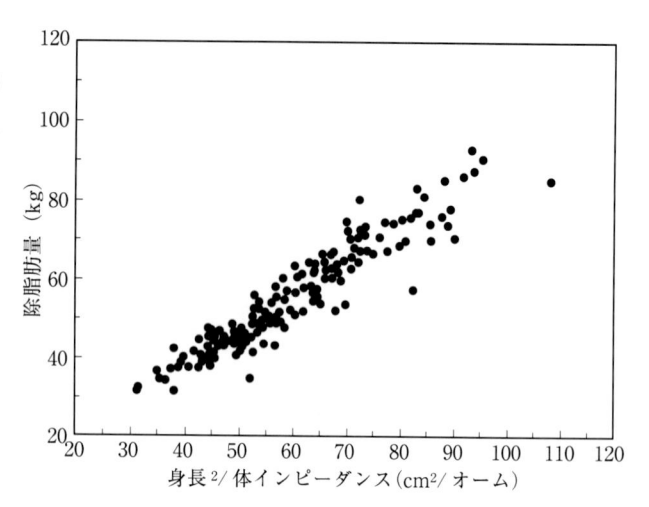

表 16-8 生体通電法を用いた除脂肪体重の推定式.

著 者	被験者	推定式
Lukaski ら, 1986	男子84人, 女子67人 (18―50歳)	$0.756(S^2/R)+0.11(W)+0.107(Xc)-5.463$
Segal ら, 1988	男子1069人	$0.0013(S^2)-0.044(R)+0.305(W)-0.168(年齢)+22.668$
	女子498人 (男女合わせて17―62歳)	$0.0011(S^2)-0.021(R)+0.232(W)-0.068(年齢)+14.595$

S：身長, R：レジスタンス, W：体重, Xc：リアクタンス
インピーダンスをZとすればZ²=R²+X²c

（Roche, A. F., Heymsfield, S. B. and Lohman, T. G.: Human body composition. Human Kinetics. Champaign, 1996.）

③ 肥満の対策

　ヒトはエネルギーの予備を脂肪のかたちで体内に保持する．脂肪はまた寒さに対する保温効果もある．したがって，脂肪をある程度体内に持っていることは必要であるが，脂肪が過多となれば肥満と呼ばれる状態となり，健康上望ましくない．

　肥満はエネルギーの摂取と消費のアンバランス（英語では imbalance）によって起こる．エネルギーの摂取量が不足すれば空腹感が起こるが，エネルギーの消費量が不足してもふつう運動不足感が起こらないので，感覚だけに頼っていると肥満になりやすい．つねに体重の推移に注意し，体重が増加するようであれば摂取カロリーを制限し，消費カロリーを増加させるように努力することが必要である．

1．食物摂取の制限

　肥満の程度にもよるが，高度の肥満の場合には十分な身体活動を行なうことができないので，肥満の対策として第1に行なうべきことは食物摂取量の制限である．すなわち，標準的な体重に到達するまで食物摂取量の制限を続けることが望ましい．

体内の脂肪組織 1 kg を減らすには，約 6,000 kcal を消費することが必要とされているので[2]1 日に 2,000 kcal を摂取している人が 1 週間に 1 kg の脂肪組織を減らすためには，1 日に約 860 kcal の摂取量を減らして 1,140 kcal の摂取量としなければならない．しかし成人男子の基礎代謝量は 1 日約 1,500 kcal であるから，1 日当たり 1,140 kcal の摂取量は基礎代謝量を下回り，正常な日常生活をすることができない．

したがって，肥満者が日常生活の中で減量を心掛けるには，体構成成分の崩壊を防ぎながら，適当な食事制限によって徐々に減量を行なうべきである．すなわち，たんぱく質とミネラルの摂取量を正常に保ち，脂肪と糖質とを減らすことによって，摂取カロリーを減らすように心掛けるべきである．肥満者（とくに女子）では間食によるカロリー摂取量が大きい場合があるので，間食に麺類，菓子類，ジュースなどを多量に摂取してはならない．アルコール飲料も肥満者では制限すべきである．

2．運動量の増加

肥満者はカロリー消費の大きい運動を実施すべきで，これにはつぎの点を考慮することが大切である．

全身運動：運動によって消費するカロリーは運動に参加する筋群が多ければ多いほど大きい．したがって局所的な運動よりも，体重の移動を伴う全身的な運動が望ましい．

動的な運動：動的な運動は静的な運動よりもエネルギー消費量が数倍大きい．

長時間運動：エネルギー消費量は運動時間に比例するので，短時間しか継続できない運動よりも長時間継続できる運動が望ましい．

上記の点から，肥満の運動としては歩行が中心となるべきである．すなわち運動にはなるべく歩行を心掛け，休日には必ず外出して歩行するようにするとよい．この点からハイキング，バードウオッチングなど歩行を主とする趣味を持つことも大切である．

自転車運動も歩行に代るものとして望ましいが，車道を走る場合には自動車に注意する必要がある．ジョギングは肥満があまり強くなく，年齢の比較的若い場合には結構であるが，マイペースを守ることが大切である．水泳も全身運動として望ましいが利用できるプールが必要であり，この際もマイペースを守り，なるべく水泳スピードをはやくするよりも泳ぐ距離を長くするように心掛けるべきである．

3．アメリカ・スポーツ医学会の減量プログラム[1]

American College of Sports Medicine[1]（1995）では減量プログラムとしてつぎのように述べている．

- 正常な成人に 1 日 1200 キロカロリー以下の食物摂取量を与えてはいけない．栄養所要量を満たす適当な混合食を与えることを確かめよ
- 社会文化的背景，日常習慣，嗜好，価格，入手および調理しやすさなどを考慮して，ダイエットする者が受入れやすい食物を組み入れよ．
- ケトン血症[注]のような代謝障害を起こさないようにして次第に減量するようなマイナスのカロリーバランス（1 日にマイナス 500-1000 kcal を越えない範囲）

を与えよ．
　　○　最大限週1kgの減量を起こさせよ．
　　○　栄養不良を起こさせるような食習慣を避けるために行動の変化を起こさせよ．
　　○　1日300キロカロリー以上の消費を推進するような運動プログラムを加えよ．これは歩行のような低強度長時間運動で達成するのが最善の方法である．
　　○　達成された低体重を維持するために，新しい食習慣と身体活動とを一生続けよ．

注：ケトン体（アセト酢酸，3-ヒドロキシ酪酸，アセトン）が血中に増加した状態．空腹時や糖尿病者にみられる．

[文　献]

1) American College of Sports Medicine : ACSM's guidelines for exercise testing and prescription. Williams & Wilkins, Baltimore, 1995.
2) Åstrand, P.-O. : Health and fitness. Skandia Insurance Company, Stokholm, 1972.
3) Forbes, G. B. : Human body composition. Spinger-Verlag, New York, 1987 より引用．
4) 井上修二：肥満の定義と病的肥満．Health Digest 3(4)，雪印乳業，1988 より引用．
5) 石河利寛，池田紀子，遠藤ちえ：肥満児の生態と対策．体育の科学 17：76-78，1967．
6) 神奈川県教育委員会：肥満の管理と指導．1969．
7) 北川 薫，宮下充正，肥満スクリーニングのための判定基準の設定―身体組成からの研究．学校保健研究 19：145-150，1977．
8) 厚生省保健医療局地域保健・健康増進栄養課：国民栄養の現状（平成8年国民栄養調査成績）第一出版，1998．
9) 厚生省保健医療局地域保健・健康増進栄養課：肥満とやせの判定表・図．第一出版，1986．
10) McArdle, W. D., Katch, F. I. and Katch, V. L. : Exercise Physiology. Lea & Febiger, Philadelphia, 1981.
11) Metropolitan Life Insurance Company : Ideal weight for women. Statistical Bulletin 23(6), Oct. 1942.
12) Metropolitan Life Insurance Company : Ideal weight for men. Statistical Bulletin 24(6), Jun. 1943.
13) Miyamoto, S., Ishiko, T., Takara, H. and Mori, S. : A modified formula to estimate body fat from body density in adult females. Adv. Exerc. Sports Physiol. 1：13-17, 1984.
14) 文部省：平成9年度学校保健統計調査報告書，1998．
15) 長巌晋吉：皮下脂肪からの肥満の判定．日医会誌 68：919-924，1972．
16) Nagamine, S. and Suzuki, S. : Anthropometry and body composition of Japanese young men and women. Human Biol. 36：8-14, 1964.
17) 日本肥満学会肥満症診療の手引き編集委員会編：肥満症，診断・診療指導のてびき．医歯薬出版，1993．
18) Nunez, C., Gallagher, D., Visser, M., Pi-Sunyer, F. X., Wang, Z. and Heymsfield, S. B. : Bioimpedance analysis : evaluation of leg-to-leg system based on pressure contact foot-pad electrodes. Med. Sci. Sports Exerc. 29：524-531, 1997.
19) Roche, A. F., Heymsfield, S. B. and Lohman, T. G. : Human body composition. Human Kinetics. Champaign, 1996.
20) 阪本要一，池田義雄：肥満の定義と判定法．臨床成人病 22：335-340，1992．
21) Stedman's medical dictionary illustrated. 23 ed. p. 549, Williams & Wilkins, Baltimore, 1976. より引用．
22) 塚本 宏，田村 誠：死亡率からみた日本人の体格．明治生命標準体重表．厚生の指標 33(2)：3-14，1986．

II部 　運動と健康・体力

17章　高血圧と運動

　心臓の左心室から拍出された動脈血は全身を循環するが，その圧（血圧）は大動脈内においてもっとも高く，その後小動脈内で血管壁の抵抗を受けて急激に血圧が低下し，毛細血管，小静脈，大静脈を経て心臓に戻る．動脈内では血液が脈を打って流れるので，血圧もそれに伴って変動する．

　血圧はふつう心臓の高さに上腕動脈を置き，これを体表面から圧迫して血流を阻止した後に，圧迫を次第にゆるめて，血流が再び開始した時の圧を収縮期血圧，さらに圧迫をゆるめて，血液が絶えず流れるようになった時の圧を拡張期血圧として測定する．

1　血圧の測定法

　血圧測定の具体的な方法について，軽度の高血圧の取扱いに関するガイドライン[10]にはつぎのように述べられている．

　「血圧はふつう水銀血圧計を用いた間接法で測定される．測定を開始する前に患者は静かな部屋で数分間座位を取っていなければならない．その際の椅子は快適な背もたれを備えていなければならない．腕の筋肉をゆるめて肘関節窩を心臓の高さ（第4肋間）になるように前腕を支えなければならない．血圧は仰臥位や立位でも測定することができるが，その場合にも腕は心臓の高さに支えなければならない．露出された上腕に，適当な大きさを持ったカフを滑らかに巻く．この際に強く巻き過ぎないように注意する．脂肪の多い腕には大きなカフが，子どもには小さなカフが必要である．カフを脈拍が消失したレベルよりも約30 mmHg高い圧まで急速にふくらませて，その後毎秒約2 mmHgの割合でゆっくりとゆるめる．この間に聴診器を上腕動脈の上に置いてコロトコフ音を聴診する．

　音が最初に聞こえた時の圧が収縮期血圧で，音が消えた時の圧（第5点）が拡張期血圧である．音が小さくなる点（第4点）で判定するのは拡張期血圧の値を高く評価するので避けなければならない．血圧は3分間以内に少なくとも2回測定してその平均値を用いなければならない．」

2 高血圧の判定基準

(1) WHO[13]の高血圧の定義

高血圧の判定基準としてよく用いられるのはWHOの専門委員会が1978年に発表した高血圧の定義である(表17-1).この定義では正常血圧と高血圧の間に境界高血圧を設定したのが特徴で,血圧値は絶えず変動しているので,正常と異常との間に中間帯を設定したことは実用的に有意義である.

(2) 高血圧に関するアメリカ合同委員会[11]の成人の血圧区分

この委員会報告では成人の血圧について正常の場合を2区分,高血圧の場合を4区分に細かく分類している(表17-2).WHOの定義した境界高血圧はこの区分ではほぼ第1段階の高血圧に相当する.

(3) WHOと国際高血圧学会の合同委員会[3]の成人の血圧区分

この委員会報告では血圧を正常血圧,軽度高血圧,中等度・重度高血圧,収縮期高血圧の4区分に分類している(表17-3).収縮期高血圧は収縮期血圧だけが高い場合に名付けられた用語である.

以上のうち,日本でよく用いられているのは,WHOの高血圧の定義(表17-1)である.

3 高血圧の罹患状況

厚生省が実施した平成8年度国民栄養調査[5]の1部として行なった血圧測定の結果から,WHOの判定規準による高血圧と境界域高血圧の罹患率を性,年齢別に図17-1

表17-1 高血圧の定義. (World Health Organization : Technical report series 628. Arterial hypertension, 1978.)

高血圧	最高血圧160 mmHg以上,最低血圧95 mmHg以上のどちらか,または両方に当たる場合
境界高血圧*	最高血圧141〜159 mmHg,最低血圧91〜94 mmHgのどちらか1つに当たり,他の1つが正常血圧の場合,または両方に当たる場合
正常血圧	最高血圧140 mmHg以下,最低血圧90 mmHg以下の場合

* borderline hypertension

表17-2 18歳以上の成人の血圧の区分. (The Joint National Committee on Detection, Evaluation, and Treatment of High Blood Pressure : The fifth report of the joint national committee on detection, evaluation, and treatment of high blood pressure (JNC-V). Arch. Intern. Med. 153 : 154-183, 1993.)

区 分	収縮期血圧 (mmHg)	拡張期血圧 (mmHg)
正 常	<130	<85
正常(高め)	130〜139	85〜89
高血圧		
第1段階	140〜159	90〜99
第2段階	160〜179	100〜109
第3段階	180〜209	110〜119
第4段階	210以上	120以上

収縮期血圧と拡張期血圧とが異なった区分に属する場合には,高い方の区分を血圧判定に用いる.

表 17-3 高血圧の区分.
(1999 World Health Organization-International Society of Hypertension Guidelines for the Management of Hypertension. J. of Hypertension 17: 151-183, 1999.)

区 分	血圧値 収縮期 (mmHg)	拡張期 (mmHg)
至適血圧	<120	<80
正常血圧	<130	<85
正常高値	130〜139	85〜89
高血圧　グレード1（軽度）	140〜159	90〜99
サブグループ：境界域	140〜149	90〜94
グレード2（中等度）	160〜179	100〜109
グレード3（重度）	≧180	≧110
収縮期高血圧	≧140	<90
サブグループ：境界域	140〜149	<90

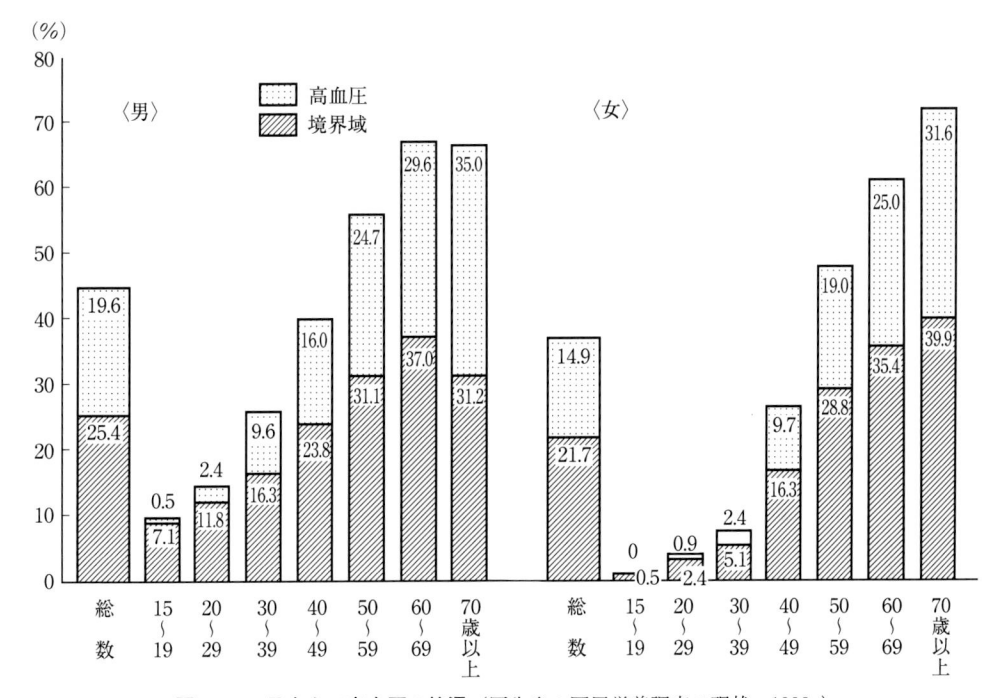

図 17-1 日本人の高血圧の状況（厚生省：国民栄養調査の現状, 1998.）

に示す．この図から，高血圧と境界域高血圧は男女とも加齢とともに増加し，60歳を過ぎれば，正常血圧者は約1/3になってしまう．この点から血圧を正常に保つことは高齢者にとって非常に重要な課題である．高血圧の者は心疾患，腎障害，中枢神経系の血管損傷を起こしやすい．

4 運動と血圧に関しての横断的研究

（1）社会人についての研究

この研究については平素活動的な生活を送っているグループと非活動的な生活を送っているグループの血圧を比較することによって行なわれる．

表 17-4 活動的なグループと非活動的なグループの安静血圧の比較.

著者	比較したグループ	収縮期血圧	拡張期血圧
(1) Humerfelt and Wederwang, 1957	1,860人の種々の職業についている男子	重労働者が高い	比較なし
(2) Miall and Oldham, 1958	重労働60人 軽労働180人	重労働者が低い	重労働者が低い
(3) Berkson ら, 1960	シカゴ公共事業労働者1,360人	差なし	差なし
(4) Morris, 1960	ロンドンの輸送関係およびその他の労働者	活動的な労働従事者が低い	活動的な労働従事者が低い
(5) Karvonen ら, 1961	フィンランドのきこり369人 非活動的男子421人	きこりが低い	きこりが低い
(6) Kang ら, 1963	韓国の活動的なあま20人 コントロール群20人	あまが低い	差なし
(7) RaabとKrzywanek, 1965	活動的な男子専門職29人 非活動的な男子専門職79人	差なし	差なし
(8) Doan ら, 1966	YMCAメンバー男女5,127人（37～72歳）	差なし	記載なし
(9) Keys ら, 1967	7カ国の男子（40～59歳）	活動的な人が低い	活動的な人が低い
(10) Dauber ら, 1967	5,172人男女 年齢37～72歳	差なし	記載なし
(11) Taylor, 1967 および Keys ら, 1967	活動的（416人）と非活動的（298人）鉄道労働者	活動的な人が低い	差なし
(12) Chiang ら, 1968	中国人の輪タク従事者100人 非活動的中国人1,346人	差なし	差なし
(13) Schwalb, 1965	健康な男子247人（40～50歳）	差なし	差なし
(14) Rose, 1969	文官8,948人を勤務地への歩行距離で分類	差なし	比較してない
(15) Montoye ら, 1972	地域男子住民1,696人を仕事および余暇の活動量で分類	活動的な人が低い	活動的な人が低い

(Montoye, H. J., Metzner, H. L., Keller, J. B., Johnson, B. C. and Epstein, F. H.: Habitual physical activity and blood pressure. Med. Sci. Sports 4: 175-181, 1972.)

Montoye ら[6] (1972)はそれまでに行なわれた研究結果を表17-4のように示した．この表では彼ら自身の研究結果も加えて15の研究結果が示してある．対象となったのは主として活動的な職業労働者と非活動的な職業労働者との比較で，活動的な労働としては公共事業労働者，輸送関係の現場の労働者，きこり，あま，輪タク従事者などで，余暇活動はMontoyeら自身の研究でのみ考慮されていた．この結果，活動的な者の方が血圧が高かった報告は1例のみで，差を認めなかったのが7例，低かったのが7例であった．この研究ははげしい職業労働が血圧を低下させるか，加齢に伴う血圧上昇を押える可能性を示しているが，この研究だけからでは身体活動と血圧との関係を明らかにするには不十分である

(2) オリンピック大会出場選手についての研究

BramwellとEllis[2] (1929)は1928年アムステルダム・オリンピック大会に参加した選手の安静血圧を測定した(表17-5)．その結果，陸上競技，自転車競技，重量挙げとも平均値の血圧は正常であったが，ウェイトリフターの血圧が他の種目よりも高く，個人的にもっとも高い数値を示したのは32歳で114 kgの体重を持ったウェイトリフターであった．測定した選手の年齢は全員40歳未満であった．

表 17-5 オリンピック選手の座位安静血圧.
(Bramwell, C. and Ellis, R.：Clinical observation on Olympic athletes. Arbeitsphysiol. 2：51-60, 1929.)

スポーツ種目	人数	血圧値 (mmHg)	
		最高血圧	最低血圧
陸上競技			
スプリンター	18	116	77
中距離ランナー	16	119	81
長距離ランナー	15	116	76
マラソンランナー	28	123	78
自転車競技			
スプリンター	9	124	86
長距離サイクリスト	7	123	76
重量挙げ			
ウェイトリフター	15	134	90

5 運動と血圧に関しての縦断的研究

（1）高血圧の者に対する運動の効果

　Seals と Hagberg[9]（1984）は高血圧の者に一定の期間にわたって運動を行なわせた結果をまとめて表 17-6 のように示している．実施した運動は歩，走，自転車，クロスカントリー・スキーのような比較的長時間にわたる全身運動が中心で，運動時間は 30—60 分，週 2—5 回，6 週間—27 月にわたっていた．その結果，安静時の血圧は収縮期血圧，拡張期血圧とも 9—7 mmHg（6—7％）減少し，同時に体重が約 1 kg 減少し，最大酸素摂取量が増加した．このような結果は歩行，ジョギング，サイクリングのような全身的な運動が高血圧をある程度低下させる効果があることを示している．

　その後，福岡大学の研究者たち[4,12]も本態性高血圧の者に対して乳酸性閾値レベル注での自転車漕ぎ運動を 60 分間，週 3 回，10 週間にわたって行なわせた結果，収縮期血圧と拡張期血圧がそれぞれ平均 10 mmHg 以上と数 mmHg 低下したことを報告している．

（2）正常血圧の者の高血圧罹患に対する運動の効果

　健康で血圧が正常である者の中から，どのような生活を営む者が高血圧になりやすいかを明らかにすることは，高血圧の予防という点から重要である．

　Paffenbarger ら[7]（1983）は 1916—1950 年に入学したハーバード大学の卒業生について，入学時の身体検査の記録，在学中の競技活動状態を調査し，つぎに 1962 年または 1966 年に彼等の卒業後の健康状態および身体活動状態を調査した．さらに 1972 年に前回の調査から 6—10 年間経過した間に医師によって診断された高血圧者を追跡調査し，これと前回の調査時の身体活動との関係を明らかにした（表 17-7）．

　対象者は 14,988 人の男子で，入学時に医師によって高血圧と診断されていない者であった．表 17-7 に示されているように卒業後の調査時の身体活動のうち，1 日の階段登行数，1 日の歩行距離（市街のブロック数で示す），軽スポーツ活動の有無はその後

注：血中の乳酸の濃度が増加し始める運動の強さ

表 17-6 高血圧の者に対して用いた運動の内容と効果.

	著者	対象	高血圧の種類	コントロール群の有無	用いた運動 種類	用いた運動 強度	用いた運動 時間(分)	用いた運動 頻度(回/週)	用いた運動 期間	効果 最大酸素摂取量 (mL/kg·分または L/分)	効果 安静時血圧 収縮期血圧 (mmHg)	効果 安静時血圧 拡張期血圧 (mmHg)	体重
(1)	Bonanno と Lies, 1974	男子 12 人	本態性	あり	歩/ジョッグ	70〜85% HRmax	40〜55	3	12 週	+2.1 (6%) $p<0.005$	−13 (9%) $p<0.01$	−14 (14%) $p<0.01$	変化なし
(2)	Boyer と Kasch, 1970	男子 23 人	本態性	なし	歩/ジョッグ	65% HR reserve	30〜35	2	6 月	−	−13 (8%) $p<0.01$	−12 (11%) $p<0.01$	−1.1 ns
(3)	Choquette と Ferguson, 1973	男子 37 人	境界域	なし	体操,ジョッグ,バレーボール	?	30〜40	2	6 月	−	−14 (10%) $p<0.01$	−8 (9%) $p<0.01$	+0.1 ns
(4)	De Plaen と Detry, 1980	男女 6 人	本態性	あり	歩,ジョッグ,自転車,体操	60〜70% $\dot{V}O_2max$	60	3	3 月	+4.1 (13%) $p<0.01$	+7 ns	+6 ns	−2.0 ns
(5)	Hagberg ら, 1983	男女 25 人	本態性	あり	ランニング	60〜65% $\dot{V}O_2max$	30〜40	5	6 月	+4.2 (10%) $p<0.01$	−8 (6%) $p<0.01$	−5 (6%) $p<0.01$	+0.1 ns
(6)	Hanson と Nedde, 1970	男子 5 人	混合	なし	ストレッチ,ランニング,スポーツ	?	60	3	7 月	+0.7/L分 (32%) $p?$	−16 ns	−11 (13%) $p<0.01$	?
(7)	Johnson と Grover, 1967	性不明 4 人	本態性	なし	歩(トレッドミル)	HR 160	35	3	10 週	−	+7 ns	+2 ns	体重減少なし
(8)	Krotkiewski ら, 1979	女子 27 人	本態性	なし	ジョッグ,ダンス,体操	HRmax より 10〜15 拍低	55	3	6 月	−	−9 (7%) $p<0.01$	−7 (8%) $p<0.01$	+1.2 ns
(9)	Kukkonen ら, 1982	男子 12 人	境界域	あり	自転車,歩/ジョッグ,クロスカントリースキー	40〜66% $\dot{V}O_2max$	50	3	4 月	+4 (10%) $p<0.05$	−9 (6%) $p<0.01$	−11 (11%) $p<0.05$	−1.2 (2%) $p<0.01$
(10)	Ressl ら, 1977	男子 10 人	本態性	なし	サイクリング	70% $\dot{V}O_2max$	30	5	1 月	−	−6 ns	−1 ns	−3.0 (4%) $p<0.005$
(11)	Roman ら, 1981	女子 27 人	本態性	なし	サイクリング,歩/ジョッグ	50〜70% $\dot{V}O_2max$	30	3	27 月	+0.6 L/分 (67%) $p<0.01$	−28 (15%) $p<0.01$	−16 (14%) $p<0.01$	?
(12)	Sannerstedt ら, 1973	男子 5 人	境界域	なし	サイクリング	Peak HR (150〜160 拍/分)	60	3	6 週	−	−3 ns	−5 (4%) $p<0.05$	−3.2 $p?$
	平均									6〜67% 増加	−9 (6%)	−7 (7%)	−0.9

$\dot{V}O_2max$:最大酸素摂取量, HR:心拍数, HRmax:最高心拍数, HR reserve:最大心拍予備量 (注参照), Peak HR:心拍数のピーク値, コントロール群:高血圧の者でトレーニングを行なわなかった群, p:確率, ns:有意性なし

注) 65% HR reserve : $\dfrac{\text{運動時心拍数}-\text{安静時心拍数}}{\text{最高心拍数}-\text{安静時心拍数}} = 0.65$

(Seals, D. R. and Hagberg, J. M.: The effect of exercise training on human hypertension: a review. Med. Sci. Sports Exerc. 16: 207-215, 1984.)

表 17-7 ハーバード大学男子卒業生の 6〜10 年間の追跡調査における身体活動と高血圧の罹患率.
(Paffenbarger, R. S. Jr., Wing, A. L., Hyde, R. T. and Jung, D. L.: Physical activity and incidence of hypertension in college alumni. Am. J. Epidemiol. 117: 245-257, 1983.)

1962 年または 1996 年の調査時の身体活動	追跡調査時の高血圧の年間罹患率（1 万人当たり）	有意差
1 日の階段登行数	年間罹患率（1 万人当たり）	
50 段未満	65.5	なし
50 段以上	65.2	
1 日の市街ブロック歩行数		
5 ブロック未満	60.6	なし
5 ブロック以上	65.4	
スポーツ活動		
なし	72.4	なし
軽スポーツのみ	69.5	
激しいスポーツ活動		
なし	71.5	$p<0.001$
あり	52.8	
身体活動指数（kcal/week）		
2,000 kcal 未満	71.0	$p=0.004$
2,000 kcal 以上	54.5	

の高血圧の発症と有意の関係が認められず，はげしいスポーツ活動の実施と週 2000 kcal 以上を身体活動によって消費することとは高血圧の予防に役立つことが明らかにされた．

　Paffenbarger らはまた身体活動以外に調査対象者の高血圧の防止に役立つ項目として，身体質量指数*36 未満（ヤード・ポンド単位），卒業後の身体質量指数の増加 5 未満，両親に高血圧がないこと，両親に冠状動脈性心疾患がないことをあげている．

　Blair ら[1] (1984) は 1970—1981 年にダラスにある Cooper クリニックを訪れた 20—65 歳の男子 4820 人，女子 1219 人（20—65 歳）について追跡研究を行なった．彼等は血圧が正常で心臓血管性疾患のない者が選ばれた．1—12 年間（平均 4 年）の後に高血圧になった者の比率を表 17-8 に示す．

　表 17-8 に示されている体力は漸増負荷によるトレッドミル上の走行時間で評価した．その結果，体力のすぐれた者は劣った者よりも高血圧になる割合が少なかった．

　Sawada ら[8] (1993) は 50 歳前の成人男子で正常血圧のガス会社従業員 3305 人につ

表 17-8 高血圧罹患の相対危険度.
(Blair, S. N., Goodyear, N. N., Gibbons, L. W. and Cooper, K. H.: Physical fitness and incidence of hypertension in healthy normotensive men and women. JAMA 252(4): 487-490, 1984.)

項　目	相対危険率	
	低体力者	高体力者
追跡調査期間		
1〜5 年	1.48	1.0
6〜12 年	4.62	3.16
年　齢		
<50 歳	1.51	1.0
≥50 歳	1.93	1.28

注）高体力者の 1〜5 年間調査または 50 歳未満の者の罹患率を 1 とする．

*身体質量指数：体重/(身長)^2

図 17-2 最大酸素摂取量の大きさによる区分と高血圧発症の危険度との関係.

注）高血圧の相対的危険度は対象者の年齢，体脂肪率（％），血圧の初期値，アルコール消費量，喫煙量，高血圧の家族歴を調整した後の値で示してある． ** $p<0.01$

(Sawada, S., Tanaka, H., Funakoshi, M., Shindo, M., Kono, S. and Ishiko, T.: Five year prospective study on blood pressure and maximal oxygen uptake. Cli. Exper. Pharm. Physiol. **20**：483-487, 1993.)

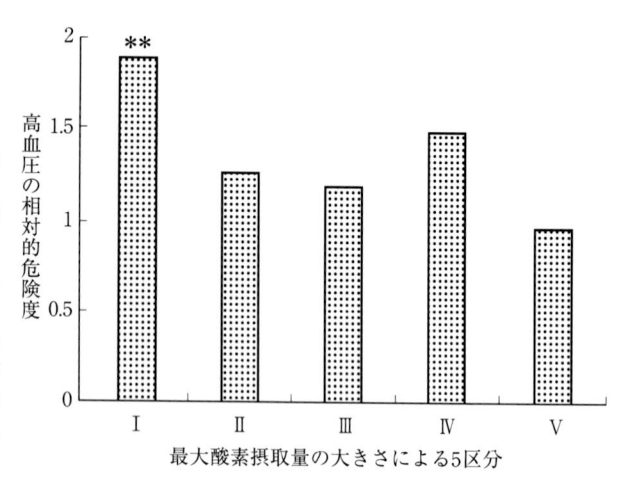

いて最大酸素摂取量を測定してその大きさからⅠ～Ⅴの5つに区分し，その後5年間にわたって高血圧の罹患率を調査した（図17-2）．図17-2は体重当たりの最大酸素摂取量のもっとも大きかったグループⅤの罹患率を1とした場合の他の4つのグループの罹患率を示している．その結果，体重当たりの最大酸素摂取量がもっとも小さかったグループⅠは他の4つのグループに対して高血圧に罹患する割合が有意に大きかった．

　以上の点から，比較的はげしい全身運動で最大酸素摂取量を高いレベルに保っておくことが高血圧の発現を防止するのに有効であることが明らかにされた．

6 高血圧の予防と治療のための運動処方

　「5章　循環と運動」で述べたように重量物を持ち上げたり，抵抗物に対して強い筋力を発揮するような運動は運動中に収縮期血圧と拡張期血圧を強く上昇させるので，高血圧予防の手段として望ましくない．
　高血圧を予防するには前述のように最大酸素摂取量を増加させるような全身運動すなわち歩，走，自転車漕ぎのような運動が好ましい．しかし，このような運動でもあまり弱い運動では最大酸素摂取量の増加が期待できない．一方，疲労困憊するような全力をつくして行なう運動を中高年者が行なうと心筋に虚血状態を起こさせたり，肉ばなれ等の外傷を起こすおそれがあるので望ましくない．
　この点について，軽度の高血圧（収縮期血圧140―180 mmHg または拡張期血圧90―95 mmHg）の取扱いに関するガイドライン[10]では歩，ジョギング，サイクリング，水泳のような運動を規則正しく，マイルドに行なうことを奨めている．同時に過体重の者では減量をすること，1日エタノール20―30g以上にならないようにアルコールの消費量を減らすこと，食塩の摂取量を1日5g以下にすることが血圧の低下に有効であると述べている．
　高血圧に関するアメリカ合同委員会の報告[11]では高血圧を起こしやすい生活様式としてナトリウムの多量摂取，カロリーの過剰摂取，アルコールの過剰消費，カリウム

表 17-9 高血圧のコントロールおよび/または一般的な心臓血管の危険のための生活様式の修正.
(The Joint National Committee on Detection, Evaluation, and Treatment of High Blood Pressure : The fifth report of the joint national committee on detection, evaluation, and treatment of high blood pressure (JNC-V). Arch. Intern. Med. 153 : 154-183, 1993.)

○過体重の場合には減量.
○アルコールの摂取量エタノール1日1オンス（ビール24オンス，ワイン8オンスまたは標準強度のウィスキー2オンス）以下.
○運動（aerobic）を規則的に実施.
○ナトリウムの摂取量を1日100ミリモル未満（<2.3グラムのナトリウムまたは<6グラムの塩化ナトリウム）.
○カリウム，カルシウム，マグネシウムを十分に摂取.
○禁煙，食事による飽和脂肪酸とコレステロールの摂取量を減らせ（心臓血管の健康のため）．脂肪摂取の減少はまたカロリー摂取量の減少に役立ち，体重のコントロール，II型糖尿病のために重要である．

の低量摂取とともに身体の不活動を挙げている．また高血圧の処置に身体活動をあげてつぎのように述べている：血圧を有効に低下させるには中等度の強さ（最大酸素摂取量の40—60％）の身体活動がよい．たとえば急歩を30—45分，週5回すればよい．

以上のように高血圧の予防と高血圧の治療の手段として中等度の強さの全身運動を実施することが有意義であるが，同時に生活様式の改善も検討しなければならない（表17-9）．またここでは取扱っていないが，高度の高血圧の場合には医師の指示によって降圧剤を服用することが必要である．

[文　献]

1) Blair, S. N., Goodyear, N. N., Gibbons, L. W. and Cooper, K. H. : Physical fitness and incidence of hypertension in healthy normotensive men and women. JAMA 252(4) : 487-490, 1984.
2) Bramwell, C. and Ellis, R. : Clinical observations on Olympic athletes. Arbeitsphysiol. 2 : 51-60, 1929.
3) Guidelines Subcommittee : 1999 World Health Organization-International Society of Hypertension Guidelines for the Management of Hypertension. J. of Hypertension 17 : 151-183, 1999.
4) Kinoshita, A., Urata, H., Tanabe, Y., Ikeda, M., Tanaka, H., Shindo, M. and Arakawa, K. : What types of hypertensives respond better to mild exercise therapy ?. J. Hypertens. Suppl. 4 : S 631-S 633, 1988.
5) 厚生省：国民栄養調査の現状, 1998.
6) Montoye, H. J., Metzner, H. L., Keller, J. B., Johnson, B. C. and Epstein, F. H. : Habitual physical activity and blood pressure. Med. Sci. Sports 4 : 175-181, 1972.
7) Paffenbarger, R. S. Jr., Wing, A. L., Hyde, R. T. and Jung, D. L. : Physical activity and incidence of hypertension in college alumni. Am. J. Epidemiol. 117 : 245-257, 1983.
8) Sawada, S., Tanaka, H., Funakoshi, M., Shindo, M., Kono, S. and Ishiko, T. : Five year prospective study on blood pressure and maximal oxygen uptake. Cli. Exper. Pharm. Physiol. 20 : 483-487, 1993.
9) Seals, D. R. and Hagberg, J. M. : The effect of exercise training on human hypertension : a review. Med. Sci. Sports Exerc. 16 : 207-215, 1984.
10) The Guidelines Subcommittee of the WHO/ISH Mild Hypertension Liaison Committee : 1993 guidelines for the management of mild hypertension. Hypertension 22 : 392-403, 1993.
11) The Joint National Committee on Detection, Evaluation, and Treatment of High Blood Pressure : The fifth report of the joint national committee on detection, evaluation, and treatment of high blood pressure (JNC-V). Arch. Intern. Med. 153 : 154-183, 1993.
12) Urata, H., Tanabe, Y., Kiyonaga, A., Ikeda, M., Tanaka, H., Shindo, M. and Arakawa, K. : Antihypertensive and volume-depleting effects of mild exercise on essential hypertension. Hypertension 9 : 245-252, 1987.
13) World Health Organization : Technical report series 628. Arterial hypertension, 1978.

II部 運動と健康・体力

18章 冠動脈硬化性心疾患と運動

　　　　　　冠動脈硬化性心疾患は冠動脈に動脈硬化が起こったための心臓の疾患である．冠動脈は大動脈の起始部から起こり，左右の冠動脈に枝分かれした後にそれぞれが心臓を冠状に取巻いて左右の心筋に血液を送る．冠動脈は加齢に伴って動脈硬化が起こりやすく，その結果動脈の内腔が狭く，そのうえ，凹凸になって，血流を十分に心筋に供給することができなくなる．そのために冠動脈硬化性心疾患は虚血性心疾患とも呼ばれる．冠動脈の硬化が進行して，血流が極端に低下したり，凝血が血管を閉塞したりすると，支配下の心筋に壊死が起こる．これを心筋梗塞と呼ぶ．心筋梗塞が広範囲に起これば，それが原因で急死することがある．動脈硬化は加齢に伴って起こるので，冠動脈硬化症はふつう中年以後に発生する．

1 冠動脈硬化性心疾患の罹患状態についての活動的な職業と非活動的な職業の従事者の比較

　　　　　運動と冠動脈硬化性心疾患との関係が注目されるようになったのは1950年以後である．
　　　　　Morris ら[11] (1953) はロンドンの交通会社のバスおよび市電の運転手と車掌31,000人について，冠動脈硬化性心疾患の罹患率と死亡率を調査した（表18-1）．この結果，運転手は車掌の1.4倍の罹患率を示し，発病後3カ月以内に死亡した者の割合は2倍以上に達した．ロンドンのバスは二階建てで有名で，運転手と比較して車掌ははるかに多くの身体活動を行なう．そこで，Morris らはこの原因として身体活動の違いに注目し，身体活動量の多い郵便配達夫と一般事務員について同様の調査を行なった（表18-2）．そしてこの結果からも身体活動の多い職種ほど冠動脈硬化性心疾患の罹患率，とくに罹患後3カ月以内の死亡率が小さいことが示された．
　　　　　この論文以後，活動的な職業従事者と非活動的な職業従事者の冠動脈硬化性心疾患の罹患率，有病率，死亡率に関する比較が数多く行なわれたので，Fox ら[6]は (1971) はこれらの研究結果をまとめて一覧表を作成した（表18-3）．この表では罹患率（健康な人が病気になる割合）と有病率（病気にかかっている人の割合）の2つの表示法が用いられていたので，その違いを著者名の後にかっこで（I）または（P）として示してある．また非活動的グループとして選ばれたのは運転手，座業者，非農夫，ホワイトカラー，未熟練者，事務員，農場主，専門職，管理職などで，活動的グループと

表 18-1 1949～50 年における運転手および男子車掌の冠動脈硬化性心疾患の年間罹患率.

(1000 人対)

	年齢	3カ月以上の生存者	3カ月以内の死亡者	合計
運転手	35～64	1.4	1.3	2.7
車掌	35～64	1.4	0.6	1.9

(Morris, J. N., Heady, J. A., Raffle, P. A. B., Roberts, C. G. and Parks, J. W.: Coronary heart-disease and physical activity of work. Lancet 1953 ii, 1053-1057.)

表 18-2 1949～50 年における男子郵便局員および市役所職員の冠動脈性心疾患の罹患率.

(1000 人対)

	年齢	3カ月以上の生存者	3カ月以内の死亡者	合計
A. 郵便配達夫	35～59	1.3	0.6	1.8
B. 中間層	35～59	1.1	0.9	2.0
C. 座業者	35～59	1.2	1.2	2.4

Aは身体活動が多い．Bは郵便電信業務員，郵便監督者，上級郵便配達夫で身体活動中等度．Cは電話取扱者，市役所幹部並びに事務員で身体活動が少ない．

(Morris, J. N., Heady, J. A., Raffle, P. A. B., Roberts, C. G. and Parks, J. W.: Coronary heart-disease and physical activity of work. Lancet 1953 ii, 1053-1057.)

して選ばれたのは車掌，郵便配達夫，軽・中・重作業者，ブルーカラー，熟練者，転轍手，保線夫，小作人，活動的作業者などであった．この表では冠動脈硬化性心疾患の内容の表示法が全冠動脈疾患，心筋梗塞，冠動脈疾患死亡率の3つに区分して示してある．

表 18-3 に示されているように，活動的なグループが非活動的なグループと比較して冠動脈硬化性心疾患の罹患率，有病率および死亡率が上回った結果はほとんど見られなかった．

表 18-3 に示された文献の中で興味を引く例を挙げれば，Brunner と Manelis[3] (1960) はイスラエルの協同セッツルメント（キブツなど）の住民の心筋梗塞の罹患率を30—50歳男女8,500人について10年間にわたって追跡調査を行なった．その結果，男子座業者の心筋梗塞の年間罹患率は1000人当たり4.1人であったのに対して男子非座業者ではわずかに1.36人であった．セッツルメントでは住居，食事，文化活動，レクリエーション活動等の日常生活がまったく平等で，身体活動の違いは主として職業活動による．調査対象者の30％は座業に，70％は非座業に従事していた．したがって，座業者と非座業者の心筋梗塞の罹患率の差は主として職業上の身体活動の違いによるものと思われる．

Shapiro ら[13] (1969) はニューヨーク市の健康保健加入者約11万人について冠動脈硬化性心疾患の罹患率を調査した．この研究では一般の市民が対象であったので，活動的職業についているか，活動的な日常生活を送っているかのどちらかの者を中等度活動的，両方の者をもっとも活動的，どちらにも属していない者を非活動的の3つに区分した．初発心筋梗塞に罹患した者の割合を図18-1に示す．図から中等度活動的ともっとも活動的の2つのグループの罹患率にほとんど差が認められなかったので，両者を合わせた比較的活動的グループと非活動的な生活を送っている最小限活動的グループとを比較した．その結果，前者の罹患率は後者の約半分，48時間以内に死亡した者の割合は約1/4であった．Shapiroらはさらに喫煙者と非喫煙者に分けて身体活動の影響を調べたが，喫煙と関係なく身体活動は心筋梗塞の罹患率に影響を与え，身体活動と喫煙はそれぞれ独立した心筋梗塞の危険因子であることを明らかにした（図

表 18-3 職業活動と冠動脈硬化性心疾患

著者	非活動的グループ (A)	活動的グループ (B)	B/Aの比 全冠動脈疾患	心筋梗塞	冠動脈疾患死亡率	著者	非活動的グループ (A)	活動的グループ (B)	B/Aの比 全冠動脈疾患	心筋梗塞	冠動脈疾患死亡率
Morris ら 1963 (I)	運転手	車掌	0.70	0.53	0.46	Taylor ら 1962 (I)	事務	転轍手			0.68*
	座業	郵便配達夫	0.75		0.50		事務	保線夫			0.49*
						Kahn, 1963	事務	郵便配達			0.53〜0.70
Chapman ら 1957 (I)	座業+軽作業	中等度+重作業	1.03	0.98		Hammond, 1964 不定期喫煙	座業	軽作業			0.69**
Brown ら 1957 (P)	座業	軽作業	0.84	0.65			座業	中作業			0.58
							座業	重作業			0.57
	座業	中作業	0.39	0.47		喫煙1日20本以上	座業	軽作業			0.95
	座業	重作業	0.63	0.41			座業	中作業			0.75
							座業	重作業			0.70
Zukel ら 1959 (I)	非農夫	農夫	0.70	0.48		McDonough ら 1965 (P)	農場主	小作人	0.36		
	非重作業	重作業	0.18				大農場主	小農場主	0.37		
Brunner と Manelis, 1960 (I)	座業	活動的		0.33	0.33		専門,管理者	労働者	0.50		
							非重労働	重労働	0.17		
Breslow と Buell, 1960 (P) 中等度死亡率の職業	座業	軽作業			1.22	Brunner, 1966 (I)					
	座業	中作業			0.76	40〜54歳	座業	活動的		0.34	0.63
	座業	重作業			0.71	55〜69	座業	活動的		0.32	0.33
軽度死亡率の職業	座業	軽作業			0.92	Kannel, 1967 (I)	座業	活動的			0.40
	座業	中作業			0.79						
	座業	重作業			0.46						
Stamler ら 1960 (I)	戸内	戸外	0.75			Shapiro ら 1969 (I)	非活動的	中等度活動的		0.49	0.27
	座業	軽,中作業	0.88				非活動的	もっとも活動的		0.49	0.21
	ホワイトカラー	ブルーカラー	0.78								
	半,未熟練者	専門,熟練者	0.58								

*動脈硬化性心疾患
**全死亡率(冠動脈疾患 47%)

I:罹患率, P:有病率

注) Shapiro らは職業活動と日常生活活動の両方を考慮した

(Fox III, S. M., Naughton, J. P. and Haskell, W. L.: Physical activity and the prevention of coronary heart disease. Ann. Cli. Res. 3:404-434, 1971.)

18-2).

　その後,作業の機械化,オートメーション化が進み,重労働が減ったので,職業活動よりも余暇活動とくにスポーツ活動の冠動脈硬化性心疾患に及ぼす影響が注目されるようになった.

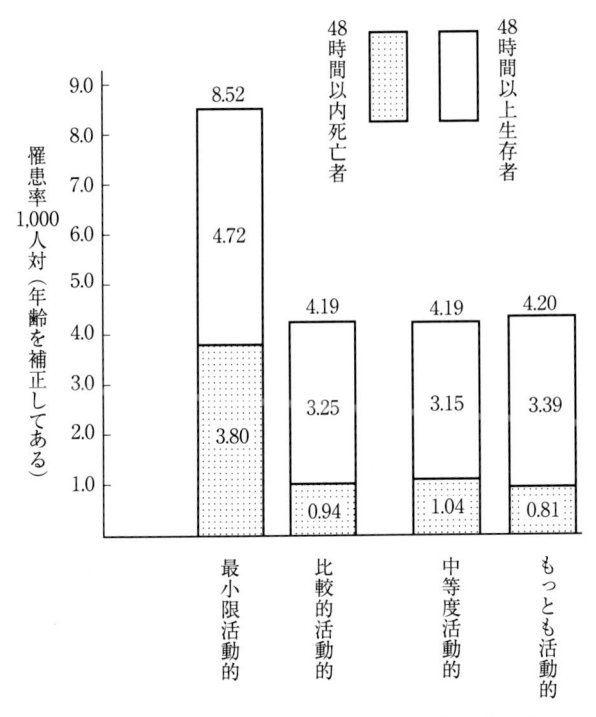

図 18-1 身体活動別に見た男子が最初の心筋梗塞に罹患した者の割合.
(Shapiro, S., Weinblatt, E., Frank, C. W. and Sager, R. V.: Incidence of coronary heart disease in a population insured for medical care. Am. J. Pub. Hlth. 59 (Suppl. 2), 1969.)

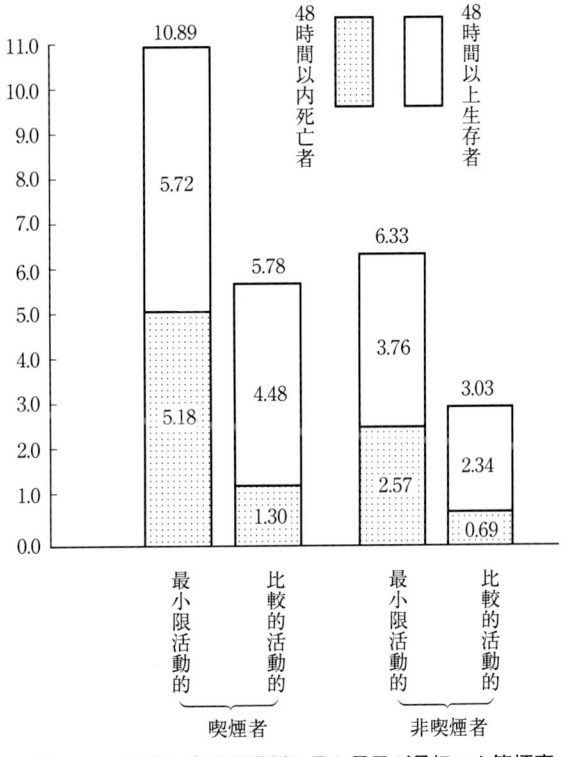

図 18-2 喫煙と身体活動別に見た男子が最初の心筋梗塞に罹患した者および死亡した者の割合.
(Shapiro, S., Weinblatt, E., Frank, C. W. and Sager, R. V.: Incidence of coronary heart disease in a population insured for medical care. Am. J. Pub. Hlth. 59 (Suppl. 2), 1969.)

2 冠動脈硬化性心疾患防止に対する余暇活動の効果

　　Morris ら[10] (1980) は職業上あまり身体活動をしていないイギリスの男子公務員 17,944 人を 8.5 年間追跡調査をした結果, 1,138 人が冠動脈硬化性心疾患に罹患したが, はげしいスポーツを実施していた者はそうでない者と比較して罹患率が 1/2 であった.

　　Framingham Study[4]は町の住民の動脈硬化性疾患を長期にわたって観察したものである. この研究では, 人口約 28,000 人のフラミンガム町の住民で冠動脈硬化性心疾患を持っていない成人 5,127 人を対象として 24 年間にわたって追跡研究を行なった.

　　図 18-3 は身体活動量別に見た心筋梗塞, 突然死, 狭心症, 脳梗塞の年間罹患率を示している. 身体活動量は身体活動指数 (physical activity index) で示しているが, この指数は安静状態の 1 時間当たりのエネルギー消費量を 1 としていて, 1 日中安静にしている場合には 24 である.

　　図 18-3 (a) は心筋梗塞の罹患率を性, 年齢, 身体活動指数別に示したものである.

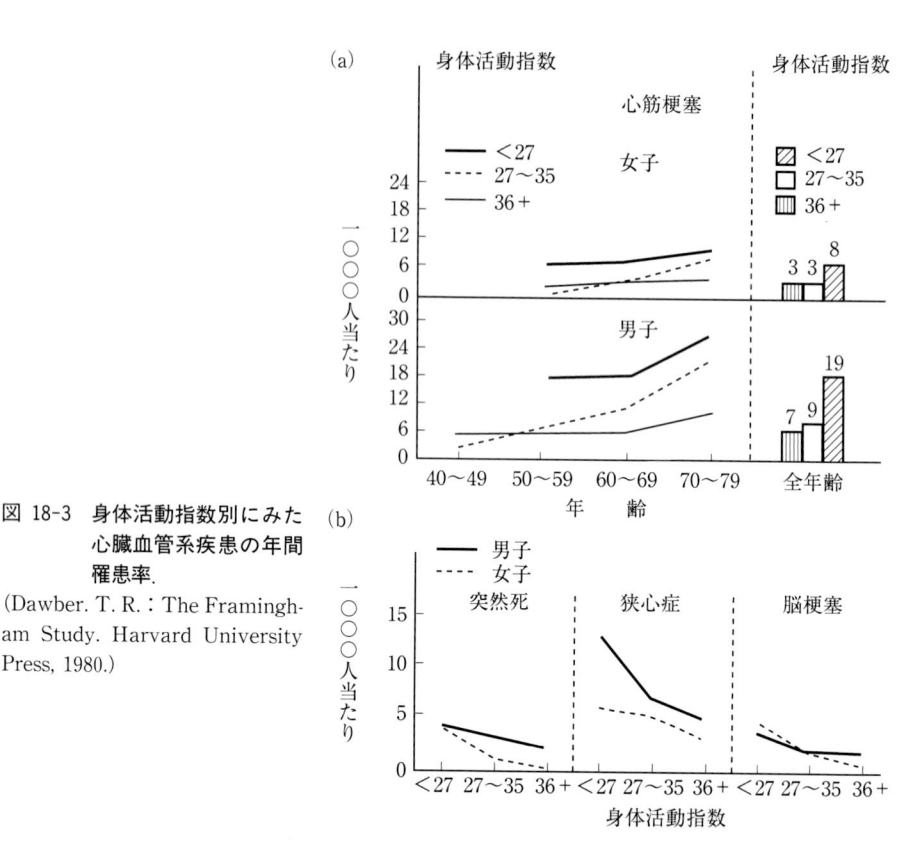

図 18-3 身体活動指数別にみた心臓血管系疾患の年間罹患率.
(Dawber. T. R.: The Framingham Study. Harvard University Press, 1980.)

　この図から性，年齢を問わず，身体活動指数 27 以下の者は心筋梗塞の罹患率が高いことがわかる．

　また図 18-3 (b) からは突然死，狭心症，脳梗塞も身体活動指数 27 以下の者の罹患率が高いことが示されている．

　なおこの研究では動脈硬化性疾患にかかりやすい因子として，運動不足以外に高血圧症，高脂血症，喫煙，アルコールの常用，高ヘモグロビン血症，過体重，糖尿病を挙げて検討した結果，運動不足，高血圧症，高コレステロール血症，喫煙，肥満，糖尿病がこの因子として働くことが明らかにされた．

　Paffenbarger ら[12] (1984) はハーバード大学男子卒業生 16,932 人（1916〜1950 年入学者）を 1962 年または 1966 年に質問紙法によって調査して，ライフスタイル，健康状態，親の疾病歴などのデータを取得し，彼等の 1962 から 1978 年の間における死亡者 1,413 名の死亡状況を正式の死亡診断書から把握した．さらに，1962 年または 1966 年の調査で動脈硬化が認められなかった 35〜74 歳の者を身体活動状況によって区分し，これらの者を 85 歳まで追求して分析した．身体活動状況は階段登行数，歩行距離，スポーツ活動の内容および実施時間からスポーツ活動によって消費したカロリーを計算し，週 500 kcal 未満，500〜1,999 kcal および 2,000 kcal 以上に 3 区分した．身体活動量別に示された死亡率と死因を表 18-4 に示す．

　表 18-4 から身体活動量が大きいほど調査した全員についての死亡率が低下し，さらに冠動脈性心臓病，脳卒中，呼吸器疾患などでも同じような傾向が見られた．この研

表 18-4 身体活動量別に見た 16,936 人の 1962 年〜1978 年間の死因別死亡率.

(10,000 人×年当たり)

死因	身体活動量 kcal/週		
	<500	500〜1,999	2,000+
全例 (1,413 人)	84.8	66.0	52.1
冠動脈性心臓病 (441 人)	25.7	21.2	16.4
脳卒中 (103 人)	6.5	5.2	2.4
呼吸器疾患 (60 人)	6.0	3.2	1.5
癌 (446 人)	25.7	19.2	19.0
不慮の死 (146 人)	8.7	7.1	5.9

注：死亡率は年齢，喫煙，高血圧の影響を補正してある．
(Paffenbarger, R. S. Jr., Hyde, R. T., Wing, A. L. and Steinmetz, C. H.：A natural history of athleticism and cardiovascular health. JAMA 252：491-495, 1984.)

表 18-5 冠動脈性心臓病 (CHD) の初発発作の相対的危険度.

特徴	相対的危険度
座業的生活 (2,000 kcal/週未満)	1.49
喫煙	1.30
身長に対して過体重 (理想体重の20%増)	1.32
高血圧 (内科医の診断)	2.34
両親に CHD の病歴あり	1.28

注：相対的危険度は反対の特徴に対する比
(Paffenbarger, R. S. Jr., Hyde, R. T., Wing, A. L. and Steinmetz, C. H.：A natural history of athleticism and cardiovascular health. JAMA 252：491-495, 1984.)

究ではまた身体活動量以外に，喫煙，身長と体重のバランス，高血圧，両親の冠動脈性心臓病歴を調査しておき，これらの因子と冠動脈性心臓病の発作を起こす危険度との関係も明らかにした(表18-5)．この点から冠動脈硬化性心臓病の危険因子としては高血圧についで座業的生活（運動不足）が重要であることが示された．

以上のように余暇活動によって比較的多量のエネルギーを使用することが心臓血管系疾患を防止することが明らかになったが，その際に行なう運動はどの程度が望ましいのであろうか．

Drygas ら[5] (1988) はポーランドの 30〜55 歳の健康な男子 146 人（大部分がホワイトカラーで職業労働量の低レベルの者）を非競技的なスポーツ活動によるエネルギー消費量から 5 つに区分した(表18-6)．そしてそれぞれのグループの持つ冠動脈性心疾患の危険因子の数を求めた．危険因子は年齢，冠動脈硬化性心疾患の家族歴，運動によって誘発された狭心症の症状，心電図の変化(安静時と運動後)，血中コレステロールとブドウ糖濃度，収縮期および拡張期血圧，最高心拍数の 85％に相当する体重当たりの仕事率，体脂肪率（％）から著者らの判定基準によって得点として算出した（図 18-4）．この結果身体活動量の少ない者（グループⅠ＋Ⅱ）は多い者（グループⅢ，グループⅣ＋Ⅴ）と比較して危険因子得点が大きかった．この結果，毎分 5 kcal 以上の強さの持久的な運動を週当たり 1,000 kcal 以上実施することが冠動脈硬化性心疾患の予防のために望ましいという結論が得られた．

Andersen と Heraldsdotter[1] (1995) はデンマークの青年（男子 86 人，女子 111 人）の体力のすぐれた者と劣った者について冠動脈硬化性心疾患の種々の危険因子の数値を比較した．その結果は図 18-5 に示されているように，低体力者が有意に大きな数値を示したのは総コレステロール（男，女），中性脂肪（男，女），身体質量指数｛体重(kg)÷身長^2 (m)｝（男，女）ウエスト・ヒップ比（男），体脂肪率（男女）であり，低体力者が有意に小さな数値を示したのは高比重リポたんぱくコレステロール/総コレステロール（男女）であった．

Mensink ら[9] (1997) はドイツの住民（男子 5,943 人，女子 6,039 人，25―69 歳）に

表 18-6 被験者の区分.
注：1 KJ＝0.2388 kcal

グループ	余暇に行なう身体活動		
	頻度/週	時間/週	強度 KJ/分
I. 700 kcal/週未満	0-1	1.5	21-50
II. 700-999 kcal/週	1-2	1.5-2.5	21-50
III. 1,000-1,499 kcal/週	2-4	2-4	21-50
IV. 1,500-3,000 kcal/週	3-5	4-8	29-84
V. 3,001 kcal/週以上	4-6	8-12	29-84

(Drygas, W., Jegler, A. and Kunski, H.: Study on threshold dose of physical activity in coronary disease prevention. Part 1. Relationship between leisure time physical activity and coronary risk factors. Int. J. Sports Med. 9：275-278, 1988.)

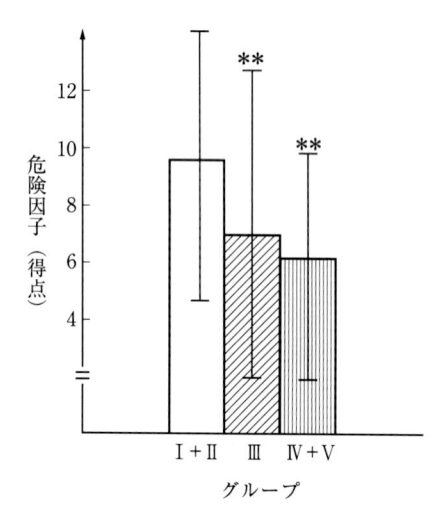

図 18-4 身体活動量によって区分した5グループの冠動脈性心疾患の危険因子得点の比較.
注）グループ I と II，IV と V はそれぞれ合わせて3グループ間の危険因子を比較している．
　　** p＜0.01
(Drygas, W., Jegler, A. and Kunski, H.: Study on threshold dose of physical activity in coronary disease prevention. Part 1. Relationship between leisure time physical activity and coronary risk factors. Int. J. Sports Med. 9：275-278, 1988.)

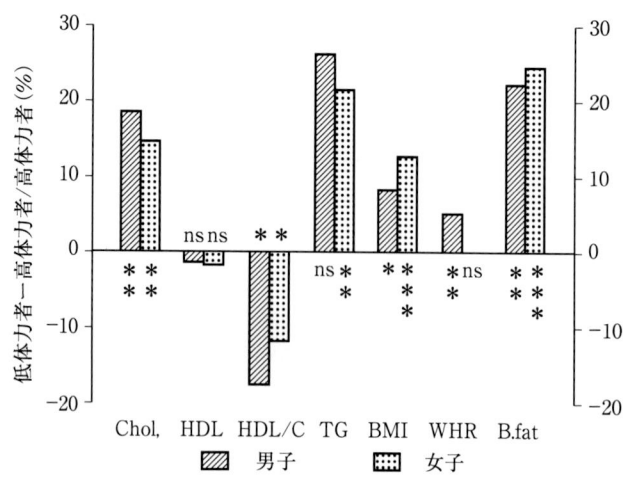

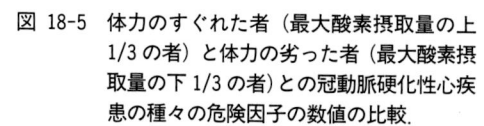

図 18-5 体力のすぐれた者（最大酸素摂取量の上 1/3 の者）と体力の劣った者（最大酸素摂取量の下 1/3 の者）との冠動脈硬化性心疾患の種々の危険因子の数値の比較.
Chol：コレステロール，HDL：高比重リポたんぱく質，C：コレステロール，TG：中性脂肪，BMI：身体質量指数，WHR：ウエスト・ヒップ比，B. fat：体脂肪率
(Andersen, L. B. and Haraldsdotter, J.: Coronary heart disease risk factors, physical activity, and fitness in young Danes. Med. Sci. Sports Exerc. 27：158-163, 1995.)

ついて，運動の強さ，実施時間，頻度を調査し，さらに冠動脈硬化性心疾患の危険因子を調べた．運動の強さは Mets で示し（運動そのものの強度を示すために安静値である 1 Met を差引いて示す），これを低強度運動群（3.5−4.5 Mets），中強度運動群（5.0−7.0 Mets）および高強度運動群（7.5−9.0 Mets）に区分し，それぞれのグループに属する男女別に，運動によって使われたエネルギーと種々の冠動脈硬化性心疾患の危険因子との相関を線型回帰係数として示した（表 18-7）．表において 5％以下の危険率で有意な相関を示した項目数は男子：低強度運動群 2，中強度運動群 1，高強度運

表 18-7 運動によって使われたエネルギーと冠動脈硬化性心臓病の危険因子との線型回帰係数(有意なもののみを記す).

グループ	血清脂質				他の危険因子				
	(1)総コレステロール	(2)HDLコレステロール	(3)HDL/総コレステロール	(4)中性脂肪	(5)収縮期血圧	(6)拡張期血圧	(7)心拍数	(8)最大呼出速度	(9)BMI
男子									
低強度運動群	─	0.8**	0.1(*)	─	─	─	─	─	−0.6*
中強度運動群	─	─	─	─	─	─	−0.5***	0.2(*)	─
高強度運動群	−3.6**	1.7***	0.5***	−3.3**	─	−0.3**	−1.0***	0.3**	−1.1**
女子									
低強度運動群	─	─	─	−1.4*	−0.2*	─	─	0.1(*)	−0.7*
中強度運動群	─	1.1*	0.3**	−2.0*	─	─	─	0.3**	−1.5**
高強度運動群	─	─	0.2(*)	─	−0.7**	─	−0.6***	0.5***	−1.4*

(*)$p<0.10$, *$p<0.05$, **$p<0.01$, ***$p<0.001$, BMI:Body mass index
注) 項目(1)(4)(5)(6)(7)(9)は数値が大きいほど, (2)(3)(8)は小さいほど危険が大きいと判定する
(Mensink, G. B. M., Heerstrass, D. W., Neppelenbroek, S. E., Schuit, A. J. and Belach, B. -M.: Intensity, duration, and frequency of physical activity and coronary risk factor. Med. Sci Sports Exerc. **29**:1192-1198, 1997.)

動群8であり, 女子:低強度運動群3, 中強度運動群5, 高強度運動群4であった. この点から特に男子では強い運動 (水泳 7.5 Mets, 長距離走 9.0 Mets, クロスカントリースキー 7.5 Mets, ボクシング, レスリング, ファイティング, 柔道, カラテ 9.0 Mets, テニス, スカッシュ 8.0 Mets) を行なうことが冠動脈硬化性心疾患の危険因子を減らすために望ましいという結果を得た.

3 冠動脈硬化性心疾患の防止に関するその他の問題

少年期の余暇活動が冠動脈硬化性心疾患の予防に役立つかどうかという点について, Borehamら[2]はこの疾患が多発する北アイルランドの12歳男女と15歳男女について研究を行なった. 彼らの登校日の身体活動 (たとえば登校, 下校) とスポーツ活動を得点化して, それと冠動脈硬化性心疾患の危険因子である血圧, 血液中のコレステロール濃度, 体脂肪率, 体力との関係を求めた (表18-8). その結果12歳男子で有意な関係を認めたのは5項目中, 余暇活動で2項目, スポーツ活動で0項目, 12歳女子では余暇活動で0項目, スポーツ活動で1項目で, 身体活動量と危険因子との間の関係はほとんど認められなかった. 15歳男子では余暇活動で3項目, スポーツ活動で0項目, 15歳女子では余暇活動0項目, スポーツ活動2項目で, 多少関係が認められた.

以上の結果から, 発育期の身体活動が将来起こるかも知れない冠動脈硬化性心疾患の危険因子を減らすように働く作用は12歳よりも15歳が大きく, 男子が女子よりも大きかった. しかし思春期の余暇活動やスポーツ活動では冠動脈硬化性心疾患の予防をあまり意識しなくてもよかろうという結論が得られた.

レジスタンス・トレーニングのうち, ウェイトリフターが用いるような重量物を用いると血圧が著しく上昇するので (図5-28参照), 冠動脈硬化性心疾患にかかるおそ

表 18-8　多変量直線回帰分析で得られた余暇活動,スポーツ活動と冠動脈硬化性心疾患の危険因子との間の標準回帰係数.

	12歳		15歳	
	余暇活動	スポーツ活動	余暇活動	スポーツ活動
男子				
収縮期血圧	−0.14*		−0.14*	
拡張期血圧				
総/HDL コレステロール			−0.22**	
体脂肪率				
体力	0.16**		0.23**	
女子				
収縮期血圧				
拡張期血圧				
総/HDL コレステロール				
体脂肪率				−0.10**
体力		0.22**		0.21**

体脂肪率:4カ所の皮下脂肪厚から求めた
体力:20m持久往復走のスコアから求めた
* $p<0.05$,　** $p<0.01$

(Boreham, C. A., Twisk, J., Maurice, J. S., Cran, G. W. and Strain, J. J.: Physical activity, sports participation, and risk factors in adolescents. Med. Sci. Sports Exerc. 29 : 788-793, 1997.)

れのある人では禁忌であるが,Kelemen[8](1989)はマシーンを用いて1 repetition maximum の40%程度の軽い負荷で1つの運動を30秒間に12—15回反復して行ない,30秒間の休みを取る.このようにして20—30分間でサーキット・トレーニングの要領でいくつかの運動を行なえば筋力と心臓血管性持久力の養成によいと述べている.

まとめ

　心疾患は悪性新生物,脳血管疾患とともに日本人の3大死因の1つになっていて,これを減少させることは極めて重要な課題である.重労働が減少した現在では余暇活動によって虚血性心疾患を予防することが必要であるが,そのためには歩,走,水泳,球技などの全身運動によって多量のエネルギーを使う運動が望ましい.とくに最大酸素摂取量の大きいことが重要であることが認識されるようになったので,青壮年では散歩程度の運動ではなく,登山,段階登り,はや歩き,ジョギング,水泳,テニス,バドミントンのように心肺機能を高めるような運動を心掛けることが大切である.

　また運動ばかりでなく,他の危険因子を減らすことも大切な心掛けで,Goldberg[7](1989)は冠動脈硬化性心疾患の危険因子として表18-9を挙げている.この表の中で修正可能な因子として,身体不活動の他に肥満,高血圧,喫煙,無分別な食事,薬物の服用があげられている.Goldbergはまた運動の効用として,動脈硬化の危険因子を数多く挙げ,このような危険因子に対して運動がよい作用を与えることを記している(表18-10).

表 18-9 冠動脈硬化性心疾患の危険因子.

修正不能な因子	修正可能な因子	治療可能な因子
年齢	身体不活動	高脂血症
性	肥満	糖尿病
民族	高血圧	高血圧
遺伝子	喫煙	低 HDL-コレステロール
	無分別な食事	血小板凝集症
	薬物の服用	高尿酸血症

(Goldberg, A. P.: Aerobic and resistive exercise modify risk factors for coronary heart disease. Med. Sci. Sports Exerc. 21:669-674, 1989.)

表 8-10 身体活動と動脈硬化の危険因子.

身体活動の可能性	
増加	減少
HDL コレステロール	コレステロール
冠動脈血管の発達	中性脂肪
血管の太さ	高血糖
心筋活動の効率	糖不耐性
末梢の酸素消費	体脂肪
最大血管拡張能力	血圧
筋量と筋力	安静心拍数
グリコーゲン貯蔵能力	不整脈の起こりやすさ
脂肪の酸化	運動に対する交感神経系反応
インスリン感受性	心理的ストレス
代謝率	血小板凝固, 血栓症
ストレス耐性	アネロビック代謝の発現
分別ある生活スタイル	

(Goldberg, A. P.: Aerobic and resistive exercise modify risk factors for coronary heart disease. Med. Sci. Sports Exerc. 21:669-674, 1989.)

[文　献]

1) Andersen, L. B. and Haraldsdotter, J.: Coronary heart disease risk factors, physical activity, and fitness in young Danes. Med. Sci. Sports Exerc. 27:158-163, 1995.
2) Boreham, C. A.,, Twisk, J., Maurice, J. S., Cran, G. W. and Strain, J. J.: Physical activity, sports participation, and risk factors in adolescents. Med. Sci. Sports Exerc. 29:788-793, 1997.
3) Brunner, D. and Manelis, G.: Myocardial infarction among members of communal settlements in Israel. Lancet 1960 ii, 1049-1050.
4) Dawber, T. R.: The Framingham study. Harvard University Press, 1980.
5) Drygas, W., Jegler, A. and Kunski, H.: Study on threshold dose of physical activity in coronary disease prevention. Part 1. Relationship between leisure time physical activity and coronary risk factors. Int. J. Sports Med. 9:275-278, 1988.
6) Fox III, S. M., Naughton, J. P. and Haskell, W. L.: Physical activity and the prevention of coronary heart disease. Ann. Cli. Res. 3:404-434, 1971.
7) Goldberg, A. P.: Aerobic and resistive exercise modify risk factors for coronary heart disease. Med. Sci. Sports Exerc. 21:669-674, 1989.
8) Kelemen, M. H.: Resistive training safety and assessment guidelines for cardiac and coronary prone patients.
9) Mensink, G. B. M., Heerstrass, D. W., Neppelenbroek, S. E., Schuit, A. J. and Belach, B.-M.: Intensity, duration, and frequency of physical activity and coronary risk factors. Med. Sci. Sports Exerc. 29:1192-1198, 1997.
10) Morris, J. N., Everitt, M. G., Pollard, R. and Chave, S. P. W.: Vigorous exercise in leisure-time: Protection against coronary heart disease. Lancet 1980:1207-1210.
11) Morris, J. N., Heady, J. A., Raffle, P. A. B., Roberts, C. G. and Parks, J. W.: Coronary heart-disease and physical activity of work. Lancet 1953 ii, 1053-1057.
12) Paffenbarger, R. S. Jr., Hyde, R. T., Wing, A. L. and Steinmetz, C. H.: A natural history of athleticism and cardiovascular health. JAMA 252:491-495, 1984.
13) Shapiro, S., Weinblatt, E., Frank, C. W. and Sager, R. V.: Incidence of coronary heart disease in a population insured for medical care. Am. J. Pub. Hlth. 59(Suppl. 2), 1969.

II部　運動と健康・体力

19章　糖尿病と運動

平成9年11月に行なわれた糖尿病実態調査によれば，糖尿病が強く疑われる人は690万人となっている[10]．これらの人のうち糖尿病の治療を受けている人は45.0%であった．

糖尿病は高血糖の結果，尿中に糖が排泄される病気で，長期間にわたってこの疾患に罹患していると，神経障害，網膜障害，腎障害，血管障害（心筋梗塞，足の壊疽）などを起こしやすい．

糖尿病はインスリン依存性糖尿病（I型糖尿病）とインスリン非依存性糖尿病（II型糖尿病）とに大別することができる．前者は主として小児期に発病し，インスリンの分泌不足のために，一生インスリンの注射を受ける必要があり，後者は主として成人期に発病し，肥満を伴うことが多く，インスリンの注射を必ずしも必要としない．最近増加しつつあるのは後者のII型糖尿病である．

1　血糖を正常なレベルに維持するメカニズム

ヒトは生きて行くために，絶えず食物を摂取する必要がある．摂取された炭水化物が腸管から吸収されて血管に入ると高血糖の状態になる．これに対して生体は血糖を正常なレベルに維持しようとする作用が働いて，血糖を一定の範囲内（80—160 mg/dL）に保つ．DeFronzo[4]（1988）は高血糖を防止し，血糖を正常なレベルに維持するための因子を表19-1のように示している．

インスリンは膵臓のランゲルハンス島のβ細胞から分泌されて，血糖を低下させる唯一のホルモンである．したがってこのホルモンの作用が不足すれば高血糖が持続し，インスリン依存性糖尿病が起こる．

インスリンはそれ自体が血液中から組織に移行して血糖を低下させるのではなく，

表19-1．ヒトの高血糖を防ぎ正常な血糖の恒常性維持に関する因子．
(DeFronzo, R. A.: The triumvirate: β cell, muscle, liver. Diabetes 37 : 667-687, 1988.)

1. インスリンの分泌
2. 血糖の取込みの刺激
   末梢組織（筋肉など）
   　ブドウ糖の酸化および非酸化的処理
   　（グリコーゲン合成，解糖）
   内臓（肝十腸）
3. 肝のブドウ糖産生の抑制

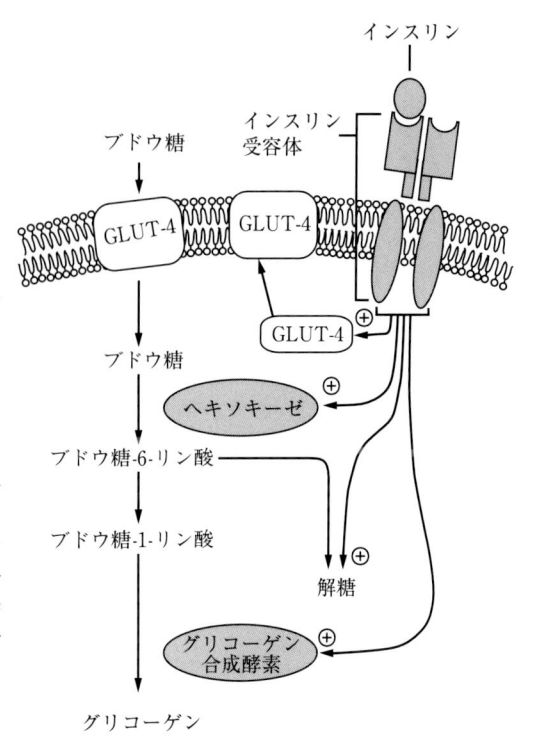

図 19-1 筋肉内の糖代謝に及ぼすインスリンの作用．
GLUT-4：インスリン依存性ブドウ糖輸送体
(Perseghin, G., Price, T. B., Petersen, K. F., Roden, M., Cline, G. W., Gerow, K., Rothman, D. L. and Shulman, G. I.: Increased glucose transport-phosphorylation and muscle glycogen synthesis after exercise training in insulin-resistant subjects. New Eng. J. Med. 335：1357-1362, 1996.)

組織（主として筋肉）の細胞膜にあるインスリン受容体と結び付いてその作用を発揮する．すなわち，インスリン依存性ブドウ糖輸送体（Glut-4）を刺激して血液中から組織へのブドウ糖の取込みを盛んにし，また組織でのブドウ糖の解糖とグリコーゲンの合成を促進する（図19-1）．

一方，肝のブドウ糖産生は空腹時に血糖を正常に維持するのに大切なプロセスであるが，インスリン非依存性糖尿病では血糖が高まってもこの作用が働き，空腹時の血糖が 140 mg/dL を越えるインスリン非依存性糖尿病患者ではこの働きが高血糖の原因となっている[4]．

表19-1で血糖がインスリンによって各器官に取り込まれる速度（インスリンの感受性）を知るにはインスリンクランプ法が用いられる[5,15]．この方法は空腹時に一定濃度のインスリン溶液を持続的に静脈内に注入してインスリンの分泌不足のない状態にした後に，インスリン作用で起こる低血糖に対してグルコース液の注入量を加減して血糖値を空腹時の状態に保つようにする．このようにインスリンが外部から十分に供給されている状態では肝でのブドウ糖の産生は抑制されているので，糖の外部からの注入量は糖の組織への取込み速度，すなわちインスリンの感受性を示す．

インスリンの分泌，インスリンの感受性，肝のブドウ糖の産生の3つの因子を同時に測定するには糖負荷とインスリン投与とを組合せて実施して，その後の血糖の変化を頻回測定し，その変化をコンピュータによって解析するミニマール・モデル法が用いられる（Bergmanら[1]，Coatesら[3]，徳山[16]）．

図 19-2 中年の競技者と一般人の糖負荷試験の成績．
(Björntorp, P., Fahlen, M., Grimby, G., Gustafson, A., Holm, J., Renstrom, P. and Schersten, T.：Carbohydrate and lipid metabolism in middle aged, physically well-trained men. Metabolism 21：1038-1044, 1974. より石河作図)

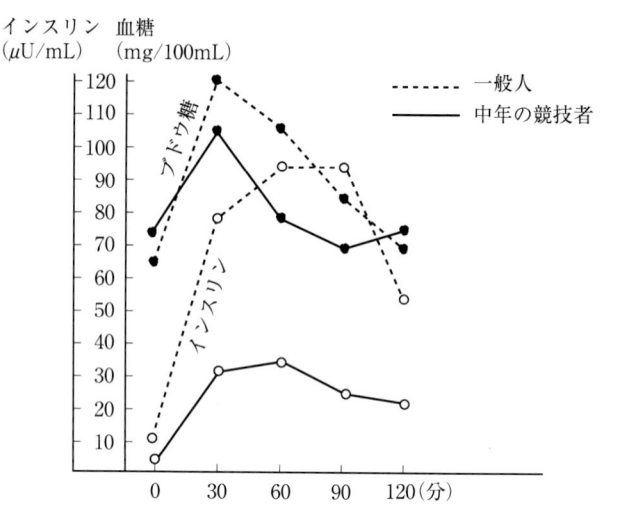

2 糖負荷試験

　糖尿病の検査にはふつう糖負荷試験が行なわれる．この試験は空腹時に一定の糖を投与した後に約2時間にわたって，血糖の推移を調べるものである（ふつう尿糖も調べる）．糖尿病では重症な者ほど糖投与前の血糖値が高く，投与後の血糖値の上昇が大きく，また投与前の値に戻る時間が遅れる．

　Björntorpら[2]（1974）は青年期からトレーニングを継続している平均54歳の競技者（クロスカントリー走およびクロスカントリースキー）15人と同年齢の一般男子45人に糖負荷試験を100グラムのブドウ糖を経口的に投与して行なった．その結果，図19-2に示されているように中年の鍛練された競技者では血糖の上昇が投与30分後に見られたが，60分後には安静値に戻り，血液中のインスリンの濃度の上昇も一般人の約1/3であった．このことは，競技者では少しのインスリン分泌量で，糖負荷による血糖の上昇を抑制できたことを示していて，表19-1に示されている血糖の取り込みが増していることを物語っている．

3 糖尿病の者が運動を実施するに当たって考慮すべきこと

　糖尿病の者が運動を実施することは望ましいことであるが，実施者の体調と運動の内容を十分にチェックして置くことが大切である．表19-2にこの点がWassermanとAbomrad[18]（1989）によって一覧表として示されている．

　とくに中高年の糖尿病の者が運動を行なう場合には，メディカル・チェックを十分に行なうことが必要で，この点で運動負荷を与えるストレス・テストは重要である．また実施する運動がどの程度のエネルギーを消費するかを知っておくことも大切である．

　運動前の血糖のコントロール状態をチェックすることも必要で高血糖，低血糖の場

表 19-2. 糖尿病者が運動実施に際しての留意点.

(1) 体調と運動プログラムのチェック
  ○ 運動プログラムを実施する前のメディカル・チェック，ストレス・テストを行なって心筋に異常がないことを明らかにし，また適当な運動の強さを決める．
  ○ 運動が禁忌である余病がないこと．
  ○ 実施しようとする運動のエネルギー消費量の推定．
(2) 運動前の代謝のコントロール状態のチェック
  ○ 血糖値が 250 mg/dL 以上で尿ケトン体陽性の場合には運動実施不可．
  ○ 血糖値が 100 mg/dL 未満の場合には炭水化物を摂取．
(3) 運動前後の血糖値の測定
  ○ インスリンの注射量を変えたり，食物の摂取量を増した場合．
  ○ いろいろな運動条件に対する血糖反応を知りたい場合．
(4) 食物の摂取
  ○ 運動を 3 時間以上継続する場合には途中で食物を摂取．
  ○ 運動によるカロリー消費量を考えて必要ならば余分の炭水化物を摂取
  ○ 運動中と運動後には容易に吸収される食物を摂取．
(5) インスリンの投与
  ○ 運動前 1 時間は避ける．
  ○ 運動が予定されている時には投与量を減らす．
  ○ 運動する四肢に注入することを避ける．

(Wasserman, D. H. and Abomrad, N. N.: Physiological bases for the treatment of the physically active individual with diabetes. Sports Med. 7：376-392, 1989.)

合には血糖の調整を計ることが先決である．また運動中の血糖の変化も知って置くとよい．

運動前，運動中，運動後の食物は容易に消化吸収されるものを用いる．

インスリン依存性の糖尿病の場合にはインスリンの注射が必要であるが，運動直前に行なうと低血糖を招くおそれがあるので避け，または注射量を減らし，運動する部位に注射しないようにする（運動する部位ではインスリンの吸収が早まる）．

4 II型糖尿病の特徴

DeFronzo[4]ら (1988) によればII型糖尿病は血糖の多因子的調節不全があり (表 19-1 参照)，インスリンの分泌不全のためかインスリンに対する抵抗性があってその作用が十分に発揮できないかをはっきりと区別することはできない．空腹時の血糖が 140 mg/dL を越す場合にはインスリンの分泌不全とインスリンの抵抗性が共存し，140 mg/dL 未満の早期の糖尿病では筋肉および肝臓のインスリン抵抗性が原因であろうと述べられている．

II型糖尿病の者では 30～50％の者に高血圧が認められる．血糖値と収縮期および拡張期の血圧との間には相関があり，年齢や肥満度とは関係がない．この理由は明らかでないが腎での Na の排泄の低下の結果，細胞外液量が増すこと，インスリンが交感神経を刺激することなどの理由が挙げられている[18]．交感神経の刺激は心拍数を増加させて血圧を上昇させる．

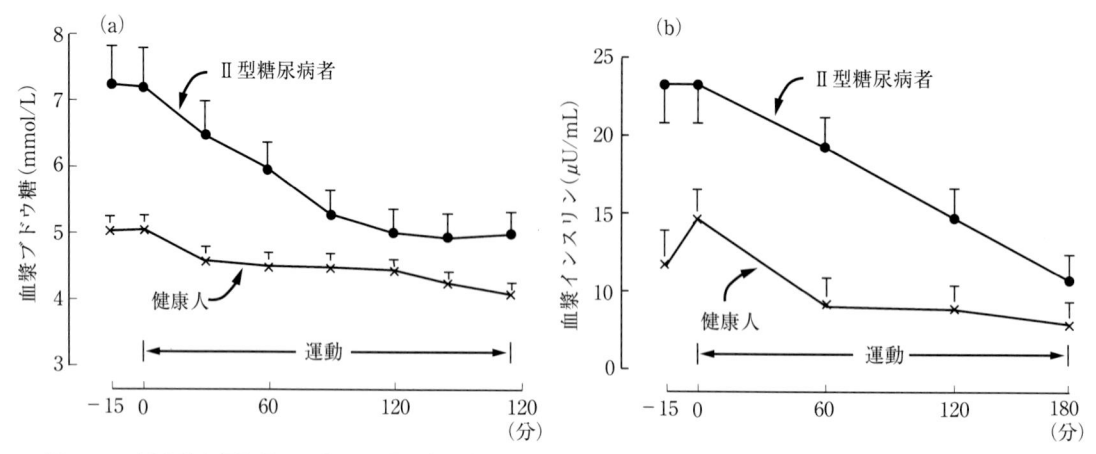

図 19-3 最大酸素摂取量の 40% の運動強度で自転車エルゴメータ運動を 3 時間行なった時の (a) 血漿ブドウ糖と (b) 血漿インスリンの濃度変化.
(Koivisto, V. A. and DeFronzo, R. A.：Exercise in the treatment of type II diabetes. Acta Endocrinol. Metab. E 458-E 464, 1981.)

5 運動がII型糖尿病者に与える急性の効果[18]

　　II型糖尿病の者が運動を行なうと血漿中のグルコースの濃度が変らなくて, 末梢組織のブドウ糖の取り込みが増す. しかし肝臓から代償的にグルコースの産生が増加することはない. この結果, 高血糖が低下する.
　　高血糖の低下は 1 回だけの運動でも起こり, 血糖の低下の程度は運動の継続時間による.
　　Koivisto と DeFronzo[9] (1981) は健康人と II 型糖尿病者に最大酸素摂取量の 40% の強度で 3 時間にわたって自転車漕ぎ運動を行なわせた時の血糖と血漿インスリンの濃度の変化を図 19-3 のように示した. 健康人では運動によってあまり変化が認められなかったのに, 糖尿病者では高血糖と高インスリン血が急速に低下して健康人の値に近付いた.
　　Paternostro-Bayles ら[13] (1989) は肥満した II 型糖尿病の女子が 50-55%$\dot{V}o_2$max の強度で自転車エルゴメータを 40 分間運動した場合には同じ運動を 20 分間行なった時よりも血糖の低下が有意に大きかったことを報告した.
　　これに対して Kjaer ら[8] (1990) が最大動的運動を行なった場合には高血糖と高インスリン血の状態が運動後少なくとも 3 時間は継続したと述べている (図 19-4). したがって, 糖尿病の者が短時間に疲労するようなはげしい運動を行なうことは望ましいことではない.

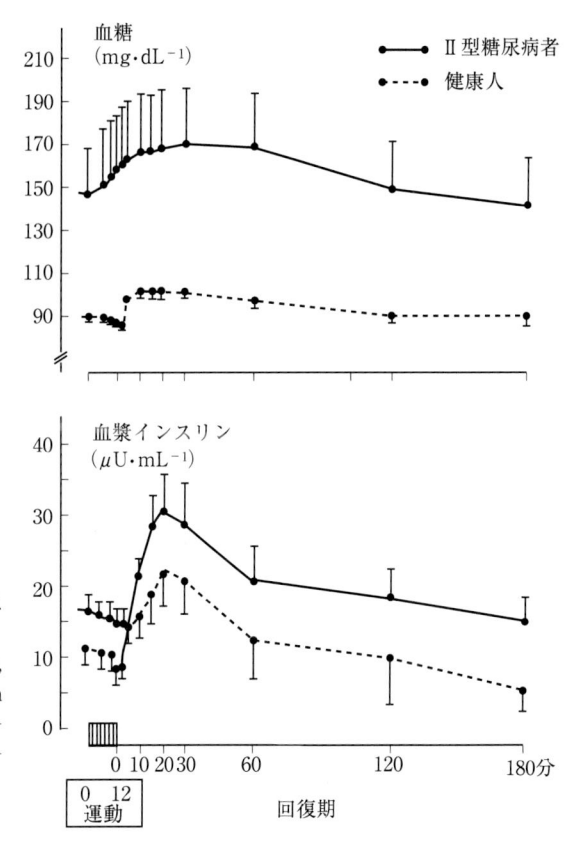

図 19-4 段階的最大自転車漕ぎ運動が血糖と血漿インスリン濃度に与える効果.
(Kjaer, M., Hollenbeck, C. B., Frey-Hewitt, B. Galbo, H.., Haskel, W. and Reaven, G. M.: Glucoregulation and hormonal responses to maximal exercise in non-insulin-dependent diabetes. J. Appl. Physiol. 68: 2067-2074, 1990.)

表 19-3. 2,622人の大学時代の女子競技者と2,776人の女子非競技者の特徴.
*p ≤ .001；†p ≤ .05.
(Frisch, R. E., Wyshak, G., Albright, T. E., Albright, N. L. and Schift, I.: Lower prevalence of diabetes in female college athletes compared with nonathletes. Diabetes 35: 1101-1105, 1986.)

特徴	競技者	非競技者
糖尿病（％）	0.57	1.30
糖尿病の家族歴（％）	12.0±0.7	13.5±0.7
身長（cm）	166.8±0.1	165.3±0.1*
体重（kg）	60.0±0.2	59.2±0.2*
体脂肪率（推定）（％）	32.9±0.1	34.0±0.1*
初経（年）	13.1±0.0	12.9±0.0*
閉経（年）	51.3±0.2	52.0±0.3†
妊娠体験（％）	61.9±0.8	61.6±0.8
初産年齢（年）	27.1±0.1	27.4±0.1
大学前のトレーニング（％）	82.4±0.8	24.9±0.8*
現在規則的運動実施（％）	73.5±0.9	57.0±1.0*
現在食事制限（％）	42.0±1.0	46.2±1.0†
現在低脂肪食（％）	20.5±0.8	21.3±0.8

*p ≤ 0.01　†p ≤ 0.05.

6 運動がⅡ型糖尿病者に与える効果と臥床の影響

（1）大学生時代に競技者であった者と非競技者であった者の糖尿病の罹患率の比較

　Frischら[6]（1986）は5,393人の女子の大学卒業生について大学時代の競技者と非競

図 19-5 大学時代の女子競技者と非競技者の糖尿病の年代別に見た有病率（1000人当たり）.
(Frisch, R. E., Wyshak, G., Albright, T. E., Albright, N. L. and Schift, I.: Lower prevalence of diabetes in female former college athletes compared with nonathletes. Diabetes 35: 1101-1105, 1986.)

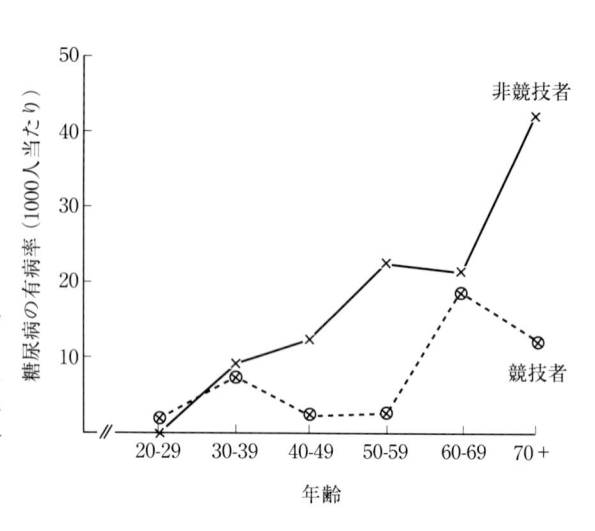

表 19-4. 大学卒業生男子5,990人の1962—1976年間の身体活動量別II型糖尿病の罹患率.
(Helmrich, S. P., Ragland, D. R., Leung, R. W. and Paffenbarger, R. S.: Physical activity and reduced occurrance of non-insulin-dependent diabetes mellitus. New. Eng. J. Med. 325 (3): 147-152, 1991.)

身体活動量 (kcal/週)	10,000人・年 当たりの罹患者数	相対危険率
500 未満	26.3	1.00
500— 999	24.7	0.94
1000—1499	20.7	0.79
1500—1999	20.7	0.78
2000—2499	17.8	0.68
2500—2999	23.7	0.90
3000—3499	22.6	0.86
3500 以上	13.7	0.52

技者に質問紙を送って20歳以後に糖尿病に罹患した者の割合その他について調査した結果，表19-3，図19-5のような結果を得た．表19-3に示されているように，大学時代に競技を行なっていた者は行なっていなかった者に対して，現在の身長，体重がわずかに大きく，体脂肪率がわずかに小さかったが，大学前から現在まで規則的に運動を実施している者の割合が多く，食事制限を行なっている者が少なかった．また図19-5に示されているように，大学時代の競技者は非競技者と比較して糖尿病にかかっている者の割合（有病率）が少なかった．なお図19-5に20歳以前の罹患率が示されていないが，これは若い年齢で起こるI型糖尿病を除外するためである．以上の点から，一生を通して運動を規則的に実施することがII型糖尿病に罹患することを防止するのに役立つことが推定される．

（2）男子大学卒業生について14年間にわたる追跡調査研究

Helmrich[7]ら（1991）は健康な男子大学卒業生5,990人について1962年に年齢，身長，体重，身体活動量（歩行，スポーツ活動などから算出），高血圧の有無，両親の糖尿病歴などを調査しておき，さらに1976年に再調査をして第1回の調査以後の14年間に糖尿病にかかったかどうかを明らかにした．表19-4は第1回の調査時の身体活動量を週当たりのキロカロリーに換算した数値別に見た糖尿病の罹患率を示している．

表 19-5. 男子 5,990 人の 1962―1976 年間の年齢別,身体質量指数別,高血圧の有無別,両親の糖尿病の有無別に見たⅡ型糖尿病の罹患率.
(Helmrich, S. P., Ragland, D. R., Leung, R. W. and Paffenbarger, R. S.: Physical activity and reduced occurrance of non-insulin-dependent diabetes mellitus. New. Eng. J. Med. 325 (3): 147-152, 1991.)

危険因子		10,000 人・年当たりの罹患者数	相対危険率
年齢（年）	45 未満	15.1	1.00
	45―49	25.5	1.69
	50―54	22.8	1.51
	55 以上	32.1	2.12
身体質量指数	24.00 未満	11.8	1.00
	24.00―25.99	22.4	1.90
	26.00 以上	39.3	3.33
高血圧	なし	20.1	1.00
	あり	38.3	1.91
両親の糖尿病歴	なし	20.9	1.00
	あり	60.3	2.88

同様の調査結果を罹患年齢別,身体質量指数（体重（kg）/身長^2（m^2））別,高血圧の有無,両親の糖尿病歴の有無による糖尿病の罹患率を表 19-5 に示す.このような結果から,身体活動量の少ない者（週 3500 kcal 未満）は多い者（週 3,500 kcal 以上）に対し,高齢者（55 歳以上）は若齢者（45 歳未満）に対し,肥満者（身体質量指数 26 以上）は痩身者（身体質量指数 24 未満）に対し,高血圧者は正常血圧者に対し,両親に糖尿病歴のある者はない者に対して相対危険率がそれぞれ 1.92, 1.51, 3.33, 1.91, 2.88 であった.

（3） Ⅱ型糖尿病者に対するトレーニングの効果

Ⅱ型糖尿病者に対しての運動を用いたトレーニングの有効性については多数の研究が行なわれているが,Zierath と Wallberg-Henriksson[19]（1992）は 14 の研究結果を表 19-6 にまとめて記している.この表では被験者の項目で人数と被験者の特徴（Ⅱ型糖尿病者,それと比較すべき健常者）,運動またはダイエットの実施の有無などが記載してある.Body Mass Index (BMI) は肥満度を示す指標で体重（kg）/身長^2（m）で表わされる.トレーニング処方ではトレーニング期間,トレーニング方法,トレーニング頻度,ダイエットなどが記されている.トレーニング効果については最大酸素摂取量（$\dot{V}o_2$max）,体重（Wt）,糖耐性（経口的にブドウ糖を投与した場合（OGTT）と静脈内にブドウ糖を注入した場合（IVGTT）の反応）,HbA$_{1c}$（グルコースが非酵素的に結合したヘモグロビンで糖尿病では健康人の 2―3 倍に増加している）の変化,インスリン感受性（インスリンクランプ法）,血中脂質｛中性脂肪（TG）とコレステロール（Chol）｝などが示されている.

表 19-6 に明らかにされているように大部分の研究で運動によって体重は変化がないのに最大酸素摂取量が増加し,糖耐性が増した.またすべての研究で測定した訳ではないが,インスリンの感受性がトレーニングによって増し,HbA$_{1c}$ と血液中の脂質が減少した.

（4） 臥床の影響

Lipman, R. L. ら[12]（1972）は健康な青年に 35 日間臥床させた後に糖負荷テストを行なった.その結果,臥床によって安静をとった場合には,血糖値がもっとも上昇し,血中のインスリンの量も増したが,臥床中に最大酸素摂取量の 70% に相当する自転車

表 19-6. II型糖尿病者に対する身体的トレーニングの長期的効果.

著者名	被験者 (人数，特徴)	年齢 (年)	BMI	罹病 期間 (年)	空腹時血糖 (mmol/L)	トレーニング処方	$\dot{V}_{O_2}max$	Wt	糖耐性	HbA$_{1c}$	インスリン 感受性	血中脂質
Ruderman ら (1979)	6, タイプII (運動)	52±3	29±1		8.3±0.9	14-38週, バイク, 5/週	+14%	不変	OGTT 不変 IVGTT ↑			−15%TG −8%Chol
Ratzman ら (1981)	10, タイプII (運動＋ダイエット)	40±4	146±7[a]		5.4±0.3	4週, バイク, 7/週 ＋低カロリー食	+9.4%[b]	不変	空腹時血糖↓		↑	−37%TG −20%Chol
Barnard ら (1982)	6, タイプII (運動＋ダイエット)	62	83±3[c]	1−40	10.8±0.6	26日, ダイエット＋運動 (約100分/日歩行)	+41%	−5%	空腹時血糖↓			−34%TG −19%Chol
Schneider ら (1984)	20, タイプII (運動) 11, コントロール	51±2 46±4	正常[d] 正常[d]		9.9±0.5 5.3±0.2	6週, バイクとトレッド ミル 3/週	+8% +15%	不変 不変	OGTT, IVGTT } 不変	−12% 不変		
Bogardus ら (1984)	8, タイプII (ダイエット)	45±10	97±9[c]		9.3±1.5	ダイエットのみ	不変	−10%	IVGTT わずか↑		不変	
	10, タイプII (運動＋ダイエット)	44±11	98±7[c]		7.8±0.9	12週, 運動3/週 ＋ダイエット	+13%	−11%	IVGTT わずか↑		+27%	
Trovati ら (1984)	5, タイプII (運動)	54±4	115±7[a]	5±2	<11	6週, バイク 7/週	+15%	不変	OGTT ↑ IVGTT ↑	−15%	+28%	
Krotkiewski ら (1985)	55, 肥満 (運動)	38±2	34		4.4±0.1	3月, 3/週		不変	OGTT 不変			
	15, コントロール	37±1	22		3.9±0.1	3月, 3/週	↑	不変	OGTT ↑		↑	TG, Chol 不変
	33, タイプII (運動)	50±2	88±3[c]	5	7.8±0.4	3月, 3/週	↑	不変	OGTT ↑		↑	TG, Chol 不変
	13, コントロール (運動)	46±3	92±3[c]		4.7±0.2	3月, 3/週		不変	OGTT 不変			

表 19-6 続.

著者名	被験者(人数, 特徴)	年齢(年)	BMI	罹病期間(年)	空腹時血糖(mmol/l)	トレーニング処方	$\dot{V}_{O_2}max$	Wt	糖耐性	HbA$_{1c}$	インスリン感受性	血中脂質
Skarfors ら (1987)	8, タイプII (運動)	59±1	25±1	3±1	10.0±1.5	2年バイク, 2/週	+15%	不変	OGTT 不変			TG, Chol 不変
	8, タイプII (コントロール)	59±1	25±1	2±1	8.5±1.2		−12%	不変	OGTT 不変			TG, Chol 不変
Lapman ら (1987)	19, 炭水化物不耐性 (運動)	49±2	26±1		6.5±0.2	2週, トレッドミル 3/週	+15%	不変	OGTT わずか上昇		不変	TG, Chol 不変
Rönnemaa (1986)	13, タイプII (運動)	52	85±6[c]	7	11.8±3.4	4月, 5−7/週	+10%	−2%		−10%		TG 不変 −5%Chol
	12, タイプII (コントロール)	52	83±3[c]	7	11.4±1.7		不変	不変				TG, Chol 不変
Allenberg ら (1988)	7, タイプII (運動)	59±2	28±1	6±2	9.7±1.4	10−15週, バイク, 3/週	+10%	不変	OGTT 不変	不変		
Wing ら (1988)	10, タイプII (運動+ダイエット)	56±8	38±6	4±3	10.1±2.5	10週, ウォーキング 60分, 3/週+ダイエット		−8%		−18%		−10%TG −3%Chol
	12, タイプII (ダイエット)	52±9	38±6	5±6	10.2±2.8	ダイエットのみ		−7%		−16%		−33%TG −12%Chol
	13, タイプII (運動+ダイエット)	56±6	38±7	7±5	11.9±2.8	10週, ウォーキング 60分, 4/週+ダイエット		−9%		−22%		−43%TG −13%Chol
	15, タイプII (ダイエット)	55±7	38±7	7±6	12.6±2.8	ダイエットのみ		−5%		−17%		−10%TG −7%Chol
Rogers ら (1988)	10, 炭水化物不耐性 (運動)	53±3	30		6.9以下	1週, 60分/日	不変	不変	OGTT ↑			−32%TG −5%Chol
Verity と Ismail (1989)	5, タイプII (運動)	61±4	27±2	4.5	7.2±1.6	4月, 90分 3/週	+32%	不変		不変		−13%Chol
	5, タイプII (コントロール)	57±4	33±3	4.5	6.9±0.8		不変	不変		不変		−11%Chol

BMI：Body Mass Indx, TG：トリグリセリド, Chol：コレステロール, Wt：体重, OGTT：経口的ブドウ糖耐性テスト, IVGTT：静脈内ブドウ糖耐性テスト
a)：相対体重%, b)：PWC 170, c)：体重 (kg), d)：メトロポリタン生命保険会社の理想体重の 20%以内
(Zierath, J. R. and Wallberg-Henriksson, H.: Exercise training in obese diabetic patients. Sports Med. 14: 171-189, 1992.)

表 19-7 II型糖尿病の者が規則的な運動を実施する際に起こりうる危険.

- スルフォニール尿素またはインスリンで治療している者に起こる低血糖
- 高血糖の悪化
- 心臓血管疾患（心筋梗塞，不整脈，運動中の血圧の過度の上昇，運動後の低血圧，突然死）
- 微細血管性疾患（網膜出血）またはたんぱく尿
- 退行性関節疾患
- 神経疾患に関連した整形外科的疾患

(Zierath, J. R. and Wallberg-Henriksson, H. : Exercise training in obese diabetic patients. Sports Med. 14：171-189, 1992.)

図 19-6 糖負荷試験による血液中の糖およびインスリンの変化.
(Lipman, R. I., Raskin, P., Love, T., Triebwasser, J., Lucocq, F. R., Schnure, J. J., Antonio, S., and Dayton, : Glucose intolerance during decreased physical activity in man. Diabetes 21：101-107, 1972.)

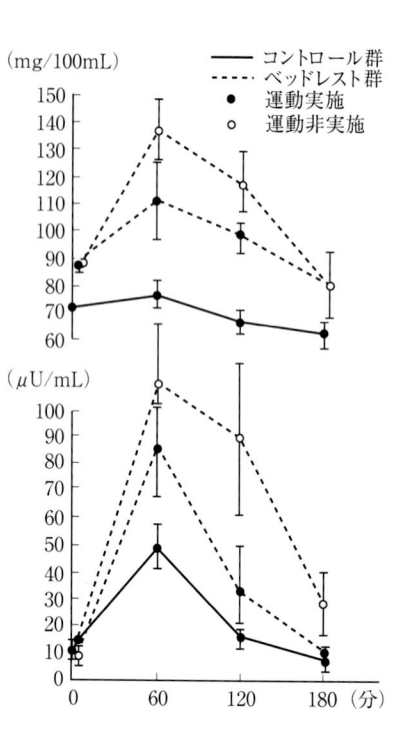

運動を毎日1時間実施すると運動時の高血糖と高インスリン血がある程度防ぐことができた（図19-6）．

7 II型糖尿病者に適した運動

表19-6に示されているように，運動を行なわせてII型糖尿病者のトレーニング効果について調べた研究は自転車，歩行，ランニングのような全身運動で，大部分の研究において最大酸素摂取量の増加とともに糖尿病に対してよい効果（体重の減少，糖耐性の増加，空腹時血糖の低下，HbA_{1c}の減少，インスリン感受性の向上，血中脂質の低下）が見られている．したがって，糖尿病者の運動としては最大酸素摂取量を増すようなエアロビック運動が望ましいが，この点から最大酸素摂取量の 50—70% の運動が望ましい．この程度の強さの運動では比較的長時間にわたって運動が可能であるが，運動時間はカロリーを消費するという点から 20—30 分またはそれ以上が必要である．インスリンの感受性の高まりは運動を中止すると比較的短時間に消失するので運動の頻度は週2回以上実施すべきである．

II型糖尿病者では肥満を伴うことが多く，したがって運動とともに低カロリーのダイエットが必要である．しかし，平素運動を行なっている者は極端なダイエットを避け，1日 800 kcal 以上の摂取カロリーを維持すべきである[18]．

最近一般の人がマラソンやトライアスロンのような長時間のレースに参加することが流行しているが，II型糖尿病の人は体内のグリコーゲンの貯蔵量が低下しているので，運動中に低血糖を起こしやすいので注意する必要がある．著者は60歳を越えた糖尿病の者から，タイムの制限がないので日本から大勢の参加者があるホノルルマラソ

ンにぜひ参加したいとの相談を受けたことがある．そこで，(1)あらかじめ運動負荷テストを受けて心肺機能に異常のないことを確かめること，(2)レース中に自分で血糖測定を繰返し，低血糖のおそれがある場合には補食を繰返す．(3)記録を意識しないでマイペースを守る．という3点の条件を守るように忠告した．その結果，運動負荷テストで心電図，血圧に異常がなく，スタート前の血糖値が 251 mg/dL であったが，運動中にビスケットの補食と水分摂取を繰返して1時間後には77, 2時間後 66, 3時間後 66, 5時間後 55, ゴール 60 mg/dL の経過をたどって，6時間45分でゴールすることができた[11]．

なおⅡ型糖尿病の者が規則的に運動をする際の起こりうる危険は表 19-7 に記されている．

8 Ⅰ型糖尿病者に適した運動[17]

Ⅰ型糖尿病は一般的に若い頃に起こり，インスリンの絶対量が不足しており，血糖の恒常性維持が一層困難で，したがって運動が代謝状態を改善する効果が一層顕著であるが，運動に関連して起こる問題を処理することも一層困難である．表 19-8 に運動時に起りやすい危険を記す．

Ⅰ型糖尿病の者が糖代謝の障害をもっとも起こしやすいのは低血糖で，これは比較的軽い運動を長時間行なった時に，運動による筋の糖の取り込みと肝臓からの糖の産出とがバランスが取れなくなって起こる．しかしながら筋の糖の取り込みは運動中止後も数時間継続する．その結果，低血糖が運動後 4―6 時間たって起こることが稀でない．この理由としてつぎの原因が挙げられる．

1）注射したインスリンの吸収が骨格筋の反復収縮によって早く起こることと肝からのグルコースの生成が低下すること…この対策としては運動筋の近くにインスリンの注射を行なうことを避け，またインスリンの注射から運動開始まで時間を十分とるようにする．

2）Ⅰ型糖尿病の者では自律神経系の障害のある者があって，低血糖になってもグルカゴンやエピネフリンを分泌できない者がいる．

3）Ⅰ型糖尿病の者の低血糖が運動後数時間経過して起こることがある．たとえば

表 19-8 Ⅰ型糖尿病患者が運動を行なう場合に起こりやすい危険．
(Vitug, A., Schneider, S. H. and Ruderman, N. B. : Exercise and Type Ⅰ Diabetes mellitus. Exerc. Sports Sci. Rev. 16 : 285-304, 1988.)

代謝性の危険
　高血糖とケトン血
　低血糖
血管性の危険
　虚血性冠疾患
　網膜出血
　たんぱく尿
神経性の危険
　無症状の心筋虚血
　起立性低血圧
　脱水
　足の外傷を起こしやすい

表 19-9　I型糖尿病の者が運動中, 運動後の低血糖を避けるためのガイドライン.
(Vitug, A., Schneider, S. H. and Ruderman, N. B.: Exercise and Type I Diabetes mellitus. Exerc. Sports Sci. Rev. 16: 285-304, 1988.)

1. かなり強い運動を行なう場合には30分ごとに15—30グラムの炭水化物を摂取
2. 長時間運動後には吸収の遅い炭水化物のスナックを摂取
3. インスリン摂取量の減少
   1) 中等度の時間で作用するインスリン—運動の日には30—35%減量
   2) 中等度の時間と短時間で作用するインスリン—運動前には後者を中止
   3) 短時間で作用するインスリンの多量摂取—運動前に摂取量を30—35%減量し,炭水化物を補給
   4) 輸液の連続的皮下注入—食事時間を避け運動前後に増量
4. 短時間に作用するインスリン注射は運動筋の上を避ける
5. 夕方の運動は遅い時間を避ける

表 19-10　長期にわたっているI型糖尿病患者への運動のすすめ.
(Vitug, A., Schneider, S. H. and Ruderman, N. B.: Exercise and Type I Diabetes mellitus. Exerc. Sports Sci. Rev. 16: 285-304, 1988.)

運動の種類	エアロビック運動
運動の時間	20〜40分
運動頻度	4〜7日/週
運動強度	最大酸素摂取量の50〜60%　収縮期血圧＜200 mmHg
運動の時刻	朝

夕方運動を行なって,睡眠中に起こることがある.これは運動によって筋のインスリンの感受性が増していることと就寝前のインスリンの注射の相乗効果である可能性が高い.

　4) 糖尿病の者がベータ交感神経遮断剤を服用すると低血糖を起こしやすい.またアルコールの飲用は糖の新生を抑制し,肝のグリコーゲン不足,腸の食物不足との相乗作用で低血糖を起こすことがある.

　このような低血糖の対策として,Vitugら[17]は表19-9を示している.Vitugらはさらに具体的な運動のプログラムを表19-10のように示している.

[文　献]

1) Bergman, R. N., Ider, Y. Z., Bowden, C. R. and Cobelli, C.: Quantative estimation of insulin sensitivity. Am. J. Physiol. 236: E667-677, 1979.
2) Björntorp, P., Fahlen, M., Grimby, G., Gustafson, A., Holm, J., Renstrom, P. and Schersten, T.: Carbohydrate and lipid metabolism in middle aged, physically well-trained men. Metabolism 21: 1038-1044, 1974.
3) Coates, P. A., Ollerton, R. L., Luzio, S. D., Ismail, I. S. and Owens, D. R.: Reduced sampling protocols in estimation of insulin sensitivity and glucose effectiveness using the minimal model in NIDDM. Diabetes 42: 1635-1641, 1993.
4) DeFronzo, R. A.: The triumvirate: β cell, muscle, liver. Diabetes 37: 667-687, 1988.
5) Defronzo, R. A., Tobin, J. D. and Andres, R.: Glucose clamp technique: a method for quantifying insulin secretion and resistance. Am. J. Physiol. 237: E214-E223, 1979.
6) Frisch, R. E., Wyshak, G., Albright, T. E., Albright, N. L. and Schift, I.: Lower prevalence of diabetes in female former college athletes compared with nonathletes. Diabetes 35: 1101-1105, 1986.
7) Helmrich, S. P., Ragland, D. R., Leung, R. W. and Paffenbarger, R. S.: Physical activity and reduced occurrance of non-insulin-dependent diabetes mellitus. New. Eng. J. Med. 325(3): 147-152, 1991.
8) Kjaer, M., Hollenbeck, C. B., Frey-Hewitt, B. Galbo, H., Haskel, W. and Reaven, G. M.: Glucoregulation and hormonal responses to maximal exercise in non-insulin-dependent diabetes. J. Appl. Physiol. 68: 2067-2074, 1990.
9) Koivisto, V. A. and DeFronzo, R. A.: Exercise in the treatment of type II diabetes. Acta Endocrinol.

Metab. E458-E464, 1981.
10) 厚生統計協会：国民衛生の動向．厚生の指標 45(9)：102, 1998.
11) 本荘貞春：ホノルル・マラソン完走記．保健の科学 29(12)：793-796, 1987.
12) Lipman, R. I., Raskin, P., Love, T., Triebwasser, J., Lucocq, F. R., Schnure, J. J., Antonio, S., and Dayton, : Glucose intolerance daring decreased physical activity in man. Diabetes 21 : 101-107, 1972.
13) Paternostro-Bayles, M., Wing, R. R. and Robertson, R. J. : Effect of life-style activity of varing duration on glycemic control in Type II diabetic women. Diabetes Care 12 : 34-37, 1989.
14) Perseghin, G., Price, T. B., Petersen, K. F., Roden, M., Cline, G. W., Gerow, K., Rothman, D. L., and Shulman, G. I. : Increased glucose transport-phosphorylation and muscle glycogen synthesis after exercise training in insulin-resistant subjects. New Eng. J. Med. 335 : 1357-1362, 1996.
15) 佐藤祐造：糖尿病と運動．体力科学 42：101-110, 1993.
16) 徳山薫平：糖尿病の予防における運動療法の特色．体力科学 46：343-354, 1997.
17) Vitug, A., Schneider, S. H. and Ruderman, N. B. : Exercise and Type I Diabetes mellitus. Exerc. Sports Sci. Rev. 16 : 285-304, 1988.
18) Wasserman, D. H. and Abomrad, N. N. : Physiological bases for the treatment of the physically active individual with diabetes. Sports Med. 7 : 376-392, 1989.
19) Zierath, J. R. and Wallberg-Henriksson, H. : Exercise training in obese diabetic patients. Sports Med. 14 : 171-189, 1992.

II部 運動と健康・体力

20章 健康・体力を保持するための運動とエネルギー所要量

　すでに述べたように，運動不足は体力の低下，骨塩量の低下，肥満，高血圧，冠動脈硬化性心臓病，糖尿病を起こしやすくするので，これを防止して高齢に至るまで健康を保ち，長寿を心掛けることはすべての人が守るべき大切な生活態度である．

　HurleyとHagberg（1998）[4]は高齢者が健康を保つ上で，有酸素的トレーニング（aerobic training）と筋力トレーニング（strength training）が大切であり，このようなトレーニングを行なうことによって，骨密度を増し，血糖の恒常性を保ち，転倒の危険を減らす．有酸素的トレーニングはまた血圧を低下させ，血漿のリポたんぱく質のプロフィルを改善するのにもっとも有効なトレーニングであり，筋力トレーニングは筋量と筋力を増し，またおそらく筋の性質を改善するのに第一番に選択すべきトレーニングであると述べている．

　このように健康のための運動は筋肉のトレーニングと呼吸循環機能のトレーニングとを組合せて日常生活の中で規則正しく実施することが大切であるが，以下にその実例を示す．

1 サーキット・トレーニング

　このトレーニングはMorganとAdamson[7]（1957）によって示された全面的なトレーニングで，レジスタンス・トレーニングに用いる重量物の重量を軽くするか実施者自身の体重を負荷として行なういくつかの種目を組合せて実施する．彼等はその例として，図20-1に示すような24種目をあげている．この種目のうちいくつかは体育館を利用する必要があるが，徒手またはダンベルを用いる種目は家庭でも実施できる．

　このトレーニングの特色は種目と種目の間に休みを取らない点にあり，そのために，ある種目が1分間（時には30秒間）に何回できるかをテストして，その半分の回数をできるだけスピーディに実施する．その結果，筋力とスピードが養成される．また，1種目を終えたならば，ただちにつぎの種目を実施するので運動実施状態が継続し，このトレーニングを10—15分間継続して実施すれば呼吸がはずみ，心拍数が上昇するので，呼吸循環機能も促進されて，このトレーニングは筋肉の機能を高めるとともに呼吸循環機能を向上させる．なおこのトレーニングによる体力の向上は所要時間の短縮によって知ることができる．また図20-1に示された全種目を実施する必要はない．

図 20-1 サーキット・トレーニングの種目.
(Morgan, R. E. and Adamson, G. T. : Circuit training. G. Bell and Sons, 1957.)

2　アメリカ・スポーツ医学会の処方

アメリカ・スポーツ医学会[1] (1978) では「健康な成人が体力を発展させ維持するための運動の質と量」と題して心肺機能と身体組成を維持し発展させるために有酸素トレーニングを推奨している．その後1990年に改訂版[2]を出した後，1998年に「健康な成人が呼吸循環と筋肉のフィットネスと柔軟性を発展させ維持するための運動の量と質についての勧告」を発表している[3]．この内容はつぎの通りである．

1．呼吸循環機能と身体組成

(1). トレーニングの頻度：3—5日/週

(2). トレーニングの強度：最高心拍数（HRmax）の55/65%—90%または最大酸素摂取予備量（$\dot{V}O_2R$），最高心拍予備量（HRR）の40/50%—85%．上記の数値のうち低強度の値，すなわち40—49%$\dot{V}O_2R$またはHRR，および55—64%HRmaxは体力の非常に低い人に用いるのにもっとも適している．

(3). トレーニングの持続時間：20—60分間の持続的または間欠的（最小限10分間の運動の繰返し）有酸素運動．運動の持続時間は運動の強度に依存し，したがって弱い運動は長時間（30分以上）実施する．反対に比較的強い運動では20分以上行なう．全面的な体力の重要性，比較的長時間の運動の方が達成しやすいこと，高強度の運動に関連した潜在性の危険性と長続きのしにくさの点から，競技のためではない成人のトレーニングには比較的ゆるやかな運動を長時間行なうことをすすめる．

(4). 運動の種類：継続的に使用することができる大筋群をリズミカルに動かす有酸素的な運動が望ましい．すなわち，ウォーキング・ハイキング，ランニング・ジョギング，サイクリング・バイシクリング，クロスカントリー・スキー，エアロビック・ダンス，集団運動，なわとび，ボート漕ぎ，階段登り，水泳，スケート，いろいろな持久的ゲーム活動およびこれらの運動の組合せ．

2．筋力，筋持久力，身体組成と柔軟性

(1). レジスタンス・トレーニング：レジスタンス・トレーニングは成人の体力づくりプログラムに欠くことのできないものであり，筋力と筋持久力を高め，除脂肪体重(注)を維持する．このトレーニングは漸進的性質を持っていて，すべての大筋群に個別的に刺激を与える．大筋群を鍛えるには8—10種類の運動を1セットとして行なうことが望ましい．時間があれば多セットを実施すると効果が大きい．大部分の人は1つの運動を8—12回繰返して行なうべきであるが，高齢者で傷つきやすい人（50—60歳以上）は（負荷を軽くして）10-15回実施した方がより適切である．

(2). 柔軟性のトレーニング：動きの範囲を増したり維持するために柔軟性トレーニングが体力づくりのプログラムに含まれていなければならない．このような運動は大筋群を引伸ばすもので，最小限週2—3回実施する．柔軟性運動には適当な静的，動的

注：体重から脂肪重量を差引いたもの

なテクニックによって筋肉を引伸ばす運動が含まれていなければならない．

上述のように走，歩のような体重の移動を伴なう全身運動と筋機能を向上させるレジスタンス・トレーニング，さらに柔軟性を増すような運動を加えて，総合的に体力づくりを心掛けているのが，この処方の特徴である．

3 著者の体力づくり

著者は50歳頃から，自分自身の健康のためにつぎのような運動を実施している．
（1）レジスタンス・トレーニング[5]
レジスタンス・トレーニングではつぎのような考え方にしたがっている．
(i)　全身の主要な筋肉をトレーニングする．
(ii)　1種目について反復回数を10回とし，種目と種目の間に休みをとらない．
(iii)　負荷として原則的に自分の体重か2kgのダンベル2個を用いる．
(iv)　準備運動は軽いストレッチング以外に行なわないが，トレーニングを比較的軽い種目から実施する．

全身の主要な筋肉をトレーニングする場合に私は関節別に考えている．表20-1にその内容を示す．頚関節は，これを曲げたり回したりするとガリガリ音がするので，私はこの運動を行なわない．肩関節は球関節でいろいろな方向に動かせるので表に示すように7種類の運動を行なっている．股関節も球関節であるので5種類の運動によっていろいろな方向へ動かしている．それに対して肘関節と膝関節は一方向にしか動か

表 20-1　私のトレーニングの内容．

順序	種目と動作	姿　勢	トレーニング部位
1	ダンベルの前あげ	立位	肩関節の筋
2	ダンベルの垂直あげ	立位	肩関節の筋
3	ダンベルの横あげ	立位	肩関節の筋
4	ダンベルを持って膝屈伸	立位	肩関節の筋
5	ダンベルを持ってプル・オーバー	臥位	肩関節の筋
6	ダンベルの横上げ	臥位	肩関節の筋
7	ダンベルの横上げと脚の横上げ	側臥位，右と左	肩関節と股関節の筋
8	脚の内方上げ，右と左	股を開いた長座位	股関節の筋
9	ダンベルを持って肘伸展	立位	上腕三頭筋
10	ダンベルを持って肘屈曲	立位	上腕二頭筋
11	片手に2個のダンベルを持って左腕と右腕で交互にななめ上方上げ	前傾立位	肩関節の筋
12	脚の後方蹴り，右と左	立位	股関節の筋
13	下腿の後方曲げ，右と左	立位	ハムストリングス
14	脚の前方蹴り，右と左	立位	股関節の筋
15	膝曲げ上体起こし，頭の後面に両手を当てる	仰臥位	腹筋
16	伏臥上体反らし	伏臥位	背筋
17	腕立て伏臥腕屈伸	腕立て伏臥位	上腕三頭筋
18	垂直とび	屈膝立位	脚伸展筋
19	バーピー	立位	主として腹筋と背筋
20	なわとび	立位	呼吸循環機能

表 20-2　私(1919年生)の体力テストの成績(1998年)

(1) 壮年体力テスト
　　　反復横とび　　40 回
　　　垂直とび　　　41 cm
　　　握力　右　　　41 kg
　　　　　　左　　　45 kg
　　　ジグザグ・ドリブル　20.2 秒
　　　1500 m 急歩　　9 分 54 秒
(2) 最大酸素摂取量　　29 mL/分/kg
　　(自転車エルゴメーター)

せないので2—3種類の運動ですませている．脊柱を取り囲んでいる腹筋と背筋は運動量が大きいのでトレーニングの最後の方に置いている．なお11—14は使用する脚と反対側の手をベンチの背もたれの上に置いてバランスを崩さないようにして行ない，15と16は低い水平のバーで足頸を支持して実施している．

　それぞれの種目は10回ずつ，種目と種目の間に休みを置かないようにして実施しているので，私の体操はサーキット・トレーニングの1種といえよう．1セットの所要時間は約10分間で，2セットを連続して行なう．場所は人工芝を敷いた屋上で実施するが，雨天の場合には室内で行なう（ただし，ジャンプを行なう運動は室内では行なわない）．

(2) ジョギング

　私は1970年頃からジョギングを始めた．自宅から出発して歩道のある広い道路を左側通行し，左回りで1周して出発点に戻る．左側通行では左回りの方が交差点での信号待ちがない．スタートとゴール付近は平坦になっているが，途中にはアップ・ダウンがある．1周の距離は約4.5 kmである．最初は週1回であったが，現在ではレジスタンス・トレーニングとジョギングを交互に実施している．私はジョギングの楽しみは汗をかくことだと思っていて，上述の距離をジョギングをすれば冬でも汗をかく．

(3) 私が中止した運動

　表20-1の20に「なわとび」が記されているが，私はこの運動を5年前に中止した．私は血圧が低いために昔から季節の変り目に目まいに悩まされた．この発作が起こると歩けなくなってしまうので外出中に起こると困る．なわとびはジャンプの連続で，これが私の前庭器官を刺激するのに気が付いて，この運動を中止したところ，それ以来目まいが起こらなくなった．

(4) その他

　以上の他に私が実施している健康法は体重を一定に保つ（体重が変化しそうな場合には主食の摂取量で加減する），起床，就寝時間を一定にして睡眠時間を確保する，人間ドックで年1回検査を受けるの3点である．私の体力テストの結果を表20-2に示す．

4 性，年齢別エネルギー所要量

厚生省[6]は性，年齢，体格別の1日のエネルギー所要量をつぎのように示している．
男子　$A = 8.8\,H + 15.9\,W + 250 - 10\,N$
女子　$A = 8.2\,H + 14.8\,W + 120 - 6.9\,N$
ただし，A：エネルギー所要量近似値（kcal/日）
　　　　H：身長（cm）
　　　　W：体重（kg）
　　　　N：年齢階層（20歳代は20, 30歳代は30, …80歳以上は80）

この式から各人が1日に必要なカロリーを計算することができる．また時々体重を測定して，体重の推移を把握して置くことも健康を保つための重要な心掛けである．
　この式はエネルギー所要量が体格（身長，体重）と性年齢によって決まることを示しており，同じ体格でも高齢者はエネルギー所要量が少しで済むことがわかる．

[文　献]

1) American College of Sports Medicine : Position statement on the recommended quantity and quality of exercise for developing and maintaining fitness in healthy adults. Med. Sci. in Sports 10(3) : Ⅶ-Ⅷ, 1978.
2) American College of Sports Medicine : The recommended quantity and quality of exercise for developing and maintaining cardiorespiratory and muscular fitness in healthy adults. Med. Sci. Sports Exerc. 22(2) : 265-273, 1990.
3) American College of Sports Medicine : The recommended quantity and quality of exercise for developing and maintaining cardiorespiratory and muscular fitness, and flexibility in healthy adults. Med. Sci. Sports Exerc. 30(6) : 975-991, 1998.
4) Hurley, B. F. and Hagberg, J. M. : Optimizing health in older persons : Aerobic or strength training?. Exercise and Sports Sci. Rev. 26 : 61-89, 1998.
5) 石河利寛：わたしの行なっているレジスタンス・トレーニング．体育の科学 48 : 51-53, 1998.
6) 厚生省：第五次改定，日本人の栄養所要量，1994.
7) Morgan, R. E. and Adamson, G. T. : Circuit training. G. Bell and Sons, 1957.

索　引

［あ　行］

RPE (rate of perceived exertion)　279
アキレス腱反射　33
アクチン・フィラメント　9, 12
握力　302
アシドーシス　58, 62
アセチルコリン　11, 41
アデノシン3リン酸　16, 39, 60
アドレナリン　145, 150
Anaerobic Threshold　276
アメリカ・スポーツ医学会 (ACSM)　97, 136, 319, 356
アルカローシス　58
アルドステロン　160
アンギオテンシン　160
安静時　62
安静心拍数　75
アンドロゲン　148

硫黄　239
医学的検査　274
Ⅰ型糖尿病者　351
胃腸通過時間　187
胃における消化　177
胃の運動　173
インスリン（インシュリン）　144, 161, 340
インスリン依存性糖尿病　340
インスリン非依存性糖尿病　340

腕引き　273
運動　3
運動時の消化吸収　180
運動時の体温調節　124
運動時の直腸温　124
運動時の熱中症　132
運動時の皮膚温　124
運動処方　328
運動神経　11, 41, 43, 44
運動ニューロン　297

運動のエネルギー代謝　108
運動能力　254
運動能力テスト　256, 257, 263
運動負荷テスト　274

aerobics　294
AT　276, 279
ATP-CP系　16
腋下温　118
エキセントリック収縮　23
エストラジオール　166, 167
エストロゲン　148
エネルギー消費量　30, 108, 114
エネルギー所要量　354, 358
エネルギー代謝　103, 108
エネルギー代謝率(RMR)　106
エピネフリン　145, 150
嚥下　173
遠心性収縮　23

横隔膜　54
黄体ホルモン　148
横紋筋　9
応用生理学　3
小笠原道生　5
オキシトシン　143
Åstrand-Ryhmingの計算図表　276
温熱性発汗　121

［か　行］

外核温　118
解糖　18, 19
核心温　118
隔絶伝導　40
拡張期血圧　84, 321
臥床　237
臥床安静　237
臥床の影響　347
下垂体　141
活動電位　37, 38
カテコールアミン　151
カリウム　62, 237, 239
カルシウム　237

カルシウム摂取量　210
加齢　297, 298, 300
換気量　60, 62, 98
間接熱量測定法　103
冠動脈硬化性心疾患　330, 332, 335
冠動脈硬化性心疾患の防止　337
冠動脈性心臓病　335
間脳　49

気候順化　128
基礎代謝　107, 119
基礎代謝基準値　109
機能　255
機能的残気量　55
吸息　54
胸式呼吸　54
狭心症　334
筋痙攣　41
筋原線維　9
筋交感神経　46
筋持久力　27, 288, 289, 356
筋収縮　11, 16, 22
筋生検　12
筋線維タイプ　289
筋損傷　306
筋電図　31
筋肉トレーニング　305
筋バイオプシー　12
筋パワー　303
筋疲労　31
筋紡錘　32, 48
筋力　289, 356
筋力のトレーニング　284, 354

Cooper　294
クエン酸　237
屈腕懸垂　273
グリセルアルデヒド-3-リン酸　18
グルカゴン　161
グルココルチコイド　146
KrebsのTCA回路　19

経済速度　30
頸反射　49
血圧測定　321
血糖　340
腱器官　34，48
健康　253，311，354
減量プログラム　319

高温下の運動　128
交感神経　174
交感神経系　44，47
口腔温　118
口腔内消化　175
高血圧　325，328
高血圧の判定基準　322
高血糖　145，340
恒常性　118
甲状腺　143
甲状腺刺激ホルモン　143
甲状腺刺激ホルモン放出ホルモン　143
甲状腺ホルモン　157
酵素活性　243
行動力　255
抗利尿ホルモン　143
高齢者の運動　304
高齢者の筋肉トレーニング　305
高齢者の持久力トレーニング　307
高齢者の歩行　309
呼気　59
呼吸　53
呼吸器　53
呼吸筋　58
呼吸交換比　59，104
呼吸循環機能　291，300，356
呼吸商　104
呼吸数　60
呼吸中枢　57
呼吸麻痺　41
国際体力テスト標準化委員会　273
呼息　54
骨塩量　201，210
骨格筋　9，11，36，41，120，290，298

骨格筋線維　9，12
骨密度　354
ゴナドトロピン　143
ゴナドトロフィン　143
コリンエステラーゼ　41
ゴルジ腱器官　32，33
コンディショニング　282

[さ　行]

サーキット・トレーニング　354，355
最高血圧　84，89
最高心拍数　76
最大一回拍出量　74
最大酸素摂取量　63，65，66，74，90，93，96，245，275，302，307，308，328
最大心拍出量　73，74，100
最大動静脈酸素差　75
最低血圧　84
酸素系　21
酸素需要量　63，113
酸素摂取量　63，105
酸素負債量（oxygen debt）　63，64
酸素不足量　63
酸素輸送系　300

CO_2再呼吸法　69
時間肺活量　56
色素希釈法　69
子宮の変化　149
持久力　29
自原性抑制　34
視床下部　49，123
視床脳　49
姿勢保持能力　248
膝蓋腱反射　33
自転車エルゴメータテスト　272
シナプス　39，41
ジヒドロキシアセトンリン酸　18
脂肪　20
脂肪酸（FFA）　20
脂肪消化酵素　178
脂肪代謝　146

脂肪量　311
収縮期血圧　84，321
柔軟性　273，356
寿命　223
循環機能　67，245
瞬発力　273
上体起こし　273
小腸通過時間　186
小腸内での消化吸収　179
小腸の運動　174
小脳　50
消費エネルギー　30
消費カロリー　106
上皮小体　144
静脈還流　247
女子の性周期　148
徐脈　79
自律神経系　44，45
心筋　67
心筋梗塞の罹患率　331
心筋線維　67
神経筋終板　37，41
神経系　36
神経刺激　38
人工気候順化　128
心臓　67
心臓血管系疾患　334
身体組成　356
伸張反射　33
心肺の持久力　303
心拍出量　68，70，247
心拍数　77，107，247

随意運動　9，36
膵液　177
水中体重測定法　315
ステップテスト　94
スポーツ　3
スポーツ心臓　81，83
スポーツテスト　259，262
スポーツテスト（小学校）　256，260
スポーツ・トレーニング　283
スポーツマンの心臓容積　81

静止電位　37，38
精神性発汗　121

性腺刺激ホルモン 143, 168
性腺刺激ホルモン放出ホルモン 143
生体通電法 316
成長ホルモン 142, 155
成長ホルモン調節ホルモン 142
静的筋力 273
性ホルモン 148, 164, 168
脊髄 48
脊髄神経 43
漸増抵抗運動 284
全肺容量 55

壮年体力テスト 260, 266
相反抑制 33
速筋線維（FT線維） 12, 14, 24, 27
咀嚼 173

[た 行]

体温 118
体温調節中枢 122
体格指数 311
体脂肪率 314
代謝性酸血症 62
体性神経系 42
大腸通過時間 187
大腸の運動 175
大脳 50
大脳基底核 50
大脳皮質 51
体表面積 107
タイプI線維 12
タイプII線維 12
体力 354
体力診断テスト 258, 268
体力づくり 282
体力テスト 256, 271, 273
体力テスト（ヨーロッパの） 272
体力テスト値 302
立幅とび 273, 303
脱水 134
WHO 254
単一光子吸収法 200
胆汁 178

炭水化物 19
炭水化物消化酵素 178
男性ホルモン 148
たんぱく質消化酵素 178
たんぱく代謝 146

知覚神経 32, 44
遅筋線維（ST線維） 12, 14, 24
窒素 239
中枢神経系 36, 48
中脳 48
腸管からの吸収 191
腸管の血流 189
長座体前屈 273
跳躍伝導 39
張力受容器 32
直腸温 118, 128, 134
チロキシン 143

DEXA法 317
低温下の運動 129
抵抗力 255
低酸素症 62
定常状態（steady state） 63
テストステロン 164
電解質コルチコイド 147

糖質コルチコイド 146, 158
等尺性収縮 23, 25
等尺性トレーニング 285
動静脈酸素差 74
等速性収縮 23
等速性トレーニング 286
等速伝導 40
糖代謝 146
糖耐性 347
等張性収縮 22
等張性トレーニング 284
糖尿病 342
糖尿病者 343
糖負荷試験 342
動脈硬化性心疾患 333
動脈硬化性の疾患 232
突然死 297, 334
トレーニング 282, 283, 287, 291

トレッドミル 87

[な 行]

内呼吸 53
II型糖尿病者 345, 350
二酸化炭素 59, 62, 103
二重光子吸収法 201
日本人の体力 261
乳酸 17
乳酸系 17, 21
乳腺刺激ホルモン 143
ニューロン 37
尿成分 237

寝たきり老人 249, 251
熱産生 119
熱射病 130, 131
熱射病患者 134
熱中症 131
熱放散 120
脳幹 48
脳梗塞 334
脳神経 42
ノルアドレナリン 145, 150
ノルエピネフリン 145, 150

[は 行]

パーキンソン病 50
バイオプシー 244
肺拡散 99
肺活量 55, 300
肺気腫 54
背筋力 26, 302
バゾプレシン 143
発汗 121, 127
パフォーマンス 254
パワー 254
反射弓 48
ハンドボール投 303

皮下脂肪厚 314
非喫煙者 232
皮脂厚 316
ヒトの寿命 232
皮膚温 128
肥満 311, 318
肥満児 312

標準体重　313
標準体重表　314
疲労困憊　60, 65, 86, 151
敏捷性　254

不感蒸散　121
副交感神経　174
副交感神経系　44, 47
腹式呼吸　54
副腎皮質刺激ホルモン（ACTH）
　　143, 148, 158
副腎皮質刺激ホルモン放出ホル
　　モン　143
副腎皮質ホルモン　148
不随意筋　9
プライオメトリックス　290
フラミンゴ・バランステスト
　　272
プルキンエ細胞　50
プロゲステロン　148, 166, 167
プロラクチン　143
プロラクチン調節ホルモン
　　143

平滑筋　9

平滑筋線維　9
平均寿命　223
平衡性　254
Hering-Breuer 反射　57
ベッドレスト　237, 245
ヘモグロビン　99
ヘモグロビンの酸素結合力　99

歩行のエネルギー代謝　113
骨のミネラル量　200
骨のリモデリング　200
Borg の scale　279
ホルモン　141

[ま　行]

膜電位　38
マクロファージ　200
McArdle's syndrom　61
末梢神経系　36
マラソン競技　304
ミオシン・フィラメント　9, 12
ミトコンドリア　10
ミネラロコルチコイド　147
無月経　168
無髄線維　37

迷走神経　174
迷路反射　49
メッツ（Mets）　106, 114
文部省の新体力テスト　268

[や　行]

有酸素的トレーニング　354
Youth Fitness Test　271
有髄線維　37
Eurofit　272

[ら　行]

ランゲルハンス島　340
卵巣の変化　148
ランビエの絞輪　37
卵胞ホルモン　148
リパーゼ　20
両方向伝導　40
リン酸カルシウム　200
レジスタンス・トレーニング
　　284, 356, 357
レニン　160
老化　297

[著者略歴]

石河　利寛（いしこ　としひろ）

生年月日　大正8年4月6日
学　　歴　昭和19年9月　東京大学医学部卒業
職　　歴　昭和24年6月　東京大学医学部助手
　　　　　昭和32年6月　東京大学医学部助教授
　　　　　昭和45年4月　順天堂大学体育学部教授
　　　　　昭和60年3月　順天堂大学定年退職
　　　　　昭和60年4月　中京大学体育学部教授
　　　　　平成元年4月―3年3月　大学院研究科長
　　　　　平成4年3月　中京大学定年退職
　　　　　平成11年3月まで中京大学非常勤講師

医学博士
順天堂大学名誉教授

2000年　4月　1日　第1版第1刷発行
2007年　5月10日　　　　　第3刷発行

健康・体力のための運動生理学

定価（本体7,000円＋税）　　　　　　　　　　　　　　検印省略

　　　　　　　著　者　石河　利寛
　　　　　　　発行者　太田　博
　　　　　　　発行所　株式会社　杏林書院
　　　　　　　　　　　〒113-0034　東京都文京区湯島4-2-1
　　　　　　　　　　　Tel 03-3811-4887（代）
　　　　　　　　　　　Fax 03-3811-9148
© T. Ishiko　　　　　　http://www.kyorin-shoin.co.jp

ISBN 978-4-7644-1043-5　C3047　　　　三報社印刷／川島製本所
Printed in Japan

・本書の複製権・翻訳権・上映権・譲渡権・公衆送信権（送信可能化権を含む）は株式会社杏林書院が保有します．
・**JCLS**　＜（株）日本著作出版権管理システム委託出版物＞
　本書の無断複写は著作権法上での例外を除き禁じられています．複写される場合は，その都度事前に(株)日本著作出版権管理システム（電話03-3817-5670，FAX 03-3815-8199）の許諾を得てください．